건축인테리어 현장실무에서 바로 통하는

개정판

포토샵 도면 칼라링
REALITY

강윤정 저

- 현역 디자이너의 감각 그대로 표현 가능하게 구성
- 인테리어 실무 중심의 다양한 예제와 표현기법 수록
- 도면 칼라링에 꼭! 필요한 포토샵 기능으로 구성
- 디자이너 입문자부터 초보실무자까지 따라하기 방식으로 쉽게 구성
- 각 예제별 PSD파일과 맵소스 제공

DIGITAL BOOKS
디지털북스

강 윤 정
인테리어설계 '디자인엔소다' 대표

블로그 : http://blog.naver.com/design_soda
이메일 : design_soda@naver.com
인스타 : http://www.instagram.com/design_soda

저서
- 포토샵 도면 칼라링 Reality
- 건축, 인테리어 실무를 위한 캐드도면 설계
- 건축일러스트레이터 CS6 Reality

본 책의 예제 소스는 저자 블로그 (http://blog.naver.com/design_soda/221462151391)에 있습니다.

개정판
건축인테리어 현장실무에서 바로 통하는
포토샵 도면 칼라링
REALITY

| 만든 사람들 |
기획 IT·CG기획부 | **진행** 양종엽, 박예지 | **집필** 강윤정 | **책임 편집** D.J.I books design studio
표지 디자인 D.J.I books design studio 김진 | **편집 디자인** 디자인숲·이기숙

| 책 내용 문의 |
도서 내용에 대해 궁금한 사항이 있으시면,
디지털북스 홈페이지의 게시판을 통해서 해결하실 수 있습니다.
디지털북스 홈페이지 digitalbooks.co.kr
디지털북스 페이스북 facebook.com/ithinkbook
디지털북스 인스타그램 instagram.com/dji_books_design_studio
디지털북스 유튜브 유튜브에서 [디지털북스] 검색
디지털북스 이메일 djibooks@naver.com
저자 블로그 https://blog.naver.com/design_soda
저자 인스타그램 https://www.instagram.com/design_soda

| 각종 문의 |
영업관련 dji_digitalbooks@naver.com
기획관련 djibooks@naver.com
전화번호 (02) 447-3157~8

※ 잘못된 책은 구입하신 서점에서 교환해 드립니다.
※ 이 책의 일부 혹은 전체 내용에 대한 무단 복사, 복제, 전재는 저작권법에 저촉됩니다.
※ 가 창립 20주년을 맞아 현대적인 감각의 새로운 로고 DIGITAL BOOKS 디지털북스 를 선보입니다.
　지나온 20년보다 더 나은 앞으로의 20년을 기대합니다.
※ 유튜브 [디지털북스] 채널에 오시면 저자 인터뷰 및 도서 소개 영상을 감상하실 수 있습니다.

머리말

인테리어 디자인 분야에서 포토샵 도면 칼라링은 3ds max에 비해 작업시간이 짧으면서 클라이언트의 이해를 쉽게 도와주어 프리젠테이션에 아주 효과적인 작업입니다.

캐드의 치수와 마감재 칼라 및 질감을 함께 표현할 수 있으면서 작업시간이 짧기 때문에, 비교적 간단한 프로젝트, 제출시간이 촉박한 프로젝트, 투시도 작업전 색상계획의 컨펌이 필요한 프로젝트 등 다양한 프로젝트를 진행할 때 꾸준히 사용되고 있습니다.

2009년 2월에 출간되었던 포토샵 도면 칼라링이 여러분의 꾸준한 사랑으로 인하여, 2018년 개정판으로 재탄생되었습니다.

이 책은 필자의 칼라링 작업과정을 위주로 쓰여졌고, 칼라링 작업시 꼭 필요한 명령어들을 위주로 서술하여 포토샵의 모든 기능을 알지 못하더라도 책을 보면서 스스로 독학할 수 있도록 상세히 풀어놓았습니다.

이번 개정판 원고에는 새로운 예제, 더 많은 공간별 예제와 양질의 소스들로 구성하여, 차근차근 따라 하다 보면 보다 다양한 표현방법들을 알아갈 수 있습니다.

이 책이 많은 분들의 실무 칼라링 작업에 좋은 교본이 될 수 있기를 바랍니다.

인테리어 외길 인생에서 최고로 바쁠 때 놓칠 수 없는 기회가 또 다시 찾아왔습니다. 시간을 쪼개어 완성해야 하는 원고에 대한 엄청난 압박감이 있었지만, 이 또한 역시 지나가고, 머리말을 작성하고 있네요^^

힘들어할 때 마다 항상 옆에서 격려해 주었던 우리 멋진 영주씨와 기도해주신 사랑하는 가족들, 많은 시간 믿고, 묵묵히 기다려주신 양종엽 본부장님께 감사의 마음을 전합니다.

2018년
저자 강윤정

CONTENTS

PART 01. 포토샵 도면칼라링 준비하기

Chapter 01. 있어 보이는 도면 그리기 12
- Lesson 01. 캐드블럭을 사실적으로 표현하기 12
- Lesson 02. 보조선으로 입체감을 주기 13
- Lesson 03. 치수선과 문자 정리하기 14
- Lesson 04. 해치를 적극 활용하기 15
- Lesson 05. 선가중치를 이용하여 입체감 있는 도면 그리기 16

Chapter 02. 캐드 도면 정리하기 18
- Lesson 01. 평면도 정리하기 18
- Lesson 02. 평면도 벽체 만들기 20
- Lesson 03. 입면도 정리하기 21

Chapter 03. 플로터 드라이버 설정하기 24

Chapter 04. 캐드의 dwg 파일을 eps 파일로 전환하기 26

Chapter 05. 마감 계획하고 맵소스 준비하기 30

Chapter 06. 칼라링 잘하는법 32
- Lesson 01. 기본 도면부터 탄탄하게 그리기 32
- Lesson 02. 해상도가 높고, 이미지가 분명한 소스 사용하기 32
- Lesson 03. 그라데이션으로만 칼라링 하지 않기 32
- Lesson 04. 소품을 적극 활용하기 33
- Lesson 05. 흰색을 되도록 없애고, 작은 부분도 하나하나 작업하기 33

PART 02. 포토샵 제대로 활용하기

Chapter 01. 포토샵 기본 화면 구성 36
- Lesson 01. 포토샵 기본 화면 알아보기 36

Lesson 02. 도구 패널 알아보기 37
Lesson 03. 중요한 패널 알아보기 40

Chapter 02. 알아두면 아주 유용한 기능 알아보기 44

Lesson 01. 파일 주요 메뉴 살펴보기 44
　Section 01. 새로 만들기 Ctrl+N 44
　Section 02. 열기 Ctrl+O 45
　Section 03. 이미지 저장하기 Ctrl+S Shift+Ctrl+S 47
　Section 04. 작업화면 닫고 Ctrl+W 포토샵 종료하기 Ctrl+Q 47
　Section 05. 사진 이어붙이기 48

Lesson 02. 편집 주요 메뉴 살펴보기 52
　Section 01. 칠 – 내용인식 기능 사용하기 52
　Section 02. 패치 도구로 지우기 55
　Section 03. 칠 – 패턴 만들고 채우기 58
　Section 04. 획 – 테두리 만들기 61
　Section 05. 자유롭게 이미지 변형하기 64
　Section 06. 환경설정–작업화면 색상 바꾸기 69

Lesson 03. 이미지 주요 메뉴 살펴보기 70
　Section 01. [이미지]–[조정]–[명도/대비] 70
　Section 02. [이미지]–[조정]–[레벨] 71
　Section 03. [이미지]–[조정]–[곡선] 72
　Section 04. 색상 조정하기 73
　Section 05. 캔버스 크기 조절하기 77
　Section 06. 임의와 자르기 79

Lesson 04. 서로 다른 이미지 색상톤 맞추기 82
Lesson 05. Camera Raw 필터로 기울어진 사진 보정하기 84

Chapter 03. 칼라링 작업 중 도면 쉽게 수정하기 88

Lesson 01. 선을 지워야 할 경우 88
Lesson 02. 선을 그려야 할 경우 89
Lesson 03. 도면 수정이 많이 되어야 할 경우 90

CONTENTS

PART 03. 도면 칼라링 실무 테크닉_주거공간

Chapter 01. 주거공간 가구 칼라링 94
- Lesson 01. 도면 불러오기 94
- Lesson 02. 가구표현하기-침대 95
- Lesson 03. 가구표현하기-6인용 쇼파 103
- Lesson 04. 가구표현하기-6인용식탁 113
- Lesson 05. 가구표현하기-욕조 117

Chapter 02. 주거공간 평면도 칼라링 120
- Lesson 01. 바닥 마감재 표현하기 121
- Lesson 02. 붙박이 가구 표현하기 132
- Lesson 03. 창호 표현하기 138
- Lesson 04. 기타 공간 표현하기 142

Chapter 03. 주거공간 천정도 칼라링 150
- Lesson 01. 도면 불러오기 151
- Lesson 02. 천정 마감 표현하기 152
- Lesson 03. 조명 표현하기 153
- Lesson 04. 간접조명 표현하기 155
- Lesson 05. 마무리하기 157

Chapter 04. 주거공간 입면도 칼라링 164
- Lesson 01. 기본 작업 시작하기 165
- Lesson 02. 거울 표현하기 166
- Lesson 03. 도어 표현하기 169
- Lesson 04. 가구 표현하기 175
- Lesson 05. 벽지 표현하기 186
- Lesson 06. 패브릭 판넬 표현하기 188
- Lesson 07. 간접조명 표현하기 195
- Lesson 08. 거울 비치는 효과 표현하기 196
- Lesson 09. 마무리하기 199

Lesson 10. 소품 배치하기 ·· 200

PART 04. 도면 칼라링 실무 테크닉_공간

Chapter 01. 카페 천정도 칼라링 ·· 206
    Lesson 01. 기본 작업 시작하기 ·· 207
    Lesson 02. 천정 마감 표현하기 ·· 209
    Lesson 03. 주조명 표현하기 ·· 212
    Lesson 04. 간접조명 표현하기 ·· 215
    Lesson 05. 창호 표현하기 ·· 217
    Lesson 06. 벽체 표현하기 ·· 218
    Lesson 07. 마무리하기 ·· 219

Chapter 02. 아파트 거실 입면도 칼라링 ·· 224
    Lesson 01. 기본 작업 시작하기 ·· 225
    Lesson 02. 통로 칼라링하기 ·· 226
    Lesson 03. 도장 마감하기 ·· 228
    Lesson 04. 벽지 마감하기 ·· 240
    Lesson 05. 우드 표현하기 ·· 241
    Lesson 06. 타일 마감하기 ·· 245
    Lesson 07. 마루 표현하기 ·· 246
    Lesson 08. 조명 및 소품 표현하기 ·· 248

Chapter 03. 커피카페 입면도 칼라링 ·· 254
    Lesson 01. 기본 작업 시작하기 ·· 255
    Lesson 02. 통로 칼라링하기 ·· 256
    Lesson 03. 도장 마감하기 ·· 258
    Lesson 04. 타일 마감하기 ·· 261
    Lesson 05. 가구 표현하기 ·· 267
    Lesson 06. 금속 표현하기 ·· 278
    Lesson 07. 소품 넣기 ·· 287

CONTENTS

Chapter 04. 한식당 입면도 칼라링 296
    Lesson 01. 기본 작업 시작하기 297
    Lesson 02. 통로 칼라링하기 298
    Lesson 03. 한지 표현하기 301
    Lesson 04. 우드 패널 및 무늬목 표현하기 302
    Lesson 05. 전돌 표현하기 312
    Lesson 06. 구로철판 표현하기 313
    Lesson 07. 조명 표현하기 316
    Lesson 08. 소품 배치하기 320

Chapter 05. 키즈카페 입면도 칼라링 328
    Lesson 01. 기본 작업 시작하기 329
    Lesson 02. 창문 만들기 330
    Lesson 03. 브론즈경 표현하기 334
    Lesson 04. 걸레받이 표현하기 336
    Lesson 05. 도장 표현하기 338
    Lesson 06. 우드 마감하기 360
    Lesson 07. 붙박이 쿠션 표현하기 368
    Lesson 08. 조명 표현하기 371
    Lesson 09. 소품넣기 375
    Lesson 10. 실내사인 표현하기 379
    Lesson 11. 브론즈경 비치는 효과 표현하기 381

Chapter 06. 미용학과 강의실 입면도 칼라링 386
    Lesson 01. 기본 작업 시작하기 387
    Lesson 02. 패턴으로 등록하여 고벽돌 타일 표현하기 388
    Lesson 03. 거울 프레임 표현하기 390
    Lesson 04. 도장 및 인테리어 필름 표현하기 397
    Lesson 05. 레이어마스크를 이용하여 거울 표현하기 411
    Lesson 06. 레이어마스크를 이용하여 백페인트글라스 표현하기 415
    Lesson 07. 실내사인작업 표현하기 416

Lesson 08. 할로겐 조명 표현하기 418
Lesson 09. 가구 표현하기 419
Lesson 10. 폴리싱 타일 표현하기 422

Chapter 07. 3D소스를 이용한 호텔 평면도 칼라링 428
Lesson 01. 캐드 도면 정리하기 429
Lesson 02. 도면 불러오기 431
Lesson 03. 패턴을 이용한 바닥 표현하기 433
Lesson 04. 붙박이 가구 표현하기 449
Lesson 05. 창호 표현하기 453
Lesson 06. 3D소스를 이용한 이동가구 표현하기 457

PART 05. 포토샵 응용하기

Chapter 01. 제안서 디자인 470

Chapter 02. 포트폴리오 디자인 474

Chapter 03. 지명원 디자인 476

본 책의 예제 소스는 저자 블로그 (http://blog.naver.com/design_soda/221462151391)에 있습니다.

1 PART
포토샵 도면 칼라링 준비하기

01. 있어 보이는 도면그리기
02. 캐드 도면 정리하기
03. 플로터 드라이버 설정하기
04. 캐드dwg 파일을 eps 파일로 전환하기
05. 마감 계획하고 맵소스 준비하기
06. 칼라링 잘하는 법

CHAPTER 01 있어 보이는 도면 그리기

캐드도면설계는 포토샵 도면 칼라링 작업을 시작하기에 앞서 반드시 진행되어야 하는 작업입니다. 캐드도면 위에 포토샵을 이용하여 칼라링하기 때문인데, 아래의 사항을 유의해서 작업해보세요. 훨씬 멋진 결과물로 완성될 수 있습니다. 이번 장에서는 인테리어 설계에서 기본이 되는 도면을 탄탄하게 만드는 방법을 알아보도록 하겠습니다.

Lesson 01 캐드블럭을 사실적으로 표현하기

사각으로 간단하게 그린 침대와 베게와 쿠션 등의 소품이 디스플레이 된 침대... 어느 블럭을 사용하면 도면이 이뻐보일까요? 표현할 부분도 많고, 좀 더 사실적으로 보이는 캐드소스 위주로 작업을 진행해보세요.

이미 그려져서 공유되고 있는 자료들을 다운받아 나만의 블럭으로 편집해서 사용해보는 것도 좋은 방법입니다.

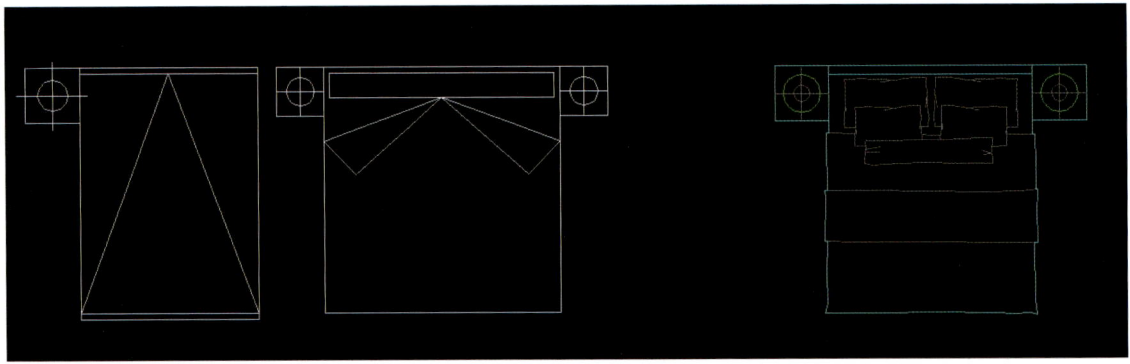

▲ 침대 캐드 블럭 예

Lesson 02 보조선으로 입체감을 주기

간단한 가구를 그리게 되었을 때도 사각 박스로 표현하는 것 보다는 문의 개폐방향 표시도 해주고, 30mm 정도 안쪽으로 가중치가 얇은 선을 이중으로 표현해주면 도면이 좀 더 풍성해 보입니다.

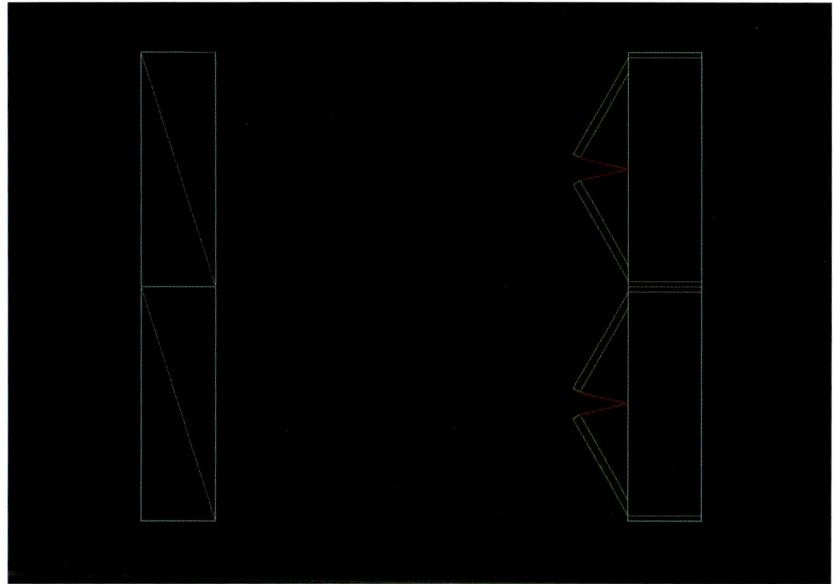

▶ 신발장 캐드 블럭 예

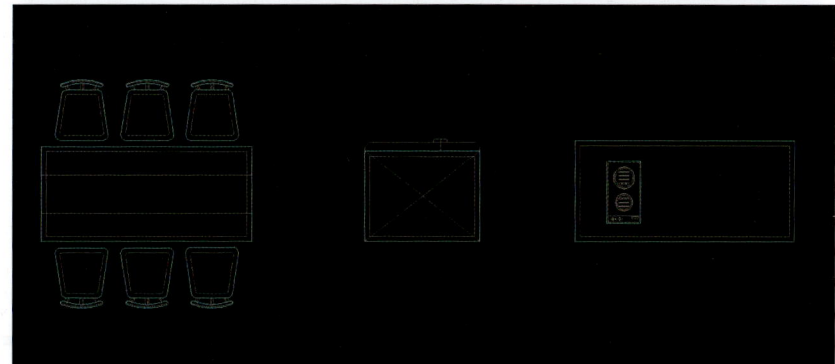

▶ 주방집기 캐드 블럭 예

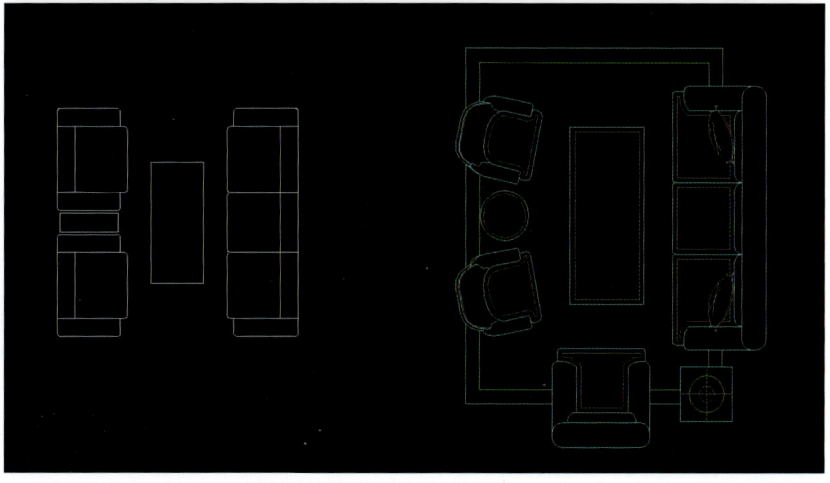

▶ 쇼파 캐드 블럭 예

Lesson 03 치수선과 문자 정리하기

도면틀에 비해 도면이 너무 작아 보이지는 않나요? 필자는 도면을 도면틀에 넣었을 때 치수선까지 포함해서 꽉 차 보일 수 있게 표현합니다. 치수선 간격이 너무 넓거나 좁지는 않은지, 문자가 너무 크거나, 작지는 않은지… 폰트가 눈에 잘 띄는지 확인하고, 문자 및 치수선을 수정해보세요. 안정감 있고, 보기 좋은 도면이 됩니다.

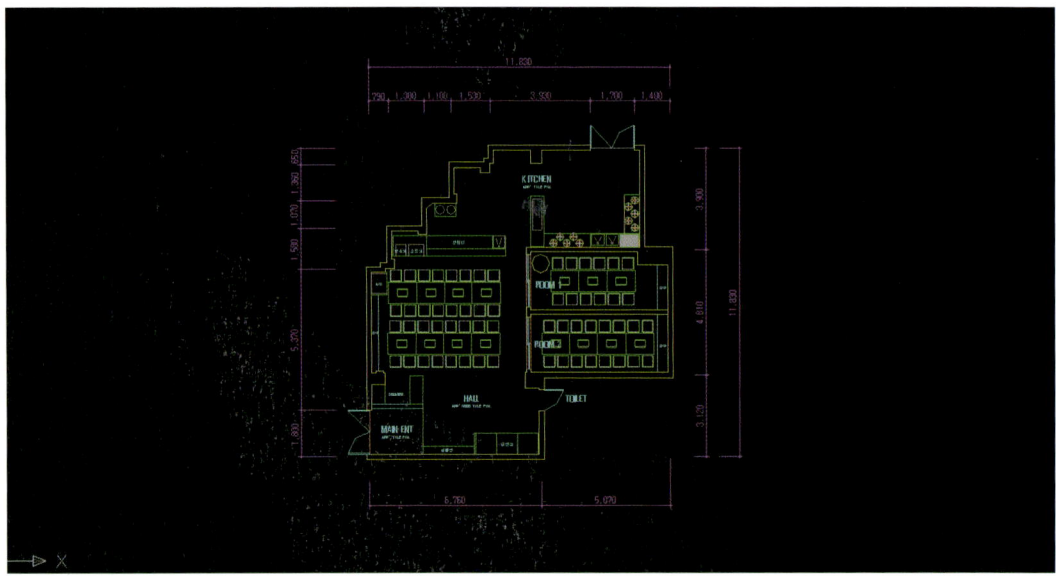

▲ 치수선 수정 전

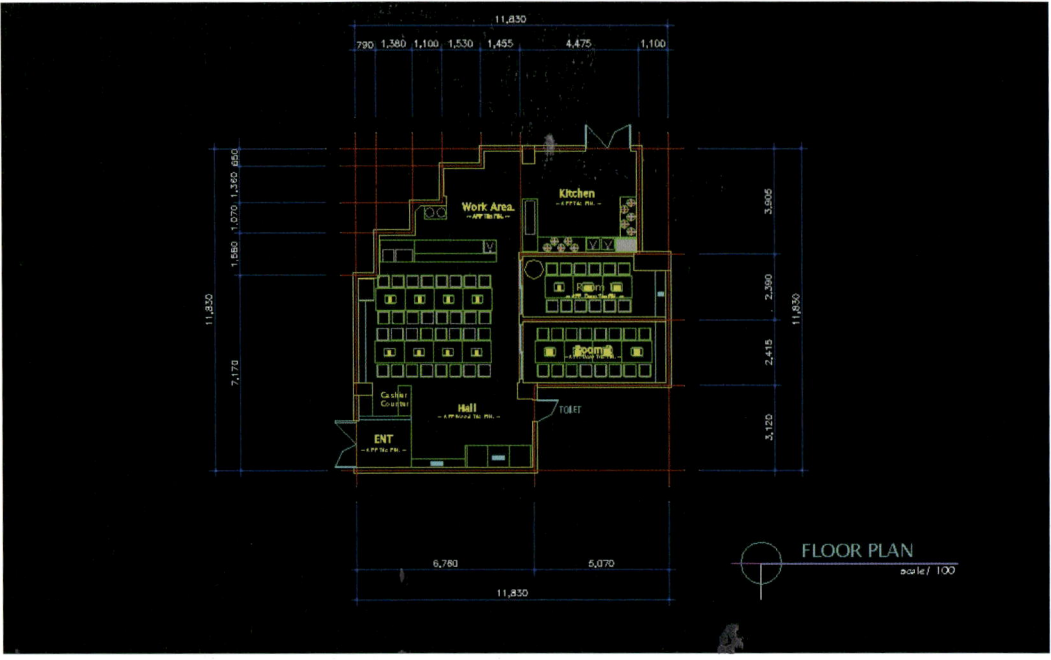

▲ 치수선 수정 후

Lesson 04 해치를 적극 활용하기

도면칼라링에서의 해치(hatch)는 거의 정리의 대상이 되지만, 도면을 있어보이게 그리기 위해서는 꼭 필요한 작업입니다. 벽돌, 도장, 요철면 표현 등 마감재들의 영역, 경계들을 구분지어 흑백인 도면을 사실감 있게 보여주면서, 풍성하게 만들어줍니다.

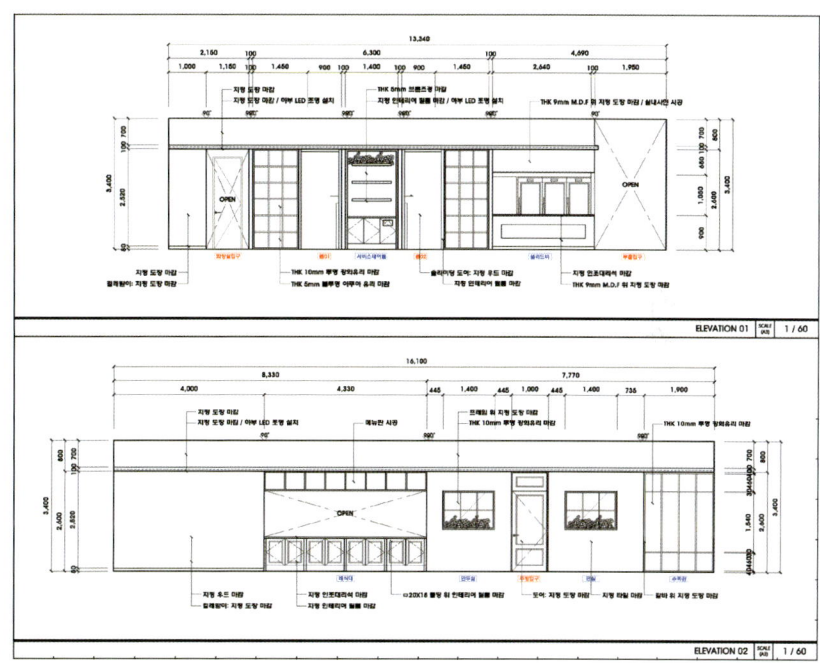

▶ 해치작업 전

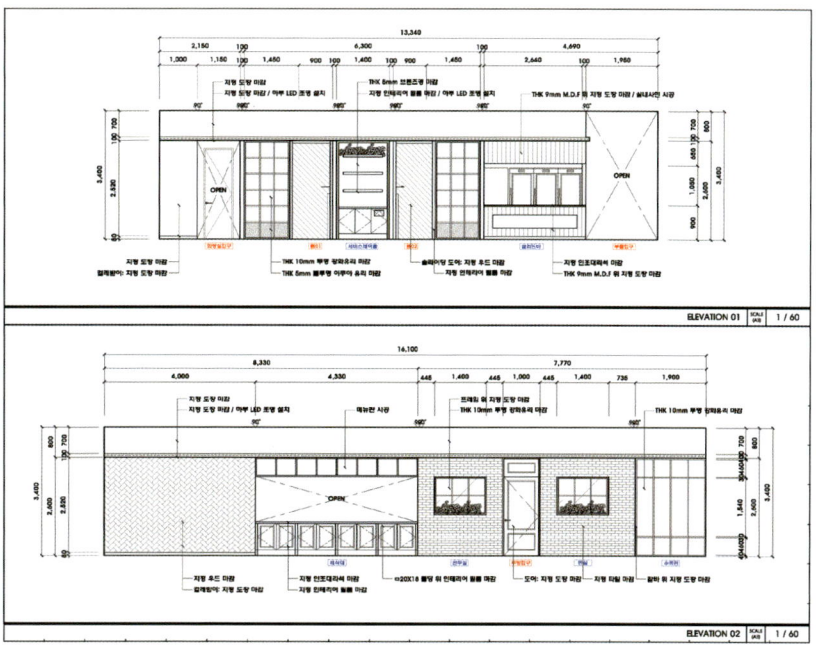

▶ 해치작업 후

Lesson 05 선가중치를 이용하여 입체감 있는 도면 그리기

레이어 또는 선색상에 따라 선가중치(선두께)를 다르게 주면 입체감 있는 도면을 그릴 수 있습니다. 가까이 있는 것은 굵게, 멀리있는 것은 얇게, 경계선은 굵게 지정하여 선으로 원근감을 표현해주는 것입니다.

자세한 내용은 캐드의 dwg 파일을 eps 파일로 전환하기에서 자세히 다루도록 하겠습니다.

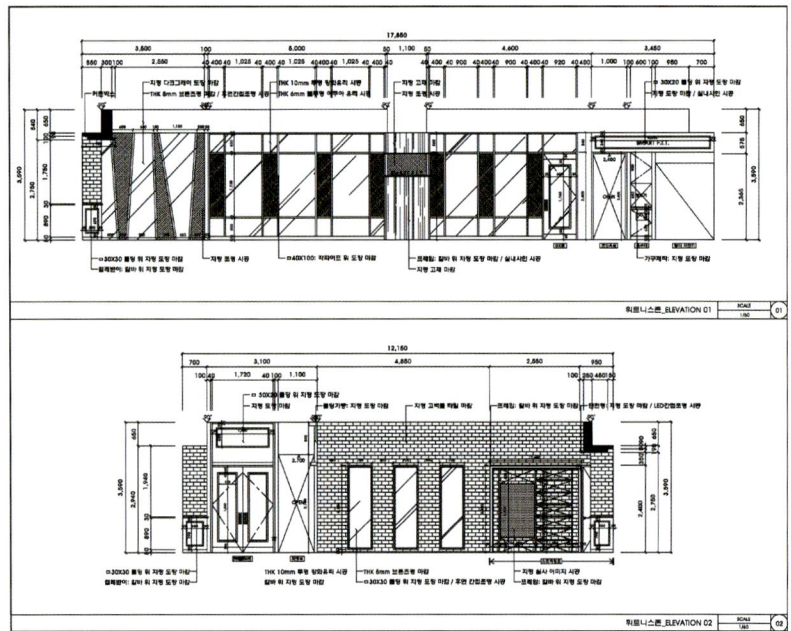

▶ 선가중치 표현 전

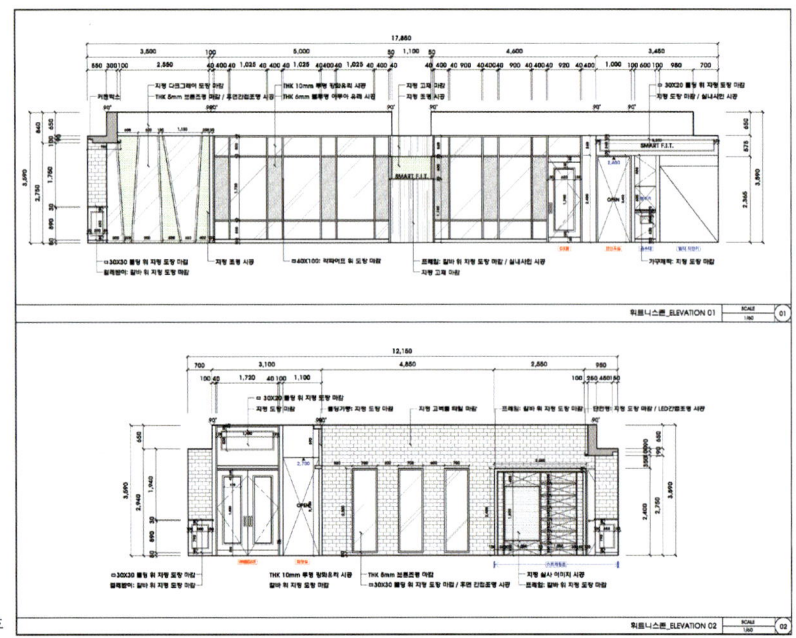

▶ 선가중치 표현 후

Chapter 01 있어 보이는 도면 그리기 :: **17**

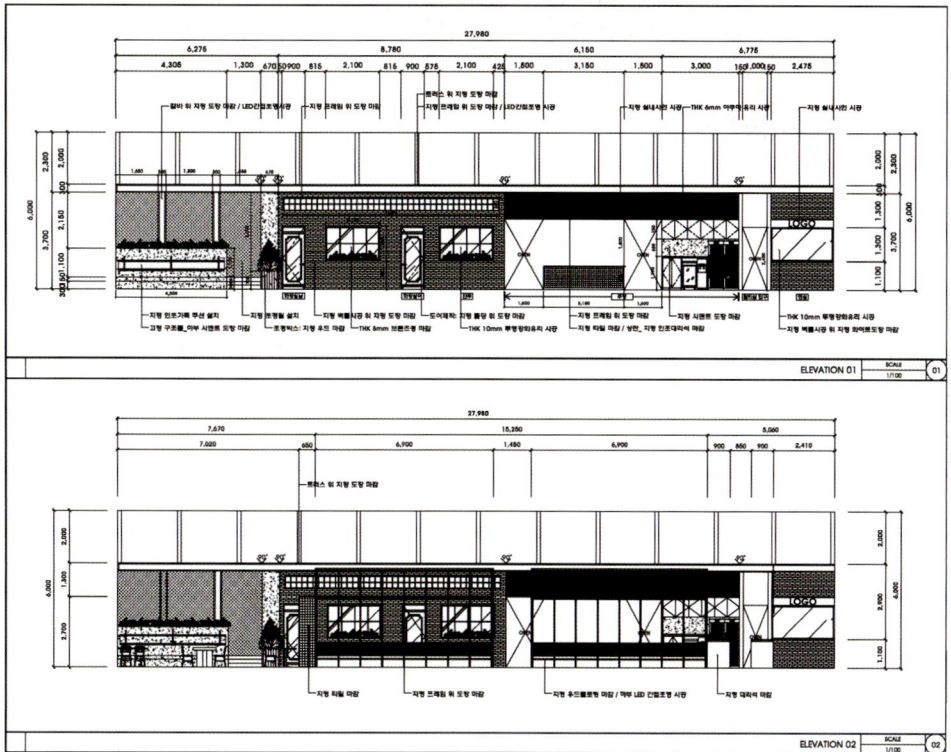

▶ 선가중치 표현 전

▶ 선가중치 표현 후

CHAPTER 02 캐드 도면 정리하기

본격적인 칼라링 작업에 들어가기 전 캐드도면을 정리해보겠습니다. 포토샵 도면 칼라링을 하기 위해 도면을 정리한다는 것은 3ds max 작업을 위해 도면을 정리하는 것과는 차이가 있습니다. eps 파일로 전환하면서 자연적으로 레이어가 합쳐지기 때문에, 레이어를 정리한다는 개념보다는 캐드에서 표현하는 것이 나은 것은 놔두고, 포토샵에서 표현하는 것이 나은 것은 삭제하는 작업이라고 생각하시면 됩니다.

Lesson 01 평면도 정리하기

주거공간 예제도면의 경우 거실 대리석을 밝은 색상으로 표현할 것이므로, 포토샵에서 줄눈을 표현한 것이 오히려 눈에 띄지 않을 수 있기 때문에 해치선을 지우지 않겠습니다.

나머지, 타일들(욕실 및 베란다, 보조주방, 다용도실)은 포토샵에서 표현하기 위해 지워줍니다. 옷장의 옷걸이 및 가구라인도 지워줍니다.

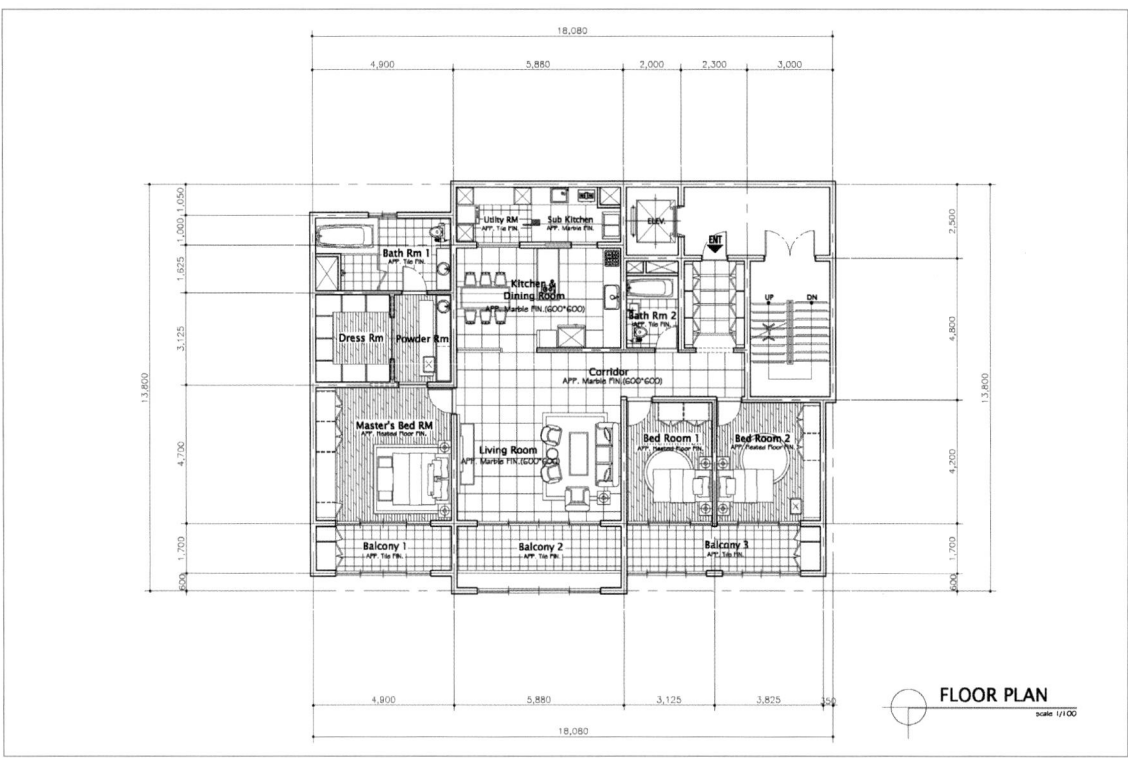

▲ 도면정리 전

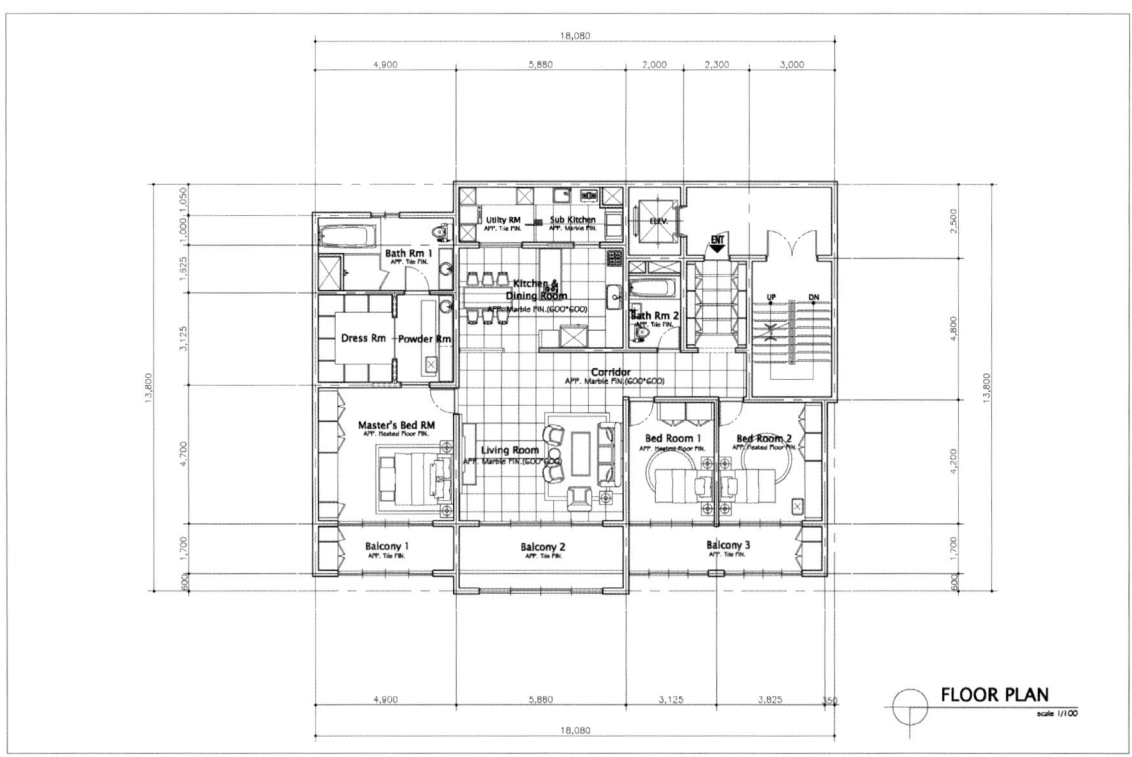

▲ 도면정리 후

Lesson 02 평면도 벽체 만들기

공간의 구획을 명확하게 하기 위해서 벽체를 솔리드로 채우는 작업을 합니다.

방법은 첫 번째, 캐드에서 폴리라인으로 벽체를 그린 후 해치를 넣어주는 것과 두 번째, 포토샵에서 벽체 레이어 지정 후 검정색으로 채워주는 방법이 있습니다.

필자의 경우에는 첫 번째 방법으로 표현하였고, 편하신 방법을 사용하시면 됩니다. 단 캐드에서 eps 파일로 변환할 때 평면도와 같은 스케일이어야 같은 크기로 불러올 수 있습니다.

알아두기

레이어를 따로따로 불러들여서 합치는 방법을 쓰시는 분들도 계신데, 함께 불러와도 별 문제는 없습니다. 다만 벽체의 그림자 효과를 위해 벽체 레이어만 따로 저장하는 것이 작업하기에 편리합니다.

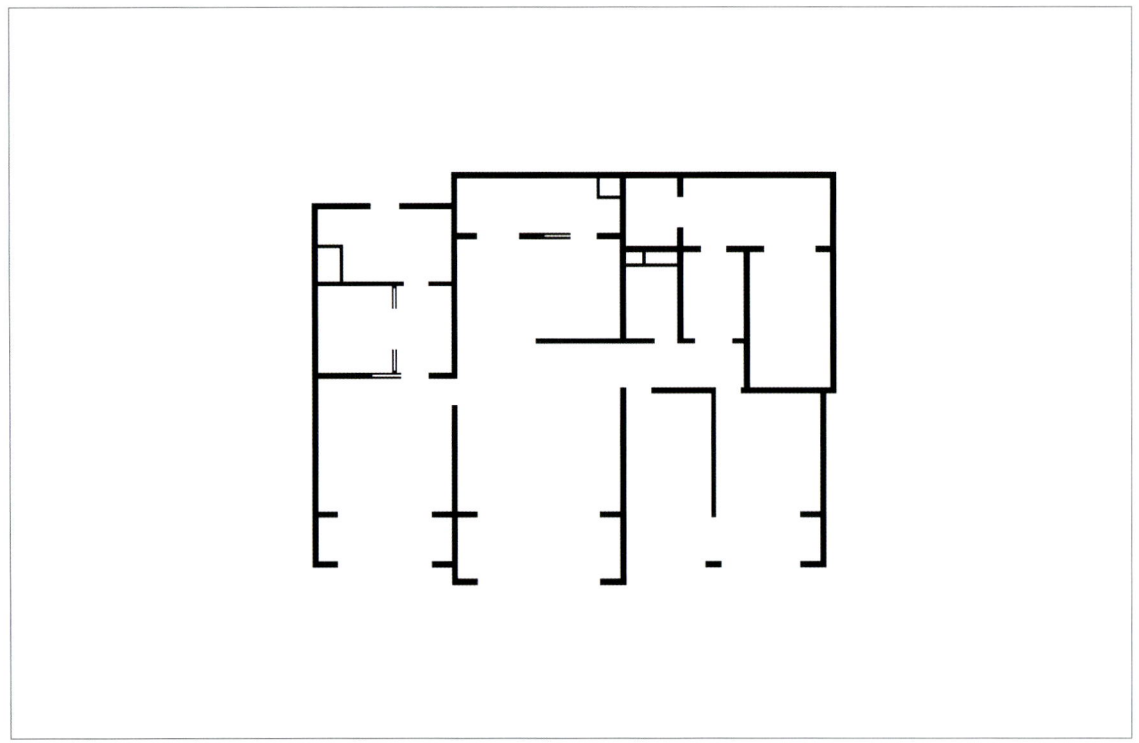

▲ 벽체 작업

Lesson 03 입면도 정리하기

칼라링의 장점은 캐드의 치수개념과 마감재가 표기되어 있으면서 각 부분에 대한 색상계획이 함께 보여진다는 것입니다. 칼라링을 처음부터 염두해두고 도면작업을 한 것이 아니라서, 모든 블럭마다 객체가리기로 작업을 해두었다면, 칼라링 작업 시 해당 블럭을 전부 분해해줘야 합니다.

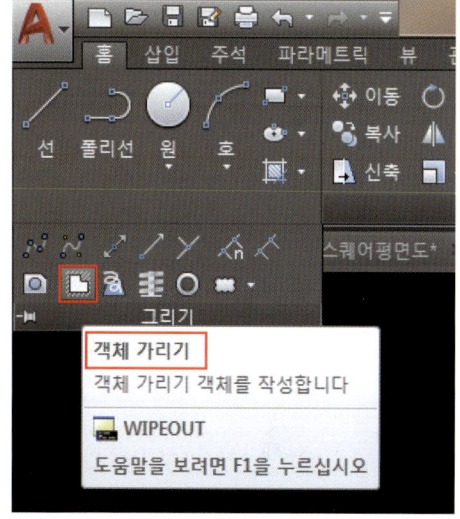

▲ 캐드객체가리기

캐드에서 선을 그리고, 마우스 오른쪽 버튼을 눌러 [그리기순서]-[맨뒤로 보내기]를 해보면 객체가리기 블럭에 선이 가려집니다. 이렇듯 객체가리기는 그려놓은 객체들을 지우지 않고 면을 이용하여 임시로 가려두는 기능입니다.

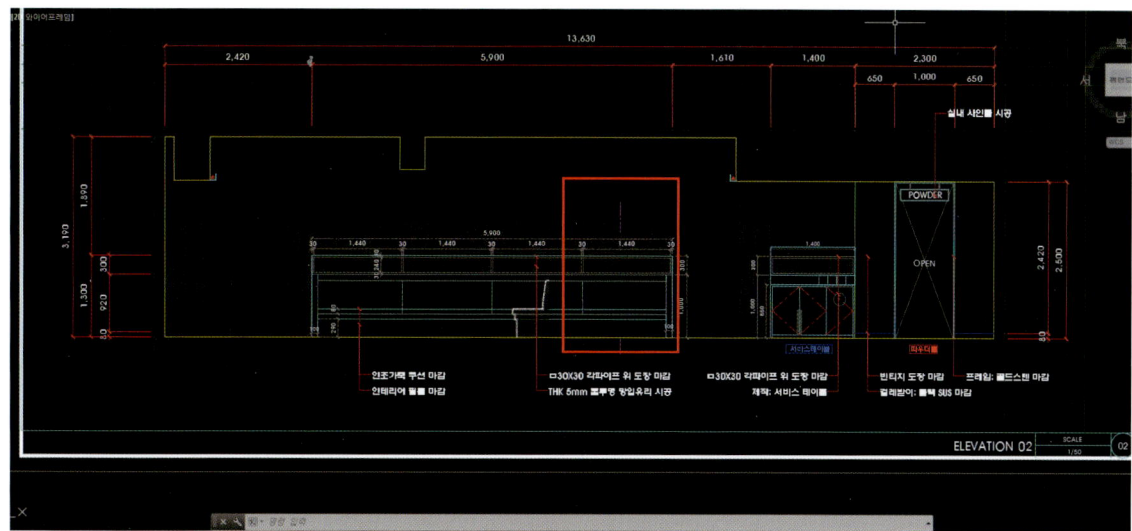

그렇다보니 칼라링을 하기 위해 eps 파일로 변환한 도면을 불러와보면, 도면레이어에 객체가리기의 배경이 포함되어 있습니다.

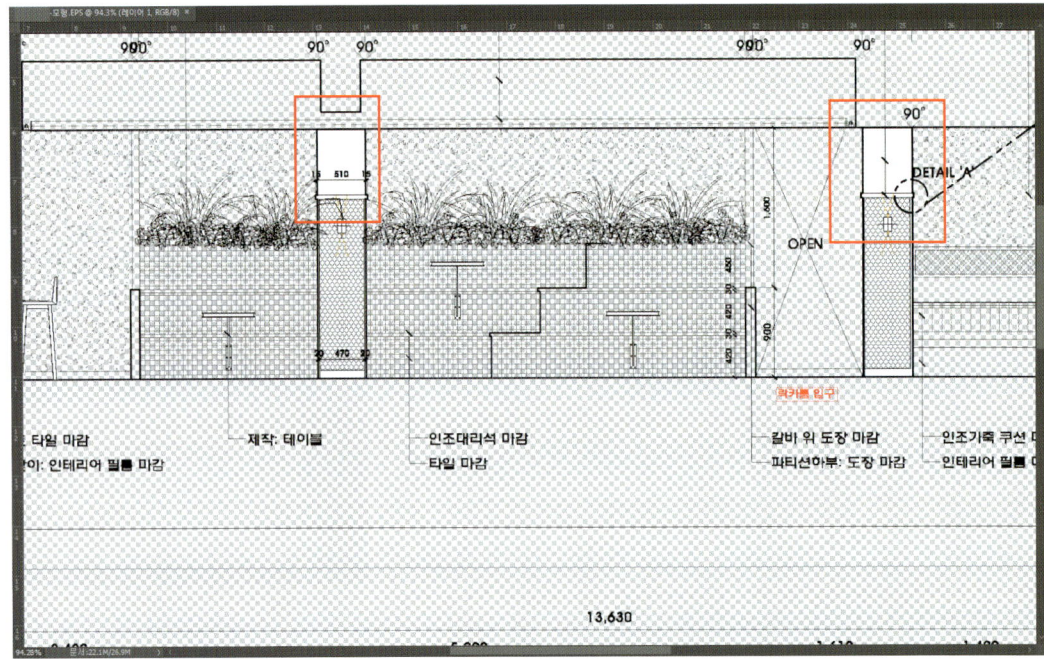

▲ 객체가리기가 적용되어 변환된 도면

도면레이어와 같은 라인에 있다보니, 칼라링이 적용이 안되는 것이지요. 그래서 객체가리기로 작업을 했을 때는 해당 블럭을 모두 분해해주고 변환을 해야 합니다.

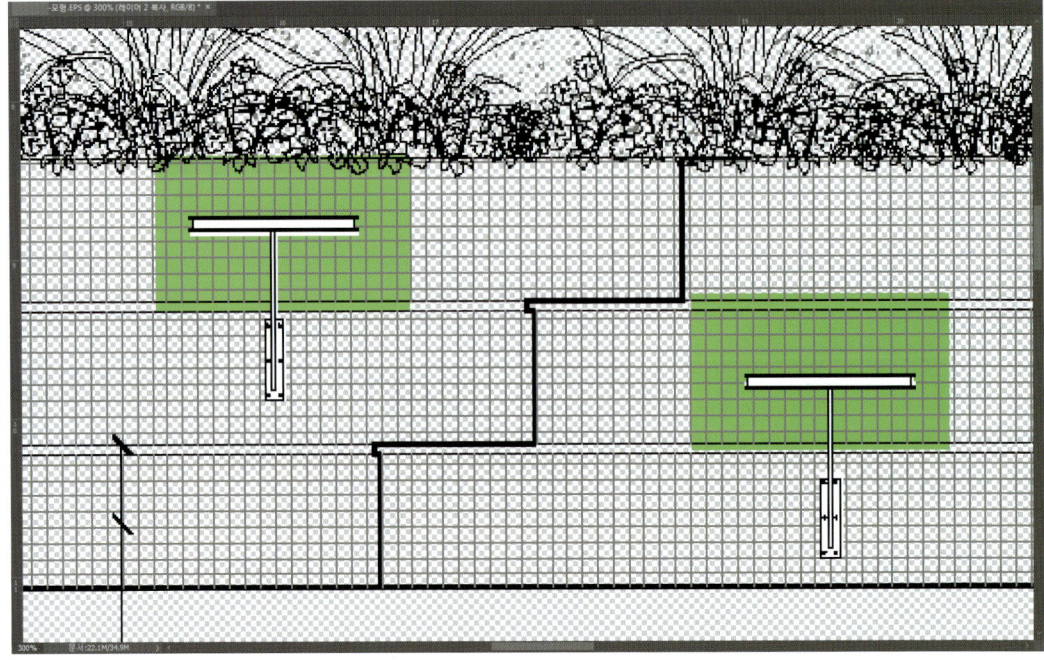

▲ 객체가리기가 적용되어 변환된 도면

그런 다음 각종 해치와 칼라링의 색상계획을 방해할 수도 있는 세부치수선 등을 정리해줍니다.

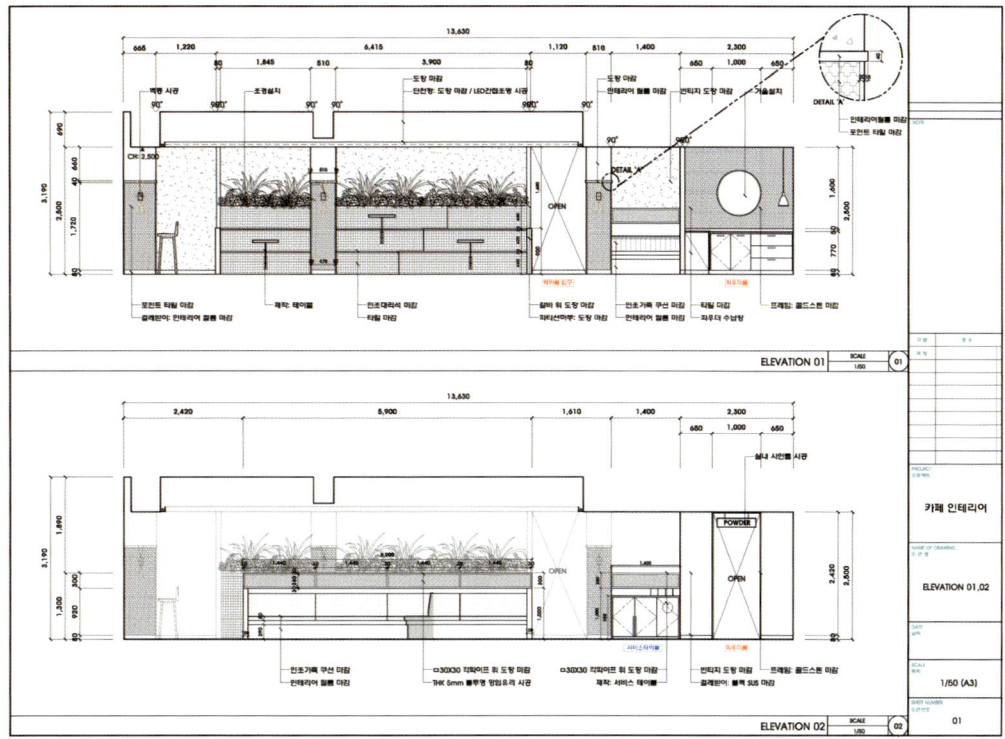

▲ 입면도 정리전

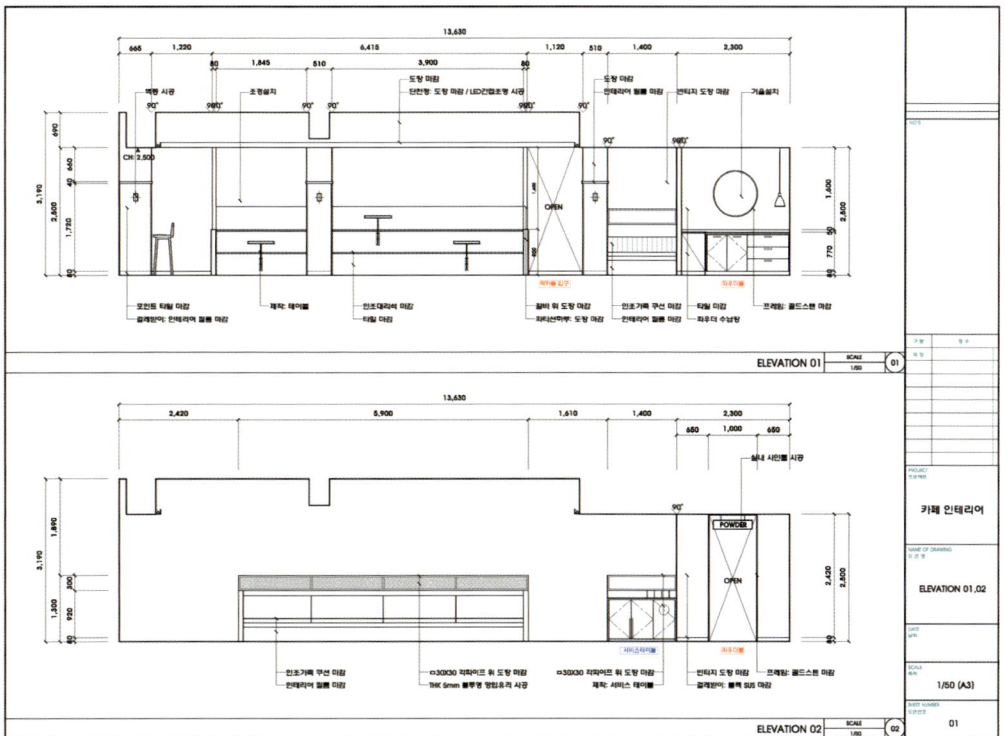

▲ 입면도 정리후

CHAPTER 03 플로터 드라이버 설정하기

포토샵으로 칼라링 작업을 하기 전에 캐드에서 가상 플로터를 설정하여, 도면을 프린터 출력이 아닌 파일로 출력하는 방법입니다. 지정한 스케일과 선두께가 그대로 적용이 되므로 꼭 필요한 작업입니다.

eps 파일로 전환하기 위한 드라이버 설정 과정을 알아보도록 하겠습니다.

01 플로터 드라이버를 설정하기 위해 ① 메뉴 바의 ② [인쇄] - ③ [플로터 관리]를 실행합니다.

02 [플로터 추가 마법사]를 더블클릭하여, 플로터를 추가할 수 있는 대화상자를 엽니다.

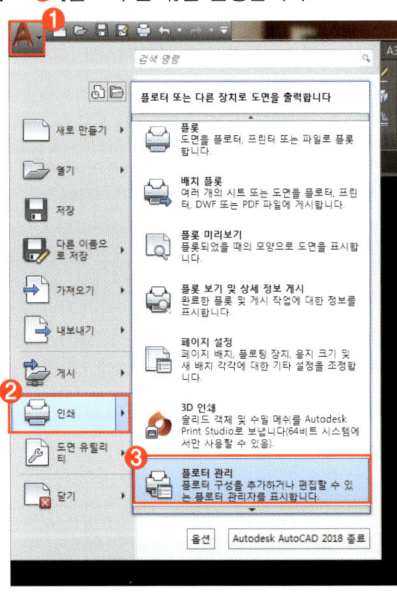
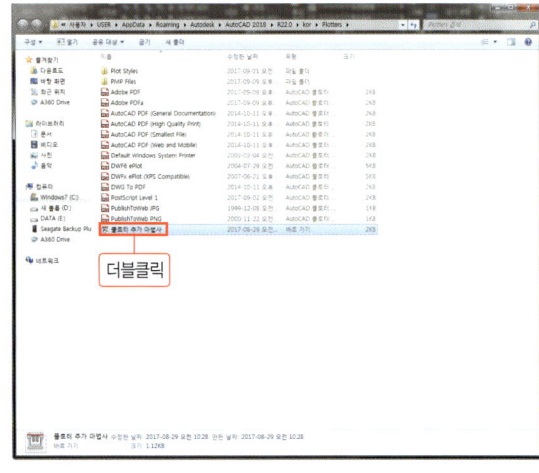

03 [다음]을 클릭합니다.

04 "내 컴퓨터"가 선택되어 있으면 [다음]을 클릭합니다.

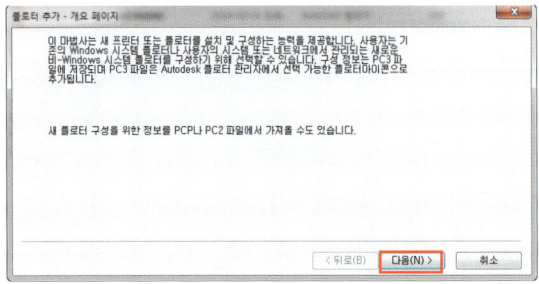
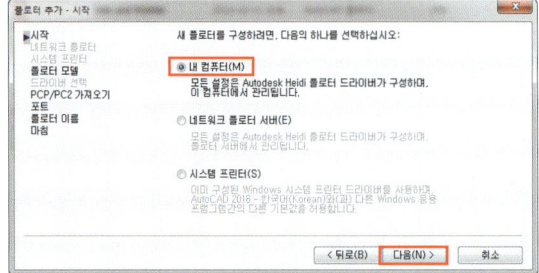

05 "PostScript Level 1"을 선택한 후 [다음]을 클릭합니다.

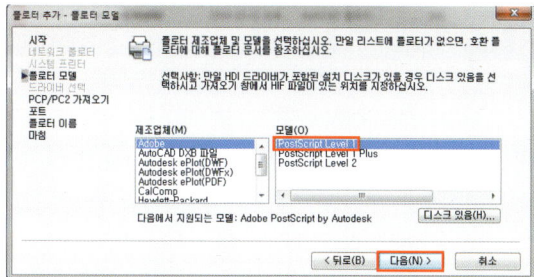

06 [다음]을 클릭합니다.

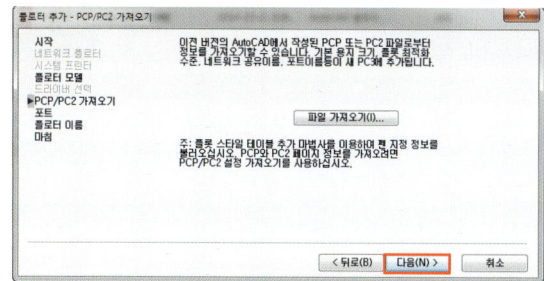

07 eps 파일을 만들어야 하므로 [파일에 플롯]을 체크한 후 [다음]을 클릭합니다.

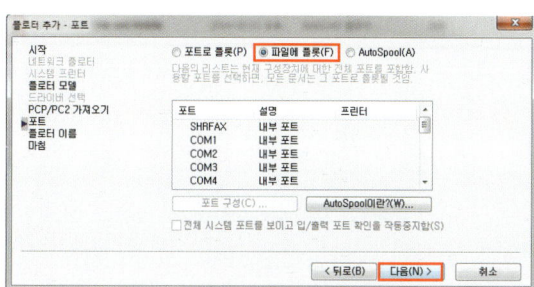

08 플로터 이름을 정해야 합니다. 그대로 [다음]을 클릭하셔도 되고, 알아보기 쉬운 이름을 기입하셔도 됩니다.

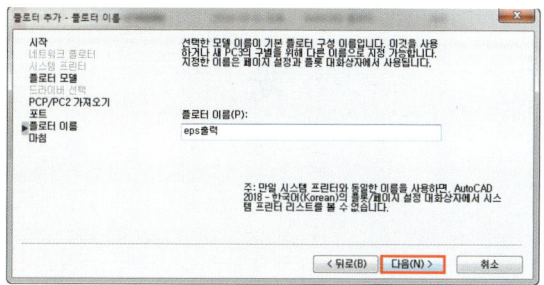

09 [마침]을 눌러 플로터 드라이버 세팅을 종료합니다.

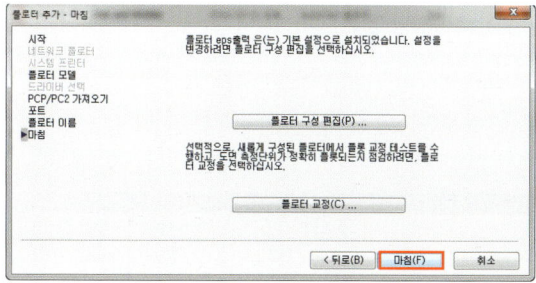

10 플로터 창에 새로 만든 플로터 드라이버가 생성이 되어 있는지 확인합니다.

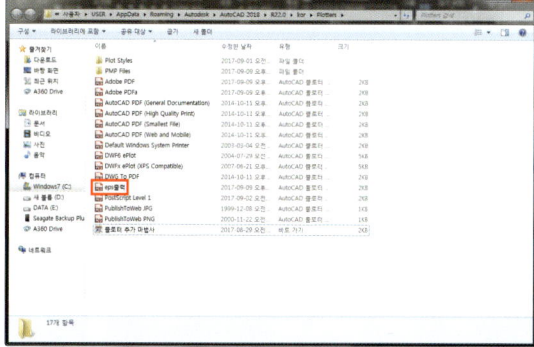

캐드의 dwg 파일을 eps 파일로 전환하기

○ **예제소스경로** Part01. – 예제_주거공간도면

01 캐드를 실행 후 [예제_주거공간도면]을 불러옵니다.

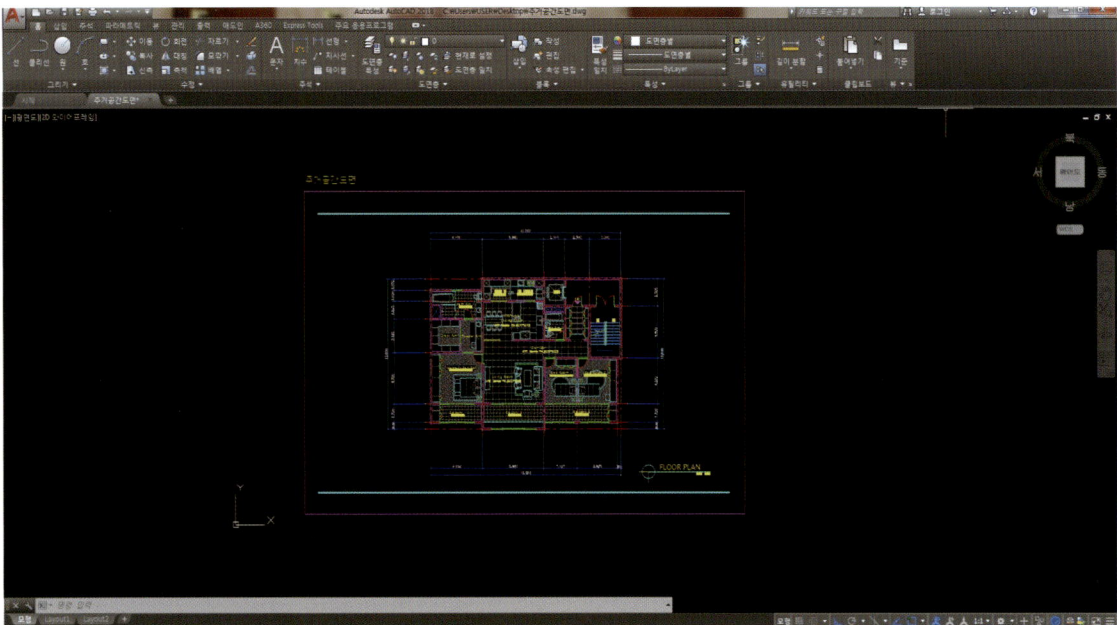

02 메뉴 바의 [플롯] 버튼을 클릭하여, [플롯-모형] 창에서 조금 전 설정한 [eps 출력] 드라이버를 선택합니다.

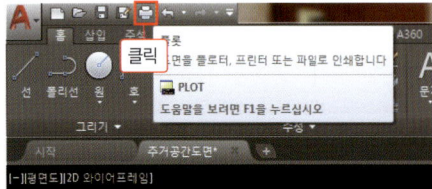
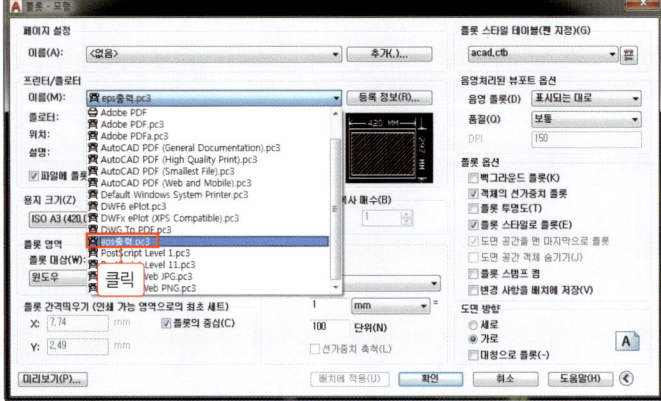

Chapter 04 캐드의 dwg 파일을 eps 파일로 전환하기 :: 27

03 [플롯 스타일 테이블] 항목에서 [acad.ctb]를 선택하고 [편집] 버튼을 클릭합니다. 여기서 선의 색상 및 두께를 조절할 수 있습니다.

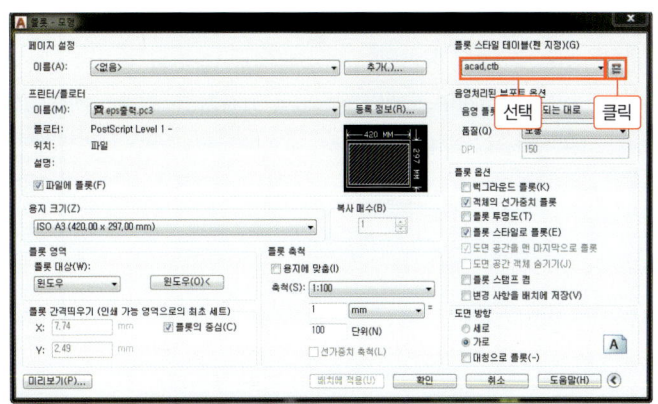

04 색상1을 클릭하고 [Shift] 버튼을 누르면서 색상9를 선택한 후 색상을 검은색으로 지정해줍니다.

선가중치는 다음과 같이 지정해줍니다.

[색상 1(Red) - 중심선 - 0.05mm]
[색상 2(yellow) - 가벽선 - 0.2mm]
[색상 3(green) - 창호선 - 0.09mm]
[색상 4(cyan) - 가구선 - 0.15mm]
[색상 5(blue) - 해치선 - 0.01mm]
[색상 6(magenta) - 벽체선 - 0.35mm]

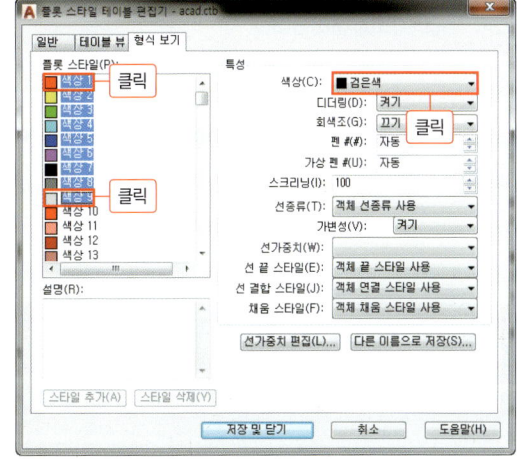

> **알아두기**
> 어떤 색상을 어떤 용도로 쓰는지에 따라 선의 두께가 달라질 수 있습니다. 스케일이 크거나 작을수록 선두께의 조절이 필요할 수 있으니, 프린트 해보면서 스케일에 맞는 선두께를 찾으셔야 합니다.

05 선가중치 편집이 끝났으면 [저장 및 닫기]를 클릭하여 저장합니다.

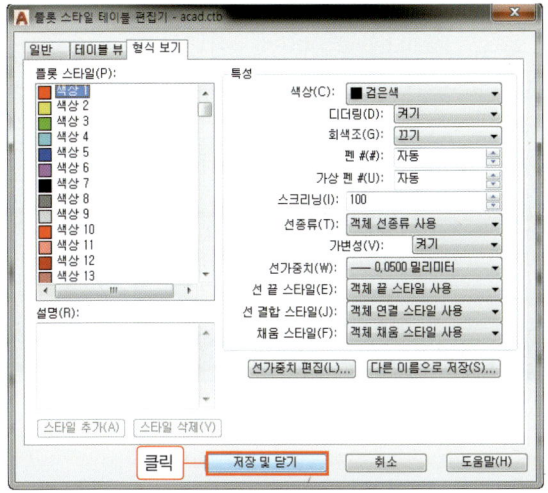

06 [용지 크기]에서 [ISO A3 420.00×297.00MM]를 선택합니다.

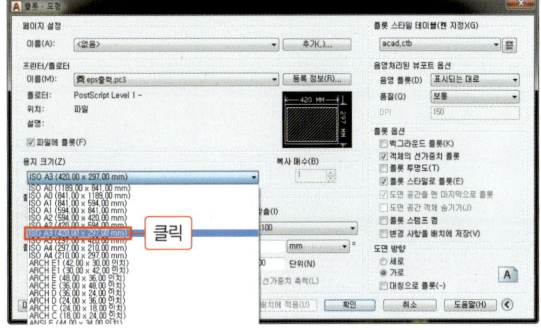

07 다음 [플롯 축척]에서 스케일을 100으로 맞추고, 좌측의 [플롯 간격띄우기] 항목에서 [플롯의 중심]을 체크하여 도면이 정중앙에 위치될 수 있게 합니다.

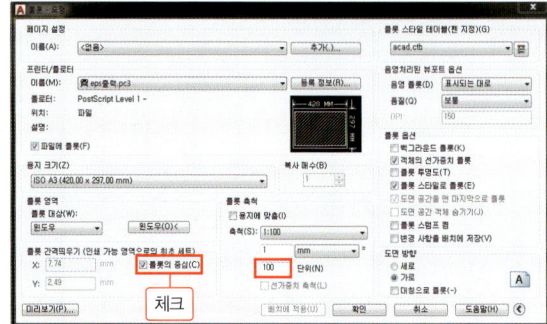

08 ❶ [플롯 영역] 항목의 [윈도우]를 클릭하여, ❷ 도면틀을 다음과 같이 드래그 해서, ❸ eps 파일로 만들 영역을 설정합니다.

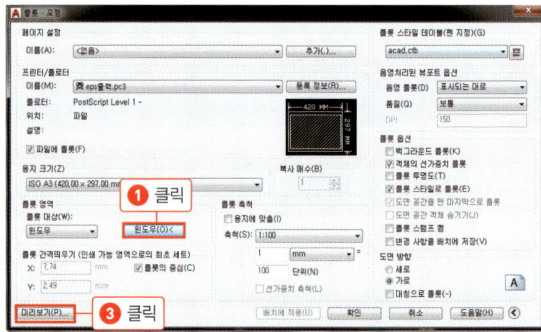

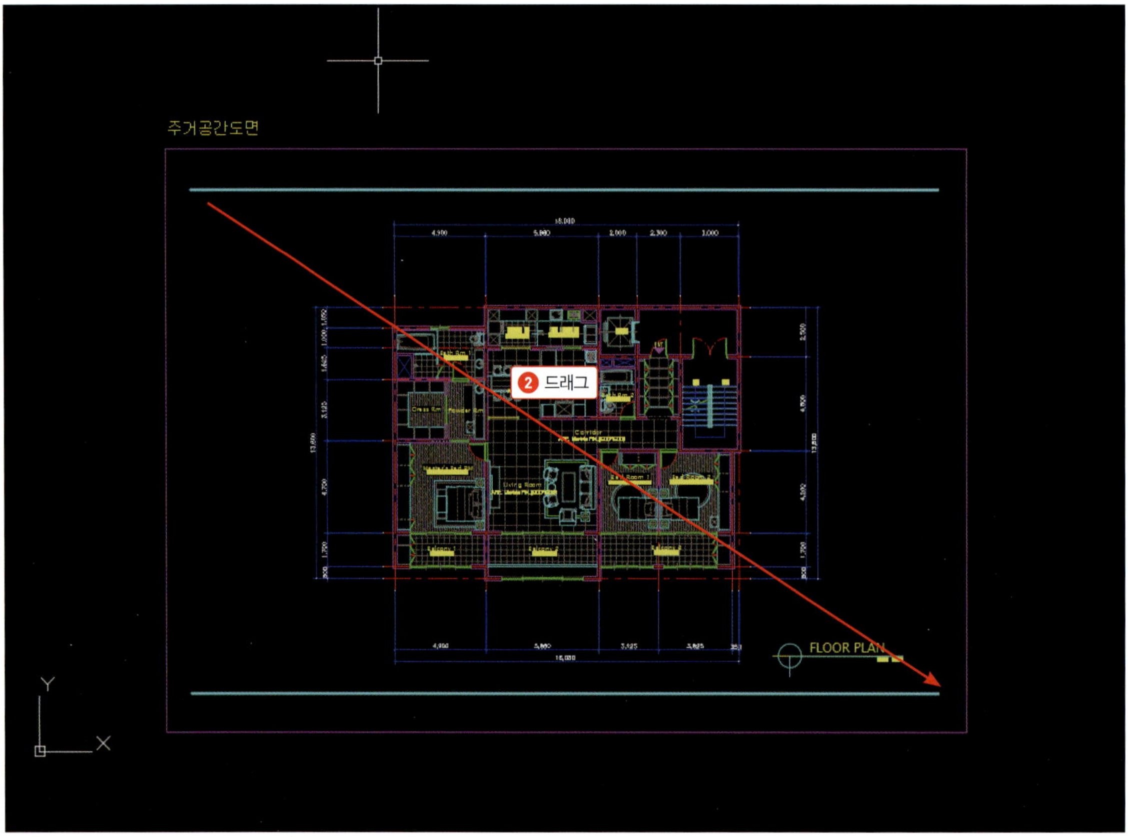

좌측하단의 [미리보기]를 클릭하여 설정된 영역이 정확하게 위치하였는지 확인합니다

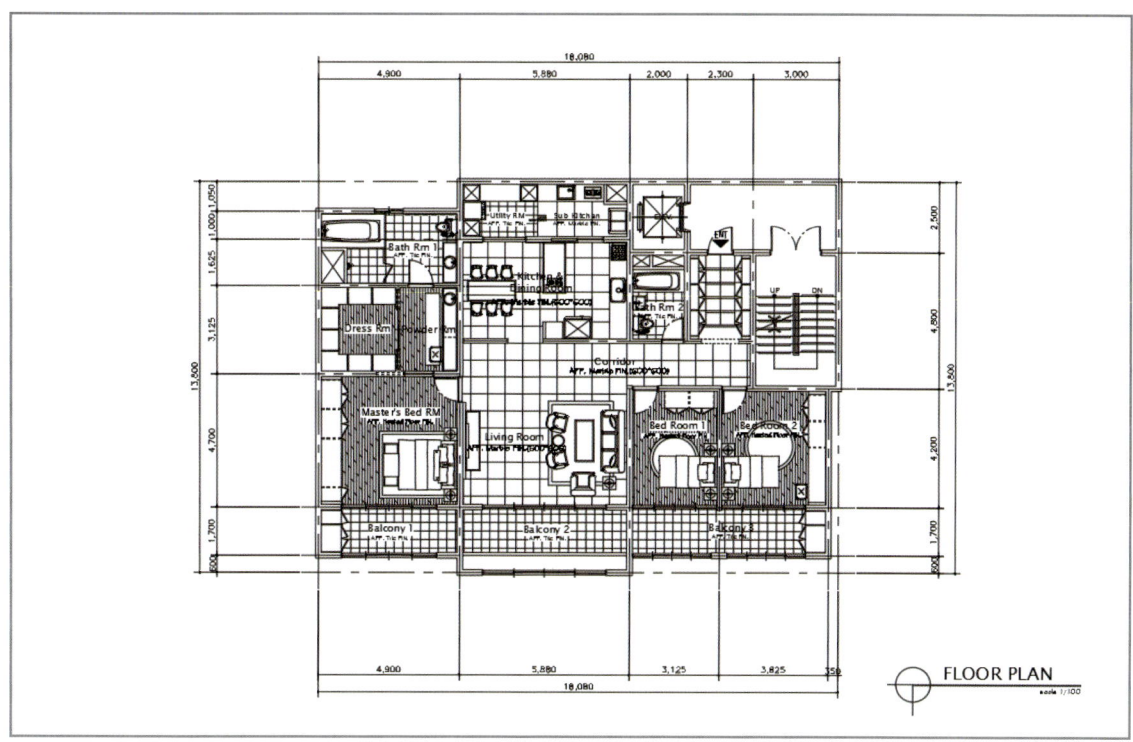

10 확인이 되었으면 키보드의 Esc 버튼을 눌러 [미리보기]화면을 빠져나온 후 [확인] 버튼을 클릭합니다.

11 ❶ eps 파일을 저장할 위치와 ❷ 파일이름을 지정하고 ❸ [저장] 버튼을 클릭하면, 지정된 이름의 eps 파일이 저장됩니다.

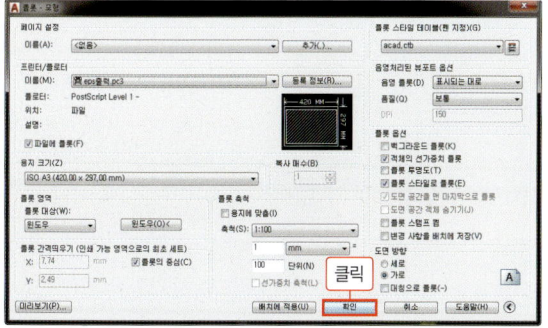
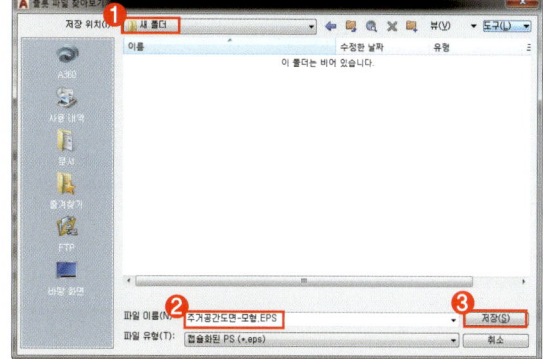

CHAPTER 05 마감 계획하고 맵소스 준비하기

각 실들의 바닥, 천장, 벽체의 마감 자재를 미리 파악하여 작업에 필요한 소스를 준비해야 합니다.

- **바닥마감** : 예 온돌마루, 강화마루, 타일, 대리석
- **천장마감** : 예 V.P.도장, 락카도장, 벽지
- **벽체마감** : 예 인테리어필름, 무늬목, 벽지, 타일, 대리석

전체적으로 어떤 색상의 어떤 디자인의 마감재를 사용할지를 정하고, 알맞은 맵소스를 준비합니다.

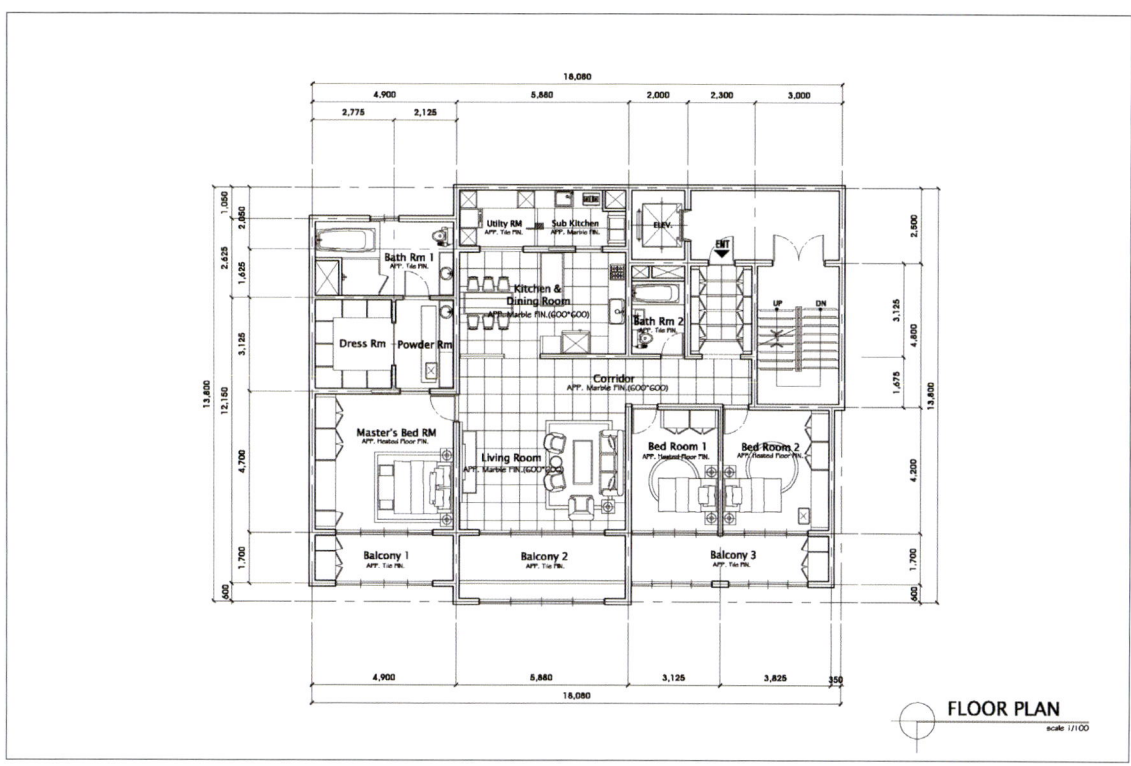

▲ 칼라링 전

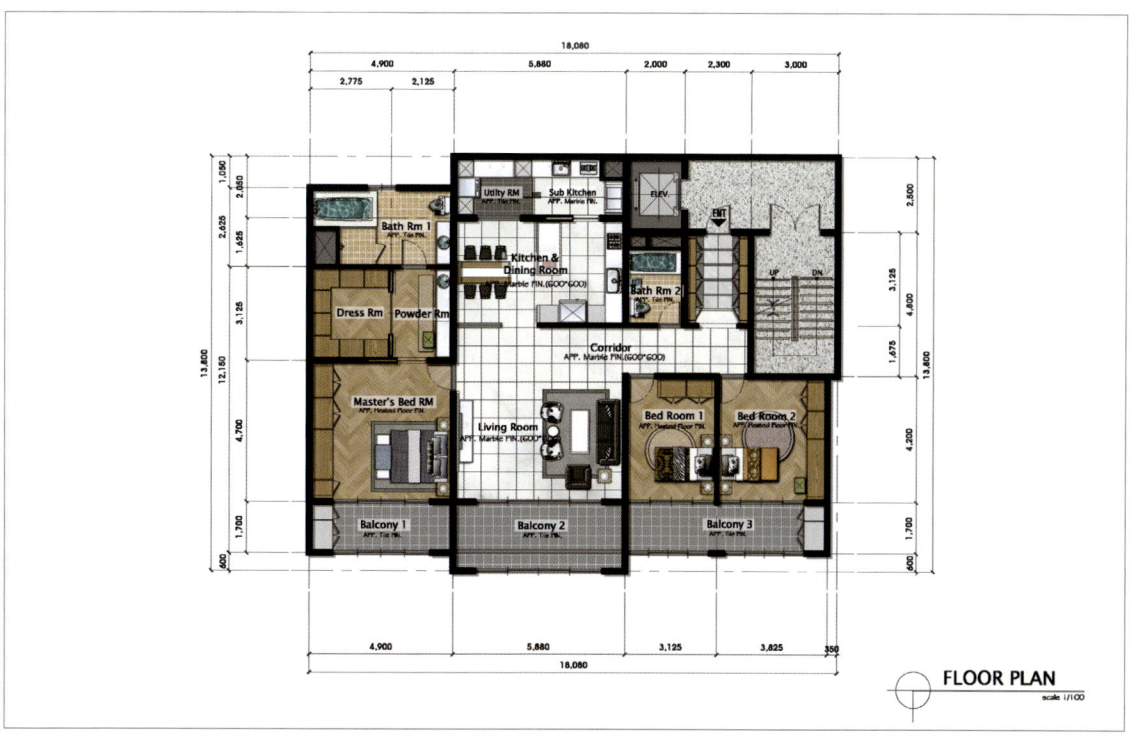

▲ 칼라링 후

CHAPTER 06 칼라링 잘하는법

Lesson 01 기본 도면부터 탄탄하게 그리기

내 작업물은 예쁘지가 않다?

많은 분들이 칼라링의 문제로만 생각하시는데, 칼라링 작업시 바탕이 되는 기본도면의 정리가 제대로 되지 않은 경우도 많습니다.

캐드 도면 위에 칼라를 입히는 작업이기 때문에 도면작업이 깔끔해야만 칼라링을 해도 뽀대가 납니다. Chapter 01.의 내용대로 도면정리를 한 후에 칼라링 작업을 하시면 훨씬 멋진 완성품을 만드실 수 있을 것입니다.

Lesson 02 해상도가 높고, 이미지가 분명한 소스 사용하기

인위적으로 만들어 놓은 칼라가 아닌, 현장에서 직접 시공하게 될 자재들의 샘플을 추출하여 하나하나 마감한다는 느낌으로 칼라링을 합니다.

샘플 추출방법은 인터넷 검색 및 스캔 또는 사진을 직접 촬영하는 방법 등이 있으며 이렇게 추출한 데이터들을 분류하여 정리해 놓음으로서, 작업시간을 상당시간 단축시킬 수 있습니다.

Lesson 03 그라데이션으로만 칼라링 하지 않기

유리표현 및 일반가구 등을 그라데이션으로만 표현해놓은 경우 색상톤이나 효과가 인위적으로 보여서 눈에 거슬리기도 하고, 그림 같다는 느낌이 듭니다.

패턴이 뚜렷한 맵소스로 작업을 하고, 그 위에 부드러운 효과를 한번 더 주기 위해서 그라데이션을 사용하는 방법을 추천합니다.

Lesson 04 소품을 적극 활용하기

예를 들어 와인진열장으로 글로만 표시된 것과, 와인이 진열된 장식장을 직접 보는 것과는 분명 차이가 있습니다. 작업할 공간에 대한 디스플레이 소품들은 어떤 것이 있을지 소스를 정리해보고, 소품소스들을 활용한다면 훨씬 리얼하고 풍부한 느낌으로 완성할 수 있을 것입니다.

Lesson 05 흰색을 되도록 없애고, 작은 부분도 하나하나 작업하기

칼라링 배경이 흰색이기 때문에, 칼라링 할 가구나 소품이 흰색이라 하더라도, 자칫하면 완성이 덜 되어 보일 수 있습니다. 흰색은 그레이나 아이보리톤으로 표현해 주는 것이 좋습니다.

실린더나 걸레받이 등 크게 비중을 차지하지 않는 부분도 하나하나 칼라링을 했을 때 완성도가 높아집니다.

2 PART
포토샵 제대로 활용하기

01. 포토샵 기본 화면 구성
02. 알아두면 아주 유용한 기능 알아보기
03. 칼라링 작업 중 도면 쉽게 수정하기

CHAPTER 01 포토샵 기본 화면 구성

Lesson 01 포토샵 기본 화면 알아보기

포토샵 CC 2017을 실행하면 다음과 같은 화면을 볼 수 있습니다. 기본적인 구성과 기능에 대해 간단하게 알아보도록 하겠습니다.

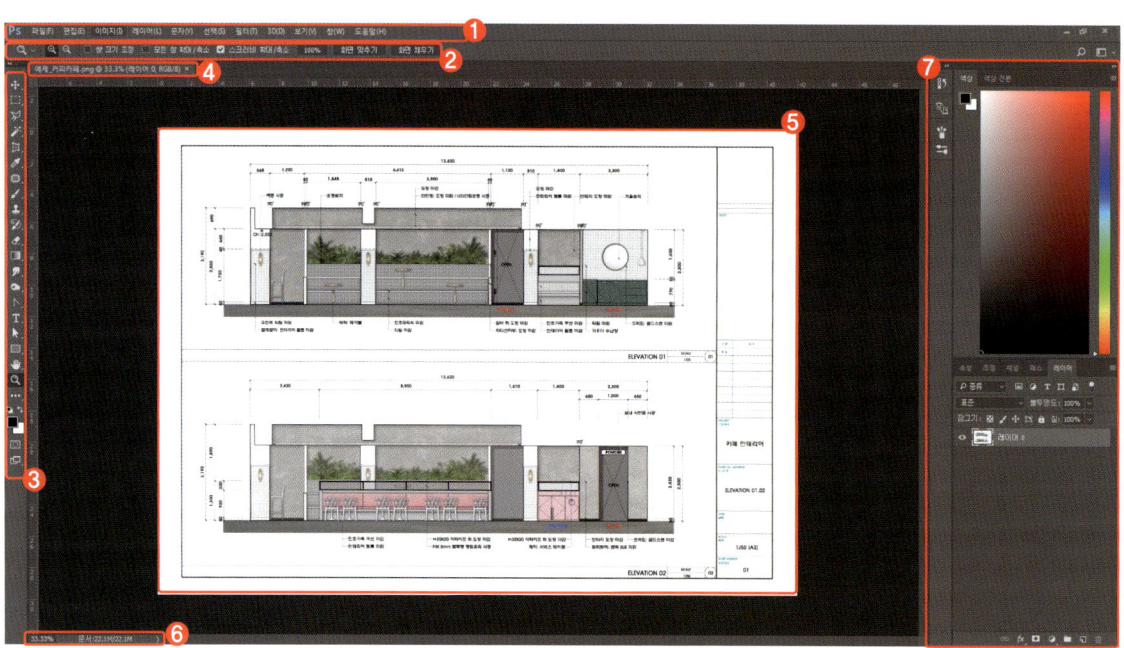

❶ **메뉴 바** : 파일, 편집, 이미지, 레이어, 문자, 선택, 필터, 3D, 보기, 창, 도움말 이렇게 11가지 메뉴가 있고, 각 메뉴별로 하위 메뉴가 있습니다.

❷ **옵션 바** : 도구 패널에서 선택한 도구의 옵션을 조절합니다.

❸ **도구 패널** : 주요 기능들을 모아 만들어놓은 패널입니다. 도구 아이콘 아래에 있는 작은 삼각형은 그 안에 다른도구가 있다는 표시입니다.

❹ **파일이름 탭** : 파일이름과 화면확대, 축소비율, 컬러 모드를 탭 형식으로 보여줍니다.

❺ **작업 화면** : 작업을 하는 공간입니다. 이미지를 불러 왔을 때 이미지 전체가 캔버스입니다.

❻ **상태표시줄** : 현재 작업중인 이미지의 화면비율과 정보가 표시됩니다.

❼ **패널** : 기본 패널인 색상/색상견본/속성/조정/레이어/채널/패스 패널이 나타납니다. 윈도우 메뉴에서 보일 패널과 숨길 패널을 조절할 수 있습니다.

Lesson 02 도구 패널 알아보기

도구 패널은 중요한 기능들을 아이콘 형태로 놓아둔 것입니다. 각 도구를 선택하면 옵션바에서 세부적인 값을 설정할 수 있습니다. 도구 패널에 표시된 도구중 오른쪽 하단의 삼각형 표시를 꾹 누르고 있으면 숨은 도구가 표시되고, 옵션바에서 각 도구의 옵션을 설정할 수 있습니다.

도구 위에 마우스 포인터를 올려두고 있으면 도구 이름과 단축키가 보입니다.

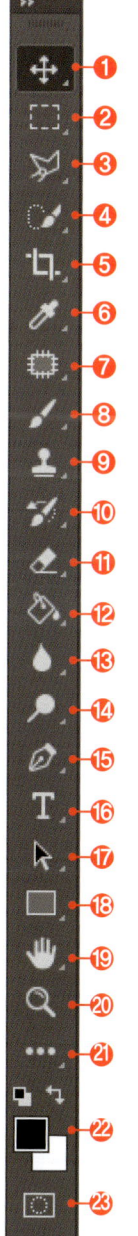

❶ **이동 도구** 단축키[V] : 선택한 이미지를 이동할 때 사용합니다.
　대지 도구 : 하나의 작업 창안에 여러 크기의 틀을 만드는 기능입니다. 모바일용 이미지를 작업할 때 사용합니다.

❷ **사각형 선택 윤곽 도구** 단축키[M] : 사각형 선택 영역을 지정할 때 사용합니다.
　원형 선택 윤곽 도구 : 원형 선택 영역을 지정할 때 사용합니다.
　단일행 선택 윤곽 도구 : 1픽셀 가로선 형태를 선택합니다.
　단일열 선택 윤곽 도구 : 1픽셀 세로선 형태를 선택합니다.

❸ **올가미 도구** 단축키[L] : 드래그한 모양대로 드래그하면 선택 영역이 만들어집니다.
　다각형 올가미 도구 : 마우스를 클릭하는 곳 마다 점이 생기며 점과 점 사이를 직선으로 연결해서 다각형 모양으로 선택할 때 사용합니다.
　자석 올가미 도구 : 경계선을 따라 올가미가 자석처럼 달라붙으며 영역을 선택해 줍니다.

❹ **빠른 선택 도구** 단축키[W] : 클릭하거나 드래그한 부분을 기준으로 빠르게 영역을 선택해줍니다.
　자동 선택 도구 : 클릭한 지점의 허용치를 조절해서 유사영역을 선택할 때 사용합니다.

❺ **자르기 도구** 단축키[C] : 필요한 부분을 자를 때 사용합니다.
　원근 자르기 도구 : 비스듬히 찍힌 이미지를 정면에서 찍은 듯한 이미지로 변경할 때 사용합니다.
　분할 영역 도구 : 구간을 분할하여 자를 때 사용합니다.
　분할 영역 선택 도구 : 분할된 이미지를 선택할 때 사용합니다.

❻ **스포이드 도구** 단축키[I] : 색상을 추출할 때 사용합니다.
　3D 재질 스포이드 도구 : 3D 입체형태에서 색상을 추출합니다.
　색상 샘플러 도구 : 정보 패널에서 선택한 색상정보를 표시합니다.
　눈금자 도구 : 이미지의 길이와 각도를 잴 때 사용합니다.
　메모 도구 : 이미지에 간단하게 메모 할 때 사용합니다.
　카운트 도구 : 이미지의 개수를 셀 때 사용합니다.

❼ **스팟 복구 브러시 도구** 단축키[J] : 클릭 또는 드래그로 특정 부분을 수정합니다.
　복구 브러시 도구 : 주변의 명도, 채도 등을 인식하여 이미지를 수정합니다.

패치 도구 : 수정하려는 영역을 선택영역으로 드래그하면 주변의 명도, 채도 등을 인식하여 이미지를 수정합니다.

내용인식 이동 도구 : 선택한 이미지를 배경과 어울리는 픽셀들로 채우고 이미지를 옮길 수 있습니다.

적목현상 도구 : 눈동자의 적목현상을 없애줍니다.

❽ **브러시 도구 단축키 B** : 브러시 크기와 속성을 설정하고 이미지에 적용합니다.

연필도구 : 브러시와 비슷하지만 브러시처럼 부드러운 표현은 할 수 없으며, 연필로 그린 듯한 효과를 줄 때 사용합니다.

색상 대체 도구 : 이미지와 전경색의 색상을 혼합해서 채색하는 도구입니다.

혼합 브러시 도구 : 브러시 색상을 혼합하여 표현할 때 사용합니다.

❾ **복제 도장 도구 단축키 S** : 이미지를 복제하여 다른 위치에 복사해야 할 때 사용합니다.

패턴 도장 도구 : 선택한 영역에 선택한 패턴을 적용할 때 사용합니다.

❿ **작업 내역 브러시 도구 단축키 Y** : 원본 이미지로 복구해야 할 때 사용합니다.

미술작업 내역 브러시 도구 : 드래그한 부분을 회화적으로 만들 대 사용합니다.

⓫ **지우개 도구 단축키 E** : 이미지를 지울 때 사용합니다.

배경 지우개 도구 : 배경색까지 투명하게 지울 때 사용합니다.

자동 지우개 도구 : 처음 클릭한 색상과 비슷한 영역의 색상을 기준으로 이미지를 삭제할 때 사용합니다.

⓬ **그레이디언트 도구 단축키 G** : 2가지 이상의 색상을 경계없이 부드럽게 혼합할 때 사용합니다.

페인트통 도구 : 영역을 색이나 패턴으로 채울 때 사용합니다.

3D 재질 놓기 도구 : 3D 객체에서 영역을 색이나 패턴으로 채울 때 사용합니다.

⓭ **흐림 효과 도구** : 이미지를 흐리게 만들 때 사용합니다.

선명 효과 도구 : 이미지를 선명하게 만들 때 사용합니다.

손가락 도구 : 이미지를 뭉갤 때 사용합니다.

⓮ **닷지 도구 단축키 O** : 클릭하거나 드래그 하여 밝게 만들 때 사용합니다.

번 도구 : 클릭하거나 드래그 하여 어둡게 만들 때 사용합니다.

스폰지 도구 : 클릭하거나 드래그 하여 채도를 조정할 때 사용합니다.

⓯ **펜 도구 단축키 P** : 패스를 그릴 때 사용합니다.

자유형태 펜 도구 : 드래그한 대로 패스를 그릴 때 사용합니다.

기준점 추가 도구 : 그려진 패스선에 기준점을 추가할 때 사용합니다.

기준점 삭제 도구 : 그려진 패스선에 기준점을 삭제할 때 사용합니다.

기준점 변환 도구 : 기준점을 선택하여 변형할 때 사용합니다.

⓰ **수평 문자 도구 단축키 T** : 문자를 가로로 입력할 때 사용합니다.

세로 문자 도구 : 문자를 세로로 입력할 때 사용합니다.

세로 문자 마스크 도구 : 입력한 세로문자를 선택영역으로 지정할 때 사용합니다.

수평 문자 마스크 도구 : 입력한 가로문자를 선택영역으로 지정할 때 사용합니다.

⓱ **패스선택 도구 단축키 A** : 패스선을 선택할 때 사용합니다.

직접 선택 도구 : 패스선을 선택하여 수정할 때 사용합니다.

❶⑧ **사각형 도구** ▣ **단축키** Ⓤ : 사각형으로 패스를 만들 때 사용합니다.

모서리가 둥근 직사각형 도구 ◎ : 모서리가 둥근 직사각형으로 패스를 만들 때 사용합니다.

타원 도구 ◎ : 타원형으로 패스를 만들 때 사용합니다.

다각형 도구 ◎ : 다각형으로 패스를 만들 때 사용합니다.

선 도구 ╱ : 다양한 선을 만들 때 사용합니다.

사용자정의 모양 도구 ✿ : 사용자가 직접 모양을 등록하거나, 라이브러리에서 원하는 모양을 선택하여 사용할 수 있습니다.

❶⑨ **손 도구** ✋ **단축키** Ⓗ : 화면을 이동할 때 사용합니다.

회전보기 도구 🗘 : 작업화면을 클릭하면 이미지가 회전합니다.

⓴ **돋보기 도구** 🔍 **단축키** Ⓩ : 이미지를 확대하거나 축소할 때 사용합니다.

㉑ **도구모음 편집** ⋯ : 자주 사용하는 도구를 선택하여 도구 패널을 편집할 때 사용합니다.

㉒ **전경색/배경색** ▉ : 전경색은 기본색상이고, 배경색은 지우개도구로 지웠을 때 기본색상이 됩니다.

㉓ **퀵마스크 모드** ▢ **단축키** Ⓠ : 이미지의 필요한 부분만 오려내서 빠르게 편집하기 위한 모드입니다.

㉔ **화면 모드** ▣ **단축키** Ⓕ : 화면표시 방법을 표준화면 모드, 메뉴막대가 있는 전체화면 모드, 전체화면 모드로 선택할 수 있습니다.

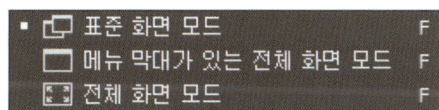

Lesson 03 중요한 패널 알아보기

패널은 작업시 필요한 기능과 옵션을 바로 사용할 수 있도록 모아둔 곳이며, 모든 패널은 [메뉴 바]-[창]에서 체크하여 보이게 할수도 있고, 숨길 수도 있습니다.

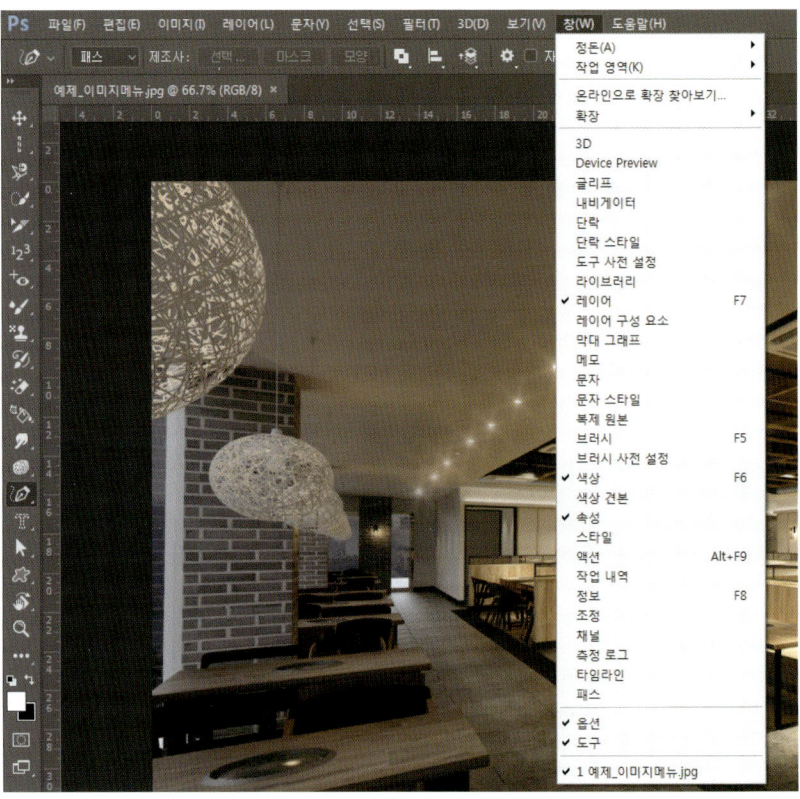

❶ **레이어 패널** F7 : 여러장의 이미지를 층층이 겹쳐 놓은 방식으로 레이어 패널을 통해서 각각의 레이어를 관리하고 투명도나 블렌딩 모드를 조절할 수 있습니다.

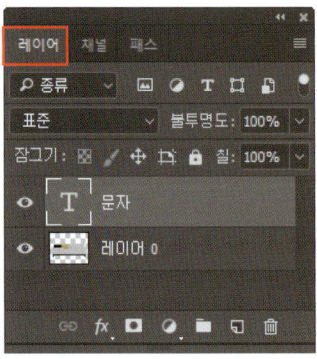

❷ **문자 패널** : 폰트, 글자 크기, 색상 등 문자 도구의 세부 옵션을 설정합니다.

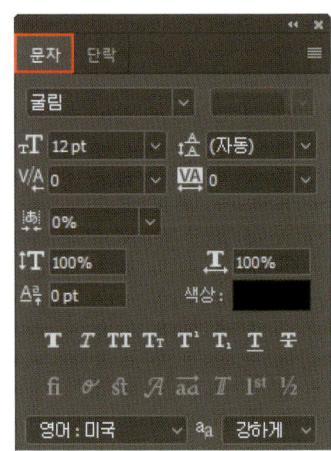

❸ **브러시 패널** F5 : 새로운 브러시를 등록하거나 세부 옵션을 설정합니다.

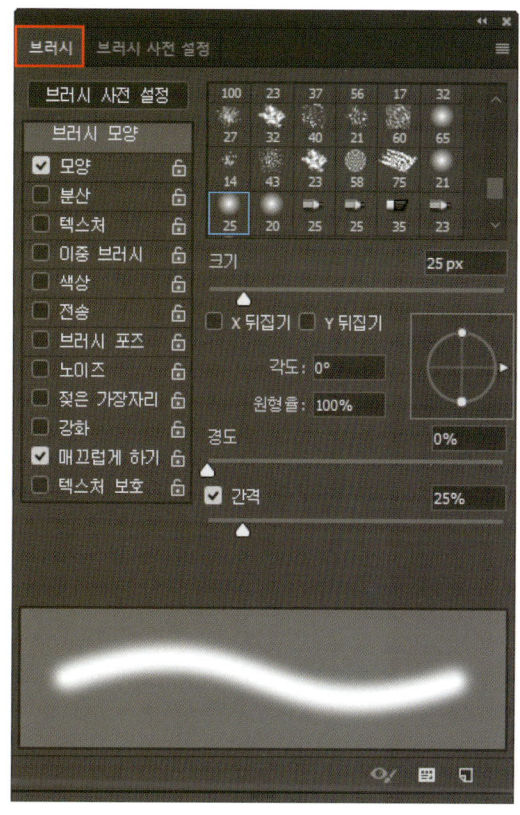

❹ **조정 패널** : 각 아이콘을 클릭하면 해당 옵션이 나타나고, 세부 옵션을 조정할 수 있으며, 레이어가 하나 추가됩니다.

❺ **작업 내역** : 작업과정을 단계별로 기록하고 있으며, 이전 단계로 되돌아갈 수 있습니다.

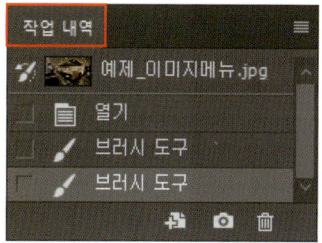

작업화면 처음으로 되돌아가기

필요한 패널을 꺼내서 쓰다보니, 패널들이 정리가 안되어 보이네요. 이럴땐 메뉴 바의 [창]- ❶[작업 영역]- ❷[필수 재설정]을 누르면 원래 작업환경으로 되돌아갑니다.

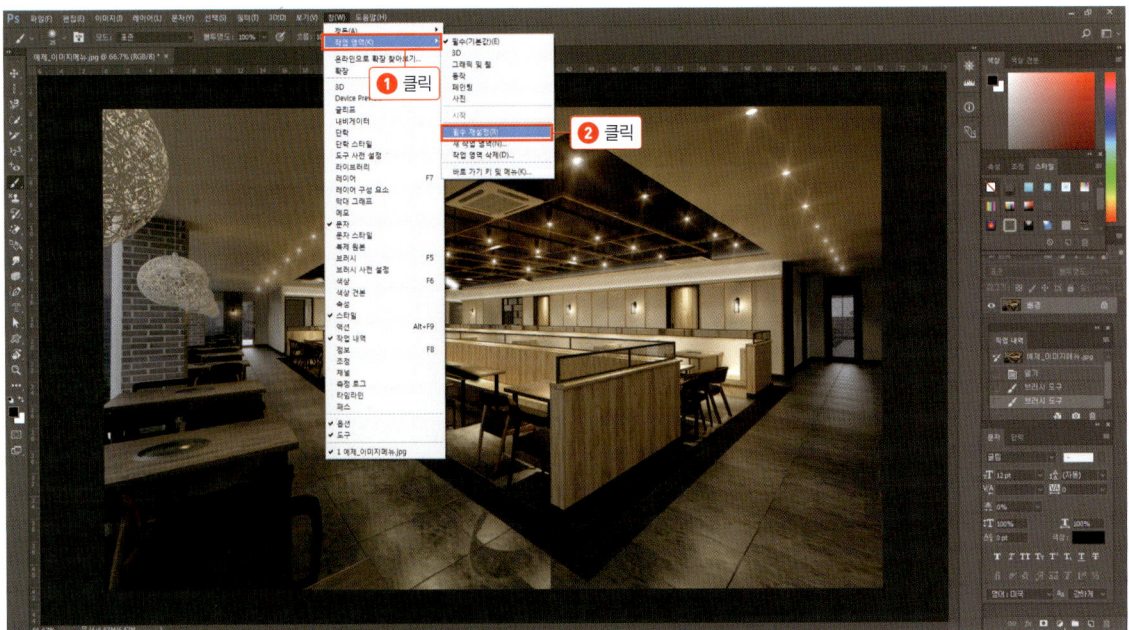

❶오른쪽 상부의 버튼을 누르고 ❷필수 재설정을 눌러도 원래 작업환경으로 되돌아갑니다.

memo

CHAPTER 02 알아두면 아주 유용한 기능 알아보기

포토샵의 많은 기능들을 다 알아야만 작업을 할 수 있는 것은 아닙니다. 붙이고, 자르고, 복사하고, 늘이고, 줄이고 등이 반복되면서 만들어지는 작업이기 때문에, 자주 쓰이는 유용한 기능들만 잘 익혀도 작업에 무리가 없다고 생각합니다. Chapter 02에서는 알아두면 아주 유용한 기능을 알아보도록 하겠습니다.

Lesson 01 파일 주요 메뉴 살펴보기

포토샵 CC 2017을 실행하면 다음과 같은 화면을 볼 수 있습니다. 기본적인 구성과 기능에 대해 간단하게 알아보도록 하겠습니다.

Section_01 새로 만들기 Ctrl + N

01 포토샵 2017에서 새롭게 제공하는 시작화면에서는 새로 만들기 버튼과 열기 버튼을 바로 클릭해서 파일을 만들거나, 열수 있습니다.

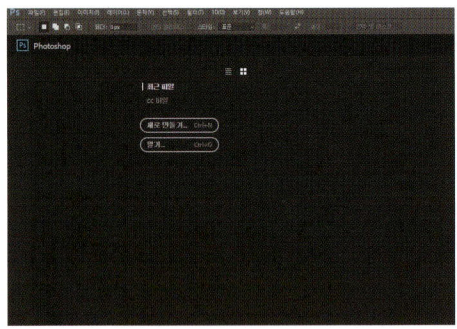

02 새로 만들기 버튼을 클릭하면 나타나는 새로 만들기 문서 창에서 제목, 문서 크기, 단위, 해상도, 색상 모드, 배경내용 등을 설정하고 제작 버튼을 클릭합니다.

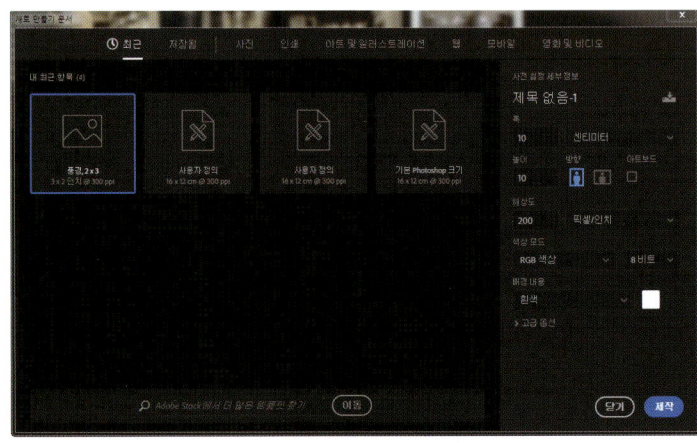

Chapter 02 알아두면 아주 유용한 기능 알아보기 :: 45

03 설정된 값대로 새로운 작업화면이 만들어졌습니다.

04 메뉴 바의 [파일]-새로 만들기 Ctrl + N 를 실행해도 같은 방법으로 작업화면을 만들 수 있습니다.

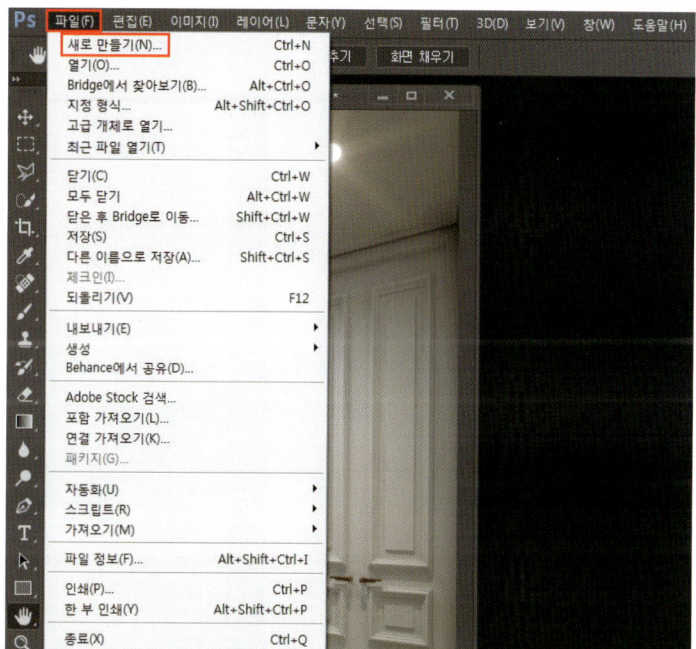

Section_02 열기 Ctrl + O

01 포토샵 시작화면에서 열기 버튼을 클릭하면 열기 창이 나타나고, ❶ 경로지정 후 원하는 ❷ 이미지를 선택하여 ❸ 열기 버튼을 클릭합니다.

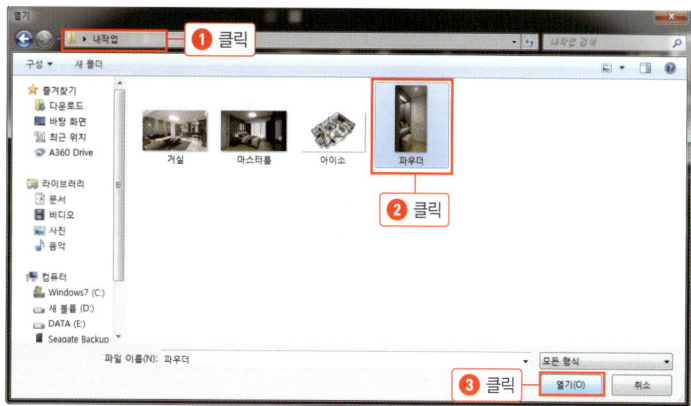

02 선택한 이미지가 작업화면에 나타납니다.

03 메뉴 바의 [파일]-열기 Ctrl+O를 클릭하거나, 빈 작업화면을 더블 클릭해도 같은 방법으로 실행됩니다.

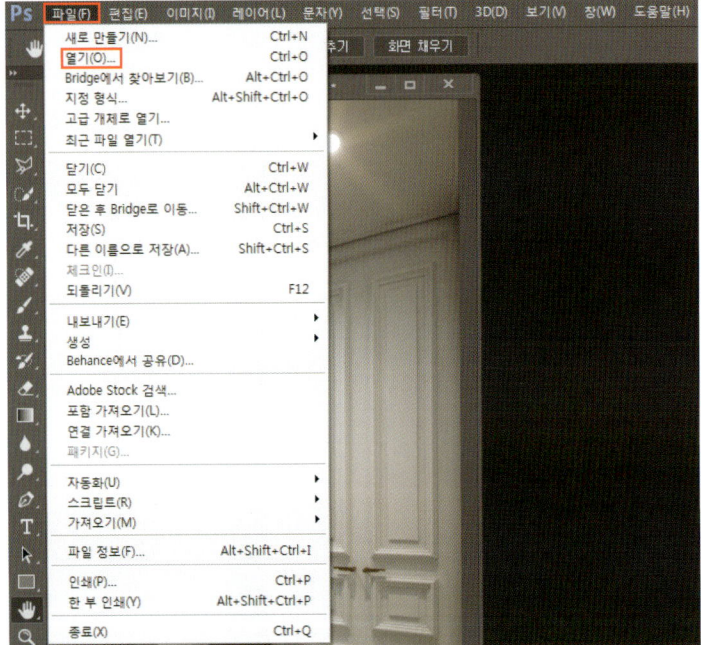

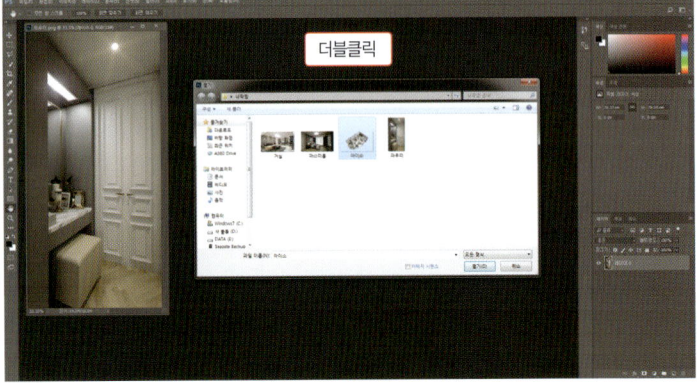

Section_03 이미지 저장하기 Ctrl + S Shift + Ctrl + S

01 메뉴 바의 [파일]-[저장] Ctrl + S 을 실행하여 작업한 이미지를 저장합니다. 저장한 이미지를 다른 이름으로 저장할 경우 [파일]-다른이름으로 저장 Shift + Ctrl + S 을 실행합니다.

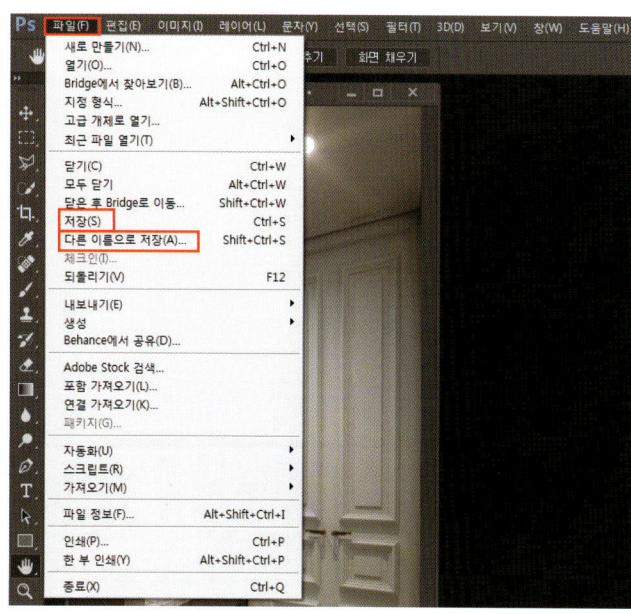

Section_04 작업화면 닫고 Ctrl + W 포토샵 종료하기 Ctrl + Q

작업화면을 닫으려면 탭 오른쪽의 닫기 ✕ 버튼을 클릭하고 포토샵 프로그램을 종료하려면 화면 오른쪽 상단의 닫기 ✕ 버튼을 클릭합니다. 메뉴 바의 [파일]-종료 Ctrl + Q 를 클릭해도 같은 방법으로 실행됩니다.

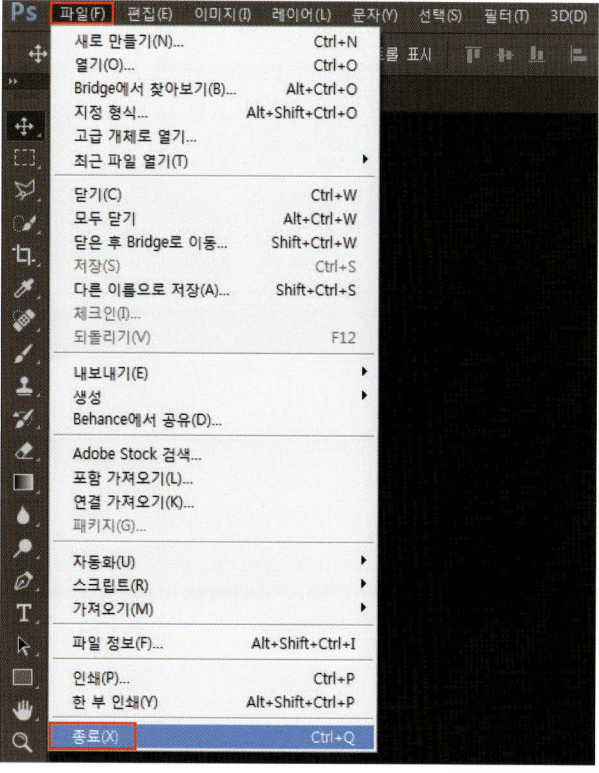

Section_05 사진 이어붙이기

한번에 촬영하기 힘든 사진을 여러 장 찍어서 자연스럽게 이어붙여줍니다.

Chapter 02 알아두면 아주 유용한 기능 알아보기 :: 49

01 메뉴 바의 ❶ [파일]- ❷ [자동화]- ❸ [Photomerge]를 누릅니다.

02 [찾아보기]를 눌러 ❶ ❷ 붙여야 할 사진을 찾아서 불러오고 ❸ 확인 버튼을 누르면 사진이 자연스럽게 붙여집니다.

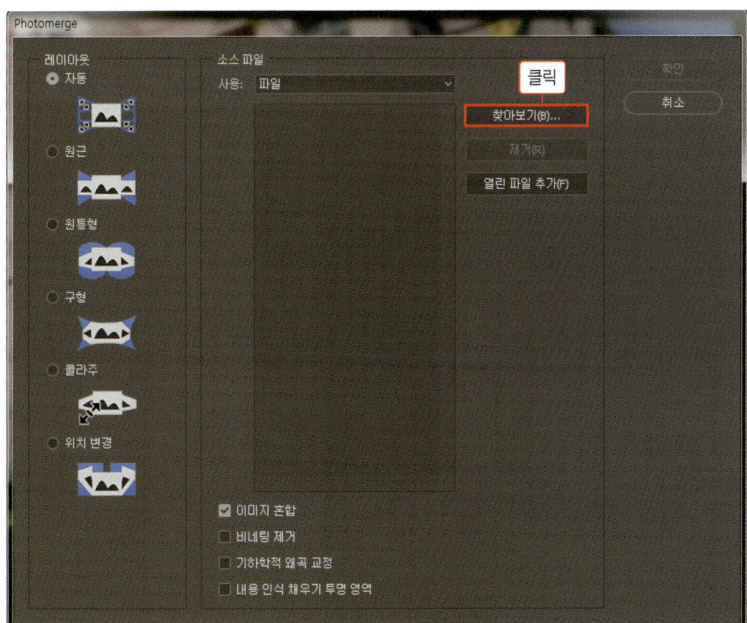

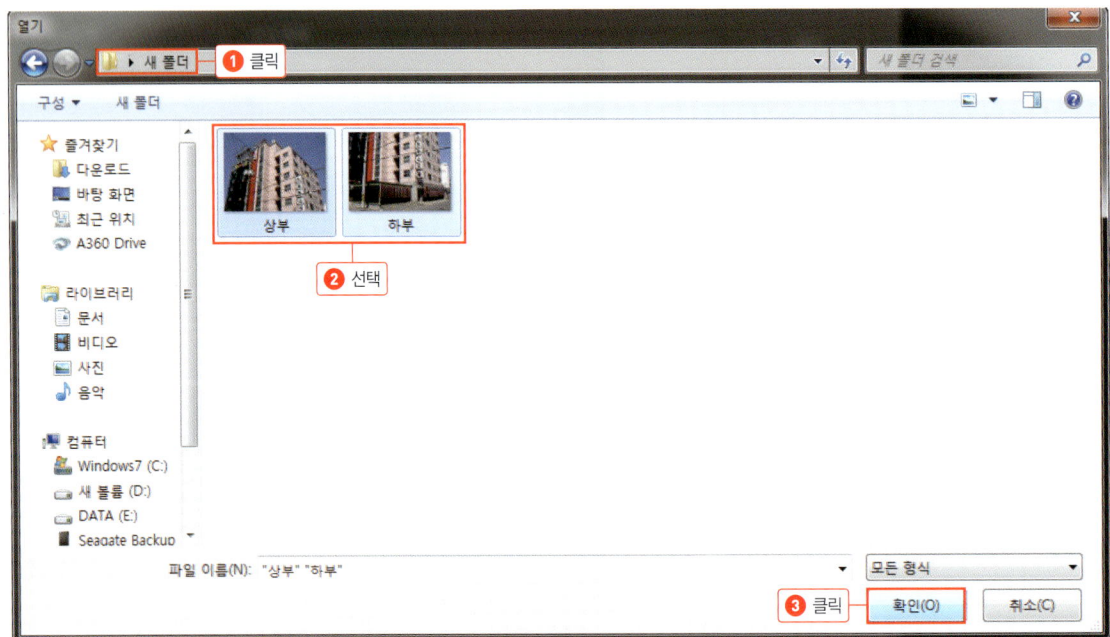

03 ❶ 사각선택 도구〈 ▦ 〉를 선택하고 남기고 싶은 영역을 드래그한 후 ❷ [이미지]- ❸ [자르기]를 누릅니다. 지저분했던 이미지가 깔끔하게 정리되었습니다.

Lesson 02 편집 주요 메뉴 살펴보기

Section_01 칠 – 내용인식 기능 사용하기

내용인식 기능이란 이미지에서 제거하려는 부분을 주위의 색상과 배경을 추출해서 채우는 기능입니다.

투시도를 이미 완성하였는데, 구름을 삭제해달라는 요청을 가정하여 예제를 따라해 보도록 하겠습니다. 렌더링을 다시 걸려면 많은 시간이 소요되는데, 내용인식 기능을 활용하면 간단하게 구름을 제거할 수 있습니다.

○ 예제 파일 Part02. – 예제_파티룸

01 열기 단축키 Ctrl+O를 눌러 예제_파티룸.png 파일을 불러옵니다.

02 돋보기 도구 단축키 Z를 누르고 구름 부분을 세 번 클릭하여 확대합니다.

03 다각형 올가미 도구〈 〉 단축키 ⓛ을 누르고 지워줄 구름의 외곽선을 따라 영역을 선택합니다. 간접조명이 퍼져 있으니, 선택영역을 구름보다 조금 더 크게 드래그합니다

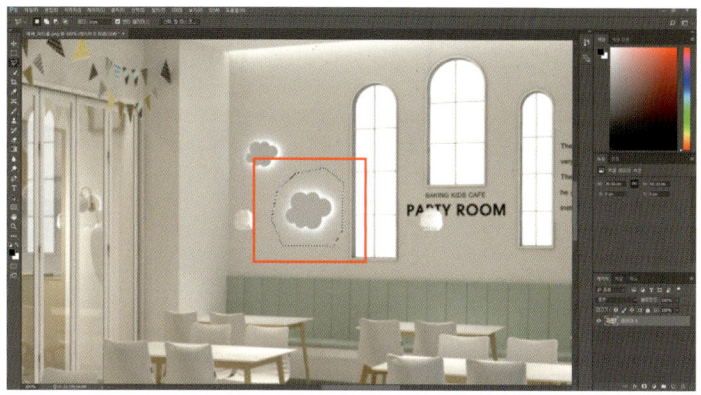

04 메뉴 바의 [편집]-[칠]을 선택하거나, 단축키 Shift + F5 를 누른 후, 칠 창이 나타나면 [내용]-[내용 인식]을 선택하고 확인 버튼을 눌러줍니다.

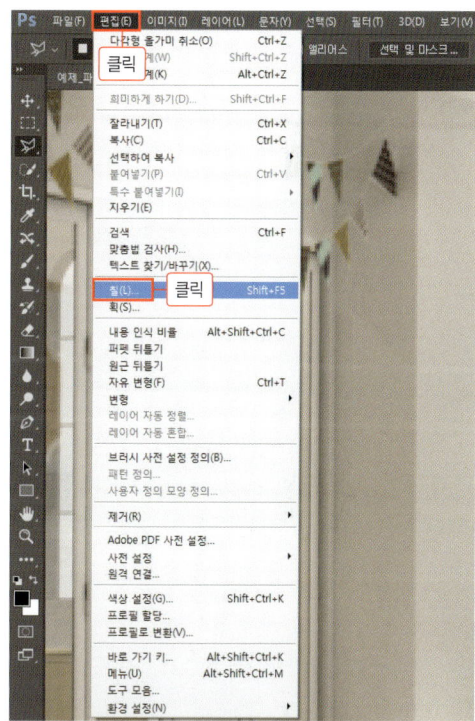

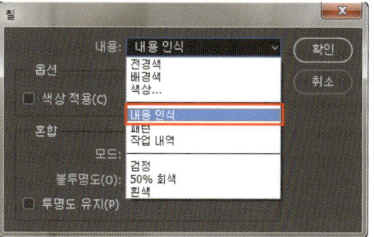

05 감쪽같이 구름이 지워졌습니다. Ctrl+D를 눌러 선택한 영역을 해제해줍니다.

> **알아두기**
>
> 모든 이미지가 다 잘 적용되는 것은 아니며, 선택영역과 배경이 어느 정도 구분되어야 합니다.

Section_02 패치 도구로 지우기

01 조금 전 배운 내용인식 기능 예제를 적용한 상태에서 [작업 내역]-예제_파티룸.png를 선택합니다. 처음 예제를 불러 왔던 상태로 되돌아갔습니다.

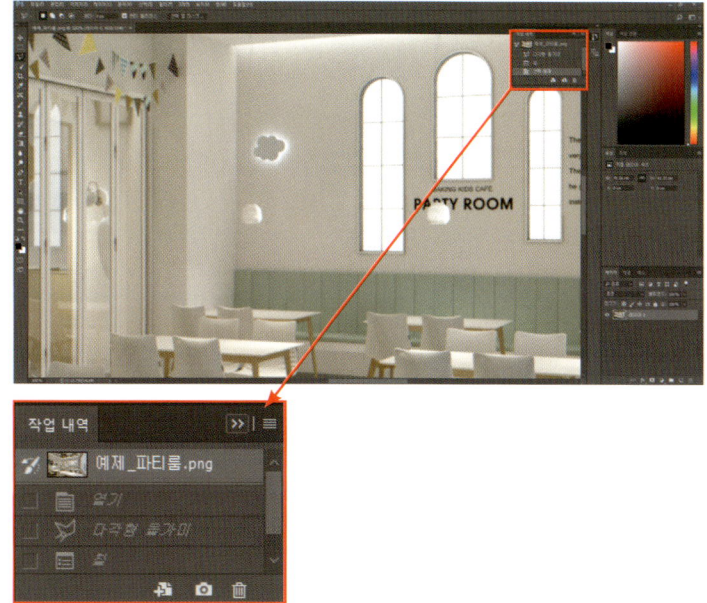

02 ❶ 패치 도구(　)를 클릭하고, ❷ '소스'가 선택되어 있는지 확인합니다.

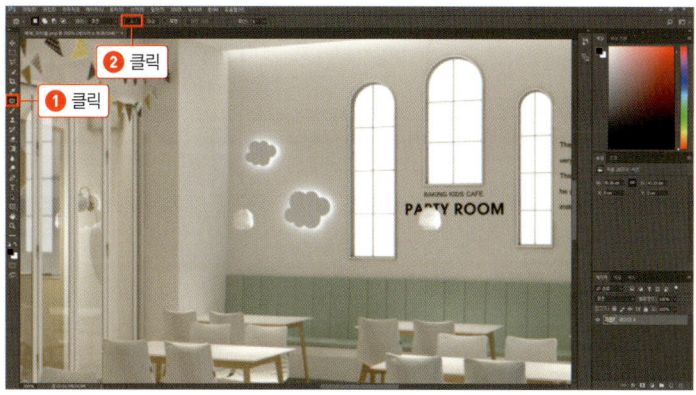

03 지우고자 하는 구름주변을 마우스로 드래그하여 선택합니다.

04 깨끗한 배경쪽으로 드래그해주면 주변의 색상과 배경을 추출해서 내용인식 기능과 마찬가지로 구름을 지워줍니다.

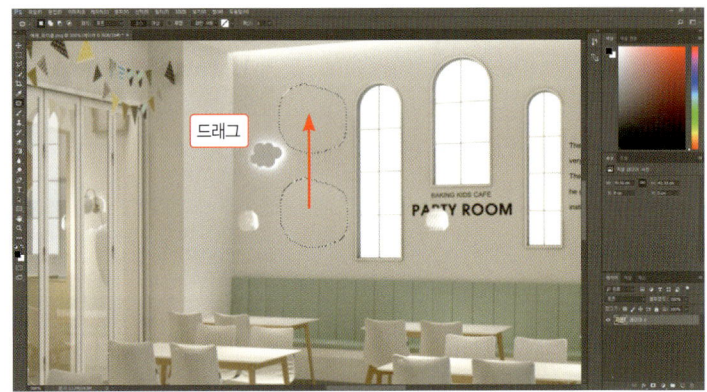

05 Ctrl+D를 눌러 선택한 영역을 해제해줍니다. 감쪽같이 구름이 지워졌습니다.

06 다시 [작업 내역]의 예제_파티룸.png을 선택하여 처음으로 되돌아가봅니다.

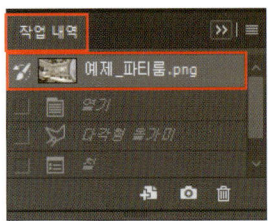

07 ① 이번엔 패치 도구(　)를 클릭하고 ② '대상'을 클릭해준 후 ③ 구름주변을 마우스로 드래그하여 선택합니다.

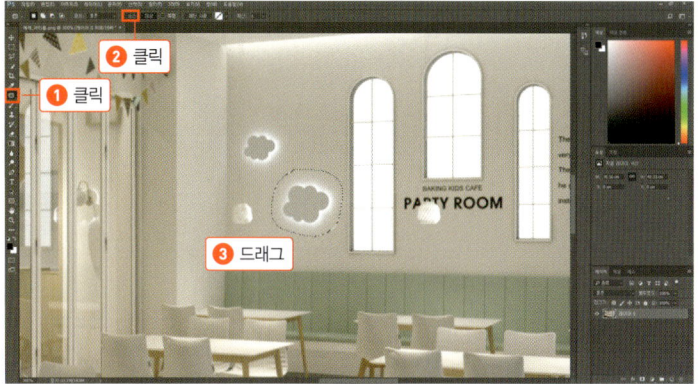

08 깨끗한 배경쪽으로 드래그해주면 자연스럽게 구름이 복제되었습니다. Ctrl+D를 눌러 선택한 영역을 해제해줍니다.

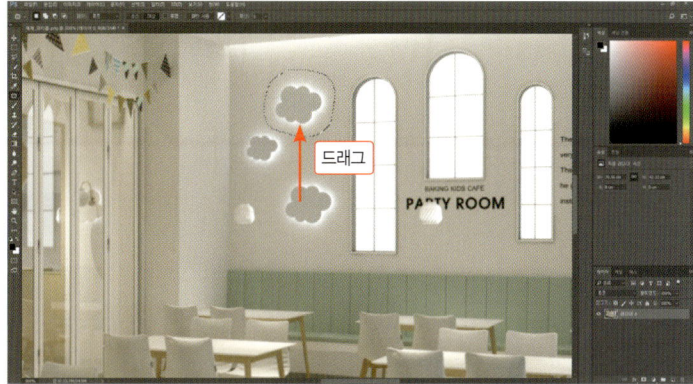

> **알아두기**
> - 소스 : 제거할 이미지를 먼저 선택하여 복제할 이미지로 드래그합니다.
> - 대상 : 복제할 이미지를 먼저 선택하여 제거할 이미지 위로 드래그합니다.

Section_03 칠 – 패턴 만들고 채우기

원하는 모양의 패턴을 만들고, 그 패턴을 적용시키는 방법을 알아보도록 하겠습니다. 칼라링시 평면도에서 바닥마감재 패턴이 들어가야 할 때 유용하게 쓸 수 있는 기능입니다.

보통 [칠] 작업 전에 패턴을 먼저 지정해줍니다. 원룸의 욕실 바닥을 칼라링 한다 가정하여 예제를 따라해보도록 하겠습니다.

◎ **예제소스경로** Part02. – 예제_원룸 / 타일_포인트타일

01 열기 단축키 Ctrl+O를 눌러 '예제_원룸'.psd 파일을 불러옵니다.

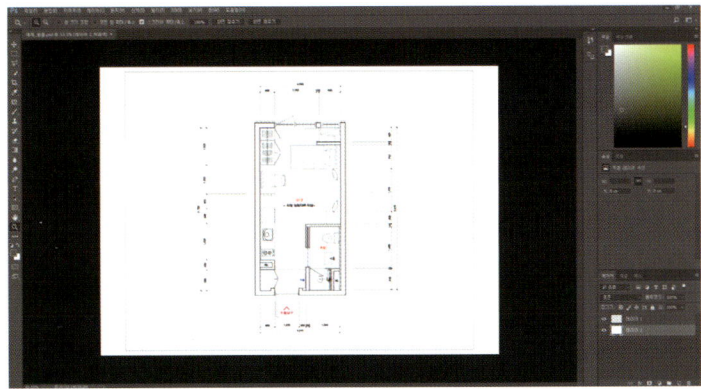

02 열기 단축키 Ctrl+O를 눌러 패턴으로 등록할 '타일_포인트타일'.png 파일도 불러옵니다.

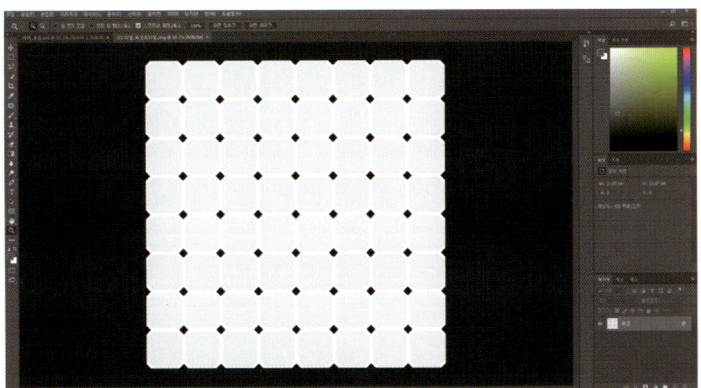

03 ❶ [편집]-[패턴 정의]를 선택하고, ❷ 패턴이름 창이 나타나면 ❸ 이름을 정해준 후 ❹ 확인 버튼을 누릅니다. 간단하게 패턴이 등록되었습니다.

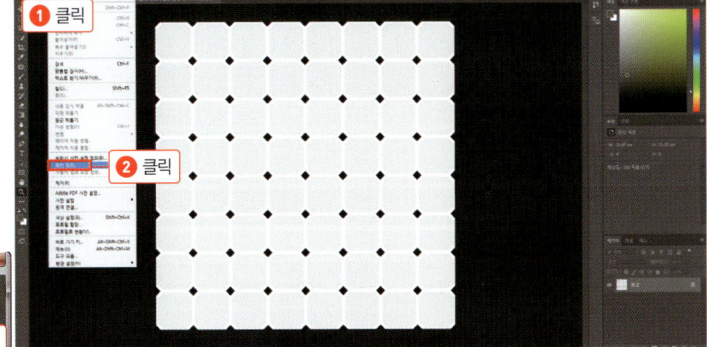

04 욕실타일을 패턴으로 채워보도록 하겠습니다.

돋보기 도구⟨🔍⟩ 단축키 Z를 누르고 욕실 쪽으로 화면을 두세 번 클릭하여 확대한 후 사각선택 도구⟨▭⟩ 단축키 M을 누르고 다음과 같이 드래그하여 패턴을 넣을 부분을 선택해줍니다.

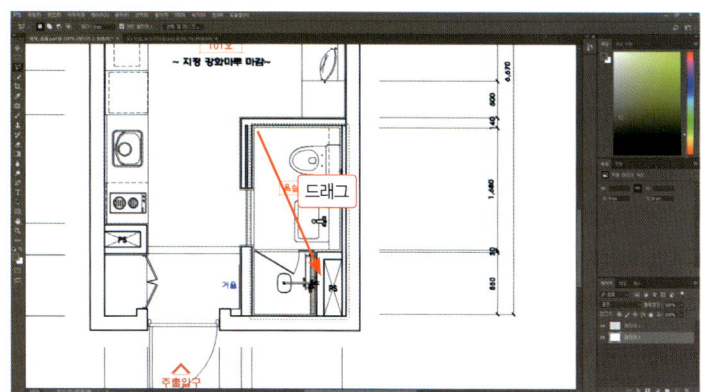

05 여기서 우측하부의 레이어 추가 버튼⟨🗔⟩을 눌러 새로운 레이어를 만들어줍니다.

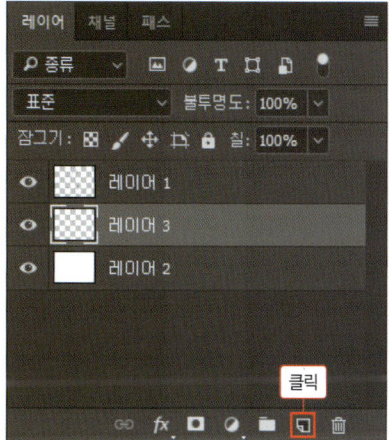

06 칠 단축키 Shift + F5 를 누르면 나오는 창에서 ❶ 내용은 패턴을 선택, ❷ 사용자 정의 패턴은 조금 전 패턴으로 등록한 타일을 선택하고 ❸ 확인 버튼을 눌러줍니다.

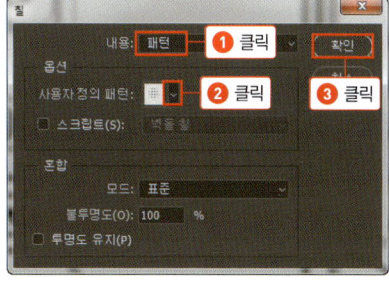
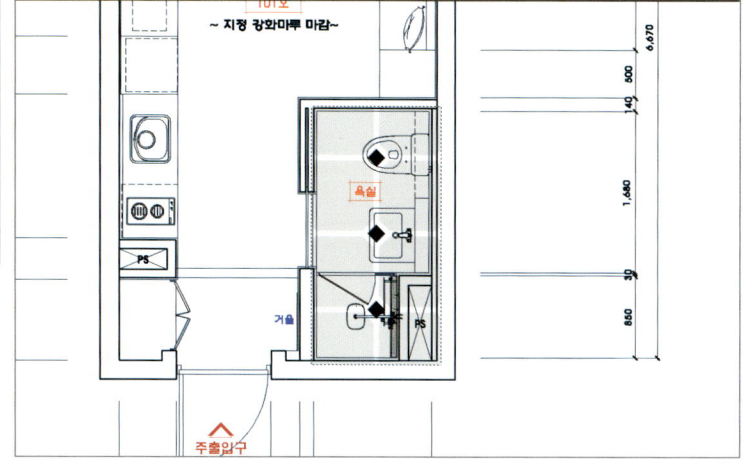

07 패턴이 적용되었습니다. 그런데 패턴을 등록할 때 크기를 맞추지 않고 등록을 했더니 패턴이 너무 크지요? 줄여보도록 하겠습니다. ❶ 레이어3을 더블클릭하면 나타나는 레이어 스타일 창에서 ❷ '패턴 오버레이'에 체크해줍니다. ❸ 체크만 했을 뿐인데, 패턴 크기가 작아졌습니다.

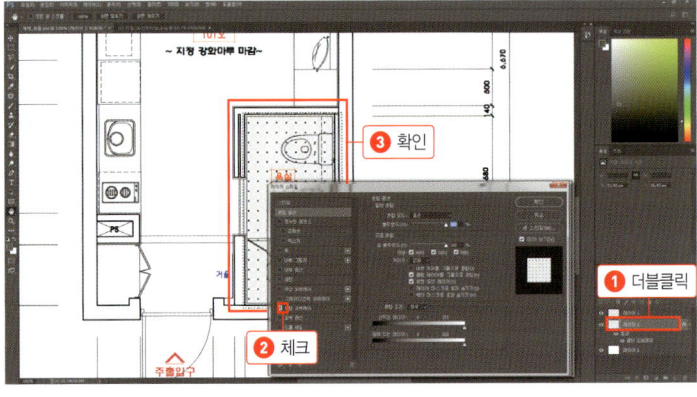

08 ❶ '패턴 오버레이'를 더블클릭하면 나타나는 '패턴 오버레이' 속성창에서 비율막대를 좌우로 왔다갔다 해보세요. 패턴 크기가 줄어들었다 늘어났다 합니다. ❷ 욕실의 폭이 1200정도 되니까 타일이 200각이라 가정하여 6칸정도 대략 들어갈 수 있게 값을 '27'정도 지정해주고 ❸ 확인 버튼을 누릅니다. 패턴이 적당한 크기로 조절되었습니다.

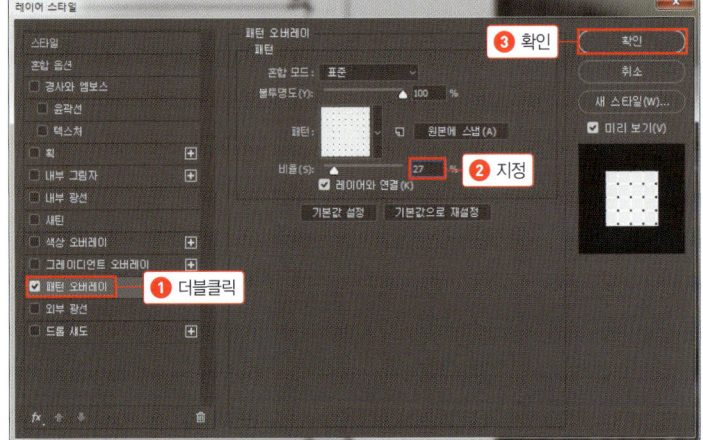

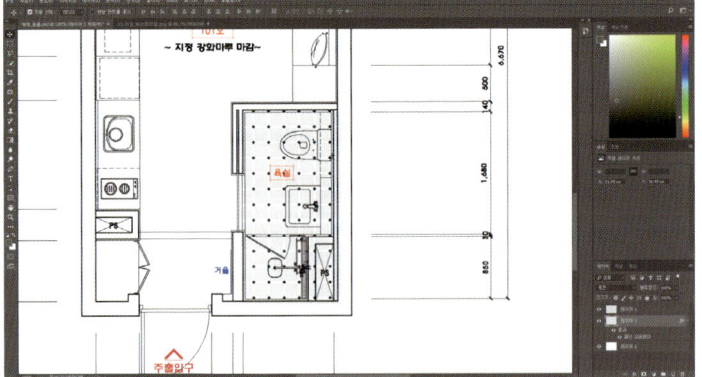

▲ 바닥 패턴 적용

Section_04 획 - 테두리 만들기

포토샵에서 선을 이용하여 테두리를 만드는 작업은 자주 이용되는 기능입니다. 예제로 지명원 제작 중 사용 인감계 페이지에 인감 날인 란 만드는 작업을 진행해보도록 하겠습니다.

○ **예제소스경로** Part02. - 획_테두리만들기

01 열기 단축키 Ctrl+O를 눌러 획_테두리만들기.jpg 파일을 불러옵니다.

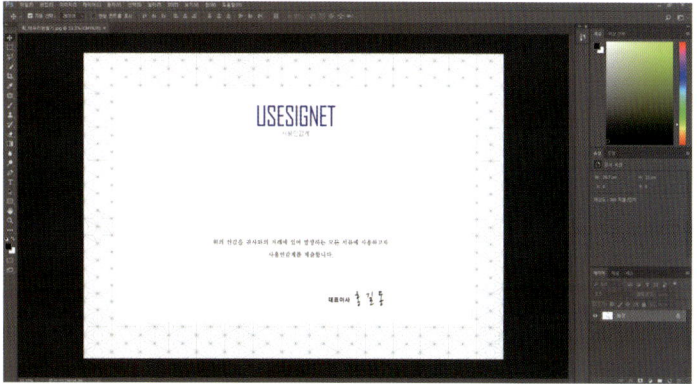

02 캔버스의 정중앙에 날인 란을 위치시키려니, 기준선이 필요하네요. 단축키 Ctrl+R을 눌러 눈금자를 불러옵니다. 마우스를 눈금자 위에서 왼쪽에서 오른쪽으로 드래그하여 안내선을 중앙으로 위치시켜줍니다.

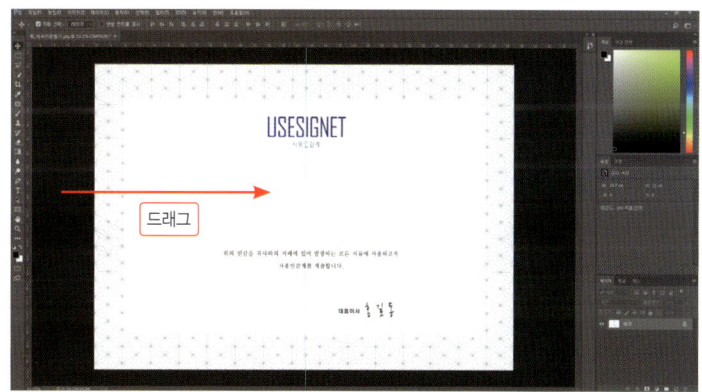

> **알아두기**
> 눈금자는 사진을 같은 간격으로 배열하거나, 정해진 치수에 맞게 사진 크기를 조정할 때 편리하게 사용할 수 있습니다.

03 우측하부의 레이어 추가 버튼〈 ▫ 〉을 눌러 새로운 레이어를 만들어줍니다.

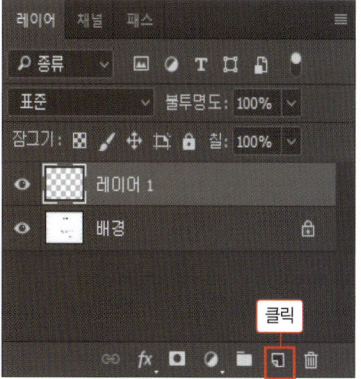

04 ① 사각선택 도구〈 ▭ 〉 단축키 M 을 누르고 ② 다음과 같이 드래그 합니다.

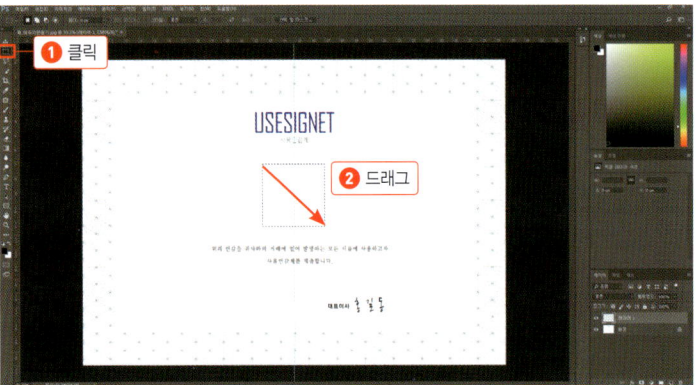

05 ① [편집]- ② [획]을 누르고, 획의 창이 열리면, ③ 폭은 5px정도 ④ 색상은 색상피커 창에서 ⑤ 검정색쪽을 누르고 ⑥ 확인 버튼을 눌러줍니다.

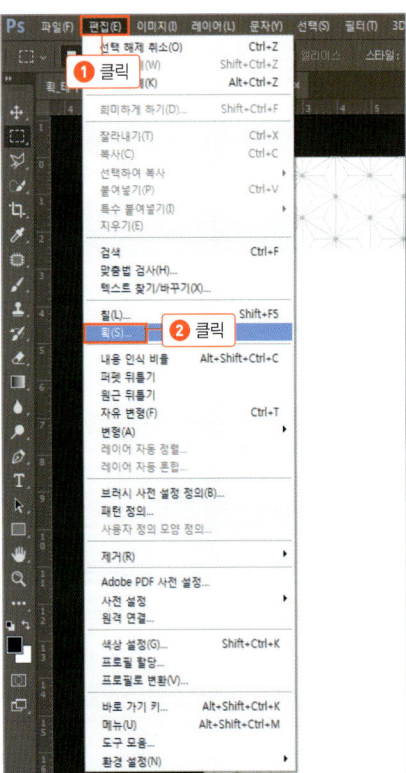

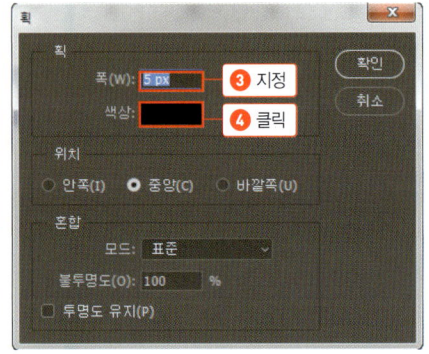

06 인감 날인 란이 만들어졌습니다. 선택해제 단축키 Ctrl+D를 눌러 줍니다.

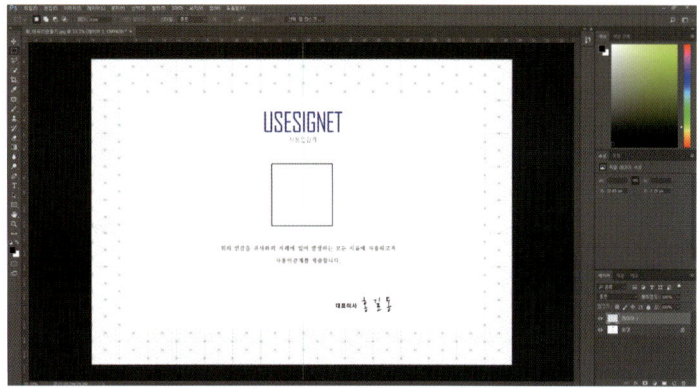

07 완성되었기 때문에 안내선은 이제 필요없게 되었습니다. 이동 도구 〈✥〉 단축키 V를 누른 후 안내선 위를 클릭하고 옆으로 휙 던집니다. 안내선이 사라졌습니다. 단축키 Ctrl+R을 다시 눌러주면 눈금자도 없어집니다.

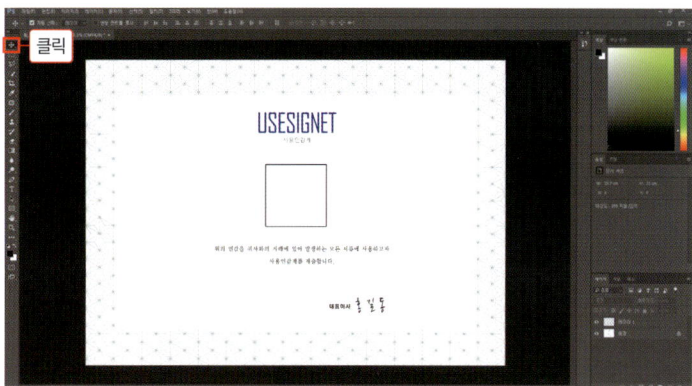

> **알아두기**
> 작업시 방해가 되어 안내선을 잠시 꺼두고 싶을 때는 단축키 Ctrl+H를 눌러줍니다.

Section_05 자유롭게 이미지 변형하기

● 예제소스경로 Part02. – 예제_침대

01 사진이나 이미지를 변형할 수 있습니다. 변형하고자 하는 레이어를 선택하고 [메뉴 바]- ❶ [편집]- ❷ [변형]을 누르거나, 단축키 Ctrl+T를 누르고 마우스 오른쪽 버튼을 누르면 실행됩니다. 실행된 상태에서 Enter↵ 키를 누르면 실행이 해제됩니다.

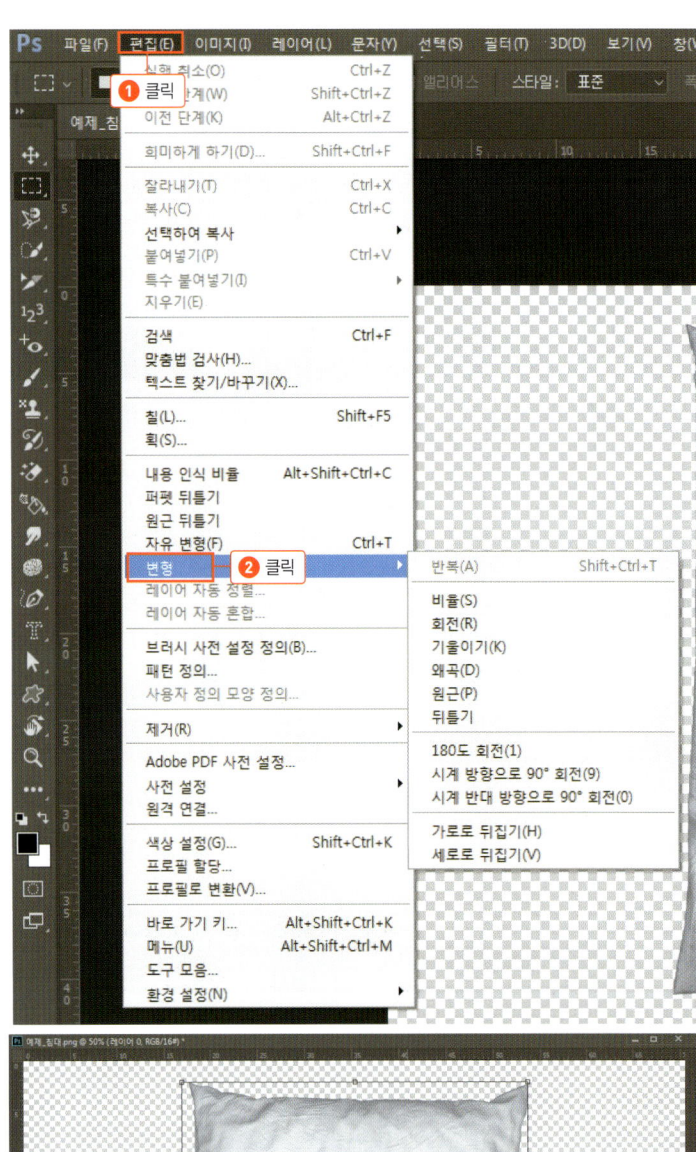

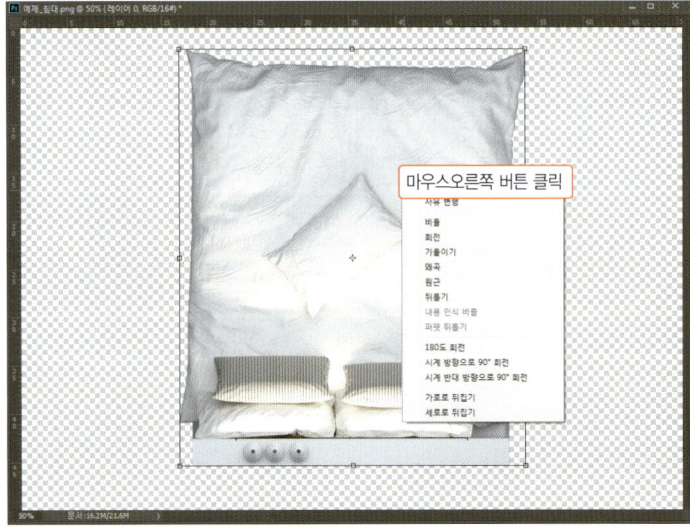

① 비율: 이미지 크기를 확대 또는 축소할 때 사용합니다. [Shift]를 누르면서 드래그 하면 형태를 유지하면서 확대 또는 축소됩니다.

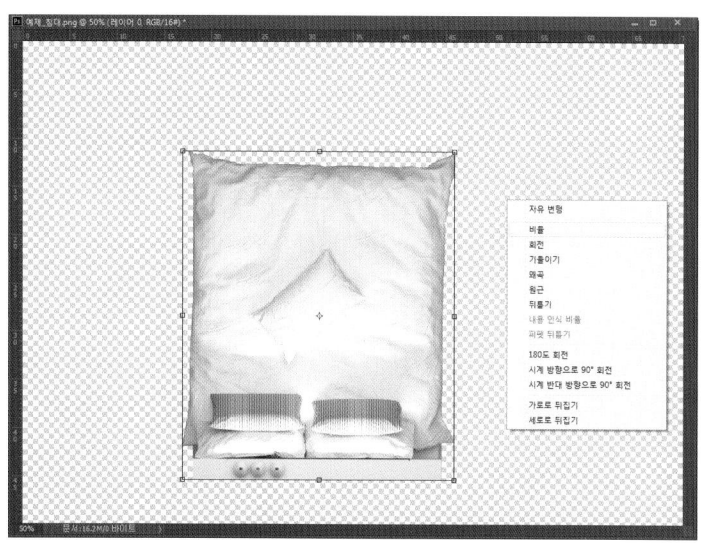

② 회전: 배경쪽에 마우스 포인트를 옮기면 포인트가 회전모양으로 바뀌고 드래그 하여 회전할 수 있습니다.

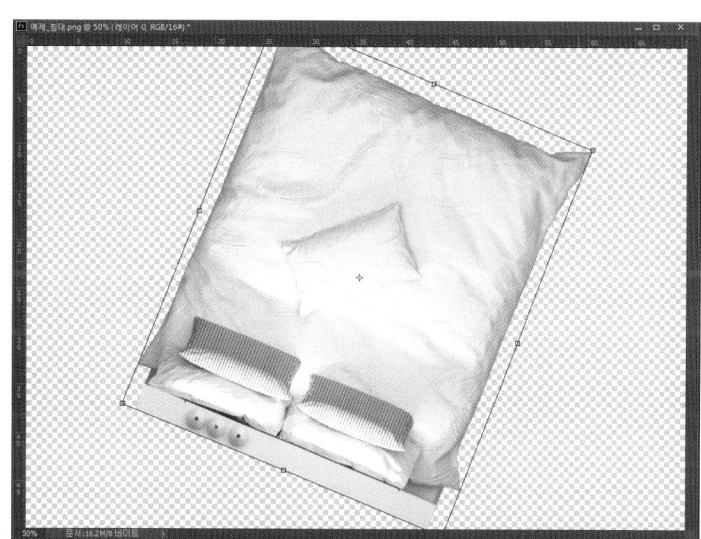

③ 기울이기: 수평, 수직으로만 기울기를 조절할 수 있습니다.

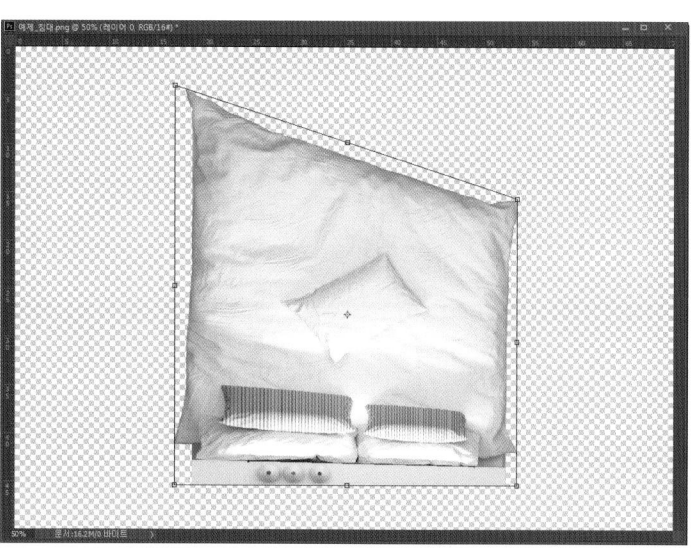

④ 왜곡: 모서리를 각각 드래그하여 변형합니다.

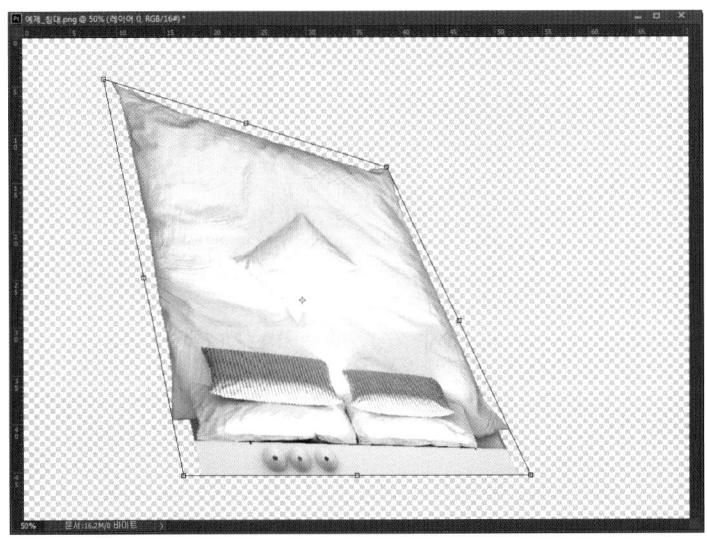

⑤ 원근: 이미지를 원근감 있게 변형합니다. 칼라링 도면의 정면과 측면을 이어줄 때 사용하면 3D 효과도 낼 수 있습니다.

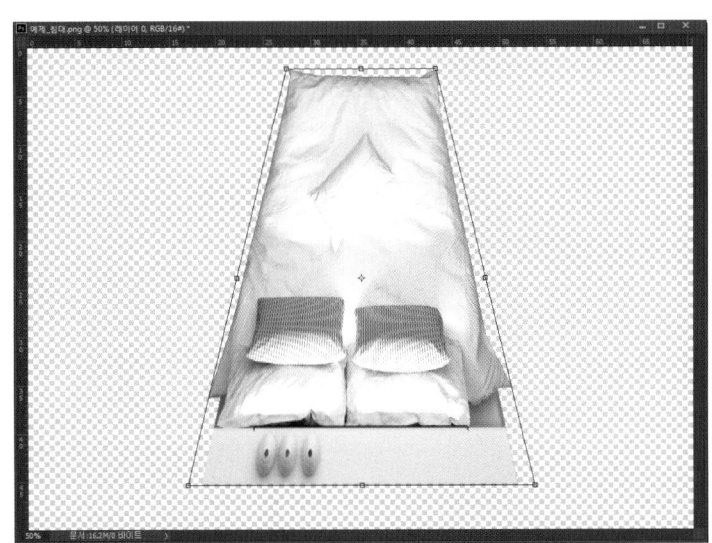

⑥ 뒤틀기: 이미지를 불규칙적으로 변형할 때 사용합니다.

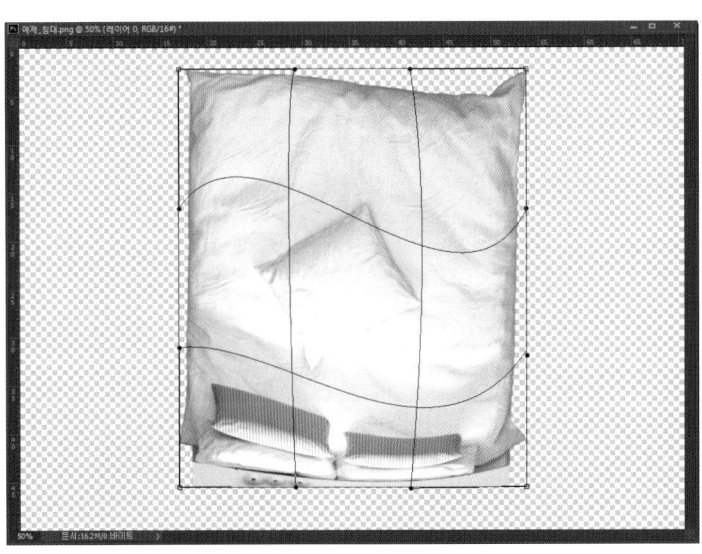

⑦ 180도 회전: 이미지를 180도 회전합니다.

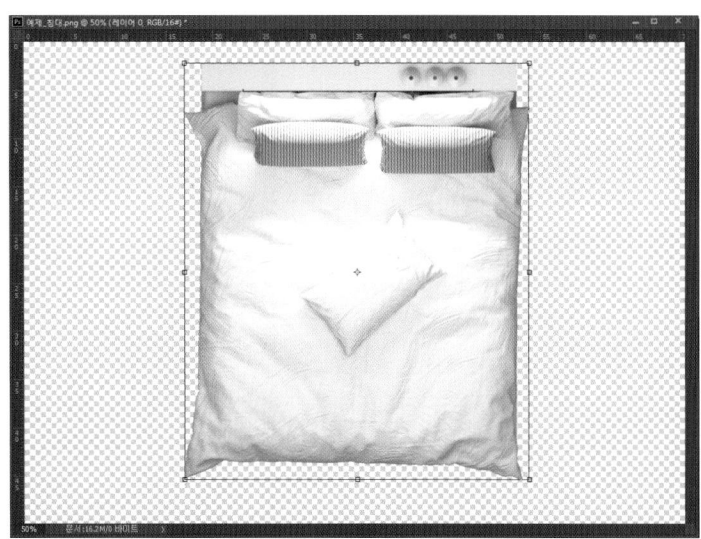

⑧ 시계방향으로 90도 회전: 시계방향으로 90도 회전합니다.

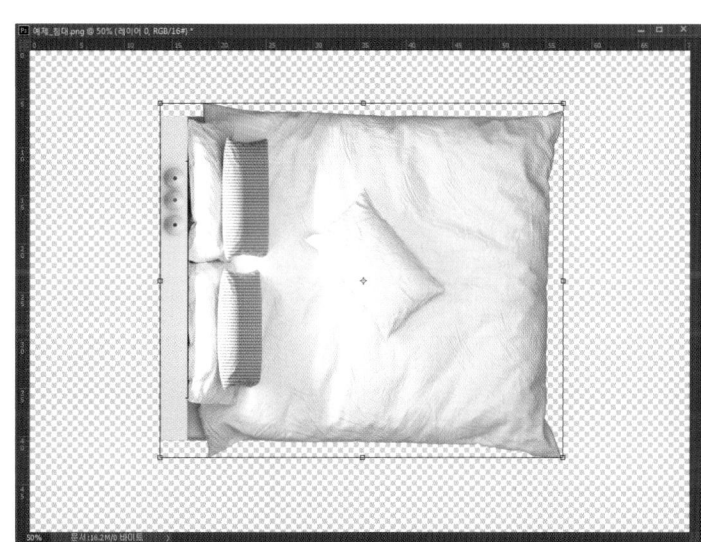

⑨ 시계반대방향으로 90도 회전: 시계반대방향으로 90도 회전합니다.

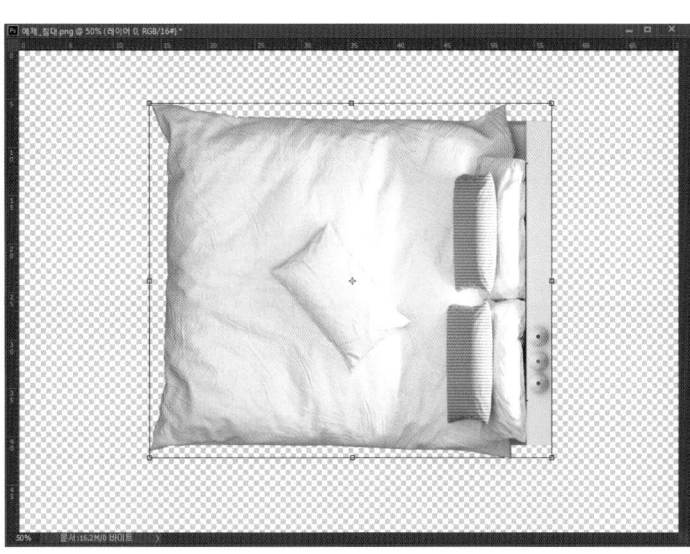

⑩ 가로로 뒤집기: 이미지를 가로로 뒤집어 줍니다.

⑪ 세로로 뒤집기: 이미지를 세로로 뒤집어 줍니다.

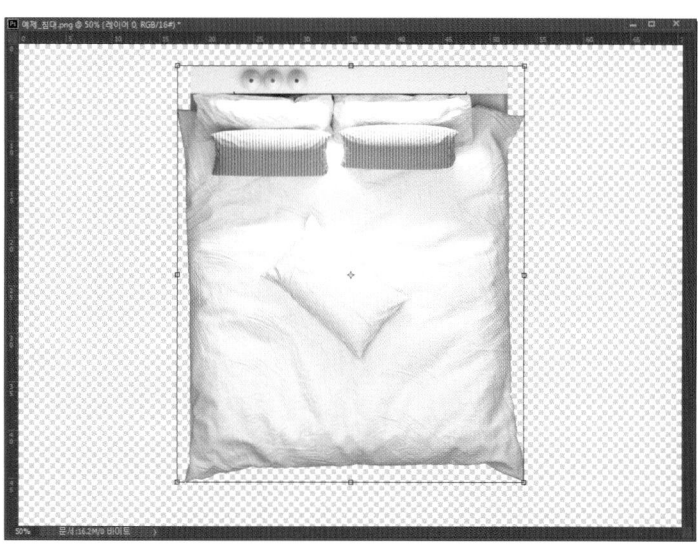

Section_06 환경설정-작업화면 색상 바꾸기

01 메뉴 바에서 ❶ [편집]- ❷ [환경설정]- ❸ [인터페이스]을 클릭합니다.

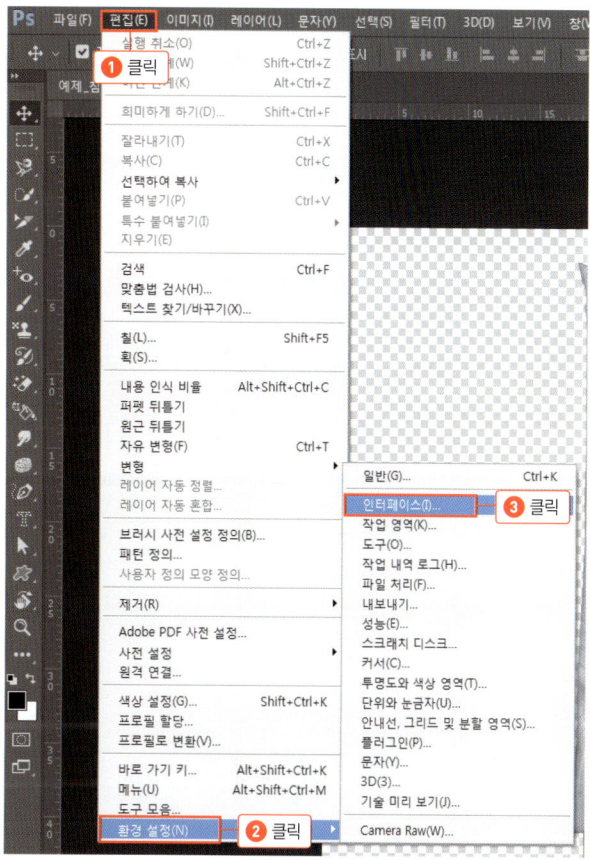

02 ❶ ❷ 환경설정 창이 나타나면 색상테마에서 좀 더 밝은 색을 눌러줍니다. 작업화면이 밝아졌습니다.

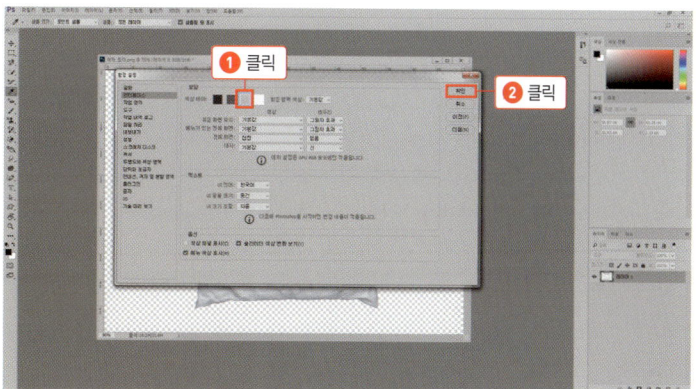

Lesson 03 이미지 주요 메뉴 살펴보기

Section_01 [이미지]-[조정]-[명도/대비]

밝고 어둡기, 색상의 대비 효과를 강조되어 보이고 싶을 때 사용합니다.

○ **예제소스경로** Part02. - 예제_이미지 메뉴

01 열기 단축키 Ctrl+O를 눌러 예제_이미지 메뉴.jpg 파일을 불러옵니다. 메뉴 바의 ① [이미지]- ② [조정]- ③ [명도/대비]를 클릭하거나, 조정 패널에서 명도/대비 버튼을 클릭하셔도 됩니다.

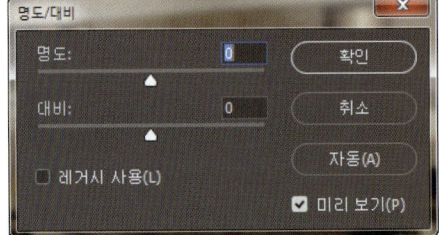

알아두기

이 둘의 기능은 명도/대비를 조절해주는 면에서는 같지만, 조정 패널에서 명도/대비 버튼은 따로 레이어가 생성되기 때문에 추후 수정이 가능합니다.

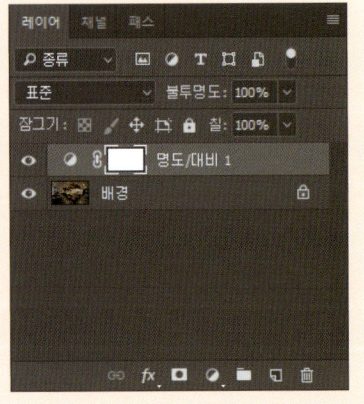

명도 슬라이드바를 오른쪽으로 움직이면 밝아지고, 왼쪽으로 움직이면 어두워집니다. 대비 슬라이드 바를 오른쪽으로 움직이면 색상들이 대비되어 강조되어 보이고, 왼쪽으로 움직이면 색상대비 효과가 적게 나타납니다.

02 명도 값을 '15'로 대비 값을 '76' 으로 적용하였더니 전체적으로 밝아지고, 색상의 대비가 또렷해져서 이미지가 강해보입니다.

03 명도 값을 '-66'으로 대비 값을 -'22'로 적용하였더니, 좀 더 어두워지고 차분한 분위기가 되었습니다.

Section_02 [이미지]-[조정]-[레벨]

레벨을 이용하면 역광으로 인해 잘 보이지 않는 이미지를 보정할 수 있습니다. 필자는 이런 사진을 주로 실측사진에서 접하게 되는데요. 실측사진이 너무 어두워 현장을 파악하지 못하고 있다는 상황을 가정하여, 예제를 따라해 보도록 하겠습니다.

◯ **예제소스경로** Part02. - 예제_레벨

01 열기 단축키 Ctrl+O를 눌러 예제_레벨.jpg 파일을 불러옵니다. 사진이 어두워서 오른쪽은 아무것도 안보입니다. 메뉴 바의 ❶ [이미지]- ❷ [조정]- ❸ [레벨]을 클릭하거나, 단축키 Ctrl+L을 눌러줍니다. 조정 패널에서 레벨 버튼을 클릭하셔도 됩니다.

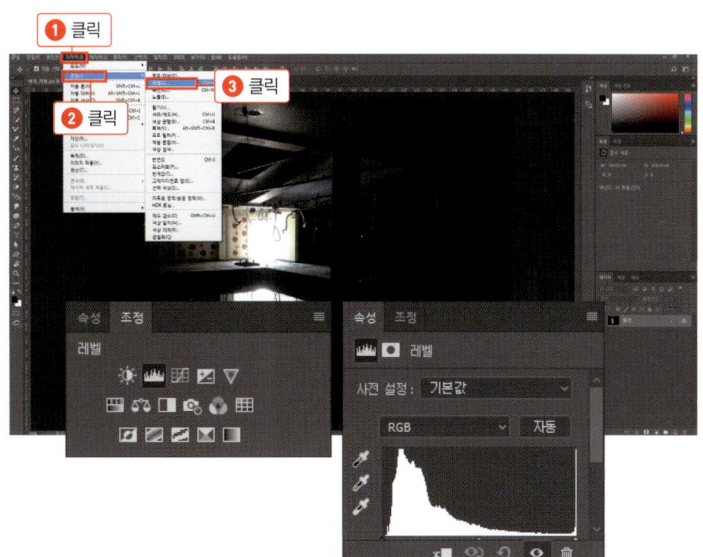

02 포토샵의 레벨은 어두운 영역, 중간영역, 밝은영역 이렇게 세부분으로 나뉘는데, 이 세 영역을 조정하여 밝기를 보정하는 기능입니다. 중간영역의 슬라이드를 왼쪽으로 '2.48'정도 만큼 이동시켜 보세요. 점점 밝아지면서 어두워서 안보였던 이미지가 나타납니다.

Section_03 [이미지]-[조정]-[곡선]

곡선은 말 그대로 곡선을 위 아래로 드래그하여 명도와 대비를 조절하는 기능입니다. 칼라링 작업에 쓰려고 가구 소스를 맥스에서 렌더링하여 가져왔는데, 쇼파의 흰색상이 좀 어두워 보이는 상황에서 예제를 따라해 보도록 하겠습니다.

○ **예제소스경로** Part02. – 예제_곡선

01 열기 단축키 Ctrl+O를 눌러 예제_곡선.png 파일을 불러옵니다. ❶ [이미지]- ❷ [조정]- ❸ [곡선]을 클릭하거나, 단축키 Ctrl+M을 눌러줍니다.

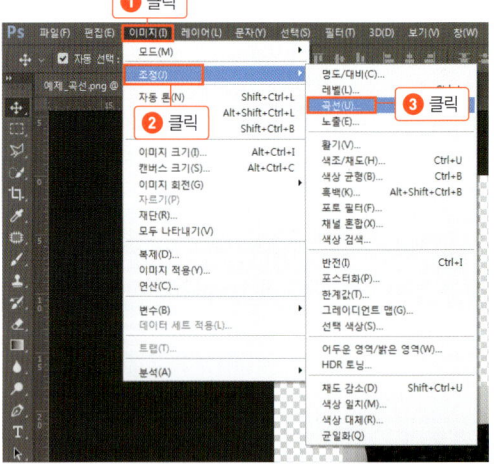

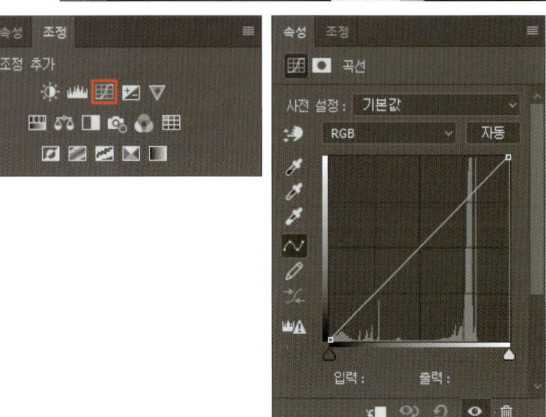

Chapter 02 알아두면 아주 유용한 기능 알아보기 :: 73

02 곡선을 위쪽으로 드래그 하고 출력에 '240', 입력에 '191'을 입력합니다. 이미지가 밝아졌습니다.

▲ 원본이미지

▲ 곡선 적용 후

Section_04 색상 조정하기

칼라링 작업 중 갑자기 색상이 변경되는 경우가 있습니다. 이럴 때 변경해야할 레이어를 선택하고 다음과 같은 명령어를 이용하면 쉽게 색상변경이 가능합니다.

○ **예제소스경로** Part01. – 예제_월넛마루

방법 1 메뉴 바의 ❶ [이미지]– ❷ [조정]– ❸ [색도/채도] 단축키 Ctrl + U

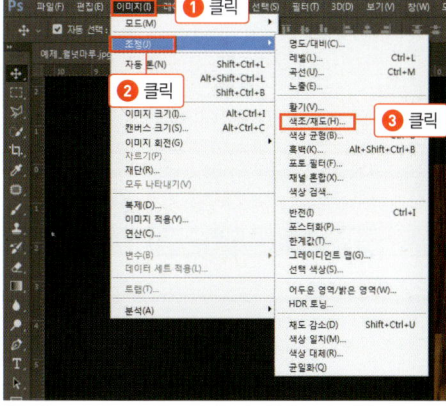

▲ 원본이미지

▲ 색상조절 예

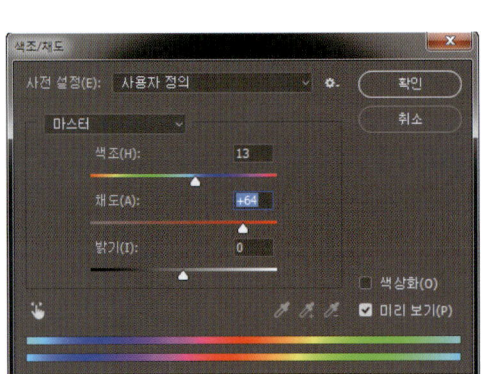

▲ 색상조절예

방법2 메뉴 바의 [이미지]-[조정]-[색상 균형] 단축키 Ctrl+B

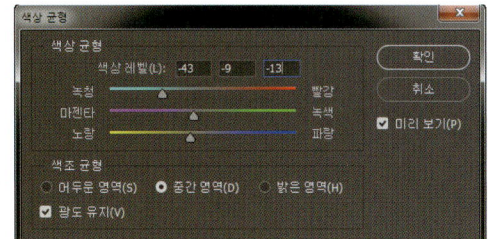

▲ 원본이미지

▲ 색상조절예

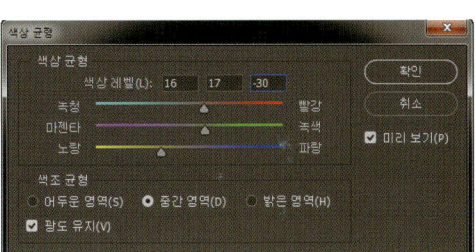

▲ 색상조절예

방법3 메뉴 바의 [이미지]-[조정]-[활기]

▲ 원본이미지

▲ 색상조절예

▲ 색상조절예

방법4 흑백 이미지 만들기

메뉴 바의 [이미지]-[조정]-[흑백] 단축키 Alt + Shift + Ctrl + B

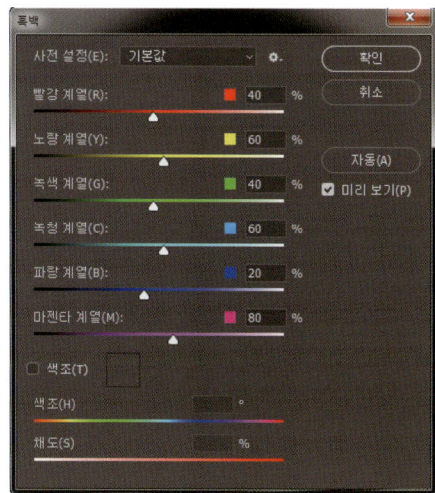

Section_05 캔버스 크기 조절하기

◯ **예제소스경로** Part02. – 예제_이미지 메뉴

01 열기 단축키 Ctrl + O 를 눌러 예제_이미지 메뉴.png 파일을 불러옵니다. ❶ [이미지]- ❷ [캔버스 크기] 단축키 Ctrl + Alt + C 를 누르면 나오는 캔버스 크기 창에서 ❸ 새로운 크기를 높이 '80', 폭 '50'으로 지정해준 후 ❹ 확인 버튼을 눌러줍니다.

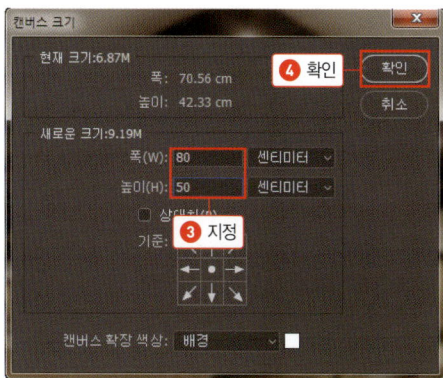
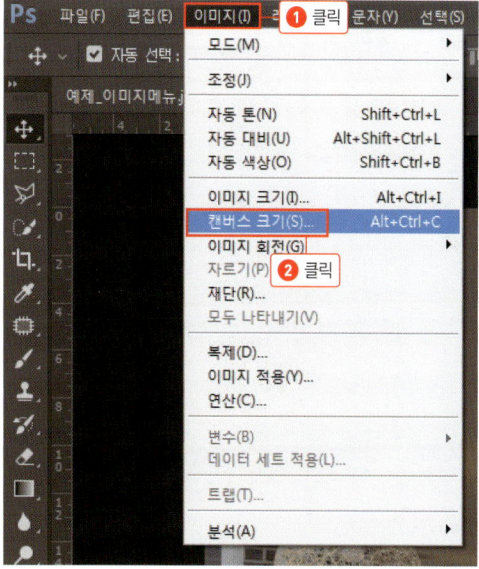

02 입력한 값만큼 여백공간이 생겼습니다. 캔버스 확장색상은 배경색상과 동일합니다.

03 [이미지]-[이미지 회전]을 누르면 이미지를 회전할 수 있습니다.

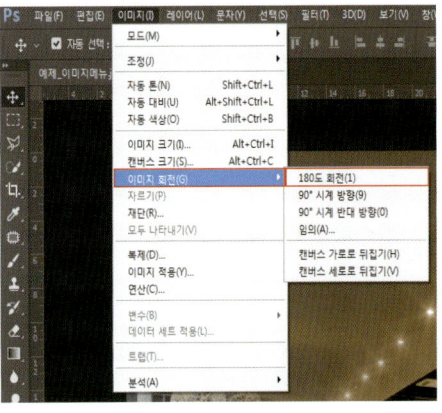

▲ 180도 회전

▲ 90도 시계방향

▲ 90도 시계반대방향

Section_06 임의와 자르기

○ **예제소스경로** Part02. – 예제_임의

01 열기 단축키 Ctrl+O를 눌러 예제_임의.jpg 파일을 불러옵니다. 예제 사진을 보면 살짝 기울어진 것을 알 수 있습니다. ❶ ❷ '임의'를 사용하기 전에 먼저 도구 패널에서 자 도구( )를 선택합니다.

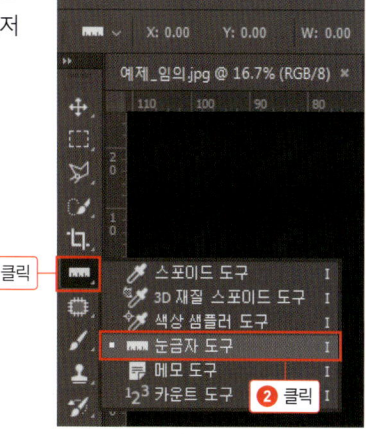

02 수평으로 맞춰야 할 기준선이 될 기울어진 기둥을 드래그하여 지정합니다.

드래그

03 메뉴 바의 ❶ [이미지]– ❷ [이미지 회전]– ❸ ❹ [임의]를 차례로 눌러주면 캔버스 회전 창에 수평으로 맞추기 위해 기울어진 각도가 자동으로 입력되어 나타납니다.

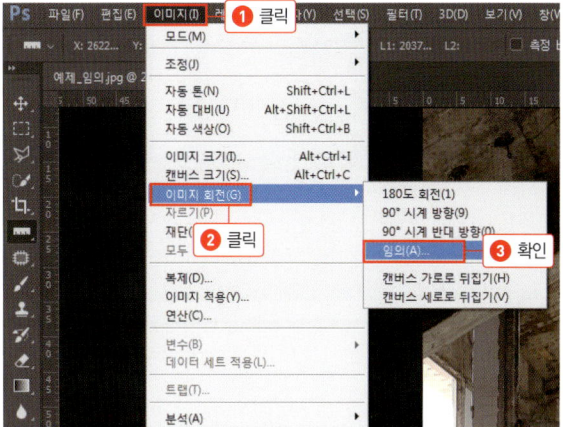
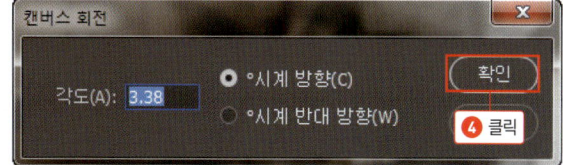

04 확인 버튼을 눌러주면 지정된 각도만큼 이미지가 회전하여, 기준선이 수평으로 맞춰졌습니다.

05 그런데, 그래도 기울어져 보이지요? 01-04과정을 다시 반복해주는 이번에는 가로로 기준선을 맞춰봅니다.
이제야 기울어진 사진이 정리되어 보입니다.

06 사진을 돌리고 보니 여백이 지저분해 보이네요. 이미지를 잘라 보도록 하겠습니다. 전체화면보기 단축키 Ctrl+0을 하고, 사각선택 도구 단축키 M〈▣〉을 누른 후 다음과 같이 드래그 하여 남길 영역을 선택해줍니다.

07 메뉴 바의 [이미지]-[자르기]를 눌러줍니다. 이미지가 깨끗하게 정리되었습니다.
단축키 Ctrl+D를 눌러 선택을 해제해줍니다.

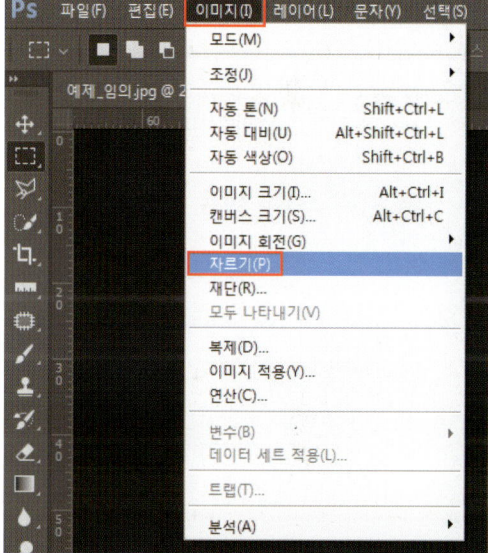

Lesson 04 서로 다른 이미지 색상톤 맞추기

01 색상톤이 다른 두 이미지를 불러옵니다. 느낌만 다르다면 어떤 이미지든 상관없습니다.

02 색상을 바꾸고 싶은 이미지를 선택하고 ❶ [이미지]- ❷ [조정]- ❸ [색상 일치]를 선택합니다. 색상 일치창이 나타나면 ❹ 소스 항목에서 바꾸고자 하는 이미지를 선택하고 ❺ 확인 버튼을 누릅니다.

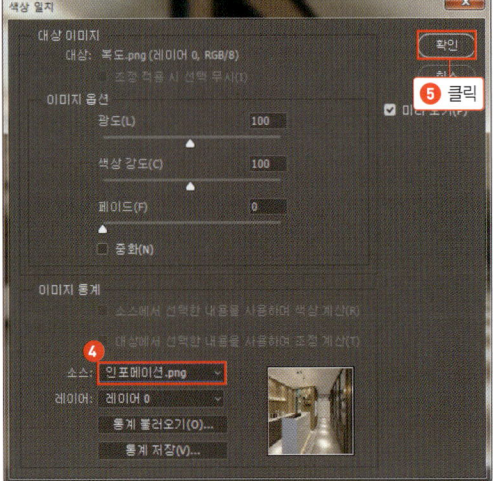

03 색상이 변경되었습니다.

▲ 원본이미지

Lesson 05 Camera Raw 필터로 기울어진 사진 보정하기

기울어진 사진을 보정하기 위한 임의 기능을 조금 전에 배웠습니다. 기울어진 사진을 보정하는 또다른 방법으로 카메라 로우의 수직, 수평을 변경하여 보정하는 법을 알아보도록 하겠습니다.

◎ **예제소스경로** Part02. – 예제_임의

01 [파일]- ❶ [필터]- ❷ [Camera Raw필터]를 누르고

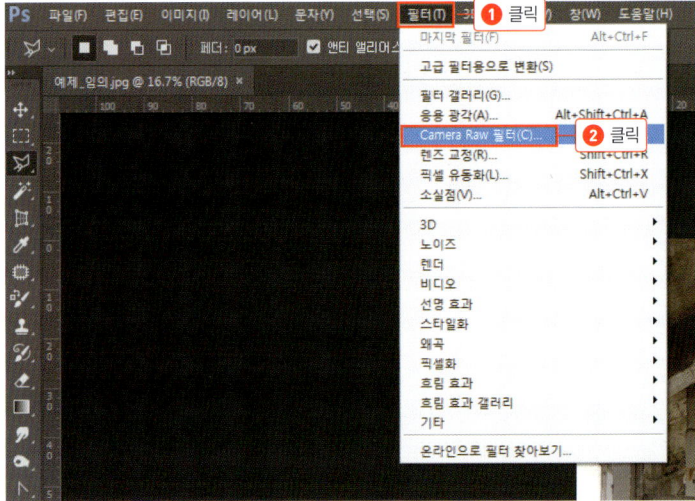

02 ❸ 변형 도구(▥)를 선택합니다.
❹ 레벨, 수직 및 수평원근 수정 적용(▥)을 누릅니다. 레벨, 수직, 수평, 원근 관련 사항이 보정되었습니다.

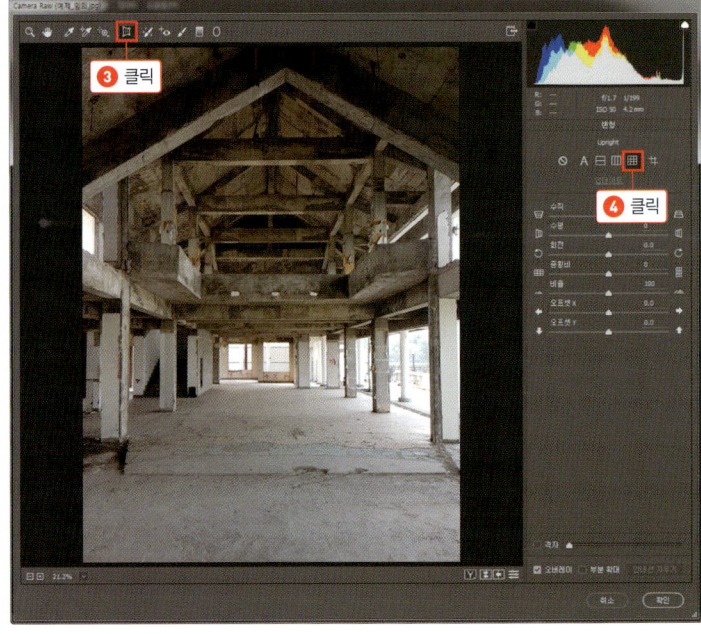

아래 각각의 항목에 대한 슬라이스 바를 좌우로 이동해보세요. 기울기 왜곡을 바로 잡을 수 있습니다.

▲ 수직

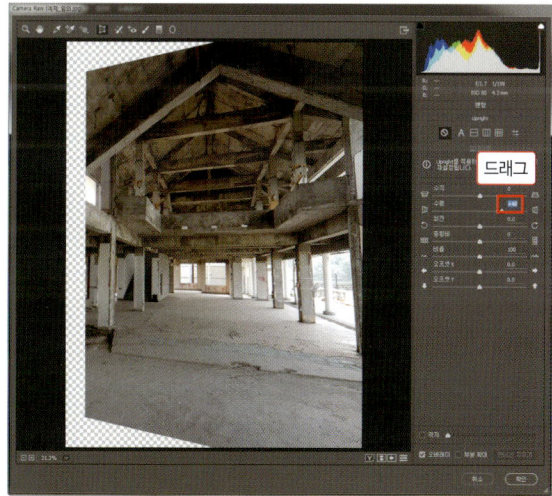

▲ 수평

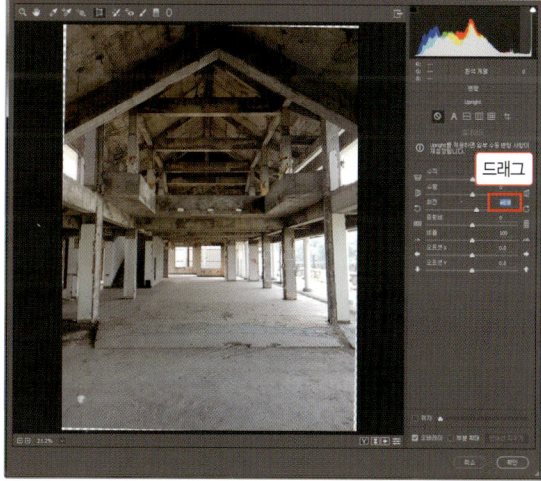

▲ 회전

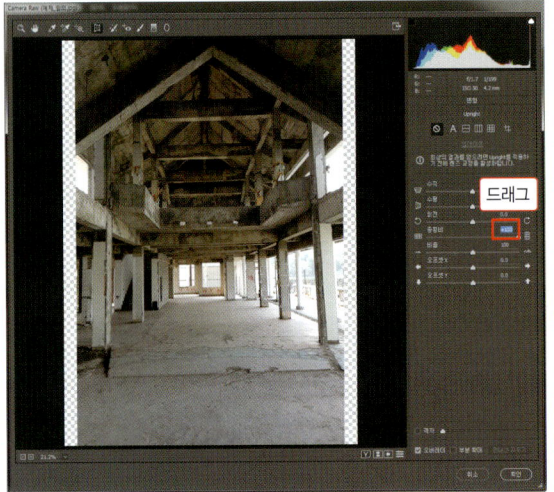

▲ 종횡비

▲ 비율

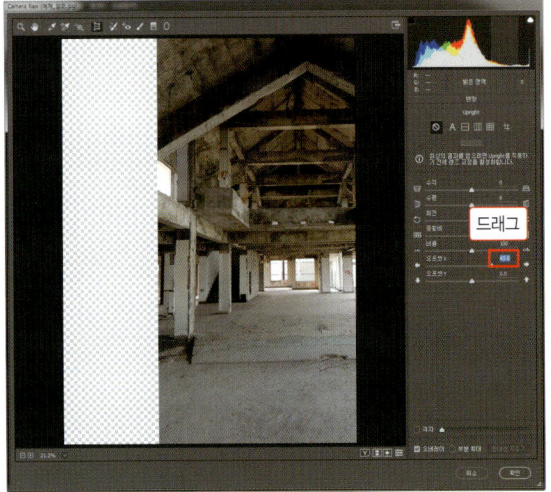

▲ 오프셋X

▲ 오프셋Y

memo

CHAPTER 03 칼라링 작업중 도면 쉽게 수정하기

캐드도면을 포토샵으로 불러와서 칼라링 작업을 하다 보면 수정할 일들이 빈번하게 생깁니다. 쉽고 간단하게 수정할 수 있는 방법을 알아보도록 하겠습니다.

Lesson 01 선을 지워야 할 경우

작업하다 보면 '선 하나만 수정하면 되는데, 이걸 다시 캐드에서 수정해야 하나?' 하는 경우가 발생합니다. 예제를 통하여 선을 쉽게 지우는 법을 알아보도록 하겠습니다.

01 다음 선을 삭제하고 싶을 때는 지우고자 하는 선에 마우스를 대고 마우스 오른쪽 버튼을 클릭하여 도면 레이어를 선택합니다.

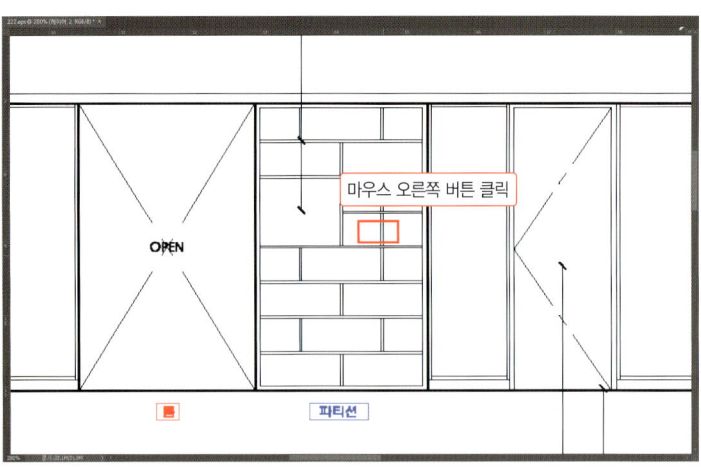

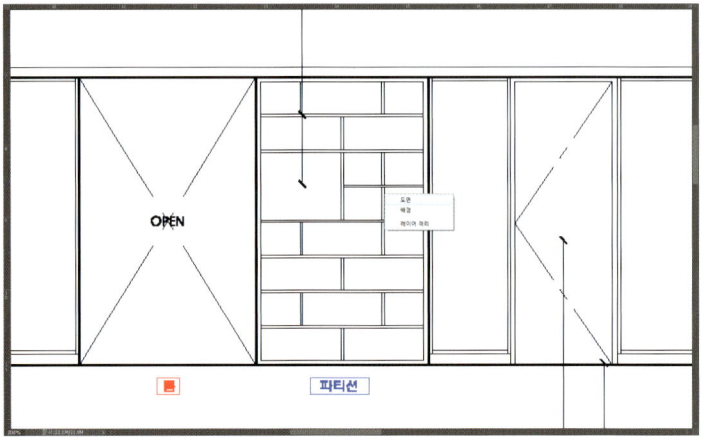

02 돋보기 도구〈🔍〉로 지우고자 하는 부분을 확대하고, 사각선택 도구〈▭〉를 누르고 지울 선을 드래그하여 선택한 후 Delete 버튼을 눌러 삭제합니다. 간단하게 지워집니다.

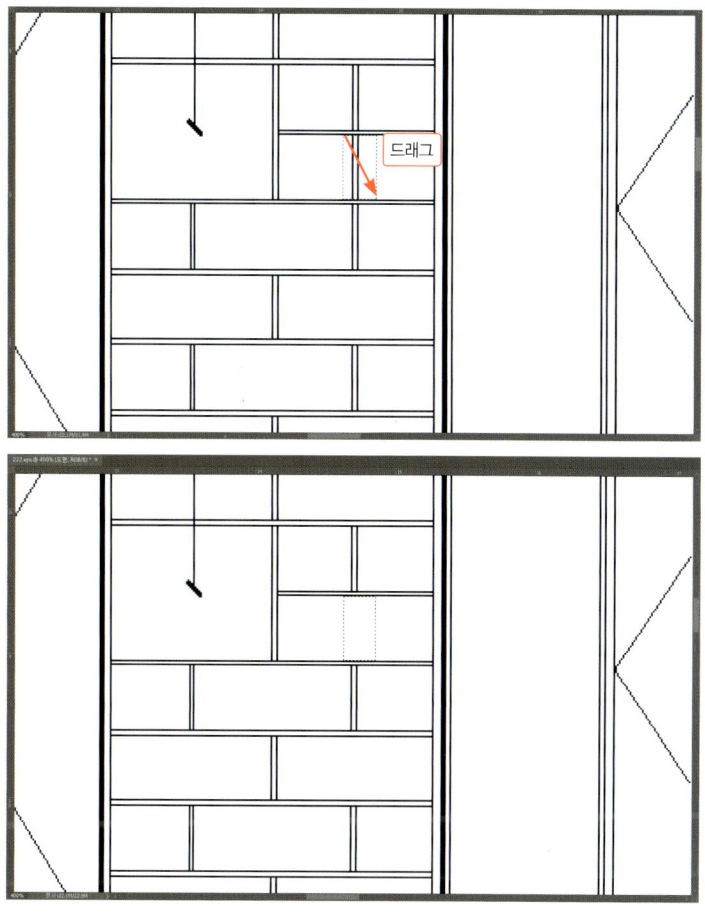

Lesson 02 선을 그려야 할 경우

캐드에서 연장되는 선들을 그려 넣는 것을 깜빡했는데, 칼라링을 하다 보면 어김없이 발견합니다. 이럴 땐 도면레이어를 선택하고 전경색이 도면선색상과 같은 검정색으로 지정되어 있는지 확인 후 연필 도구〈✏️〉를 선택합니다. 직선으로 잘 그릴 수 있게 Shift 버튼을 누르면서 선을 그래그하여 그려줍니다. 직선으로 간단하게 그려집니다.

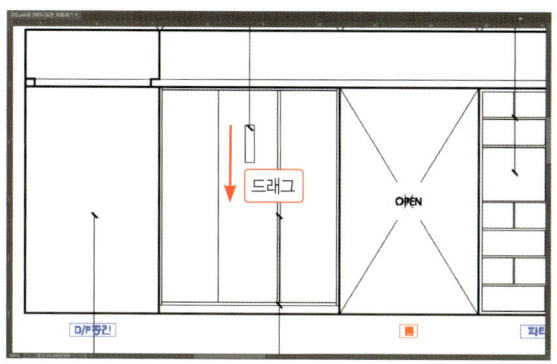
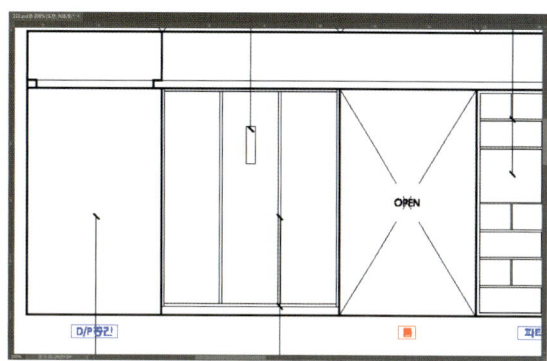

Lesson 03 도면 수정이 많이 되어야 할 경우

칼라링을 70-80%까지 진행했는데, 2안을 만들어야 하는 경우 또는 디자인이 변경되어 전반적인 수정이 되어야 할 때도 있습니다. 이럴때는 방금 앞에서 제시한 방법을 사용하면 시간만 낭비하게 될 수 있으니, 과감하게 캐드도면에서 고쳐주고 다시 EPS 파일로 변환해서 도면을 바꾸는 방법으로 작업을 진행합니다. Shift+Alt+이동 도구를 누르면서 드래그해주면 정확한 위치에 붙여지게 됩니다.

▲ 도면 레이어를 삭제한 상태

Chapter 03 칼라링 작업중 도면 쉽게 수정하기 :: **91**

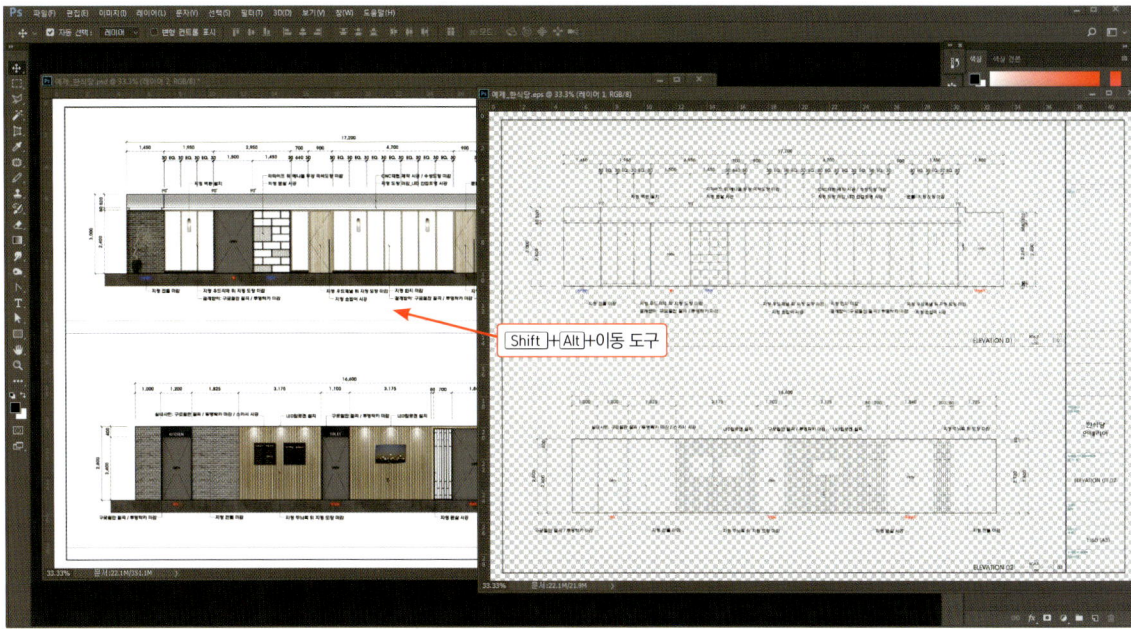

▲ 수정된 EPS파일

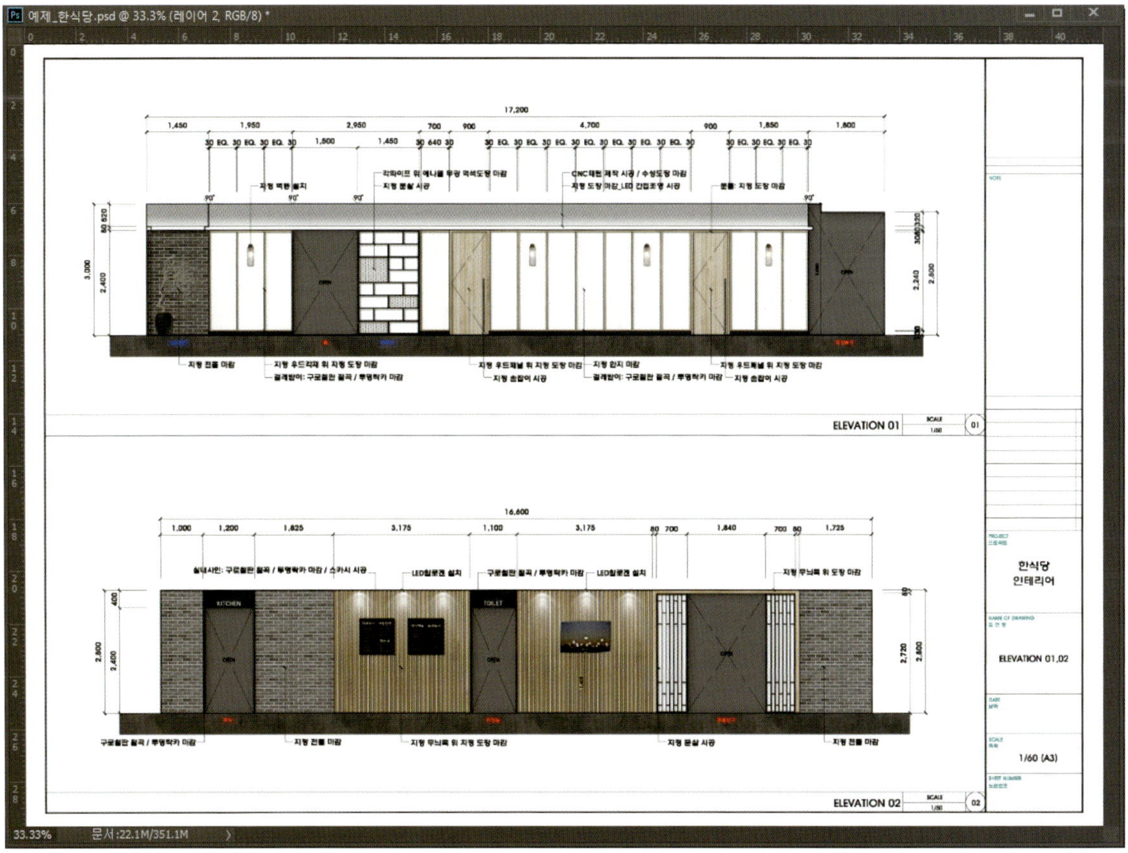

▲ 완성이미지

3 PART

도면 칼라링 실무테크닉
_ 주거공간

01. 주거공간 가구 칼라링
02. 주거공간 평면도 칼라링
03. 주거공간 천정도 칼라링
04. 주거공간 입면도 칼라링

CHAPTER 01 주거공간 가구 칼라링

Lesson 01 도면 불러오기

● **예제소스경로** Part03. – 01. 예제_주거공간 평면도

01 화면을 더블클릭하거나, 열기 단축키 Ctrl+O를 눌러 예제파일 예제_주거공간 평면.eps를 불러옵니다. A3 파일로 저장되었기 때문에, ❶ 이미지 크기는 '42.02', 높이는 ❷ '29.7'로 지정되어 있습니다. ❸ 해상도를 '200'으로 모드는 RGB색상으로 지정하고 ❹ 앤티 앨리어스에 체크를 해제한 후 ❺ 확인 버튼을 누릅니다.

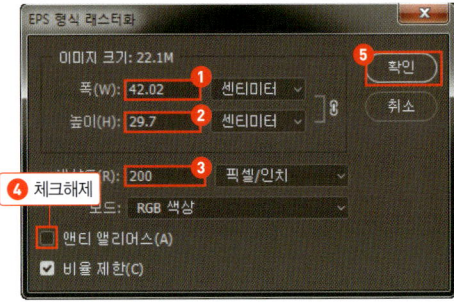

알아두기

간혹 규격을 297 * 420으로 저장해서 도면이 세로로 불러와 질 때도 있습니다. 이럴 때는 [이미지]–[이미지회전]–[90도 시계반대 방향]을 클릭하면 이미지가 가로로 배치됩니다.

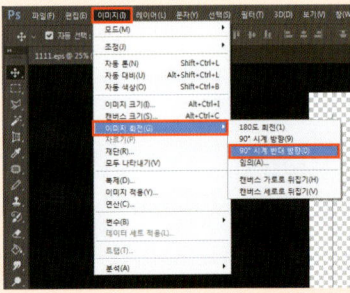

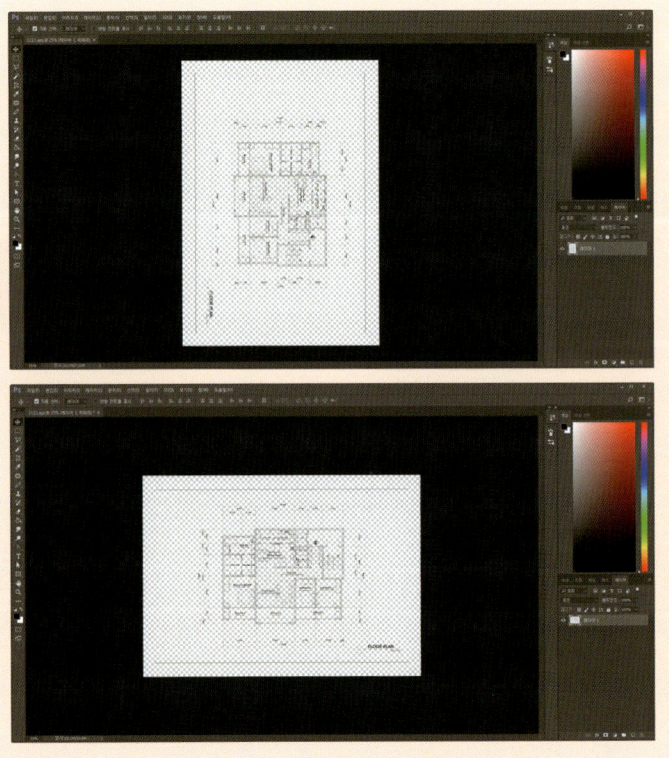

02 ❶ 레이어 창의 〈 〉 버튼을 눌러 새로운 레이어를 만들어줍니다. ❷ 배경색이 흰색으로 지정되어 있는지 확인하고 단축키 Ctrl + Delete 를 눌러 배경을 흰색으로 채운 후, ❸ 배경레이어를 도면 아래에 위치시키고 더블클릭하여 이름을 변경해줍니다.

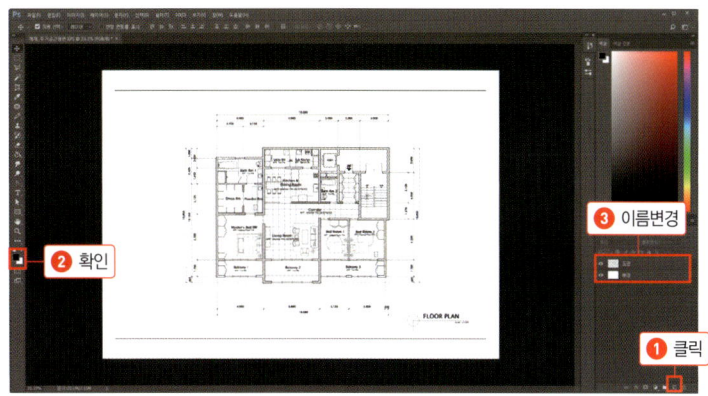

Lesson 02 가구 표현하기-침대

주거공간에 들어가는 가구들은 한정되어 있기 때문에 가구 칼라링 소스를 만들어 놓으면 바닥마감 및 붙박이 가구들만 칼라링 하면 되므로 작업시간을 상당시간 단축시킬 수 있습니다.

칼라링 작업시 사용되는 명령어는 그다지 많지 않고, 반복적으로 사용되기 때문에 몇 가지 가구 칼라링 예제를 통하여 자연스럽게 명령어를 익혀보도록 하겠습니다.

> **알아두기**
>
> 침대블럭을 보면서 색상 및 패턴을 정해야 합니다. 어떤 주거 공간 도면에도 어울릴 수 있게 무난한 색상의 패브릭을 선택하는 것이 좋습니다.
>
> 가장 아래에 위치할 레이어부터, 침대매트-베게-보조베게-쿠션-이불-베드러너 순으로 작업해보겠습니다. 각각의 패브릭 맵소스와 침대 옆 협탁의 시트 소스가 필요합니다.

○ **예제소스경로** Part03. – 01. 예제_주거공간 평면도

03 ❶ 열기 단축키 Ctrl + O 를 눌러 침대매트 소스를 불러온 후 ❷ 이동도구 〈 〉 단축키 V 를 누르고 예제_주거공간 평면으로 드래그해줍니다.

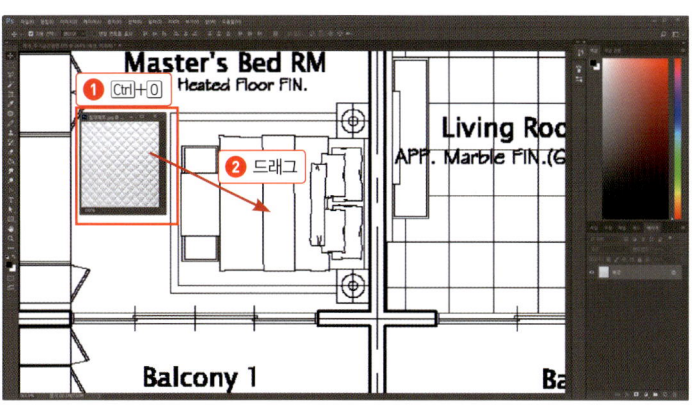

04 ❶ 레이어를 더블클릭하여 이름을 침대매트로 변경합니다. 침대보다 침대매트 소스의 무늬가 커 보입니다.

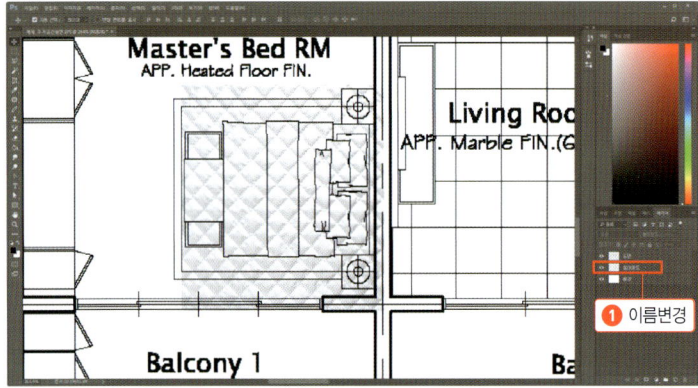

05 ❶ 자유 변형 단축키 Ctrl+T를 눌러 조절점을 이동하여 ❷ 다음과 같이 크기를 조절해줍니다. 이 정도는 줄여주어야 침대와 패턴 크기가 어느 정도 맞아 보입니다. ❸ Enter 키를 눌러 명령을 해제합니다.

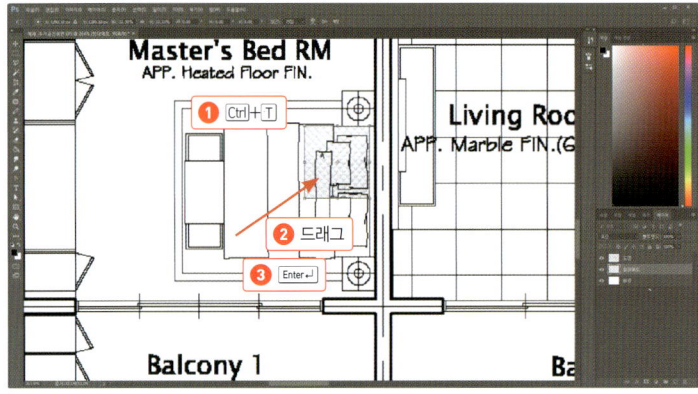

06 ❶ '침대매트' 레이어를 선택하고 ❷ 사각선택 도구(▭)를 누르고 ❸ 복사할 영역을 드래그해준 후 ❹ Shift+Alt+이동 도구(✥)를 눌러 부족한 부분을 채워줍니다. 레이어가 하나로 유지되면서 복사되는 방법입니다. 단축키 Ctrl+D를 눌러 선택을 해제합니다. 침대매트 이미지가 베게를 덮고 있어도 침대매트 레이어가 베게 레이어보다 아래에 위치되기 때문에 자연스럽게 커버됩니다.

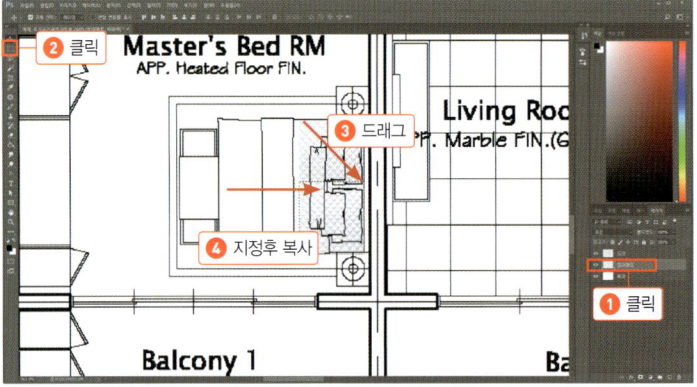

07 ❶ 열기 단축키 Ctrl+O를 눌러 베게 01 소스를 불러온 후 ❷ 이동 도구 (✥) 단축키 V를 누르고 예제_주거공간 평면으로 드래그해줍니다. ❸ 레이어를 더블클릭하여 이름을 베게01로 변경합니다.

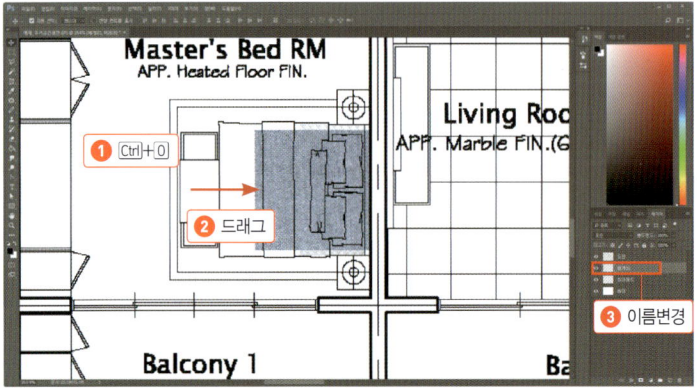

Chapter 01 주거공간 가구 칼라링 :: 97

08 ❶ '도면' 레이어를 선택하고 ❷ 도구 바의 자동선택 도구〈 〉를 클릭하여 ❸ ❹ 베게부분을 Shift 버튼을 누르면서 클릭합니다.

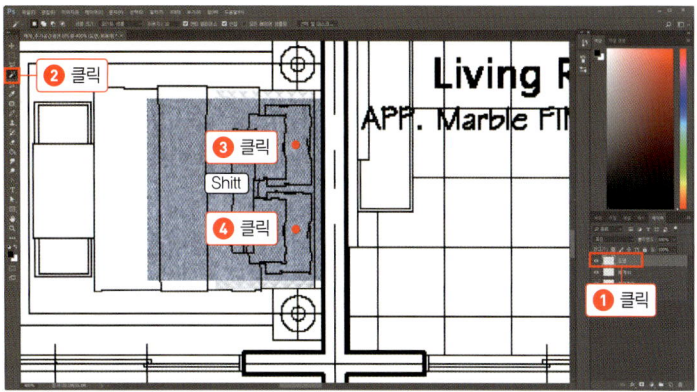

09 선택된 베게소스의 외부영역을 삭제할 예정입니다. ❶ '베게01' 레이어를 선택하고 ❷ 반전 단축키 Ctrl + Shift + I 버튼을 누르고 ❸ Delete 버튼을 눌러 베게소스의 외부면을 삭제합니다. Ctrl + D를 눌러 선택을 해제합니다.

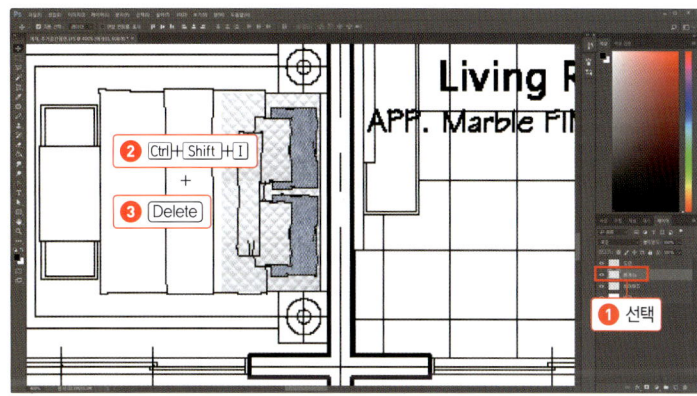

> **알아두기**
>
> 메뉴 바의 [선택]-[반전]을 눌러도 같은 효과가 적용됩니다.

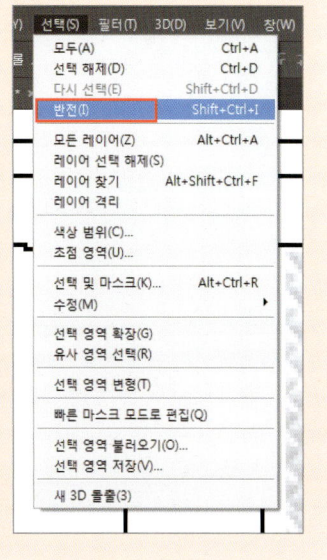

10 ❶ 열기 단축키 Ctrl+O를 눌러 '베게02' 소스를 불러온 후 ❷ 이동 도구< > 단축키 V를 누르고 예제_주거공간 평면으로 드래그해줍니다. ❸ 레이어를 더블클릭하여 이름을 '베게02'로 변경합니다.

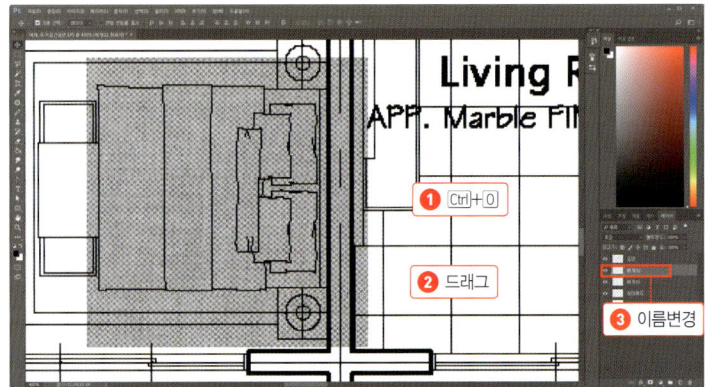

11 패턴 크기가 커 보이죠? ❶ 자유 변형 단축키 Ctrl+T를 눌러 조절점을 이동하여 ❷ 다음과 같이 크기를 조절해준 후 ❸ Enter↵키를 눌러 명령을 해제합니다.

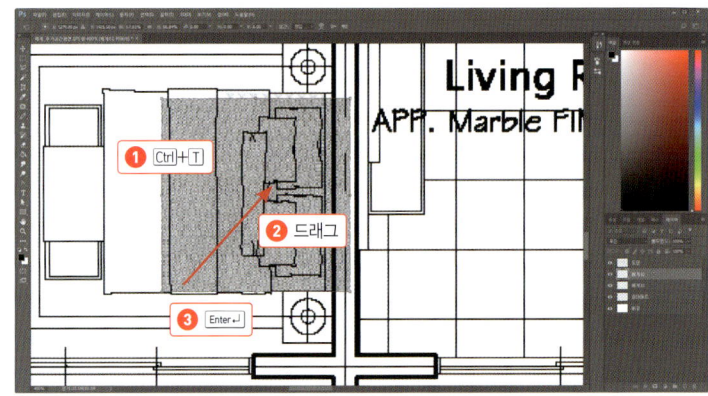

12 ❶ '도면' 레이어를 선택하고 ❷ 도구 바의 자동선택 도구< >를 클릭하여 ❸ ❹ 베게부분을 Shift 버튼을 누르면서 클릭합니다.

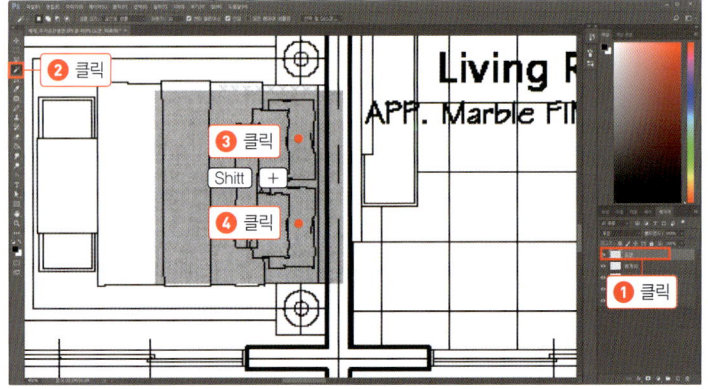

13 ❶ '베게02' 레이어를 선택하고 ❷ 반전 단축키 Ctrl+Shift+I 버튼을 누르고 ❸ Delete 버튼을 눌러 베게 소스의 외부면을 삭제합니다. ❹ Ctrl+D를 눌러 선택을 해제합니다.

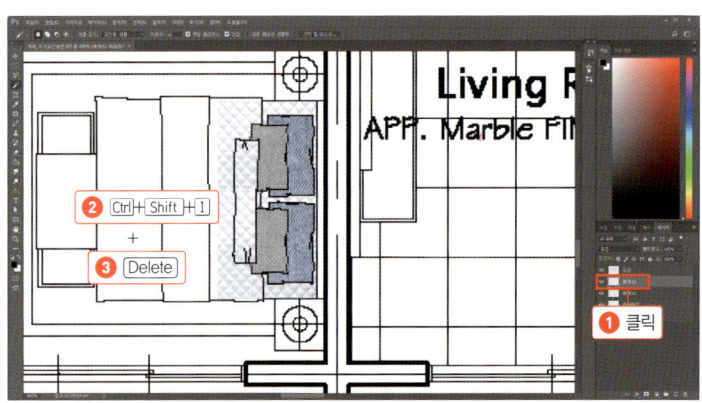

14 베게에 입체감을 표현해보도록 하겠습니다. '베게01' 레이어를 더블클릭하여 레이어 스타일 창을 열어줍니다. ❶ 경사와 엠보스에 체크하고 ❷ 더블클릭하여 ❸ 다음과 같이 값을 설정해주고 ❹ 드롭섀도에 체크하고 ❺ 더블클릭하여 ❻ 다음과 같이 값을 설정해주고 ❼ 확인 버튼을 누릅니다.

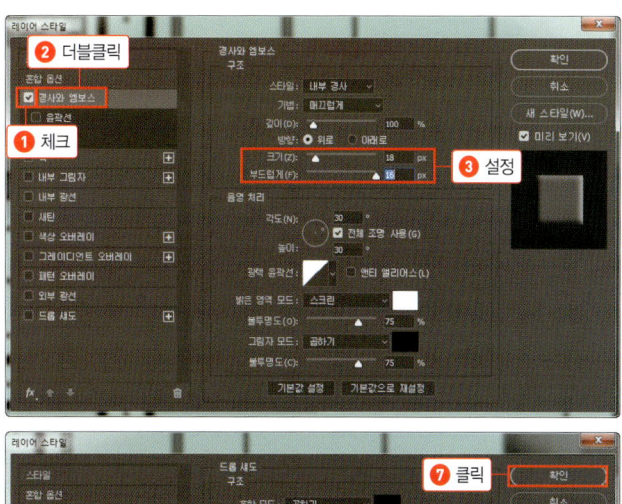

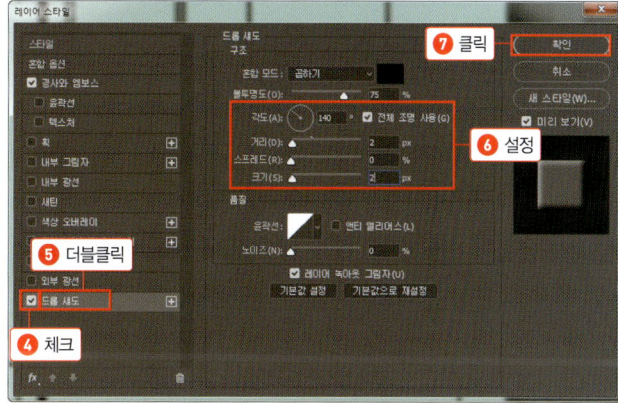

15 '베게02' 레이어를 더블클릭하여 레이어 스타일 창을 열어줍니다. '베게02'도 같은 값을 적용합니다. 마지막에 적용한 값이 남아 있기 때문에 ❶ ❷ 체크만 하면 됩니다.

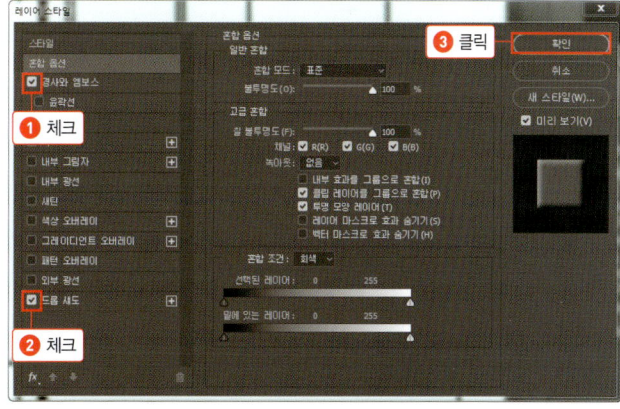

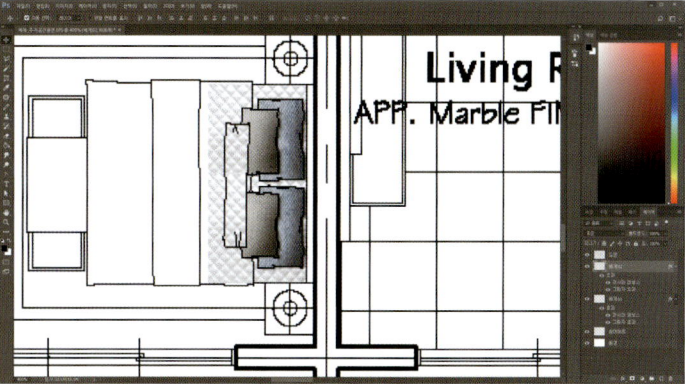

16 ❶ 열기 단축키 Ctrl+O를 눌러 '쿠션' 소스를 불러온 후 ❷ 이동 도구 단축키 V를 누르고 예제_주거공간 평면으로 드래그해줍니다. ❸ 레이어를 더블클릭하여 이름을 '쿠션'으로 변경합니다.

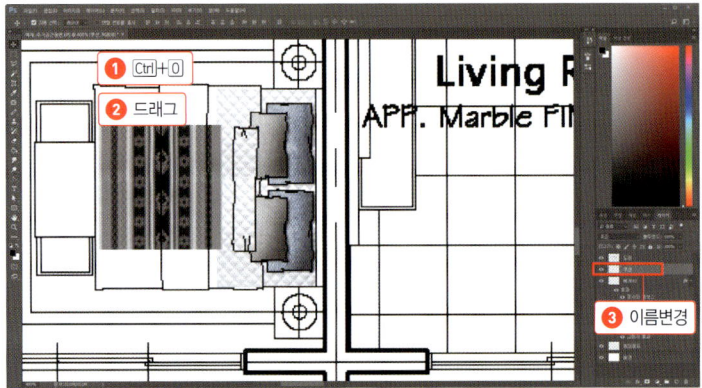

17 세로방향인 무늬를 가로방향으로 바꿔야 합니다. ❶ 자유 변형 단축키 Ctrl+T를 누르고 ❷ 마우스 오른쪽 버튼을 눌러 ❸ 시계방향으로 90도 회전을 클릭합니다. ❹ 조절점을 잡고 다음과 같이 쿠션 크기에 맞게 줄여줍니다.

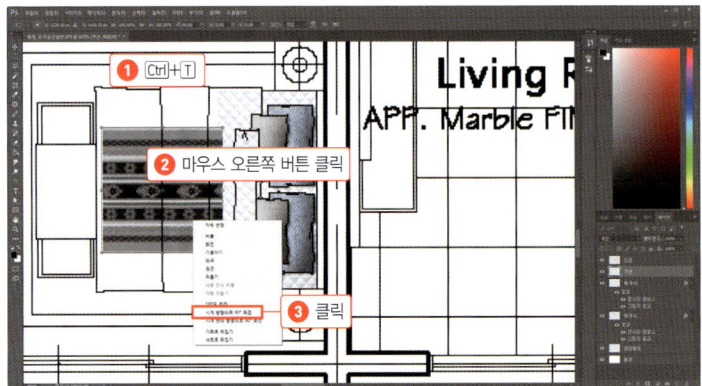

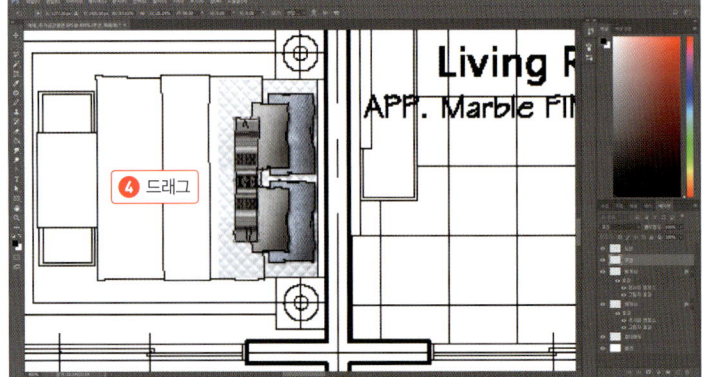

18 쿠션에 입체감을 표현해보도록 하겠습니다. '쿠션' 레이어를 더블클릭하여 레이어 스타일 창을 열어줍니다. ❶ 경사와 엠보스에 체크하고 ❷ 더블클릭하여 ❸ 다음과 같이 값을 설정해주고 ❹ 드롭섀도에 체크하고 ❺ 확인 버튼을 누릅니다.

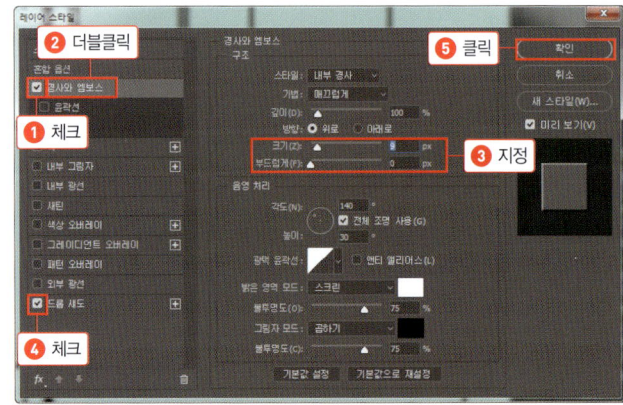

19 ❶ 열기 단축키 Ctrl+O를 눌러 이불을 불러온 후 ❷ 이동 도구〈✥〉 단축키 V를 누르고 예제_주거공간 평면으로 드래그해줍니다. ❸ 레이어를 더블클릭하여 이름을 '이불'로 변경합니다. ❹ 자유 변형 단축키 Ctrl+T를 눌러 조절점을 이동하여 다음과 같이 크기를 조절해준 후 Enter↵키를 눌러 명령을 해제합니다.

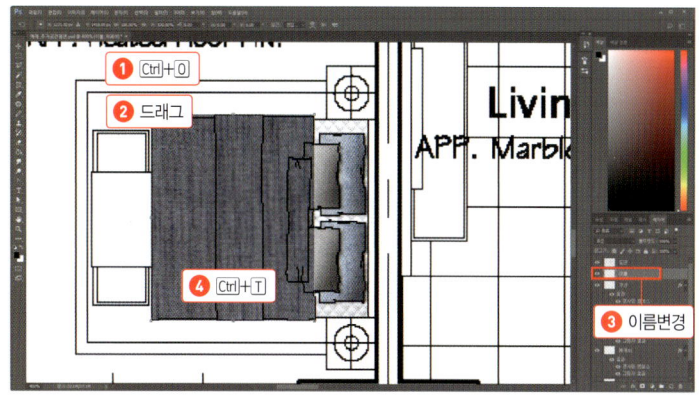

20 ❺ '이불' 레이어를 침대매트보다 위에 '베게'와 '쿠션' 보다는 아래쪽에 위치시켜줍니다.

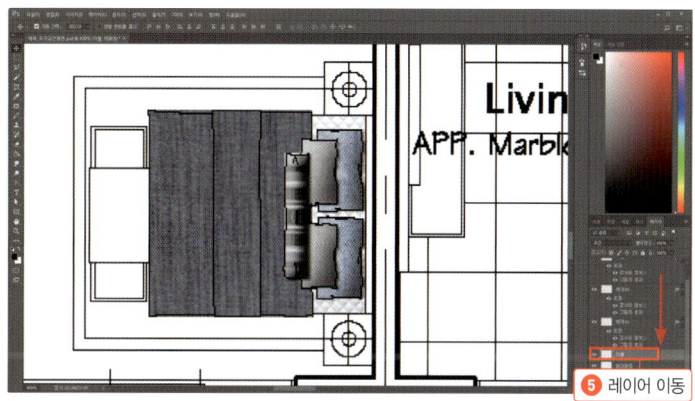

21 ❶ 열기 단축키 Ctrl+O를 눌러 베드러너를 불러온 후 ❷ 이동 도구〈✥〉 단축키 V를 누르고 예제_주거공간 평면으로 드래그해줍니다. ❸ 레이어를 더블클릭하여 이름을 베드러너로 변경합니다. ❹ 자유 변형 단축키 Ctrl+T를 눌러 조절점을 이동하여 다음과 같이 크기를 조절해준 후 Enter↵키를 눌러 명령을 해제합니다.

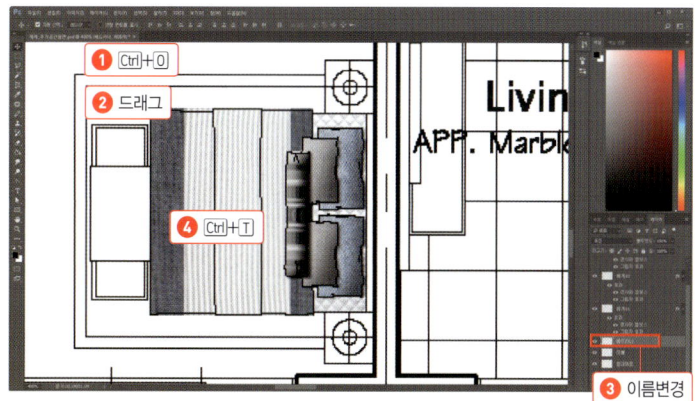

> **알아두기**
>
> 패턴이 있는 소스를 너무 작게 줄였을 때 패턴이 축소되어 패턴이 보이지 않게 되기도 합니다. 적당한 크기로 보일 때까지 줄이고, 그래도 맵이 크다면 튀어나온 부분만 삭제합니다.

22 사각선택 도구〈 〉 단축키 M을 누르고 삭제할 부분을 드래그하여 선택하고 Enter↵ 버튼을 눌러 삭제합니다.

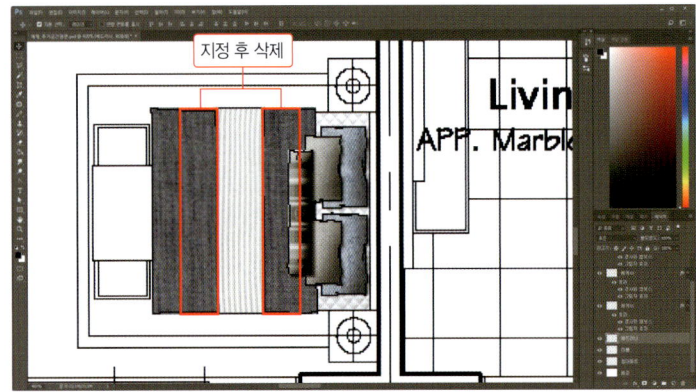

23 '베드러너' 레이어를 더블클릭하여 레이어 스타일 창을 열어줍니다. ❶ 드롭섀도에 체크하고 ❷ 확인 버튼을 누릅니다.

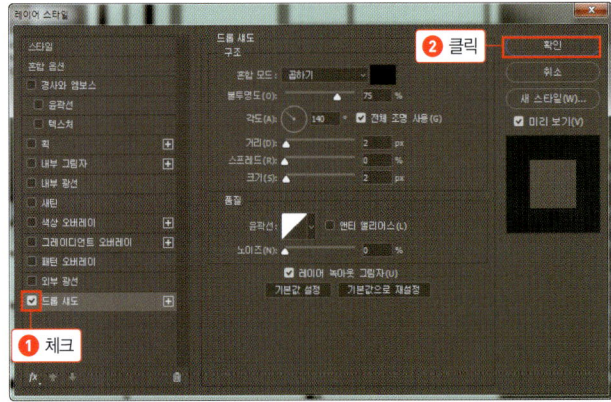

24 ❶ 열기 단축키 Ctrl+O를 눌러 우드를 불러온 후 ❷ 이동 도구〈 〉 단축키 V를 누르고 예제_주거공간 평면으로 드래그해줍니다. ❸ 레이어를 더블클릭하여 이름을 '우드'로 변경합니다. ❹ 자유 변형 단축키 Ctrl+T를 눌러 조절점을 이동하여 다음과 같이 크기를 조절해준 후 Enter↵키를 눌러 명령을 해제합니다.

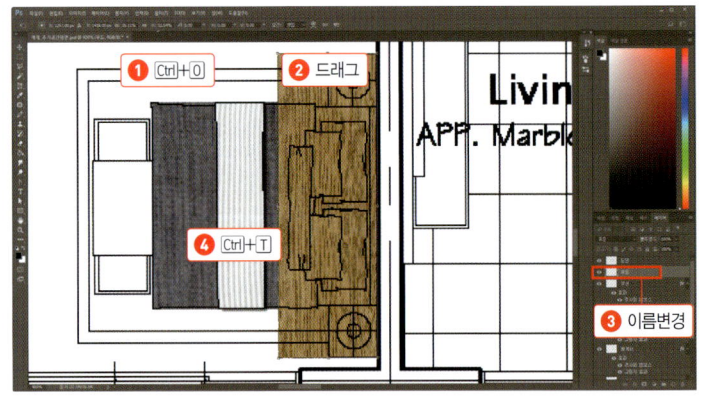

25 사각선택 도구〈 〉 단축키 M을 누르고 삭제할 부분을 드래그하여 선택하고 Delete 버튼을 눌러 삭제합니다.

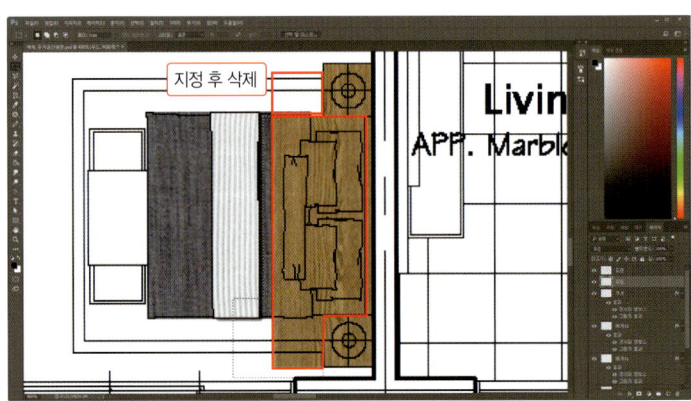

26 '우드' 레이어를 더블클릭하여 레이어 스타일 창을 열어줍니다. ❶ 드롭섀도에 체크하고 ❷ 더블클릭하여 ❸ 다음과 같이 값을 설정해주고 ❹ 확인 버튼을 누릅니다.

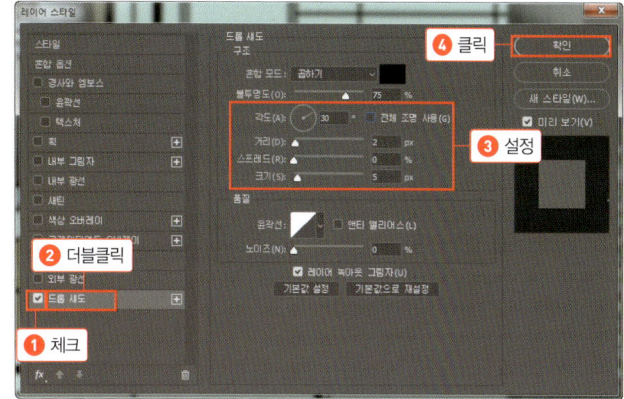

27 ❶ 그룹폴더(　)를 만들어 침대 소스를 넣습니다. 도면선보다 튀어나온 부분이 있다면 정리해줍니다. ❷ 그룹폴더명을 '마스터룸침대'로 변경해주고 더블클릭하여 레이어 스타일 창을 열어줍니다. ❸ 드롭섀도에 체크하고 ❹ 확인 버튼을 누릅니다. 침대칼라링 작업이 완성되었습니다.

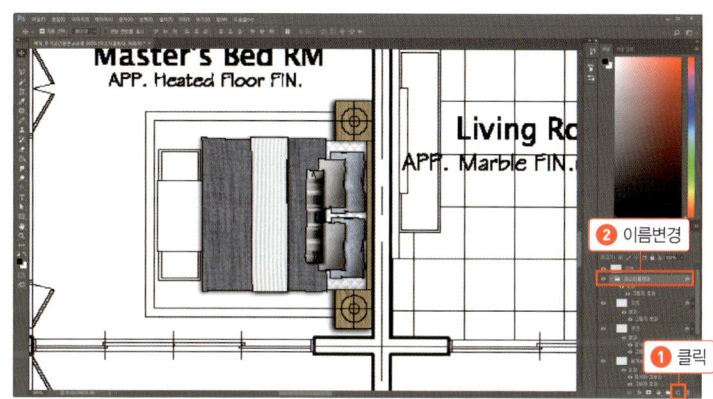

Lesson 03 가구 표현하기-6인용 쇼파

○ **예제소스경로** Part03. – 01. 예제_주거공간 평면도

01 ❶ 열기 단축키 Ctrl+O를 눌러 '인조가죽'을 불러온 후 ❷ 이동 도구 (　) 단축키 V를 누르고 예제_주거공간 평면으로 드래그해줍니다. ❸ 레이어를 더블클릭하여 이름을 '인조가죽'으로 변경합니다. ❹ 자유 변형 단축키 Ctrl+T를 눌러 조절점을 이동하여 다음과 같이 크기를 조절해준 후 Enter키를 눌러 명령을 해제합니다.

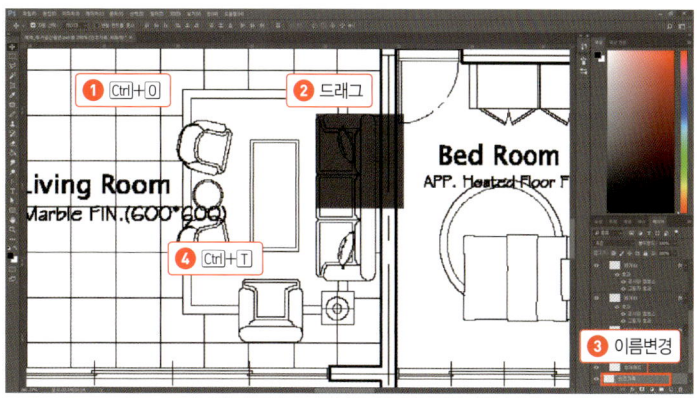

02 ❶ 인조가죽 레이어를 선택하고 ❷ 사각선택 도구〈▭〉를 누르고 ❸ 복사할 영역을 드래그해준 후 ❹ Shift + Alt + 이동 도구〈✥〉를 눌러 부족한 부분을 채워줍니다. ❺ 필요 없는 부분은 선택해서 Delete 버튼을 눌러 삭제합니다.

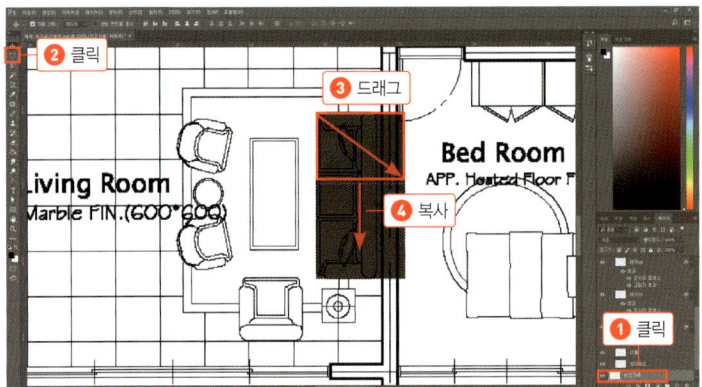

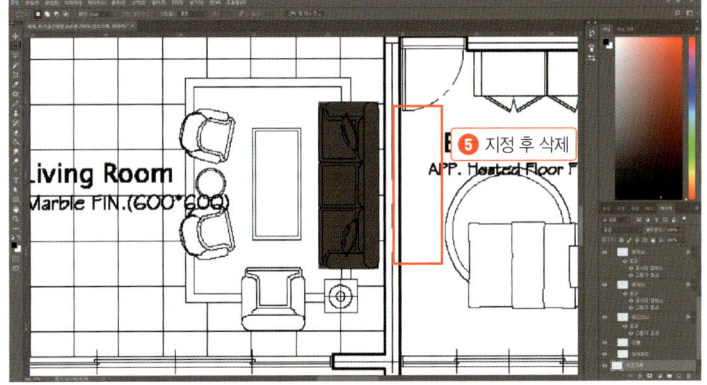

03 다각형 올가미 도구〈⚟〉를 이용하여 튀어나온 부분은 선택해서 Delete 버튼을 눌러 삭제합니다.

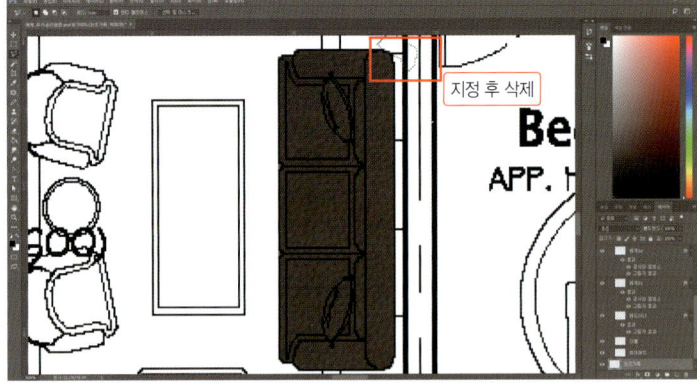

04 ❶ 도면 레이어를 선택하고 ❷ 도구바의 자동선택 도구〈✦〉를 클릭하여 ❸ 등받이 부분을 Shift 버튼을 누르면서 클릭합니다.

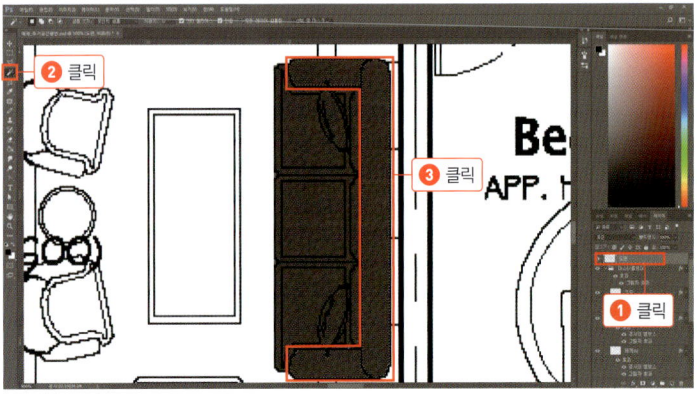

05 도면을 제외하고 선택이 되었습니다. Shift 버튼을 누르면서 사각선택 도구( )를 이용하여 도면도 선택영역에 포함이 될 수 있도록 합니다.

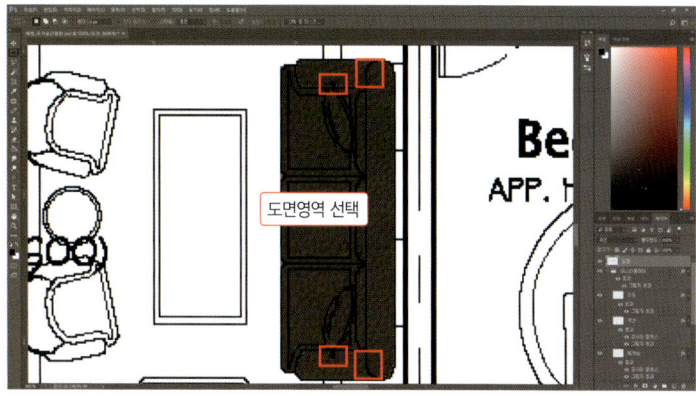

06 ❶ 등받이가 선택이 된 상태에서 ❷ 인조가죽 레이어를 선택하고 ❸ 선택영역 복사하기 단축키 Ctrl + J 를 누릅니다. 등받이 영역이 복사되었습니다. ❹ 레이어명을 '등받이'로 변경합니다.

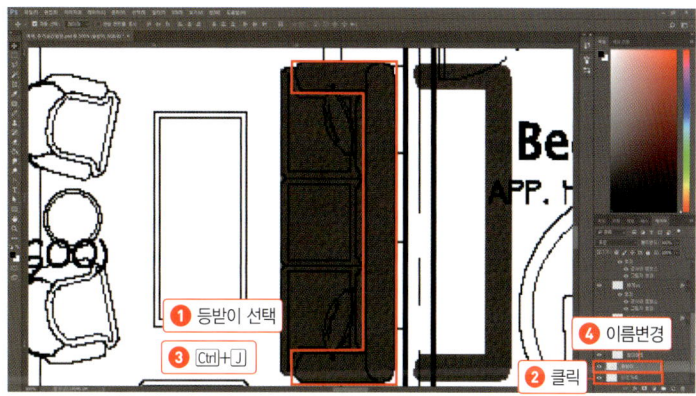

07 쇼파에 입체감을 표현해보도록 하겠습니다. '인조가죽' 레이어를 더블클릭하여 레이어 스타일 창을 열어줍니다. ❶ 경사와 엠보스에 체크하고 ❷ 더블클릭하여 ❸ 다음과 같이 값을 설정해준 후, ❹ 드롭섀도에 체크하고 ❺ 더블클릭하여 ❻ 다음과 같이 값을 설정해주고 ❼ 확인 버튼을 누릅니다

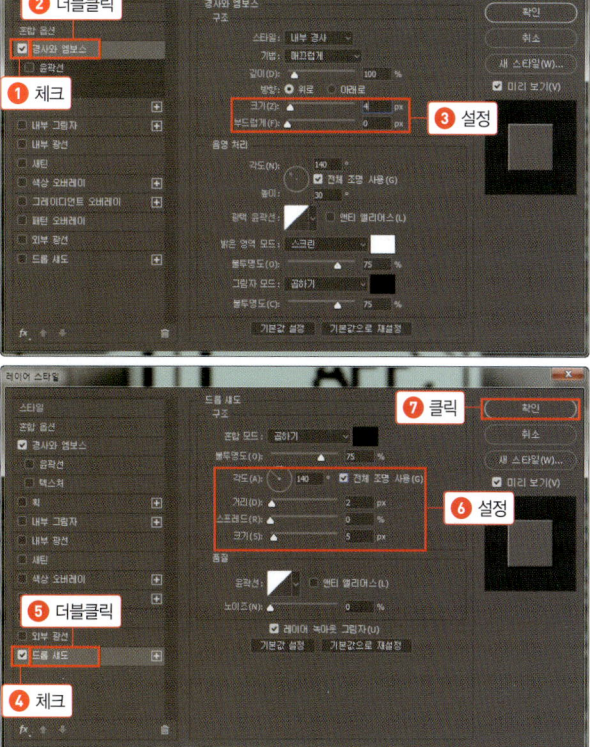

08 '등받이' 레이어를 더블클릭하여 레이어 스타일 창을 열어줍니다. ❶ 경사와 엠보스와 ❷ 드롭섀도에 체크하고 ❸ 확인 버튼을 누릅니다. 등받이에 입체감이 표현되었습니다.

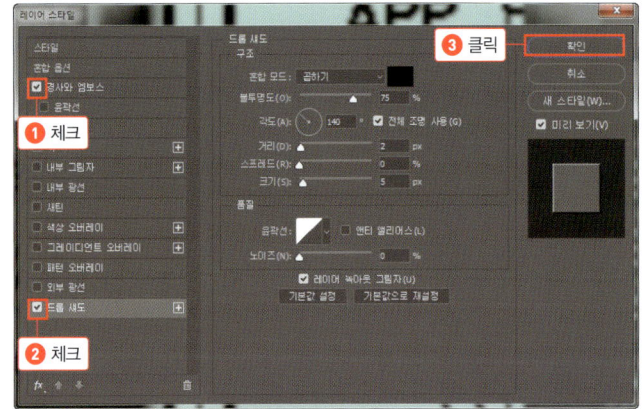

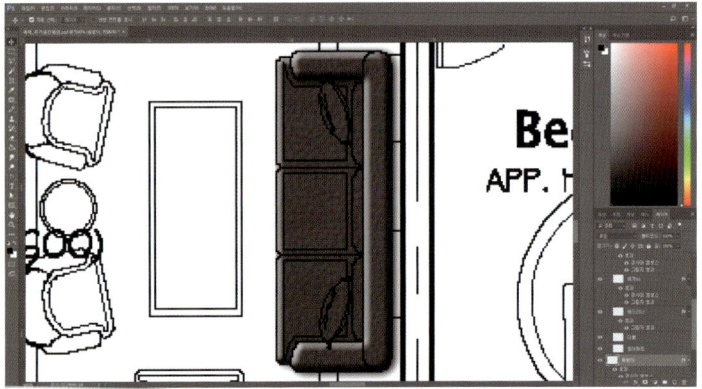

09 ❶ 열기 단축키 Ctrl+O를 눌러 '지브라 무늬'를 불러온 후 ❷ 이동 도구〈⊕〉 단축키 V를 누르고 예제_주거공간 평면으로 드래그해줍니다. ❸ 레이어를 더블클릭하여 이름을 '지브라쿠션'으로 변경합니다. ❹ 자유 변형 단축키 Ctrl+T를 눌러 조절점을 이동하여 다음과 같이 크기를 조절해준 후 Enter↵키를 눌러 명령을 해제합니다.

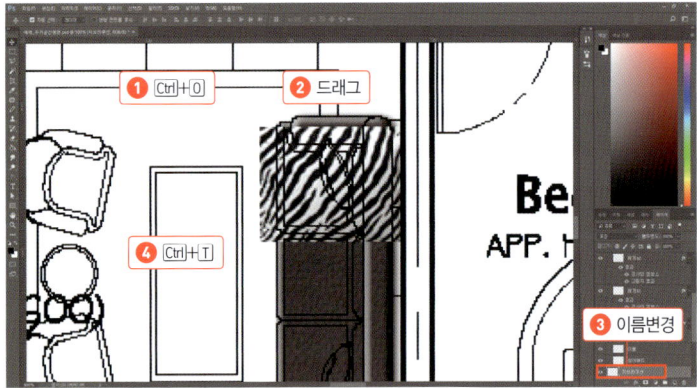

10 지브라 무늬가 너무 강렬해서 도면 선이 안보이네요. ❶ 불투명도를 20%로 설정해 잠시 불투명하게 만들어놓고, ❷ 도구 바의 다각형 올가미 도구〈⋉〉를 클릭하여 ❸ 쿠션부분을 선택합니다.

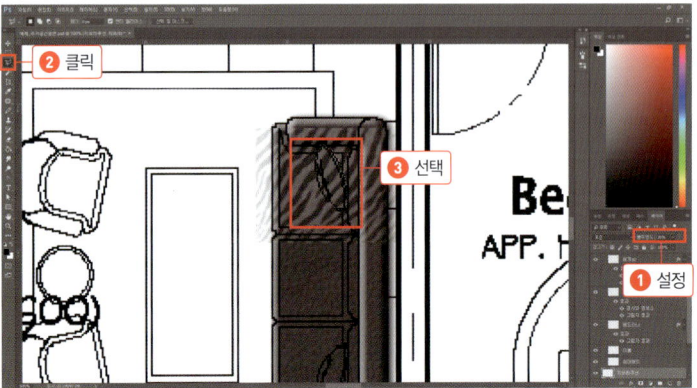

Chapter 01 주거공간 가구 칼라링 :: 107

11 ❶ '지브라쿠션' 레이어를 선택하고 ❷ 반전 단축키 Ctrl + Shift + I 버튼을 누르고 Delete 버튼을 눌러 '지브라쿠션' 소스의 외부면을 삭제합니다. ❸ Ctrl + D를 눌러 선택을 해제하고 ❹ 불투명도 100%로 다시 지정해줍니다.

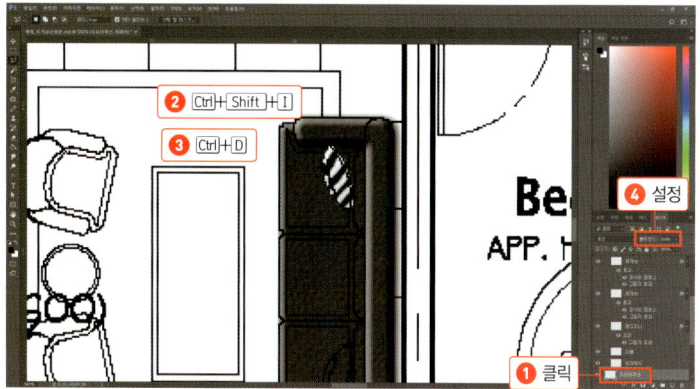

12 '지브라쿠션' 레이어를 더블클릭하여 레이어 스타일 창을 열어줍니다. ❶ 드롭섀도에 체크하고 ❷ 더블클릭하여 ❸ 다음과 같이 값을 설정해주고 ❹ 확인 버튼을 누릅니다.

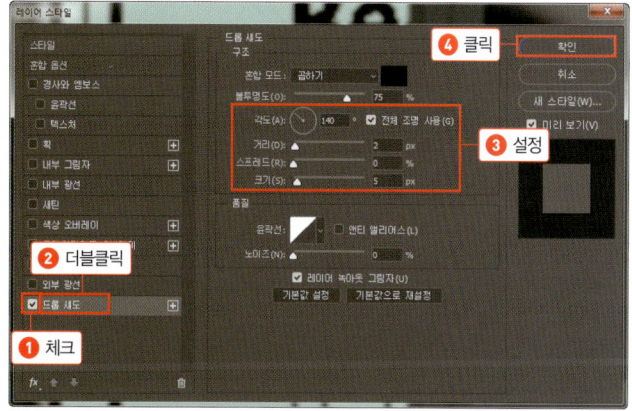

13 아래쪽에 쿠션이 하나 더 있습니다. ❶ Alt + 이동 도구( )를 눌러 복사해주고 ❷ 자유 변형 단축키 Ctrl + T를 누릅니다. 이 상태에서 ❸ 마우스 오른쪽 버튼을 누르고, ❹ 세로로 뒤집기를 선택한 후 ❺ Enter↵ 버튼을 눌러 선택을 해제합니다.

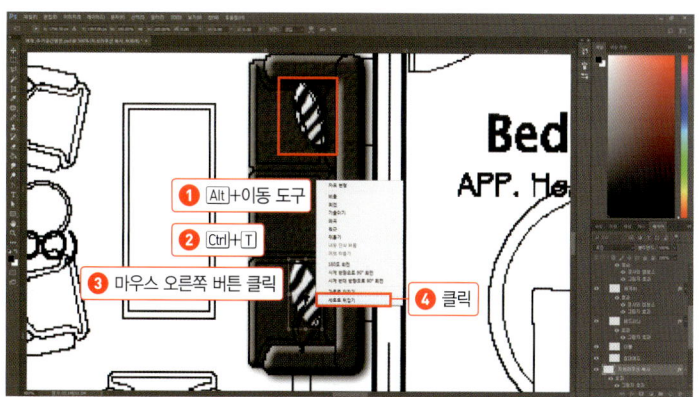

14 ① 열기 단축키 Ctrl + O를 눌러 '땡땡이무늬'를 불러온 후 ② 이동 도구⟨ ⟩ 단축키 V를 누르고 예제_주거공간 평면으로 드래그해줍니다. ③ 레이어를 더블클릭하여 이름을 '땡땡이무늬'로 변경합니다. ④ 자유변형 단축키 Ctrl + T를 눌러 조절점을 이동하여 다음과 같이 크기를 조절해준 후 Enter 키를 눌러 명령을 해제합니다.

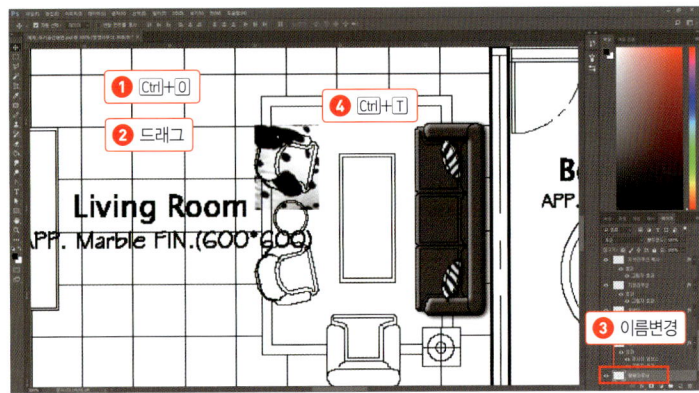

15 ① 땡땡이무늬의 불투명도를 20%로 잠시 불투명하게 만들어놓고, ② 도구 바의 다각형 올가미 도구⟨ ⟩를 클릭하여 ③ 의자부분을 선택합니다.

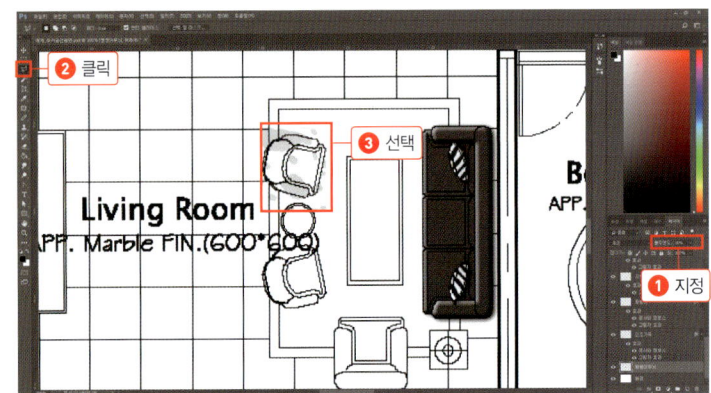

16 ① 땡땡이무늬 레이어를 선택하고 반전 ② 단축키 Ctrl + Shift + I 버튼을 누르고 Delete 버튼을 눌러 쇼파의 외부면을 삭제합니다.

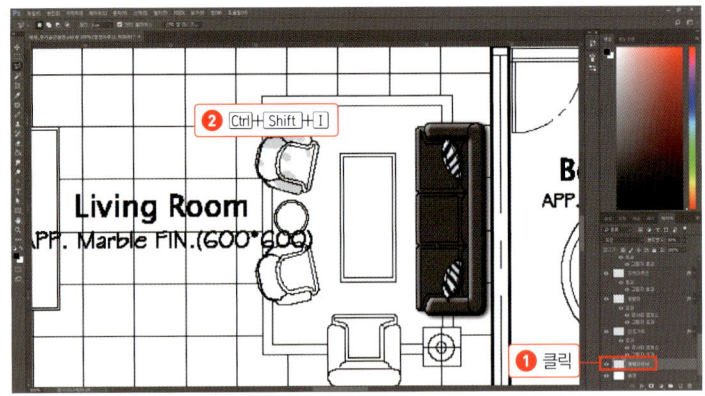

17 그 상태에서 ① 도구 바의 다각형 올가미 도구⟨ ⟩를 이용하여 ② 쇼파의 등받이 부분만 다시 선택합니다.

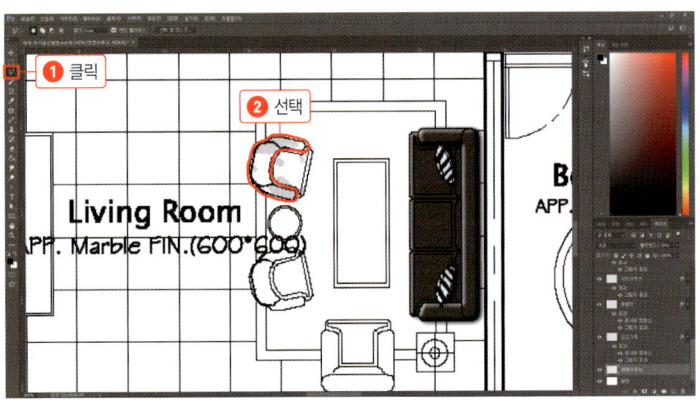

18 ❶ 선택영역 복사하기 단축키 Ctrl + J를 누릅니다. 등받이 영역이 복사되었습니다. ❷ 레이어명을 '땡땡이 등받이'로 변경합니다. ❸ 불투명도를 두 레이어 다 100%로 지정해줍니다.

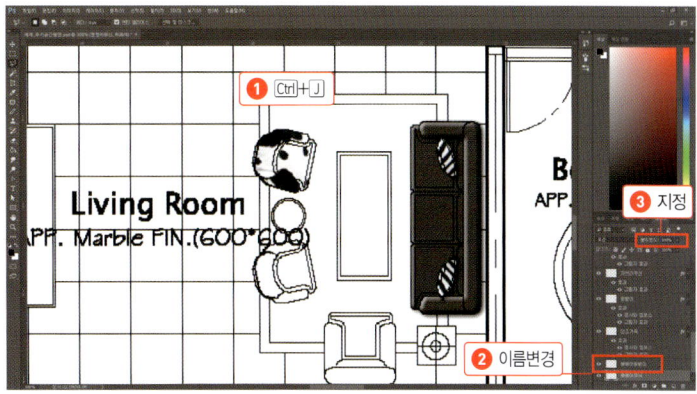

19 '땡땡이무늬' 레이어를 더블클릭하여 레이어 스타일 창을 열어줍니다. ❶ 드롭섀도에 체크하고 ❷ 더블클릭하여 ❸ 다음과 같이 값을 설정해주고 ❹ 확인 버튼을 누릅니다.

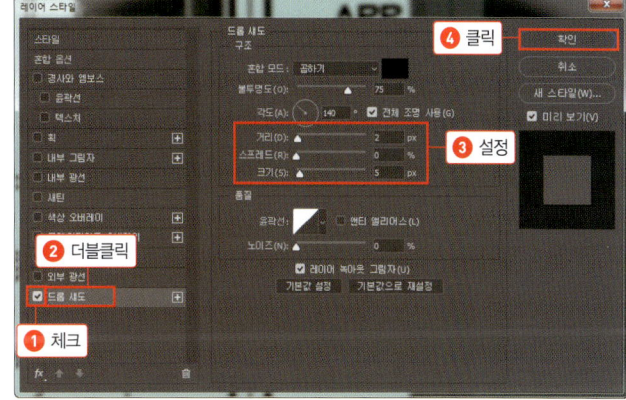

20 '땡땡이 등받이' 레이어를 더블클릭하여 레이어 스타일 창을 열어줍니다. ❶ 경사와 엠보스에 체크하고 ❷ 더블클릭하여 ❸ 다음과 같이 값을 설정해주고 ❹ 드롭섀도에 체크한 후 ❺ 확인 버튼을 누릅니다.

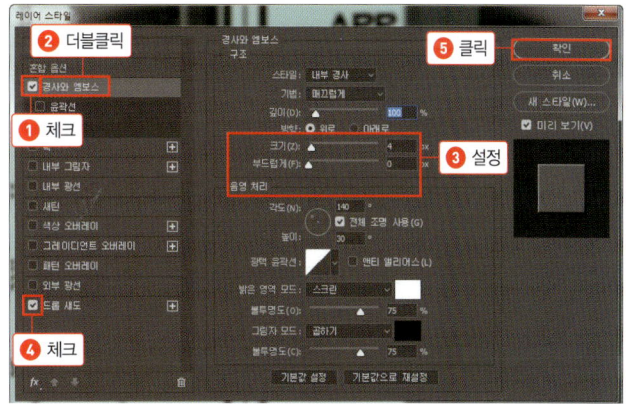

21 ❶ '땡땡이무늬' 레이어와 '땡땡이등받이' 레이어를 선택하고 Ctrl + E를 눌러 레이어를 합해줍니다. ❷ Alt + 이동 도구를 눌러 복사해주고 ❸ 자유 변형 단축키 Ctrl + T를 누릅니다. 이 상태에서 ❹ 마우스 오른쪽 버튼을 누르고, ❺ 세로로 뒤집기를 선택한 후 Enter 버튼을 눌러 선택을 해제합니다.

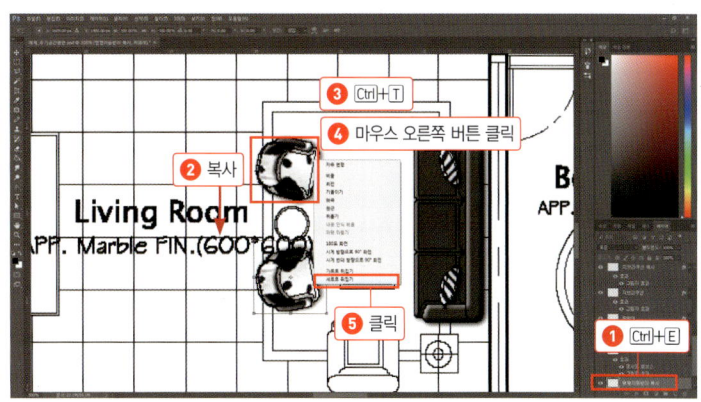

22 1인용쇼파를 칼라링해보도록 하겠습니다. ❶ 인조가죽 레이어를 선택하고 ❷ Alt +이동 도구⟨ ⟩를 눌러 복사합니다.

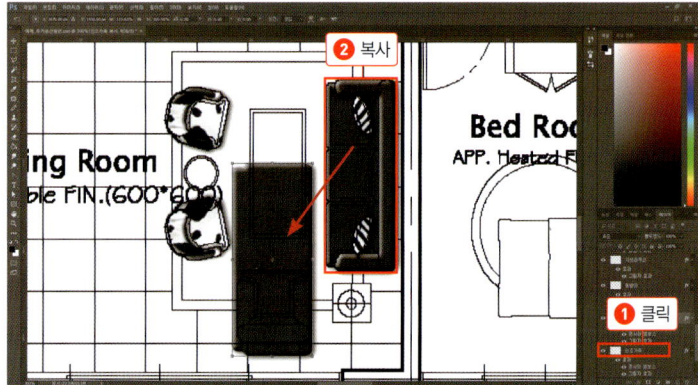

23 크기를 줄여주면 패턴 크기도 작아지므로 필요없는 부분은 ❶ 사각선택 도구⟨ ⟩와 다각형 올가미 도구⟨ ⟩를 이용하여 선택한 후 ❷ Delete 버튼을 눌러 삭제합니다.

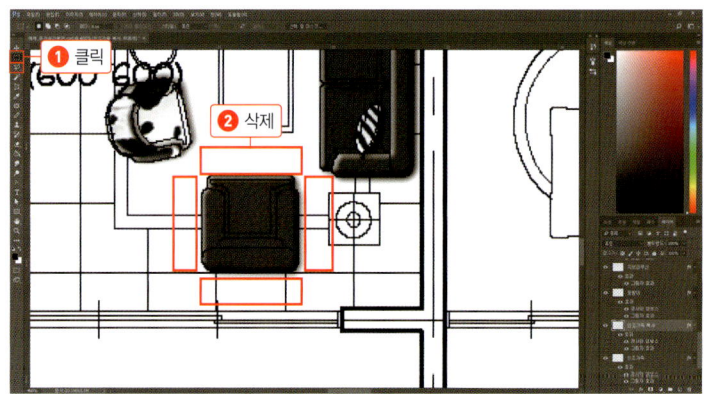

24 ❶ 등받이 레이어를 선택하고 ❷ Alt +이동 도구⟨ ⟩를 눌러 복사합니다. ❸ 자유 변형 단축키 Ctrl + T 를 누르고 ❹ 마우스 오른쪽 버튼을 눌러, ❺ 시계반대방향으로 90도회전을 선택한 후 Enter 버튼을 눌러 선택을 해제합니다.

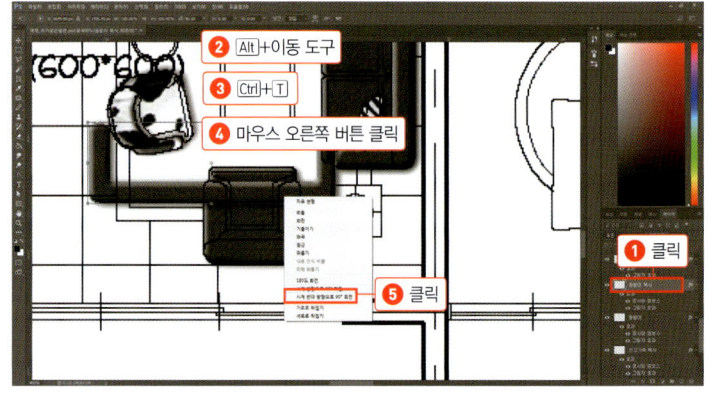

25 등받이 길이가 길죠? ❶ 사각선택 도구⟨ ⟩를 눌러 ❷ 다음과 같이 선택하고 ❸ Shift 를 누르면서 이동 도구⟨ ⟩를 눌러 ❹ 왼쪽으로 드래그합니다. 아직도 더 줄어야겠죠? ❺ 사각선택 도구⟨ ⟩를 눌러 ❻ 다시 선택하고 ❼❽ 좀 더 줄여줍니다. 꼭 맞는 크기가 되었습니다. Ctrl + D 를 눌러 선택을 해제합니다.

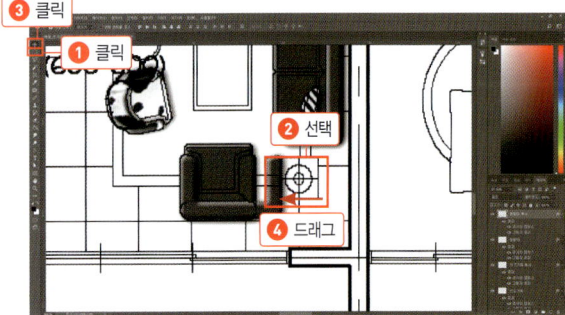 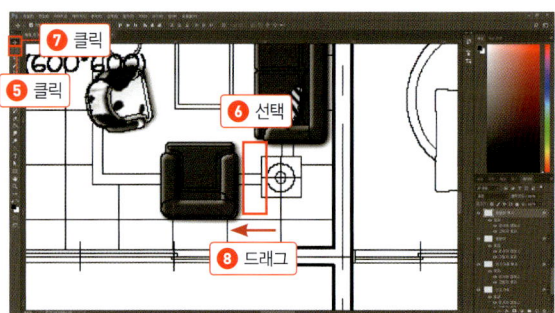

26 테이블을 칼라링해보도록 하겠습니다. ❶ 레이어 창의〈 〉 버튼을 눌러 새로운 레이어를 만들어줍니다. ❷ 레이어명을 테이블로 변경한 후 ❸ 전경색이 흰색으로 지정되어 있는지 확인합니다. ❹ Shift 를 누르면서 원형선택 도구〈 〉와 사각선택 도구〈 〉를 눌러 ❺ 다음과 같이 선택합니다. ❻ 페인트통 도구〈 〉를 누르고 ❼ 선택영역에 클릭해주면 색상이 채워졌습니다. Ctrl + D 를 눌러 선택을 해제해줍니다.

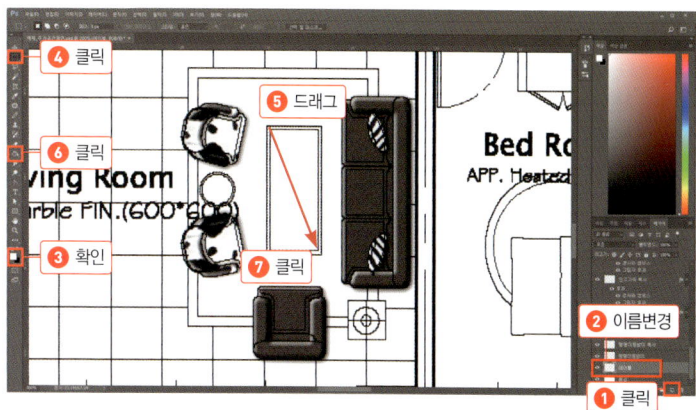

27 '테이블' 레이어를 더블클릭하여 레이어 스타일 창을 열어줍니다. ❶ 드롭섀도에 체크하고 ❷ 다음과 같이 값을 설정하고 ❸ 확인 버튼을 누릅니다. 그림자가 표현되었습니다.

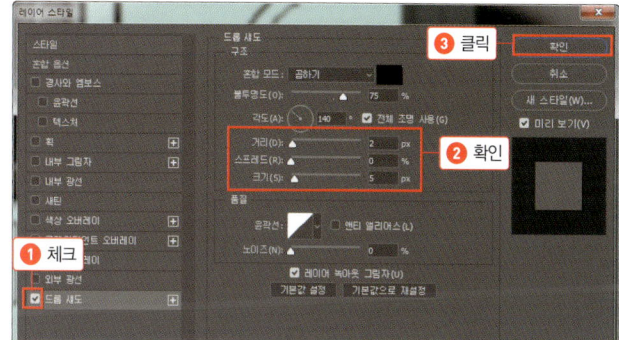

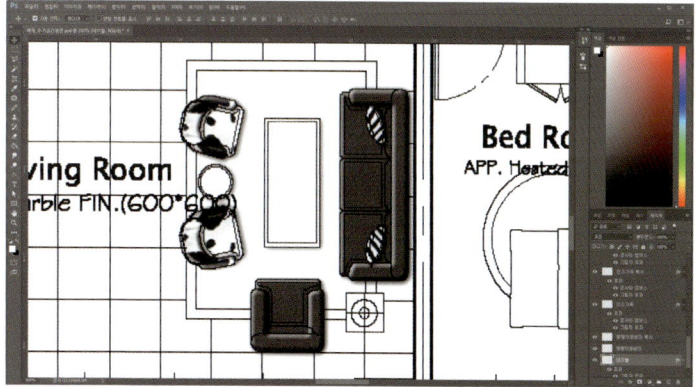

28 ❶ 열기 단축키 Ctrl + O 를 눌러 '러그'를 불러온 후 ❷ 이동 도구〈 〉 단축키 V 를 누르고 예제_주거공간 평면으로 드래그해줍니다. ❸ 레이어를 더블클릭하여 이름을 '러그'로 변경합니다. ❹ 자유 변형 단축키 Ctrl + T 를 눌러 조절점을 이동하여 다음과 같이 크기를 조절해준 후 Enter 키를 눌러 명령을 해제합니다.

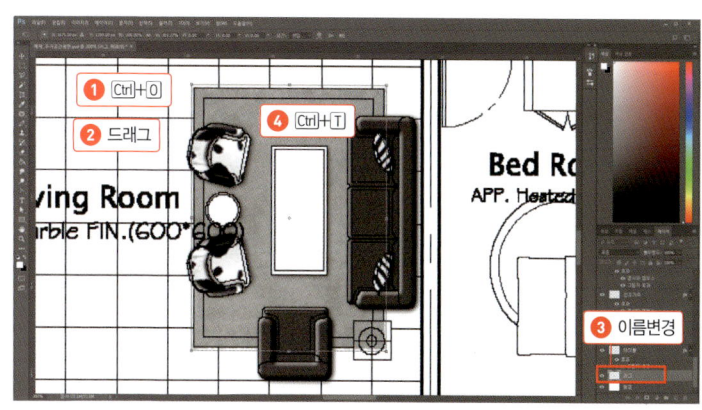

29 ① 사각선택 도구(▭)를 눌러 ② 다음과 같이 드래그하고 ③ Alt 키를 누르면서 안쪽라인을 다시 한번 더 드래그합니다.
선택영역 복사하기 단축키 Ctrl + J 를 누릅니다. 러그 테두리가 복사되었습니다. 레이어명을 '러그02'로 변경합니다.

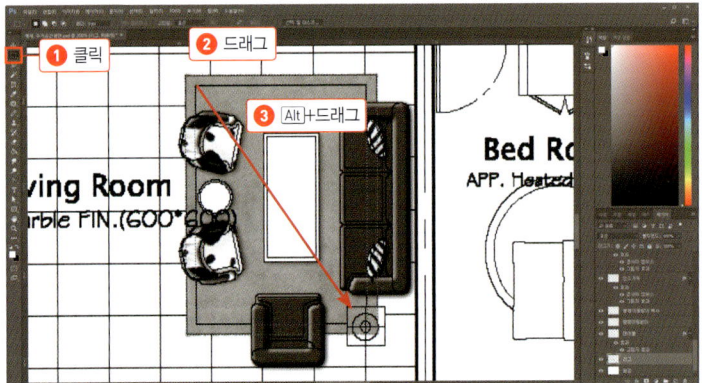

30 곡선 단축키 Ctrl + M 을 누르고 ① 곡선을 아래쪽으로 드래그하고 ② 출력 118, 입력 166 정도의 값으로 조절한 후 ③ 확인 버튼을 누릅니다. 러그가 투톤으로 변경되었습니다. ④ 폴더를 만들어 레이어를 정리합니다.

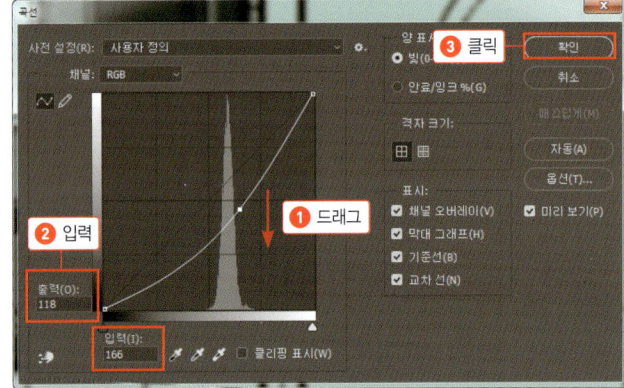

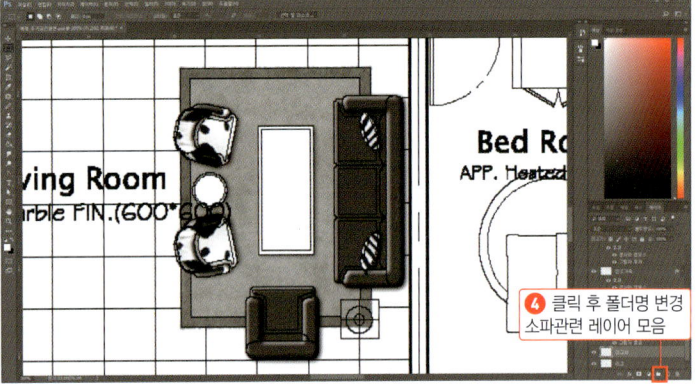

Lesson 04 가구 표현하기-6인용식탁

○ **예제소스경로** Part03. - 01. 예제_주거공간 평면도

01 ① 열기 단축키 Ctrl+O를 눌러 '인조가죽'을 불러온 후 ② 이동 도구 〈✥〉 단축키 V를 누르고 예제_주거공간 평면으로 드래그해줍니다. ③ 레이어를 더블클릭하여 이름을 '식탁의자'로 변경합니다. ④ 자유 변형 단축키 Ctrl+T를 눌러 조절점을 이동하여 다음과 같이 크기를 조절해준 후 Enter↵키를 눌러 명령을 해제합니다.

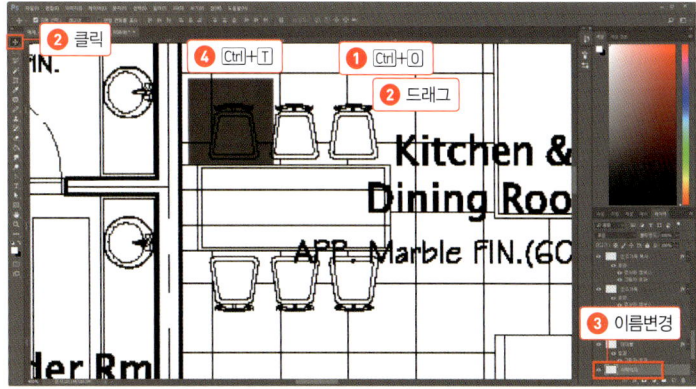

02 ① 도구 바의 다각형 올가미 도구 〈♥〉를 클릭하여 ② 의자부분을 선택합니다.

03 ① '식탁의자' 레이어를 선택하고 ② 반전 단축키 Ctrl+Shift+I 버튼을 누르고 ③ Delete 버튼을 눌러 식탁의자의 외부 면을 삭제합니다.

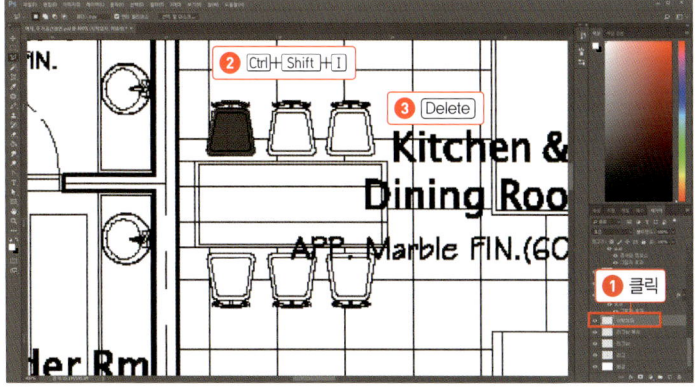

04 '식탁의자' 레이어를 더블클릭하여 레이어 스타일 창을 열어줍니다. ❶ 드롭섀도에 체크하고 ❷ 더블클릭하여 ❸ 다음과 같이 값을 설정해주고 ❹ 확인 버튼을 누릅니다.

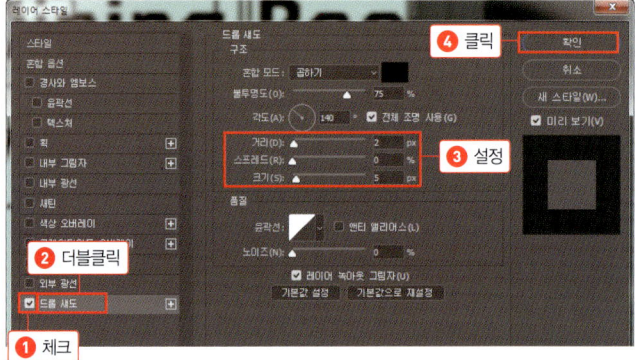

05 ❶ Shift + Alt + 이동 도구(⊕)를 눌러 하나하나 복사해서 위치시켜줍니다. '식탁의자 복사2', '식탁의자 복사', ❷ '식탁의자' 레이어를 Shift 버튼을 누르면서 선택하고 ❸ Ctrl + E를 눌러 레이어를 합해줍니다.

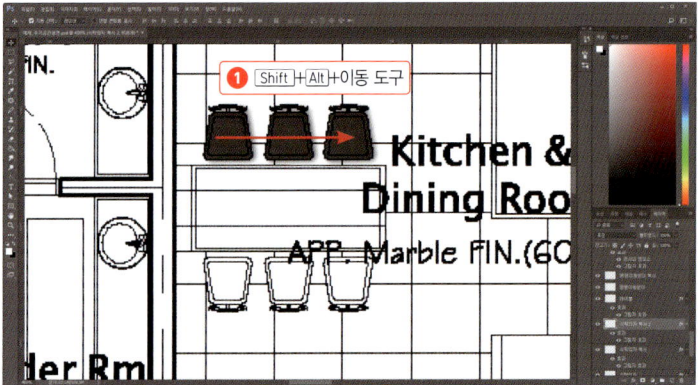

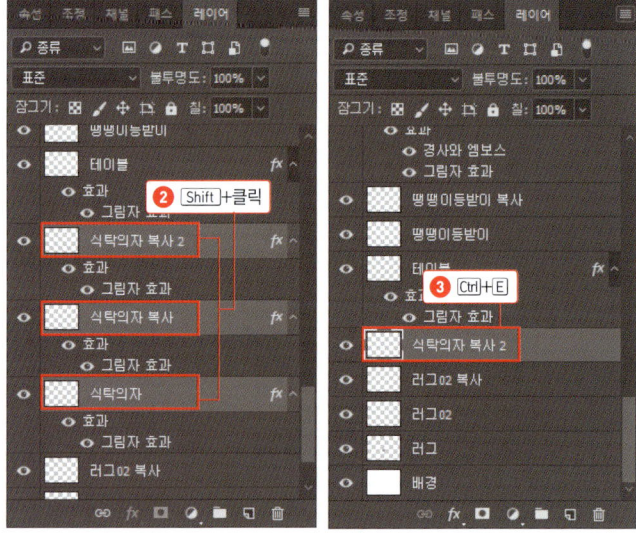

06 ❶ Alt+이동 도구〈✥〉를 눌러 식탁의자를 복사하고 ❷ 자유 변형 단축키 Ctrl+T를 누른 후 ❸ 마우스 오른쪽 버튼을 누릅니다. ❹ 세로로 뒤집기를 선택하고 Enter↵를 눌러 명령을 해제합니다.

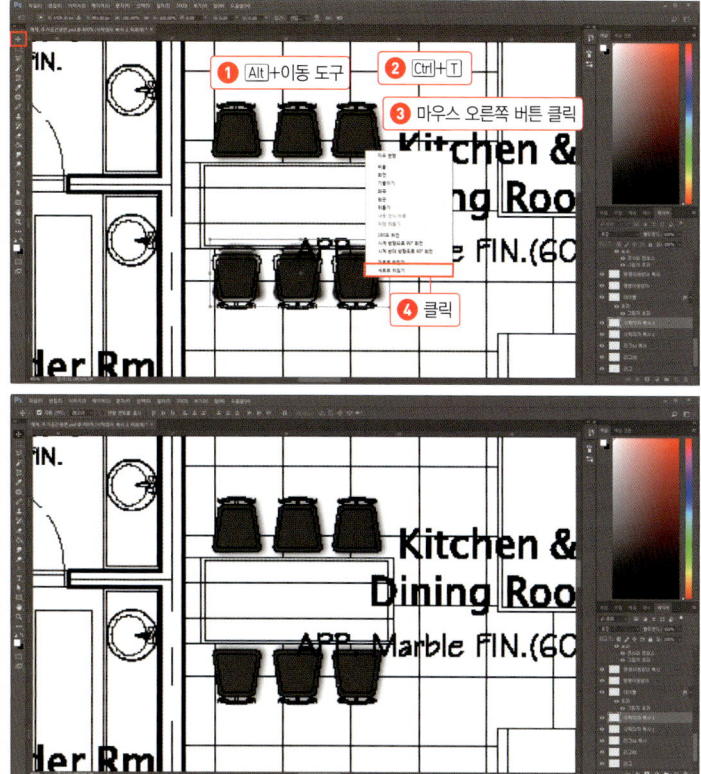

07 ❶ 열기 단축키 Ctrl+O를 눌러 '우드'를 불러온 후 ❷ 이동 도구〈✥〉단축키 V를 누르고 예제_주거공간 평면으로 드래그해줍니다. ❸ 레이어를 더블클릭하여 이름을 '식탁'으로 변경합니다.
❹ 자유 변형 단축키 Ctrl+T를 누른 후 ❺ 마우스 오른쪽 버튼을 누릅니다. ❻ '시계방향으로 90도 회전'을 선택하고 ❼ 식탁 크기에 맞게 소스를 줄여준 후 Enter↵를 눌러 명령을 해제합니다.

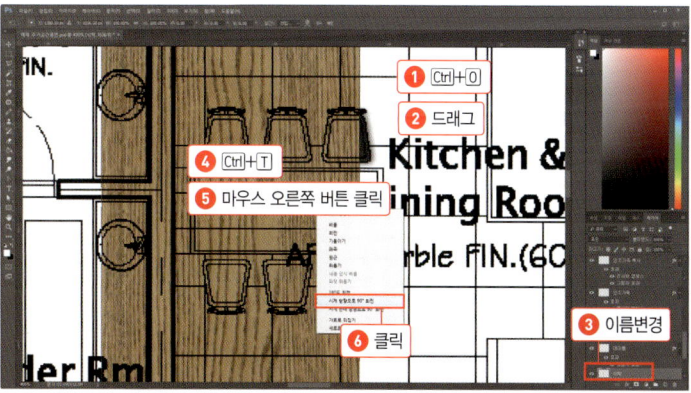

08 '식탁' 레이어를 더블클릭하여 레이어 스타일 창을 열어줍니다. ❶ 드롭섀도에 체크하고 ❷ 더블클릭하여 ❸ 다음과 같이 값을 설정해주고 ❹ 확인 버튼을 누릅니다.

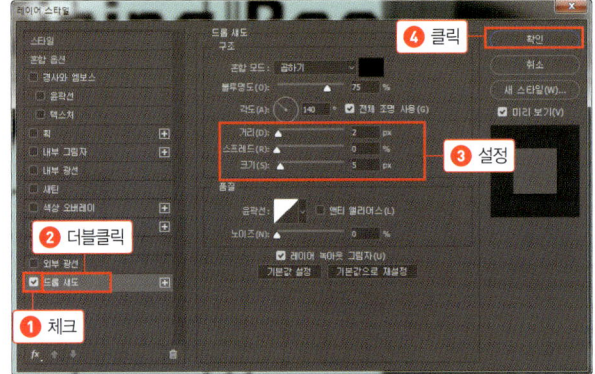

09 ❶ 레이어 창의 〈 〉 버튼을 눌러 새로운 레이어를 만들어줍니다. ❷ 레이어명을 '식탁러너'로 ❸ 변경한 후 전경색이 흰색으로 지정되어 있는지 확인합니다. ❹ 사각선택 도구〈 〉를 눌러 ❺ 다음과 같이 선택합니다.

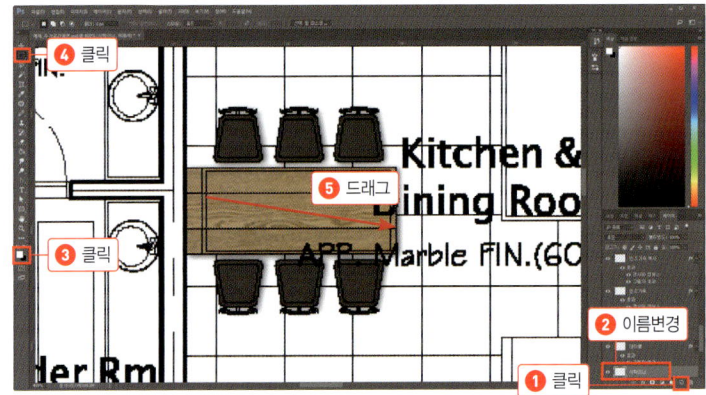

10 ❶ 페인트통 도구〈 〉를 누르고 ❷ 선택영역에 클릭해주면 색상이 채워졌습니다. Ctrl+D를 눌러 선택을 해제해줍니다.

11 ❶ 캐드에서 선을 잘못 그린 경우를 발견하기도 합니다. 이럴 때는 ❷ 도면 레이어를 선택하고 ❸ 사각선택 도구〈 〉를 눌러 ❹ 삭제할 선을 선택한 후 Delete 버튼을 눌러 삭제합니다.

Chapter 01 주거공간 가구 칼라링 :: 117

12 식탁 장식 벽면에 입체감을 주도록 하겠습니다. ❶ '식탁' 레이어를 선택하고 ❷ 사각선택 도구〈▢〉를 눌러 ❸ 다음과 같이 선택해준 후 ❹ Ctrl+J를 눌러 선택영역만 복사합니다. ❺ '식탁장식벽면'으로 레이어명을 변경합니다. 식탁장식벽면에 입체감이 표현되었습니다.

이렇게 6인용 식탁이 완성되었습니다. 폴더를 만들어 레이어를 정리합니다.

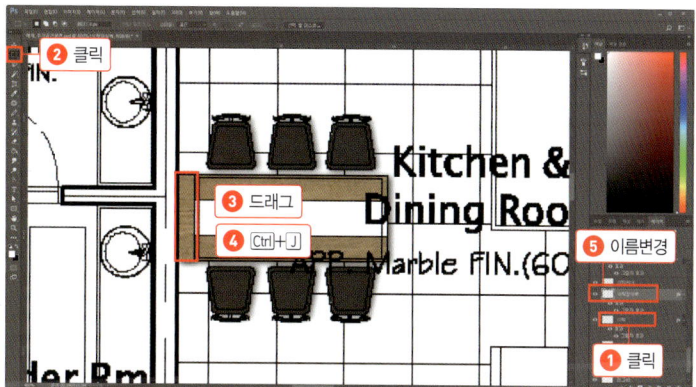

Lesson 05 가구 표현하기-욕조

○ **예제소스경로** Part03. – 01. 예제_주거공간 평면도

01 ❶ 레이어 창의〈▢〉버튼을 눌러 새로운 레이어를 만들어줍니다. ❷ 레이어명을 '욕조'로 변경한 후 ❸ 전경색이 흰색으로 지정되어 있는지 확인합니다. ❹ 사각선택 도구〈▢〉를 눌러 ❺ 다음과 같이 선택합니다. ❻ 페인트통 도구〈▨〉를 누르고 ❼ 선택영역에 클릭해주면 색상이 채워졌습니다. Ctrl+D를 눌러 선택을 해제해줍니다.

02 '욕조' 레이어를 더블클릭하여 레이어 스타일 창을 열어줍니다. ❶ 드롭섀도에 체크하고 ❷ 더블클릭하여 ❸ 다음과 같이 값을 설정해주고 ❹ 확인 버튼을 누릅니다.

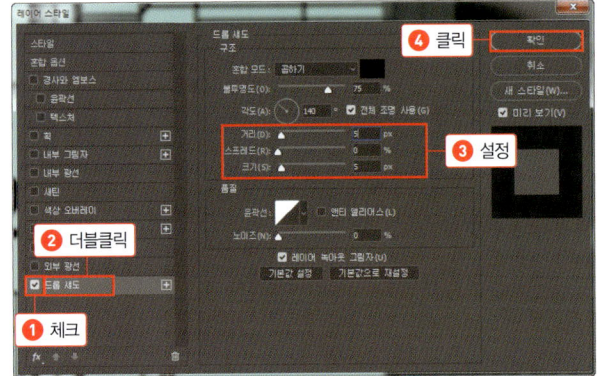

그림자 효과가 적용되었습니다

03 ❶ 열기 단축키 Ctrl+O를 눌러 '물'을 불러온 후 ❷ 이동 도구( ) 단축키 V를 누르고 예제_주거공간 평면으로 드래그해줍니다. ❸ 레이어를 더블클릭하여 이름을 '물'로 변경합니다. ❹ 자유 변형 단축키 Ctrl+T를 눌러 ❺ 다음과 같이 크기를 줄여주고, Enter↵를 눌러 명령을 해제합니다.

04 ❶ 사각선택 도구( )를 눌러 ❷ 욕조 외부의 물을 선택하고 Delete 버튼을 눌러 삭제합니다.

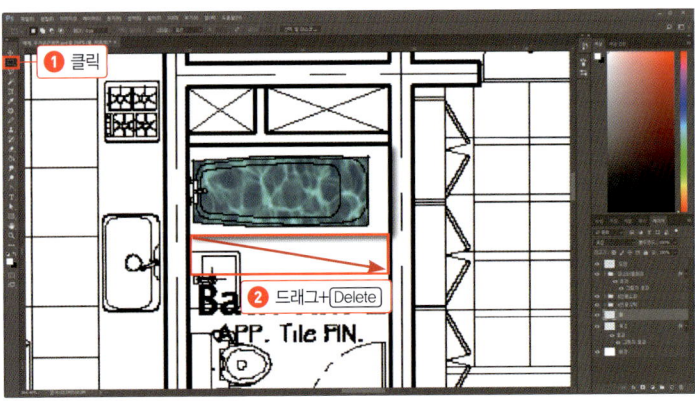

Chapter 01 주거공간 가구 칼라링 :: 119

05 '물' 레이어를 더블클릭하여 레이어 스타일 창을 열어줍니다. ❶ 내부 그림자에 체크하고 ❷ 더블클릭하여 ❸ 다음과 같이 값을 설정해주고 ❹ 확인 버튼을 누릅니다.

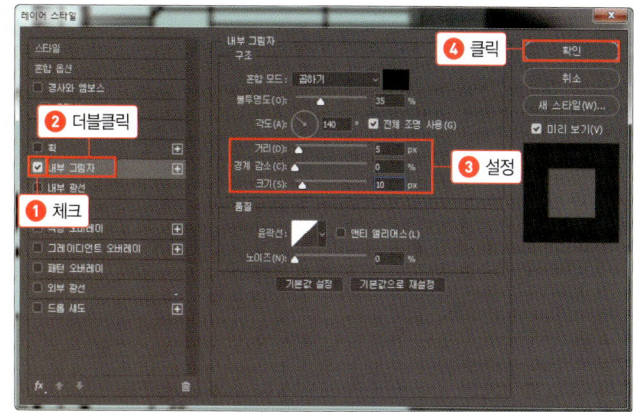

06 욕조 칼라링이 완성되었습니다. 폴더를 만들어 레이어를 정리합니다.

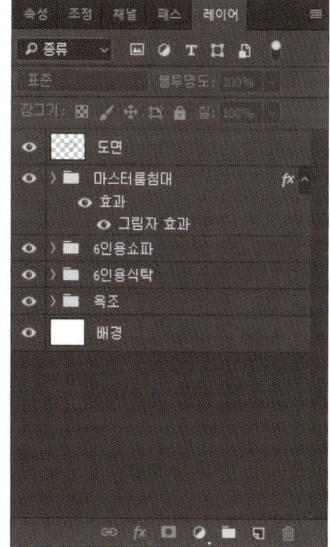

CHAPTER 02 주거공간 평면도 칼라링

● 예제소스경로 Part03. – 01. 예제_주거공간 평면도

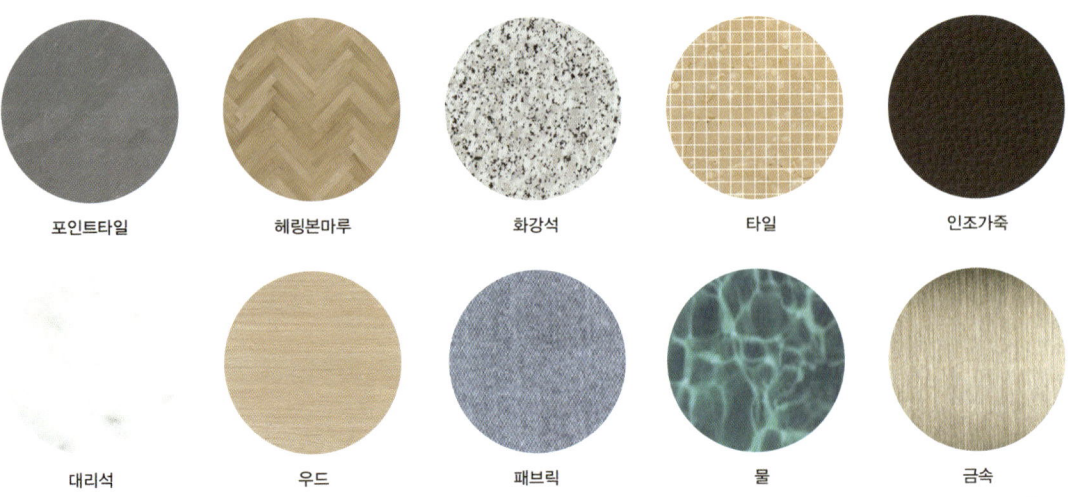

| 포인트타일 | 헤링본마루 | 화강석 | 타일 | 인조가죽 |

| 대리석 | 우드 | 패브릭 | 물 | 금속 |

Lesson 01 바닥 마감재 표현하기

레이어가 아래쪽에 위치해야 하는 마감재부터 작업을 합니다. 도면에 표기된 마감재를 정리해보자면, 다음과 같이 구분됩니다.

- **대리석 마감** : 복도, 거실, 주방 및 식당, 보조주방, 입구
- **마루마감** : 각 룸들
- **타일마감** : 욕실, 베란다, 다용도실

각 공간의 맵소스를 준비합니다.

01 대리석 바닥부터 칼라링해보도록 하겠습니다. ❶ 열기 단축키 Ctrl + O 를 눌러 '비앙코 대리석'을 불러온 후 ❷ 이동 도구< 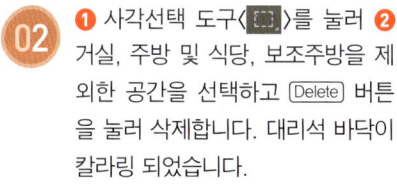 > 단축키 V 를 누르고 ❸ 예제_주거공간 평면으로 드래그해줍니다. ❹ 레이어를 더블클릭하여 이름을 '비앙코 대리석'으로 변경합니다. ❺ 자유 변형 단축키 Ctrl + T 를 눌러 다음과 같이 크기를 줄여주고, Enter 를 눌러 명령을 해제합니다.

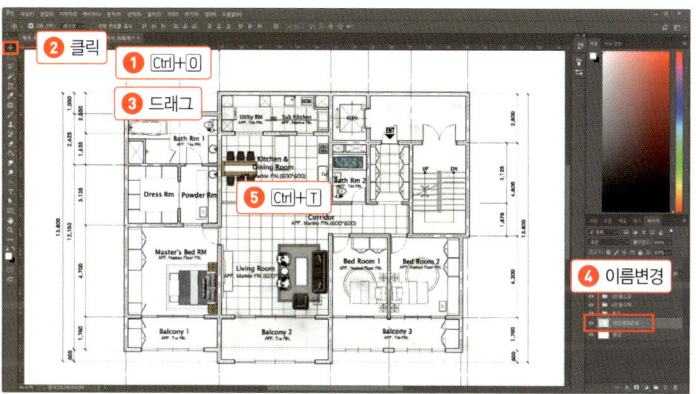

02 ❶ 사각선택 도구< > 를 눌러 ❷ 거실, 주방 및 식당, 보조주방을 제외한 공간을 선택하고 Delete 버튼을 눌러 삭제합니다. 대리석 바닥이 칼라링 되었습니다.

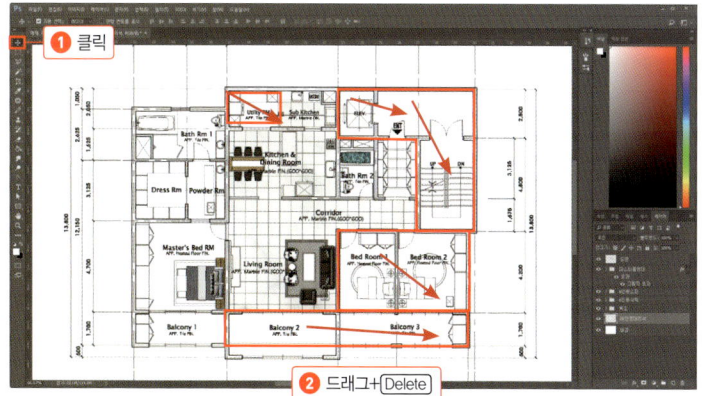

알아두기

필자는 이럴 때

사각선택 도구( )로 영역을 지정할 때, 영역을 더할때는 Shift +사각선택 도구( )를 영역을 빼고 싶을 때는 Alt +사각선택 도구( )를 누릅니다. 커서 변화를 확인하세요.

03 ❶ 열기 단축키 Ctrl + O 를 눌러 '헤링본 마루'를 불러온 후 ❷ 이동 도구( ) 단축키 V 를 누르고 예제_주거공간 평면으로 드래그해줍니다. ❸ 레이어를 더블클릭하여 ❹ 이름을 '헤링본 마루'로 변경합니다.

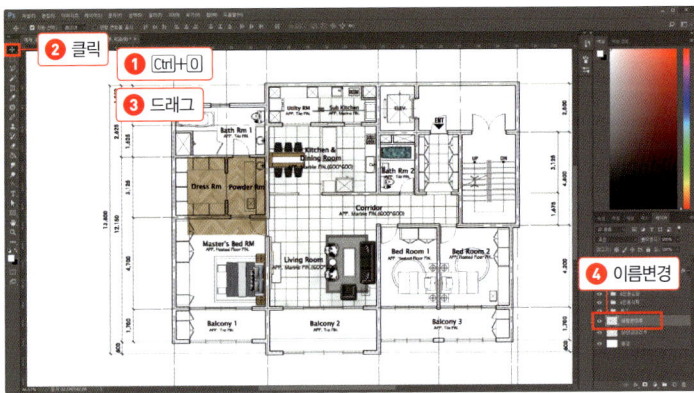

04 ❶ 사각선택 도구( )를 눌러 ❷ '헤링본 마루'를 드래그하여 선택하고 ❸ Alt +이동 도구( )를 눌러 각 룸마다 복사해서 다음과 같이 위치시켜줍니다. 레이어가 복제되지 않고, 칼라링되었습니다. ❹ 사각선택 도구( )를 눌러 룸 외부의 마루를 선택하고 Delete 버튼을 눌러 삭제합니다.

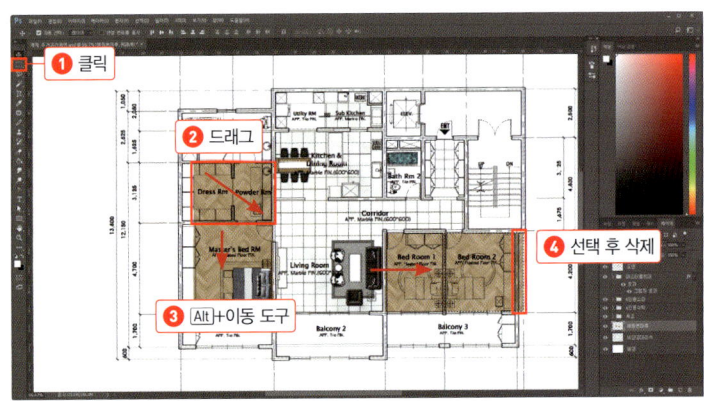

05 마스터룸에서 소스가 부족해서 이어붙였던 곳이 조금 어색합니다. ❶ 스팟 복구 브러쉬( )를 누르고 ❷ 왼쪽에서 오른쪽으로 쭉 드래그합니다. 완벽하진 않지만 많이 어색하지도 않게 표현되었습니다.

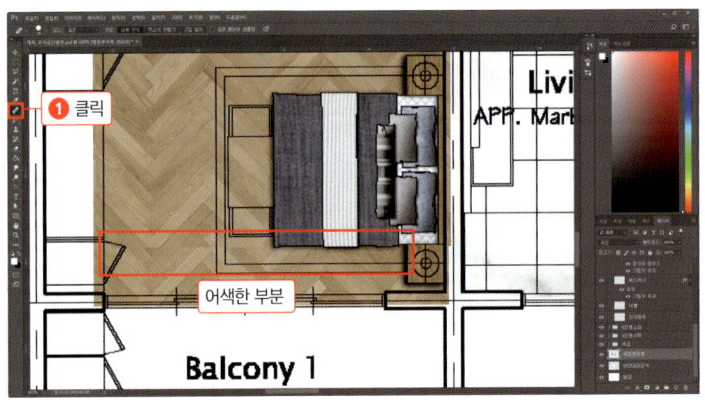

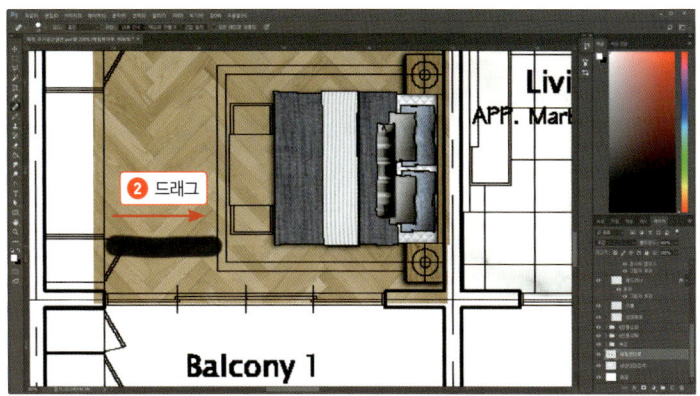

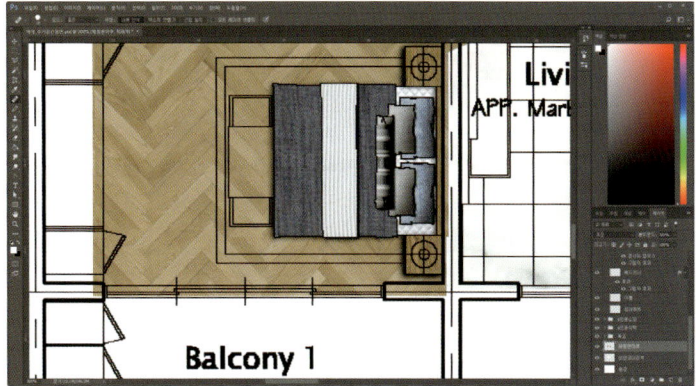

06 욕실 타일을 칼라링해보도록 하겠습니다. ❶ 열기 단축키 Ctrl + O 를 눌러 '욕실 타일'을 불러온 후 ❷ 이동 도구〈✥〉 단축키 V 를 누르고 ❸ 예제_주거공간 평면으로 드래그해줍니다. ❹ 레이어를 더블클릭하여 이름을 '욕실 타일'로 변경합니다.

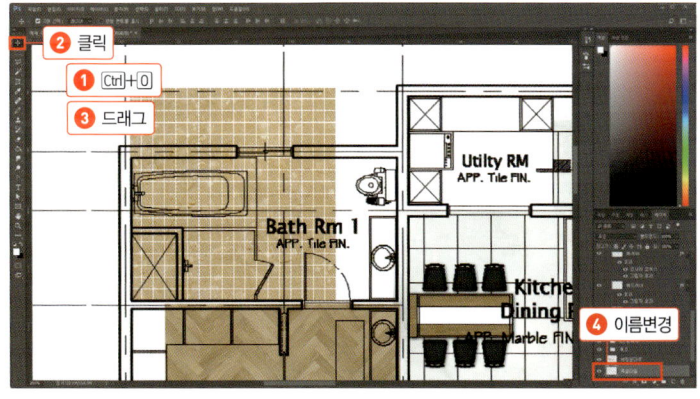

07 소스가 부족합니다. ❶ 사각선택 도구〈▭〉를 눌러 ❷ '욕실 타일'을 드래그하여 선택하고 ❸ Alt + 이동 도구〈✥〉를 누른 후 줄눈을 맞춰 복사해줍니다.

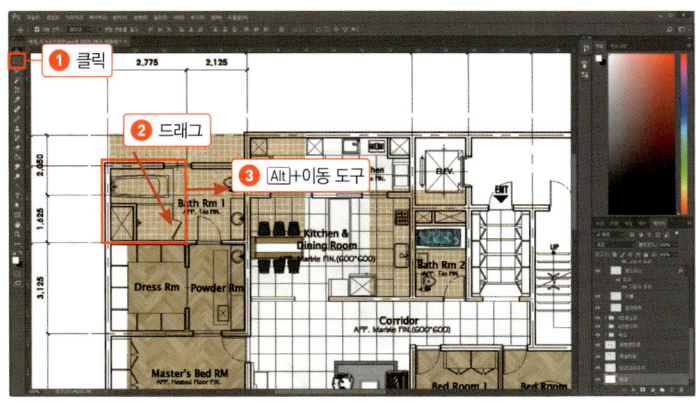

08 ❶ 사각선택 도구〈 〉를 눌러 ❷ 욕실을 제외한 공간을 드래그하여 선택하고 Delete 버튼을 눌러 삭제합니다. 벽체선 레이어가 벽체를 정리하기 때문에 딱 맞게 잘라낼 필요는 없습니다.

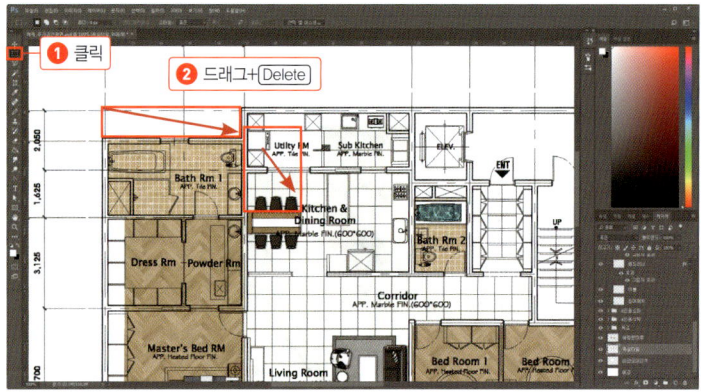

09 이번에는 다른 방법으로 베란다 타일을 칼라링 해 보도록 하겠습니다. 우선 타일의 크기를 300으로 보고 대리석 크기가 600이므로 1/2지점까지 Shift 버튼을 누르면서 ❶ 사각선택 도구〈 〉로 ❷ 드래그하여 크기를 정합니다. 칼라링에서의 스케일은 가구치수나 바닥재들 크기를 비교하여 눈대중으로 맞추어 주어야 합니다. ❸ 레이어 창의〈 〉버튼을 눌러 새로운 레이어를 만들어준 후 ❹ 레이어명을 '베란다 타일'로 변경합니다.

10 ❺ 전경색〈 〉을 클릭하고 ❻ 색상 라이브러리를 눌러 ❼ 전경색을 선택하고 ❽ 확인 버튼을 누릅니다.

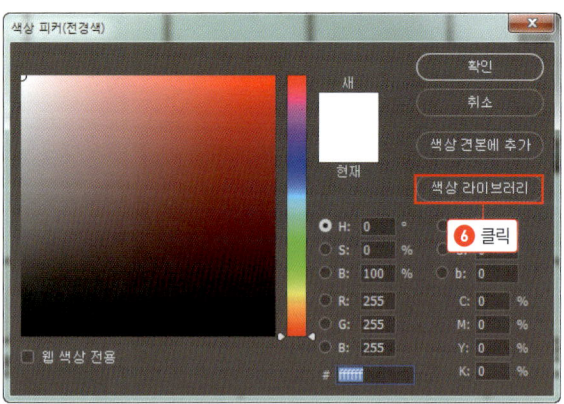

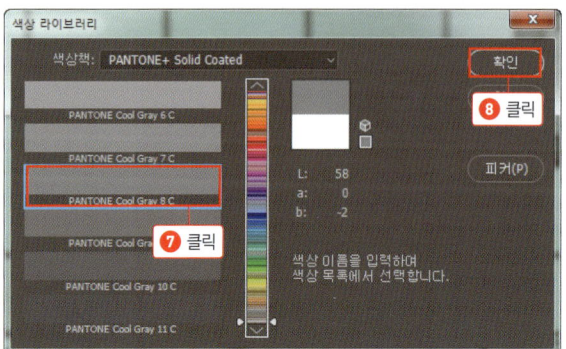

11 ❶ 페인트통 도구〈 〉를 누르고 ❷ 선택영역에 클릭해주면 색상이 채워졌습니다. Ctrl+D를 눌러 선택을 해제해줍니다.

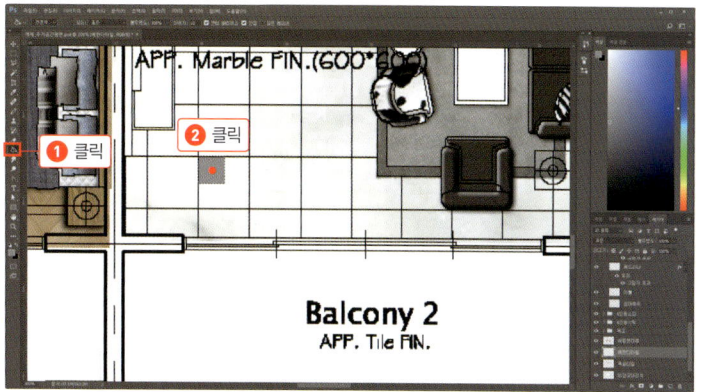

12 ❶ 전경색을 흰색으로 변경하고 ❷ 돋보기 도구〈 〉를 눌러 ❸ 화면을 확대합니다. ❹ 연필 도구〈 〉를 누르고 ❺ 상단의 브러시 사이즈가 1px인지 확인한 후 Shift 버튼을 누르면서 ❻ 오른쪽에서 왼쪽으로 ❼ 위에서 아래로 줄눈을 그려줍니다.

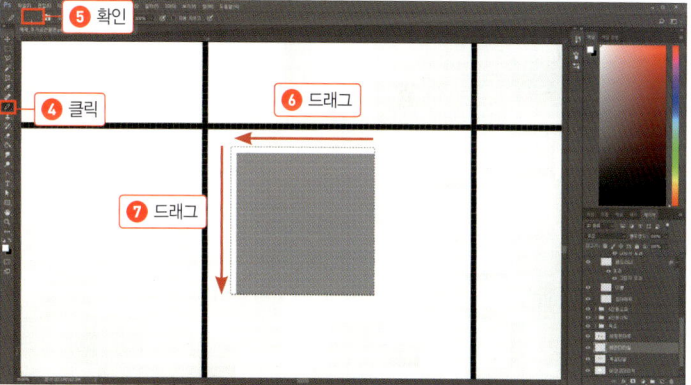

13 타일을 패턴으로 지정하기 위해 ❶ [편집]-❷ [패턴 정의]를 누르고 ❸ '베란다 타일'로 이름을 변경한 후 ❹ 확인 버튼을 누릅니다.

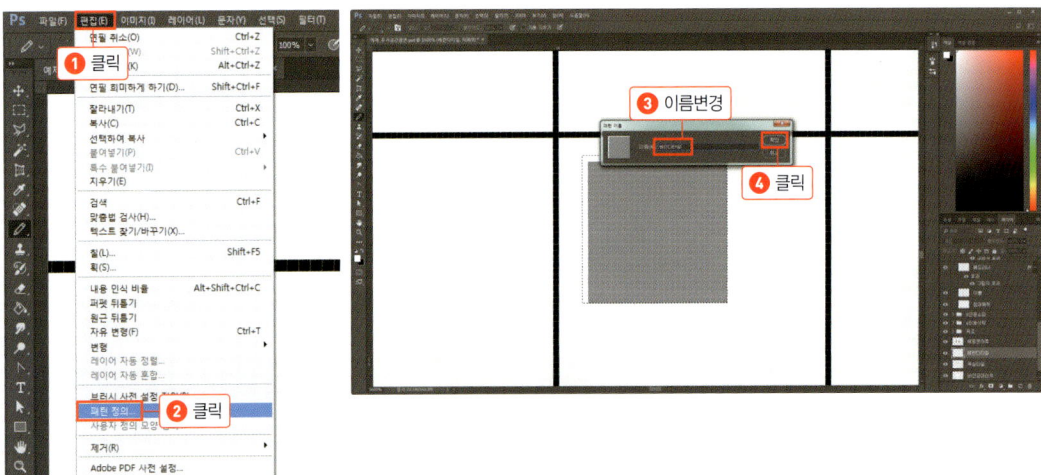

14 패턴을 만들었기 때문에 ❶ '베란다 타일' 레이어를 삭제하고 ❷ 레이어 창의 〈 〉 버튼을 눌러 새로운 레이어를 만들어준 후 ❸ 레이어명을 '베란다 타일'로 변경합니다.

❹ 사각선택 도구〈 〉를 누르고 ❺ Shift 버튼을 누르면서 베란다 1,2,3을 드래그하여 선택합니다.

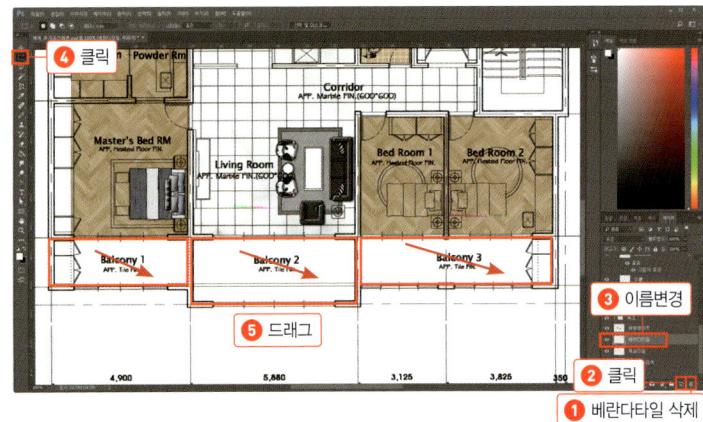

15 ❶ [편집]- ❷ [칠]을 누르고 칠 창이 열리면 ❸ 내용을 패턴으로 지정하고 ❹ 사용자 정의 패턴에서 조금 전 만들어둔 ❺ 베란다 타일 소스를 선택하고 ❻ 확인 버튼을 누릅니다. 선택영역이 타일로 채워졌습니다.

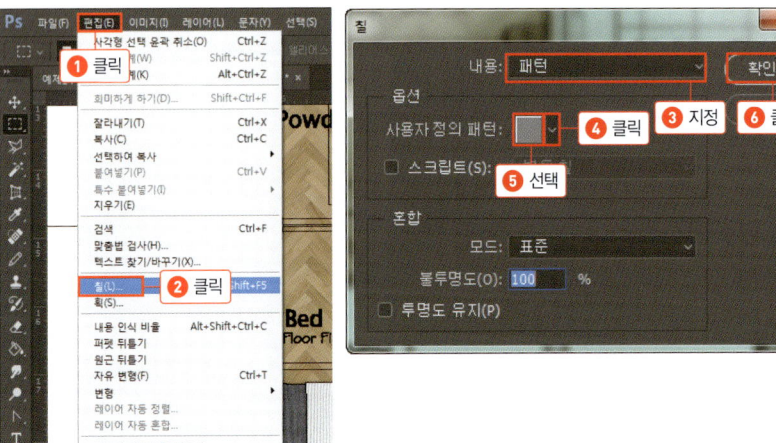

16 바닥이 너무 매끈해 보입니다. 조금 거칠어 보이는 효과를 주도록 하겠습니다. 메뉴 바의 ❶ [필터]- ❷ [노이즈]-[노이즈 추가]를 누른 후 ❸ 노이즈 추가 창에서 ❹ 다음과 같이 값을 변경한 후 ❺ 확인 버튼을 누릅니다.

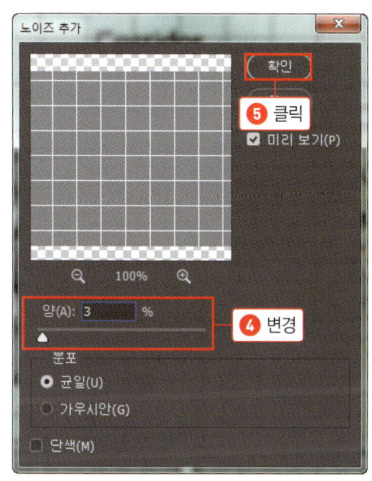

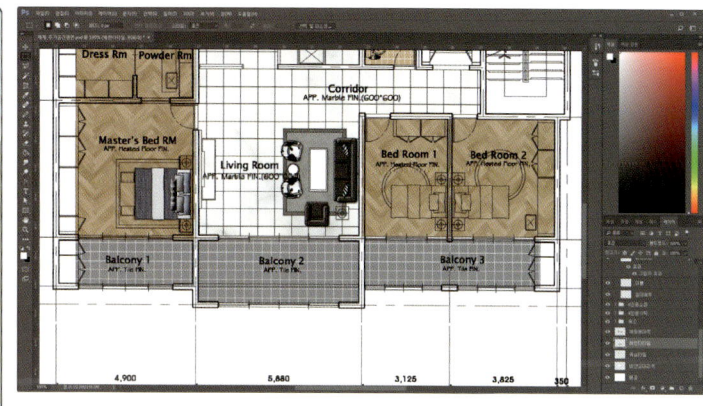

17 다용도실 타일도 표현해보도록 하겠습니다. ❶ 레이어 창의 〈 〉 버튼을 눌러 새로운 레이어를 만들어 준 후 ❷ 레이어명을 '다용도실 타일'로 변경합니다. ❸ 사각선택 도구〈 〉를 누르고 ❹ 다용도실 바닥을 드래그하여 선택합니다.

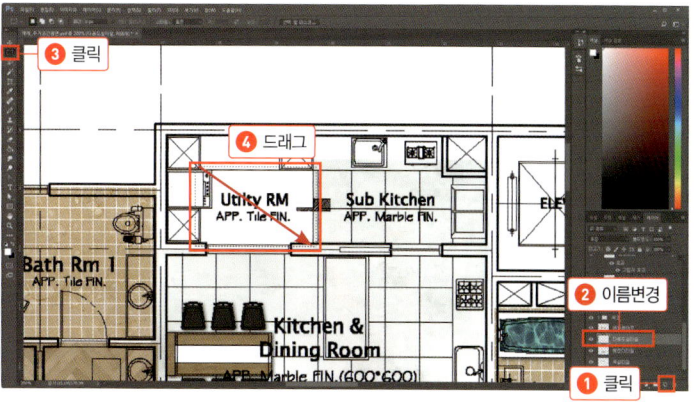

18 ❶ [편집]- ❷ [칠]을 누르고 '칠 창'이 열리면 ❸ 내용을 패턴으로 지정하고 사용자 정의 ❹ 패턴에서 조금 전 만들어둔 ❺ '베란다 타일' 소스를 선택하고 ❻ 확인 버튼을 누릅니다. 선택영역이 타일로 채워졌습니다.

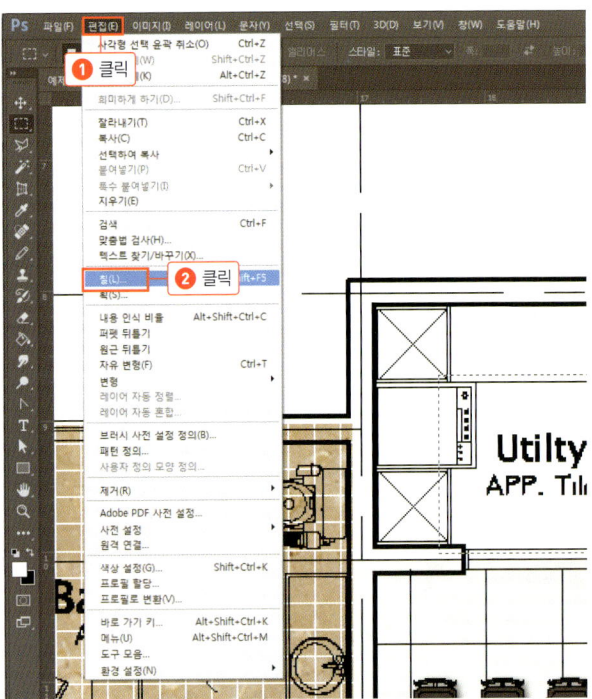

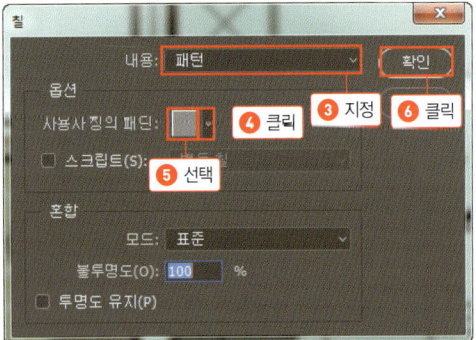

19 메뉴 바의 [필터]-[노이즈]-[노이즈 추가]를 누른 후 노이즈 추가 창에서
❶ 다음과 같이 값을 변경한 후 ❷ 확인 버튼을 누릅니다.

20 메뉴 바의 [이미지]-[조정]-[색조/채도]를 누른 후
다음과 같이 ❶ 색상을 조절해주고 ❷ 확인 버튼을 누
릅니다. 이 방법은 같은 패턴에서 색상만 변경해야 할
때 유용하게 사용됩니다.

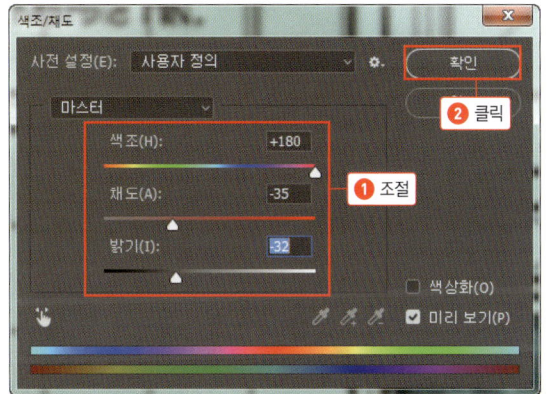

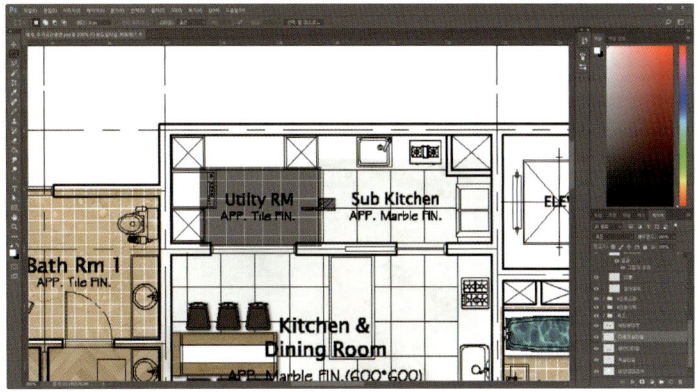

21 이번에는 현관입구를 칼라링해보도록 하겠습니다. ❶ 열기 단축키 Ctrl+O를 눌러 '현관 대리석'을 불러온 후 ❷ 이동 도구⟨♦⟩ 단축키 V를 누르고 예제_주거공간 평면으로 드래그해줍니다. ❸ 레이어를 더블클릭하여 이름을 '현관대리석'으로 변경합니다. ❹ 사각선택 도구⟨▭⟩를 눌러 ❺ 튀어나온 맵소스를 선택하고 Delete 버튼을 눌러 삭제합니다.

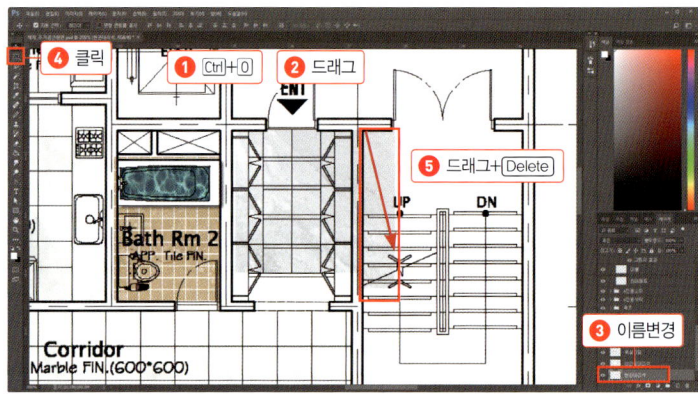

22 ❶ 열기 단축키 Ctrl+O를 눌러 '현관포인트'를 불러온 후 ❷ 이동 도구⟨♦⟩ 단축키 V를 누르고 예제_주거공간 평면으로 드래그해줍니다. ❸ 레이어를 더블클릭하여 이름을 '현관 포인트'로 변경합니다.

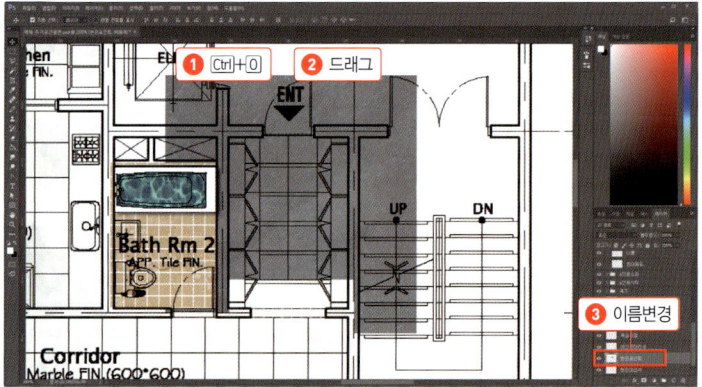

23 ❶ 사각선택 도구⟨▭⟩를 누르고 ❷ 현관의 포인트가 아닌 부분을 드래그하여 선택하고 Delete 버튼을 눌러 삭제합니다.

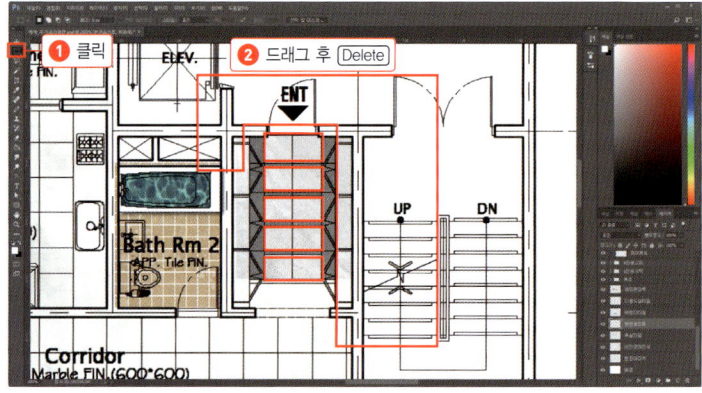

24 복도 바닥도 칼라링해보도록 하겠습니다. ❶ 열기 단축키 Ctrl+O를 눌러 '계단실'을 불러온 후 ❷ 이동 도구⟨♦⟩ 단축키 V를 누르고 예제_주거공간 평면으로 드래그해줍니다. ❸ 레이어를 더블클릭하여 이름을 '계단실'로 변경합니다.

25 패턴이 너무 크고 색상도 어두워 보입니다. ❶ 자유 변형 단축키 Ctrl+T를 누르고 ❷ 조절점을 이용하여 다음과 같이 맵의 크기를 줄여줍니다.

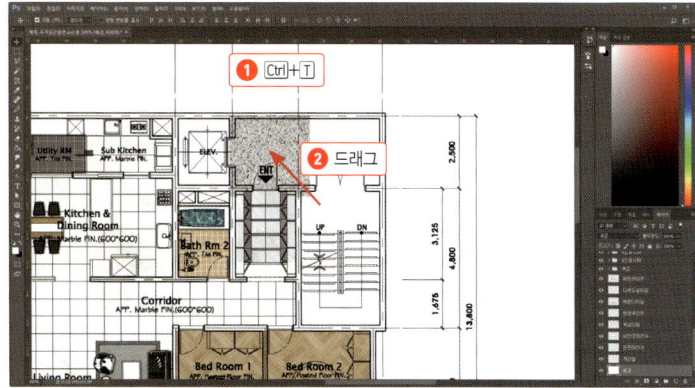

26 ❶ 사각선택 도구〈▭〉를 눌러 ❷ 계단실 소스를 드래그하여 선택하고 ❸ Alt+이동 도구〈✥〉를 눌러 복사해서 다음과 같이 위치시켜줍니다. 레이어가 복제되지 않고, 칼라링되었습니다.
Ctrl+D를 눌러 선택을 해제합니다.

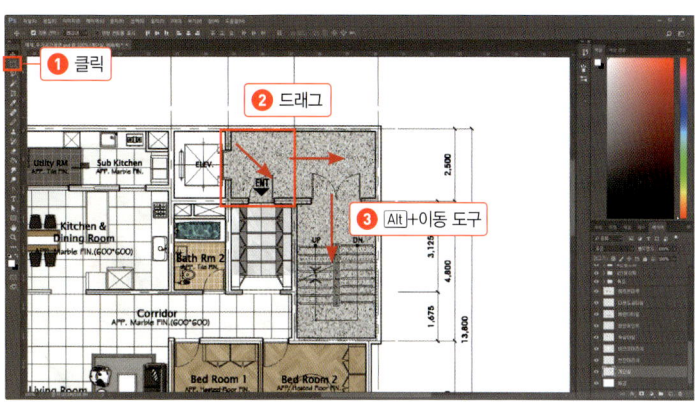

27 곡선 단축키 Ctrl+M을 누르고 곡선을 위로 드래그하여 출력 210에 입력이 185정도 조절해준 후 확인 버튼을 누릅니다. 맵소스가 밝아졌습니다.

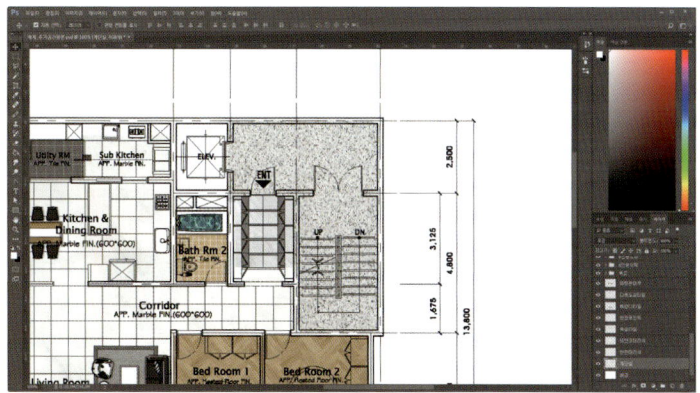

28 자~ 이제 주거평면 바닥 칼라링이 완성되었습니다. 중간중간에 저장하면서 작업하시는 거 잊지 마세요.

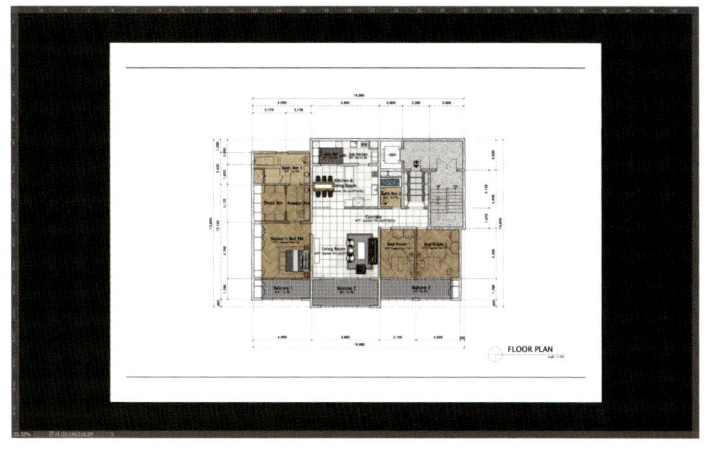

> **알아두기**
>
> 간혹 Ctrl+T 명령어를 실행할 때 다음과 같은 창이 뜬다면 분명 어딘가에 선택된 곳이 있다는 뜻입니다. 이럴 때는 Ctrl+D를 눌러 선택을 해제하고 다시 실행해봅니다.

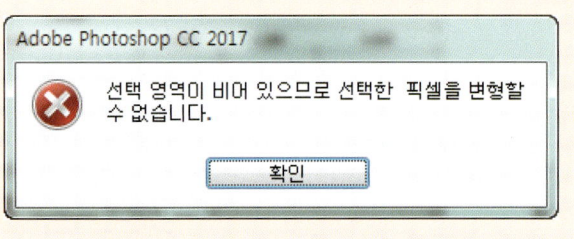

Lesson 02 붙박이 가구 표현하기

이동형 가구 외에 붙박이 가구들을 먼저 칼라링해보도록 하겠습니다. 전체적인 시트 색상을 정해놓으면 작업이 빠르게 진행됩니다. 복사하고, 자르고, 붙이고가 반복되는 작업입니다.

01 ❶ 열기 단축키 Ctrl+O를 눌러 우드소스를 불러온 후 ❷ 이동 도구 〈✥〉 단축키 V를 누르고 예제_주거공간 평면으로 드래그해줍니다. ❸ 레이어를 더블클릭하여 이름을 붙박이로 변경합니다. 표현해야 할 붙박이장이 5개 정도 됩니다. ❹ Alt+이동 도구〈✥〉를 눌러 미리 복사해줍니다.

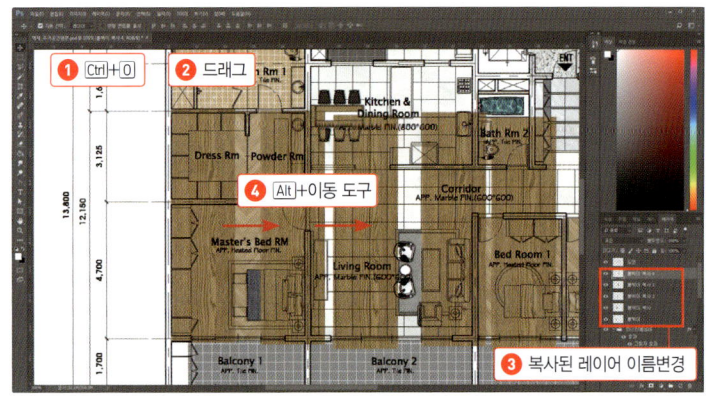

02 다시 소스를 불러오는 과정이 없이 작업할 수 있습니다. 지금 사용하지 않는 맵은 눈〈👁〉을 눌러 잠시 안 보이게 꺼두면 됩니다.

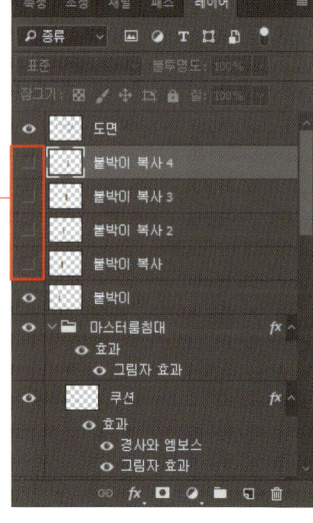

Chapter 02 주거공간 평면도 칼라링 :: 133

03 ❶ 자유 변형 단축키 Ctrl+T를 눌러 소스의 크기를 줄여주고 ❷ 사각선택 도구〈▭〉를 눌러 ❸ 소스를 드래그하여 선택하고 ❹ Alt+이동도구〈✥〉를 눌러 복사해서 다음과 같이 위치시켜줍니다. 레이어가 복제되지 않고, 칼라링되었습니다. Ctrl+D를 눌러 선택을 해제합니다.

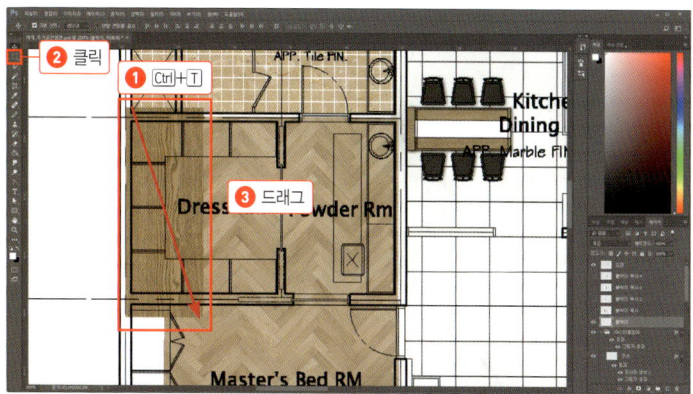

04 ❶ 사각선택 도구〈▭〉를 눌러 ❷ 튀어나온 맵소스를 선택하고 Delete 버튼을 눌러 삭제합니다. ❸ 레이어창의〈▢〉버튼을 눌러 새로운 레이어를 만들어준 후 레이어명을 '붙박이 연결'로 변경합니다. ❹ 전경색〈▮〉을 클릭하고

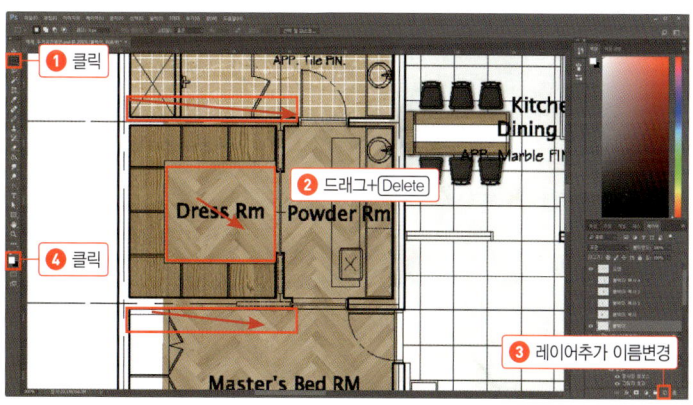

05 ❺ 색상 라이브러리를 눌러 ❻ 전경색을 선택한 후 ❼ 확인 버튼을 누릅니다.

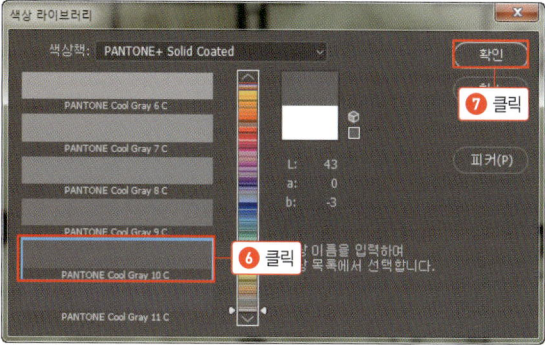

06 ① 사각선택 도구〈▢〉를 누르고 ② Shift 버튼을 누르면서 다음과 같이 연결부위를 선택해준 후 ③ 페인트통 도구〈▨〉를 누르고 ④ 선택 영역에 클릭해주면 색상이 채워졌습니다. Ctrl+D를 눌러 선택을 해제해줍니다.

07 '붙박이' 레이어를 더블클릭하여 레이어 스타일 창을 열어줍니다. ① 드롭섀도에 체크하고 ② 더블클릭하여 ③ 다음과 같이 값을 설정해주고 ④ 확인 버튼을 누릅니다. 그림자 효과가 적용되었습니다.

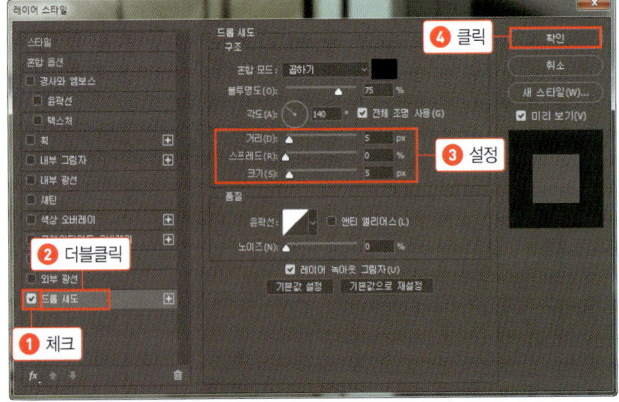

Chapter 02 주거공간 평면도 칼라링 :: 135

08 조금 전 꺼두었던 '붙박이 복사'의 눈(👁)을 다시 눌러 눈을 켜줍니다.

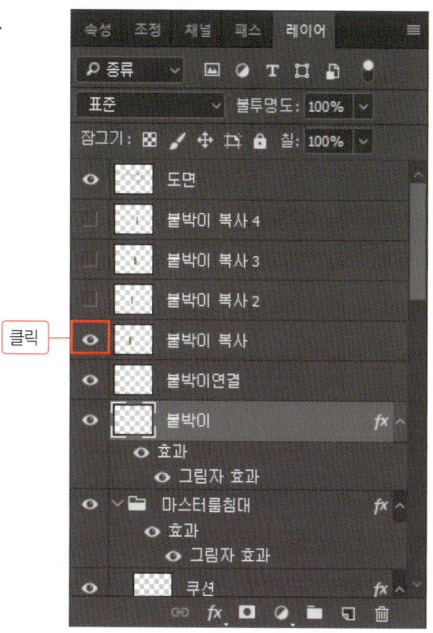

09 ❶ 자유 변형 단축키 Ctrl+T를 눌러 조절점을 이동하여 다음과 같이 크기를 조절해준 후 Enter↵키를 눌러 명령을 해제합니다.

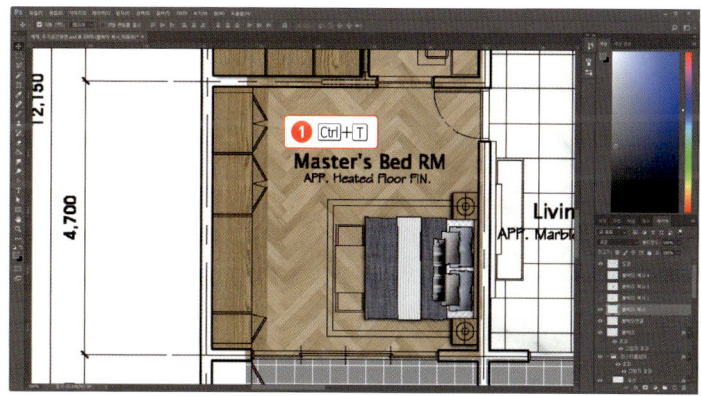

10 도구 바의 ❶ 다각형 올가미 도구(🪢)를 클릭하여 ❷ 붙박이 문짝이 아닌 부분을 선택하고 Delete 버튼을 눌러 삭제합니다.

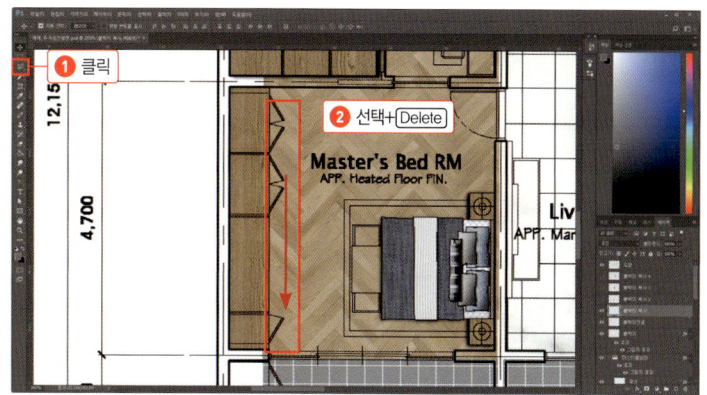

11 '붙박이 복사' 레이어를 더블클릭하여 레이어 스타일 창을 열어줍니다. ❶ 드롭섀도에 체크하고 ❷ 더블클릭하여 ❸ 다음과 같이 값을 설정해주고 ❹ 확인 버튼을 누릅니다. 그림자 효과가 적용되었습니다.

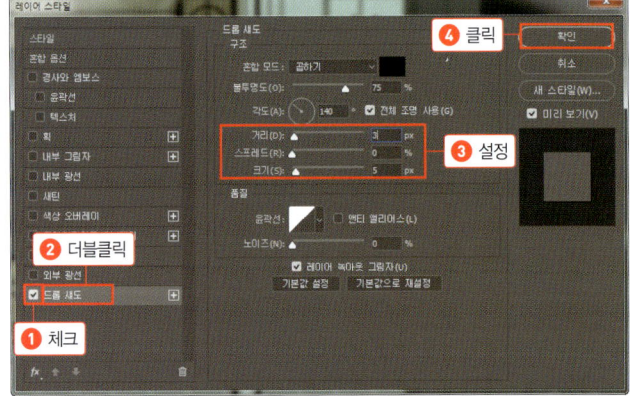

12 신발장과 같이 모양이 대칭되는 경우는 ❶ Alt+이동 도구(✥)를 눌러 복사해준 후 ❷ 자유 변형 단축키 Ctrl+T를 누르고 ❸ 마우스 오른쪽 버튼을 눌러 ❹ 가로로 뒤집기를 선택하여 위치시켜줍니다.

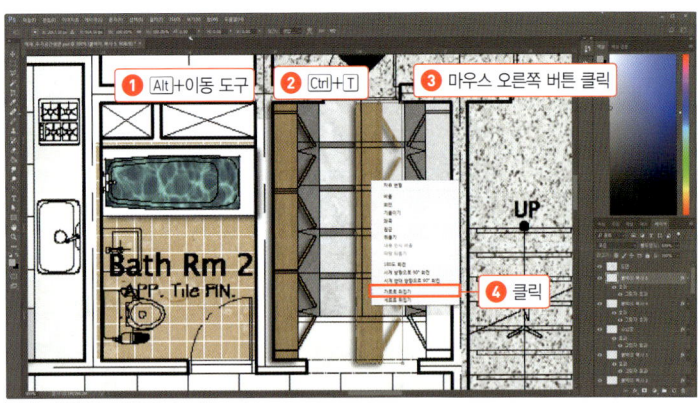

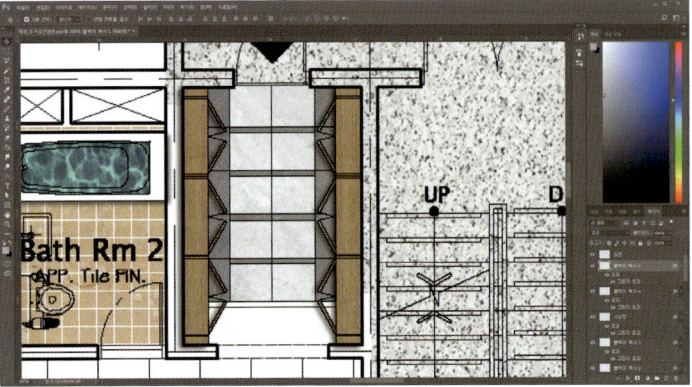

13 나머지 수납장들도 같은 방법으로 칼라링합니다.

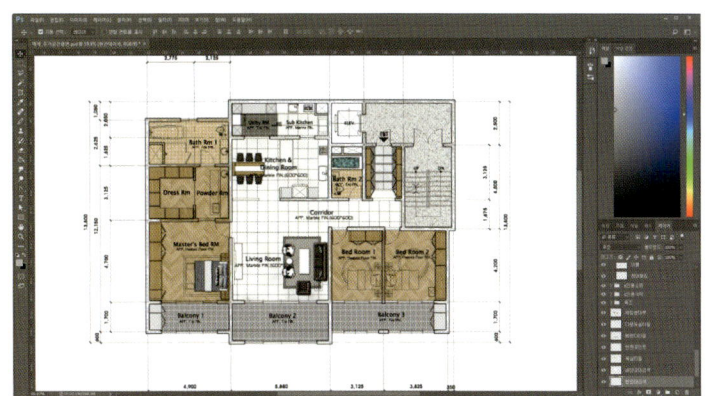

14 ① 열기 단축키 Ctrl+O를 눌러 인조대리석을 불러온 후 ② 이동 도구〈✥〉단축키 V를 누르고 예제_주거공간 평면으로 드래그해줍니다. ③ 레이어를 더블클릭하여 이름을 '인조 대리석'으로 변경합니다.

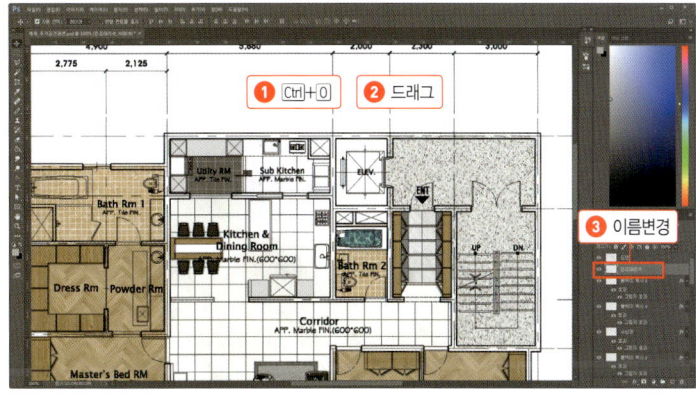

15 ① 사각선택 도구〈▭〉를 눌러 ② 인조 대리석 소스를 드래그하여 선택하고 ③ Alt +이동 도구〈✥〉를 눌러 복사해서 다음과 같이 위치시켜줍니다. 레이어가 복제되지 않고, 칼라링되었습니다. Ctrl+D를 눌러 선택을 해제합니다.

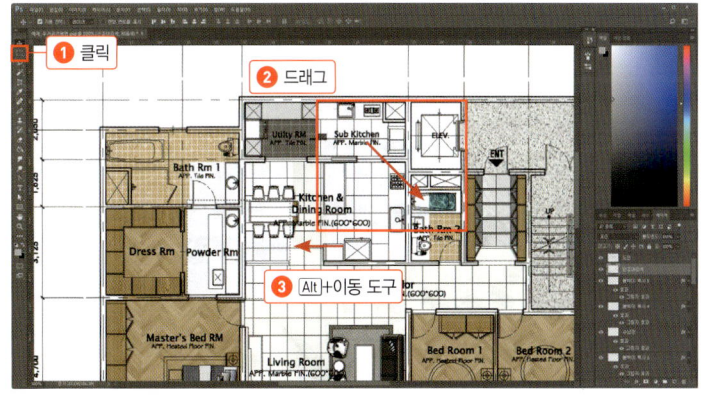

16 ① 사각선택 도구〈▭〉를 눌러 튀어나온 ② 맵소스를 선택하고 Delete 버튼을 눌러 삭제합니다.

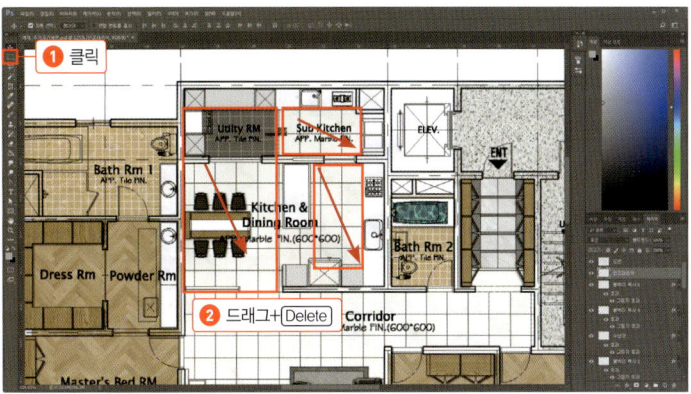

17 '인조 대리석' 레이어를 더블클릭하여 레이어 스타일 창을 열어줍니다. ❶ 드롭섀도에 체크하고 ❷ 더블클릭하여 ❸ 다음과 같이 값을 설정해주고 ❹ 확인 버튼을 누릅니다. 그림자 효과가 표현되었습니다.

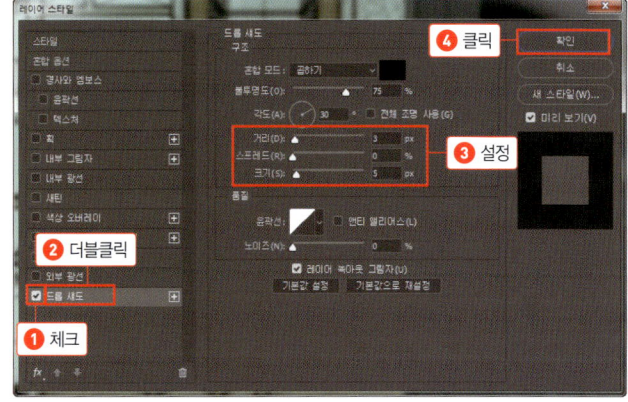

Lesson 03 창호 표현하기

창틀을 칼라링 할 때 정해진 색상은 없습니다. 벽체와 구분되면서도 튀지 않게 표현해야 하기 때문에 무난한 회색톤을 많이 사용하고 있습니다. 창틀과 유리를 구분해서 표현해도 되고, 시간이 없을 때는 회색 한가지 색상만으로 표현해도 됩니다. 하나의 레이어로 만들어놓으면 천정도 칼라링시 가져와서 붙여버리면 간단하게 작업할 수 있습니다. 작업하다 보면 빠지는 부분이 있을 수 있으니, 임의의 한 지점을 정해서 벽체를 따라 차례차례 이동하면서 작업하면 어느새 완성되어 있을 것입니다.

01 레이어 창의 〈□〉 버튼을 눌러 새로운 레이어를 만들어준 후 레이어명을 '창문'으로 변경합니다. 전경색(■)을 클릭하고 색상 라이브러리를 눌러 전경색을 선택합니다.

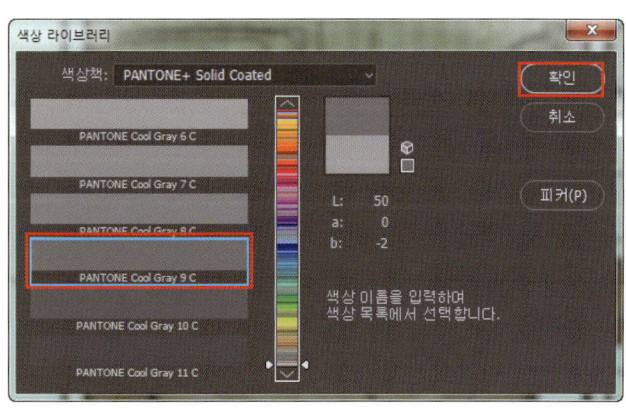

02 ① 사각선택 도구〈▭〉를 눌러 ② 창문을 드래그하여 선택한 후 ③ 페인트통 도구〈◇〉를 누르고 ④ 선택 영역에 클릭해주면 색상이 채워졌습니다.

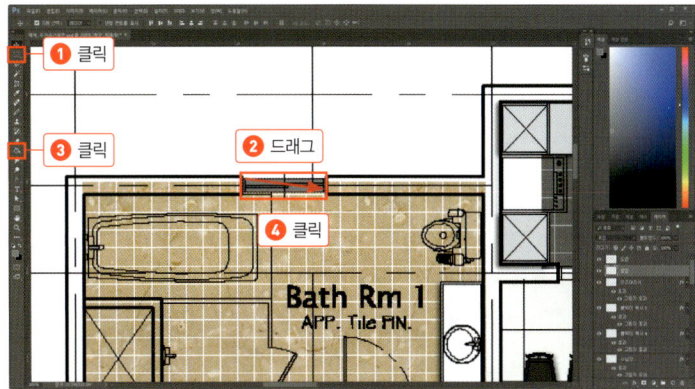

03 ① Alt+이동 도구〈✥〉를 눌러 복사하고 ② 자유 변형 단축키 Ctrl+T를 사용해서 ③ 크기를 늘려준 후 다음과 같이 위치시켜줍니다.

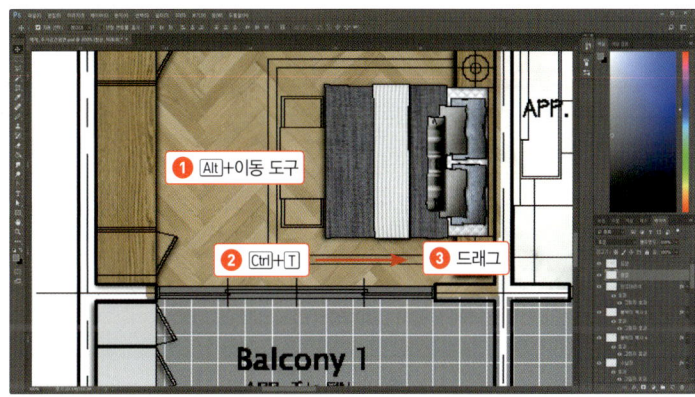

04 같은 방법으로 다른 창문도 복사해서 위치시켜줍니다.

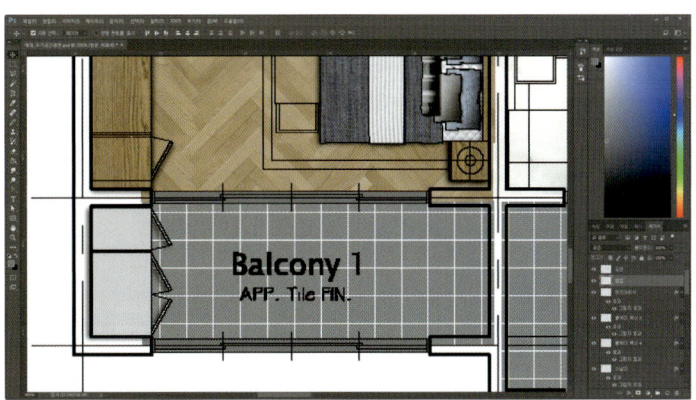

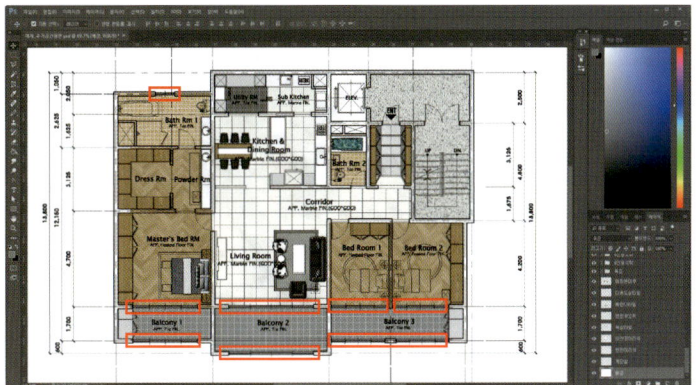

05 이번에는 문을 칼라링해보겠습니다. ① 레이어 창의 〈 〉 버튼을 눌러 새로운 레이어를 만들어준 후 ② 레이어명을 '문'으로 변경합니다. ③ 사각선택 도구〈 〉를 눌러 ④ 문을 드래그하여 선택한 후 ⑤ 페인트통 도구〈 〉를 누르고 ⑥ 선택영역에 클릭해주면 색상이 채워졌습니다.

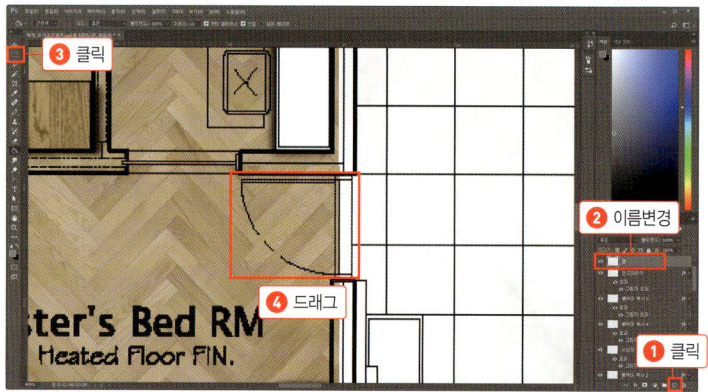

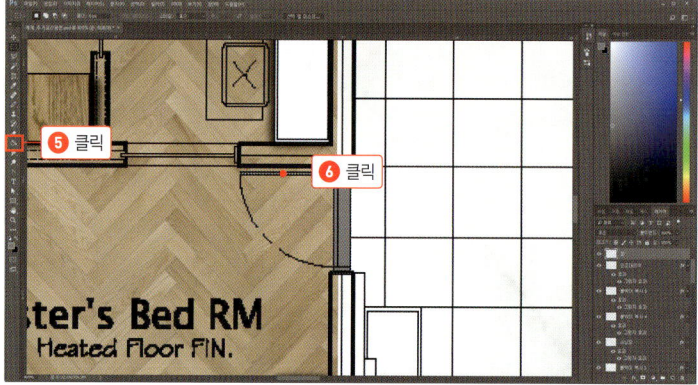

06 '문' 레이어를 더블클릭하여 레이어 스타일 창을 열어줍니다. ① 드롭섀도에 체크하고 ② 더블클릭하여 ③ 다음과 같이 값을 설정해주고 ④ 확인 버튼을 누릅니다.

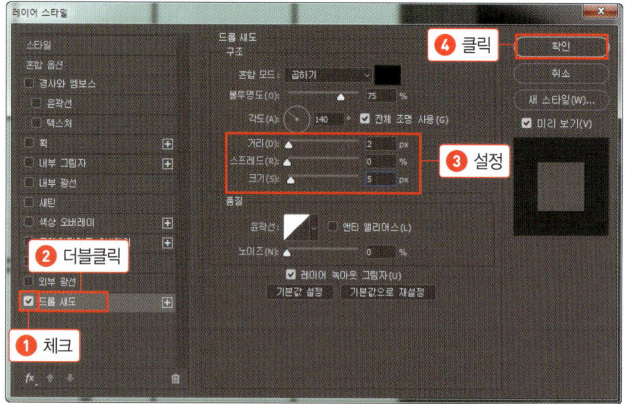

07 ① 레이어 창의 〈 〉 버튼을 눌러 새로운 레이어를 만들어준 후 ② 레이어명을 '개폐방향'으로 변경합니다. ③ 전경색을 흰색으로 선택하고, ④ 다각형 올가미 도구〈 〉를 클릭하여 ⑤ '개폐방향' 영역을 선택합니다.

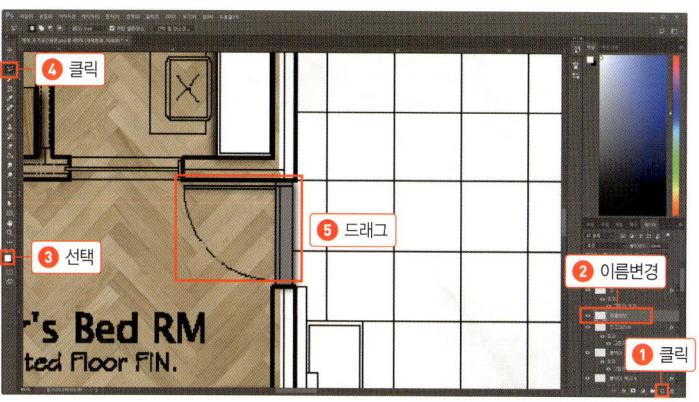

08 ① 페인트통 도구〈 〉를 누르고 ② 선택영역에 클릭해주면 색상이 채워졌습니다. ③ 투명도를 15%로 지정해주고 Ctrl+D를 눌러 선택을 해제합니다.

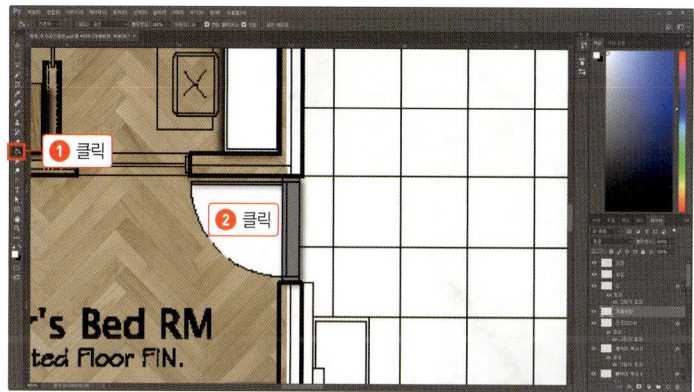

09 다른 문들도 같은 방법으로 칼라링합니다.

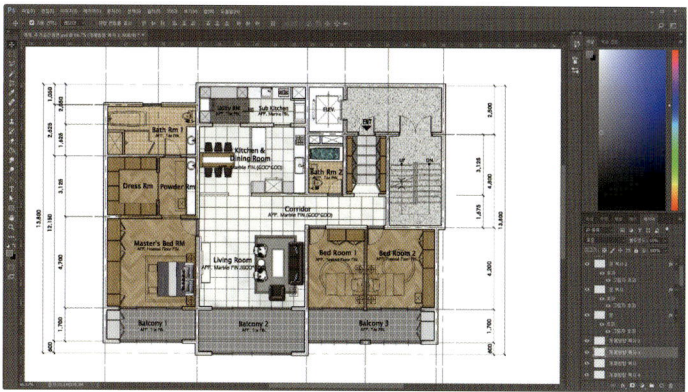

10 Chapter 01의 가구 칼라링하는 방법을 토대로 나머지 가구들도 응용해서 하나하나 칼라링하여 위치시켜줍니다.

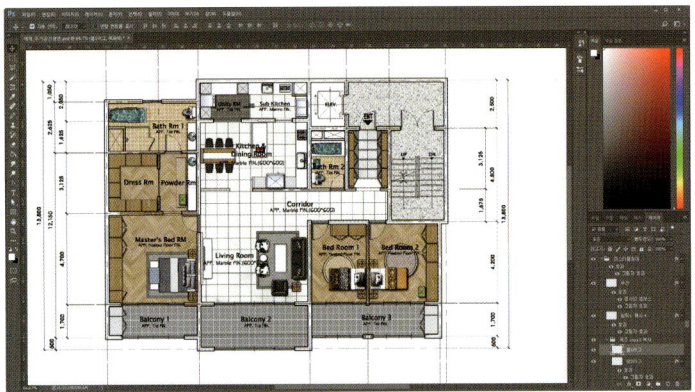

Lesson 04 기타 공간 표현하기

01 각 공간별로 빠진 부분을 체크하면서 채워나갑니다. 욕실에는 욕조 마감 부분이 빠졌죠. 거실 바닥에 쓰였던 ❶ '비앙코 대리석' 맵에서 마우스 오른쪽 버튼을 클릭하여 ❷ '비앙코 대리석' 소스를 선택하고 ❸ Alt +이동 도구( )를 눌러 복사하여 욕조로 가져가서 위치시켜줍니다. ❹ 필요없는 부분은 사각선택 도구( )를 눌러 지정해준 후 Delete 버튼을 눌러 삭제합니다.

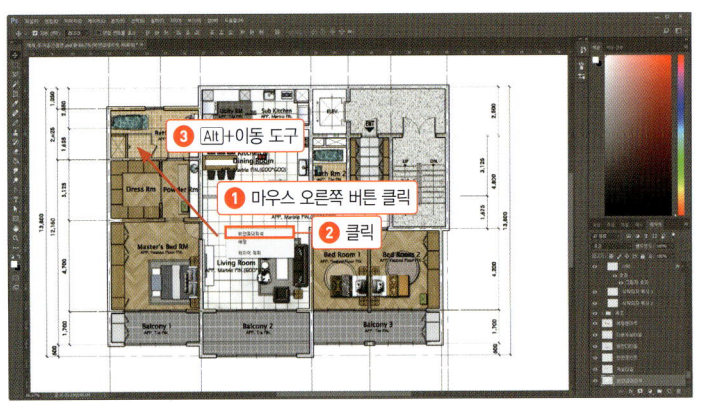

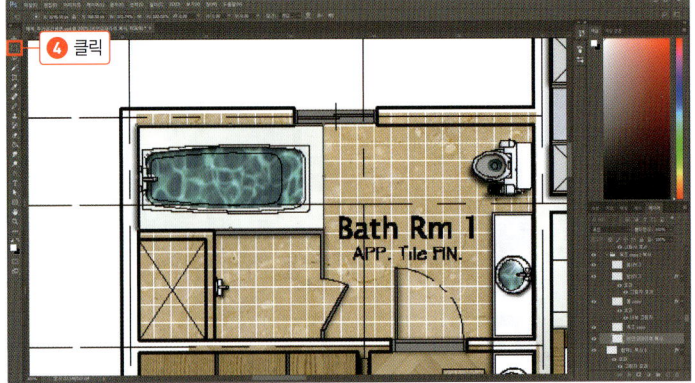

02 '비앙코 대리석 복사' 레이어를 더블클릭하여 레이어 스타일 창을 열어줍니다. ❶ 드롭섀도에 체크하고 ❷ 더블클릭하여 ❸ 다음과 같이 값을 설정해주고 ❹ 확인 버튼을 누릅니다.
그림자 효과가 적용되었습니다.

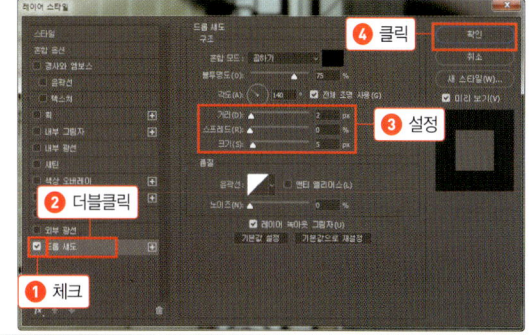

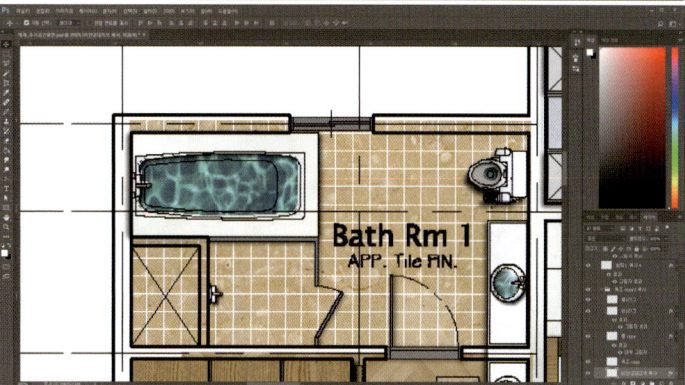

03 레이어 창의 < > 버튼을 눌러 새로운 레이어를 만들어준 후 레이어명을 '비트'로 변경합니다. 전경색을 클릭하고 ❶ 색상 라이브러리를 누른 후 ❷ 적당한 회색톤을 선택하고, ❸ 확인 버튼을 누릅니다.

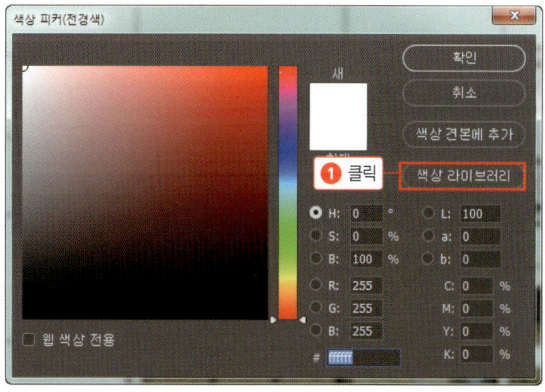

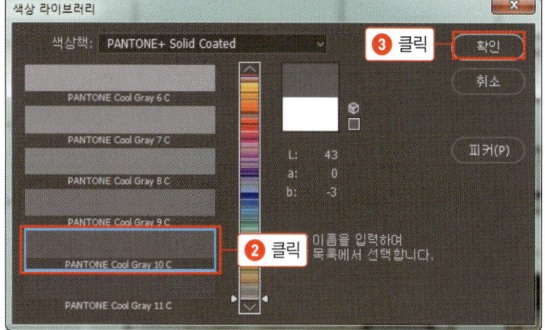

04 ① 사각선택 도구(   )를 눌러 ② 비트 공간을 드래그하여 선택하고 ③ 페인트통 도구(   )를 누르고 ④ 선택영역에 클릭해주면 색상이 채워집니다. 다른 비트도 색상을 채워줍니다.

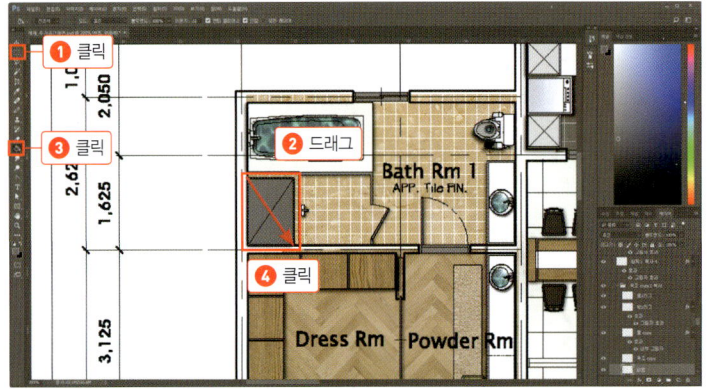

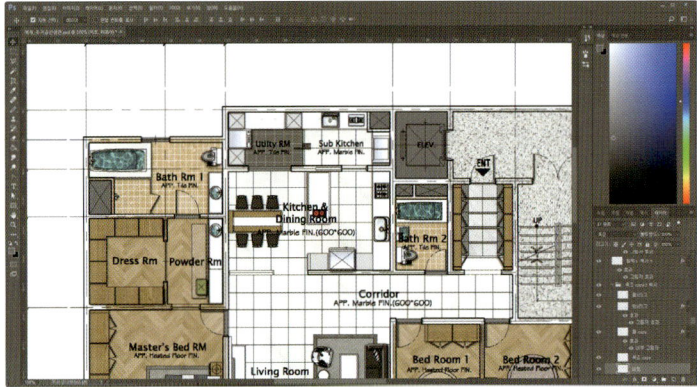

05 비트 공간은 뚫려 있기 때문에 안으로 들어간 느낌을 표현해보도록 하겠습니다. '비트' 레이어를 더블클릭하여 레이어 스타일 창을 열어줍니다. ① 내부 그림자에 체크하고 ② 더블클릭하여 ③ 다음과 같이 값을 설정해주고 ④ 확인 버튼을 누릅니다.

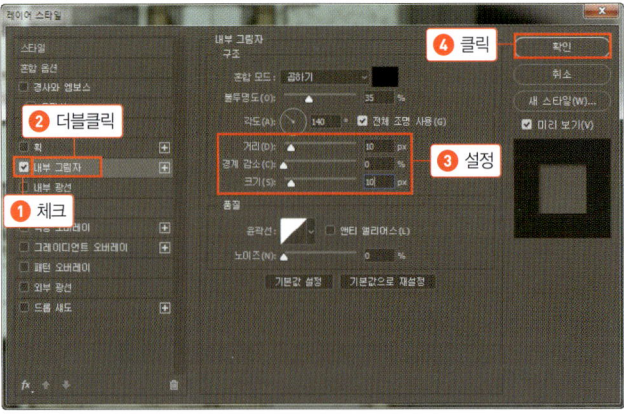

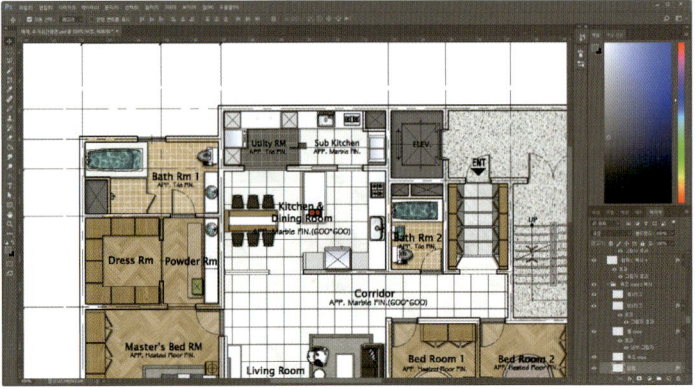

06 레이어 창의 〈🗇〉 버튼을 눌러 새로운 레이어를 만들어준 후 레이어명을 '엘리베이터'로 변경합니다. ❶ 전경색을 클릭하고 적당한 회색톤을 선택하고, ❷ 확인 버튼을 누릅니다.

07 ❶ 사각선택 도구〈▭〉를 눌러 ❷ 엘리베이터를 드래그하여 선택하고 ❸ 페인트통 도구〈🪣〉를 누르고 ❹ 선택영역에 클릭해주면 색상이 채워집니다.

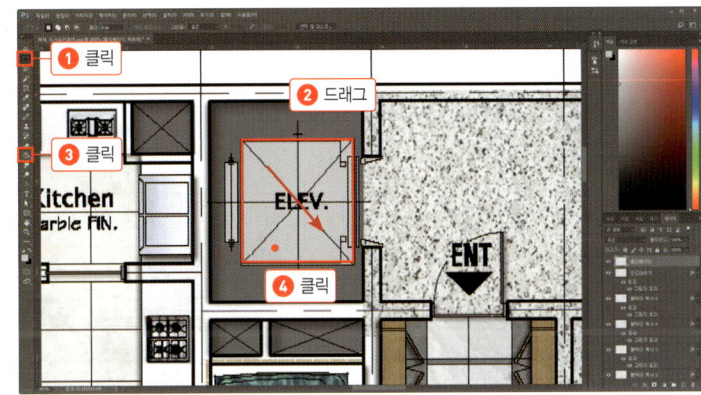

08 ❶ 열기 단축키 Ctrl+O를 눌러 '난간대'를 불러온 후 ❷ 이동 도구〈✥〉 단축키 V를 누르고 예제_주거공간 평면으로 드래그해줍니다. ❸ 레이어를 더블클릭하여 이름을 '난간대'로 변경합니다.

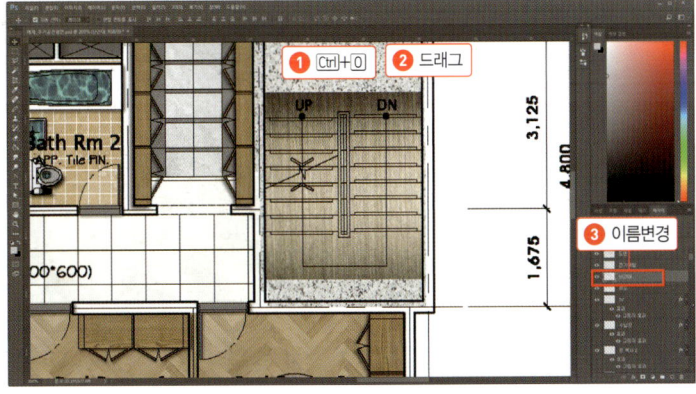

09 ❶ 사각선택 도구〈▭〉를 눌러 ❷ 난간대와 논슬립을 제외한 부분을 선택하고 Delete 버튼을 눌러 삭제합니다.

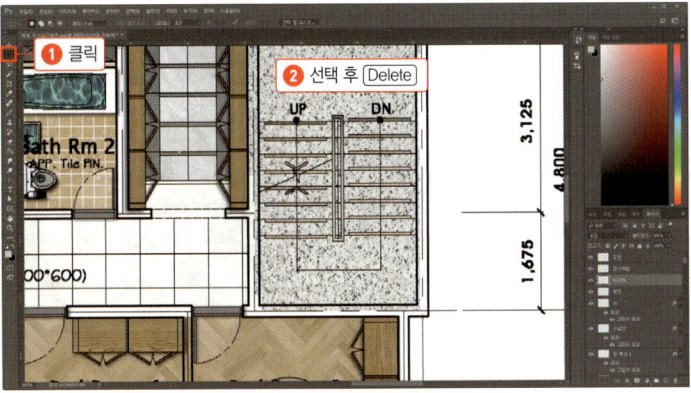

10 '난간대' 레이어를 더블클릭하여 레이어 스타일 창을 열어줍니다. ❶ 드롭섀도에 체크하고 ❷ 더블클릭하여 ❸ 다음과 같이 값을 설정해주고 ❹ 확인 버튼을 누릅니다.

그림자 효과가 적용되었습니다.

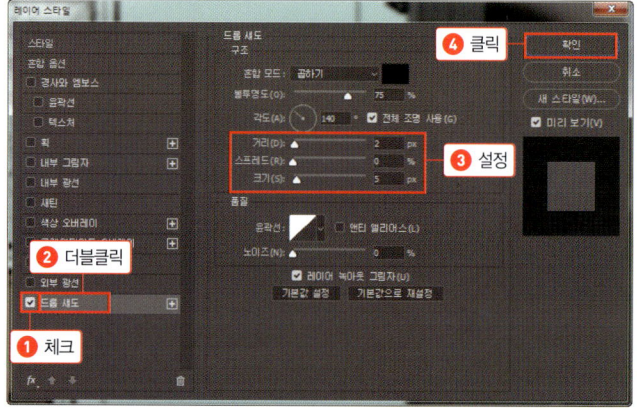

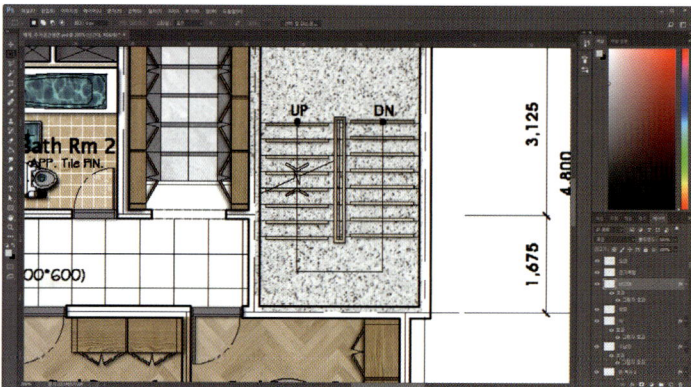

11 열기 단축키 Ctrl+O를 눌러 예제_주거공간 벽체를 불러옵니다. EPS형식 래스터화 창이 열리면 다음과 같이 지정하고 확인 버튼을 누릅니다. 평면도를 불러올 때와 같은 값으로 불러와야 크기가 맞아집니다.

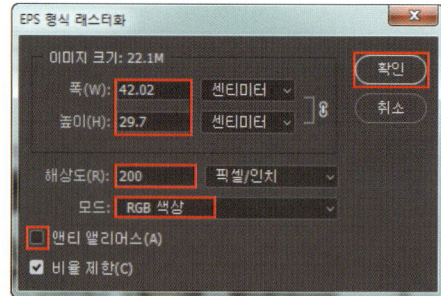

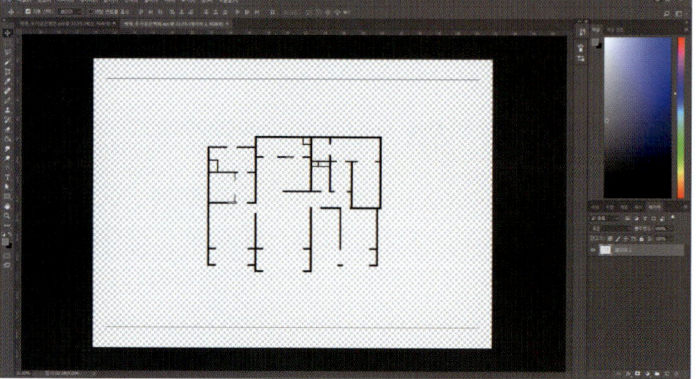

12 주거공간 벽체 창은 아래로 내리고 ❶ 사각선택 도구〈 〉를 눌러 ❷ 벽체부분만 선택한 후 ❸ Shift + Alt +이동 도구〈 〉를 누르면서 예제_주거공간 평면으로 드래그하면 벽체위치로 이동됩니다. ❹ 레이어명을 '벽체'로 변경하고 도면아래에 벽체 레이어가 위치될 수 있도록 레이어 위치를 조정합니다.

13 벽체선이 들어가니까 예제가 깔끔하게 정리되어 보입니다. 벽체의 그림자 효과를 내기 위해 '벽체' 레이어를 더블클릭하여 레이어 스타일 창을 열어줍니다. ❶ 혼합 모드에 색상피커를 클릭하고 ❷ 회색톤을 클릭합니다. ❸ 드롭섀도에 체크하고 ❹ 더블클릭하여 ❺ 다음과 같이 값을 설정해 주고 ❻ 확인 버튼을 누릅니다. 그림자 색상을 검정색이 아닌 회색으로 지정해줍니다.

그림자 효과가 적용되었습니다.

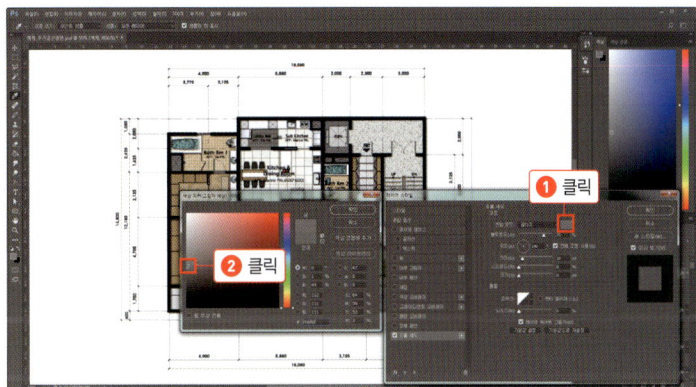

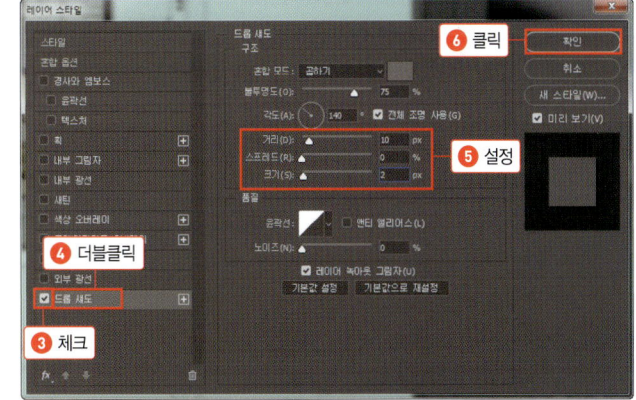

14 ❶ 열기 단축키 Ctrl+O를 눌러 '칼라링 기본소스'를 불러옵니다. ❷ 빛소스2 위에서 마우스 오른쪽 버튼을 클릭하여 ❸ 선택한 후 ❹ 예제_주거공간 평면으로 드래그합니다. 도면보다 위에 위치할 수 있도록 ❺ 레이어의 위치를 조정하고 자유 변형 단축키 Ctrl+T의 조절점을 이용하여 크기를 줄여준 후 협탁 위에 복사해서 위치시켜줍니다.

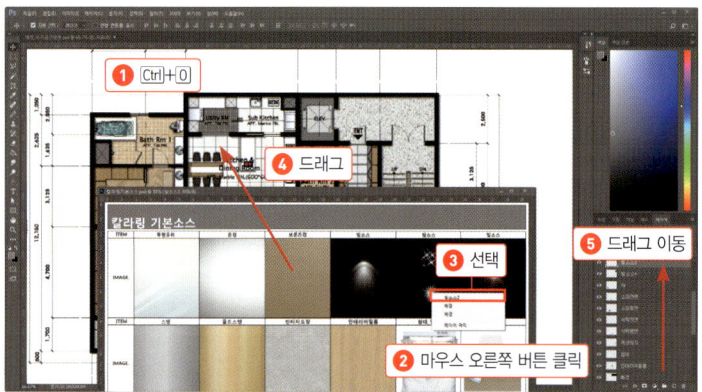

15 실명을 조금 더 부각시켜 보도록 하겠습니다. ❶ 레이어 창의 〈 〉 버튼을 눌러 새로운 레이어를 만들어 준 후 ❷ 레이어명을 '실명'으로 변경합니다. ❸ 사각선택 도구〈 〉를 눌러 ❹ 실명 위를 드래그한 후 ❺ 전경색이 흰색인지 확인하고, ❻ 페인트통 도구〈 〉를 누르고 ❼ 선택영역에 클릭해주면 색상이 채워졌습니다.

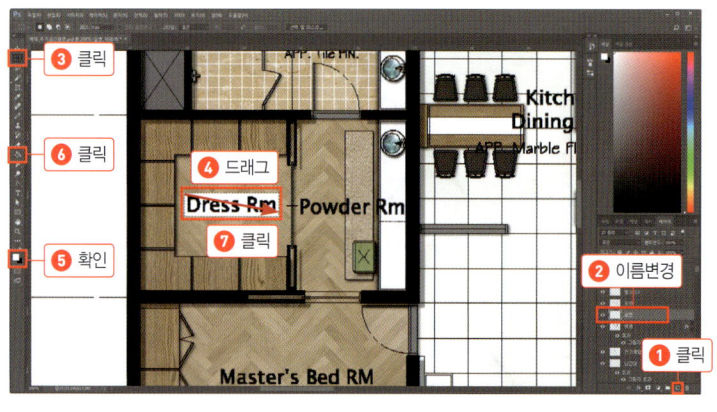

16 ❶ 불투명도를 60%로 지정해주고 Ctrl+D를 눌러 선택을 해제합니다. 각 실명 마다 복사해서 다음과 같이 위치시켜줍니다.

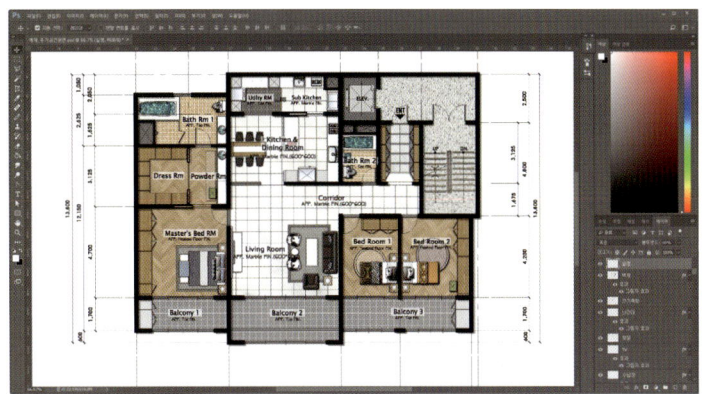

17 예제_주거공간 평면이 완성되었습니다.

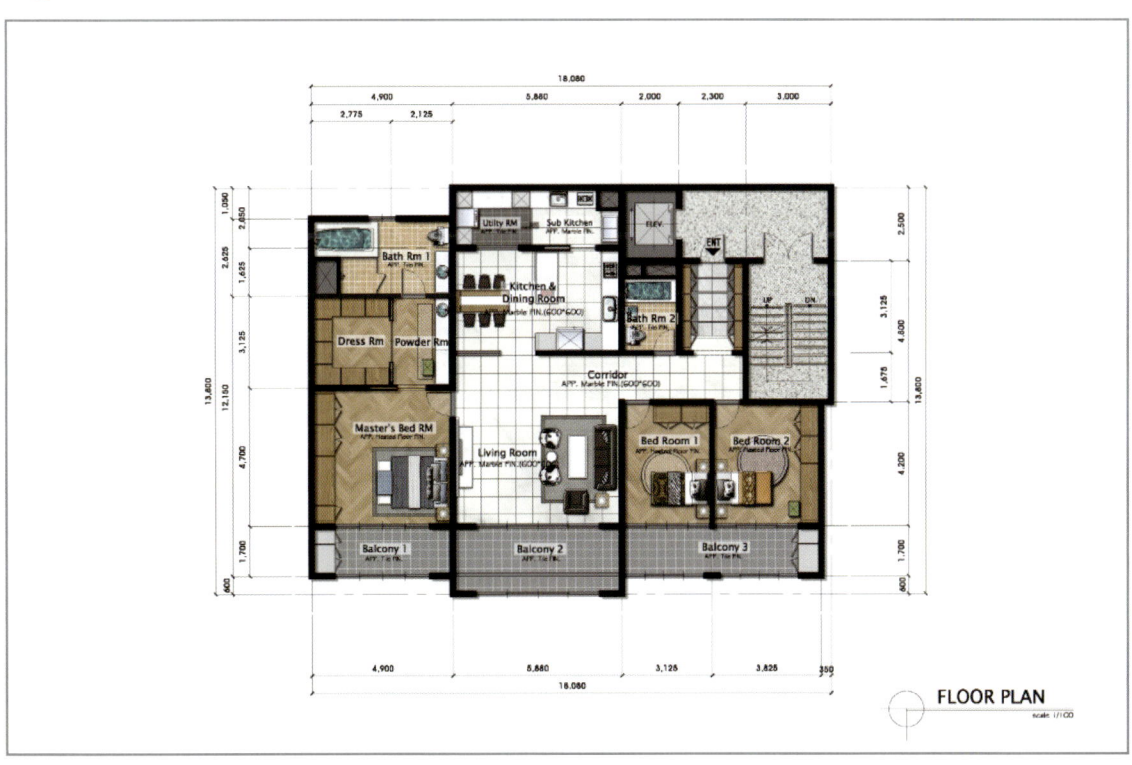

CHAPTER 03 주거공간 천정도 칼라링

○ **예제소스경로** Part03. – 02. 예제_주거공간천정도

이번 장에서는 주거공간의 천정도 표현에 대해서 알아보도록 하겠습니다.

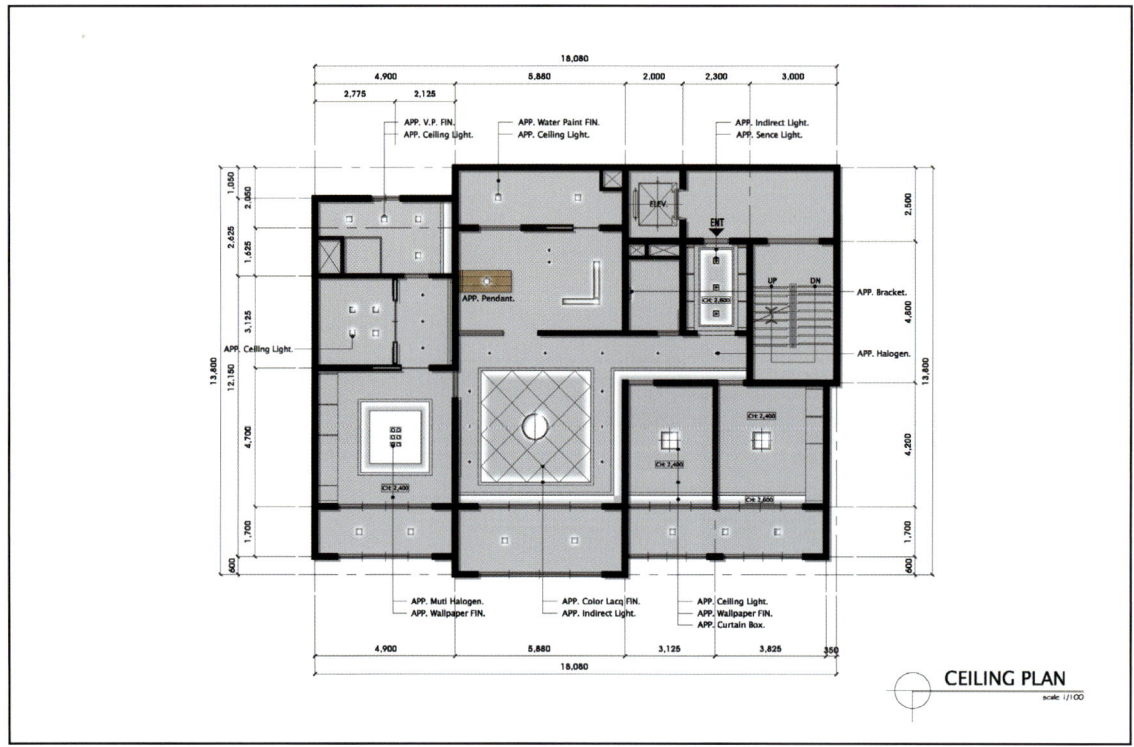

Lesson 01 도면 불러오기

01 화면을 더블클릭하거나, 열기 단축키 Ctrl+O를 눌러 예제 파일 예제_주거공간 천정.eps를 불러옵니다. A3 파일로 저장되었기 때문에 ❶ 이미지 크기는 '42.02', 높이는 '29.7'로 지정되어 있습니다. ❷ 해상도를 '200'으로 모드는 ❸ RGB색상으로 지정하고 ❹ 앤티앨리어스에 체크를 해제한 후 ❺ 확인 버튼을 누릅니다.

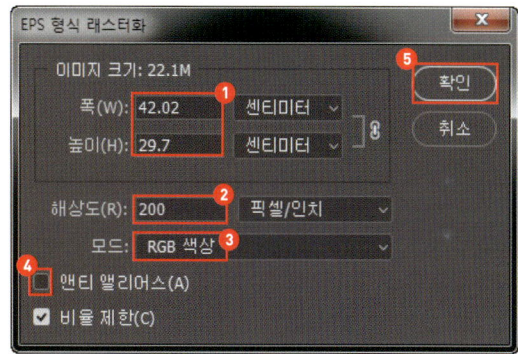

02 ❶ 레이어 창의 〈 〉 버튼을 눌러 새로운 레이어를 만들어줍니다. ❷ 배경색이 흰색으로 지정되어 있는지 확인하고 ❸ 단축키 Ctrl+Delete를 눌러 배경을 흰색으로 채운 후, ❹ '배경' 레이어를 '도면' 아래에 위치시키고 ❺ 더블클릭하여 이름을 변경해줍니다.

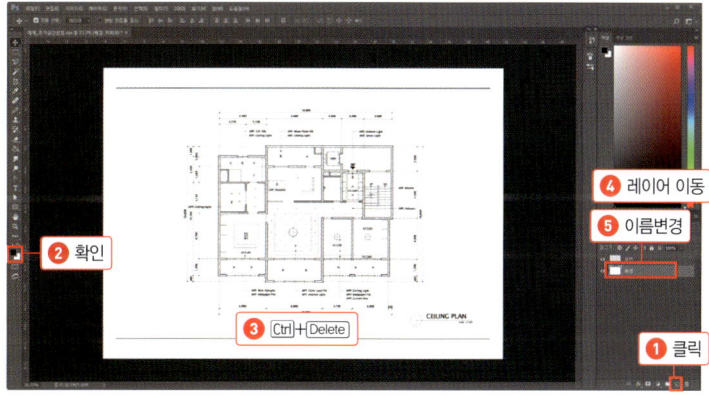

Lesson 02 천정 마감 표현하기

03 레이어 창의 《 》 버튼을 눌러 새로운 레이어를 만들어준 후 레이어명을 '천정마감'으로 변경합니다. ❶ 전경색《 》을 클릭하고 색상 라이브러리를 눌러 ❷ 전경색을 회색톤으로 선택한 후 ❸ 확인 버튼을 누릅니다. 전체적인 밝기는 나중에 수정이 가능하니 적당한 색상을 선택합니다.

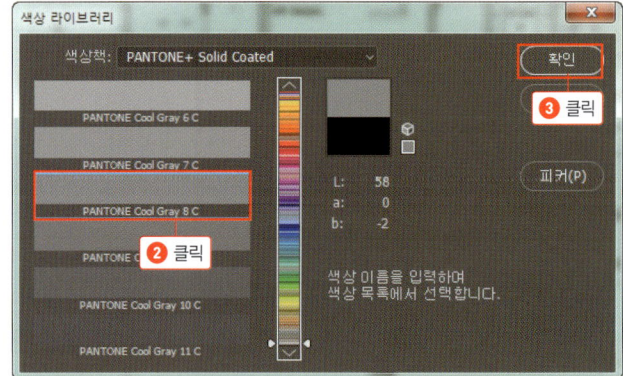

알아두기

천정은 주로 밝은 색상의 벽지나 도장으로 마감되는 경우가 많은데, 칼라링 작업시 흰색을 배경색으로 두고 작업하면 조명 표현이 약해보입니다. 그래서 전체적으로 밝은 회색톤의 색상을 기본으로 표현하도록 하겠습니다.

04 Shift 버튼을 누르면서 사각선택 도구《 》를 눌러 천정을 드래그하여 선택한 후 ❶ 페인트통 도구《 》를 누르고 ❷ 선택영역에 클릭해주면 색상이 채워졌습니다. Ctrl+D를 눌러 선택을 해제합니다.

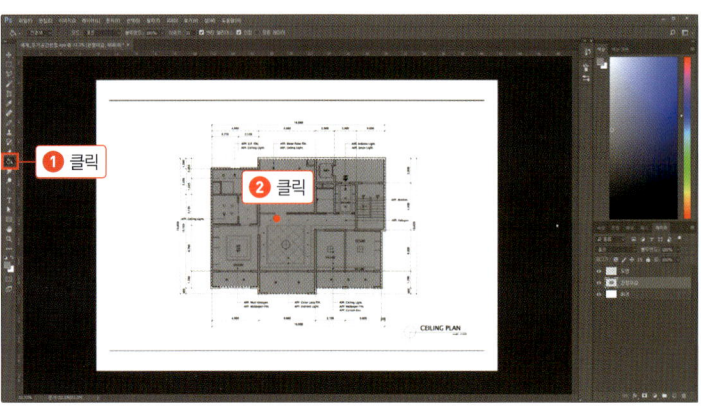

Lesson 03 조명 표현하기

05 ❶ 레이어 창의 〈 〉 버튼을 눌러 새로운 레이어를 만들어 준 후 ❷ 레이어명을 '방등'으로 변경합니다. ❸ 전경색으로 흰색을 선택하고 ❹ 사각선택 도구〈 〉를 눌러 ❺ '방등'을 드래그하여 선택합니다.

06 ❶ 페인트통 도구〈 〉를 누르고 ❷ 선택영역에 클릭해주면 색상이 채워졌습니다. Ctrl+D를 눌러 선택을 해제합니다.

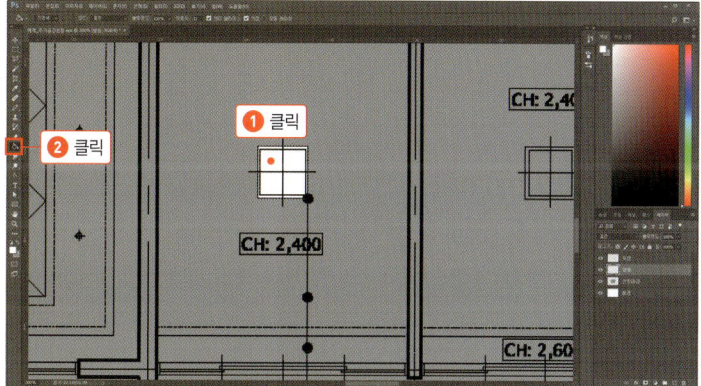

07 ❶ '방등' 레이어를 더블클릭하여 레이어 스타일 창을 열어줍니다. ❷ 내부 그림자에 체크하고 ❸ 더블클릭하여 ❹ 다음과 같이 값을 설정한 후 ❺ 외부광선에 체크하고 더블클릭하여 ❻ 다음과 같이 값을 설정한 후 ❼ 확인 버튼을 누릅니다.

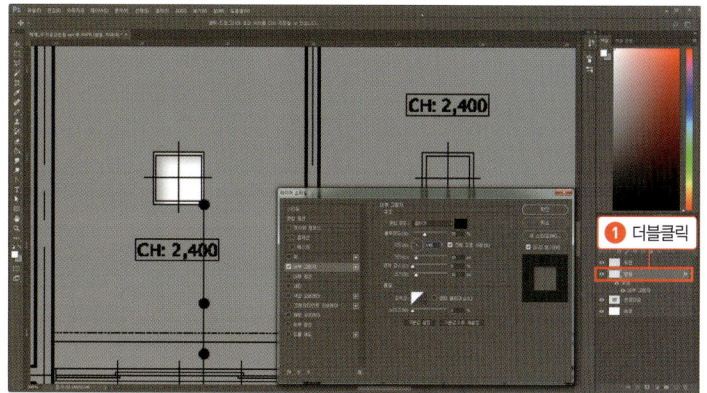

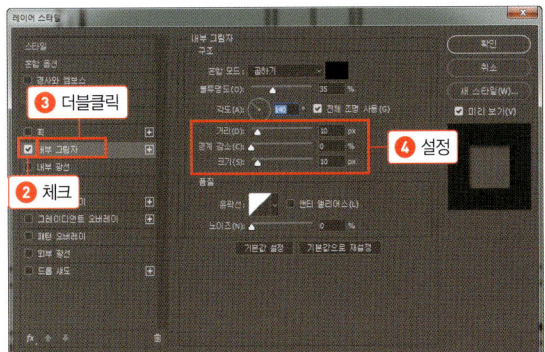
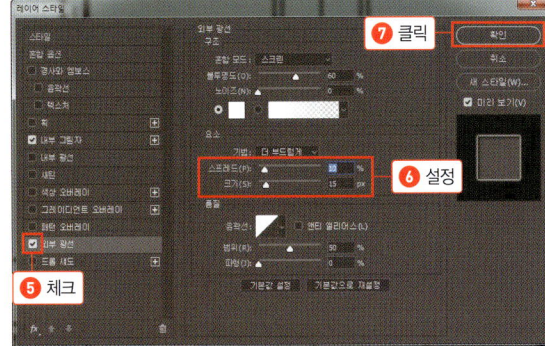

08 Alt+이동 도구(✥)를 눌러 복사한 후 다른 조명에도 다음과 같이 위치시켜줍니다.

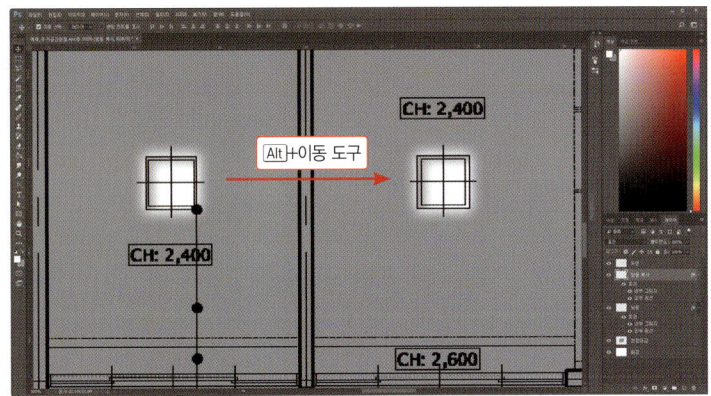

09 Alt+이동 도구(✥)를 눌러 복사한 후 원형 조명에도 다음과 같이 위치시켜줍니다. 원형만 남기고 나머지는 삭제하기 위해 ❶ 원형 선택 도구(◯)를 누르고 ❷ Shift 를 누르면서 드래그하여 선택합니다. ❸ '방등 복사2' 레이어를 선택하고 ❹ 반전 단축키 Ctrl + Shift + I 버튼을 누르고 Delete 버튼을 눌러 '방등 복사2' 소스의 외부면을 삭제합니다. Ctrl+D를 눌러 선택을 해제합니다.

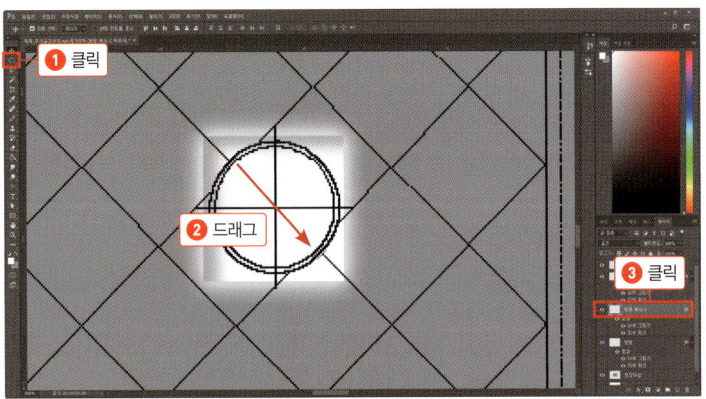
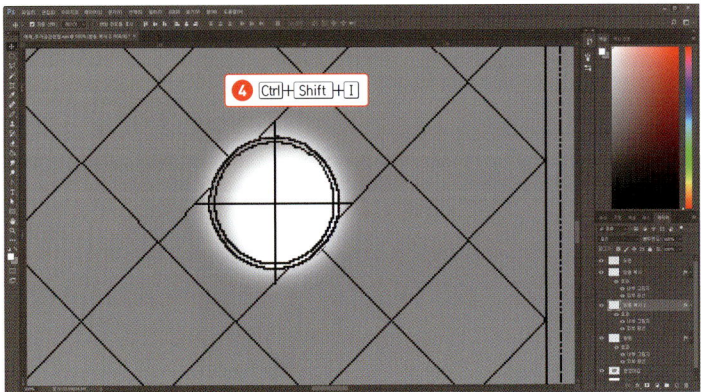

10 각 조명들마다 복사해서 위치시켜 줍니다. 자유 변형 단축키 Ctrl+T를 눌러 조절점을 이동하여 각 조명의 크기를 조절합니다.

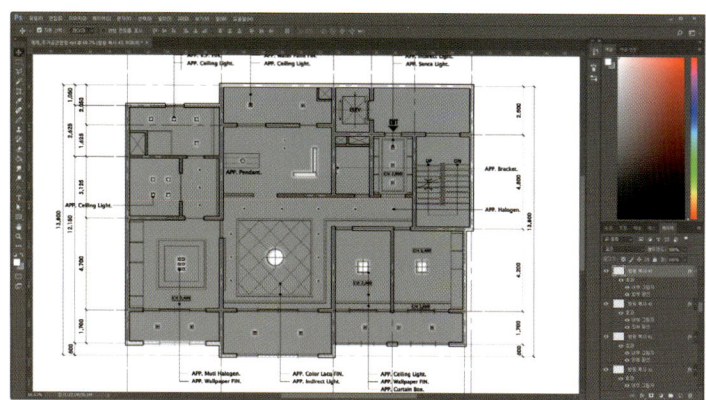

Lesson 04 간접조명 표현하기

11 이번에는 간접조명을 표현해보도록 하겠습니다. ❶ 레이어 창의 〈 〉 버튼을 눌러 새로운 레이어를 만들어 준 후 ❷ 레이어명을 '간접'으로 변경합니다. ❸ 사각선택 도구〈 〉를 눌러 ❹ 간접조명을 표현할 영역을 드래그하여 선택합니다.

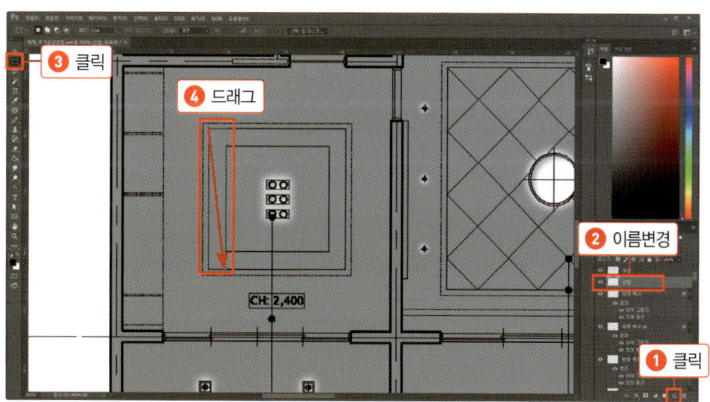

12 ❶ 도구 바의 페인트통을 꾹 눌러 그레이디언트 도구〈 〉를 선택해 줍니다. ❷ 전경색이 흰색이 되도록 지정하고, 전경색에서 투명색으로 버튼을 선택한 후 ❸ Shift 버튼을 누르면서 왼쪽에서 오른쪽으로 드래그하여 그레이디언트 효과를 적용합니다. 단축키 Ctrl+D를 눌러 선택을 해제합니다.

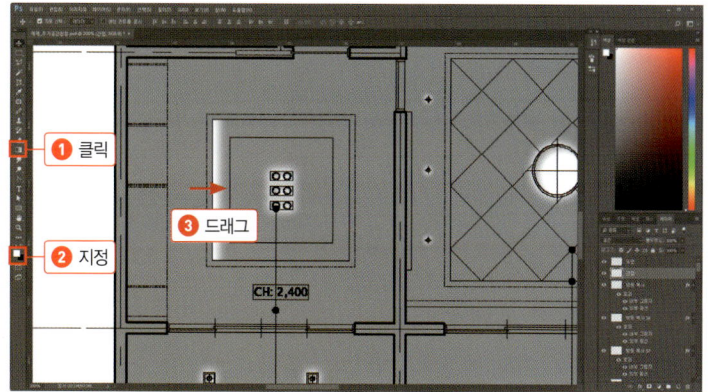

> **알아두기**
>
> 효과가 약하면 두세 번 정도 명령을 반복합니다. Shift 버튼을 누르면서 그레이디언트 효과를 주면 수직, 수평으로 균일하게 효과를 줄 수 있습니다.

13 ❶ Shift+Alt+이동 도구(✥)를 누르면서 다음과 같이 드래그 하여 복사해준 후 ❷ 자유 변형 단축키 Ctrl+T를 누르고 ❸ 마우스 오른쪽 버튼을 눌러 ❹ 가로로 뒤집기를 선택해준 후 다음과 같이 위치시켜줍니다. Enter↵키를 눌러 명령을 해제합니다.

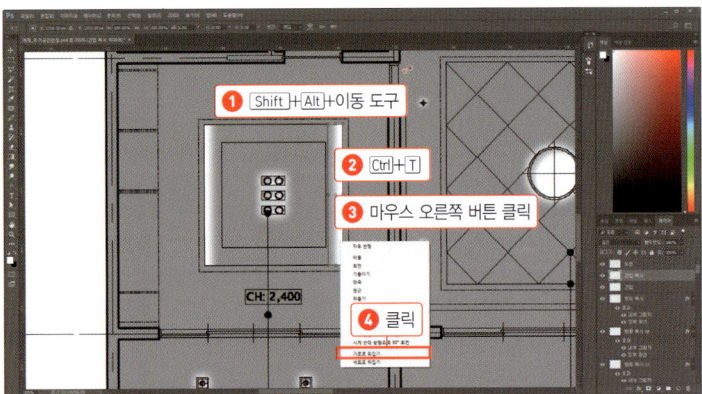

14 ❶ Alt+이동 도구(✥)를 누르면서 다음과 같이 드래그 하여 복사해준 후 ❷ 자유 변형 단축키 Ctrl+T를 누르고 ❸ 마우스 오른쪽 버튼을 눌러 ❹ 시계방향으로 90도 회전을 선택해준 후 다음과 같이 위치시켜줍니다. Enter↵키를 눌러 명령을 해제합니다.

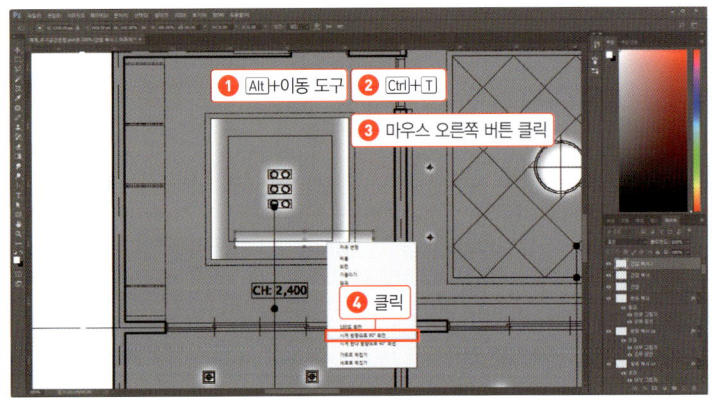

15 ❶ Alt+이동 도구(✥)를 누르면서 다음과 같이 드래그 하여 복사해준 후 ❷ 자유 변형 단축키 Ctrl+T를 누르고 ❸ 마우스 오른쪽 버튼을 눌러 ❹ 세로로 뒤집기를 선택해준 후 다음과 같이 위치시켜줍니다. Enter↵키를 눌러 명령을 해제합니다.

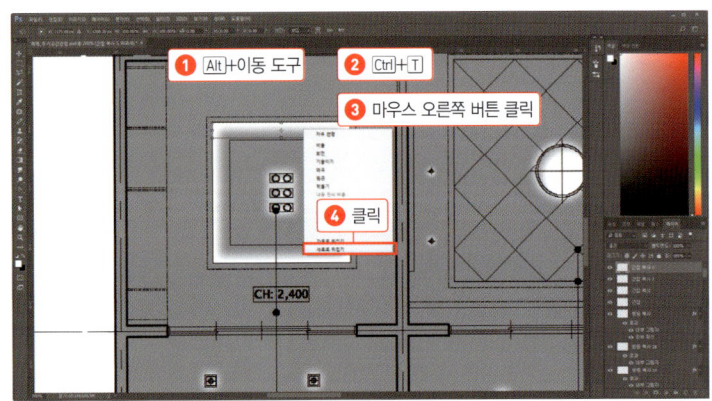

16 나머지 간접조명이 들어가는 부분을 마무리합니다. 지금 만들어둔 소스를 복사해서 크기를 조절하여 작업해도 되고, 11번에서 15번 내용을 반복하여 작업해도 됩니다.

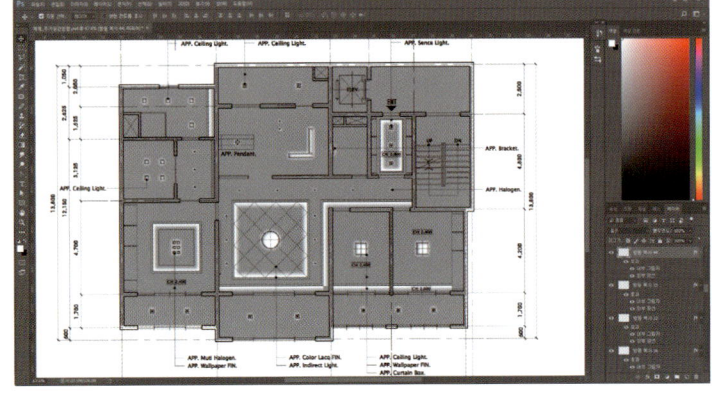

Lesson 05 마무리하기

17 빠진 부분을 마무리 해보도록 하겠습니다. 마스터룸 등박스를 ❶ 돋보기 도구〈 〉를 눌러 확대하고 ❷ 레이어 창의〈 〉 버튼을 눌러 새로운 레이어를 만들어 준 후 ❸ 레이어명을 '등박스'로 변경합니다. ❹ 전경색으로 흰색을 선택하고 ❺ 사각 선택 도구〈 〉를 눌러 ❻ 등박스 영역을 드래그하여 선택합니다.

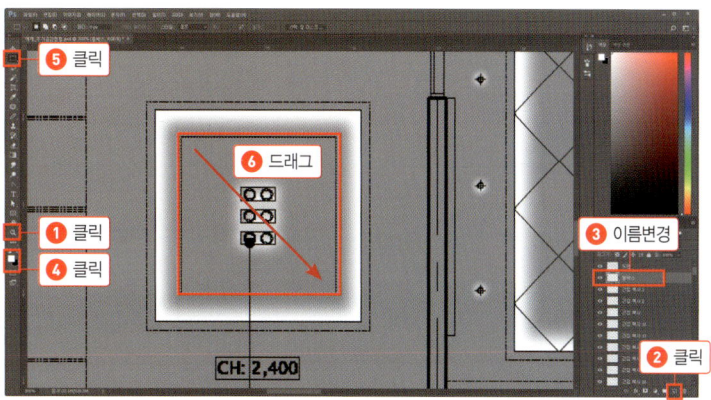

18 ❶ 페인트통 도구〈 〉를 누르고 ❷ 선택영역에 클릭해주면 색상이 채워졌습니다. Ctrl+D를 눌러 선택을 해제합니다.

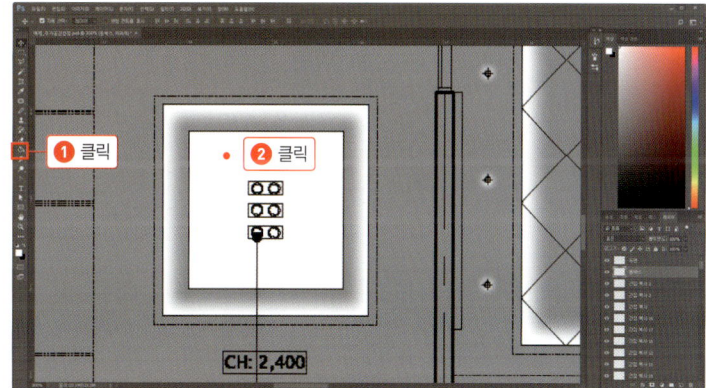

19 '등박스'를 더블클릭하여 레이어 스타일 창을 열어줍니다. ❶ 경사와 엠보스에 체크하고 ❷ 더블클릭하여 ❸ 다음과 같이 값을 설정해준 후 ❹ 드롭섀도에 체크하고 ❺ 더블클릭하여 ❻ 다음과 같이 값을 설정해주고 ❼ 확인 버튼을 누릅니다.

입체감과 그림자 효과가 표현되었습니다.

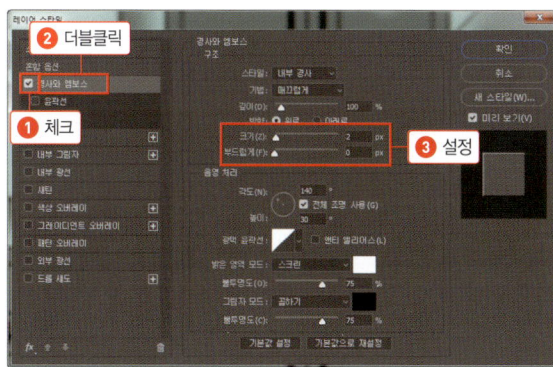 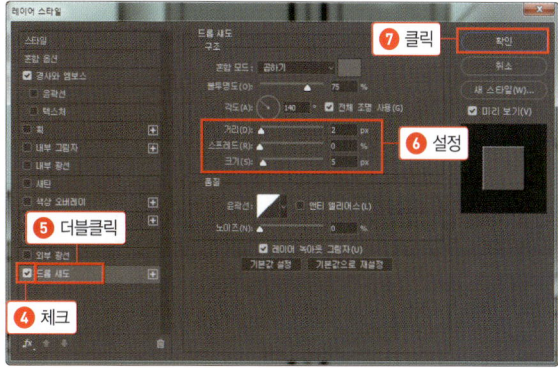

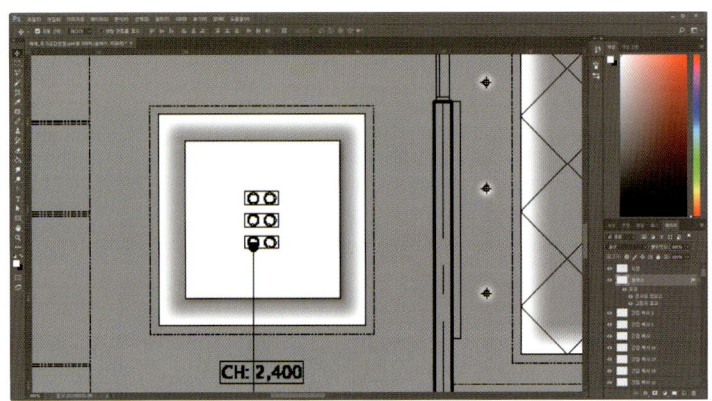

20 ① 열기 단축키 Ctrl+O를 눌러 우드를 불러옵니다. 창을 다음과 같이 드래그하여 아래로 내린다음, ② 이동 도구 단축키 V를 누르고 예제_주거공간 천정.PSD로 드래그해줍니다. 우드 파일은 X 버튼을 눌러 닫아주세요.

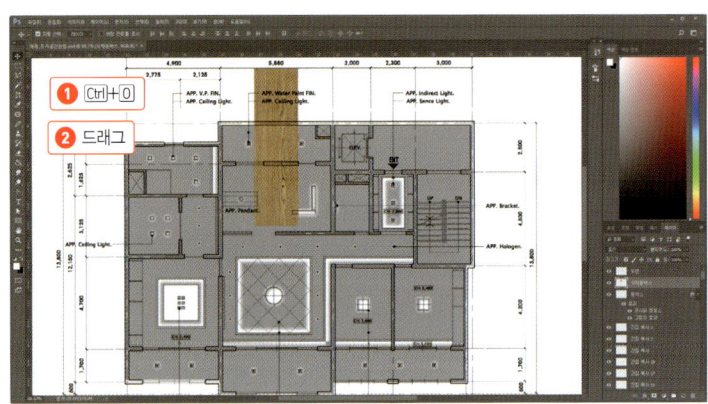

21 ① 레이어명을 더블클릭하여 '식탁 등박스'로 변경한 후 ② 자유 변형 단축키 Ctrl+T를 누르고 ③ 마우스 오른쪽 버튼을 눌러 ④ '시계방향으로 90도회전'을 선택합니다. 크기를 다음과 같이 조절해준 후 Enter 키를 눌러 명령을 해제합니다. ⑤ '조명' 레이어가 더 위로 올라오도록 레이어 위치를 조절해줍니다.

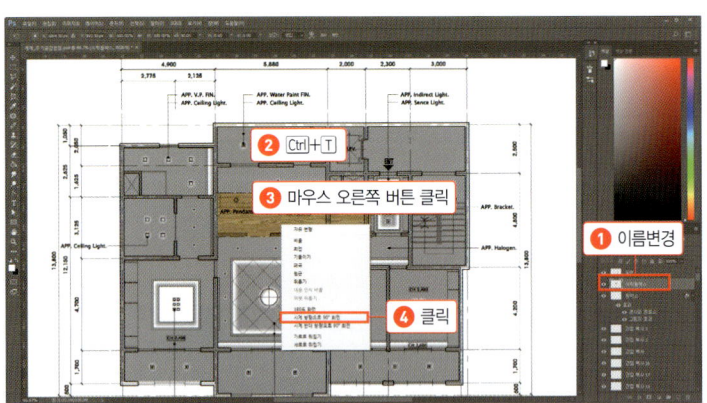

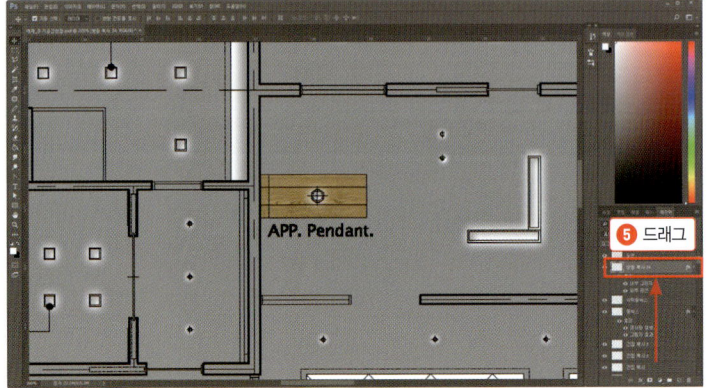

22 '식탁 등박스' 레이어를 더블클릭하여 레이어 스타일 창을 열어줍니다. ❶ 드롭섀도에 체크하고 ❷ 더블클릭하여 ❸ 다음과 같이 값을 지정해주고 ❹ 확인 버튼을 누릅니다. 그림자 효과가 적용되었습니다.

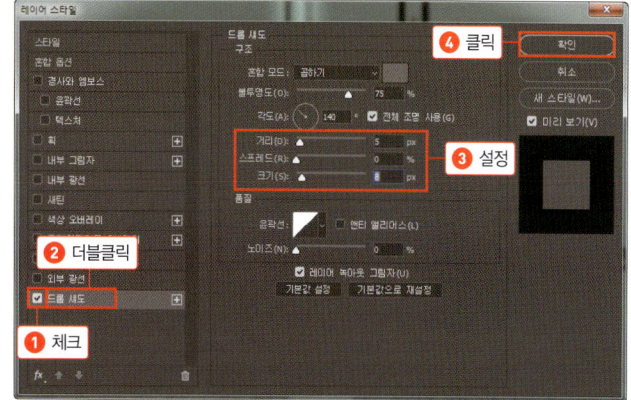

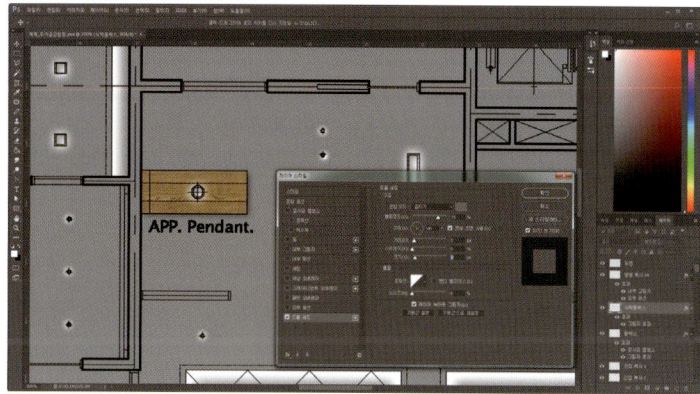

23 ❶ 열기 단축키 Ctrl + O 를 눌러 예제_주거공간 평면을 불러옵니다. 창을 다음과 같이 드래그하여 아래로 내린다음, ❷ 벽체위에서 마우스 오른쪽 버튼을 눌러 벽체 레이어와 창문 레이어, 문복사 레이어를 각각 선택하고 Shift + Alt +이동 도구〈 〉단축키 V 를 누르고 예제_주거공간 천정.PSD 으로 드래그해줍니다.

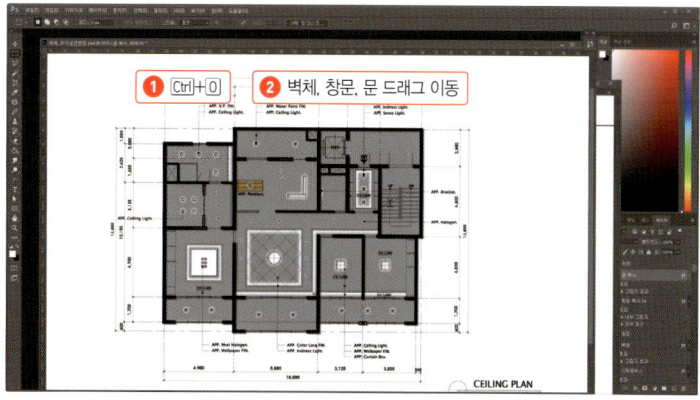

24 ❶ 창문이 '벽체' 레이어보다 아래에 있어야 합니다. '창문' 레이어와 '문복사' 레이어에 필요 없는 부분도 함께 왔네요. ❷ 사각선택 도구〈 〉를 눌러 ❸ 영역을 드래그한 후 Delete 버튼을 눌러 삭제합니다. 레이어를 정리하지 않고, 무분별하게 복사해서 작업하면 이런 경우가 생깁니다.

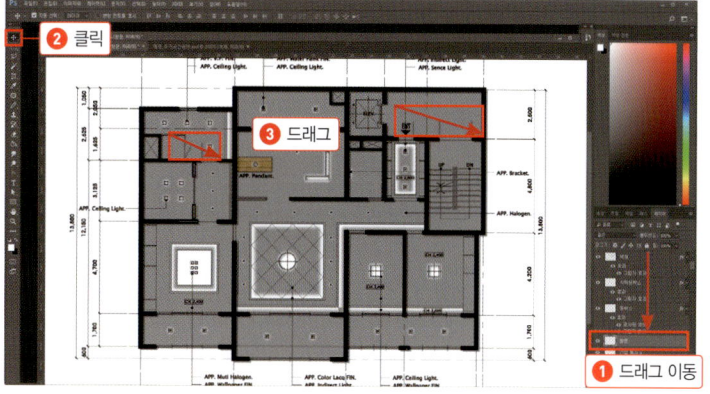

25 ① '문복사' 레이어를 선택하고 ② 스포이드 도구(🔍)를 눌러 ③ 색상을 추출합니다. ④ 사각선택 도구(▭)를 눌러 ⑤ 영역을 드래그한 후 ⑥ 페인트통 도구(🪣)를 누르고 ⑦ 선택영역에 클릭해주면 색상이 채워졌습니다. 다른 문틀도 같은 방법으로 작업합니다.

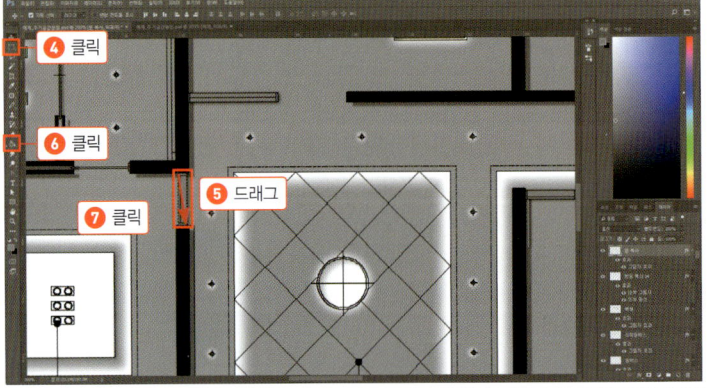

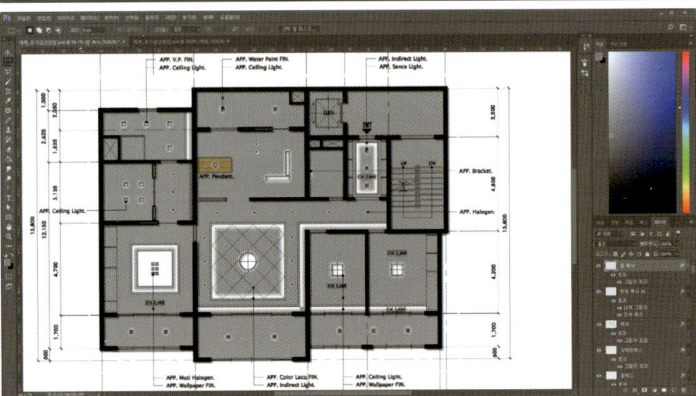

26 작업이 거의 마무리가 되어 갑니다. 천정 마감 색상이 많이 어두워 보이네요. 밝게 조절해보도록 하겠습니다. '천정 마감' 레이어를 선택하고 메뉴 바에 ❶ [이미지]-❷ [조정]- ❸ [명도/대비]를 눌러 줍니다.

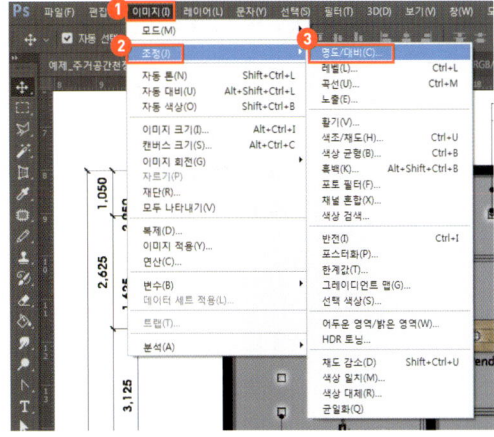

27 명도/대비창이 나타나면 ❶ 명도를 '55'정도 값으로 조절해주고 ❷ 확인 버튼을 누릅니다. 천정마감이 밝아졌습니다.

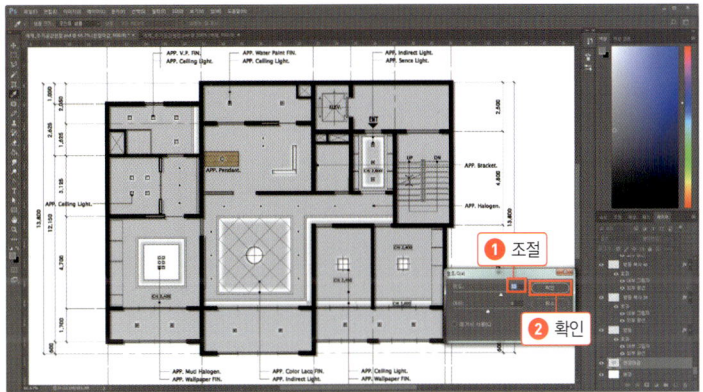

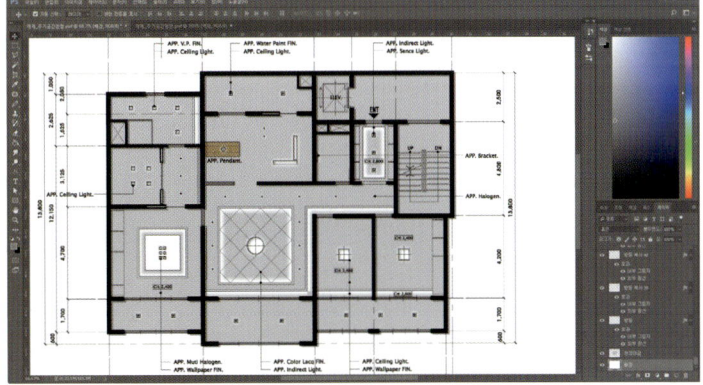

28 천정 도장 마감이 너무 매끈해보이네요. 메뉴 바의 ❶ [필터]-❷ [노이즈]-
❸ [노이즈 추가] 버튼을 누르고 노이즈 추가 창이 열리면 ❹ 다음과 같이
값을 주고 ❺ 확인 버튼을 누릅니다.

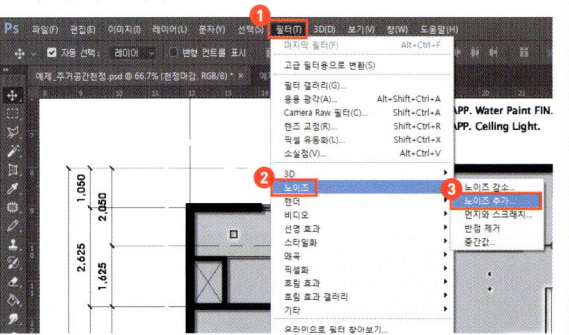

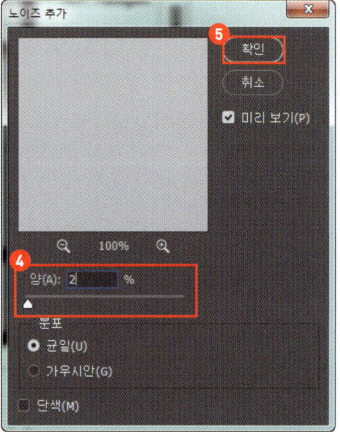

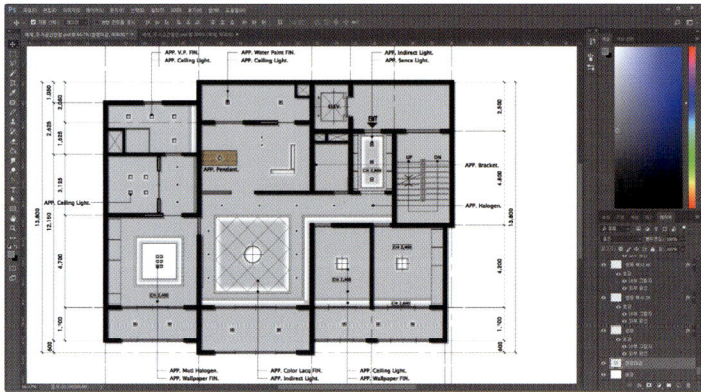

29 열기 단축키 Ctrl+O를 눌러 칼라
링 기본소스를 불러옵니다. 창을
다음과 같이 드래그하여 아래로 내
린다음, 빛소스를 예제_주거공간
천정으로 드래그해줍니다. 곳곳에
빛소스를 다음과 같이 복사해서 위
치시켜줍니다. '빛소스' 레이어의
위치는 '도면' 레이어보다 위에 있
어야 합니다.

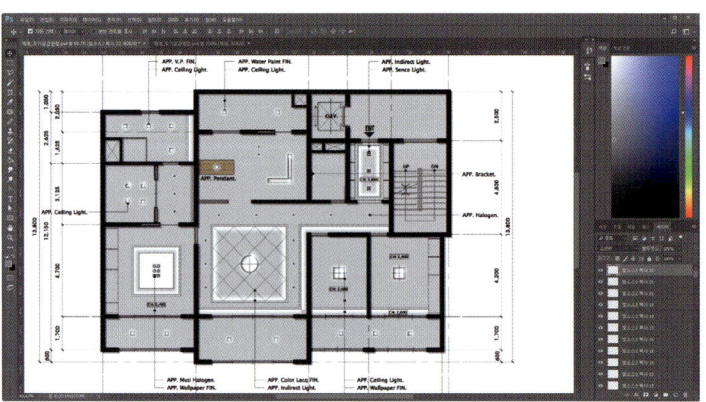

30 빠진 부분이 없는지 꼼꼼히 체크하고 위에 있어야 할 레이어가 아래에 있어서 가려진 부분은 없는지도 확인한 후 마무리합니다. 천정도가 완성되었습니다.

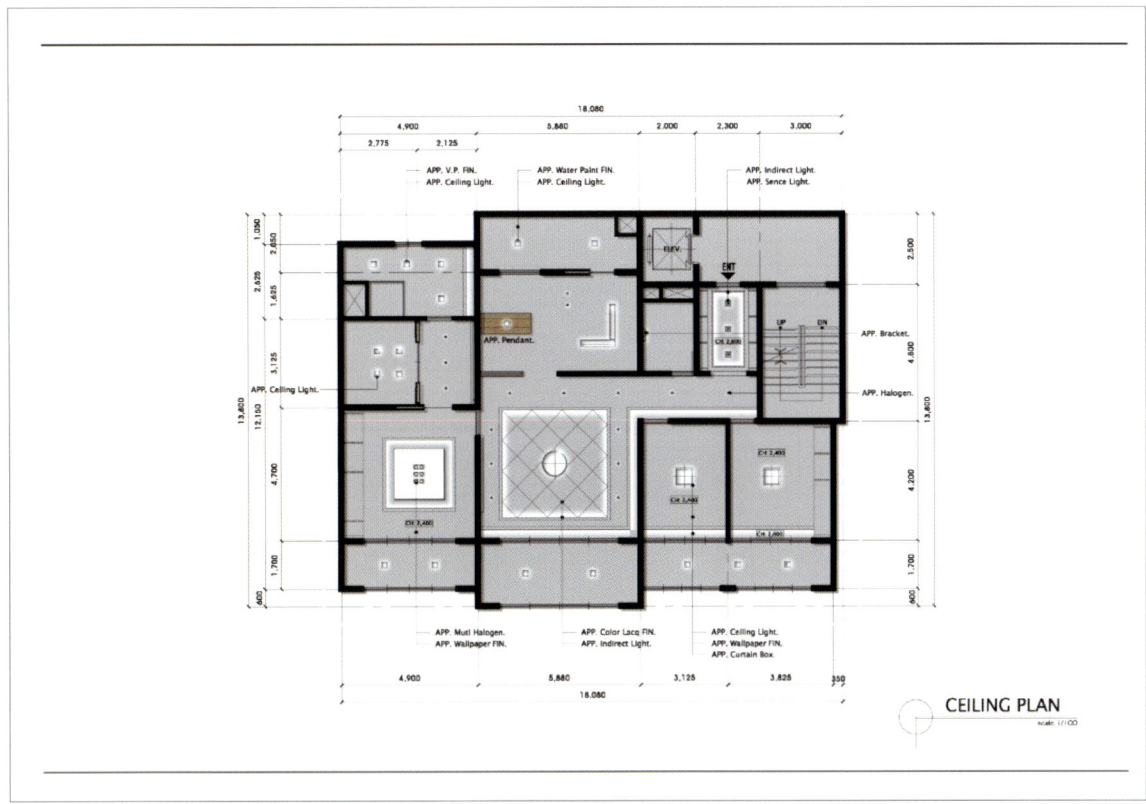

CHAPTER 04 주거공간 입면도 칼라링

◉ **예제소스경로** Part03. – 03. 예제_주거공간 입면도

이번 장에서는 주거공간 입면도 칼라링 표현에 대해서 알아보도록 하겠습니다.

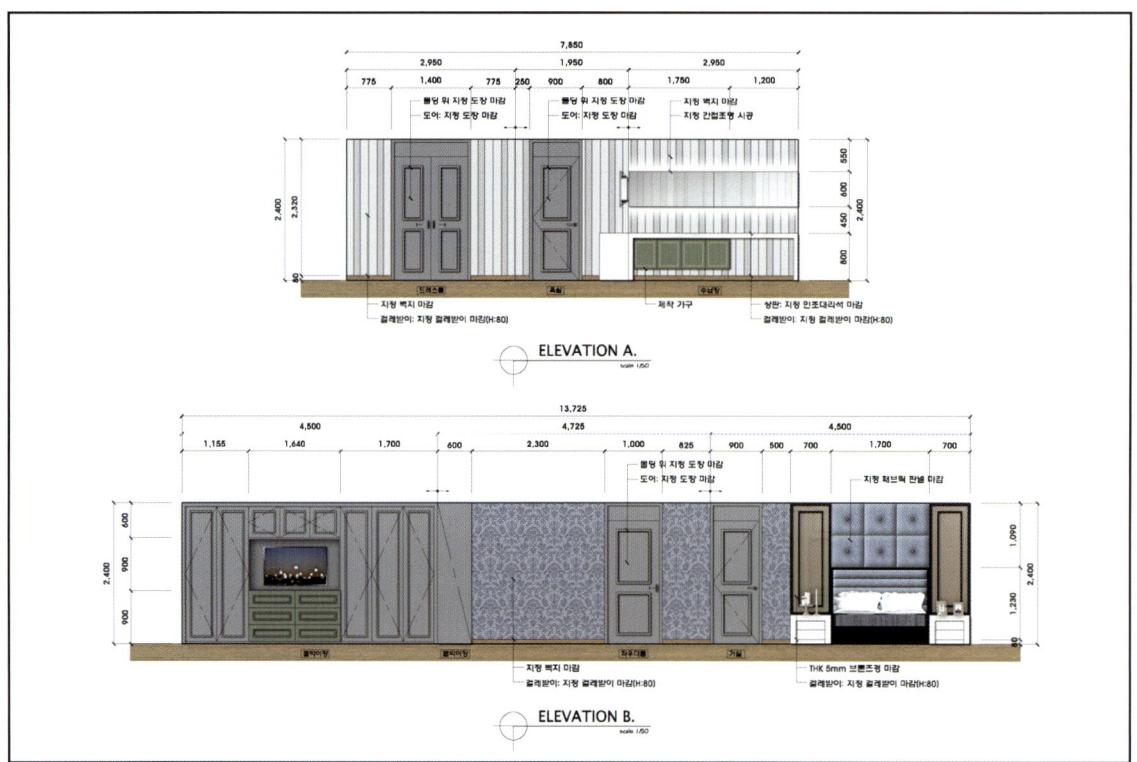

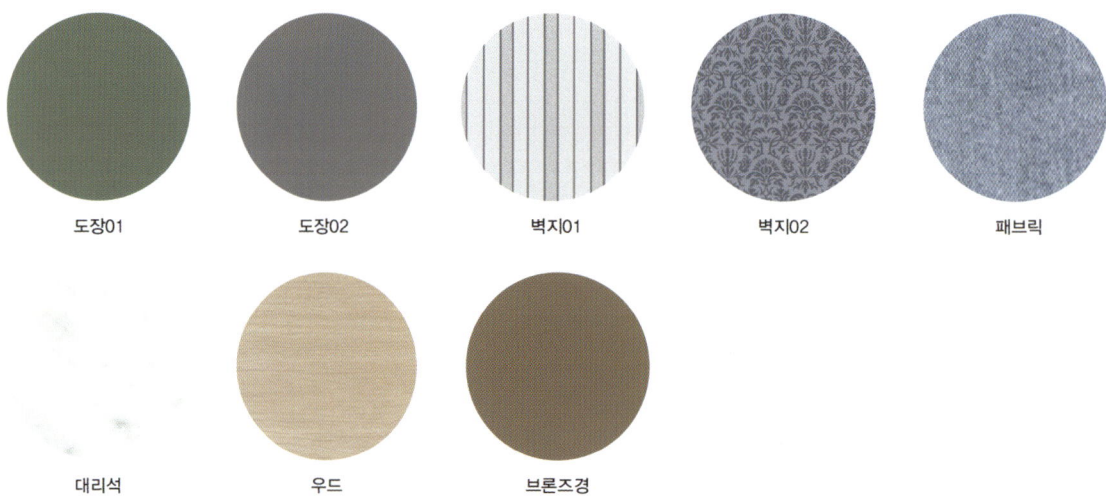

도장01   도장02   벽지01   벽지02   패브릭

대리석   우드   브론즈경

Lesson 01 기본 작업 시작하기

01 화면을 더블클릭하거나, 단축키 Ctrl+O를 눌러 예제 파일 예제_주거입면.eps를 불러 옵니다.

A3 파일로 저장되었기 때문에 이미지 크기는 ❶ '42.02', 높이는 ❷ '29.7'로 지정되어 있습니다. 해상도를 ❸ '200'으로 모드는 ❹ RGB색상으로 지정하고 ❺ 앤티앨리어스에 체크를 해제한 후 ❻ 확인 버튼을 누릅니다.

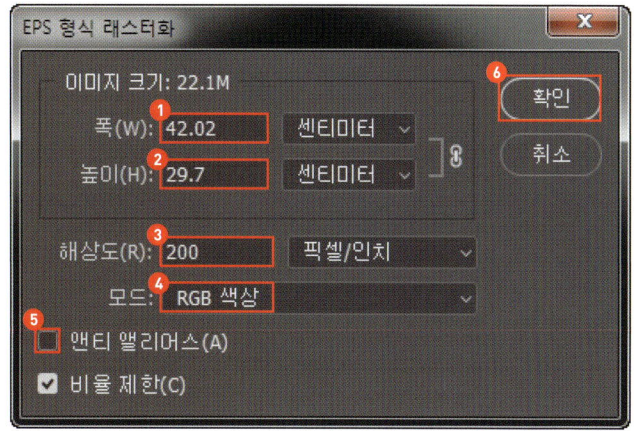

알아두기

앤티앨리어스 체크해제 효과

앤티앨리어스를 체크한 것과 안한 것의 선 비교입니다. 체크해제한 것이 훨씬 또렷합니다. 내 도면선은 왜 연하지? 라고 생각한다면 체크를 해제했는지 확인해봅니다.

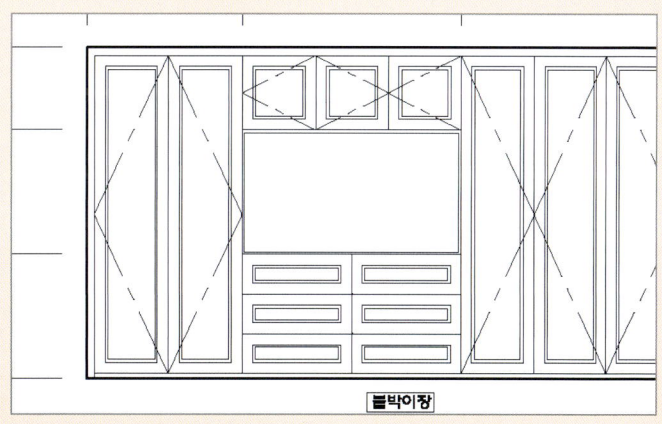

▲ 앤티앨리어스 체크 해제

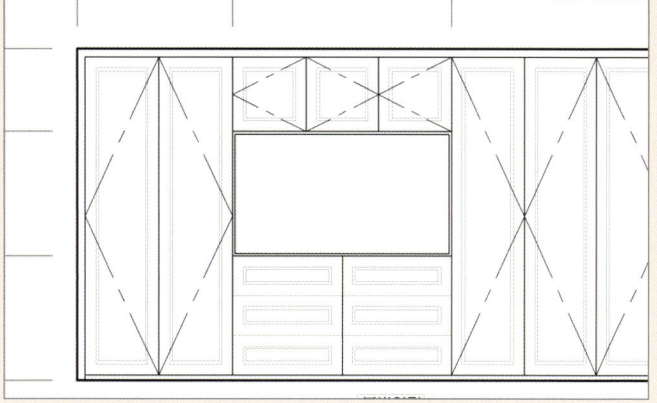

▲ 앤티앨리어스 체크

02 ❶ 레이어 창의 레이어복사⟨ ⟩ 버튼을 눌러 새로운 레이어를 만들어줍니다. ❷ 배경색이 흰색으로 지정되어 있는지 확인하고 ❸ 단축키 Ctrl+Delete를 눌러 배경을 흰색으로 채워줍니다.

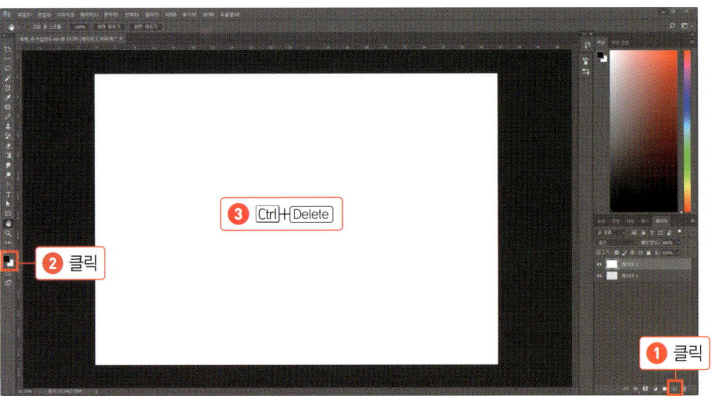

03 ❶ 레이어2를 더블클릭하여 이름을 '배경'으로, 레이어1을 더블클릭하여 이름을 '도면'으로 변경한 후 ❷ '배경' 레이어를 잡고 아래쪽으로 드래그해서 '배경' 레이어가 '도면' 레이어 아래에 위치하게 합니다. 칼라링을 하기 위한 베이스 작업이 완료되었습니다.

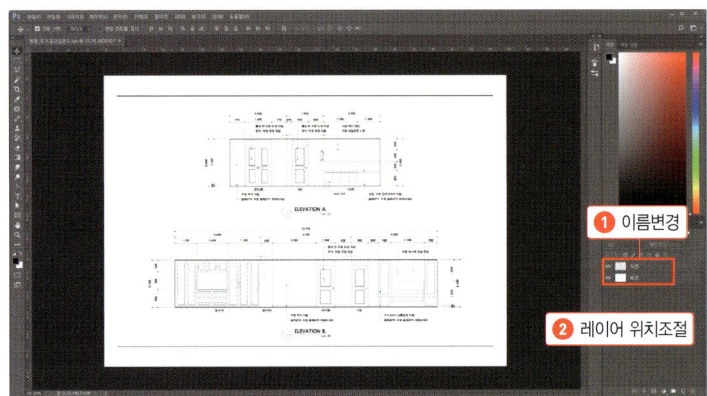

Lesson 02 거울 표현하기

04 거울을 표현해보도록 하겠습니다. ❶ 열기 단축키 Ctrl+O를 누르고 칼라링 기본소스를 불러옵니다. 창을 다음과 같이 드래그하여 아래로 내린다음, ❷ '은경소스' 위에서 마우스 오른쪽 버튼을 눌러 ❸ 은경을 선택하고 ❹ 이동 도구⟨ ⟩ 단축키 V를 누르고 예제_주거공간 입면으로 드래그해줍니다. '브론즈경'도 같은 방법으로 불러온 후 칼라링기본소스 파일은 X 버튼을 눌러 닫아주세요.

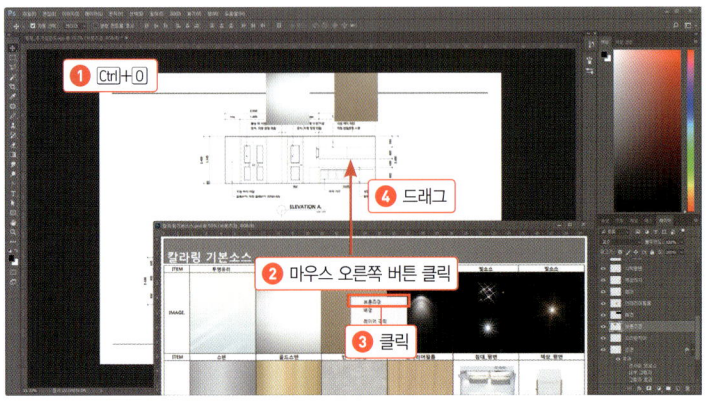

05 두 레이어를 '도면' 레이어보다 아래에 위치시키고, ❶ 자유 변형 단축키 Ctrl+T를 눌러 크기를 다음과 같이 조절해주고, Enter 키를 눌러 명령을 해제합니다.

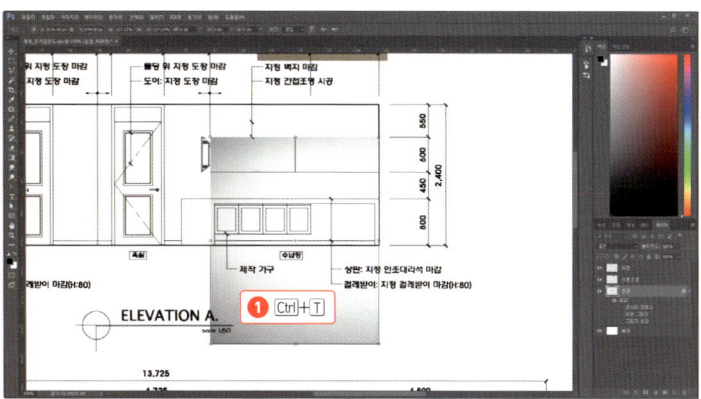

06 필요없는 부분은 ❶ 사각선택 도구 단축키 M을 누르고 ❷ 다음과 같이 드래그한 후 Delete 버튼을 눌러 삭제합니다.

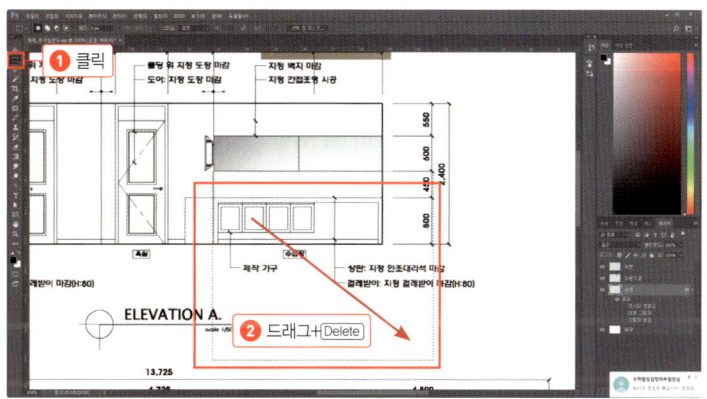

07 '은경' 레이어를 더블클릭하여 레이어 스타일 창을 열어줍니다. ❶ 드롭섀도를 체크하고 ❷ 더블클릭하여 ❸ 다음과 같이 값을 지정한 후 ❹ 확인 버튼을 누릅니다. 그림자 효과가 적용되었습니다.

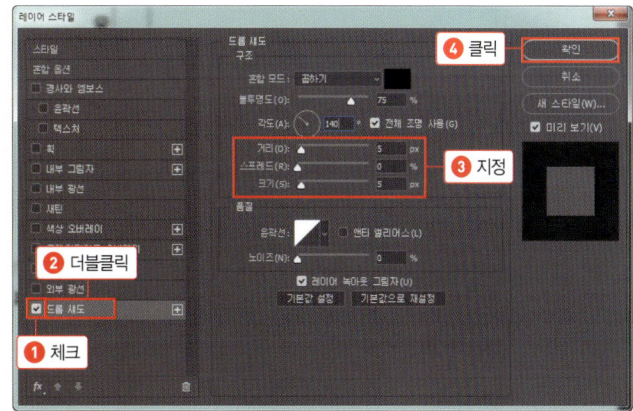

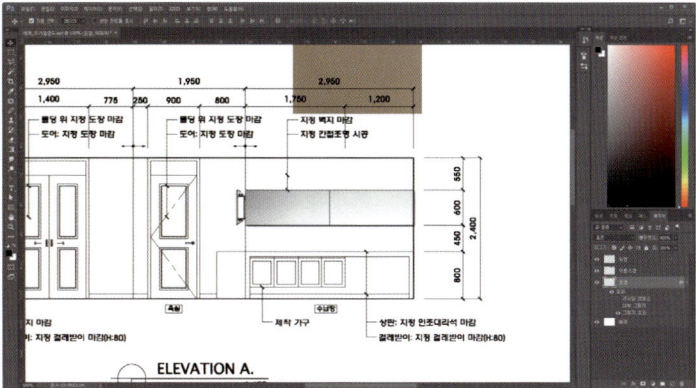

08 '은경' 레이어를 Shift+Alt+이동 도구(✥)를 눌러 복사해서 거울 옆면도 다음과 필요 없는 부분은 삭제해서 위치시켜줍니다. '은경' 레이어보다 아래 있어야 합니다.

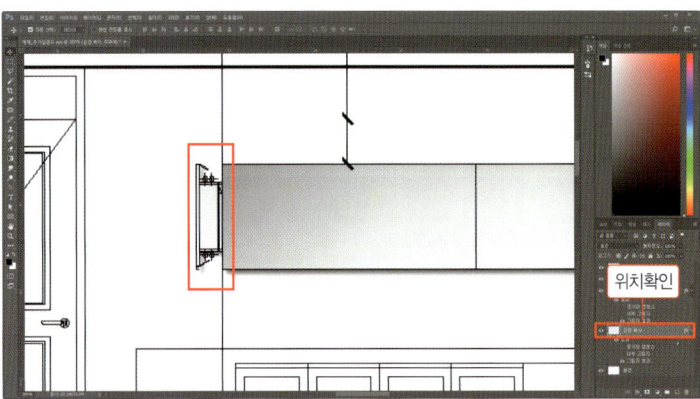

09 좀 전에 함께 불러온 브론즈경도 ❶ 자유 변형 단축키 Ctrl+T를 눌러 크기를 다음과 같이 조절해준 후 Enter↵키를 눌러 명령을 해제합니다.

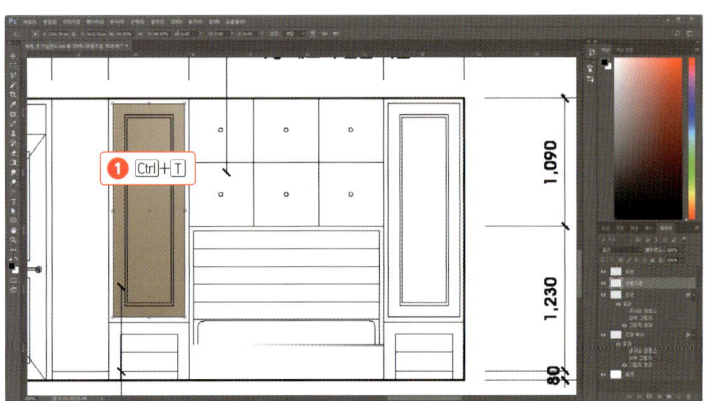

10 몰딩보다 안으로 들어가 있게 표현해야 합니다. '브론즈경' 레이어를 더블클릭하여 레이어 스타일 창을 열어줍니다. ❶ 내부 그림자를 체크하고 ❷ 더블클릭하여 ❸ 다음과 같이 값을 설정한 후 ❹ 확인 버튼을 누릅니다. 내부 그림자 효과가 적용되었습니다.

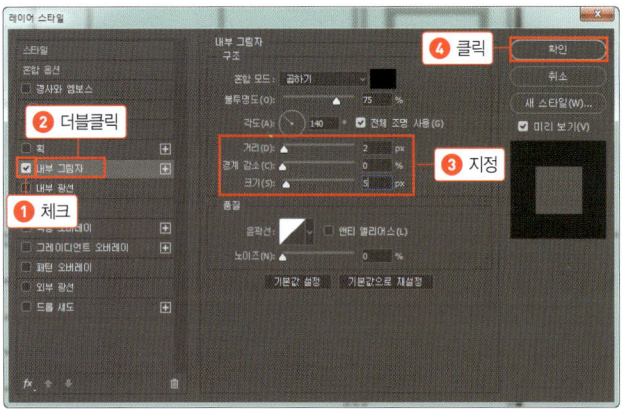

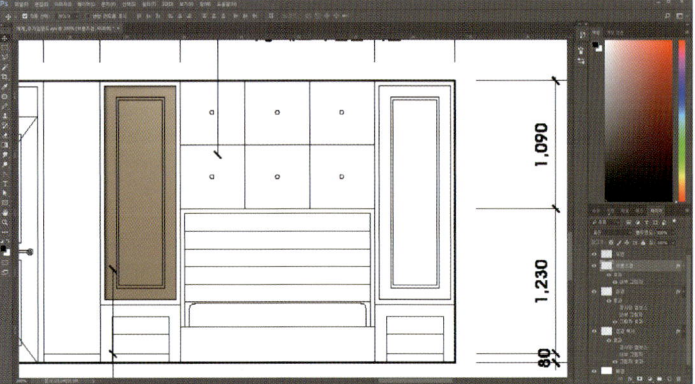

11 Shift+Alt+이동 도구< >를 눌러 옆의 브론즈경도 복사해서 다음과 같이 위치시켜줍니다.

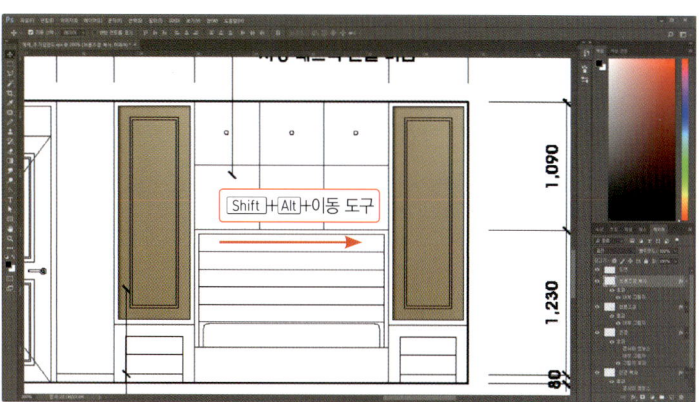

Lesson 03 도어 표현하기

12 ❶ 레이어복사< > 버튼을 눌러 레이어를 하나 만들고 ❷ 레이어명을 '도어'로 바꿔준 후 도면 아래에 위치시킵니다. ❸ 사각선택 도구< > 단축키 M을 누르고 표현할 문을 다음과 같이 ❹ 드래그하여 선택합니다.

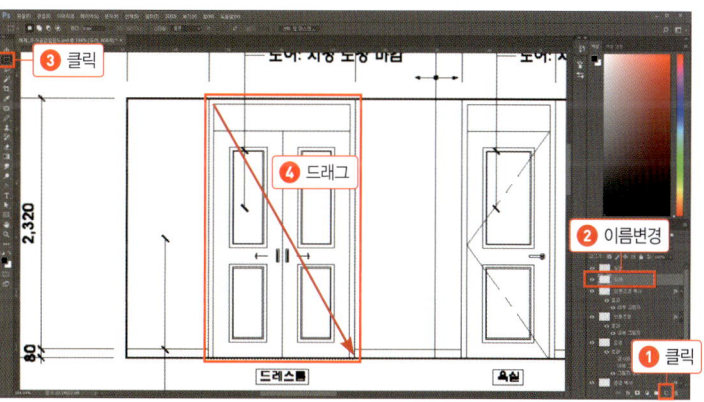

13 전경색< >을 클릭하고 ❶ 색상 라이브러리를 눌러 다음 ❷ 색상을 선택한 후 ❸ 확인 버튼을 누릅니다.

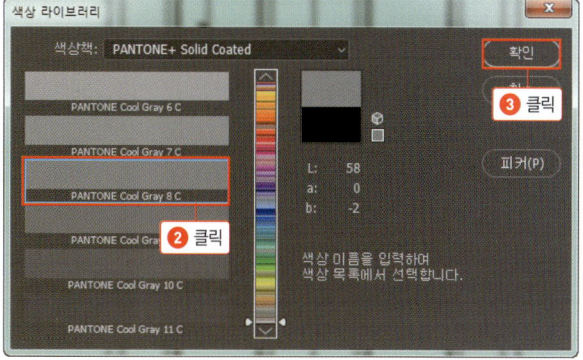

14 ❶ 페인트통 도구〈 〉를 누르고 ❷ 선택영역에 클릭해주면 색상이 채워졌습니다.

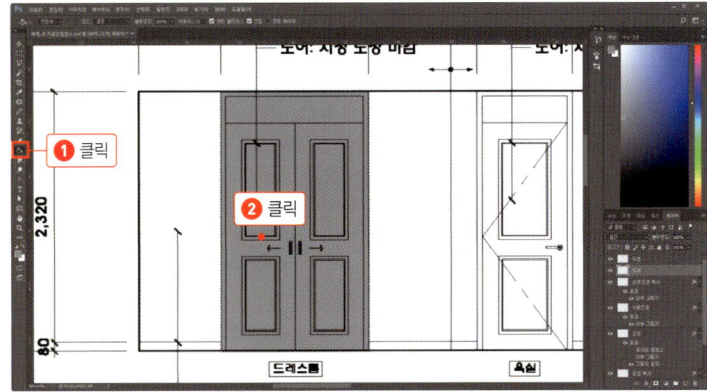

15 이 상태에서 레이어를 새로 복사하여 각각 다른 효과를 적용할 겁니다. 문틀을 제외한 영역을 ❶ 사각 선택 도구〈 〉 단축키 M을 누르고 ❷ 다음과 같이 드래그하여 선택합니다

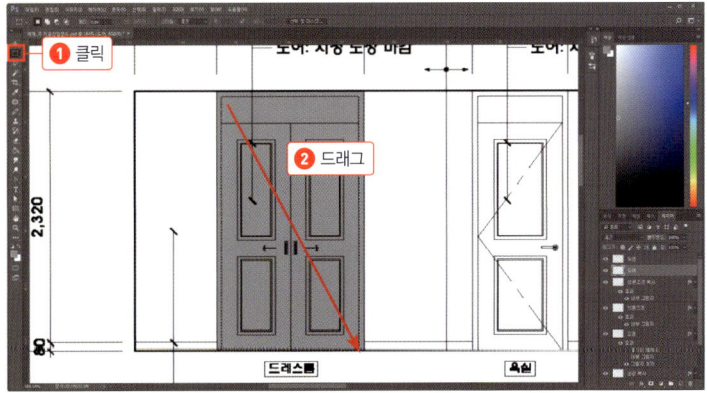

16 ❶ Ctrl+J를 눌러 선택한 영역을 복사해줍니다. ❷ 새로 생긴 레이어1은 '도어2'로 레이어명을 변경해줍니다.

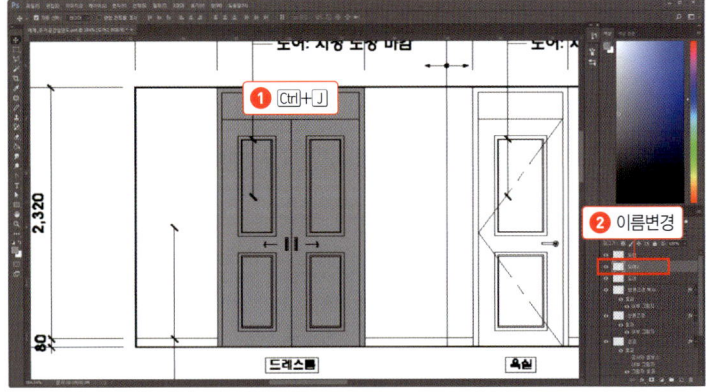

17 '도어2' 레이어를 더블클릭하여 레이어 스타일 창을 열어줍니다. ❶ 내부 그림자를 체크하고 ❷ 더블클릭하여 ❸ 다음과 같이 값을 지정한 후 ❹ 확인 버튼을 누릅니다. 내부 그림자 효과가 적용되었습니다.

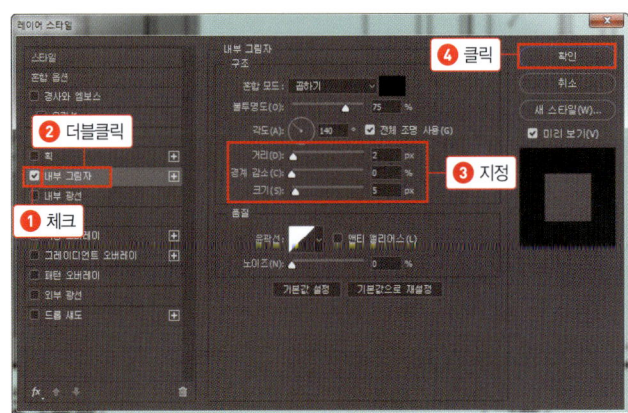

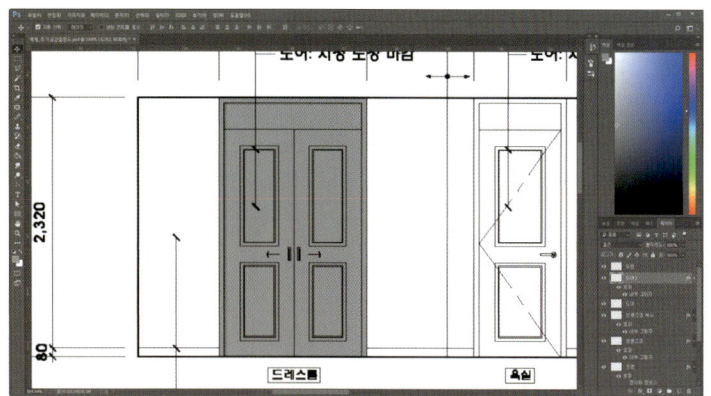

18 ① '도어' 레이어를 선택하고 ② 사각선택 도구〈▭〉 단축키 M을 눌러 ③ 몰딩을 다음과 같이 드래그 하여 선택한 후 ④ Alt 키를 누르면서 안쪽의 몰딩을 한번 더 드래그 하여 선택영역을 빼줍니다.

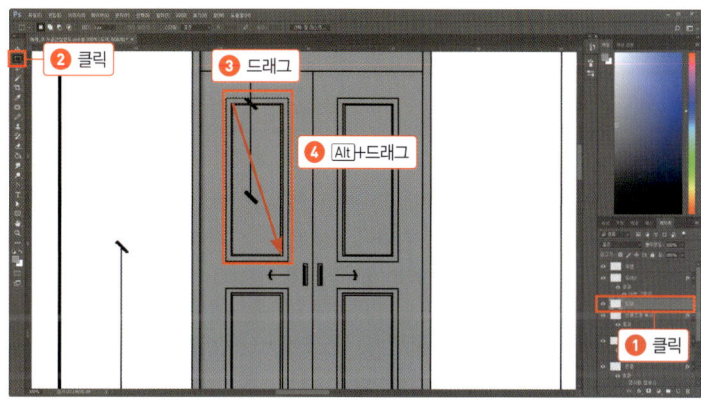

19 그 상태에서 다시 ① Shift 를 누르면서 드래그 ② Alt 를 누르면서 선택영역 빼주기를 반복하여 도어의 몰딩을 한 번에 선택합니다.

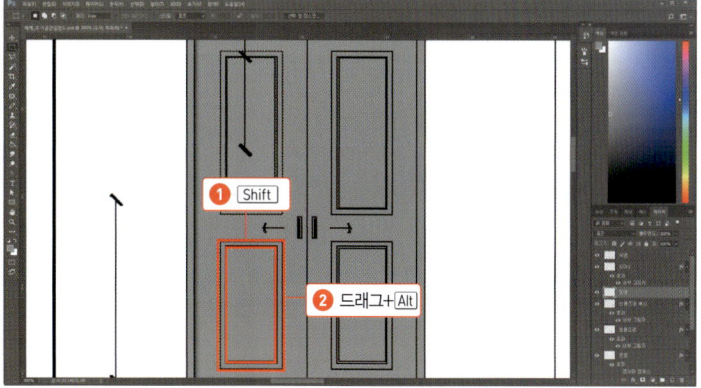

20 Ctrl+J를 눌러 선택한 영역을 복사해줍니다. ❶ 새로 생긴 레이어1은 '도어2 몰딩'으로 레이어명을 변경해주고, 레이어의 위치를 '도어2'보다 위에 있을 수 있게 조절합니다.

21 '도어2몰딩' 레이어를 더블클릭하여 레이어 스타일 창을 열어줍니다. ❶ 드롭섀도를 체크하고 ❷ 더블클릭하여 ❸ 다음과 같이 값을 지정한 후 ❹ 경사와 엠보스를 체크하고 ❺ 더블클릭하여 ❻ 다음과 같이 값을 설정하고 ❼ 확인 버튼을 누릅니다. 경사와 엠보스 효과와 그림자 효과가 적용되었습니다.

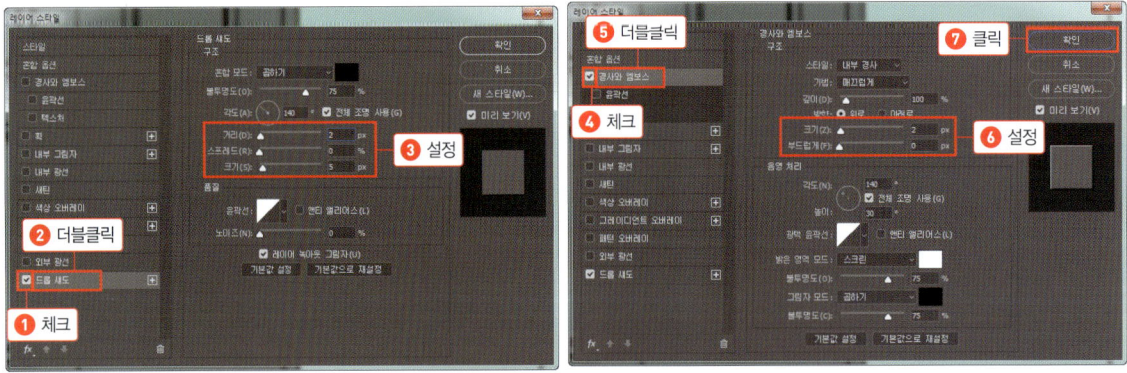

22 Shift+Alt+이동 도구⟨ ⟩를 눌러 옆의 몰딩도 복사해서 다음과 같이 위치시켜줍니다.

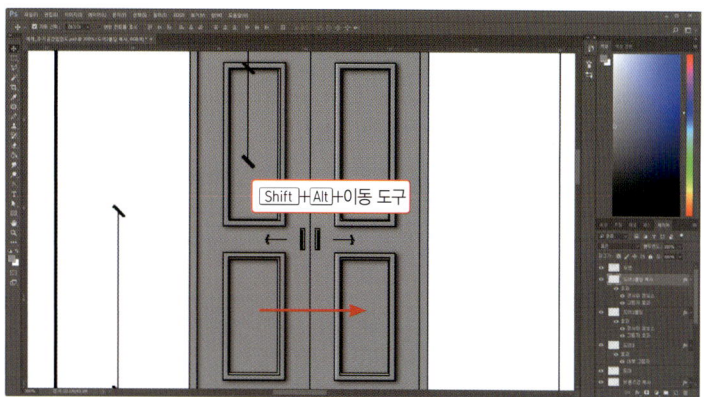

23 이렇게 하나의 문을 칼라링하고 나면 나머지는 복사해서 붙이면 되기 때문에 작업이 쉬워집니다. ❶ 복사할 소스 위에서 마우스 오른쪽 버튼을 누르면 ❷ 레이어명이 뜹니다. ❸ 제일 아래쪽에 있는 레이어부터 복사해서 위치시켜줍니다

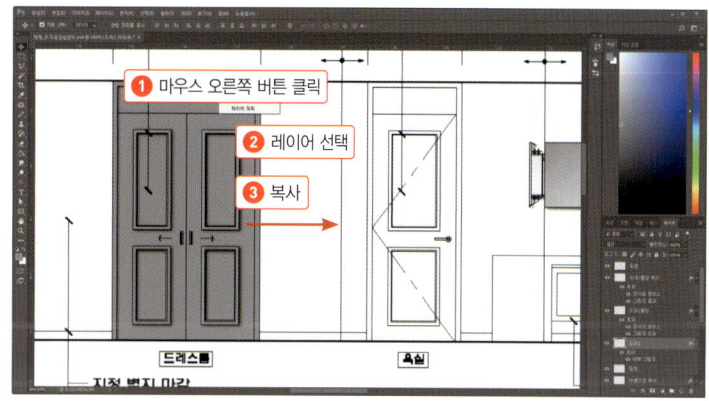

24 ❶ ❷ Shift+Alt+이동 도구⟨ ⟩를 눌러 복사한 후 다음과 같이 위치시켜줍니다. 크기가 맞지 않을 때는 자유 변형 단축키 Ctrl+T를 눌러 조절합니다. '도어'와 '도어2' 레이어를 복사해서 위치시키고 크기를 조절한 후 Enter↵키를 눌러 명령을 해제합니다.

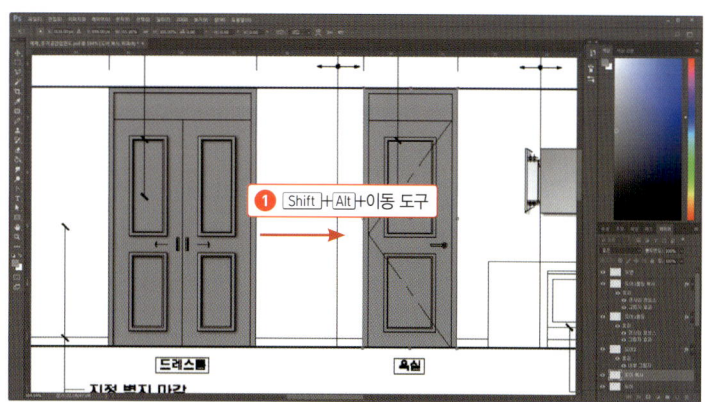

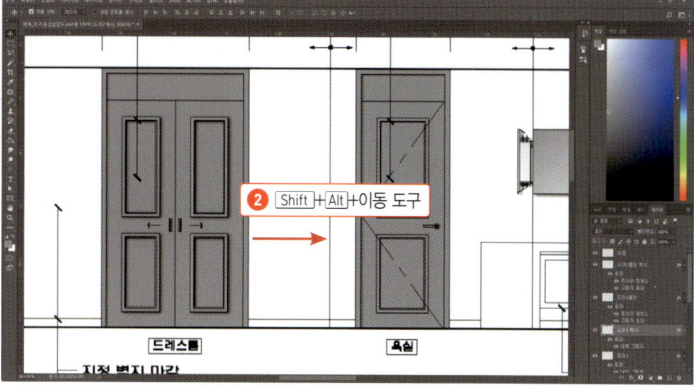

25 몰딩도 복사해서 위치시켰는데, 크기가 좀 작습니다. ① 사각선택 도구(▫)〉 단축키 M을 눌러 ② 다음과 같이 드래그하여 선택한 후 ③ Shift +이동 도구(✥)를 눌러 모서리 부분만 맞춰줍니다.

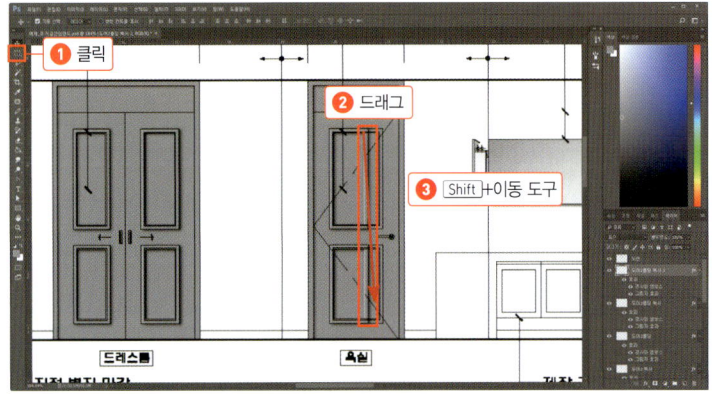

26 부족한 부분을 ① 사각선택 도구(▫)〉 단축키 M을 눌러 ② 다음과 같이 드래그하여 선택한 후 ③ Shift + Alt +이동 도구(✥)를 눌러 복사해서 연결시켜줍니다.

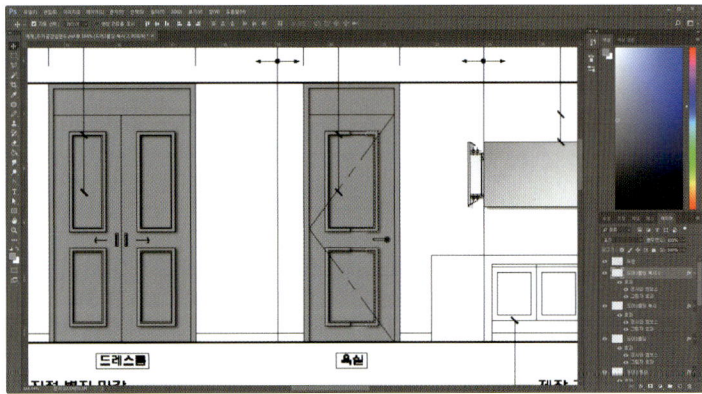

27 쉽게 수정이 가능합니다. 다른 문들도 같은 방법으로 복사해서 위치시켜줍니다.

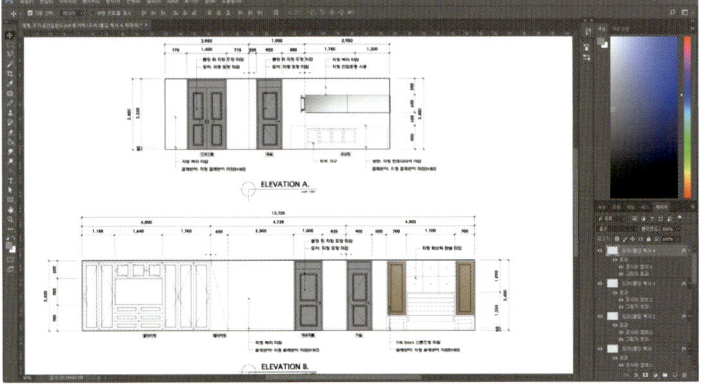

Lesson 04 가구 표현하기

28 ❶ 열기 단축키 Ctrl+O를 누르고 '대리석'을 불러옵니다. ❷ 창을 다음과 같이 드래그하여 아래로 내린 다음, 이동 도구⟨ ⊕ ⟩ 단축키 V를 누르고 예제_주거공간 입면도로 드래그합니다. ❸ 레이어명을 '대리석'으로 변경한 후 ❹ 자유 변형 단축키 Ctrl+T를 눌러 크기를 다음과 같이 조절해주고, Enter↵키를 눌러 명령을 해제합니다.

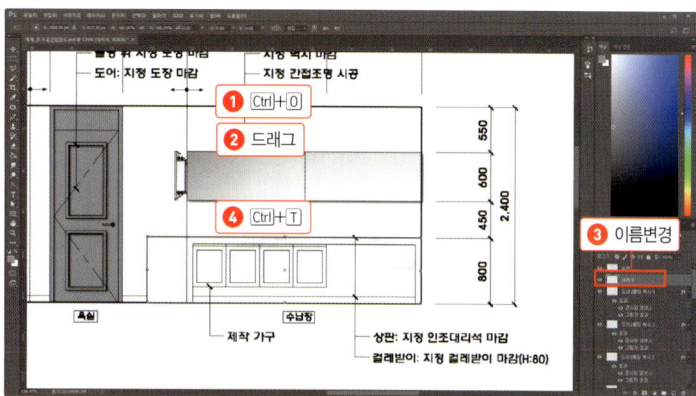

29 ❶ 필요 없는 부분은 사각선택 도구⟨ [ ] ⟩ 단축키 M을 눌러 ❷ 다음과 같이 드래그하여 선택한 후 Delete 버튼을 눌러 삭제합니다.

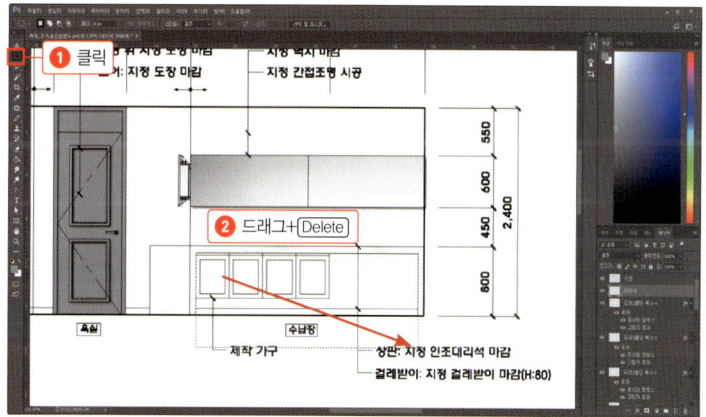

30 '대리석' 레이어를 더블클릭하여 레이어 스타일 창을 열어줍니다. ❶ 드롭섀도를 체크하고 ❷ 더블클릭하여 ❸ 다음과 같이 값을 지정한 후 ❹ 확인 버튼을 누릅니다.
그림자 효과가 적용되었습니다.

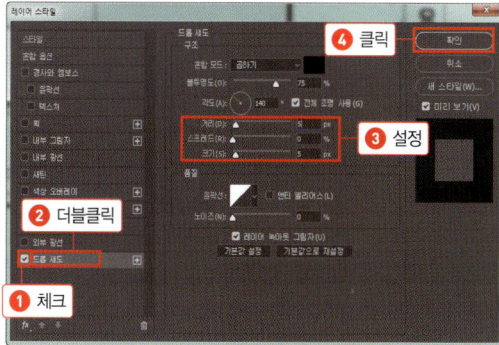 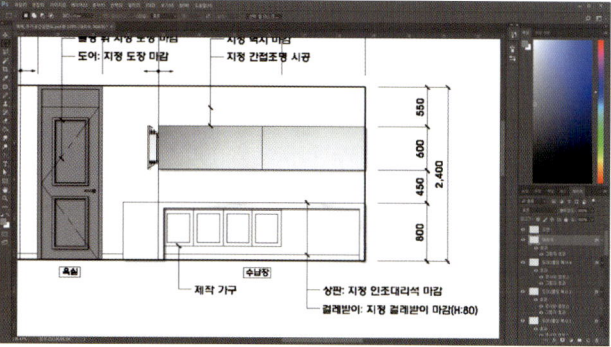

31 ① 열기 단축키 Ctrl+O를 누르고 '도장_올리브'를 불러옵니다. 창을 다음과 같이 드래그하여 아래로 내린 다음, ② 이동 도구〈 ⊕ 〉 단축키 V를 누르고 예제_주거공간 입면으로 ③ 드래그합니다.

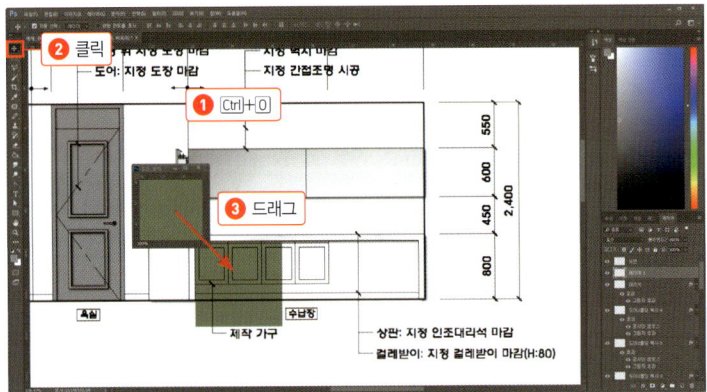

32 레이어명을 ① '수납장 하부'로 변경한 후 ② 자유 변형 단축키 Ctrl+T를 눌러 크기를 다음과 같이 조절해주고, Enter 키를 눌러 명령을 해제합니다. 레이어의 위치는 대리석 보다 아래에 있어야 합니다.

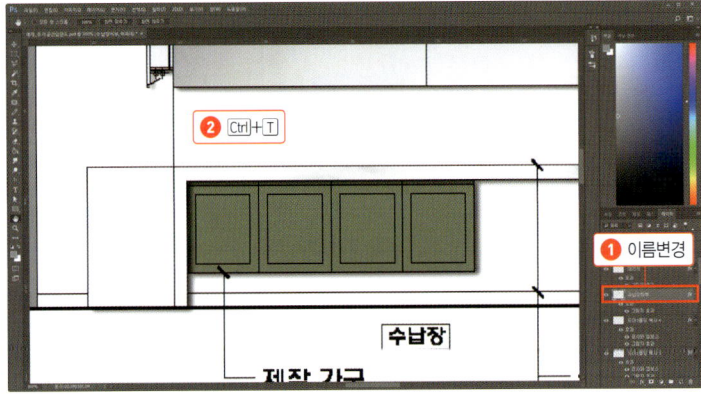

33 수납장 하부 레이어를 더블클릭하여 레이어 스타일 창을 열어줍니다. ① 드롭섀도를 체크하고 ② 더블클릭하여 ③ 다음과 같이 값을 지정한 후 ④ 확인 버튼을 누릅니다.

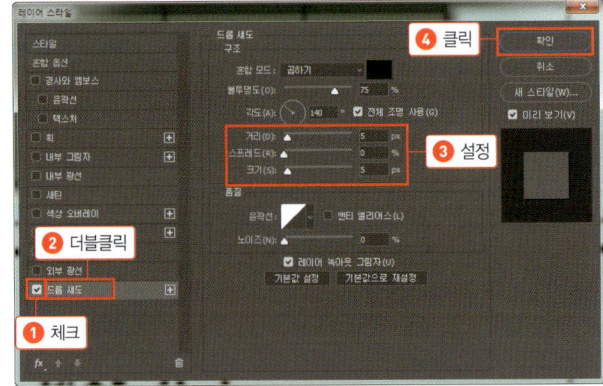

34 가구에 라인을 표현해보도록 하겠습니다. ① 레이어복사〈 ⬜ 〉 버튼을 눌러 레이어를 하나 만들고 ② 레이어명을 '수납장 라인'으로 변경한 후 도면 위에 위치시킵니다. ③ 사각선택 도구〈 ⬚ 〉 단축키 M을 누르고 ④ 표현할 문을 다음과 같이 드래그하여 선택합니다.

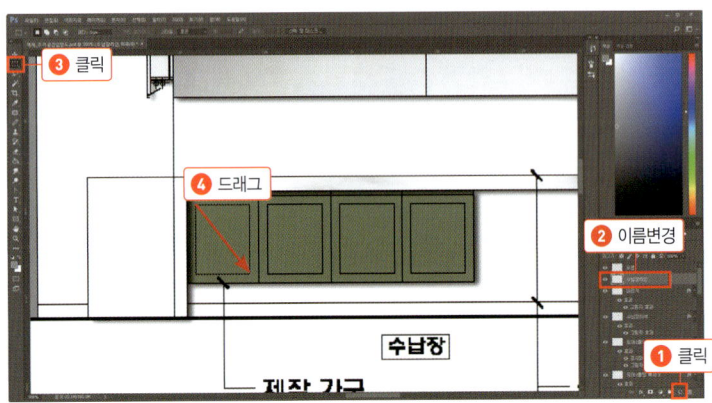

35 전경색⟨ ⟩을 클릭하고 색상 라이브러리 창에서 ❶ 다음 색상을 선택한 후 ❷ 확인 버튼을 누릅니다.

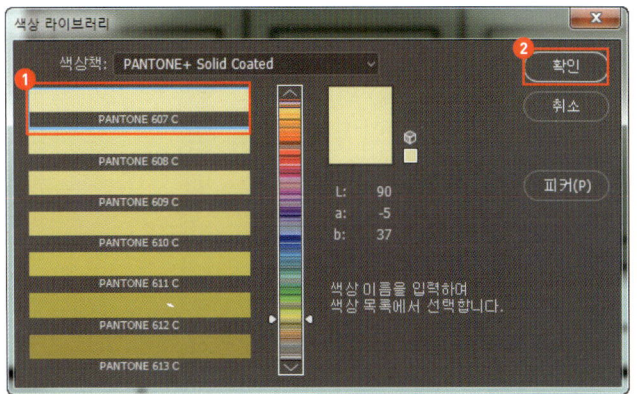

36 메뉴 바의 ❶ [편집]- ❷ [획]을 누르고 획 창이 나타나면 ❸ 다음과 같이 지정한 후 ❹ 확인 버튼을 누릅니다. 아이보리 색상의 라인이 표현되었습니다.

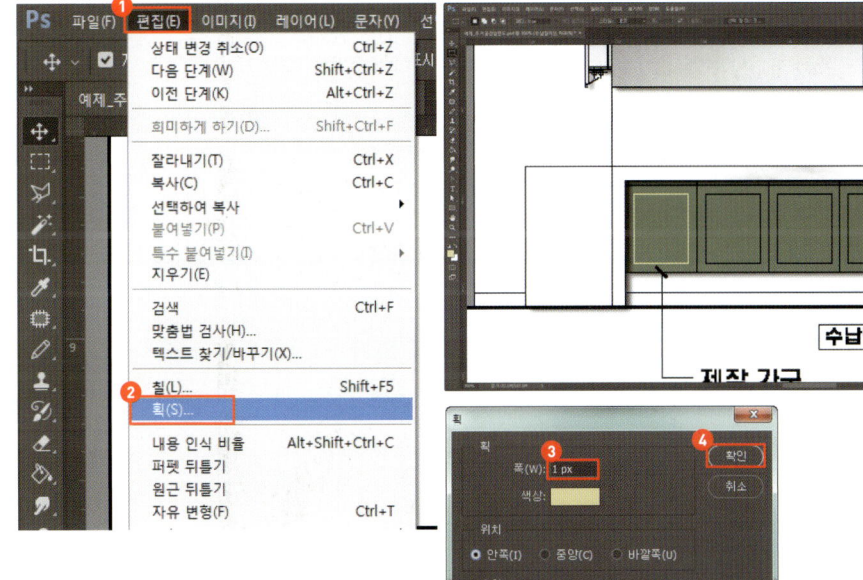

37 ❶ 사각선택 도구⟨ ⟩ 단축키 M 을 눌러 ❷ 다음과 같이 드래그하여 선택한 후 ❸ Shift + Alt +이동 도구⟨ ⟩를 눌러 복사해서 위치시켜줍니다. 레이어 복제 없이 라인이 복사됩니다.

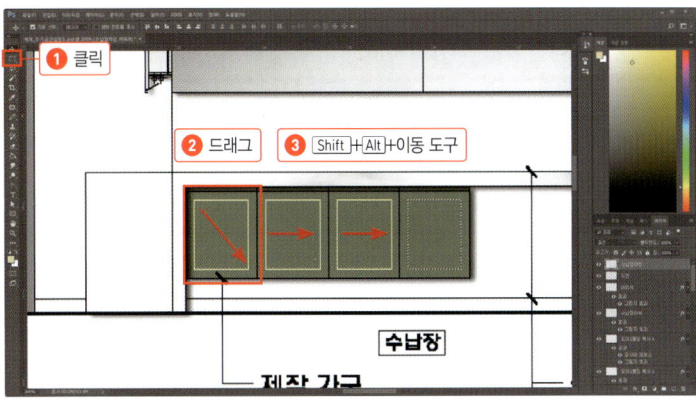

38 캐드에서 삭제가 덜 된 선들이 보이면 '도면' 레이어를 선택하고 ❶ 사각선택 도구⟨▭⟩ 단축키 M을 눌러 ❷ 다음과 같이 드래그하여 선택한 후 Delete 버튼을 눌러 삭제합니다.

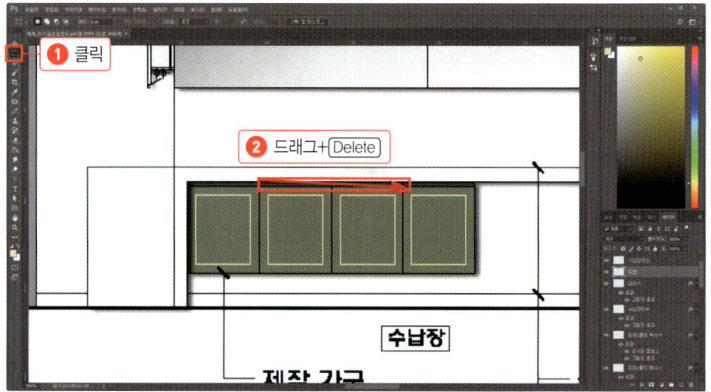

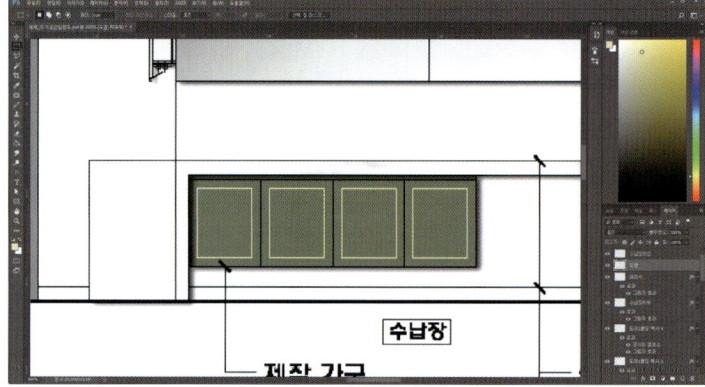

39 '수납장 하부' 레이어를 ❶ Alt +이동 도구⟨✥⟩를 눌러 복사한 후 붙박이장 하부로 다음과 같이 위치시켜줍니다. 자유 변형 단축키 ❷ Ctrl + T를 눌러 크기를 다음과 같이 조절해주고, Enter↵키를 눌러 명령을 해제합니다.

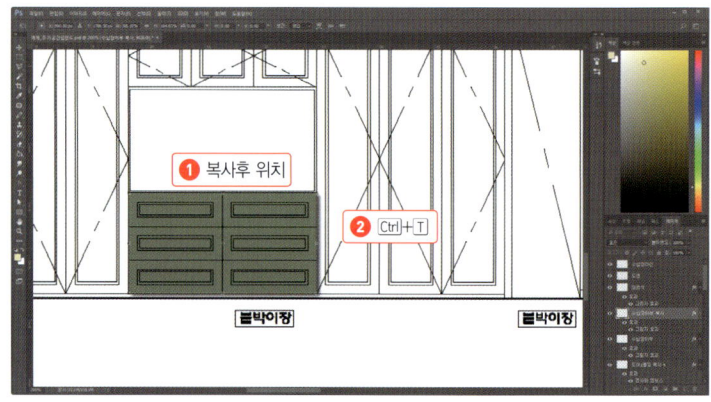

40 '수납장 하부' 레이어를 더블클릭하여 레이어 스타일 창을 열어줍니다. 드롭섀도를 체크해제하여 그림자 효과를 삭제합니다. ❶ 사각선택 도구⟨▭⟩ 단축키 M을 눌러 ❷ 몰딩을 다음과 같이 드래그하여 선택한 후 ❸ Alt 키를 누르면서 안쪽의 몰딩을 한번 더 드래그하여 선택영역을 빼줍니다.

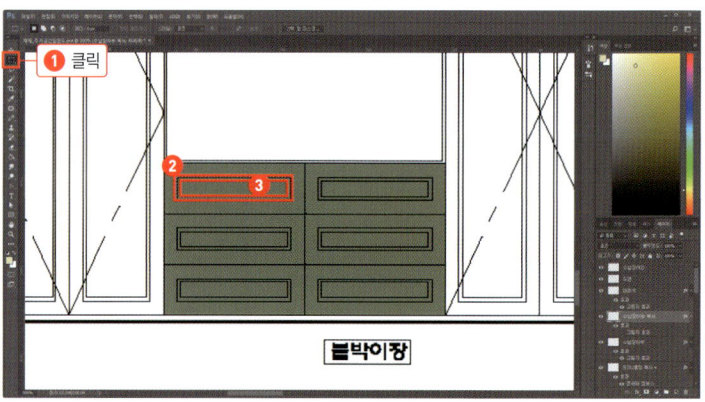

41 Ctrl+J를 눌러 선택한 영역을 복사해줍니다. 새로 생긴 레이어1은 '붙박이장 하부몰딩'으로 레이어명을 변경해주고, 레이어의 위치를 수납장 하부보다 위에 있을 수 있게 조절합니다. '붙박이장 하부몰딩' 레이어를 더블클릭하여 레이어 스타일 창을 열어줍니다. ❶ 드롭섀도를 체크하고 ❷ 더블클릭하여 ❸ 다음과 같이 값을 지정한 후 ❹ 확인 버튼을 누릅니다.

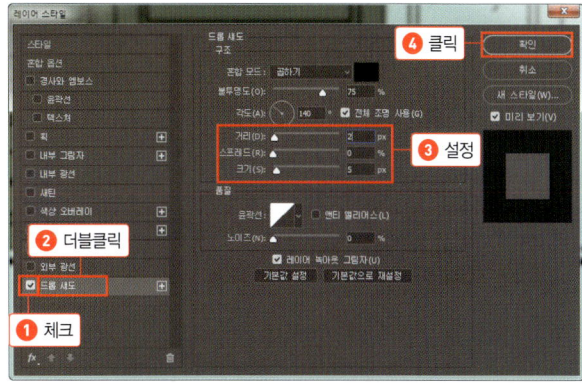

그림자 효과가 적용되었습니다.

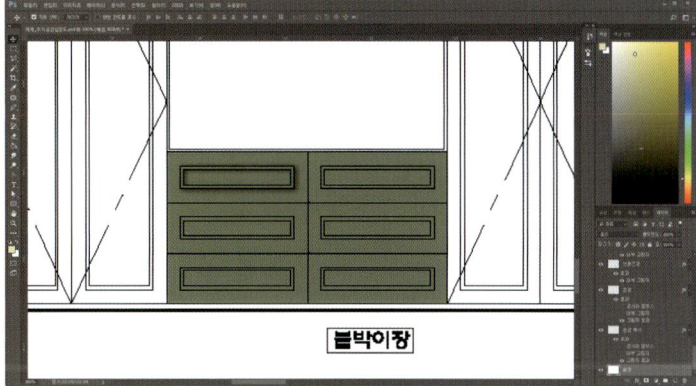

42 ❶ 사각선택 도구(▭) 단축키 M을 눌러 다음과 같이 ❷ 드래그하여 선택한 후 ❸ Shift + Alt + 이동 도구(✥)를 눌러 복사해서 위치시켜 줍니다. 레이어복제 없이 라인이 복사됩니다.

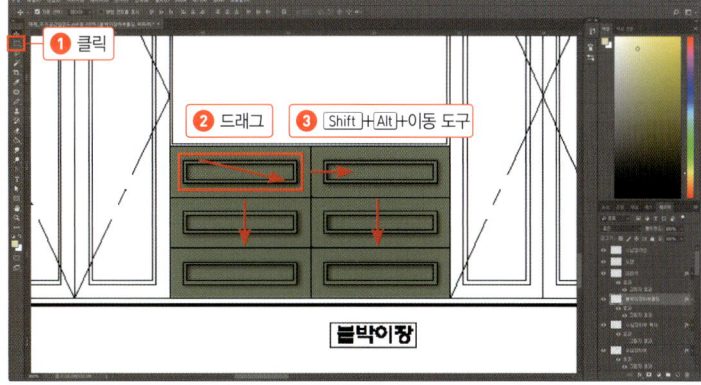

> **알아두기**
>
> 캐드에서 같은 라인으로 그렸는데, EPS로 변경되어 넘어오는 과정에서 라인들이 동일한 간격이 아닐 경우가 있습니다. 조금조금 맞지 않는 부분은 캐드선에 맞게 크기를 조절하여 수정합니다.

43 ❶ 레이어복사〈 〉 버튼을 눌러 레이어를 하나 만들고 ❷ 레이어명을 '붙박이장'으로 변경하고 도면 아래에 위치시킵니다. ❸ 사각선택 도구〈 〉 단축키 M을 누르고 ❹ 표현할 문을 다음과 같이 드래그하여 선택합니다.

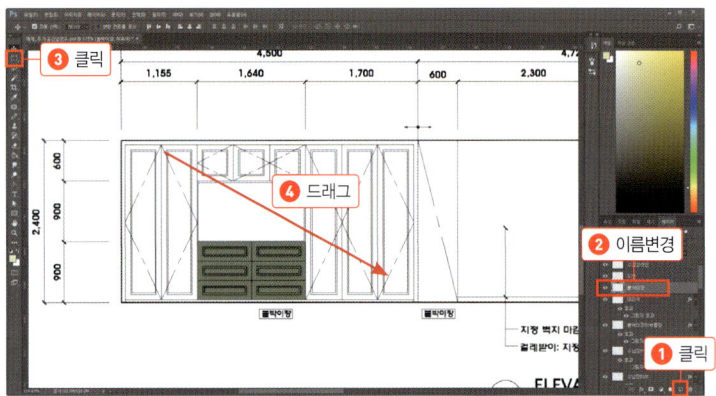

44 ❶ 스포이드 도구〈 〉를 클릭하고 ❷ 도어를 클릭하여 색상을 추출합니다.

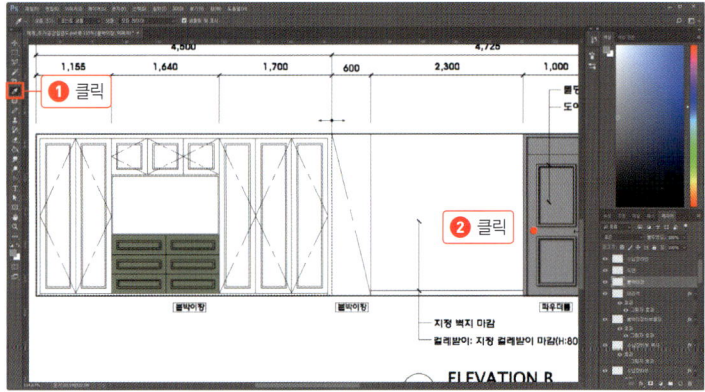

45 ❶ 페인트통 도구〈 〉를 누르고 ❷ 선택영역에 클릭해주면 색상이 채워졌습니다. 서랍장 부분만 ❸ 사각선택 도구〈 〉 단축키 M을 눌러 ❹ 다음과 같이 드래그하여 선택한 후 ❺ Delete 버튼을 눌러 삭제합니다.

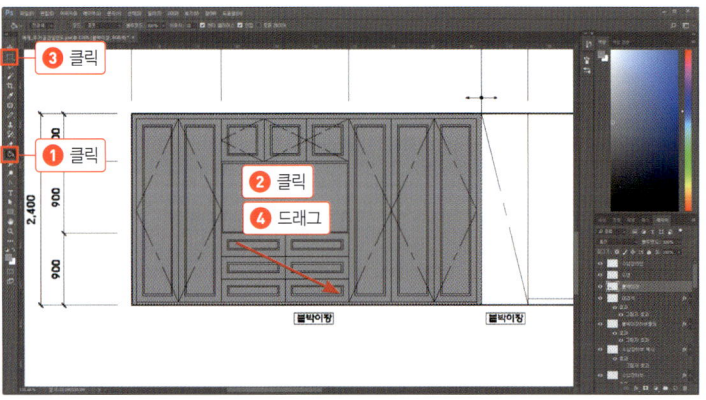

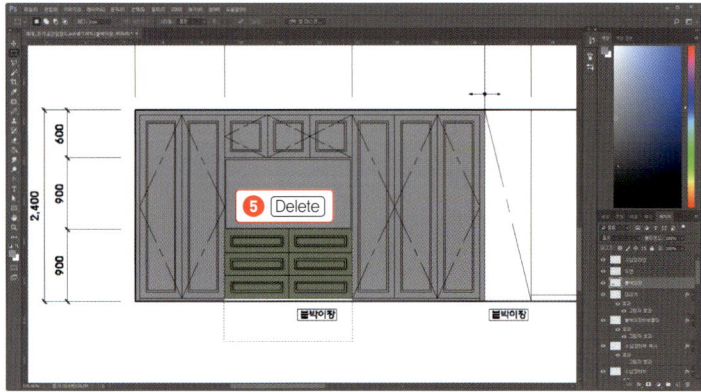

46 이 상태에서 각각 따로 레이어를 복사하여 효과를 주고자 합니다. ❶ '붙박이장' 레이어를 선택하고 문짝만 ❷ 사각선택 도구〈⬚〉 단축키 M을 누르고 ❸ 다음과 같이 드래그하여 선택합니다.

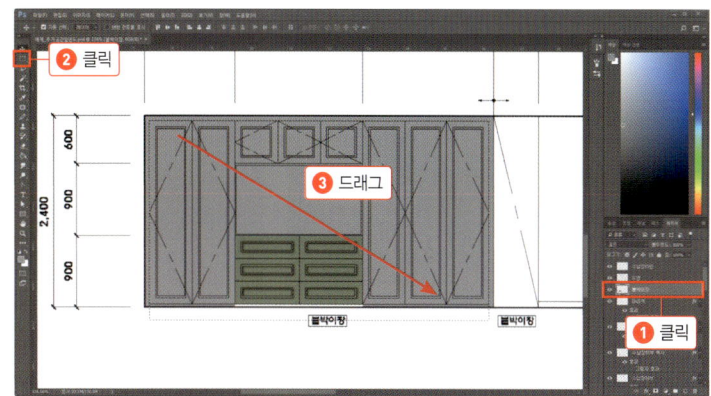

47 Ctrl+J를 눌러 선택한 영역을 복사해줍니다. 새로 생긴 레이어1은 '붙박이장2'로 레이어명을 변경해준 후 레이어를 더블클릭하여 레이어 스타일 창을 열어줍니다. 내부 그림자를 ❶ 체크하고 ❷ 더블클릭하여 ❸ 다음과 같이 값을 지정한 후 ❹ 확인 버튼을 누릅니다. 내부 그림자 효과가 적용되었습니다.

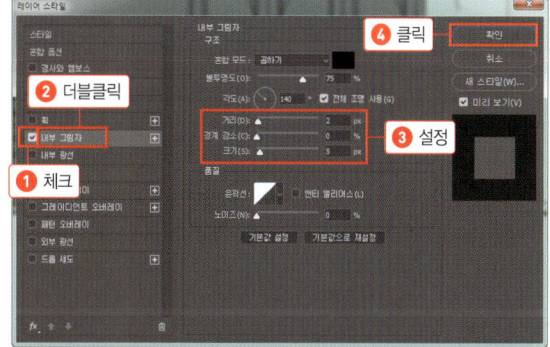

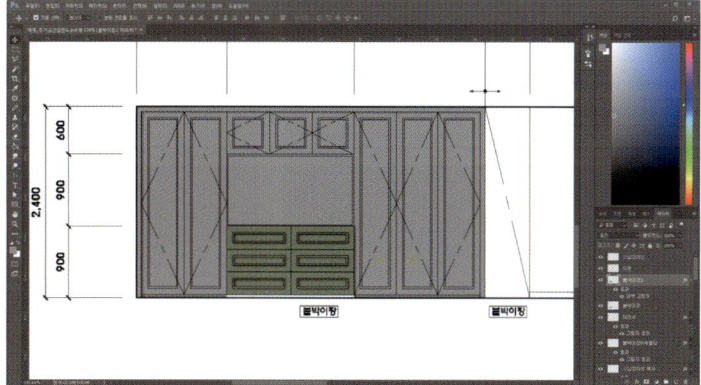

48 ❶ '붙박이장' 레이어를 선택하고 ❷ 사각선택 도구〈⬚〉 단축키 M을 눌러 ❸ 몰딩을 다음과 같이 드래그하여 선택한 후 ❹ Alt 키를 누르면서 안쪽의 몰딩을 한번 더 드래그하여 선택영역을 빼줍니다.

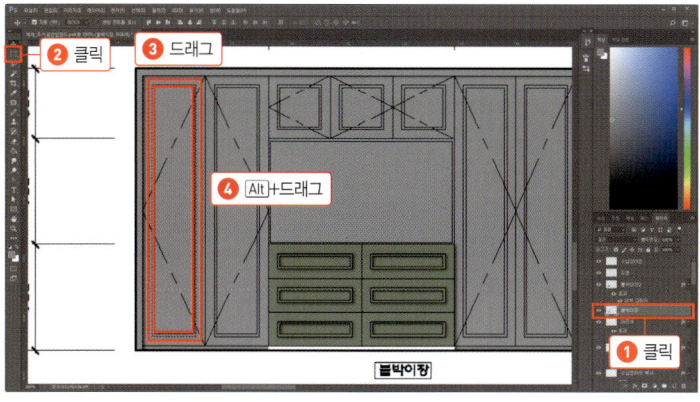

49 Ctrl+J를 눌러 선택한 영역을 복사해줍니다. 새로 생긴 레이어1은 '붙박이장 몰딩'으로 레이어명을 변경해준 후 레이어를 더블클릭하여 레이어 스타일 창을 열어줍니다. ❶ 드롭섀도를 체크하고 ❷ 더블클릭하여 ❸ 다음과 같이 값을 지정한 후 ❹ 확인 버튼을 누릅니다. 그림자 효과가 적용되었습니다. 레이어의 위치는 붙박이장보다 위에 있어야 합니다.

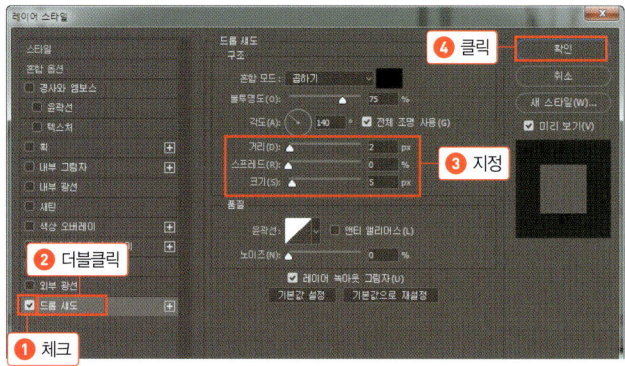

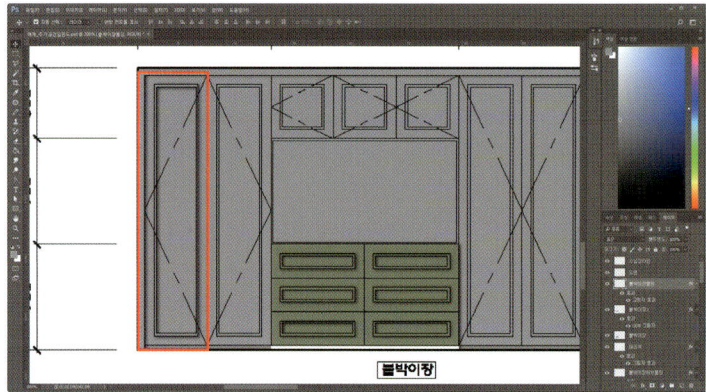

50 같은 방법으로 다른 몰딩을 표현합니다.

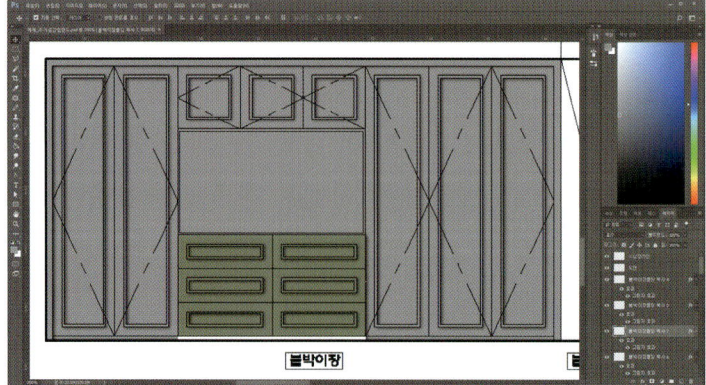

51 수납장 하부를 삭제하면서 붙박이장까지 다 지워버렸네요. ❶ '붙박이장2' 레이어를 선택하고 ❷ 사각 선택 도구⟨ ⟩ 단축키 M을 누른 후 ❸ 다음과 같이 드래그하여 선택합니다. ❹ Alt+이동 도구⟨ ⟩를 눌러 옆으로 복사해서 연결합니다. Ctrl+D를 눌러 선택을 해제합니다.

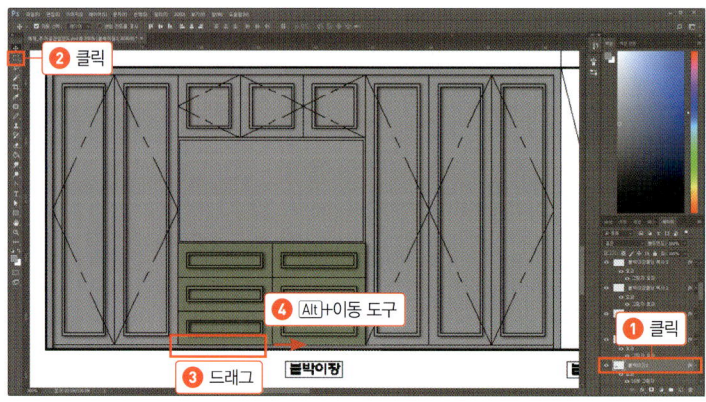

52 이번엔 TV장을 표현해보도록 하겠습니다. ❶ 사각선택 도구〈 〉 단축키 M을 누르고 다음과 같이 ❷ 드래그하여 선택합니다.

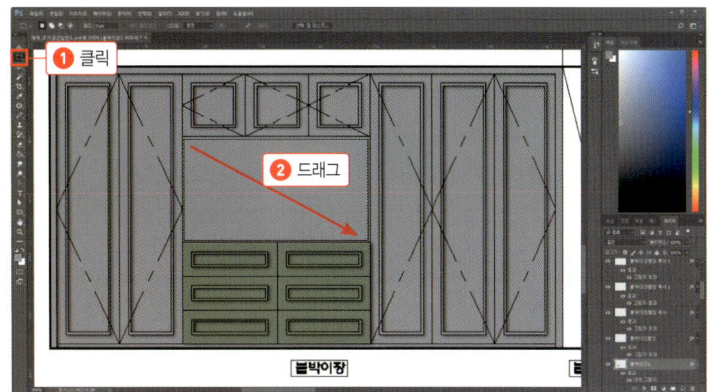

53 '붙박이장2' 레이어를 선택하고 Ctrl+J를 눌러 선택한 영역을 복사해줍니다. 붙박이장2에 적용되었던 효과가 다시 적용되었습니다. 좀 더 들어가 보이게 표현해보도록 하겠습니다. 레이어명을 '티비장'으로 변경하고 더블클릭하여 레이어 스타일 창을 열어줍니다. 내부 그림자를 ❶ 체크하고 ❷ 더블클릭하여 ❸ 다음과 같이 값을 지정한 후 ❹ 확인 버튼을 누릅니다.
내부 그림자가 표현되었습니다.

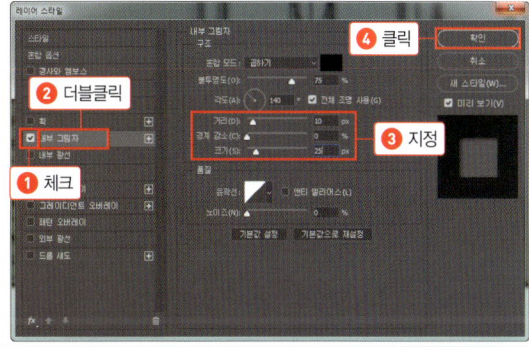

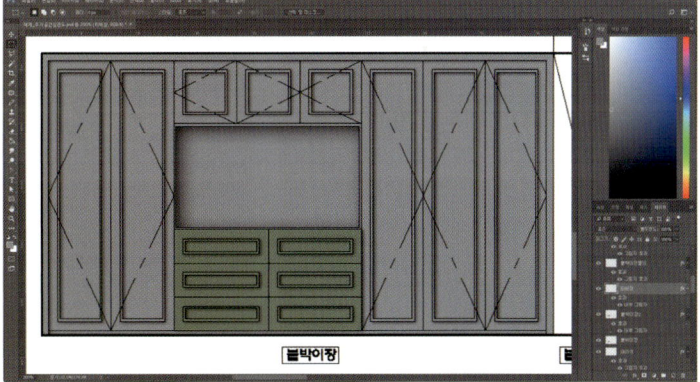

54 메뉴 바의 ❶ [이미지]- ❷ [조정]- ❸ [명도/대비]를 선택하고, 명도/대비창이 나타나면 ❹ 명도값을 -30정도 조절해준 후 ❺ 확인 버튼을 누릅니다. 티비장 영역이 좀 더 어둡게 표현되었습니다.

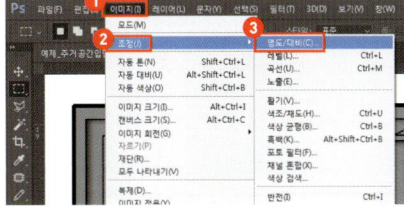
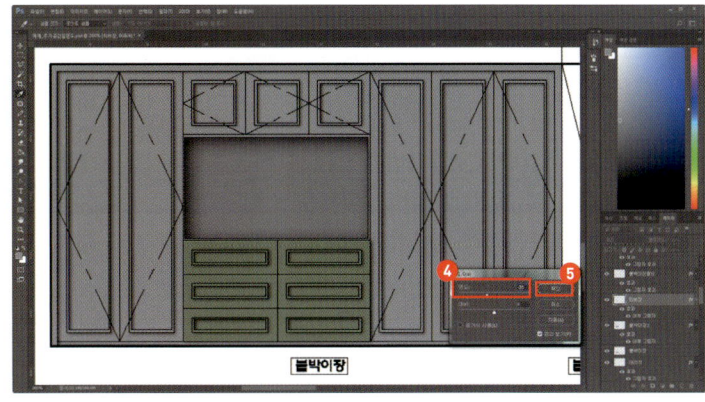

55 이번에는 협탁을 표현해보도록 하겠습니다. 수납장의 '대리석'을 ❶ Alt+이동 도구⟨✥⟩를 눌러 복사해서 다음과 같이 위치시켜줍니다. 새로 소스를 불러오지 않고, 기존에 효과를 주었던 소스를 이용해서 편집해서 사용하는 방법입니다.

56 ❶ 사각선택 도구⟨▭⟩ 단축키 M을 누르고 ❷ 필요 없는 부분을 드래그하여 선택한 후 Delete 버튼을 눌러 삭제합니다.

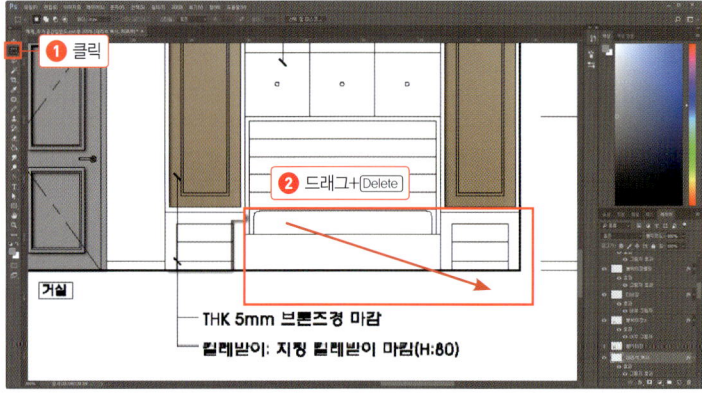

57 소스가 모자랄 땐 ❶ 사각선택 도구⟨▭⟩ 단축키 M을 누르고 ❷ 없는 소스 크기보다 조금 더 크게 선택한 후 ❸ Alt+이동 도구⟨✥⟩를 눌러 복사해서 다음과 같이 연결합니다.

58 서랍부분만 좀 더 들어가게 표현해보도록 하겠습니다. ❶ 사각선택 도구⟨▭⟩ 단축키 M을 누르고 ❷ 서랍부분을 선택한 후 Ctrl+J를 눌러 선택한 영역을 복사해줍니다. '대리석' 레이어에 그림자 효과가 적용되었기 때문에, 그림자 효과가 동일하게 적용되었습니다.

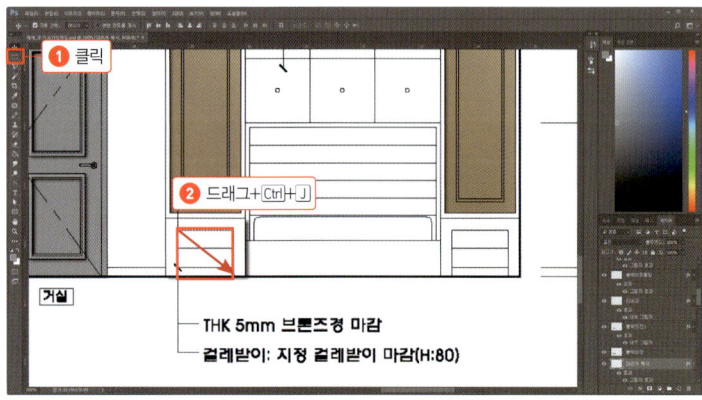

59 레이어명을 '서랍'으로 변경하고 더블클릭하여 레이어 스타일 창을 열어줍니다. ❶ 드롭 섀도의 체크를 해제하고 ❷ 내부 그림자 효과를 체크한 후 ❸ 더블클릭하여 ❹ 다음과 같이 값을 지정하고 ❺ 확인 버튼을 누릅니다. 내부 그림자 효과가 적용되었습니다.

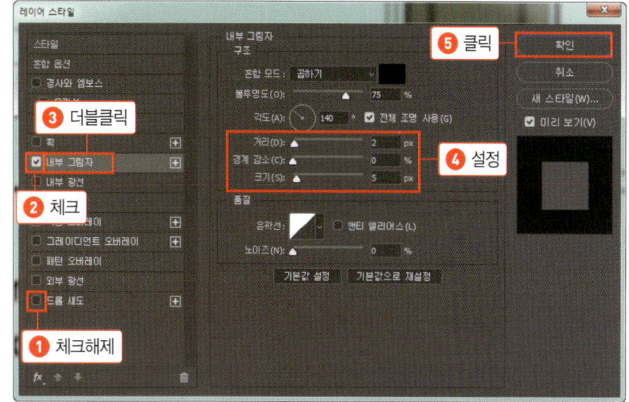

60 옆의 협탁에도 대리석과 협탁 레이어를 Alt+이동 도구를 눌러 복사해서 다음과 같이 위치시켜줍니다.

61 붙박이장 옆면도 칼라링해줍니다. 파우더룸 도어의 문틀에서 ❶ 마우스 오른쪽 버튼을 눌러 ❷ '도어복사2' 레이어를 선택한 후 ❸ Shift+Alt+이동 도구를 눌러 다음과 같이 위치시켜줍니다.

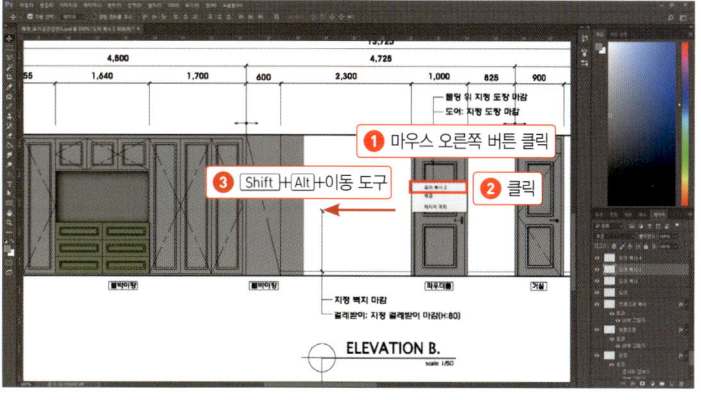

62 자유 변형 단축키 Ctrl+T를 눌러 크기를 다음과 같이 조절해주고, Enter 키를 눌러 명령을 해제합니다. 레이어를 더블클릭하여 레이어 스타일 창을 열어줍니다. ❶ 드롭섀도를 체크하고 ❷ 더블클릭하여 ❸ 다음과 같이 값을 지정한 후 ❹ 확인 버튼을 누릅니다.

그림자 효과가 적용되었습니다.

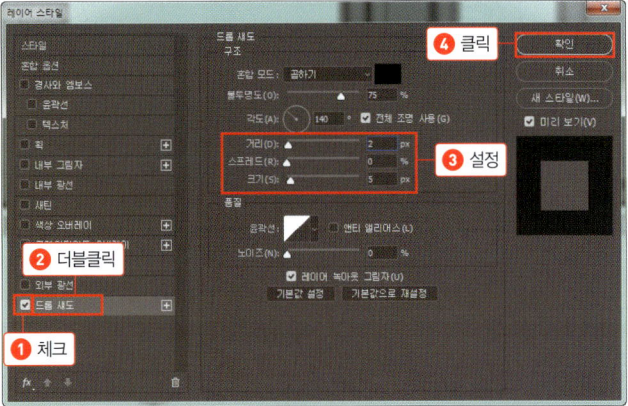

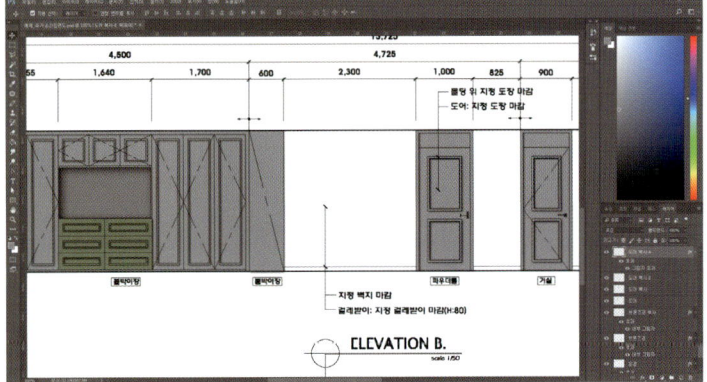

Lesson 05 벽지 표현하기

63 벽지를 표현해보도록 하겠습니다. ❶ 열기 단축키 Ctrl+O를 누르고 '스트라이프벽지'와 '포인트벽지'를 각각 불러옵니다. ❷ 창을 다음과 같이 드래그하여 아래로 내린다음, ❸ 이동 도구⟨✥⟩ 단축키 V를 누르고 예제_주거공간 입면도로 드래그합니다.

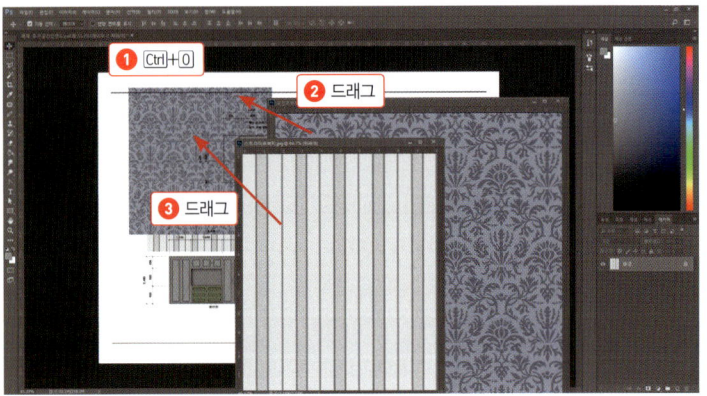

64 ❶ 레이어명을 '포인트벽지'와 '스트라이프벽지'로 각각 변경한 후 ❷ 자유 변형 단축키 Ctrl+T를 눌러 Shift 버튼을 누르면서 크기를 다음과 같이 조절해주고, Enter 키를 눌러 명령을 해제합니다. ❸ 사각선택 도구( ) 단축키 M을 누르고 ❹ 벽지를 선택해준 후 ❺ Shift + Alt +이동 도구( )를 눌러 복사해서 레이어추가 없이 벽지를 복사해서 위치시켜줍니다.

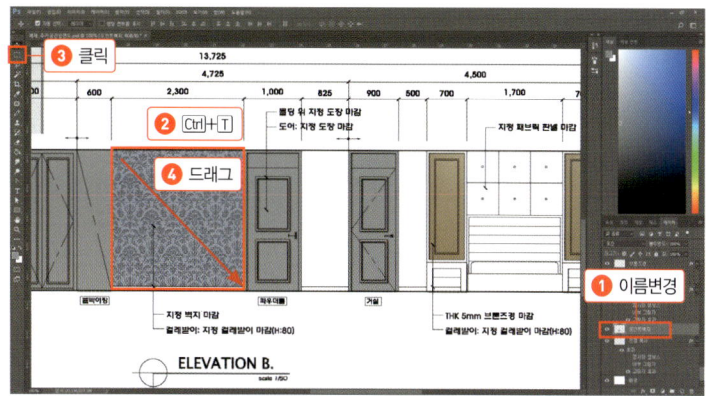

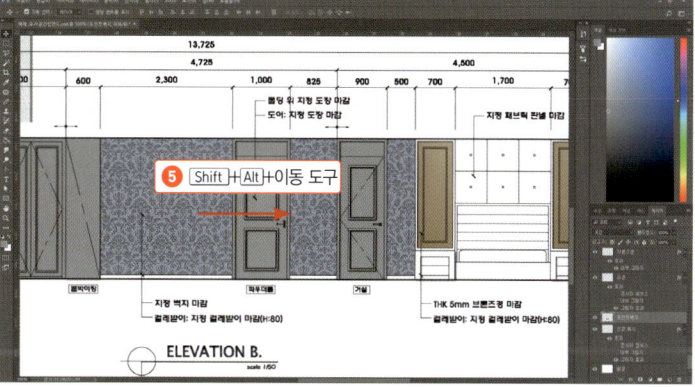

65 '스트라이프벽지'도 같은 방법으로 복사해서 다음과 같이 위치시켜줍니다. 무늬가 잘 맞을 수 있게 돋보기 도구( )로 수시로 확대해보면서 작업합니다. 레이어의 위치는 제일 아래의 배경 바로 위쪽이어야 다른 레이어의 영향을 받지 않습니다.

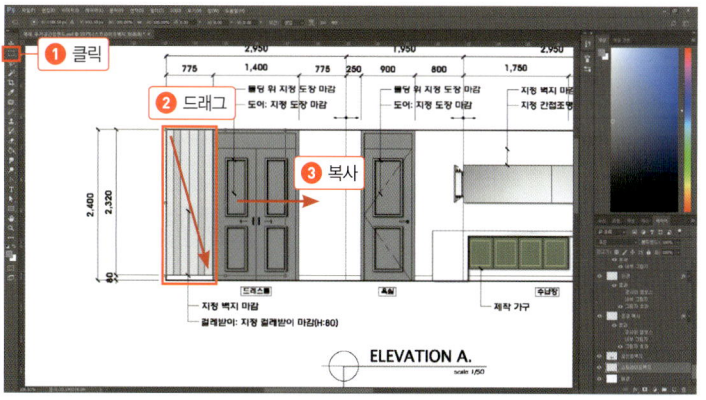

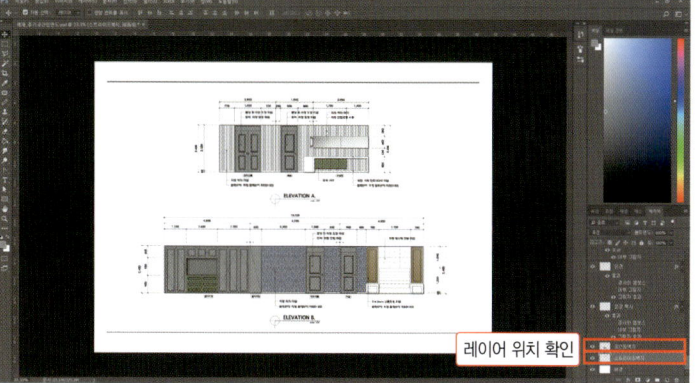

Lesson 06 패브릭 판넬 표현하기

66 패브릭 판넬을 표현해보도록 하겠습니다. ❶ 열기 단축키 Ctrl + O를 누르고 '패브릭'을 불러옵니다. ❷ 창을 다음과 같이 드래그하여 아래로 내린다음, 이동 도구〈 ✣ 〉단축키 V를 누르고 예제_주거공간 입면도로 드래그합니다. ❸ 레이어명을 '패브릭'으로 변경합니다.

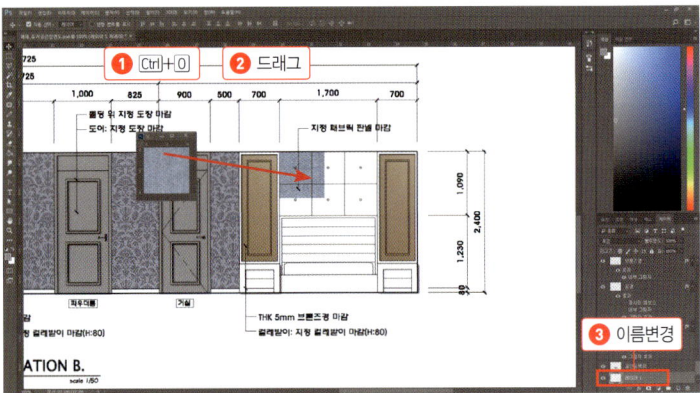

67 위의 패브릭과 아래 패브릭에 사용할 예정입니다. Alt + 이동 도구〈 ✣ 〉를 눌러 하나 더 복사해둡니다. 자유 변형 단축키 Ctrl + T를 눌러 쿠션 크기에 맞게 줄여준 후 '패브릭' 레이어를 더블클릭하여 레이어 스타일 창을 열어줍니다. ❶ 경사와 엠보스를 체크하고 ❷ 더블클릭하여 ❸ 다음과 같이 값을 지정한 후 ❹ 확인 버튼을 누릅니다.

패브릭 판넬에 입체감이 표현되었습니다.

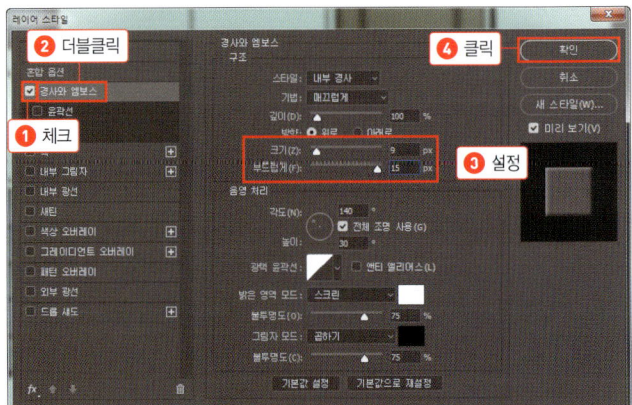

68 ① 레이어복사⟨ ⟩ 버튼을 눌러 레이어를 하나 만듭니다. ② 원형 선택 도구⟨ ⟩를 누르고 ③ Shift 를 누르면서 드래그합니다. ④ 스포이드도구⟨ ⟩를 눌러 ⑤ 패브릭의 진한부분을 클릭하여, 색상을 추출합니다.

69 ① 그레이디언트 도구⟨ ⟩를 누르고, ② 메뉴 바 아래에 방사형 그레이디언트를 선택한 후 ③ 안쪽에서 바깥쪽으로 드래그합니다. 중앙부가 들어가 보이게 표현이 되었습니다.

70 ① 레이어복사⟨ ⟩ 버튼을 눌러 레이어를 하나 만듭니다. ② 원형 선택 도구⟨ ⟩를 누르고 ③ Shift 를 누르면서 드래그합니다. ④ 스포이드 도구⟨ ⟩를 눌러 ⑤ 패브릭의 연한 색상쪽을 클릭하여, 색상을 추출합니다. ⑥ 페인트통 도구⟨ ⟩를 눌러 ⑦ 원형을 클릭하여 색상을 부어줍니다. 단추가 표현되었습니다.

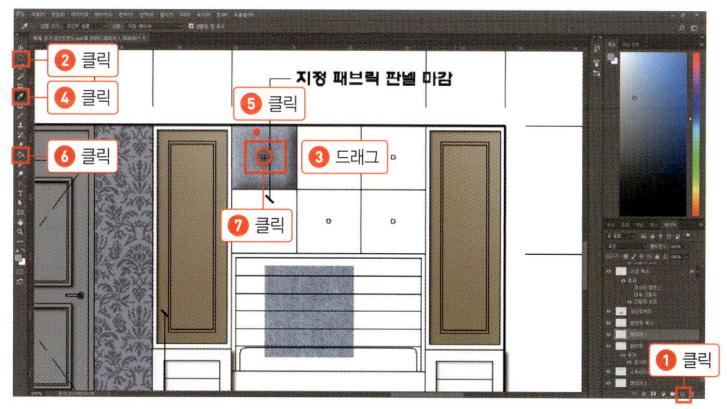

71 '레이어2'를 더블클릭하여 레이어 스타일 창을 열어줍니다. ① 드롭섀도를 체크하고 ② 더블클릭하여 ③ 다음과 같이 값을 지정한 후 ④ 확인 버튼을 누릅니다.

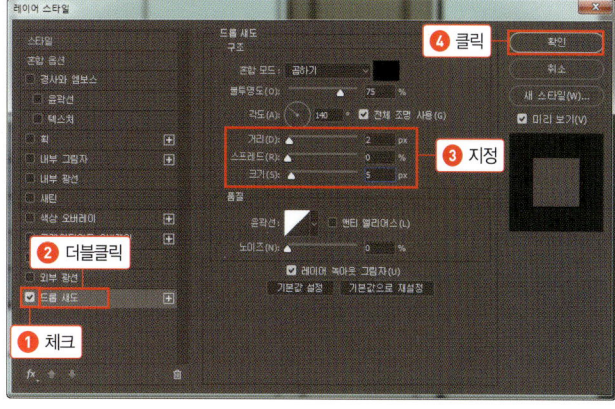

그림자 효과가 적용되었습니다.

72 ① '레이어1', '레이어2', 패브릭 레이어를 Shift 를 누르면서 선택한 후 ② Ctrl + E 를 눌러 레이어를 합친 후 레이어명을 '단추 패브릭'으로 변경합니다.

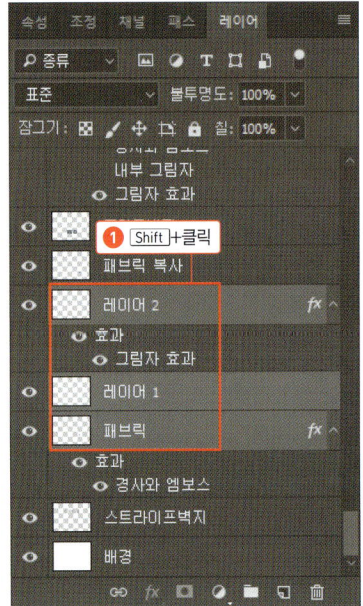
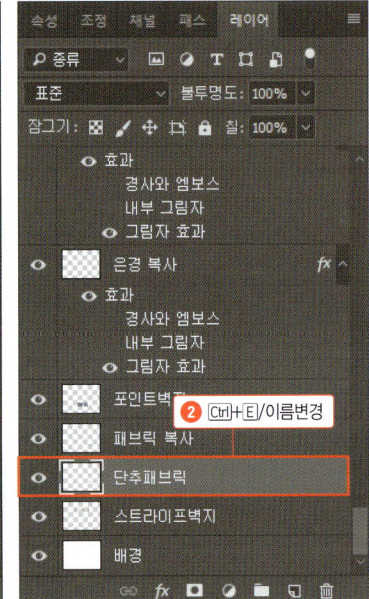

73 Alt +이동 도구〈 ✥ 〉를 눌러 다음과 같이 복사해서 위치시켜 줍니다.

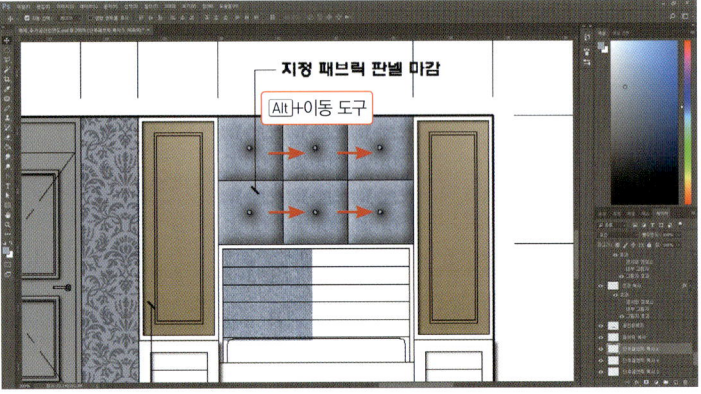

74 이번엔 '패브릭복사' 레이어를 이용하여 침대헤드를 표현해보도록 하겠습니다. 소스가 좀 부족합니다. 길이대로 늘이면 패브릭 질감도 같이 늘어나니까요. ❶ 사각선택 도구〈[ ]〉단축키 M을 눌러 ❷ 영역을 선택한 후 ❸ Alt +이동 도구〈✥〉를 눌러 레이어추가 없이 복사합니다.

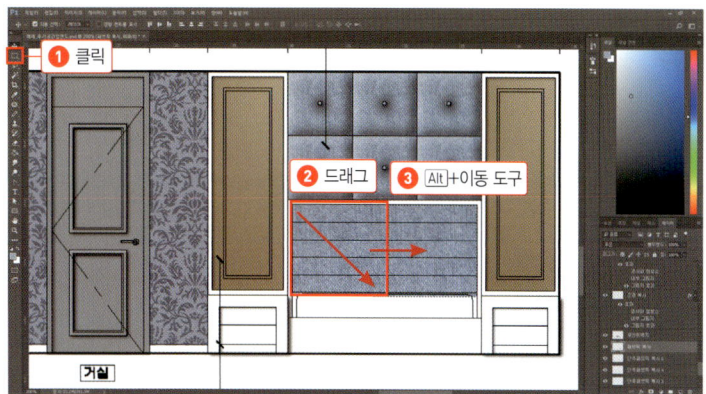

75 한 칸만 남기고 나머지를 ❶ 사각선택 도구〈[ ]〉단축키 M을 눌러 ❷ 영역을 선택한 후 Delete 버튼을 눌러 삭제합니다.

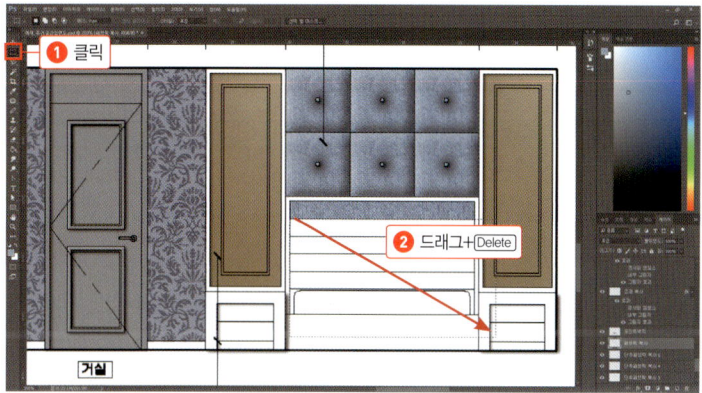

76 레이어2를 더블클릭하여 레이어 스타일 창을 열어줍니다. ❶ 경사와 엠보스를 체크하고 ❷ 더블클릭하여 ❸ 다음과 같이 값을 설정한 후 ❹ 확인 버튼을 누릅니다.

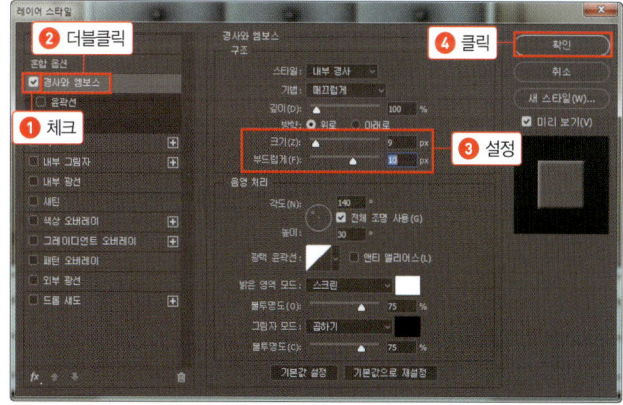

입체감이 표현되었습니다.

77 Alt +이동 도구⟨ ⟩를 눌러 복사해서 다음과 같이 위치시켜줍니다.

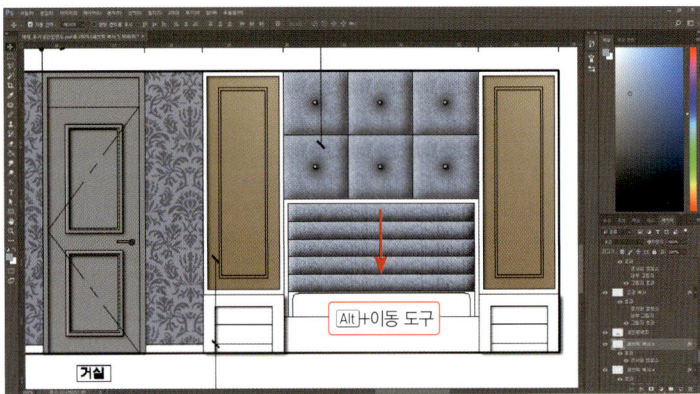

78 ❶ 레이어복사⟨ ⟩ 버튼을 눌러 레이어를 하나 만듭니다. ❷ 사각선택 도구⟨ ⟩ 단축키 M 을 눌러 ❸ 몰딩을 다음과 같이 드래그하여 선택한 후 ❹ Alt 키를 누르면서 안쪽의 몰딩을 한번 더 드래그하여 선택영역을 빼줍니다.
그 상태에서 ❺ 다시 안쪽 몰딩을 Shift 를 누르면서 드래그 ❻ Alt 를 누르면서 선택영역 빼주기를 반복하여 몰딩을 한번에 선택합니다.

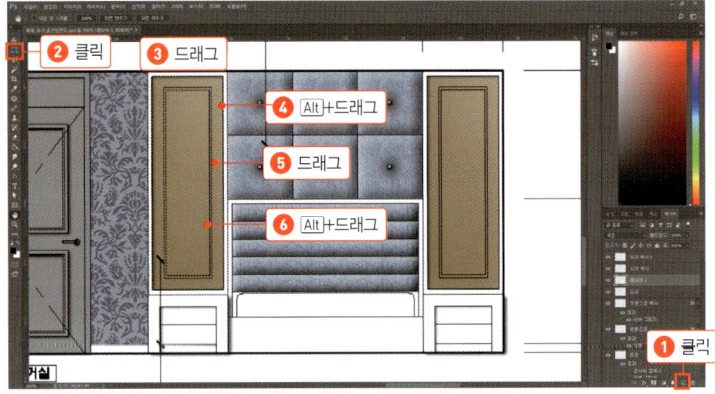

79 ❶ 전경색⟨ ⟩을 클릭하고 검정색을 선택한 후 ❷ 페인트통 도구⟨ ⟩를 눌러 ❸ 색상을 부어줍니다.

80 레이어명을 '거울 몰딩'으로 바꾸고 더블클릭하여 레이어 스타일 창을 열어줍니다. ❶ 드롭섀도를 체크하고 ❷ 더블클릭하여 ❸ 다음과 같이 값을 설정한 후 ❹ 확인 버튼을 누릅니다.

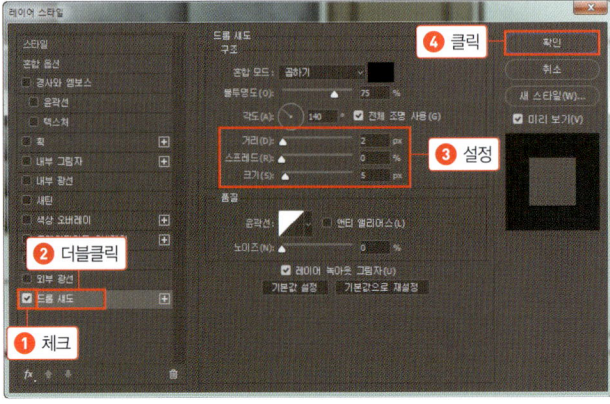

그림자 효과가 적용되었습니다.

81 Shift+Alt+이동 도구〈✥〉를 눌러 옆의 몰딩도 복사해서 위치시켜 줍니다.

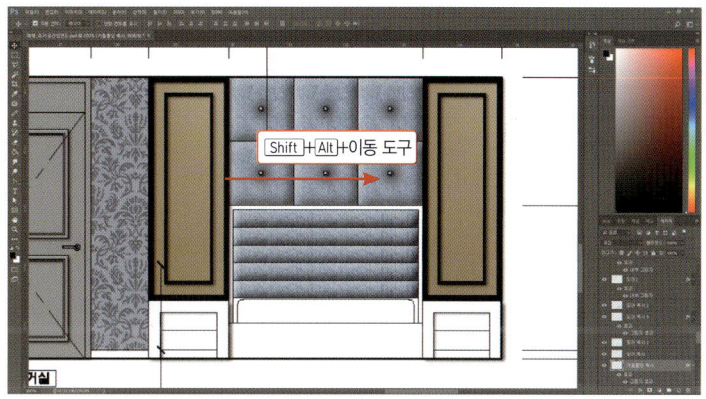

82 침대도 칼라링해서 마무리합니다.

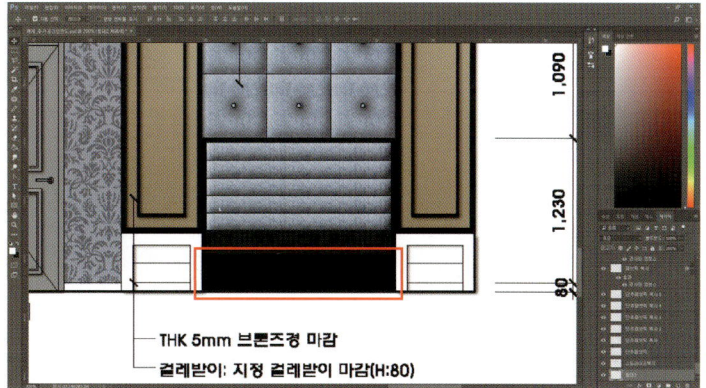

83 ① 열기 단축키 Ctrl+O를 누르고 '패브릭2'를 불러옵니다. ② 창을 다음과 같이 드래그하여 아래로 내린다음, ③ 이동 도구〈✥〉 단축키 V를 누르고 예제_주거공간 입면도로 드래그합니다.

84 레이어명을 '패브릭2'로 변경합니다. 끝이 라운드로 표현되어 있습니다. 이럴 땐 ❶ '도면' 레이어를 선택하고 ❷ 자동선택 도구<　>를 눌러 ❸ 시트 부분을 클릭하면 시트만 선택이 됩니다. 이 상태에서 ❹ '패브릭2' 레이어를 선택하고 ❺ 반전 단축키 Shift + Alt + I 를 눌러 시트 외부를 선택한 다음 ❻ Delete 버튼을 눌러 삭제합니다.

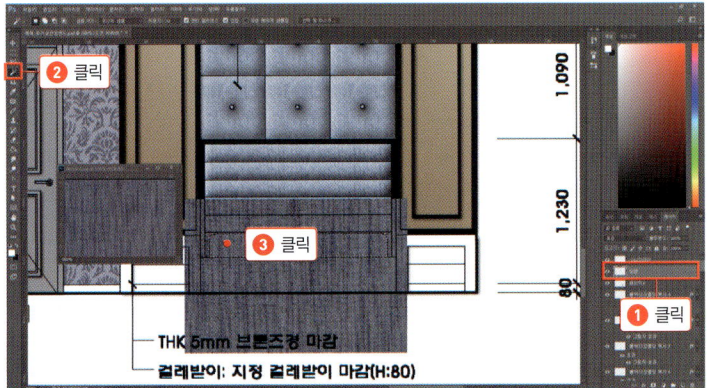

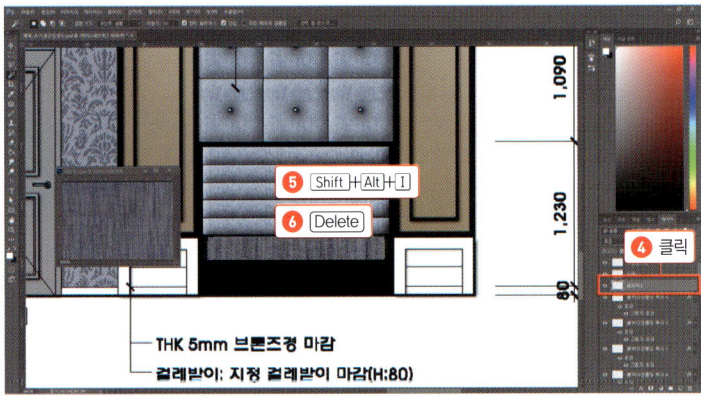

85 '패브릭2' 레이어를 더블클릭하여 레이어 스타일 창을 열어줍니다. ❶ 경사와 엠보스를 체크하고 ❷ 더블클릭하여 ❸ 다음과 같이 값을 설정한 후 ❹ 확인 버튼을 누릅니다.

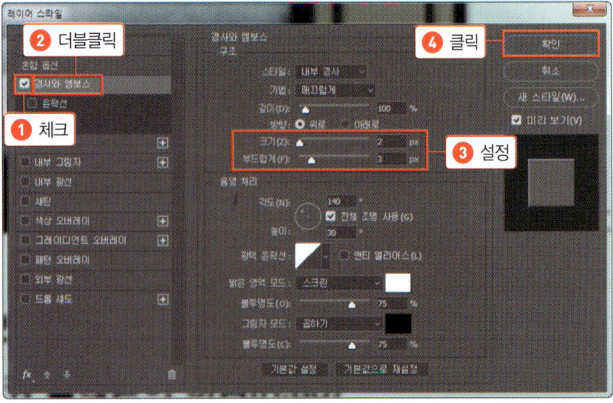

경사와 엠보스 효과가 적용되었습니다.

Lesson 07 간접조명 표현하기

86 조명을 표현해보도록 하겠습니다. ❶ 레이어복사(　) 버튼을 눌러 레이어를 하나 만들고, ❷ 레이어 명을 '간접'으로 변경합니다. ❸ 사각선택 도구(　) 단축키 M을 눌러 ❹ 다음과 같이 드래그하여 선택한 후 ❺ 전경색이 흰색인지 확인합니다. 레이어의 위치는 벽지보다는 위에, 은경보다는 아래에 위치해야 합니다.

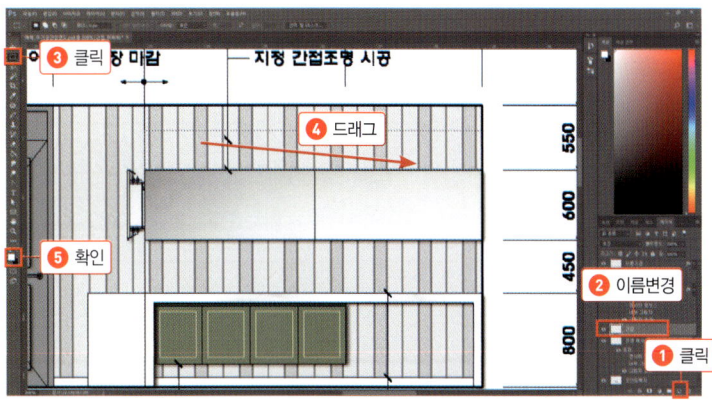

87 도구바의 페인트통을 꾹 눌러 ❶ 그레이디언트 도구(　)를 선택해줍니다. ❷ 전경색에서 투명색으로 버튼을 선택한 후 ❸ Shift 버튼을 누르면서 아래에서 위로 드래그하여 그레이디언트 효과를 적용합니다. 약하게 느껴지면 한번 더 해도 무방합니다. 단축키 Ctrl+D를 눌러 선택을 해제합니다.

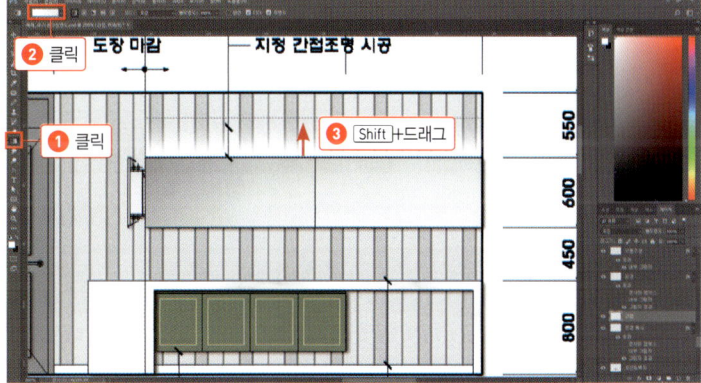

88 '간접조명' 레이어를 ❶ Alt+이동 도구(　)를 눌러 복사한 후 ❷ 자유 변형 단축키 Ctrl+T를 누르고 ❸ 마우스 오른쪽 버튼을 눌러 ❹ 세로로 뒤집기를 선택한 후 다음과 같이 위치시켜줍니다. Enter를 눌러 명령을 해제합니다.

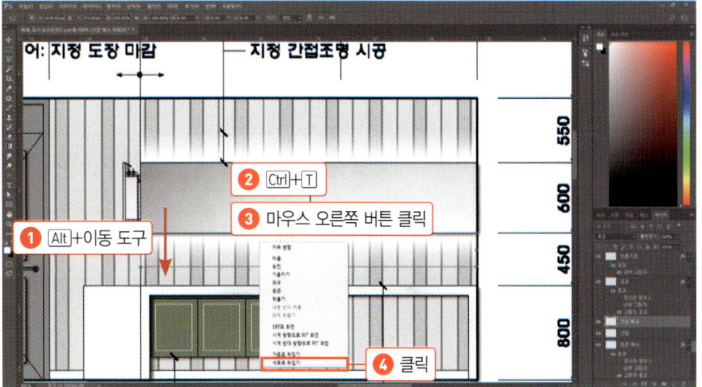

간접조명이 표현되었습니다.

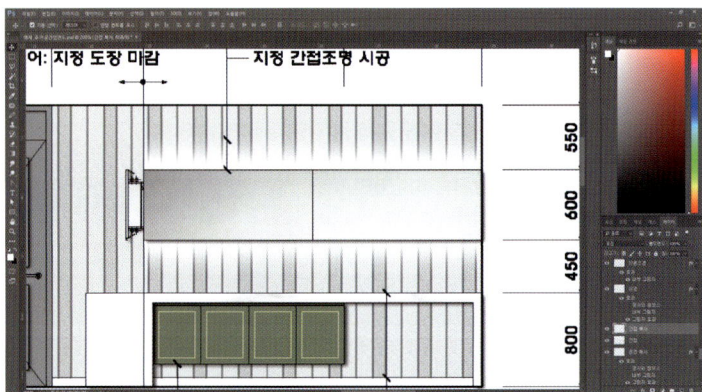

Lesson 08 거울 비치는 효과 표현하기

89 은경과 브론즈경에 비치는 효과를 내기 위해서 지금까지 작업한 파일을 jpg 파일로 만들어 다시 불러와서 사용해보도록 하겠습니다. 메뉴 바의 ❶ [파일]- ❷ [다른 이름으로 저장]을 누르고 ❸ 원하는 경로에 ❹ ❺ jpg로 ❻ 저장버튼을 누릅니다. jpeg 옵션 창이 나타나면 ❼ 품질을 제일 높이고 ❽ 확인 버튼을 누릅니다.

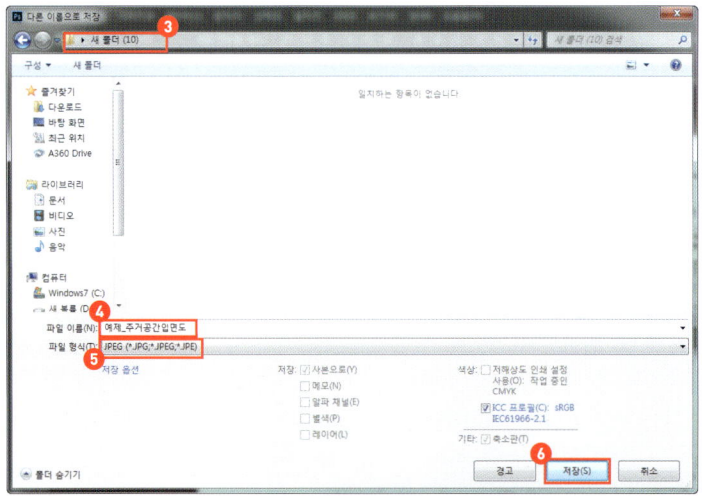
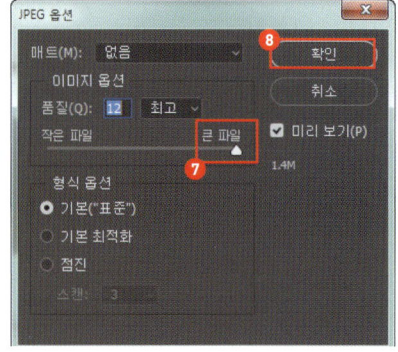

90 ① 열기 단축키 Ctrl+O를 누르고 조금 전 저장한 파일을 불러옵니다. 창을 다음과 같이 드래그하여 아래로 내린다음, 은경에 사용할 소스를 ② 사각선택 도구⟨▭⟩ 단축키 M을 눌러 ③ 다음과 같이 드래그하여 선택한 후 ④ 이동 도구 ⟨✥⟩ 단축키 V를 누르고 ⑤ 예제_주거공간 입면도로 드래그합니다. 브론즈경에 사용할 소스도 같은 방법으로 드래그해줍니다.

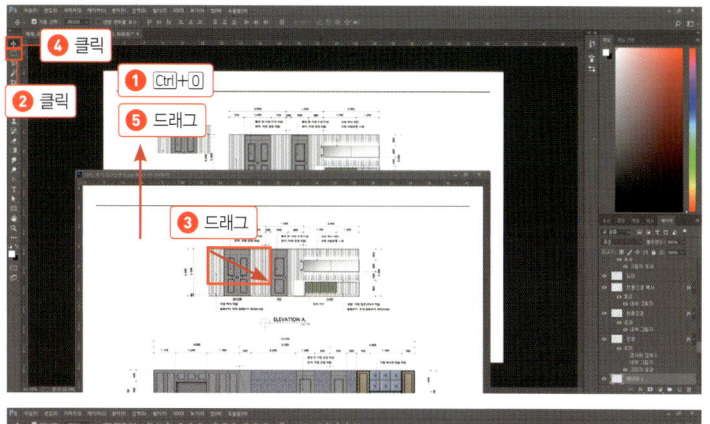

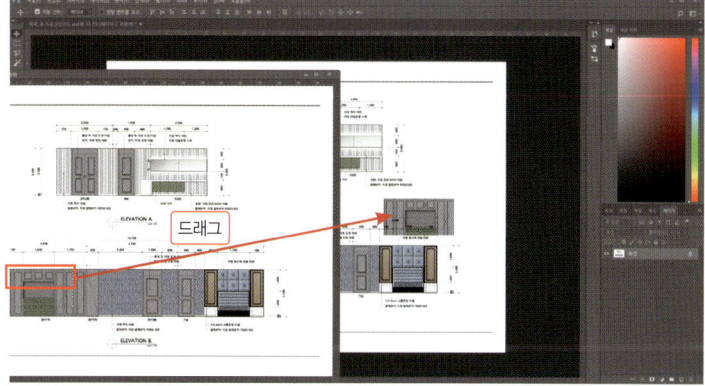

91 ① 각각 레이어명을 '은경비침'과 '브론즈경비침'으로 변경하고, ② 자유 변형 단축키 Ctrl+T를 누르고 ③ 마우스 오른쪽 버튼을 눌러 ④ 가로로 뒤집기를 선택합니다. '브론즈경비침'도 같은 방법으로 가로로 뒤집어줍니다.

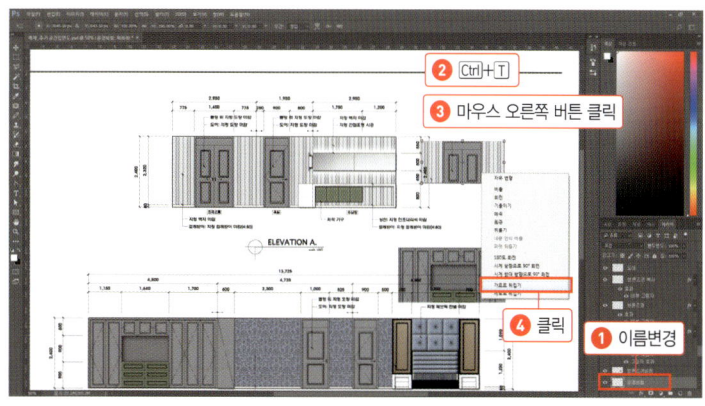

92 ① 은경비침선을 도면에 맞추고 다음과 같이 위치시켜줍니다. ② 불투명도를 20%로 적용하고 ③ 위아래 필요 없는 부분은 사각선택 도구 ⟨▭⟩ 단축키 M을 눌러 ④ 드래그한 후 Delete 버튼을 눌러 삭제합니다.

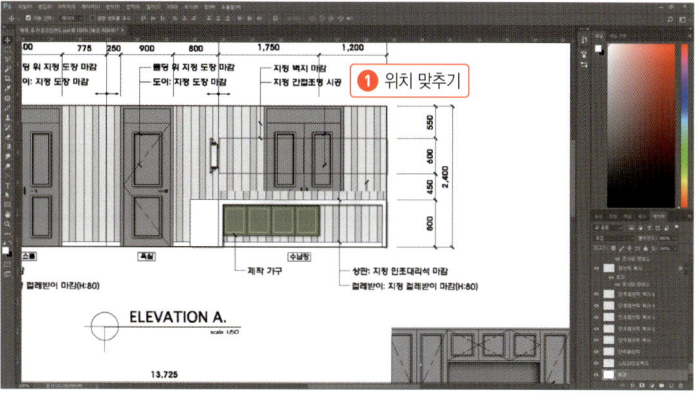

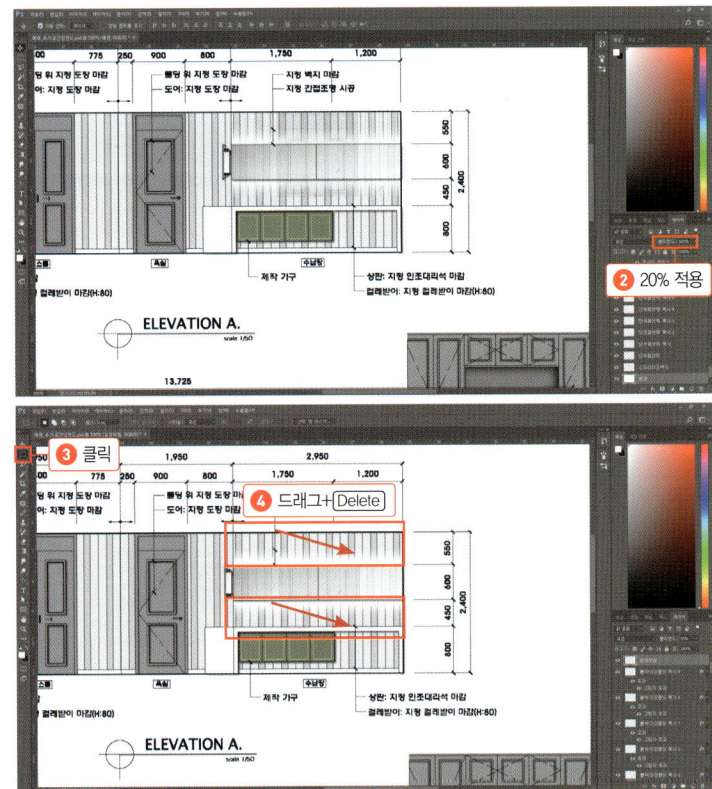

93 지시선이 거슬린다면, ❶ 스팟 복구 브러쉬 도구( )를 눌러 ❷ 세로로 쭉 드래그 합니다. 지시선이 감쪽같이 사라졌습니다.

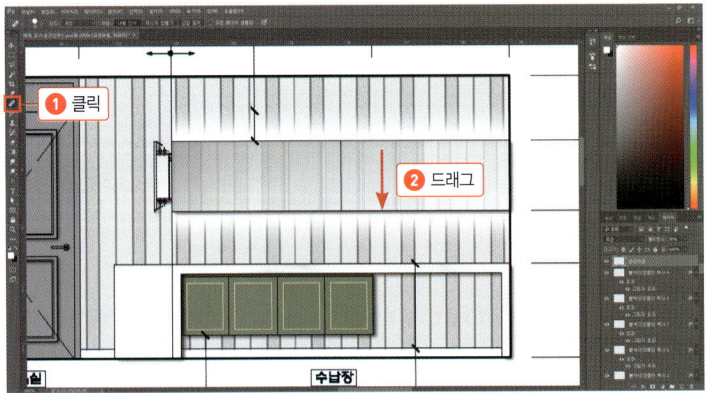

94 브론즈경비침 소스도 같은방법으로 칼라링합니다.

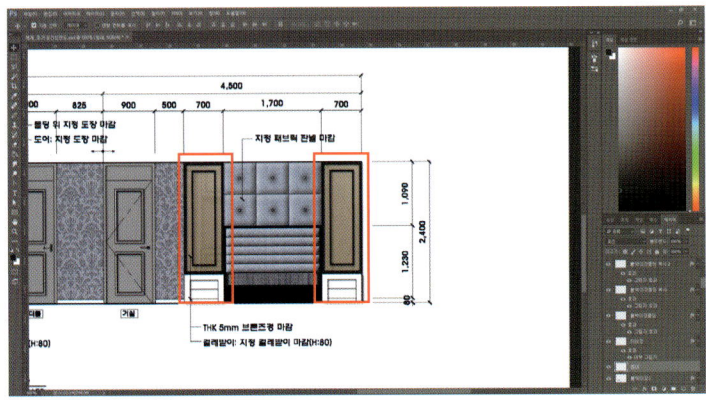

Lesson 09 마무리하기

95 ① 열기 단축키 Ctrl+O를 누르고 '우드' 파일을 불러옵니다. 창을 다음과 같이 드래그하여 아래로 내린 다음, ② 이동 도구⟨✥⟩ 단축키 V를 누르고 ③ 예제_주거공간 입면도로 드래그해줍니다. '우드' 파일은 X 버튼을 눌러 닫아주세요.

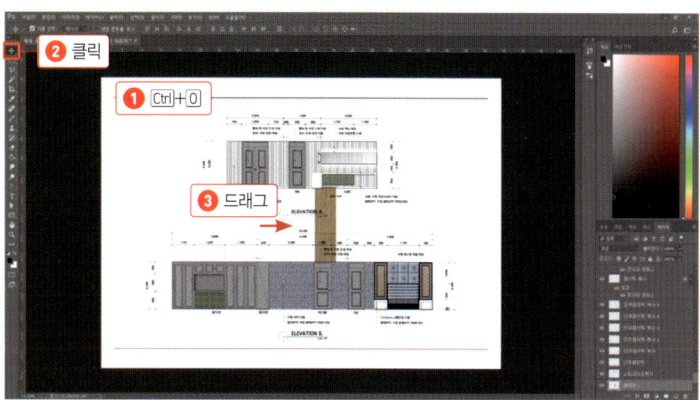

96 ① '우드'로 이름을 변경하고 자유 변형 ② 단축키 Ctrl+T를 누르고 ③ 마우스 오른쪽 버튼을 ④ 시계방향으로 90도회전을 선택합니다. 조절점을 이용해서 지시선에서 지시선까지 길이를 늘여주고, 필요 없는 부분은 ⑤ 사각선택 도구⟨▭⟩ 단축키 M을 눌러 ⑥ 다음과 같이 드래그하여 선택한 후 ⑦ Delete 버튼을 눌러 삭제합니다.

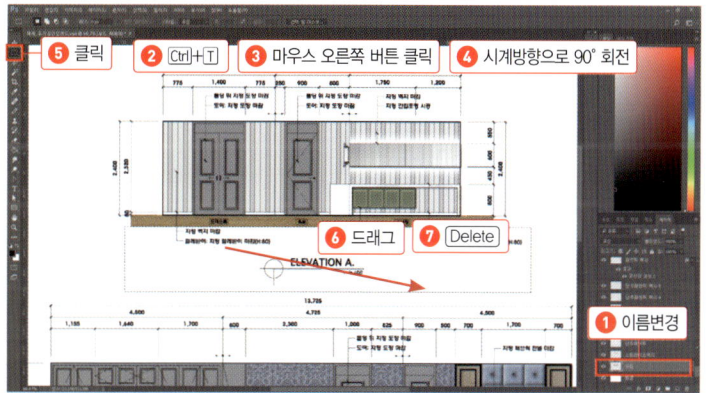

97 ELEVATION B.에도 ① Alt+이동 도구⟨✥⟩를 눌러 복사한 후 ② 자유 변형 단축키 Ctrl+T를 눌러 다음과 같이 길이를 늘여줍니다.

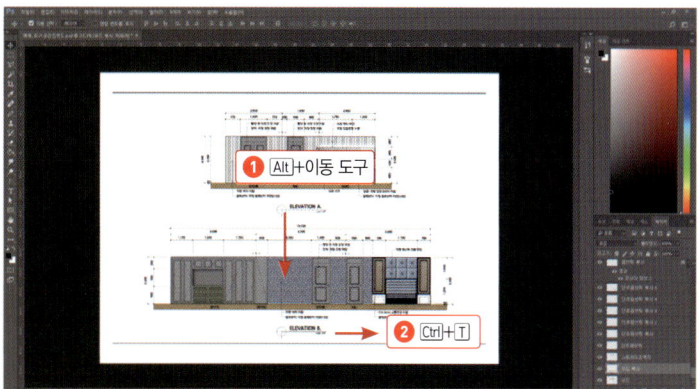

98 ① '우드' 소스를 복사해서 그대로 걸레받이로 만들어줍니다. 필요 없는 부분은 ② 사각선택 도구〈 ▭ 〉 단축키 M을 눌러 드래그한 후 Delete 버튼을 눌러 삭제합니다.

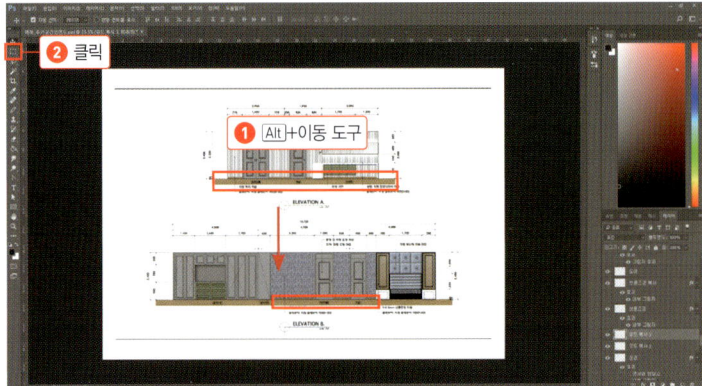

99 손잡이도 하나하나 칼라링합니다. 이런 부분이 별것 아닌 것 같지만, 하나하나 칼라링이 다 되어 있을 때 완성도가 높아 보입니다.

Lesson 10 소품 배치하기

100 소품을 배치 해보도록 하겠습니다. ① 열기 단축키 Ctrl + O를 누르고 '베게' 파일을 불러옵니다. 창을 다음과 같이 드래그하여 아래로 내린 다음, ② 이동 도구〈 ✥ 〉 단축키 V를 누르고 ③ 예제_주거공간 입면도로 드래그해줍니다. 베게 파일은 X 버튼을 눌러 닫아주세요. ④ 자유 변형 단축키 Ctrl + T를 눌러 침대 크기에 맞게 크기를 줄여주고 다음과 같이 위치시켜줍니다.

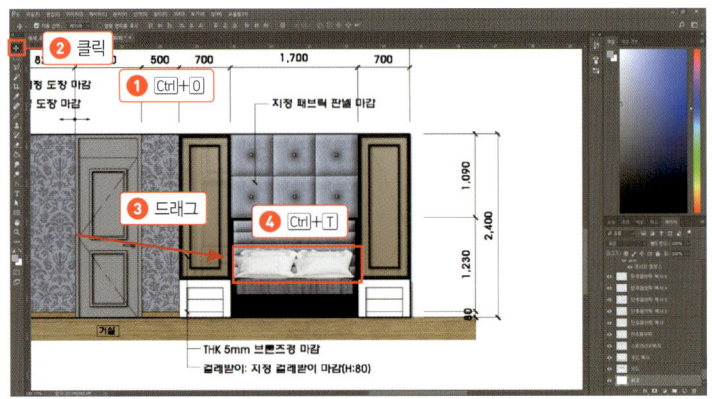

101 '베게' 레이어를 더블클릭하여 레이어 스타일 창을 열어줍니다. ❶ 드롭섀도를 체크하고 ❷ 더블클릭하여 ❸ 다음과 같이 값을 지정한 후 ❹ 확인 버튼을 누릅니다.

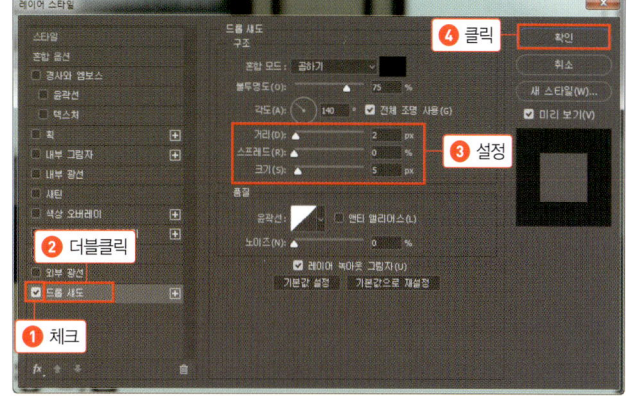

그림자 효과가 표현되었습니다.

102 열기 단축키 Ctrl + O를 누르고 칼라링 기본소스 파일을 불러옵니다. TV소스를 불러온 후 다음과 같이 위치시켜줍니다.

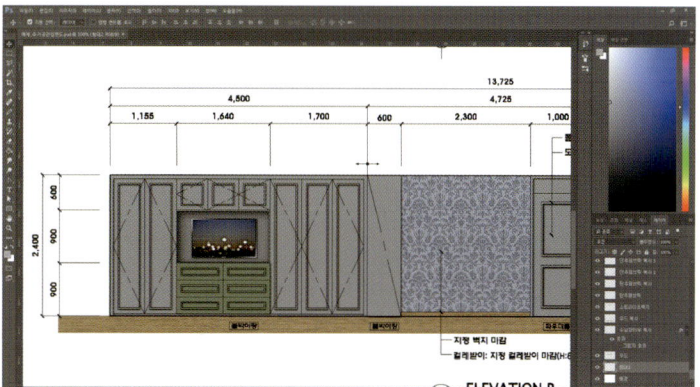

주거공간 입면도 칼라링이 완성되었습니다.

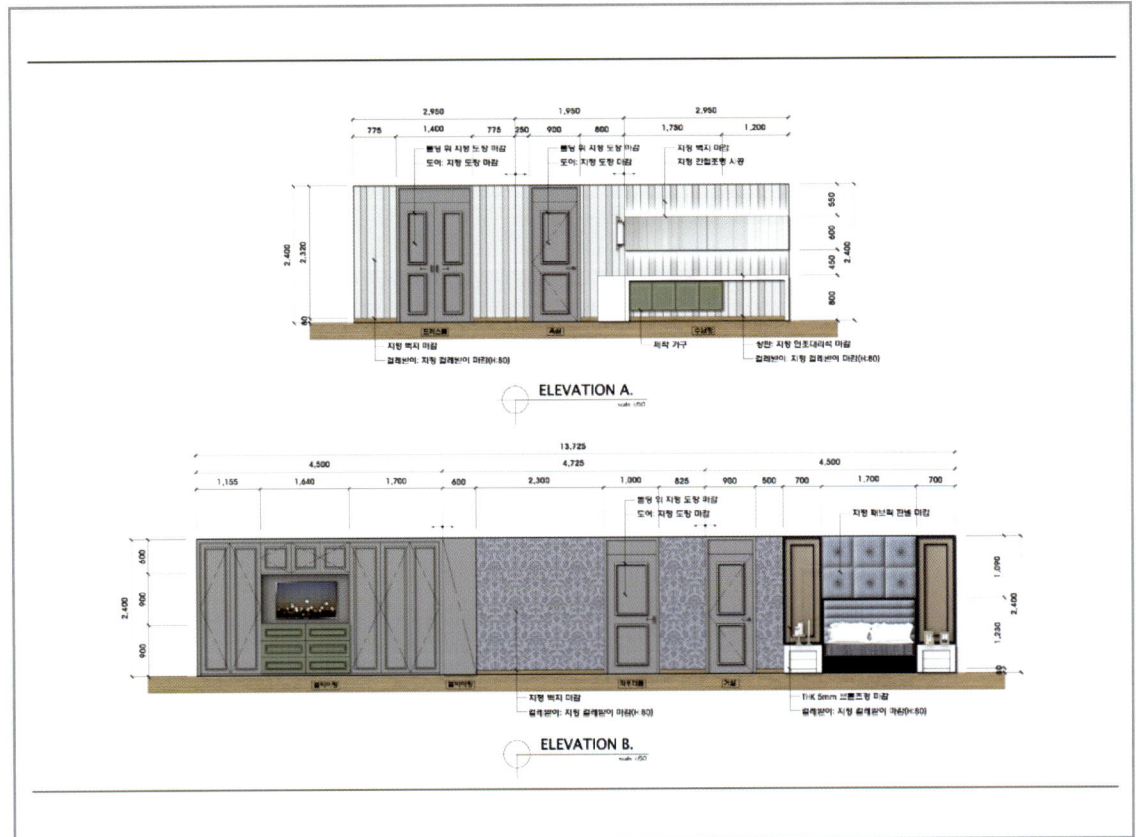

> **알아두기**
>
> 소품을 배치할 때는 레이어가 항상 도면 레이어보다 위쪽에 위치하게 하여 선의 영향을 받지 않게 합니다.

memo

4 PART

도면 칼라링 실무테크닉
_ 공간

01. 카페 천정도 칼라링
02. 아파트 거실 입면도 칼라링
03. 커피카페 입면도 칼라링
04. 한식당 입면도 칼라링
05. 키즈카페 입면도 칼라링
06. 미용학과 강의실 입면도 칼라링
07. 3D소스를 이용한 호텔 평면도 칼라링

CHAPTER 01 카페 천정도 칼라링

◯ 예제 파일 Part04. – 01. 예제_카페천정도

이번 장에서는 카페 천정도 표현에 대해서 알아보도록 하겠습니다.

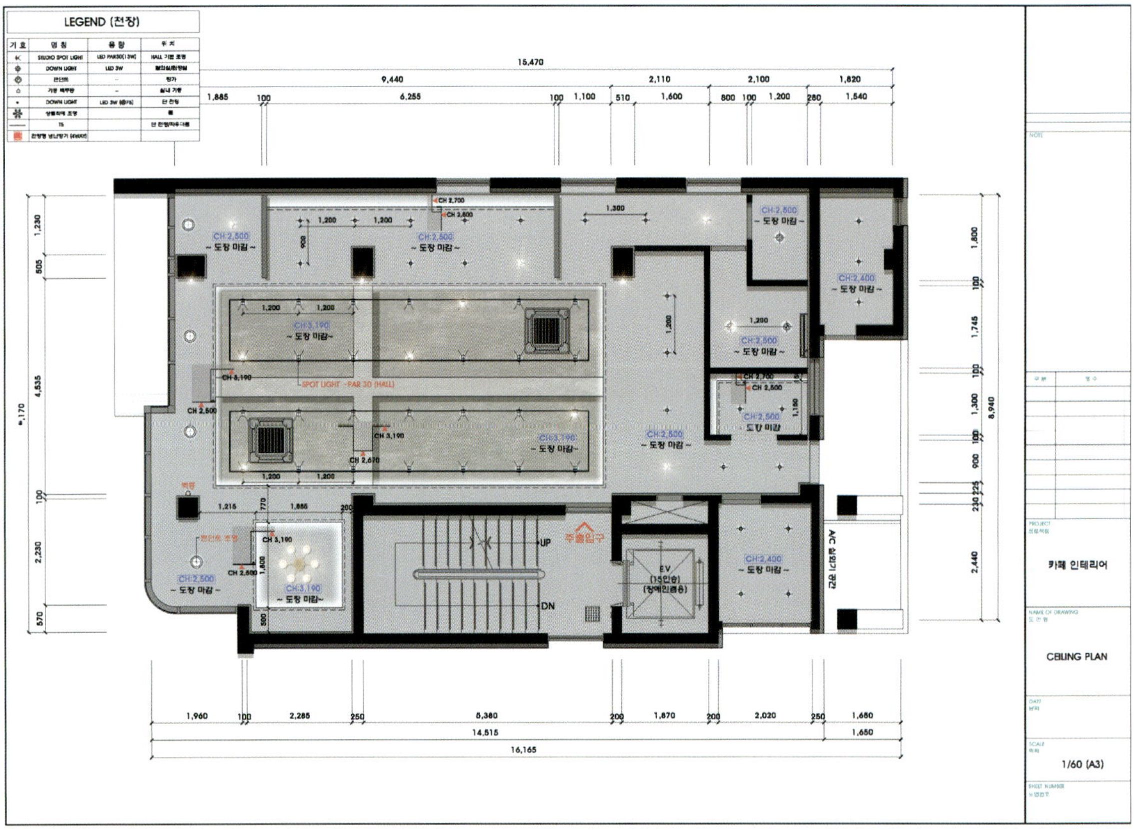

Lesson 01 기본 작업 시작하기

01 카페 천정도 정리 전 파일을 먼저 보도록 하겠습니다.

천정도는 조명배치, 등기구 모양, 각종 설비, 사용마감재 재료, 천정의 높낮이 등을 표기하는 도면입니다. 평면 가구선은 캐드의 250번색으로 연하게 표시하고, 에어컨은 눈에 잘 띄게 10번색상으로, 천고도 눈에 잘 띌수 있는 150번 색상으로, 각종 단차 및 높이, 세부치수 등이 표기되어 있습니다.

이대로 칼라링 작업을 진행해도 되지만, 많은 요소들로 인해 복잡해보이기도 합니다. 세부치수와 가구선을 삭제하고, 에어컨선도 8번선으로 변경한 후 따로 저장합니다.

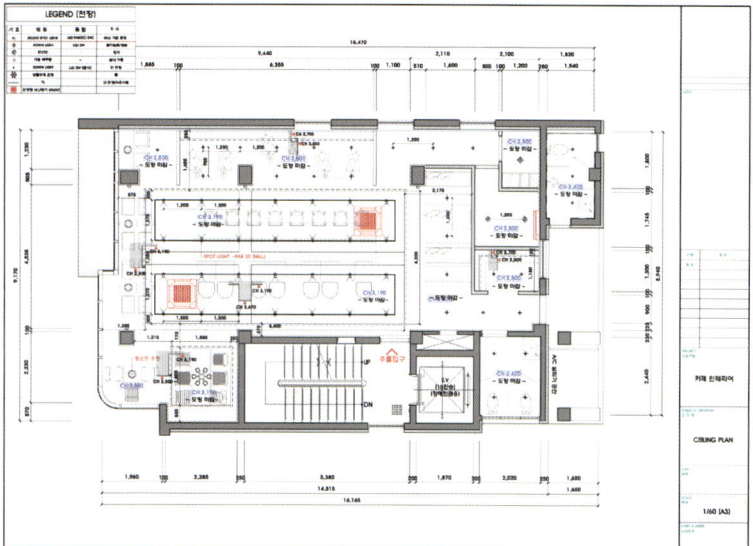

▲ 도면정리 전

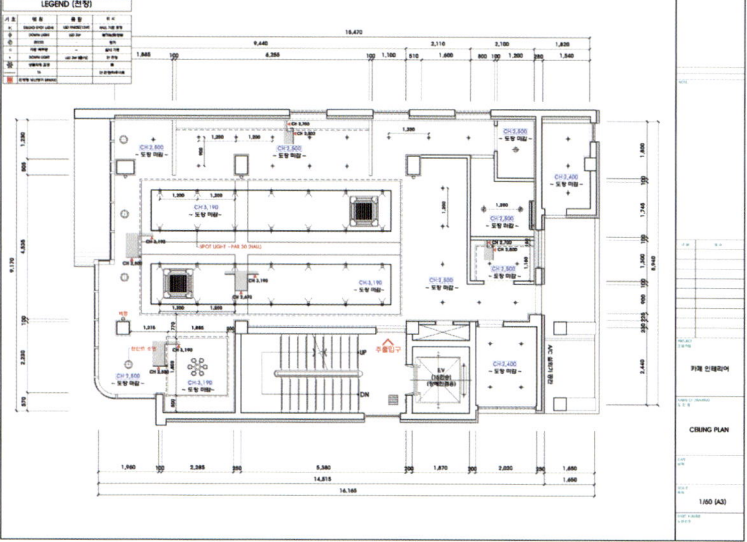

▲ 도면정리 후

02 벽체해치선도 캐드의 8번선으로 변경한 후 따로 도면틀에 넣어서 별도로 분리해줍니다. 같은 크기의 도면틀 안에서 EPS 파일 변환이 되어야 크기 조절 없이 칼라링 작업이 진행될 수 있습니다.

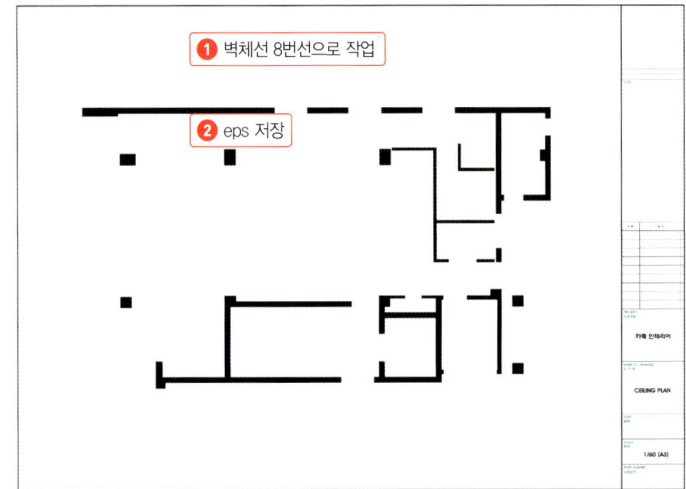

03 화면을 더블클릭하거나, 열기 단축키 Ctrl+O를 눌러 예제 파일 예제_카페천정도.eps를 불러옵니다.
A3 파일로 저장되었기 때문에 이미지 크기는 ❶ '42.02', 높이는 ❷ '29.7'로 지정되어 있습니다. 해상도를 ❸ '200'으로 모드는 ❹ RGB색상으로 지정하고 ❺ 앤티앨리어스에 체크를 해제한 후 ❻ 확인 버튼을 누릅니다.

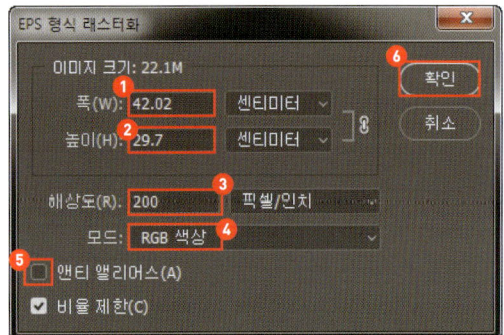

04 ❶ 레이어 창의 〈 〉 버튼을 눌러 새로운 레이어를 만들어줍니다. ❷ 배경색이 흰색으로 지정되어 있는지 확인하고 ❸ 단축키 Ctrl+Delete를 눌러 배경을 흰색으로 채워줍니다.

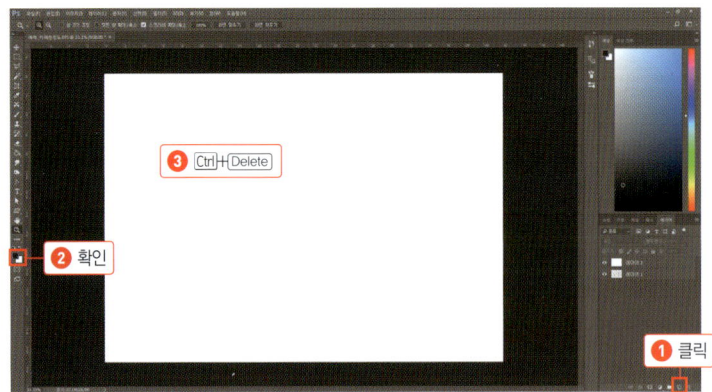

05 레이어를 더블클릭하여 레이어명을 각각 '도면'과 '배경'으로 변경해준 후 배경레이어를 도면 레이어보다 아래쪽에 위치시켜줍니다.

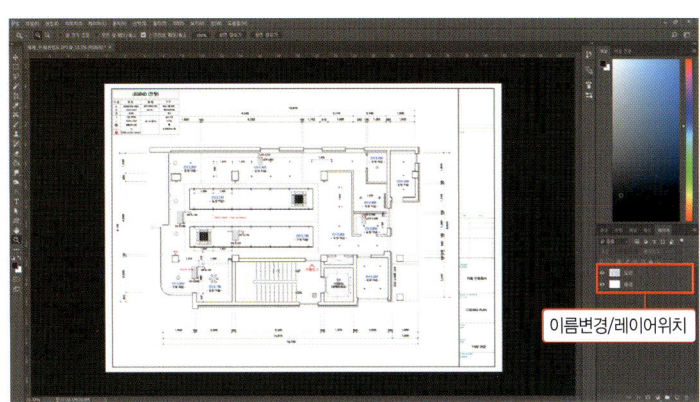

Lesson 02 천정 마감 표현하기

06 ❶ 레이어 창의 〈 〉 버튼을 눌러 새로운 레이어를 만들어주고, ❷ 레이어명을 '천정도장'으로 변경해준 후 도면 아래에 위치시킵니다. ❸ 사각선택 도구〈 〉 단축키 M 을 누르고 다음과 같이 ❹ Shift 버튼을 누르면서 드래그하여 선택합니다. 좌측아래 라운드 부분은 ❺ 다각형 올가미 도구〈 〉를 눌러 ❻ 선택해 줍니다.

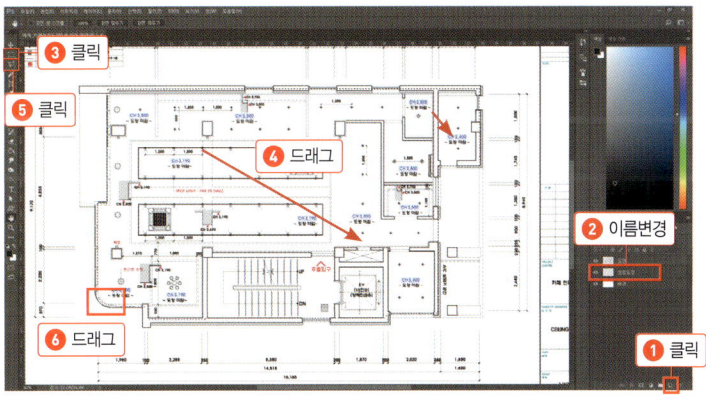

07 전경색〈 〉을 클릭하고 ❶ 색상 라이브러리를 눌러 ❷ 다음 색상을 선택한 후 ❸ 확인 버튼을 누릅니다. 전체적인 밝기는 나중에 수정이 가능하니 적당한 색상만 정해서 선택합니다.

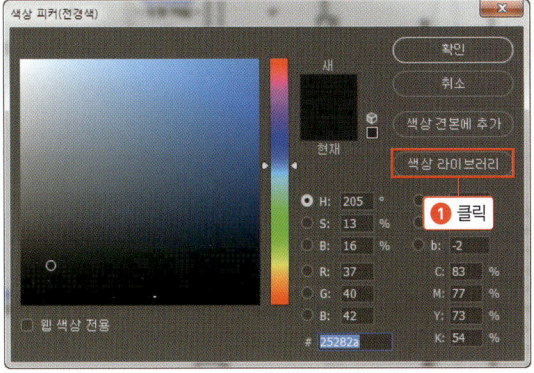
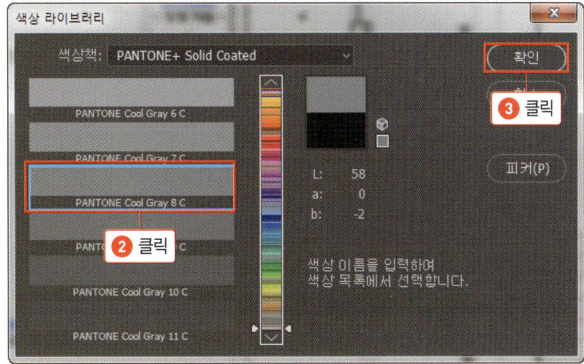

08 ❶ 페인트통 도구〈 〉를 누르고 ❷ 선택영역에 클릭해주면 색상이 채워졌습니다. Ctrl+D를 눌러 선택을 해제해줍니다. 저장하기 단축키 Ctrl+S를 눌러 저장해주는 것도 잊지 마세요.

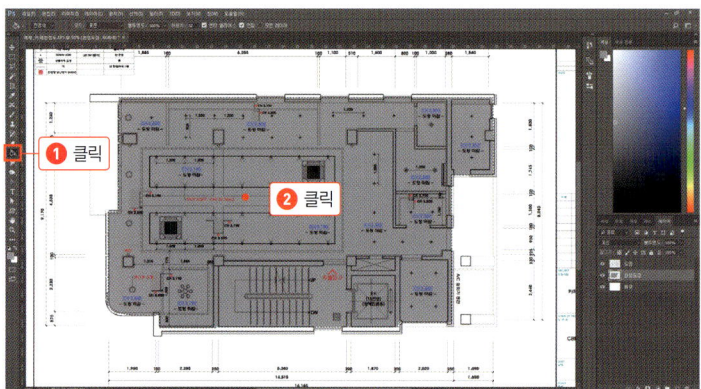

> **알아두기**
>
> 천정은 크게 밝은 색상의 벽지나 도장으로 마감되는 경우가 많은데 칼라링 작업시 흰색을 배경으로 두고 작업하면 조명이 잘 표현되지 않습니다. 전체적으로 회색톤을 넣어주고, 너무 어두울 때는 밝기를 조절해주면 됩니다.

09 ❶ 열기 단축키 Ctrl+O를 눌러 도장컬러_빈티지.png를 불러옵니다. 창을 다음과 같이 드래그하여 아래로 내린다음, ❷ 이동 도구〈 〉 단축키 V를 누르고 ❸ 예제_카페천정도.PSD로 드래그해줍니다. 도장컬러_빈티지.png 파일은 X 버튼을 눌러 닫아주세요.

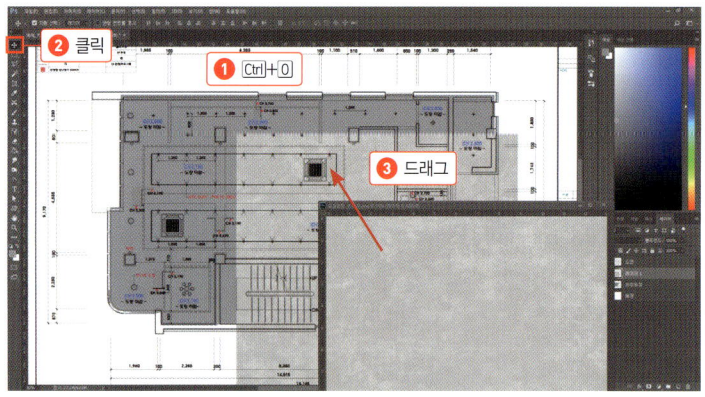

10 자유 변형 단축키 Ctrl+T를 눌러 조절점을 이동하여 다음과 같이 크기를 조절해줍니다. Enter키를 눌러 명령을 해제해줍니다.

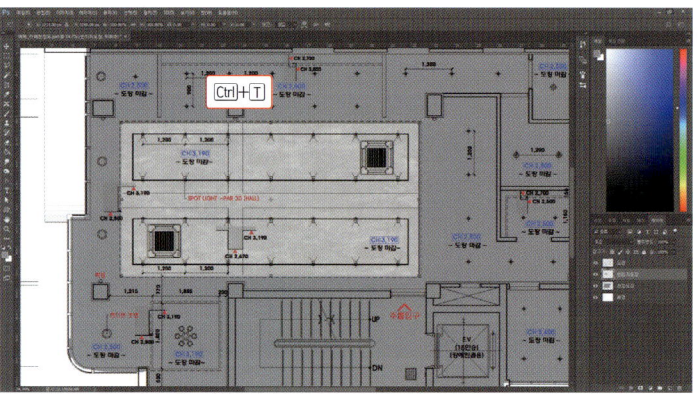

11 ❶ '빈티지도장' 레이어를 더블클릭하여 레이어 스타일 창을 열어줍니다. 내부 그림자에 ❷ 체크하고 ❸ 더블클릭하여 ❹ 다음과 같이 값을 설정해주고 ❺ 확인 버튼을 누릅니다. 내부 그림자 효과가 적용되었습니다.

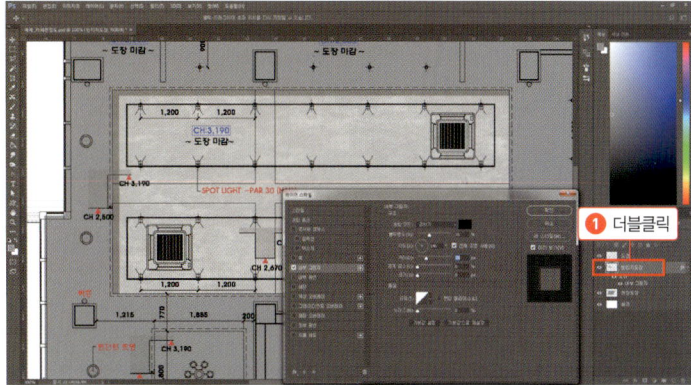

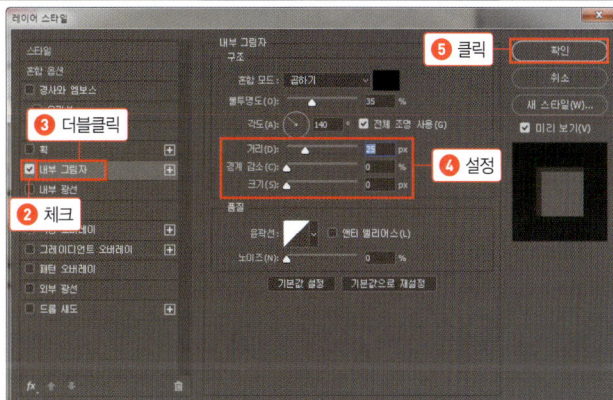

12 노출천정이다 보니까 '보'가 표현되어야 합니다. ❶ '빈티지도장' 레이어를 선택한 상태에서 ❷ 사각선택도구〈 〉 단축키 M 을 누르고 ❸ 다음과 같이 Shift 버튼을 누르면서 드래그하여 선택합니다.

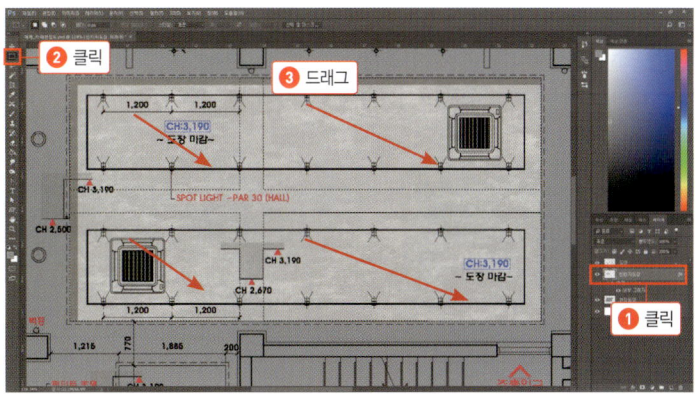

13 ❶ 단축키 Ctrl+J를 눌러 선택영역을 복사해줍니다. '빈티지도장' 레이어의 속성을 가지고 있기 때문에, 내부 그림자 효과가 적용되어 있습니다. ❷ 레이어명을 '빈티지도장2'로 변경하고 ❸ 곡선 단축키 Ctrl+M을 눌러 ❹ 곡선을 아래로 내려준 후 ❺ 출력 152/ 입력 180정도의 값을 입력하고 확인 버튼을 누릅니다. '보' 부분이 좀 더 부각될 수 있도록 표현되었습니다.

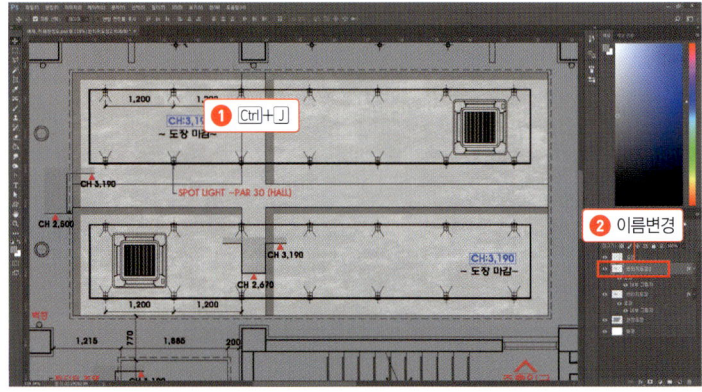

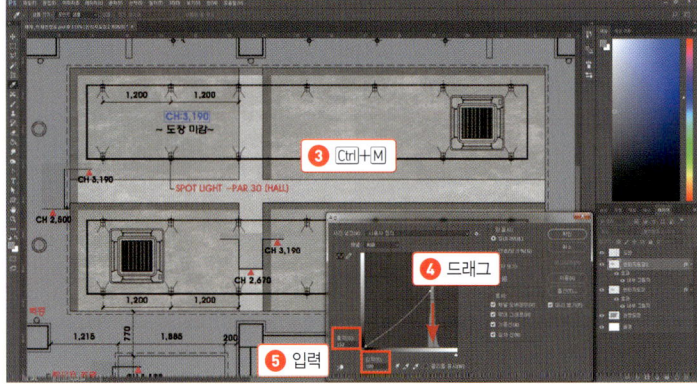

Lesson 03 주조명 표현하기

14 ❶ 레이어 창의 〈 〉 버튼을 눌러 새로운 레이어를 만들어주고, ❷ 레이어명을 '팬던트'로 변경해준 후 도면 아래에 위치시킵니다. ❸ 원형선택 도구〈 〉를 누르고 ❹ Shift 버튼을 누르면서 W와 H 가 0.43cm정도 되는 원형을 만들어 다음과 같이 위치시켜줍니다.

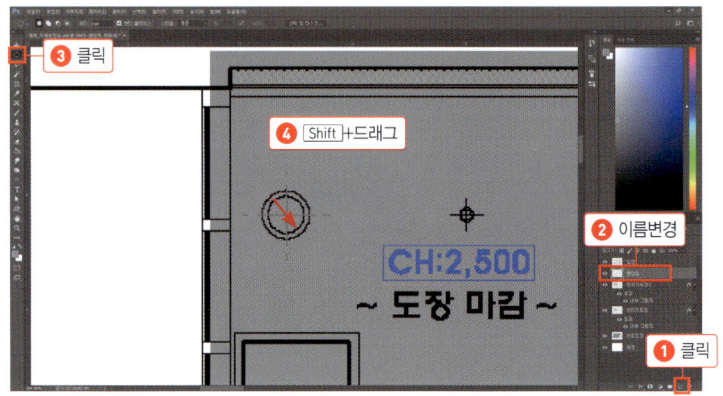

15 ① 전경색( )을 클릭하고 색상 라이브러리를 눌러 흰색을 선택한 후 ② 페인트통 도구( )를 누르고 ③ 선택영역에 클릭해주면 색상이 채워졌습니다. Ctrl+D를 눌러 선택을 해제해줍니다.

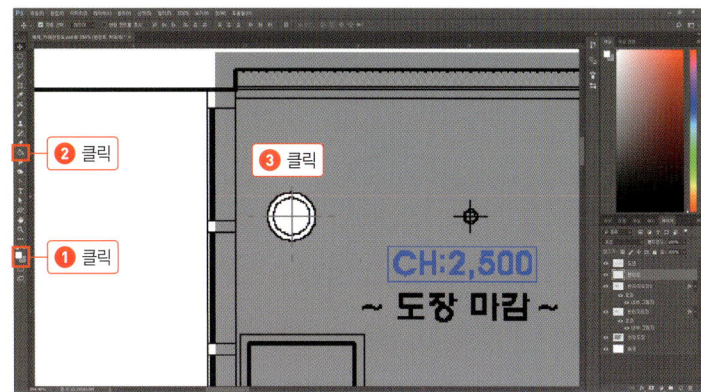

16 ① '팬던트' 레이어를 더블클릭하여 레이어 스타일 창을 열어줍니다. ② 외부 광선에 체크하고 ③ 더블클릭하여 ④ 다음과 같이 값을 설정해주고 ⑤ 확인 버튼을 누릅니다.

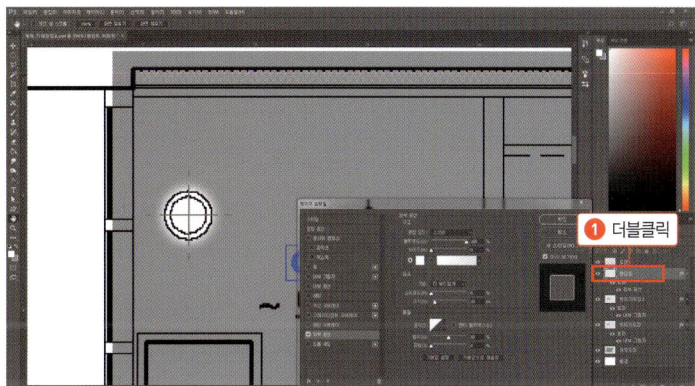

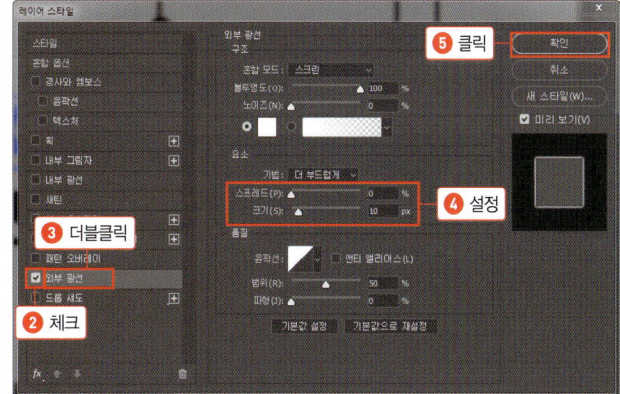

17 Alt+이동 도구( )를 누르면서 드래그 하여 팬던트마다 다음과 같이 위치시켜줍니다.

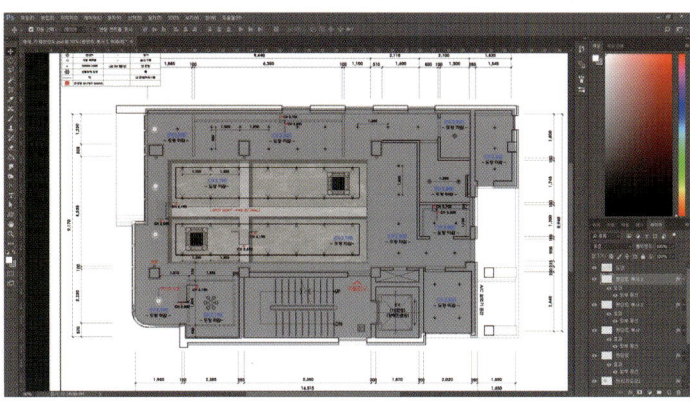

18 자유 변형 단축키 Ctrl+T를 눌러 할로겐 및 다운라이트, 레일등에도 같은 방법으로 위치시켜줍니다.

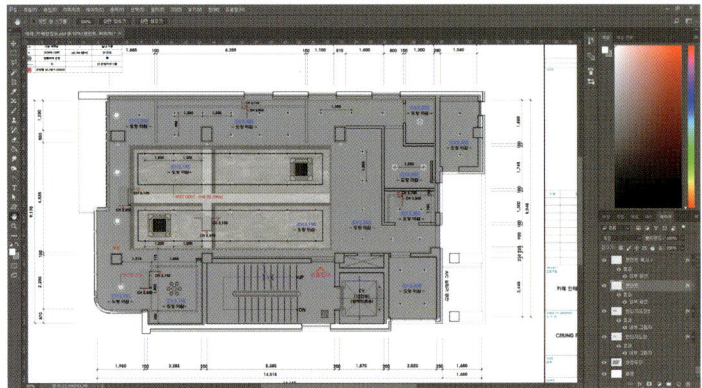

19 ❶ 열기 단축키 Ctrl+O를 눌러 샹들리에.png를 ❷ 불러온 후 ❸ 자유 변형 단축키 Ctrl+T를 눌러 조절점을 이동하여 다음과 같이 크기를 조절해줍니다. Enter키를 눌러 명령을 해제해줍니다. ❹ 레이어명을 '샹들리에'로 변경하는 것도 잊지 마세요.

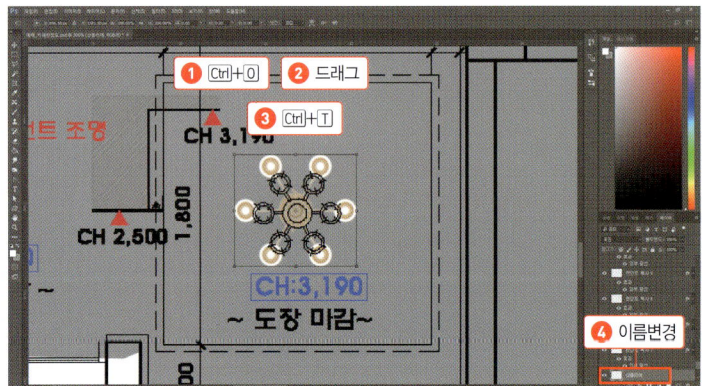

20 캐드블럭이 거슬립니다. 도면선 위에서 ❶ 마우스 오른쪽 버튼을 눌러 ❷ '도면' 레이어를 선택하고 ❸ 사각선택 도구⟨▢⟩ 단축키 M을 누른 후 ❹ 다음과 같이 드래그하여 선택해주고 ❺ Delete를 눌러 도면선을 삭제합니다.

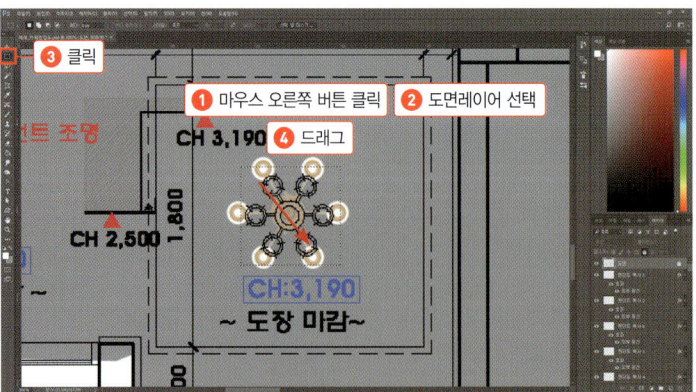

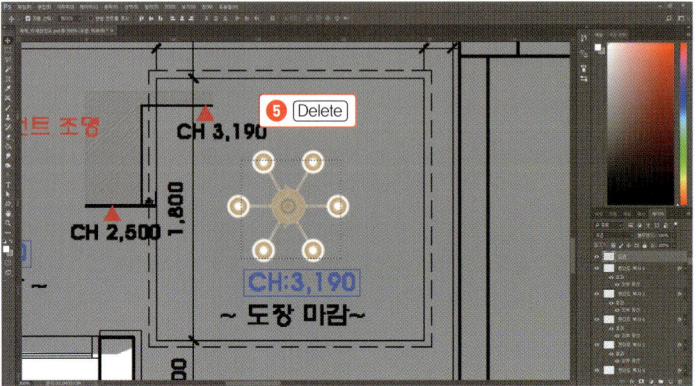

21 ❶ '샹들리에' 레이어를 더블클릭하여 레이어 스타일 창을 열어줍니다. ❷ 드롭 섀도에 체크하고 ❸ 더블클릭하여 ❹ 거리 5px, 크기 2px로 값을 설정해주고 ❺ 확인 버튼을 누릅니다. 그림자 효과가 적용되었습니다.

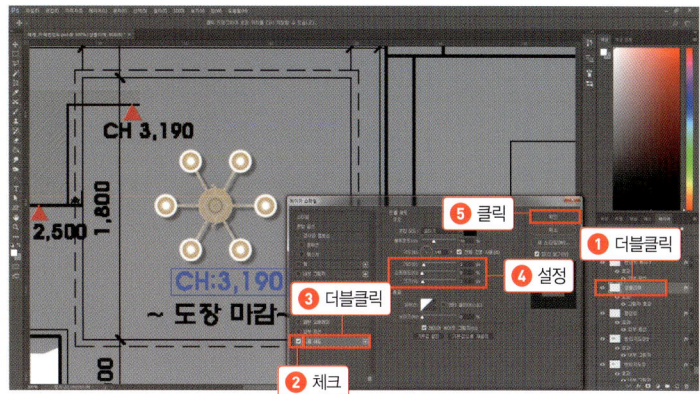

Lesson 04 간접조명 표현하기

22 이번엔 간접조명을 표현해보도록 하겠습니다. ❶ 레이어 창의 〈 〉 버튼을 눌러 새로운 레이어를 만들어주고, ❷ 레이어명을 '간접조명'으로 변경해준 후 도면 아래에 위치시킵니다. ❸ 사각선택 도구〈 〉 단축키 M을 눌러 ❹ '간접조명'이 표현될 곳을 드래그하여 선택합니다.

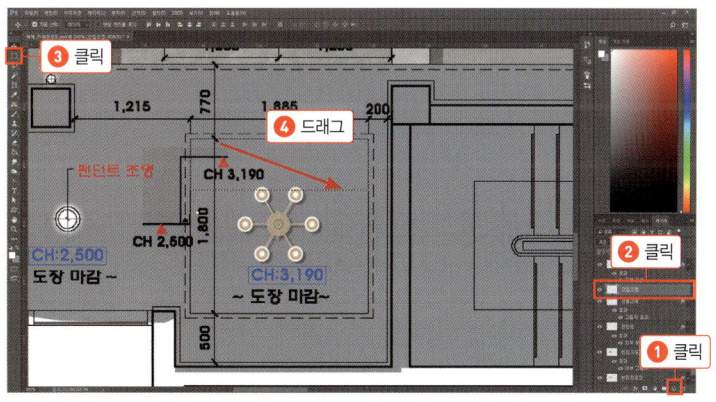

23 ❶ 도구 바의 페인트통을 꾹 눌러 그레이디언트〈 〉 도구를 선택해줍니다. ❷ 전경색이 흰색이 되도록 지정하고, ❸ 전경색에서 투명색으로 버튼을 선택한 후 ❹ Shift 버튼을 누르면서 위에서 아래로 드래그하여 그레이디언트 효과를 적용합니다. 단축키 Ctrl + D를 눌러 선택을 해제합니다.

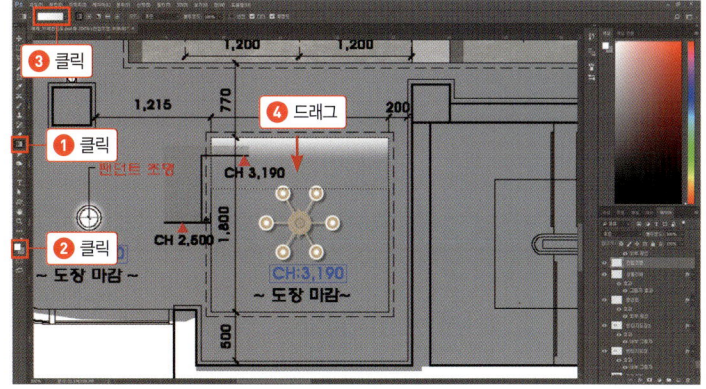

> **알아두기**
>
> Shift 키를 누르면서 그레이디언트를 하게 되면, 수직, 수평으로 균일하게 효과를 줄 수 있습니다.

24 ① Alt+이동 도구⟨✥⟩를 누르면서 아래로 드래그 하여 복사해준 후 ② 자유 변형 단축키 Ctrl+T를 누르고 ③ 마우스 오른쪽 버튼을 눌러 ④ 세로로 뒤집기를 선택해줍니다. 다음과 같이 위치시켜줍니다.

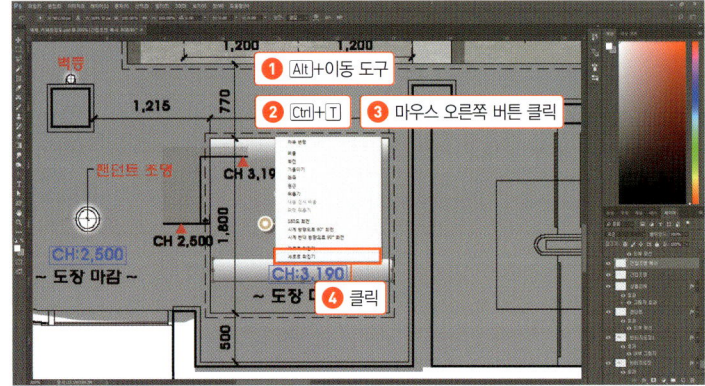

25 왼쪽 조명은 ① Alt+이동 도구⟨✥⟩를 누르면서 드래그 하여 복사해준 후 ② 자유 변형 단축키 Ctrl+T를 누르고 ③ 마우스 오른쪽 버튼을 눌러 ④ 시계방향으로 90도 회전을 선택해서 위치시켜줍니다.

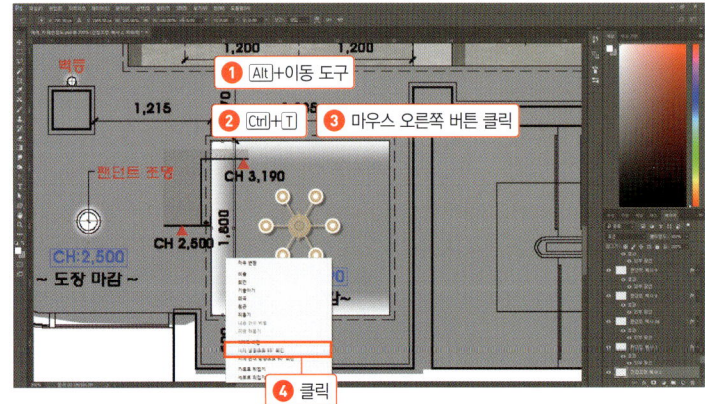

26 오른쪽 조명은 ① Alt+이동 도구⟨✥⟩를 누르면서 드래그 하여 복사해준 후 ② 자유 변형 단축키 Ctrl+T를 누르고 ③ 마우스 오른쪽 버튼을 눌러 ④ 가로로 뒤집기를 선택해서 위치시켜줍니다.

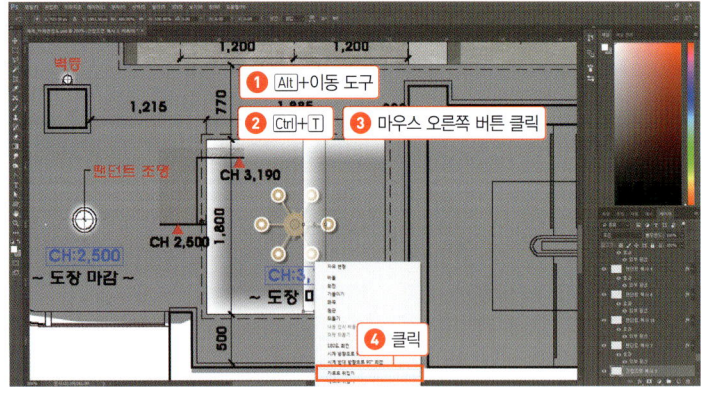

27 나머지 간접조명들도 같은 방법으로 작업해줍니다.

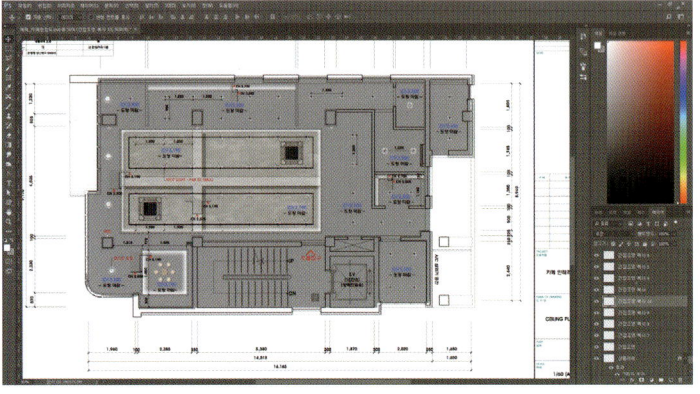

Lesson 05 창호 표현하기

창틀을 칼라링 할 때 정해진 색상은 없습니다. 벽체와 구분되면서도 튀지 않게 표현해야 하기 때문에 무난한 회색톤을 많이 사용하고 있습니다. 창틀과 유리를 구분해도 되지만, 시간이 없을 때는 회색 한가지 색상만으로 표현해도 됩니다. 하나의 레이어로 만들어 놓으면 평면도와 연결된 도면들 작업시에 불러와서 위치시키면 작업이 간단해집니다. 작업하다 보면 빠지는 부분이 있을 수 있으니 임의의 한 지점을 정해서 벽체를 따라 차례차례 이동하면서 작업하시면 어느새 완성되어 있을 것입니다.

28 ① 레이어 창의 〈 🗋 〉 버튼을 눌러 새로운 레이어를 만들어주고, ② 레이어명을 '창호'로 변경해준 후 도면 아래에 위치시킵니다. ③ 사각선택도구〈 ▢ 〉단축키 M 을 누르고 ④ 창문영역을 드래그하여 선택합니다.

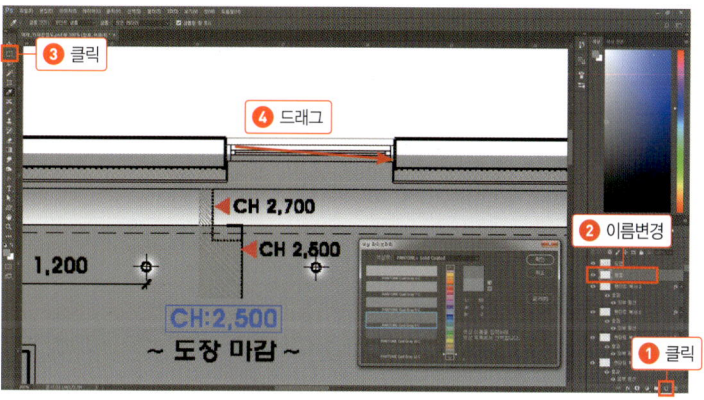

29 ① 전경색〈 ■ 〉을 클릭하고 색상 라이브러리를 눌러 전경색을 선택한 후 ② 페인트통 도구〈 🪣 〉를 누르고 ③ 선택영역에 클릭해주면 색상이 채워졌습니다. Ctrl + D 를 눌러 선택을 해제해줍니다.

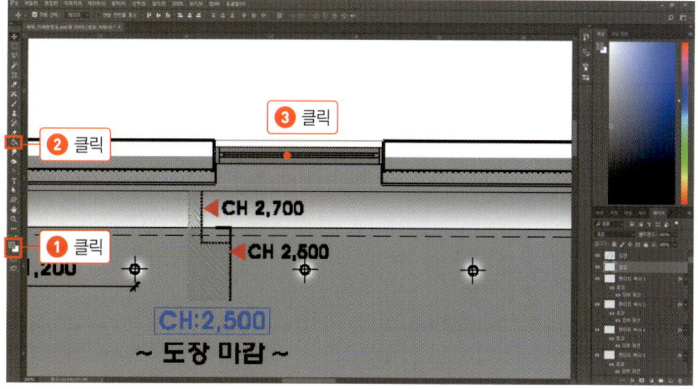

30 Alt + 이동 도구〈 ✥ 〉를 누르면서 드래그하여 다음과 같이 위치시켜줍니다. 크기가 안 맞을 때는 자유 변형 단축키 Ctrl + T 를 눌러 조절점으로 크기를 조절해줍니다. 다른 창호들도 칼라링합니다.

31 같은 방법으로 단열재도 칼라링 합니다.

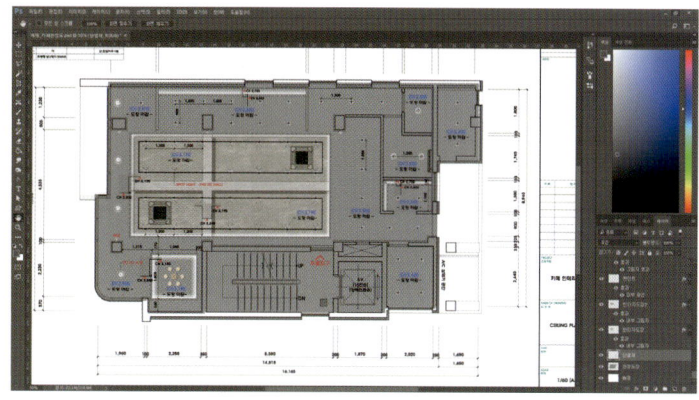

Lesson 06 벽체 표현하기

32 열기 단축키 Ctrl+O를 눌러 예제 파일 예제_카페벽면.eps를 불러옵니다.
A3 파일로 저장되었기 때문에 이미지 크기는 ❶ '42.02', 높이는 ❷ '29.7'로 지정되어 있습니다. ❸ 해상도를 '200'으로 ❹ 모드는 RGB색상으로 지정하고 ❺ 앤티앨리어스에 체크를 해제한 후 ❻ 확인 버튼을 누릅니다.

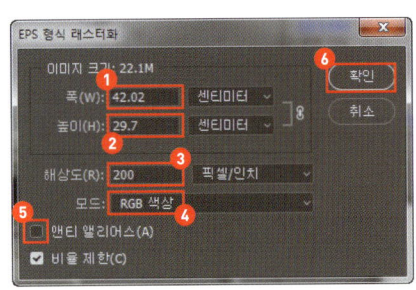
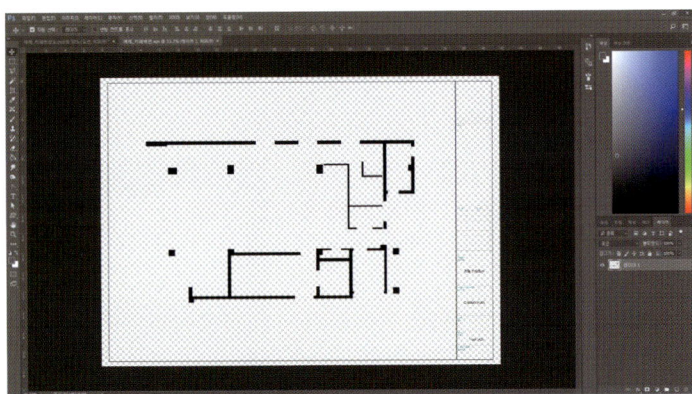

33 예제_카페벽면.eps창을 다음과 같이 아래로 내리고, Shift+Alt+이동 도구를 누르면서 예제_카페천정도로 드래그 하면 도면과 같은 위치에 복사됩니다. 레이어명도 '벽체'로 바꿔줍니다. 벽면하나 정리되었을 뿐인데, 깔끔해졌습니다.

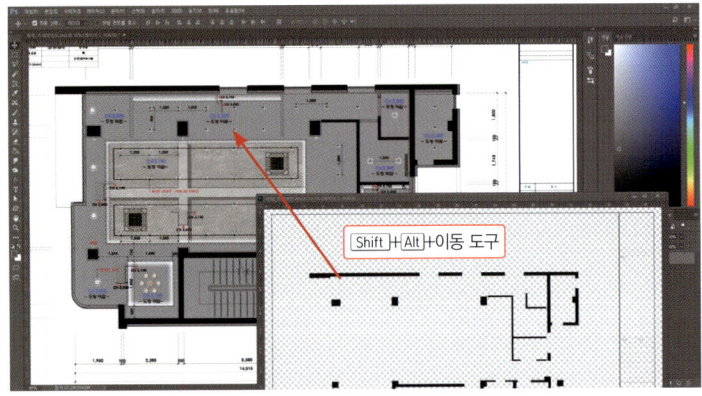

34 천정마감이 부족한 부분이 보인다면, ❶ 마우스 오른쪽 버튼을 눌러 ❷ 천정도장 레이어를 선택하고 ❸ 사각선택 도구를 누르고 ❹ 복사할 영역을 드래그해준 후 ❺ Alt+이동 도구를 눌러 부족한 부분을 채워줍니다.

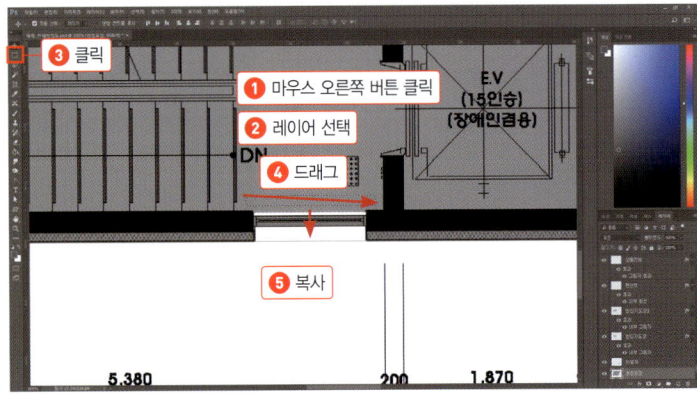

35 ① '벽체' 레이어를 더블클릭하여 레이어 스타일 창을 열어줍니다. ② 드롭 섀도에 체크하고 ③ 더블클릭하여 ④ 각도 90도, 거리 15px, 스프레드와 크기는 0으로 지정한 후 ⑤ 확인 버튼을 누릅니다. 그림자 효과가 적용되었습니다.

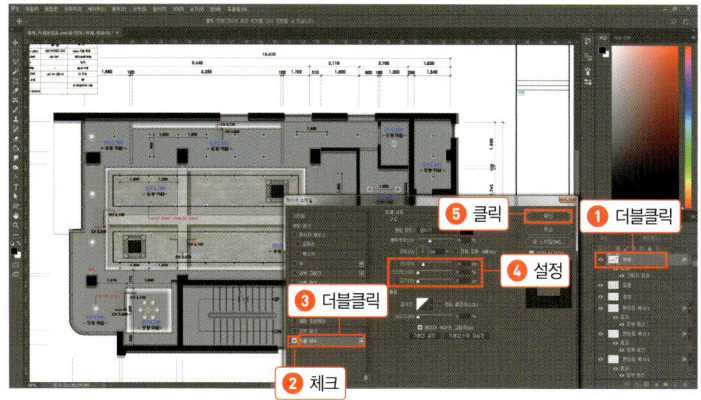

Lesson 07 마무리하기

36 작업이 마무리 단계에 이르렀습니다. 천정 도장 색상이 많이 어두워 보이네요. 밝게 조절해보도록 하겠습니다. ① 마우스 오른쪽 버튼을 눌러 '천정도장' 레이어를 선택하고 ② 레벨 단축키 Ctrl+L을 눌러 입력레벨을 0,1.8, 255정도로 조절해준 후 ③ 확인 버튼을 누릅니다. 다음과 같이 조절해줍니다.

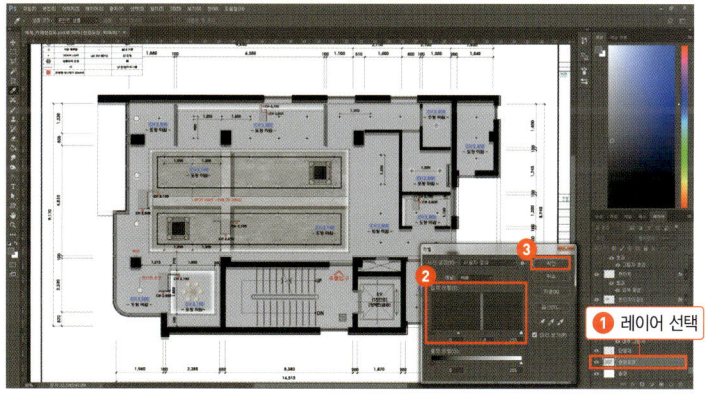

37 천정 도장 마감이 너무 매끈해 보이네요. 메뉴 바의 ① [필터]- ② [노이즈]- ③ [노이즈 추가]를 눌러 다음과 같이 ④ 양을 5%로 정해주고 ⑤ 확인 버튼을 눌러줍니다.

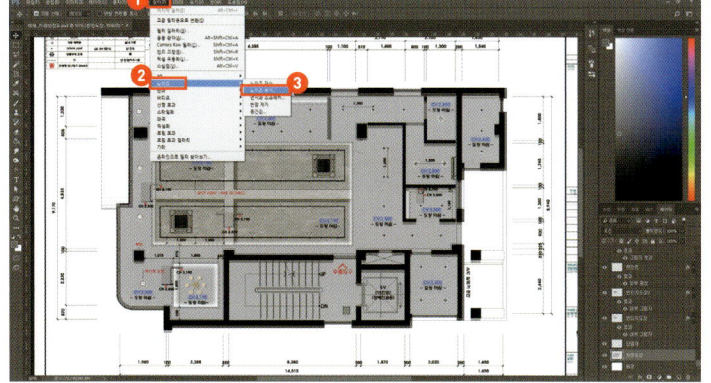 

38 에어컨도 칼라링합니다. ❶ 레이어 창의 〈 〉 버튼을 눌러 새로운 레이어를 만들어주고, ❷ 레이어명을 '에어컨'로 변경해준 후 도면 아래에 위치시킵니다. ❸ 사각선택 도구〈 〉 단축키 M을 누르고 ❹ 에어컨을 드래그하여 선택합니다.

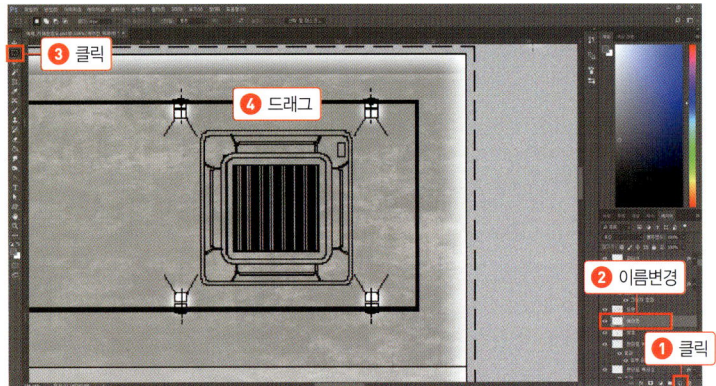

39 에어컨 모서리가 살짝 라운드입니다. 메뉴 바의 [선택]-[수정]-[매끄럽게]를 누르면 선택영역 매끄럽게 만들기 창이 나타나고, 샘플반경을 3 픽셀 정도를 적용하고 확인 버튼을 누릅니다. 라운드 형태로 선택되었습니다.

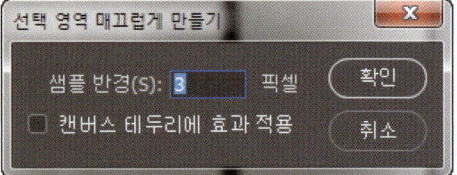

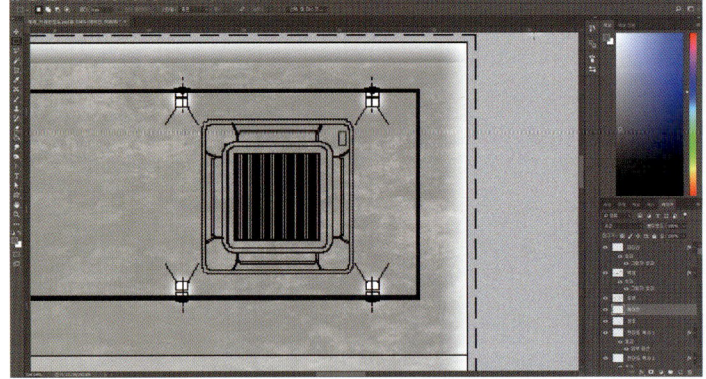

40 ❶ 전경색〈 〉을 클릭하고 ❷ 색상 라이브러리를 눌러 전경색을 ❸ 선택한 후 ❹ 페인트통 도구〈 〉를 누르고 ❺ 선택영역에 클릭해주면 색상이 채워졌습니다. Ctrl+D를 눌러 선택을 해제해줍니다.

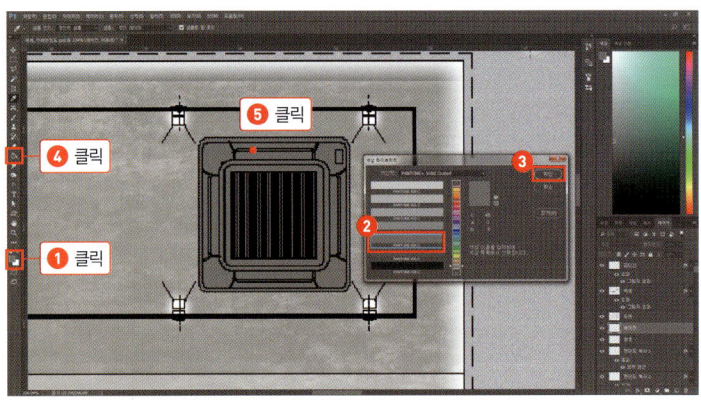

41 ① '에어컨' 레이어를 더블클릭하여 레이어 스타일 창을 열어줍니다. ② 드롭 섀도에 체크하고 ③ 더블클릭하여 ④ 다음과 같이 값을 설정해주고 ⑤ 확인 버튼을 누릅니다. 그림자 효과가 적용되었습니다.

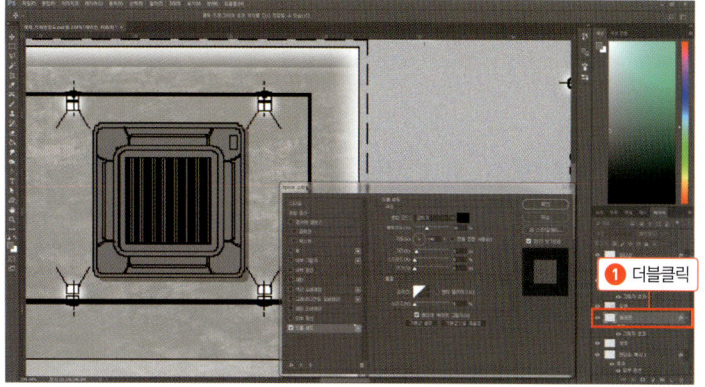

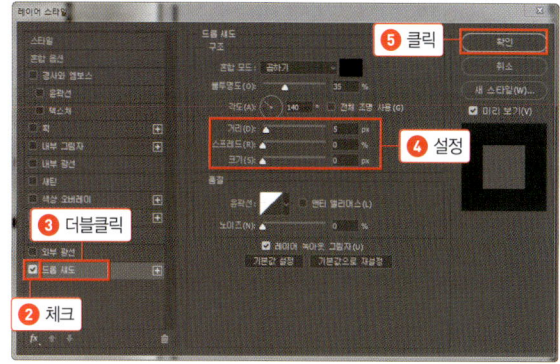

42 에어컨이 어두워 보일 때는 ① 곡선 단축키 Ctrl+M을 눌러 ② 곡선을 위쪽으로 드래그 하여 ③ 다음과 같이 값을 조절하고 ④ 확인 버튼을 누릅니다. Alt+이동 도구( )를 눌러 다른 에어컨에도 위치시켜 줍니다.

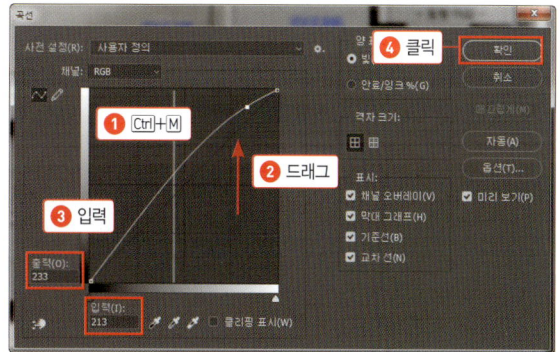

43 ① 열기 단축키 Ctrl+O를 눌러 칼라링기본소스.PSD를 불러옵니다. ② 빛소스4 위에서 마우스 오른쪽 버튼을 눌러 빛소스4 레이어를 선택해준 후 ③ 예제_카페천정도.psd로 드래그해줍니다.

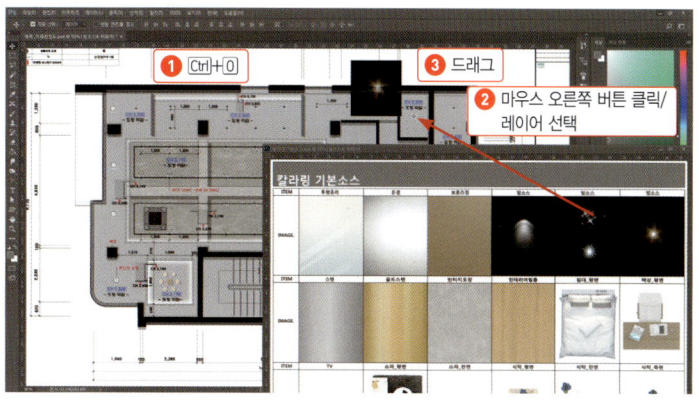

44 ❶ '빛빛소스4' 레이어를 제일 위로 올려주고 ❷ '스크린 모드'로 변경합니다. 검정 배경이 없어졌습니다. ❸ 자유 변형 단축키 Ctrl+T를 눌러 조절점을 이동하여 다음과 같이 크기를 조절해줍니다. Enter↵ 키를 눌러 명령을 해제해줍니다. Alt+이동 도구〈✥〉+드래그 하여 곳곳에 빛소스를 찍어줍니다.

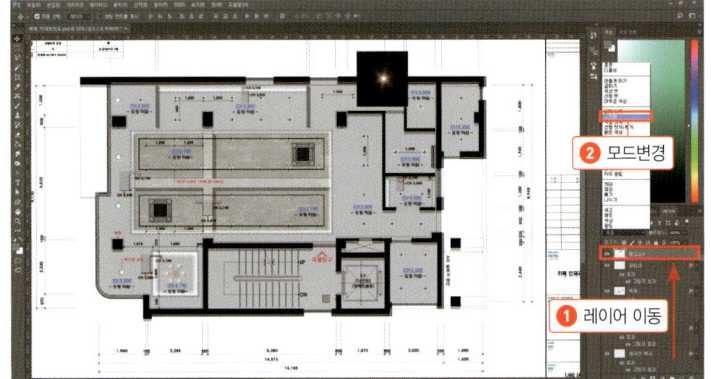

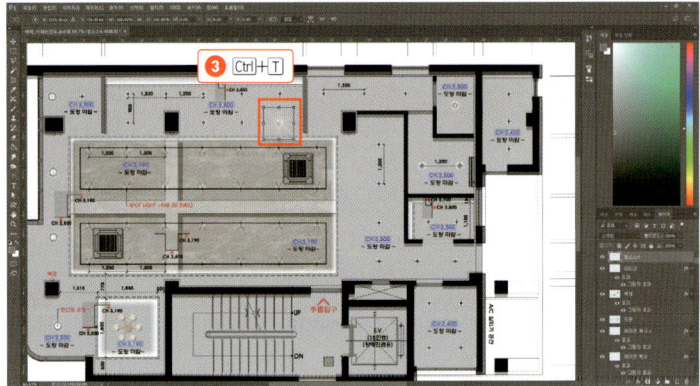

45 '벽체선'을 불러올 때 틀까지 함께 넘어와서 틀에도 그림자 효과가 적용되어 있네요. 이럴땐 ❶ '벽체' 위에서 마우스 오른쪽 버튼을 눌러 벽체 레이어를 선택합니다. ❷ 사각선택 도구〈▭〉 단축키 M을 누르고 ❸ Shift 를 누르면서 지울 부분을 드래그하여 선택한 후 ❹ Delete 를 눌러 삭제합니다.

46 벽체마감선도 칼라링해보도록 하겠습니다. ❶ 레이어 창의 〈🗔〉 버튼을 눌러 새로운 레이어를 만들어주고, ❷ 레이어명을 '마감선'으로 변경해준 후 ❸ 도면 아래에 위치시킵니다. '도면' 레이어를 선택하고 ❹ 자동선택 도구〈🪄〉를 눌러 Shift 를 누르면서 하나하나 선택합니다.

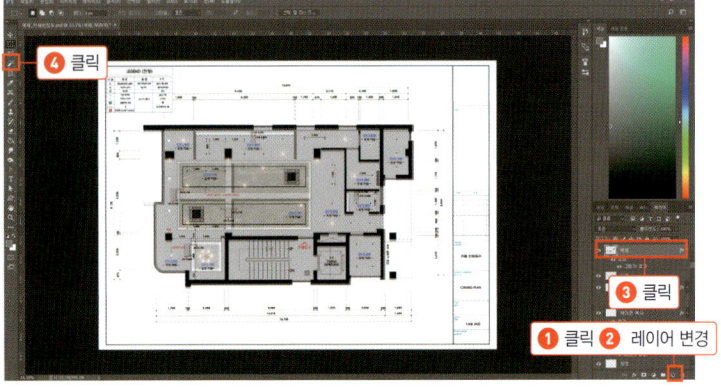

47 ❶ 전경색( )을 클릭하고 색상 라이브러리를 눌러 전경색을 선택한 후 ❷ 페인트통 도구( )를 누르고 ❸ 선택영역에 클릭해주면 색상이 채워졌습니다. Ctrl+D를 눌러 선택을 해제해줍니다.

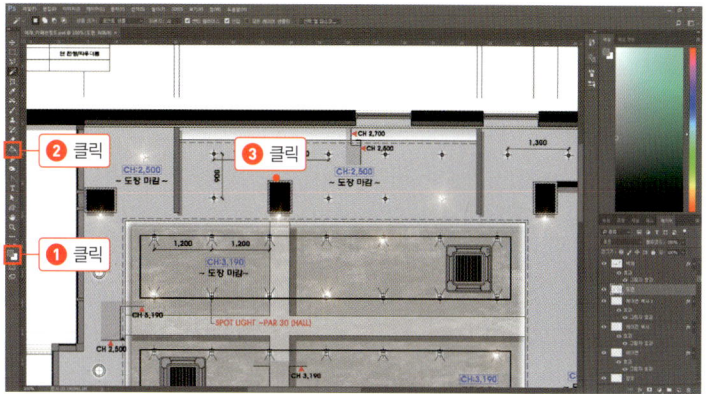

48 빠진 부분이 없는지 꼼꼼히 체크하고 위에 있어야 할 레이어가 아래에 있어서 가려진 부분은 없는지도 확인한 후 마무리합니다.

카페 천정도가 완성되었습니다.

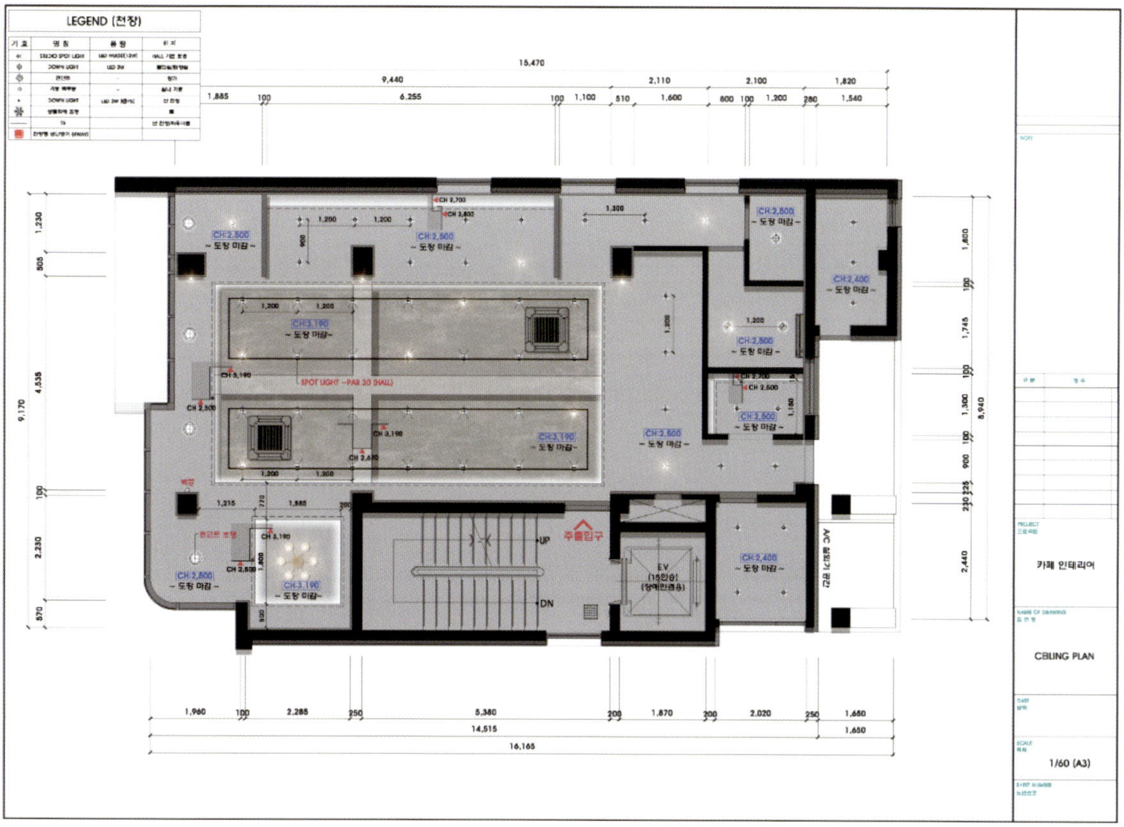

CHAPTER 02 아파트 거실 입면도 칼라링

예제 파일 Part04. – 02. 예제_아파트거실 입면도

도장컬러블루

도장컬러아이보리

벽지

포인트타일

재질_우드

골드스텐

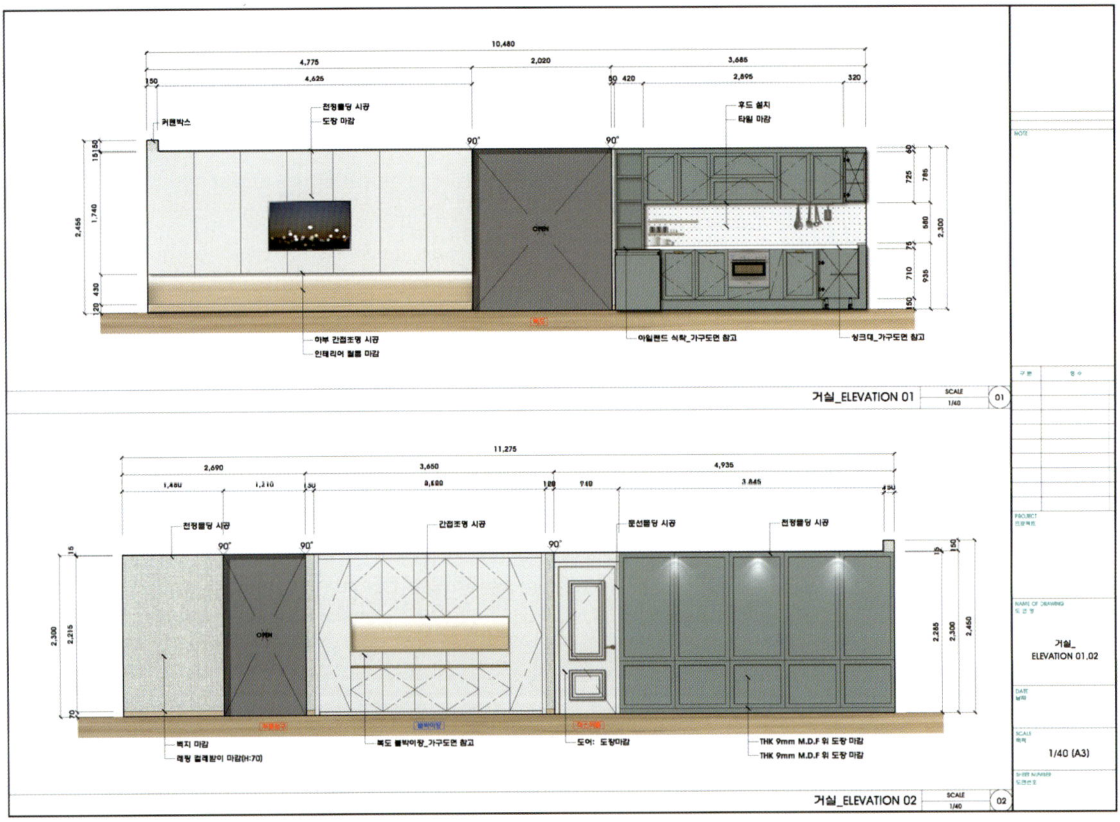

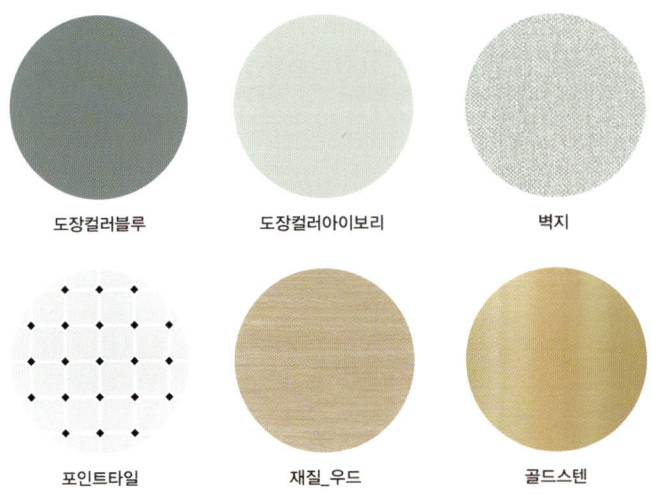

Lesson 01 기본 작업 시작하기

01 화면을 더블클릭하거나, 단축키 Ctrl + O를 눌러 예제 파일 예제_주거공간 거실.eps를 불러옵니다.

A3 파일로 저장되었기 때문에. 이미지 크기는 ❶ '42.02', 높이는 ❷ '29.7'로 지정되어 있습니다. 해상도를 ❸ '200'으로 모드는 ❹ RGB색상으로 지정하고 ❺ 앤티앨리어스에 체크를 해제한 후 ❻ 확인 버튼을 누릅니다.

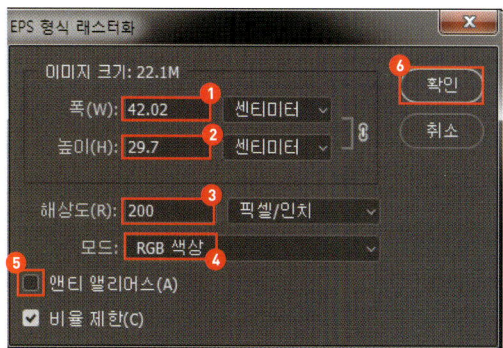

02 ❶ 레이어 창의 〈 〉 버튼을 눌러 새로운 레이어를 만들어줍니다. ❷ 배경색이 흰색으로 지정되어 있는지 확인하고 ❸ 단축키 Ctrl + Delete 를 눌러 배경을 흰색으로 채워줍니다.

03 ❶ '레이어2'를 더블클릭하여 이름을 배경으로, '레이어1'을 더블클릭하여 이름을 도면으로 변경한 후 ❷ '배경' 레이어를 잡고 아래쪽으로 드래그해서 '배경' 레이어가 '도면' 레이어 아래에 위치하게 합니다. 칼라링을 하기 위한 베이스 작업이 완료되었습니다.

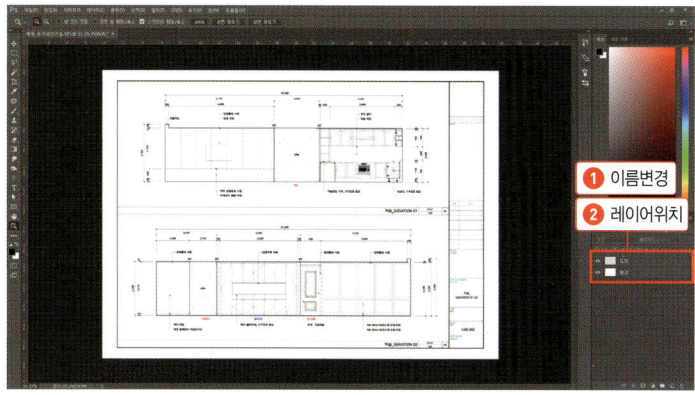

Lesson 02 통로 칼라링하기

04 오픈공간은 회색으로 칼라링해보도록 하겠습니다. ❶ 레이어 창의 〈 〉 버튼을 눌러 새로운 레이어를 만들어 주고, ❷ 레이어명을 '오픈'으로 변경해준 후 도면 아래에 위치시킵니다. ❸ 사각선택 도구〈 〉 단축키 M을 누르고 ❹ 다음과 같이 드래그하여 선택합니다.

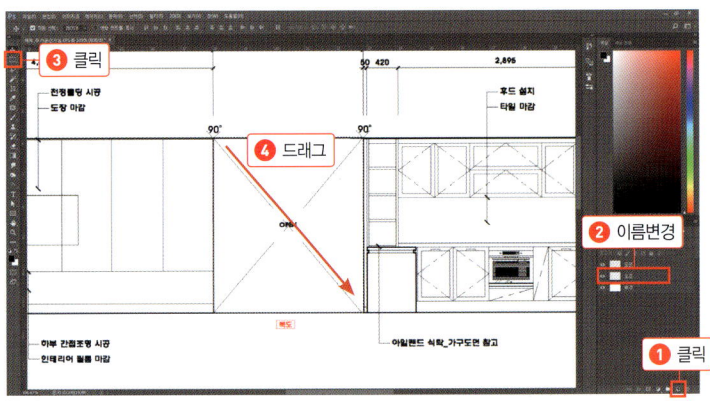

05 전경색〈 〉을 클릭하고 색상 라이브러리를 눌러 ❶ 다음 색상을 선택한 후 ❷ 확인 버튼을 누릅니다. 색상은 나중에도 조절이 가능하니까요. 회색톤을 선택해주면 됩니다.

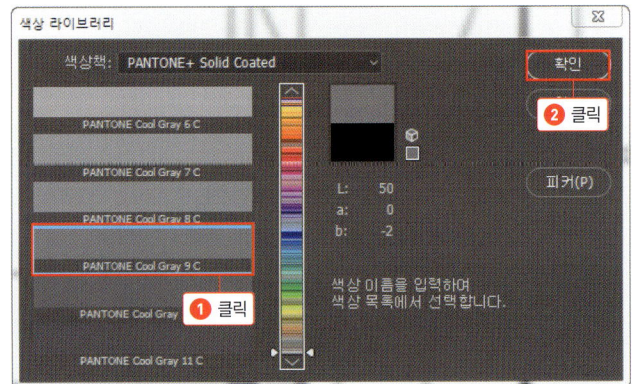

06 ❶ 페인트통 도구〈 〉를 누르고 ❷ 선택영역에 클릭해주면 색상이 채워졌습니다. Ctrl+D를 눌러 선택을 해제해줍니다.

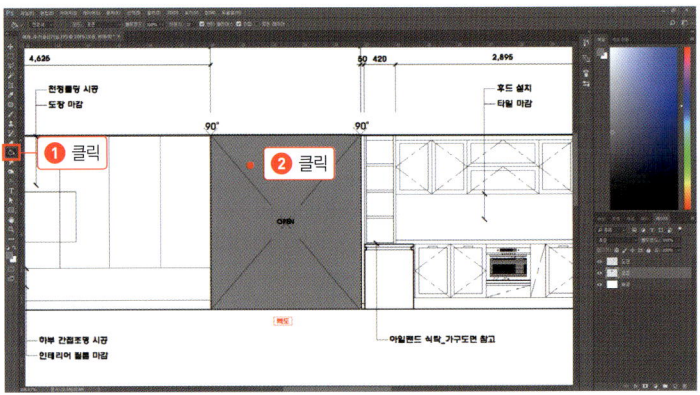

07 ❶ '오픈' 레이어를 더블클릭하여 레이어 스타일 창을 열어줍니다. ❷ 내부 그림자에 체크하고 ❸ 더블클릭하여 ❹ 다음과 같이 값을 설정해주고 ❺ 확인 버튼을 누릅니다. 내부 그림자 효과가 적용되었습니다.

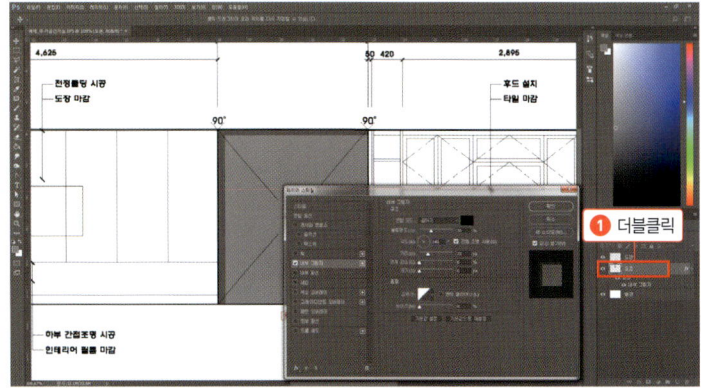

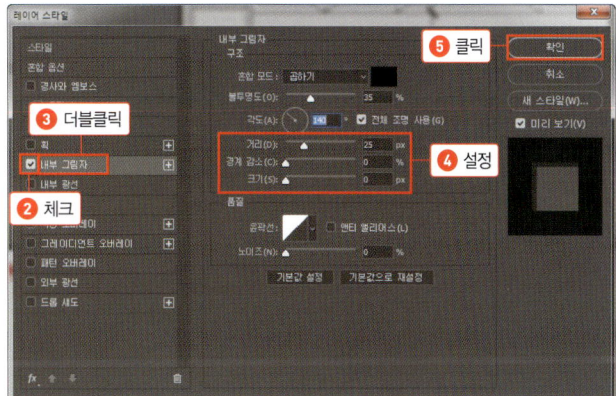

08 ❶ Alt +이동 도구( )를 누르면서 드래그하여 '파우더룸 입구'도 복사해서 다음과 같이 위치시켜줍니다. 크기가 안 맞을 때는 ❷ 자유 변형 단축키 Ctrl + T 를 눌러 조절점을 이동하여 크기를 조절해줍니다. Enter 키를 눌러 명령을 해제해줍니다.

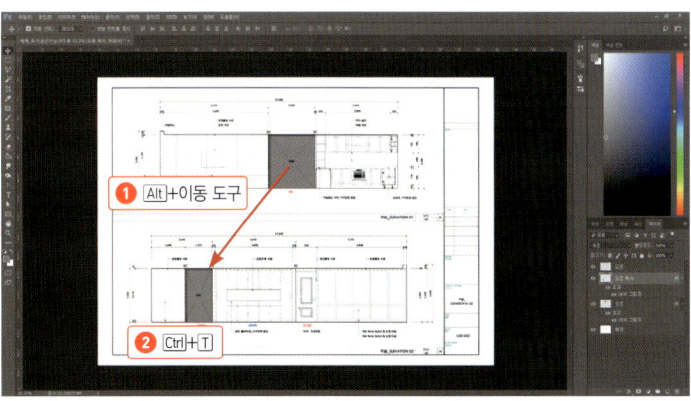

Lesson 03 도장 마감하기

09 ① 열기 단축키 Ctrl+O를 누르고 도장_블루 파일을 불러옵니다. 창을 다음과 같이 드래그하여 아래로 내린다음, ② 이동 도구〈✤〉 단축키 V를 누르고 ③ 예제_주거공간 거실로 드래그해줍니다. 도장_블루 파일은 X 버튼을 눌러 닫아주세요.

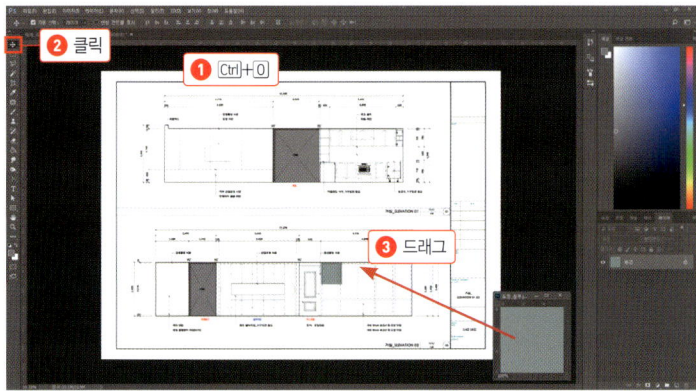

10 도장_블루 컬러는 싱크대와 쇼파뒤 벽면에 사용할 겁니다. ① 레이어명을 '도장블루'로 변경해주고 ② Alt+이동 도구〈✤〉를 누르면서 드래그하여 싱크대 쪽에도 미리 위치시켜줍니다.

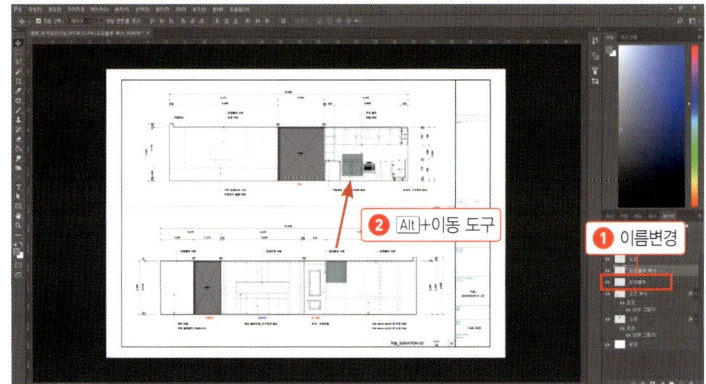

11 ① 마우스 오른쪽 버튼을 클릭하여 ② '도장 블루' 레이어를 선택하고 ③ 자유 변형 단축키 Ctrl+T를 눌러 조절점을 이동하여 크기를 다음과 같이 조절해줍니다. Enter↵ 키를 눌러 명령을 해제해줍니다.

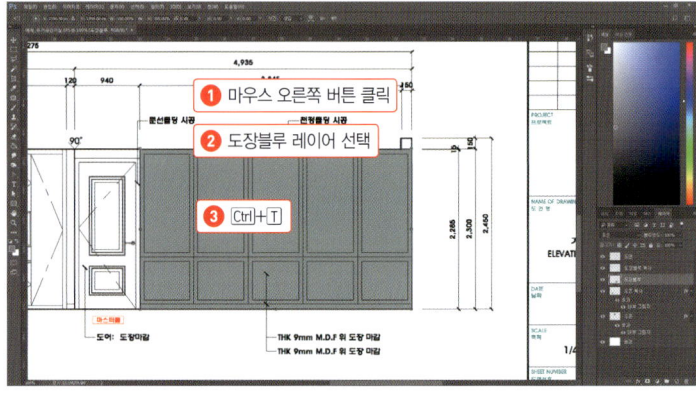

12 M.D.F. 9mm의 음양각을 표현해보도록 하겠습니다. ① 사각선택 도구 〈□〉 단축키 M을 눌러 ② 다음과 같이 드래그하여 선택해주고 ③ Ctrl+J를 눌러 선택한 영역을 복사해줍니다. 새로운 레이어가 만들어졌습니다. ④ 더블클릭하여 '블루 음양각'으로 레이어명을 변경해줍니다.

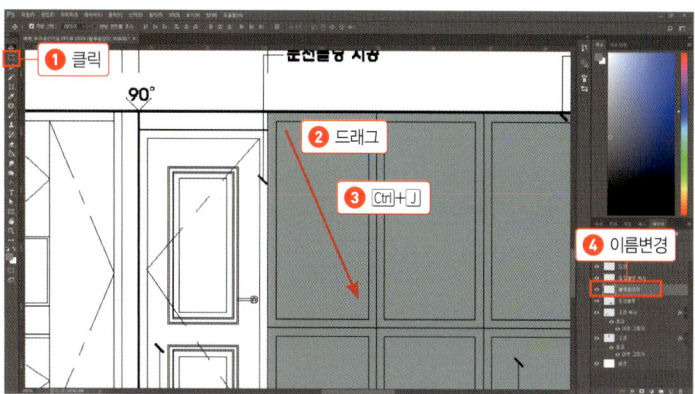

13 ① '블루 음양각' 레이어를 더블클릭하여 레이어 스타일 창을 열어줍니다. ② 내부 그림자에 체크하고 ③ 더블클릭하여 ④ 다음과 같이 값을 설정해주고 ⑤ 확인 버튼을 누릅니다. 내부 그림자 효과가 적용되었습니다.

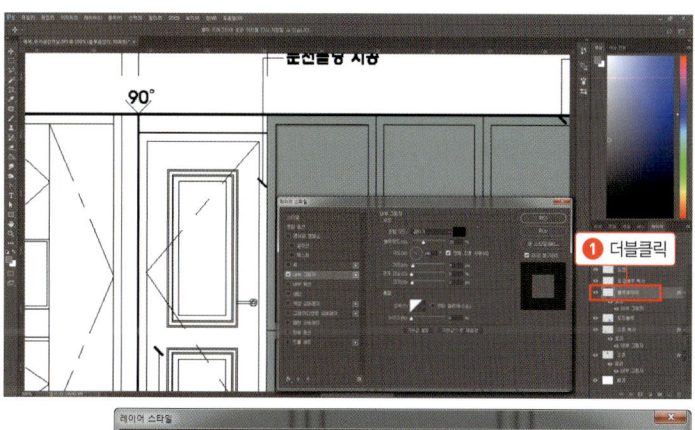

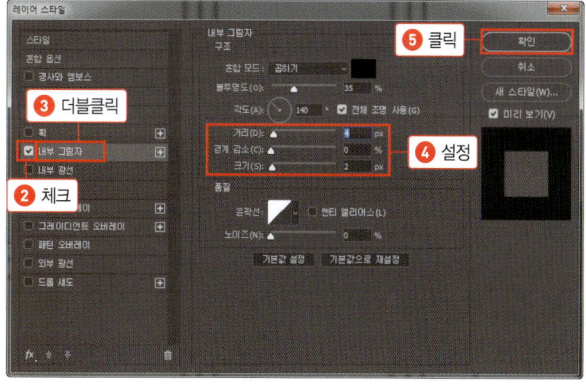

14 Alt+이동 도구〈✣〉를 누르면서 드래그하여 다음과 같이 위치시켜줍니다. 아래쪽도 같은 방법으로 마무리해줍니다. 벽면에 입체감이 표현되었습니다.

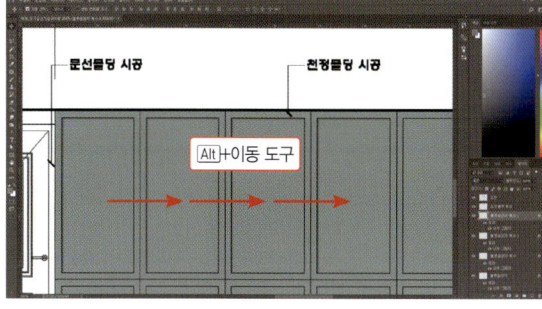
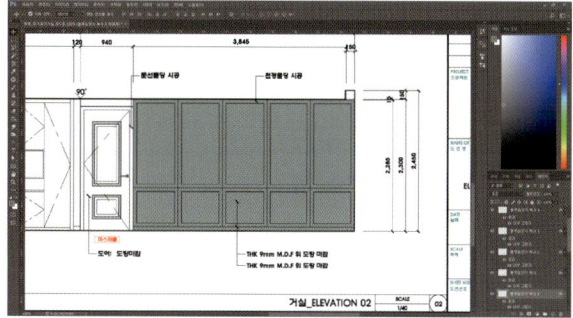

15 ⑫번 과정에서 미리 복사해두었던 ❶ '도장블루복사' 레이어를 선택하고 ❷ 자유 변형 단축키 Ctrl+T를 눌러 조절점을 이동하여 크기를 싱크대에 맞게 다음과 같이 조절해줍니다. Enter↵키를 눌러 명령을 해제해줍니다.

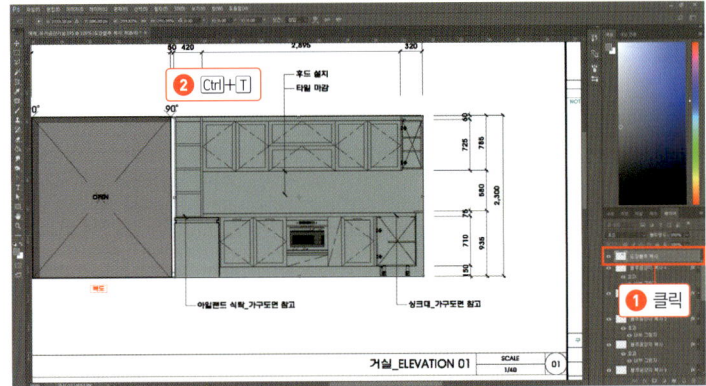

16 ❶ 사각선택 도구(▭) 단축키 M을 눌러 ❷ 필요없는 부분을 드래그하여 선택해주고 ❸ Delete 버튼을 눌러주면 선택된 이미지가 삭제됩니다.

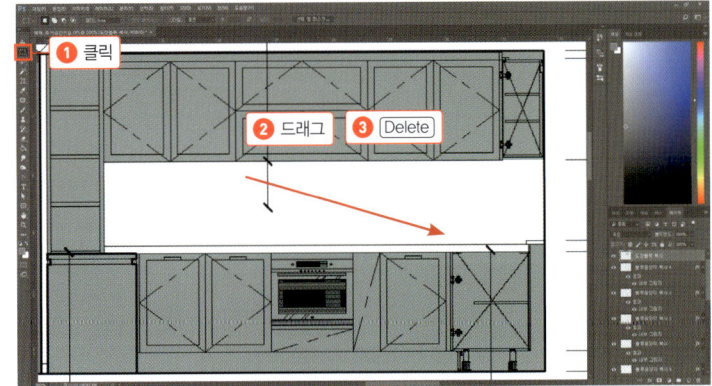

17 이번에도 음양각을 표현해보도록 하겠습니다. ❶ 사각선택 도구(▭) 단축키 M을 눌러 ❷ 다음과 같이 드래그하여 선택해주고 ❸ Ctrl+J를 눌러 선택한 영역을 복사해줍니다. 새로운 레이어가 만들어졌습니다. ❹ 더블클릭하여 '싱크대 음양각'으로 레이어명을 변경해줍니다.

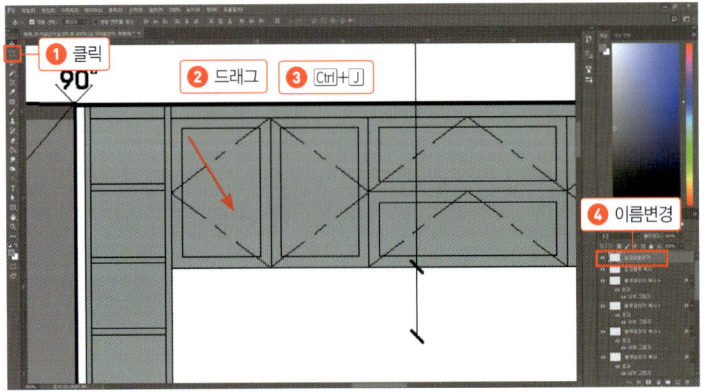

Chapter 02 아파트 거실 입면도 칼라링 :: 231

18 ❶ '싱크대 음양각' 레이어를 더블클릭하여 레이어 스타일 창을 열어줍니다. ❷ 내부 그림자에 체크하고 ❸ 더블클릭하여 ❹ 다음과 같이 값을 설정해주고 ❺ 확인 버튼을 누릅니다. 내부 그림자 효과가 적용되었습니다.

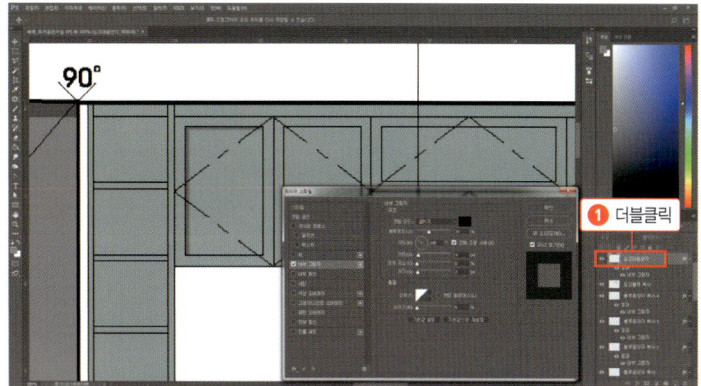

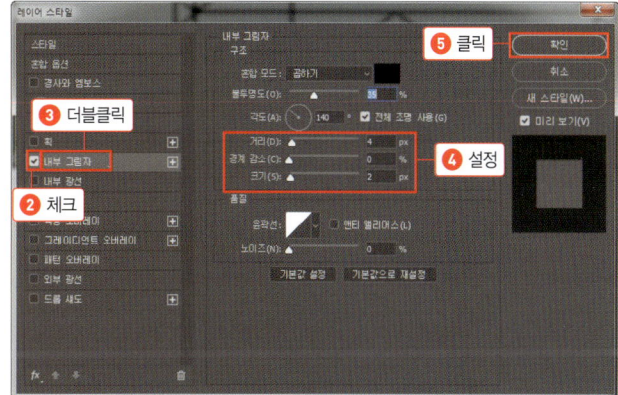

19 Alt +이동 도구⟨ ⟩를 누르면서 드래그하여 다음과 같이 위치시켜줍니다. 하부장도 같은 방법으로 마무리해줍니다. 싱크대에 입체감이 표현되었습니다.

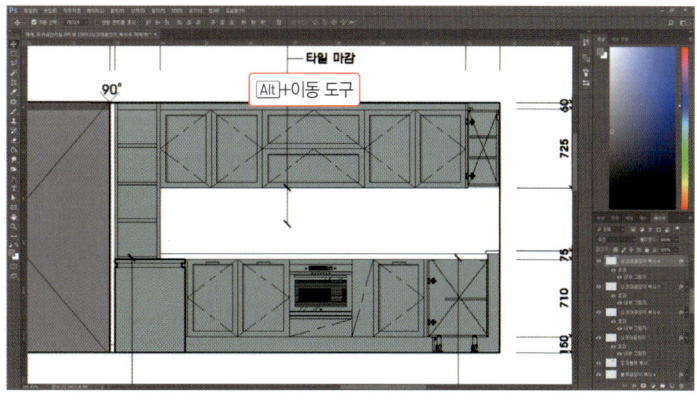

20 '선반장'은 더 깊은 입체감이 표현되어야 하겠죠? ❶ '도장블루복사' 레이어를 선택하고 ❷ 사각선택 도구⟨ ⟩ 단축키 M 을 눌러 ❸ 다음과 같이 드래그하여 선택해준 후 ❹ Ctrl + J 를 눌러 선택한 영역을 복사해줍니다. 새로운 레이어가 만들어졌습니다. ❺ 더블클릭하여 '선반장'으로 레이어명을 변경해줍니다.

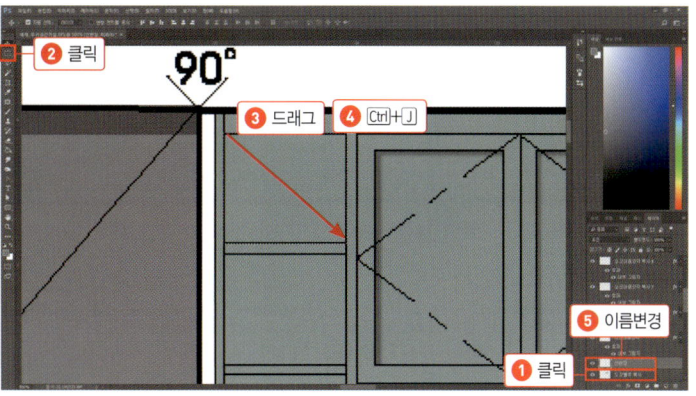

21 선반장 레이어를 ❶ 더블클릭하여 레이어 스타일 창을 열어줍니다. ❷ 내부 그림자에 체크하고 ❸ 더블클릭하여 ❹ 다음과 같이 값을 설정해주고 ❺ 확인 버튼을 누릅니다. 내부 그림자 효과가 적용되었습니다.

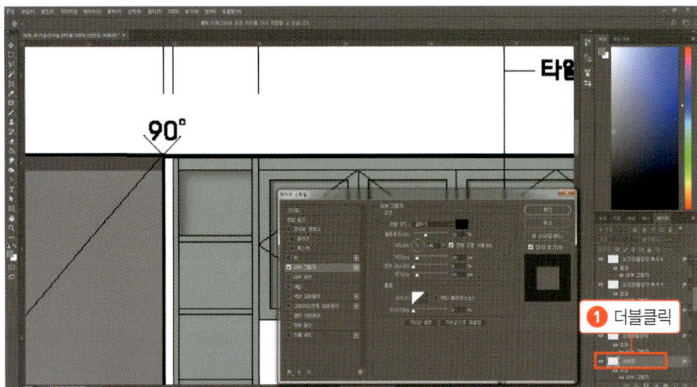

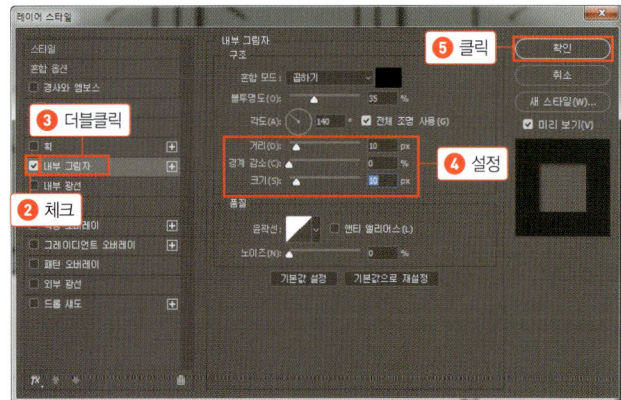

22 ❶ 곡선단축키 Ctrl+M을 누르고 ❷ 곡선을 아래로 드래그한 후 ❸ 출력 170에 입력 180정도의 값을 조절해주고 ❹ 확인 버튼을 누릅니다.

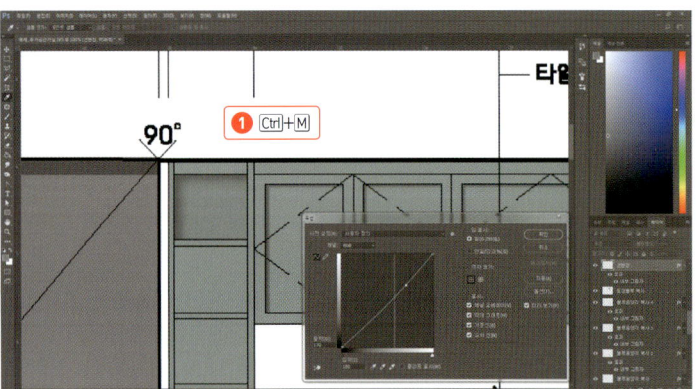

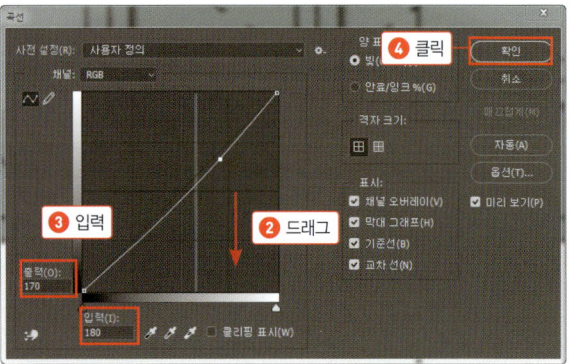

23 '선반장' 레이어를 선택하고 [Alt]+이동 도구(⊕)를 누르면서 드래그하여 다음과 같이 위치시켜줍니다. 선반장이 표현되었습니다.

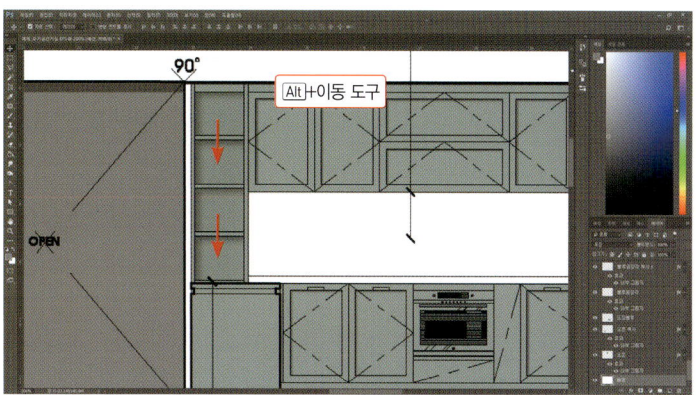

24 ① '도장블루복사' 레이어를 선택하고 ② 사각선택 도구(▭) 단축키 [M]을 눌러 ③ 다음과 같이 드래그하여 선택해준 후 ④ [Ctrl]+[J]를 눌러 선택한 영역을 복사해줍니다. 새로운 레이어가 만들어졌습니다. ⑤ 더블클릭하여 '싱크대 하부'로 레이어명을 변경해줍니다.

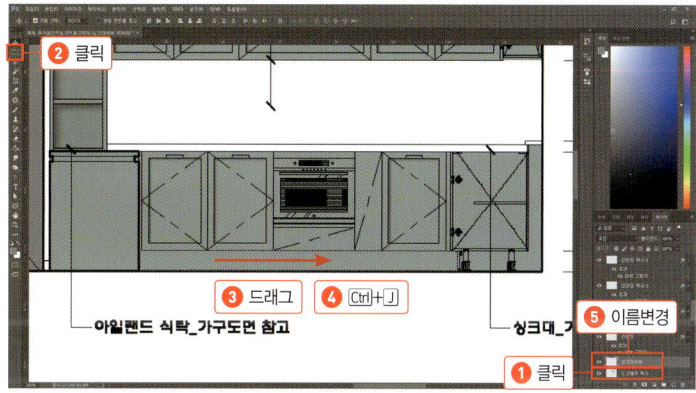

25 ① '싱크대 하부' 레이어를 더블클릭하여 레이어 스타일 창을 열어줍니다. ② 내부 그림자에 체크하고 ③ 더블클릭하여 ④ 다음과 같이 값을 설정해주고 ⑤ 확인 버튼을 누릅니다. 내부 그림자 효과가 적용되었습니다.

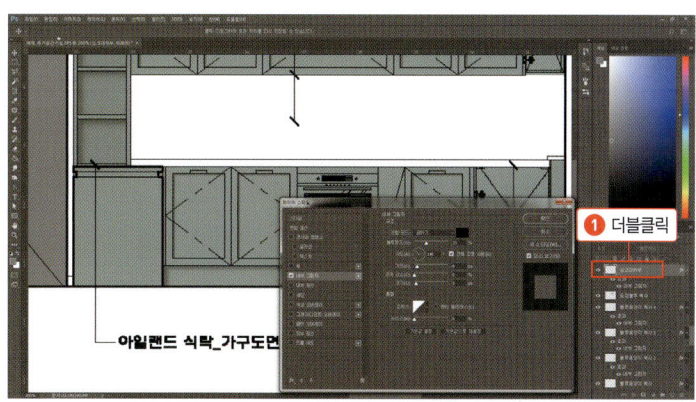

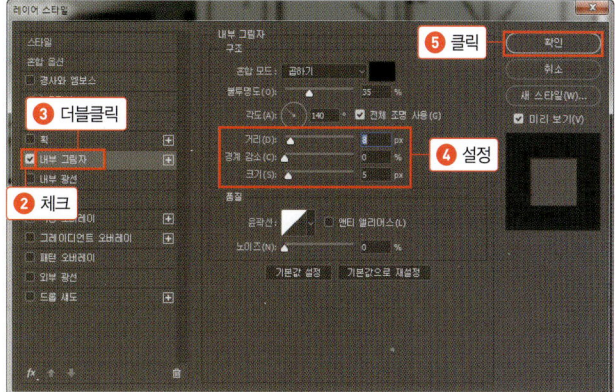

26 이번에는 돌출되어야 하는 부분을 표현해보도록 하겠습니다. ❶ '도장블루복사' 레이어를 선택하고 더블클릭하여 레이어 스타일 창을 열어줍니다. ❷ 드롭섀도에 체크하고 ❸ 더블클릭하여 ❹ 다음과 같이 값을 설정해주고 ❺ 확인 버튼을 누릅니다. 그림자 효과가 적용되었습니다.

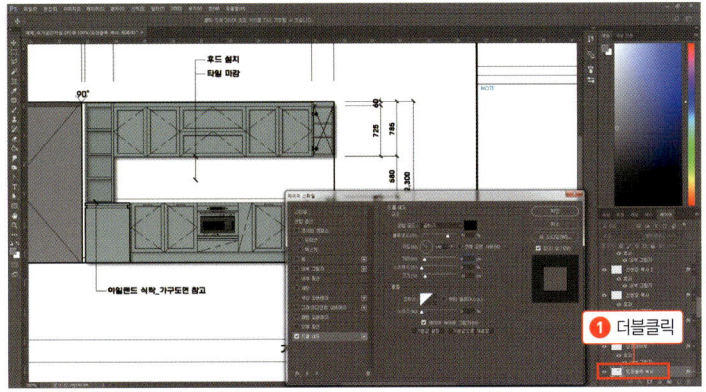

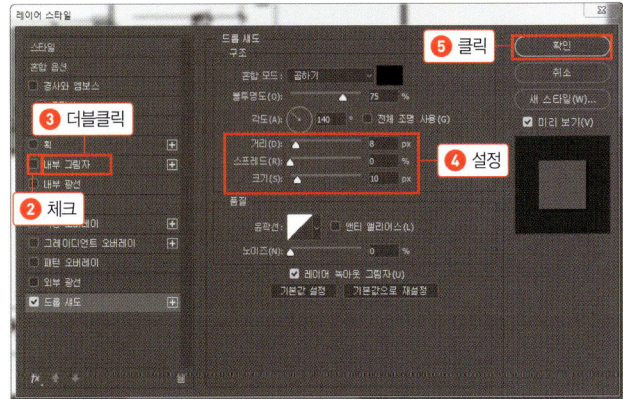

27 '도장블루복사' 레이어를 선택하고 ❶ 사각선택 도구( ) 단축키 M을 눌러 ❷ 다음과 같이 드래그하여 선택해준 후 ❸ Ctrl+J를 눌러 선택한 영역을 복사해줍니다. 새로운 레이어가 만들어졌습니다. ❹ 더블클릭하여 '상부장측면'으로 레이어명을 변경해줍니다.

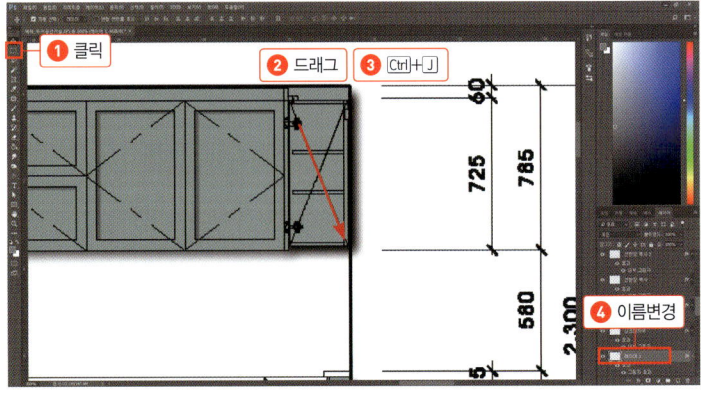

28 그림자 효과가 이미 적용된 레이어를 복사했기 때문에, 그림자가 더 짙어졌습니다. 그림자의 방향을 바꿔보도록 하겠습니다. ❶ 상부장측면 레이어를 선택하고 더블클릭하여 레이어 스타일 창을 열어줍니다. ❷ 드롭섀도에 체크하고 ❸ 더블클릭하여 ❹ 다음과 같이 값을 설정해주고 ❺ 확인 버튼을 누릅니다. 그림자 효과가 적용되었습니다.

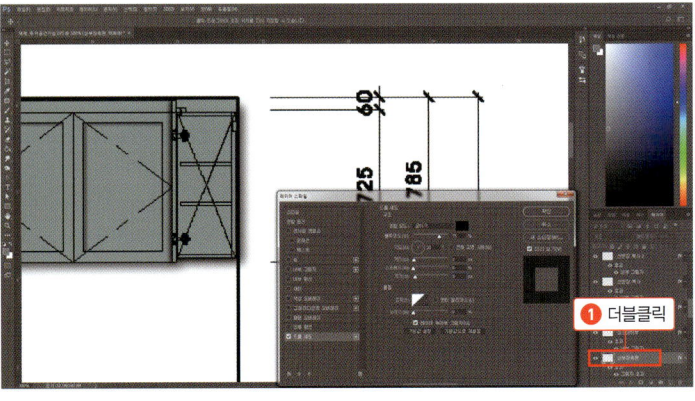

Chapter 02 아파트 거실 입면도 칼라링 :: **235**

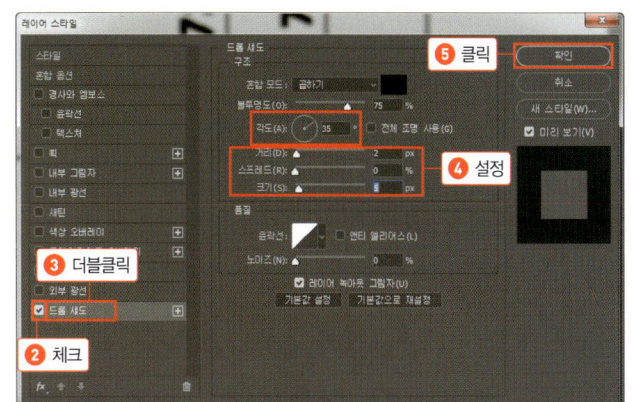

29 하부장측면과 아일랜드 식탁도 같은 방법으로 마무리해줍니다.

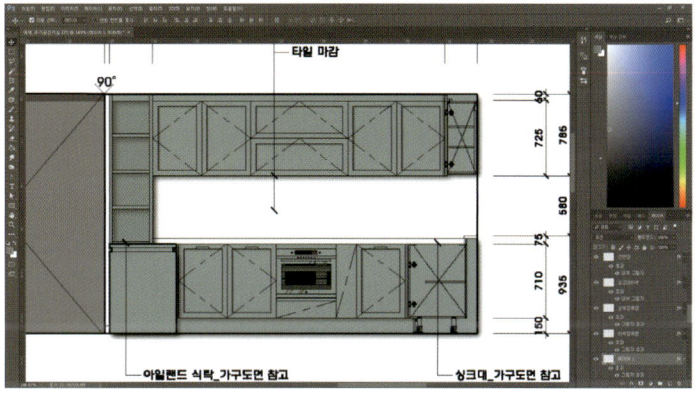

30 ❶ 열기 단축키 Ctrl+O를 누르고 '도장_그레이'를 불러옵니다. 창을 다음과 같이 드래그하여 아래로 내린다음, ❷ 이동 도구(✥) 단축키 V를 누르고 ❸ 예제_주거공간 거실로 드래그해줍니다. 도장_그레이 파일은 X 버튼을 눌러 닫아주세요.

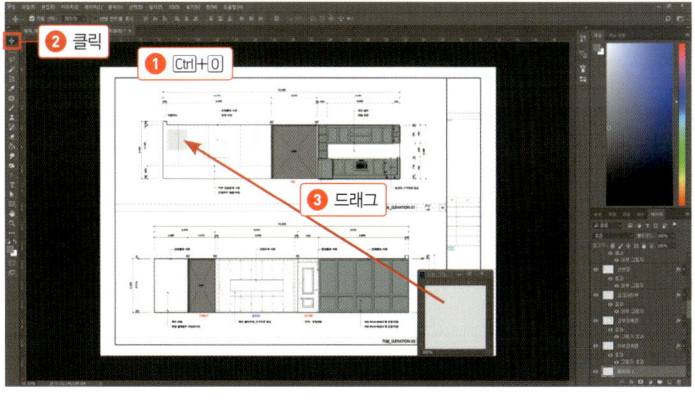

31 도장 그레이 컬러는 아트월과 붙박이장, 도어에 사용할 겁니다. ❶ 레이어명을 '도장 그레이'로 변경해주고 Alt+이동 도구(✥)를 누르면서 드래그하여 각각의 위치에 복사해서 위치시켜줍니다.

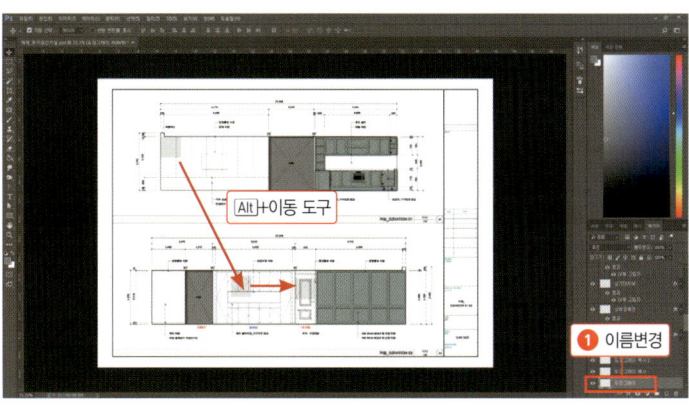

32 ❶ 마우스 오른쪽 버튼을 클릭하여 ❷ '도장 그레이' 레이어를 선택하고 ❸ 자유 변형 단축키 Ctrl+T를 눌러 조절점을 이동하여 크기를 다음과 같이 조절해줍니다. Enter↵키를 눌러 명령을 해제해줍니다.

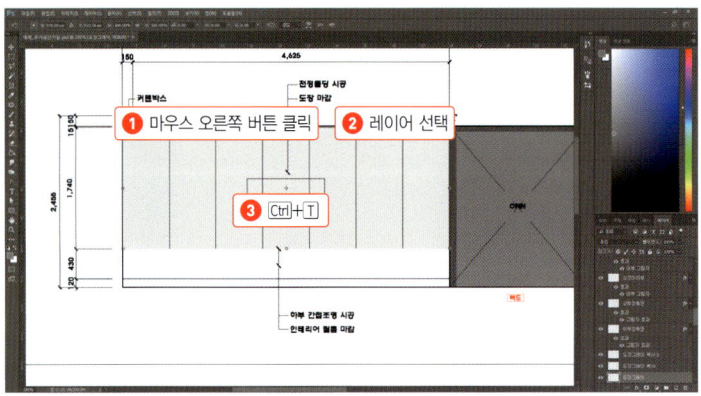

33 ❶ '도장 그레이' 레이어를 선택하고 더블클릭하여 레이어 스타일 창을 열어줍니다. ❷ 드롭섀도에 체크하고 ❸ 더블클릭하여 ❹ 다음과 같이 값을 설정해주고 ❺ 확인 버튼을 누릅니다. 그림자 효과가 적용되었습니다.

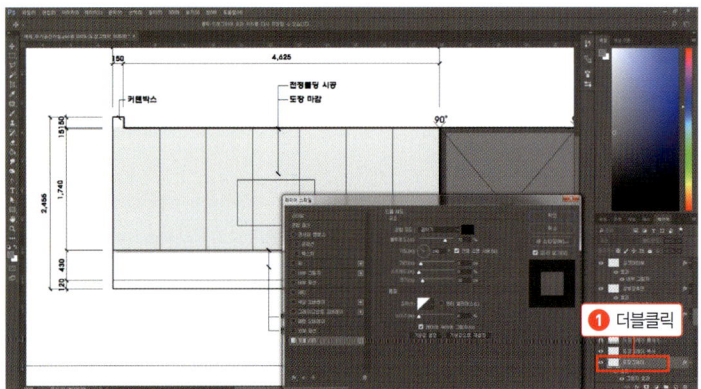

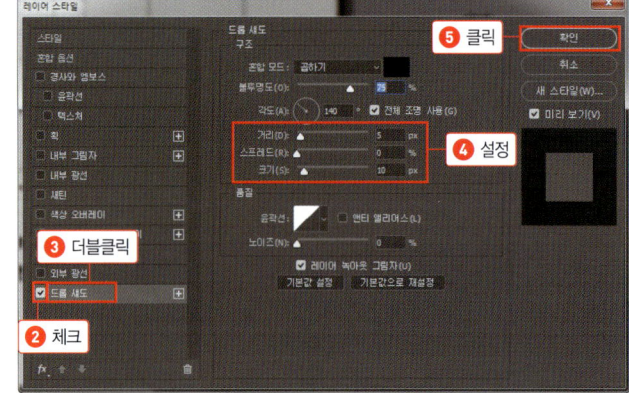

34 붙박이장 쪽에 복사해둔 소스위에서 ❶ 마우스 오른쪽 버튼을 눌러 ❷ '도장그레이복사' 레이어를 선택합니다. ❸ 자유 변형 단축키 Ctrl+T를 눌러 조절점을 이동하여 크기를 다음과 같이 조절해줍니다. Enter↵키를 눌러 명령을 해제해줍니다.

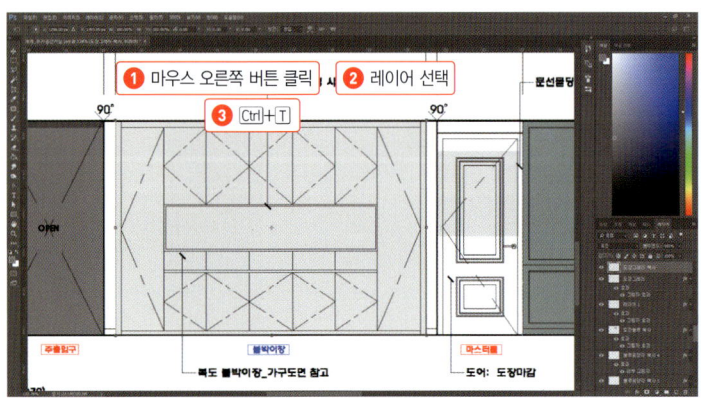

Chapter 02 아파트 거실 입면도 칼라링 :: **237**

35 ❶ 사각선택 도구(▣) 단축키 M을 눌러 필요없는 부분을 ❷ 드래그하여 선택해주고 ❸ Delete 버튼을 눌러주면 선택된 이미지가 삭제됩니다.

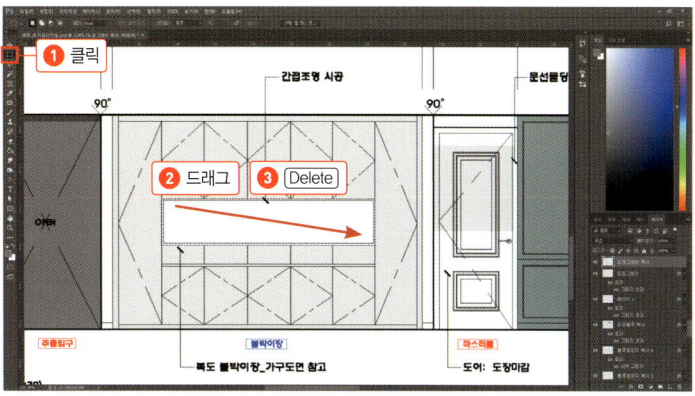

36 ❶ '도장그레이' 복사 레이어를 선택하고, ❷ 사각선택 도구(▣) 단축키 M을 눌러 ❸ 손잡이 부분과 걸레받이 부분을 Shift 버튼을 누르면서 다음과 같이 드래그해줍니다.

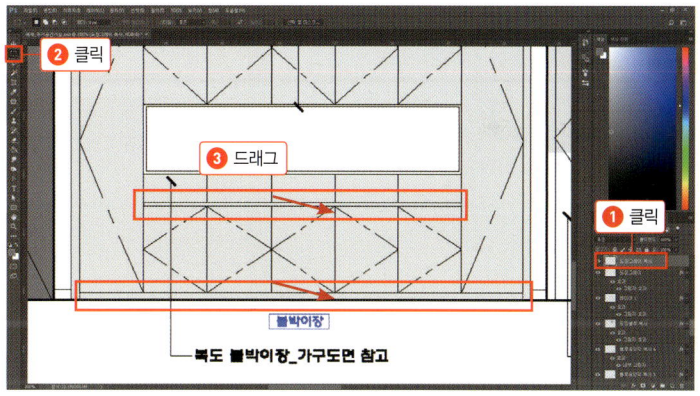

37 ❶ Ctrl + J 를 눌러 선택한 영역을 복사해줍니다. 새로운 레이어가 만들어졌습니다. ❷ 더블클릭하여 '붙박이장음각'으로 레이어명을 변경해줍니다. ❸ '붙박이장음각' 레이어를 더블클릭하여 레이어 스타일 창을 열어줍니다. ❹ 내부 그림자에 체크하고 ❺ 더블클릭하여 ❻ 다음과 같이 값을 설정해주고 ❼ 확인 버튼을 누릅니다. 내부 그림자 효과가 적용되었습니다.

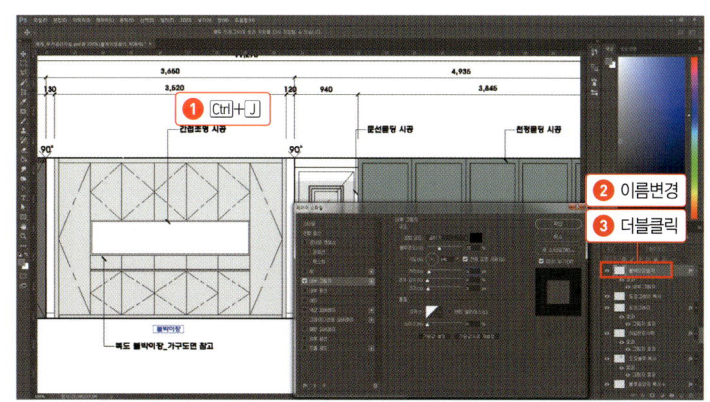

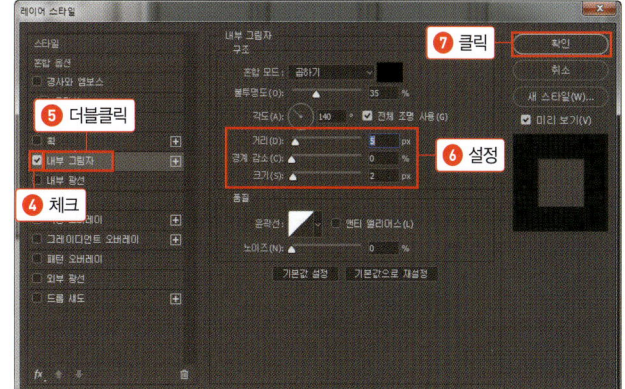

38 이번에는 도어를 표현해보도록 하겠습니다. ❶ 도어 소스위에서 마우스 오른쪽 버튼을 눌러 ❷ '도장그레이 복사2' 레이어를 선택합니다. ❸ 자유 변형 단축키 Ctrl + T 를 눌러 조절점을 이동하여 크기를 다음과 같이 조절해줍니다. Enter 키를 눌러 명령을 해제해줍니다.

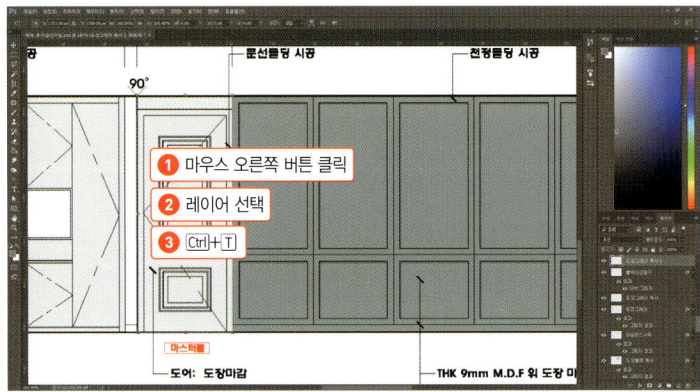

39 ❶ 사각선택 도구 단축키 M 을 눌러 ❷ 문틀을 제외한 도어 부분을 드래그하여 선택해주고 ❸ Ctrl + J 를 눌러 선택한 영역을 복사해줍니다. ❹ 레이어명을 '도어'로 바꿔줍니다.

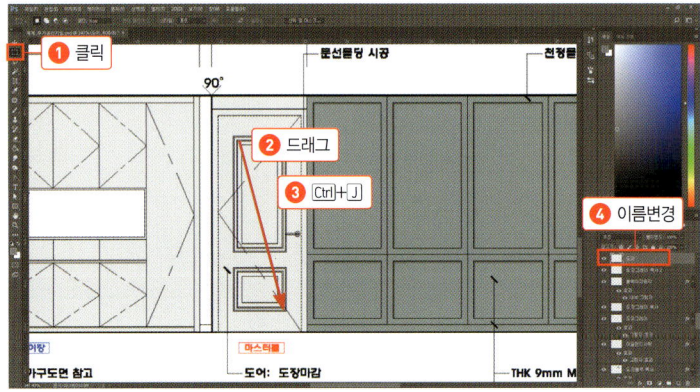

40 ❶ 도어 레이어를 더블클릭하여 레이어 스타일 창을 열어줍니다. ❷ 내부 그림자에 체크하고 ❸ 더블클릭하여 ❹ 다음과 같이 값을 설정해주고 ❺ 확인 버튼을 누릅니다. 내부 그림자 효과가 적용되었습니다.

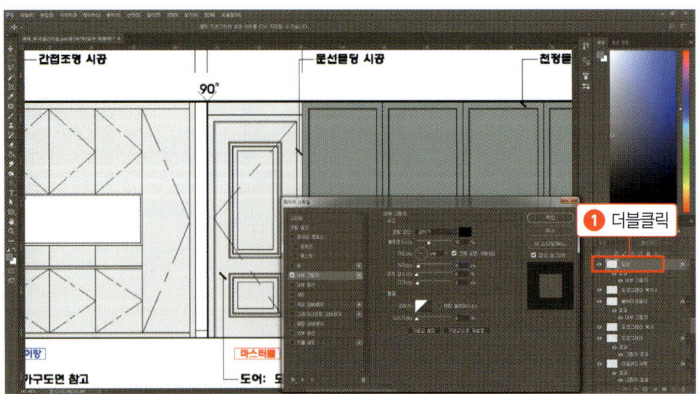

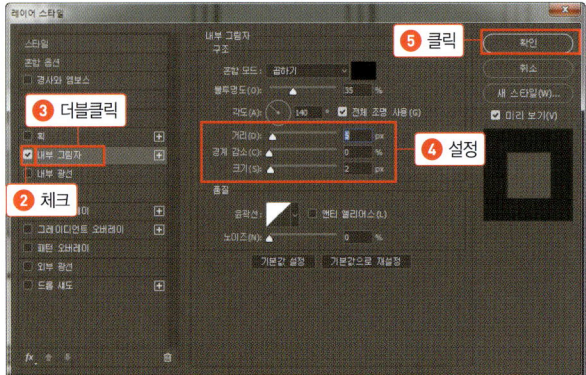

41 다시 ❶ 마우스 오른쪽 버튼을 클릭하여 ❷ '도장그레이 복사2' 레이어를 선택합니다. ❸ 사각선택 도구(￼) 단축키 M을 눌러 ❹ 몰딩외부를 드래그하여 선택해주고 ❺ Alt 키를 누르면서 안쪽을 한번 더 드래그 하여 몰딩 부분만 선택합니다. 안쪽으로 사각판이 한번 더 붙어있죠? ❻ Shift 버튼을 누르면서 사각판은 영역에 포함시켜 줍니다. ❼ Ctrl + J를 눌러 선택한 영역을 복사해줍니다. ❽ 레이어명을 '도어몰딩'으로 바꿔줍니다.

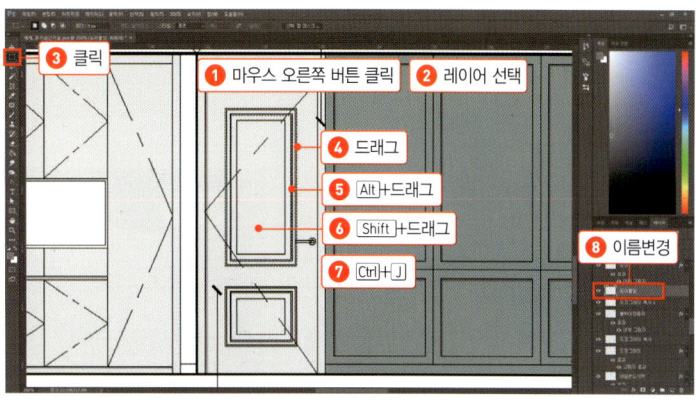

42 '도어' 레이어보다 위쪽에 있도록 레이어를 위로 드래그하여 이동시켜준 후 ❶ '도어몰딩' 레이어를 더블클릭하여 레이어 스타일 창을 열어줍니다. ❷ 드롭섀도에 체크하고 ❸ 더블클릭하여 ❹ 다음과 같이 값을 설정해주고 ❺ 확인 버튼을 누릅니다. 그림자 효과가 적용되었습니다. 아래쪽 몰딩도 같은 방법으로 표현해줍니다.

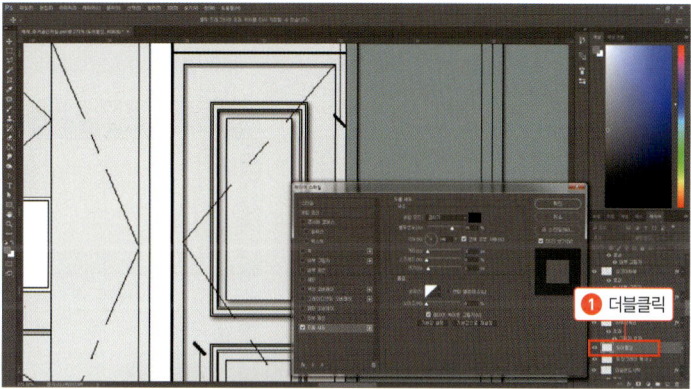

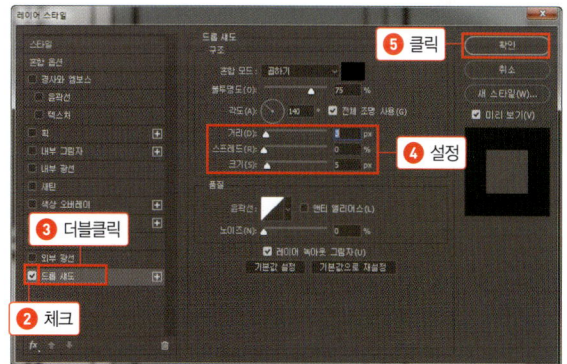

Lesson 04 벽지 마감하기

43 ① 열기 단축키 Ctrl + O를 누르고 '벽지_그레이'를 불러옵니다. 창을 다음과 같이 드래그하여 아래로 내린다음, ② 이동 도구< > 단축키 V를 누르고 ③ 예제_주거공간 거실로 드래그해줍니다. 벽지_그레이 파일은 X 버튼을 눌러 닫아주세요.

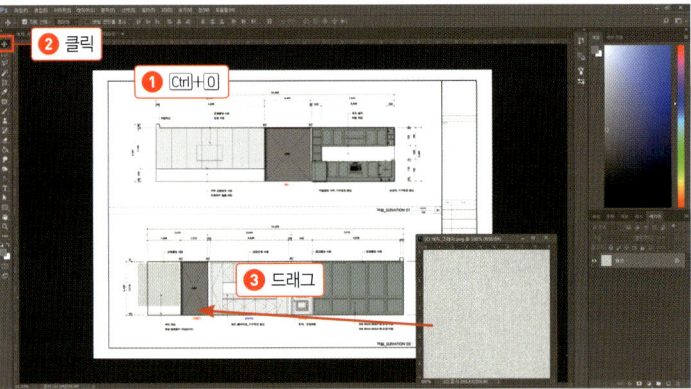

44 ① 레이어명을 '벽지'로 변경해주고 다음과 같이 위치시켜줍니다. 벽지 소스길이가 부족하죠? 그 맵을 전체를 늘리면 패턴형태가 함께 변형이 오게 되니까 ② 사각선택 도구< > 단축키 M을 눌러 복사할 크기만큼 ③ 드래그하여 선택해준 후 ④ Alt + 이동 도구< >를 누르면서 드래그하여 레이어 복제없이 소스만 다음과 같이 복사해줍니다.

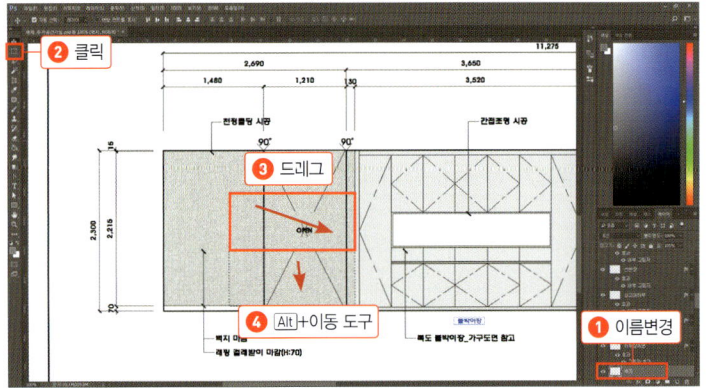

45 옆에 조금 필요한 부분의 소스도 ① 사각선택 도구< > 단축키 M을 눌러 ② 복사할 크기만큼 드래그하여 선택해준 후 ③ Alt + 이동 도구< >를 누르면서 드래그해줍니다. 튀어나온 부분은 삭제하면 되니까 넉넉하게 복사해줍니다.

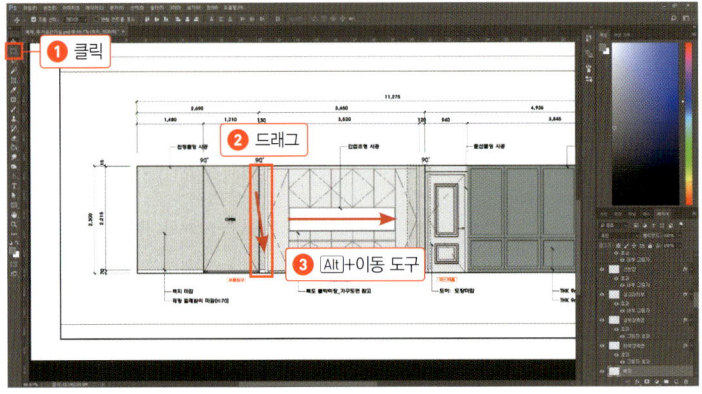

Chapter 02 아파트 거실 입면도 칼라링 :: 241

46 ❶ 사각선택 도구⟨ ⟩ 단축키 M을 눌러 ❷ 필요없는 부분을 드래그하여 선택해주고 ❸ Delete 버튼을 눌러주면 선택된 이미지가 삭제됩니다.

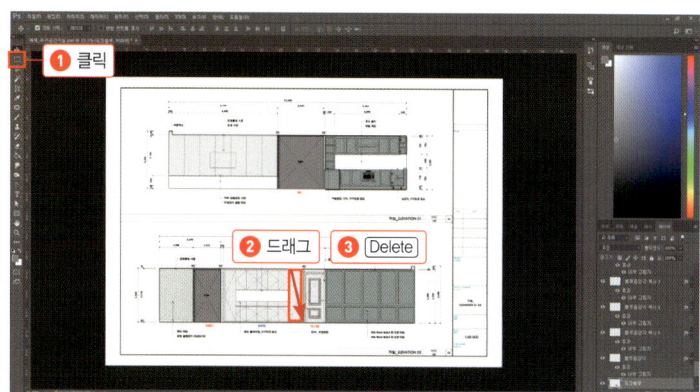

Lesson 05 우드 표현하기

47 ❶ 열기 단축키 Ctrl+O를 누르고 '재질_우드1' 파일을 불러옵니다. 창을 다음과 같이 드래그하여 아래로 내린다음, ❷ 이동 도구⟨ ⟩ 단축키 V를 누르고 ❸ 예제_주거공간 거실로 드래그해줍니다. '재질_우드1' 파일은 X 버튼을 눌러 닫아주세요.

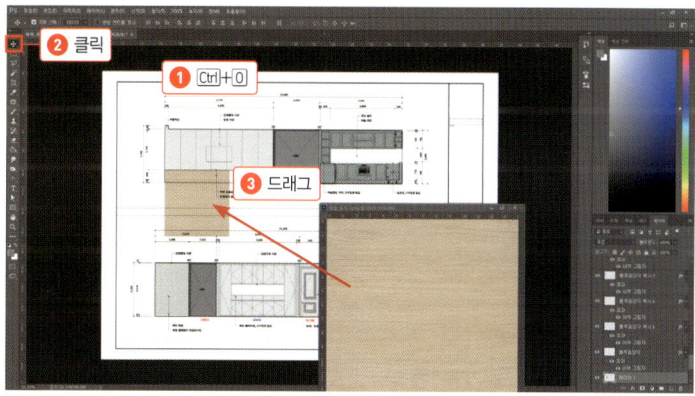

48 '재질_우드1'은 아트월 하부와 붙박이장, 걸레받이에 사용할 겁니다. 레이어명을 '우드'로 변경한 후 Alt +이동 도구⟨ ⟩를 누르면서 드래그하여 각각의 위치에 복사해서 위치시켜줍니다.

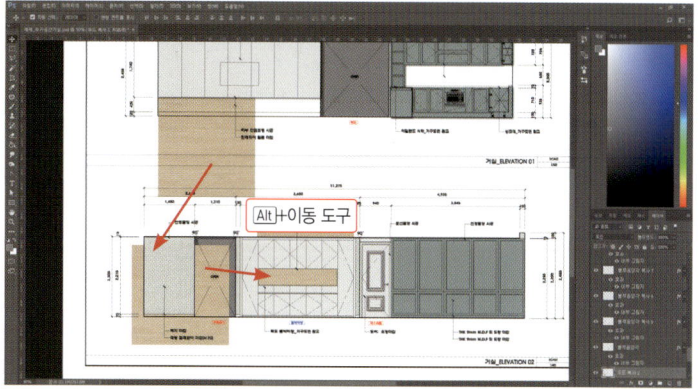

49 '우드' 레이어를 선택하고 자유 변형 단축키 Ctrl+T를 눌러 조절점을 이동하여 크기를 다음과 같이 조절해줍니다. 맵의 무늬가 크니까 위쪽으로 드래그하여 맵의 크기를 촘촘하게 보일 수 있도록 합니다. Enter키를 눌러 명령을 해제해줍니다.

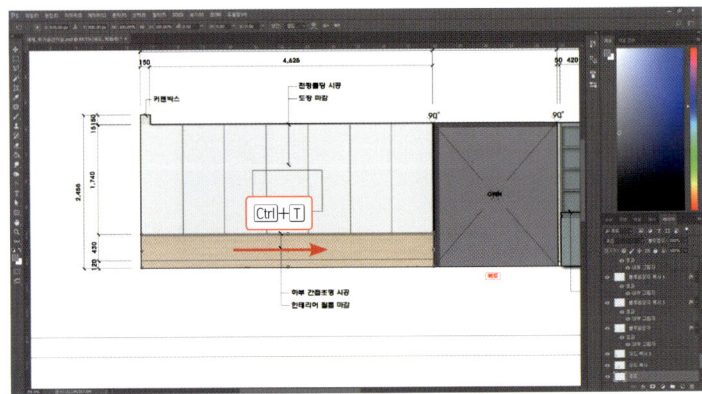

50 아트월의 하부는 돌출되어 보이게 표현할 겁니다. ❶ 사각선택 도구 ⟨ ⟩ 단축키 M을 눌러 ❷ 돌출시킬 부분을 드래그하여 선택해주고 ❸ Ctrl+J를 눌러 선택한 영역을 복사해줍니다. ❹ 레이어명을 '아트월하부'로 바꿔줍니다.

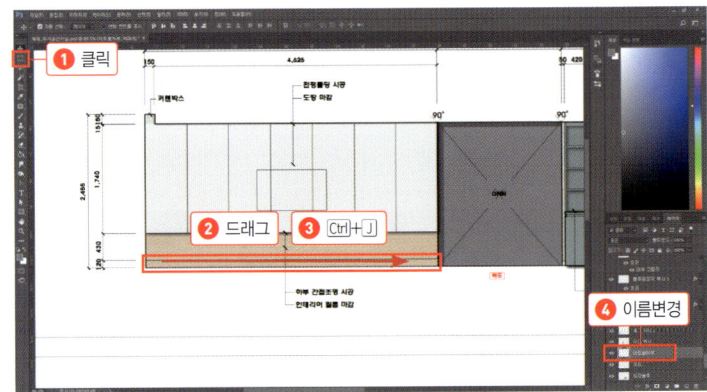

51 '아트월하부' 레이어를 더블클릭하여 레이어 스타일 창을 열어줍니다. ❶ 경사와 엠보스에 체크하고 ❷ 더블클릭하여 ❸ 다음과 같이 값을 설정해주고 ❹ 확인 버튼을 누릅니다. 엠보스 효과가 적용되었습니다.

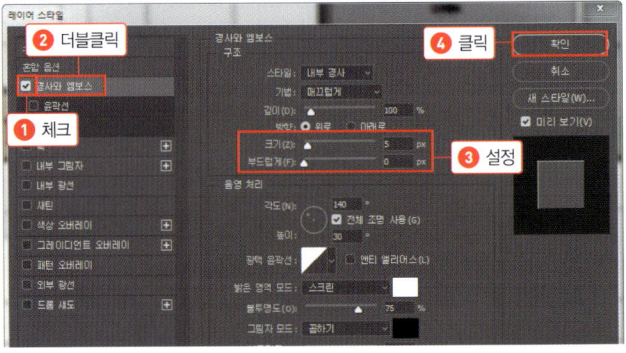

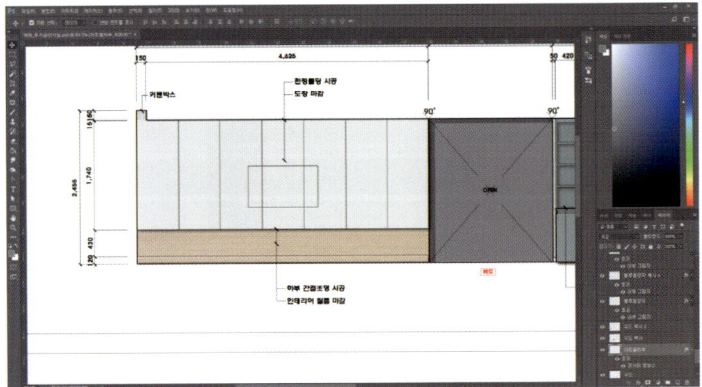

52 '우드' 레이어는 좀 더 들어가보이게 표현해보도록 하겠습니다. ❶ '우드' 레이어를 더블클릭하여 레이어 스타일 창을 열어줍니다. ❷ 내부 그림자에 체크하고 ❸ 더블클릭하여 ❹ 다음과 같이 값을 설정해준 후 ❺ 확인 버튼을 누릅니다. 내부 그림자 효과가 적용되었습니다.

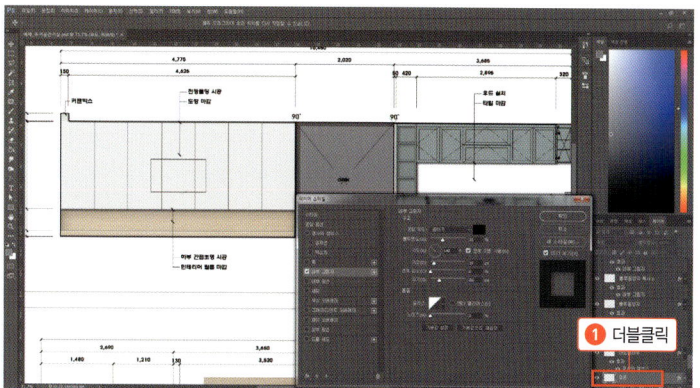

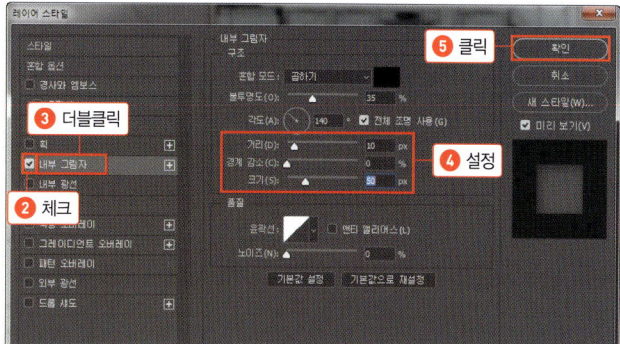

53 '우드복사' 레이어를 선택하고 자유 변형 단축키 Ctrl+T를 눌러 조절점을 이동하여 크기를 다음과 같이 조절해줍니다. 맵의 무늬가 크니까 위쪽으로 드래그하여 맵의 크기를 촘촘하게 보일 수 있도록 합니다. Enter 키를 눌러 명령을 해제해줍니다.

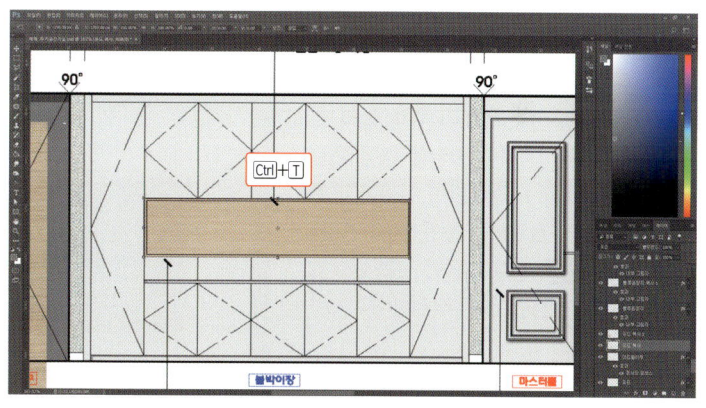

54 디스플레이 소품을 올려두는 곳은 좀 더 들어가 보이게 표현해보도록 하겠습니다. '우드 복사' 레이어를 선택하고 ❶ 사각선택 도구〈 〉 단축키 M을 눌러 ❷ 다음과 같이 드래그하여 선택해주고 ❸ Ctrl+J를 눌러 선택한 영역을 복사해줍니다. ❹ 레이어명을 '붙박이장 디피'로 바꿔줍니다.

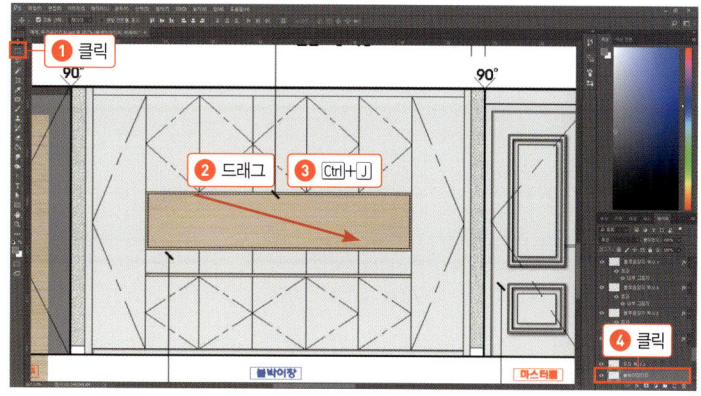

55 ❶ '붙박이장 디피' 레이어를 더블클릭하여 레이어 스타일 창을 열어줍니다. ❷ 내부 그림자에 체크하고 ❸ 더블클릭하여 ❹ 다음과 같이 값을 설정해준 후 ❺ 확인 버튼을 누릅니다. 내부 그림자 효과가 적용되었습니다.

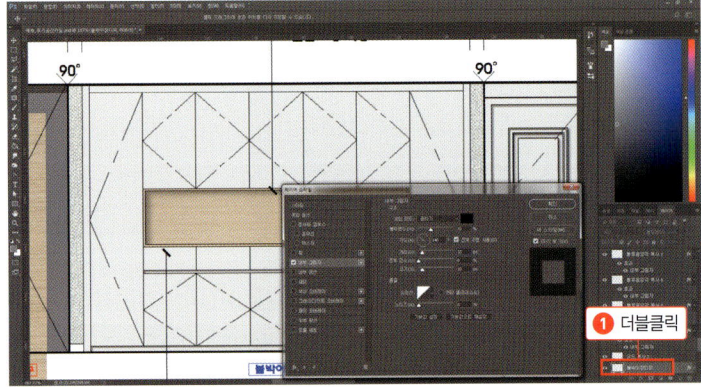

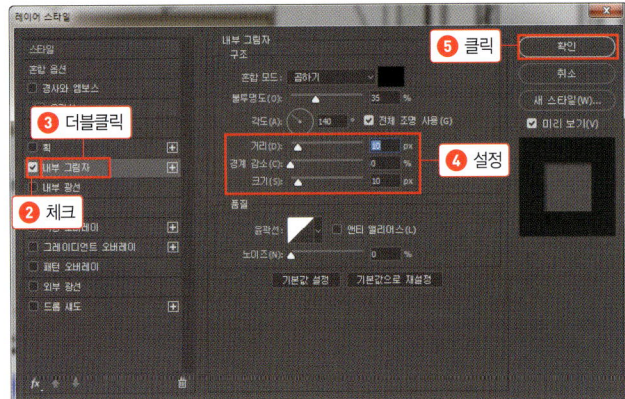

56 '우드복사2' 레이어를 선택하고 자유 변형 단축키 Ctrl+T를 눌러 조절점을 이동하여 크기를 다음과 같이 조절하여 걸레받이 부분을 표현합니다. 필요없는 부분은 사각선택도구< > 단축키 M을 눌러 선택해주고 Delete를 눌러 삭제합니다.

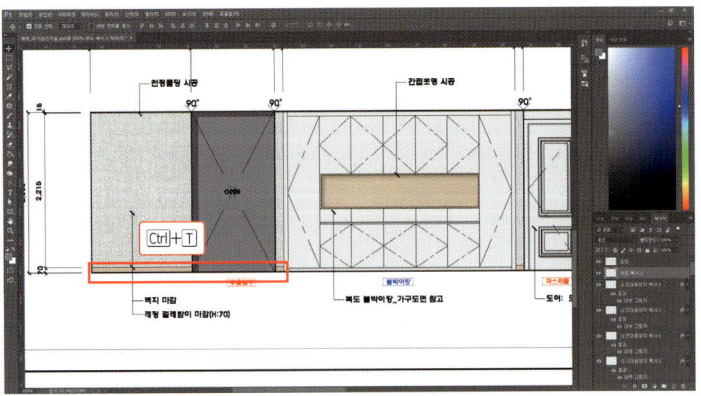

Lesson 06 타일 마감하기

57 ❶ 열기 단축키 Ctrl+O를 누르고 '타일_포인트타일' 파일을 불러옵니다. 창을 다음과 같이 드래그하여 아래로 내린다음, ❷ 이동 도구 단축키 V를 누르고 ❸ 예제_주거공간 거실로 드래그해줍니다. '타일_포인트타일 파일'은 X 버튼을 눌러 닫아주세요.

58 ❶ 레이어명을 '포인트타일'로 변경한 후 ❷ 자유 변형 단축키 Ctrl+T를 눌러 조절점을 이동하여 크기를 다음과 같이 조절합니다. 레이어의 위치는 아래쪽에 위치시키되 배경보다는 위에 있도록 합니다.

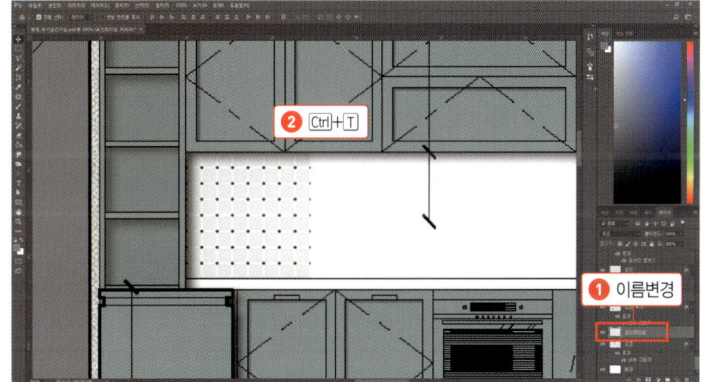

59 ❶ 사각선택 도구 단축키 M을 눌러 ❷ 맵을 선택해주고 ❸ Alt+이동 도구를 누르면서 드래그하여 복사해줍니다. 필요 없는 부분은 ❹ 사각선택 도구 단축키 M을 눌러 ❺ 선택해주고 ❻ Delete를 눌러 삭제합니다. 포인트타일이 표현되었습니다.

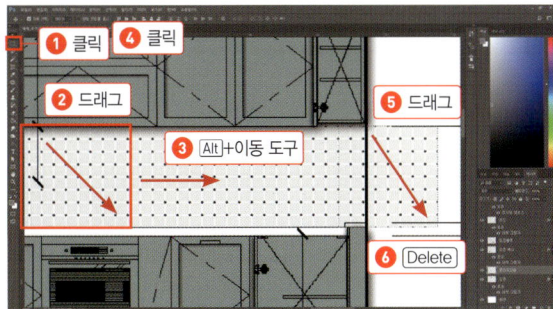 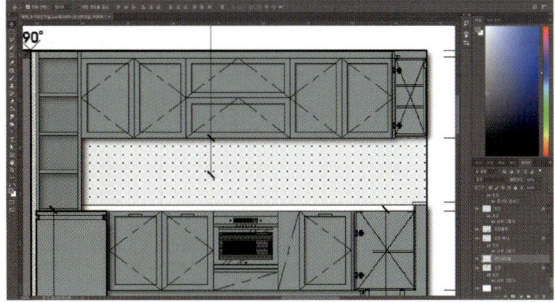

Lesson 07 마루 표현하기

60 ① 열기 단축키 Ctrl+O를 누르고 '재질_우드2' 파일을 불러옵니다. 창을 다음과 같이 드래그하여 아래로 내린다음, ② 이동 도구〈⊕〉 단축키 V를 누르고 ③ 예제_주거공간 거실로 드래그해줍니다. '재질_우드2' 파일은 X 버튼을 눌러 닫아주세요. ④ 레이어명을 '바닥마감'으로 변경합니다. ⑤ 자유 변형 단축키 Ctrl+T를 누르고 ⑥ 마우스 오른쪽 버튼을 눌러 ⑦ 시계방향으로 90도 회전을 클릭합니다.

61 치수선까지 쭉 늘려주고 조절점을 위로 이동하여 크기를 줄여준 후 Enter↵키를 눌러 명령을 해제해줍니다.

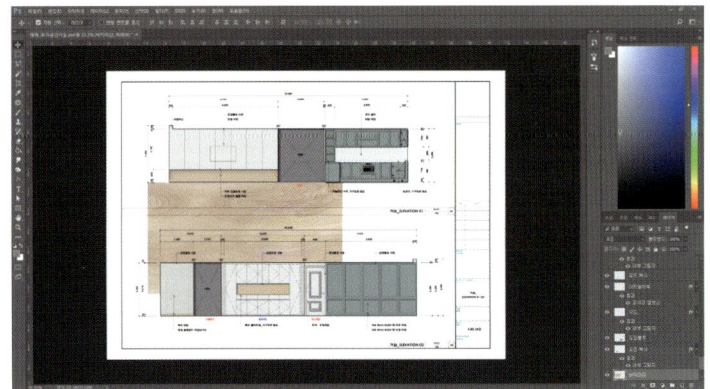

62 필요없는 부분은 ① 사각선택 도구〈▭〉 단축키 M을 눌러 ② 드래그해준 후 ③ Delete를 눌러 삭제합니다.

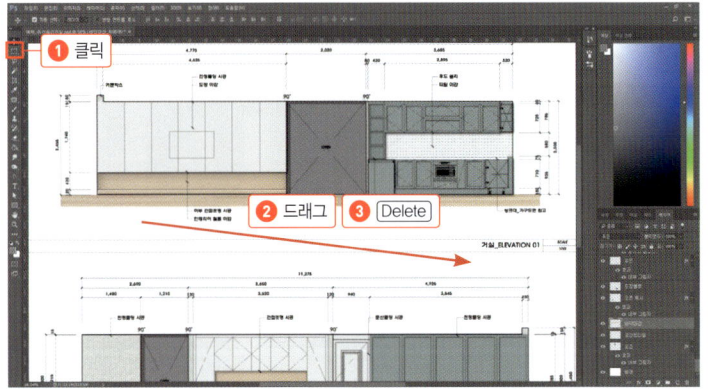

63 우드끼리 색상이 너무 비슷하네요. 좀 더 어둡게 표현해보도록 하겠습니다. ① '바닥마감' 레이어를 선택한 상태에서 ② 곡선 단축키 Ctrl+M 을 누르고 ③ 곡선을 아래로 드래그한 후 ④ 출력을 180, 입력을 200정도로 입력한 후 ⑤ 확인 버튼을 누릅니다. 오크톤으로 변경되었습니다.

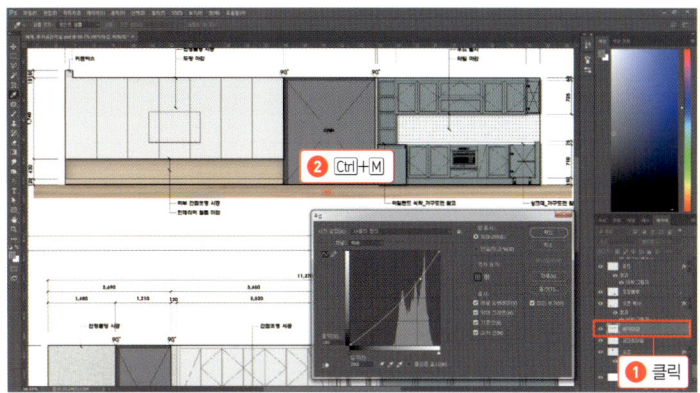

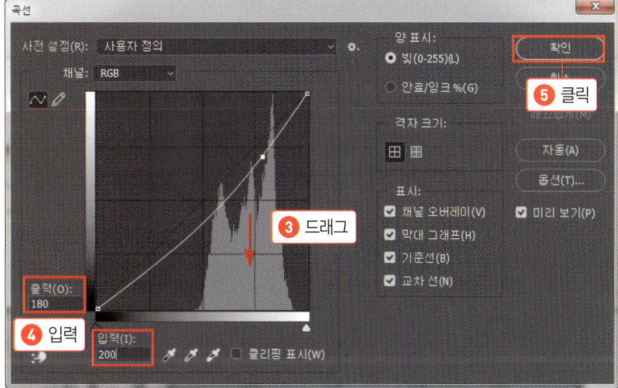

64 아래쪽 입면에도 Alt+이동 도구(⊕)를 누르면서 드래그하여 복사해줍니다. 자유 변형 단축키 Ctrl+T를 눌러 치수선에 맞게 길이를 조절해줍니다.

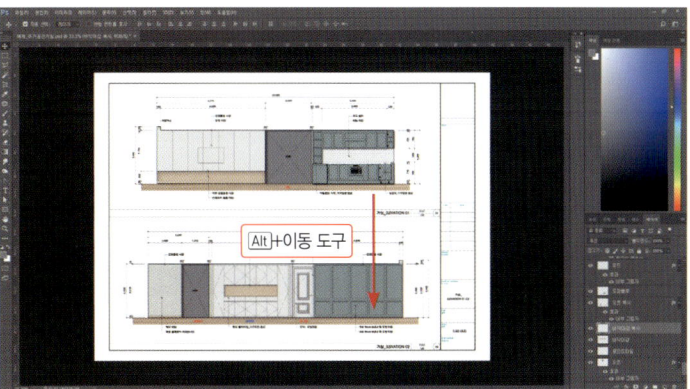

Lesson 08 조명 및 소품 표현하기

65 이번엔 간접조명을 표현해보도록 하겠습니다. ❶ 레이어 창의 〈 〉 버튼을 눌러 새로운 레이어를 만들어주고, ❷ 레이어명을 '간접조명'으로 변경해준 후 도면 아래에 위치시킵니다. ❸ 사각선택 도구〈 〉 단축키 M을 눌러 간접조명을 넣을 곳을 ❹ 드래그하여 선택합니다.
❺ 도구 바의 페인트통을 꾹 눌러 그레이디언트〈 〉 도구를 선택해줍니다. ❻ 전경색이 흰색이 되도록 설정하고, ❼ 전경색에서 투명색으로 버튼을 ❽ 선택한 후 ❾ Shift 버튼을 누르면서 위에서 아래로 드래그하여 그레이디언트 효과를 적용합니다. 단축키 Ctrl + D를 눌러 선택을 해제합니다.

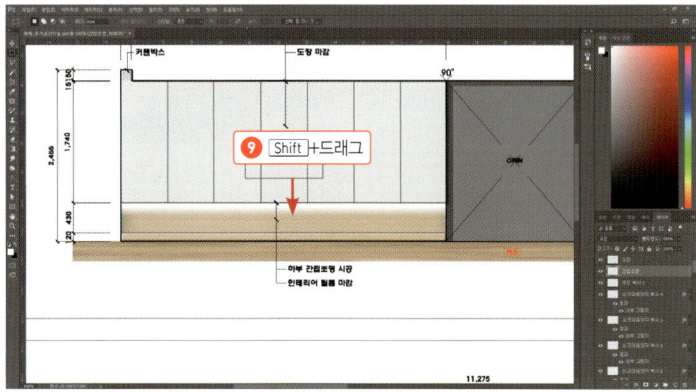

66 간접조명은 아트월 아래에서 비춰야 하니까, 레이어의 위치를 '도장그레이'보다 아래쪽에 위치할 수 있도록 레이어를 잡고 드래그해줍니다.

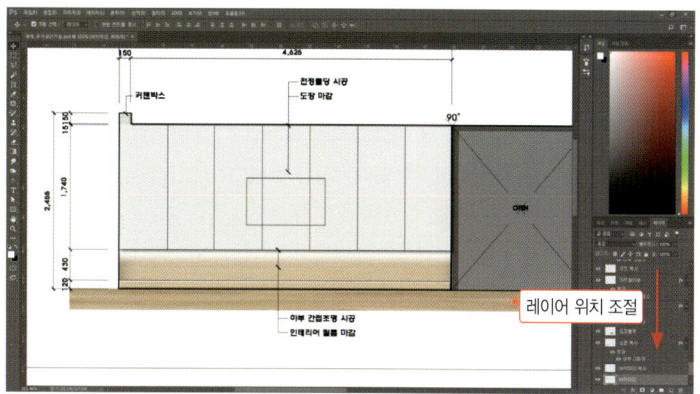

67 '간접조명' 레이어를 선택하고 ① Alt +이동 도구⟨ ⟩를 누르면서 드래그하여 붙박이장에도 미리 위치시킨 후 자유 변형 단축키 ② Ctrl + T 를 눌러 조절점을 이동하여 크기를 조절해줍니다. Enter ↵ 키를 눌러 명령을 해제해줍니다.

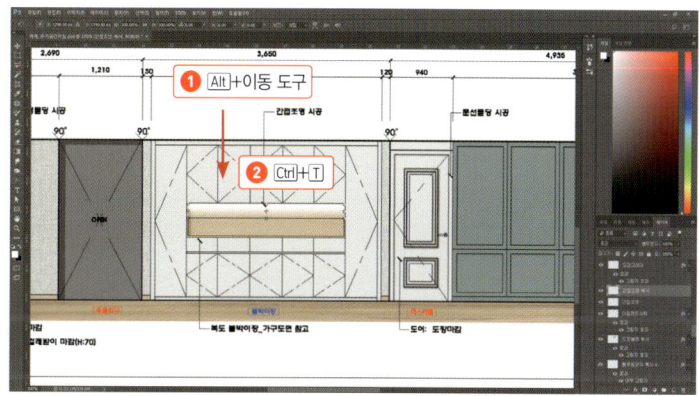

68 ① 열기 단축키 Ctrl + O 를 누르고 칼라링 기본소스 파일을 불러옵니다. 창을 다음과 같이 드래그하여 아래로 내린다음, ② 이동 도구⟨ ⟩ 단축키 V 를 누르고 빛소스위에서 ③ 마우스 오른쪽 버튼을 눌러 ④ '할로겐' 레이어를 선택합니다.

69 '예제_주거공간 거실'로 드래그한 후 ① Alt +이동 도구( )를 누르면서 다음과 같이 복사해서 위치시켜줍니다. RGB 모드로 진행했지만. 빛소스의 테두리가 살짝 보이네요. 이럴땐 해당레이어를 선택하고, ② 사각선택 도구( ) 단축키 M 을 누르고 ③ 페더값을 50px로 설정해줍니다. ④ 다음과 같이 드래그하고 ⑤ Delete 버튼을 눌러 빛소스테두리를 부드럽게 지워줍니다. 옆의 빛소스도 복사해서 위치시켜주거나, 같은 방법으로 표현합니다. TV소스도 같은 방법으로 배치해줍니다.

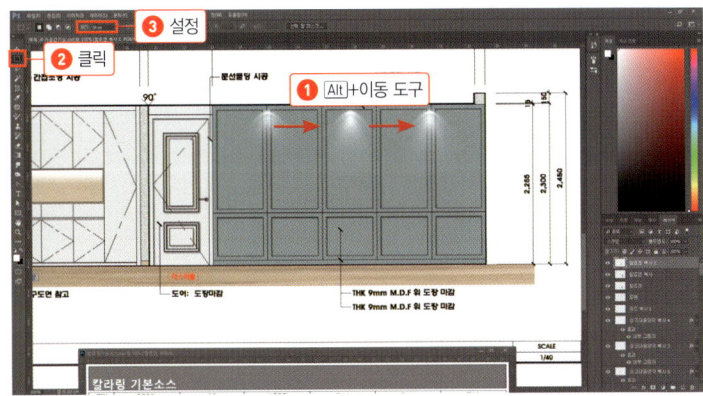
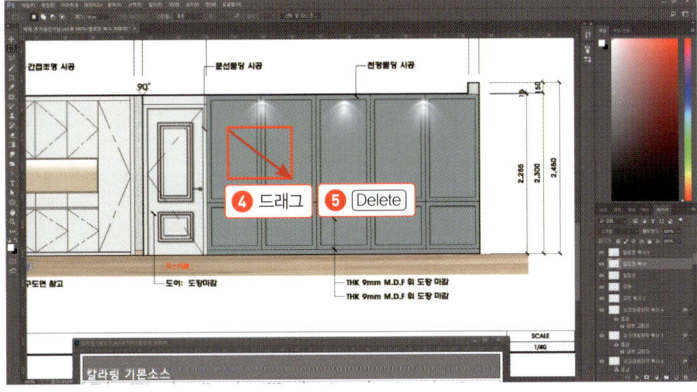

70 칼라링 기본 소스중 '골드스텐' 소스를 예제_주거공간 거실로 드래그한 후 ① '도면' 아래에 레이어가 위치될 수 있게 합니다. 싱크대 손잡이, 붙박이장 손잡이, 도어에 각각 사용할 예정입니다. ② Alt +이동 도구( )를 누르면서 다음과 같이 복사해서 위치시켜줍니다.

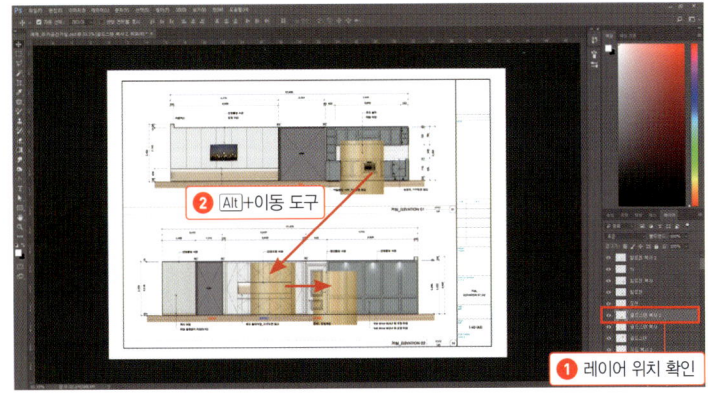

71 ① 자유 변형 단축키 Ctrl + T 를 눌러 조절점을 이동하여 크기를 살짝 작게 조절하여 맵소스의 무늬크기를 줄여준 다음, ② 사각선택 도구( ) 단축키 M 을 눌러 ③ 필요 없는 부분은 드래그 한 후 ④ Delete 버튼을 눌러 지워줍니다. 좀 전에 50px로 맞춰놓았던 페더값이 적용되기 때문에 0px으로 다시 바꿔줍니다.

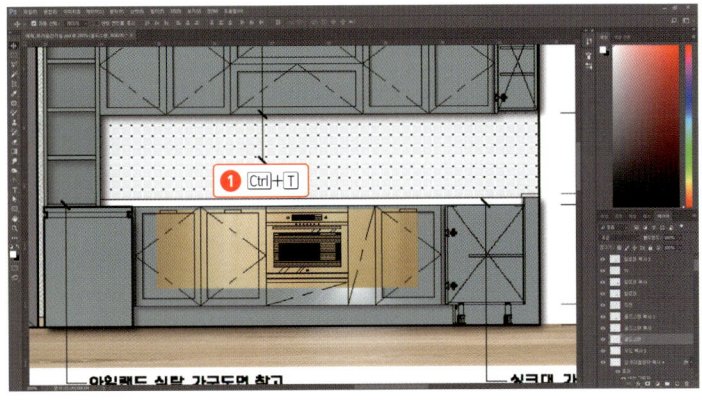

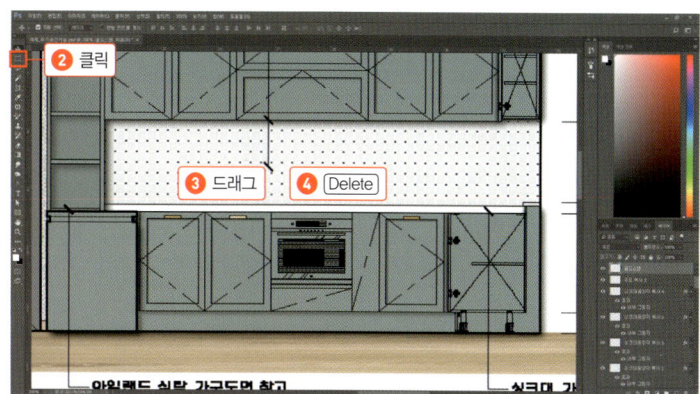

72 ❶ '골드스텐' 레이어를 더블클릭하여 레이어 스타일 창을 열어줍니다. ❷ 드롭섀도에 체크하고 ❸ 더블클릭하여 ❹ 다음과 같이 값을 설정해주고 ❺ 확인 버튼을 누릅니다. 그림자 효과가 적용되었습니다.

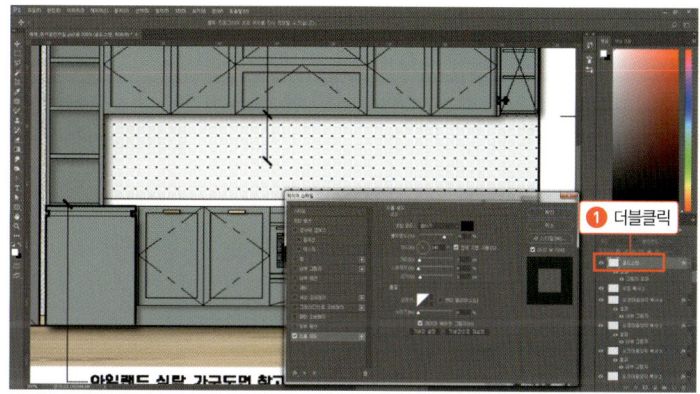

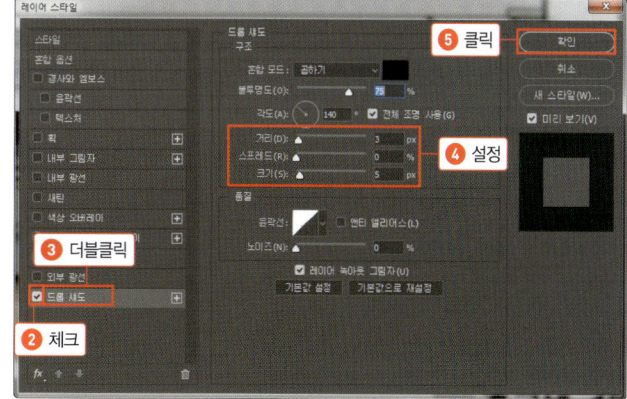

73 붙박이장 손잡이도 ❶ 사각선택 도구〈▭〉 단축키 M을 눌러 ❷ 필요 없는 부분은 드래그 한 후 ❸ Delete 버튼을 눌러 지워줍니다.

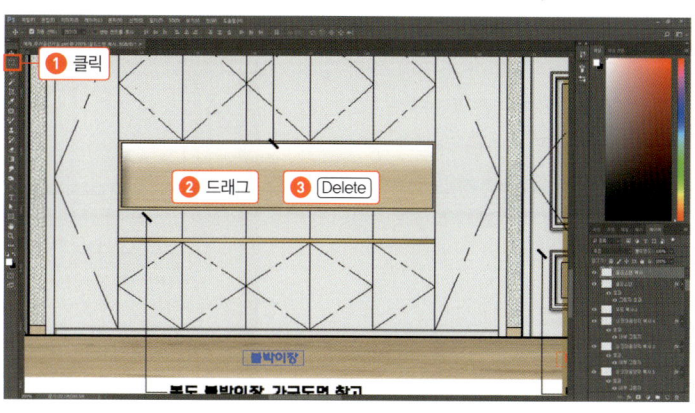

74 '골드스텐복사' 레이어를 ❶ 더블클릭하여 레이어 스타일 창을 열어줍니다. ❷ 내부 그림자에 체크하고 ❸ 더블클릭하여 ❹ 다음과 같이 값을 설정해주고 ❺ 확인 버튼을 누릅니다. 내부 그림자 효과가 적용되었습니다.

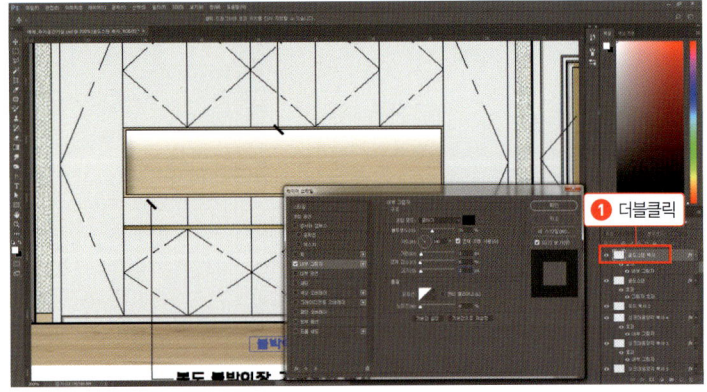

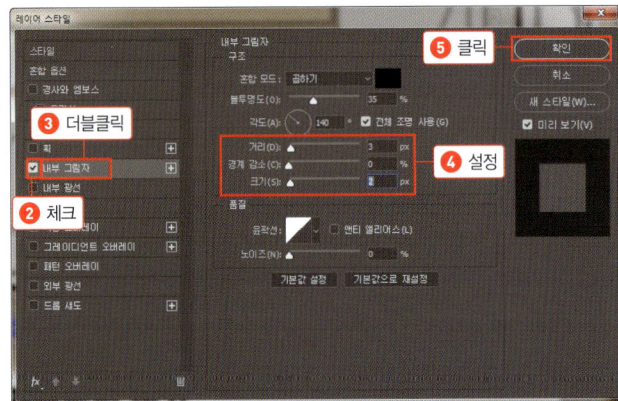

75 도어 손잡이도 사각선택 도구(▭) 단축키 M을 눌러 필요없는 부분은 드래그 한 후 Delete 버튼을 눌러 지워줍니다. 가끔 칼라링 하다가 도면 선이 지워지지 않은 부분을 발견하게 되는데요. 이럴땐 도면 레이어를 선택하고 선을 드래그하여 선택한 후 Delete 버튼을 눌러 지워주면 됩니다.

76 ❶ '골드스텐복사2' 레이어를 더블클릭하여 레이어 스타일 창을 열어줍니다. ❷ 드롭섀도에 체크하고 ❸ 더블클릭하여 ❹ 다음과 같이 값을 설정해주고 ❺ 확인 버튼을 누릅니다. 그림자 효과가 적용되었습니다.

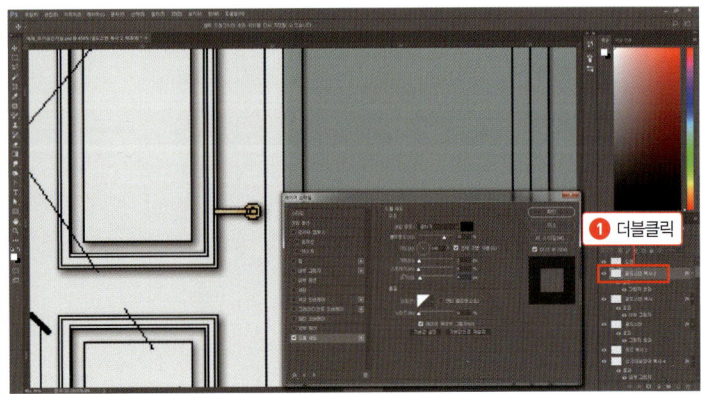

Chapter 02 아파트 거실 입면도 칼라링 :: 253

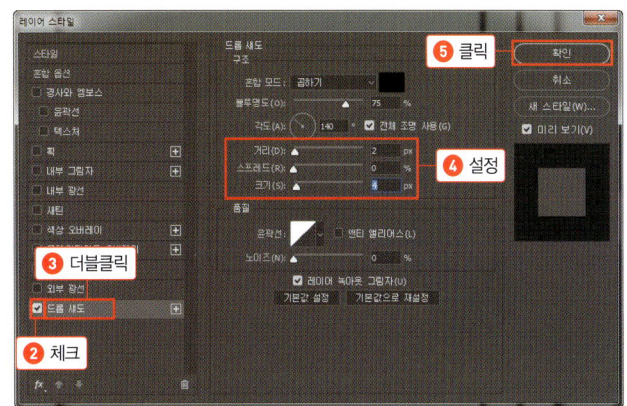

77 소품을 넣고 마무리합니다. 아파트 거실 입면도 칼라링이 완성되었습니다.

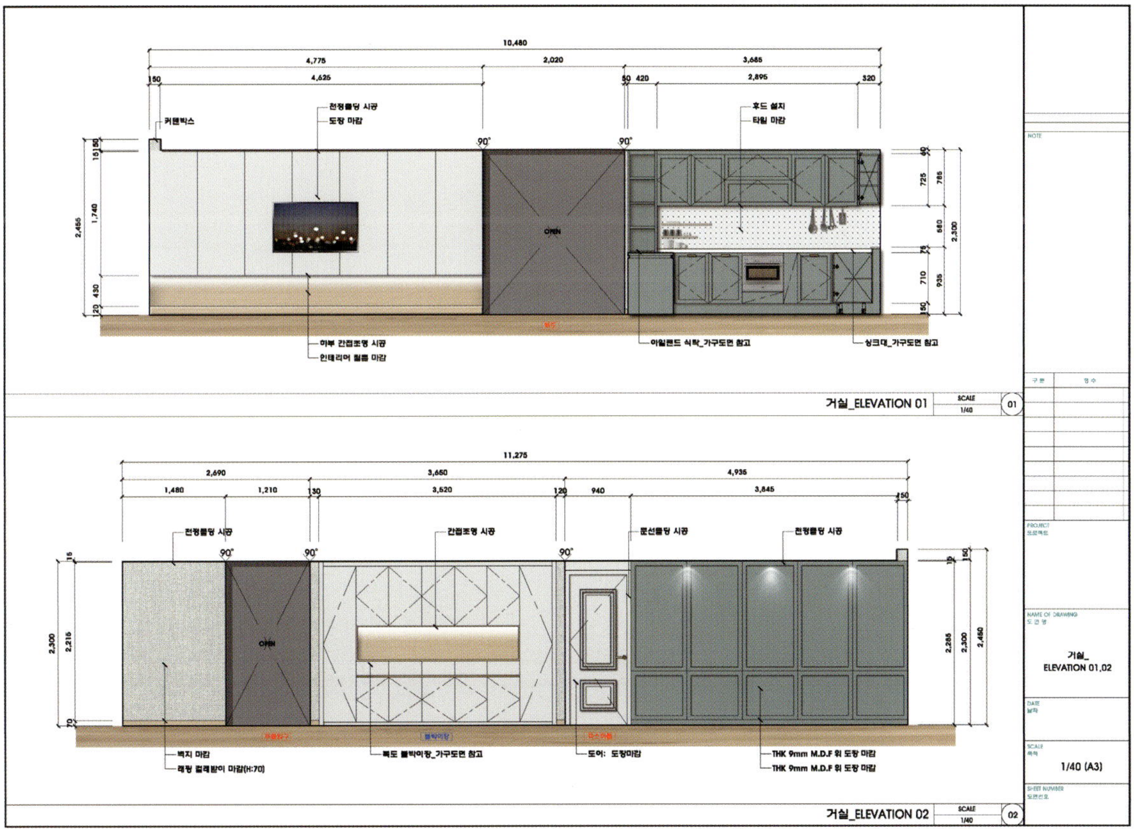

CHAPTER 03 커피카페 입면도 칼라링

● 예제 파일 Part04. – 03. 예제_커피카페 입면도

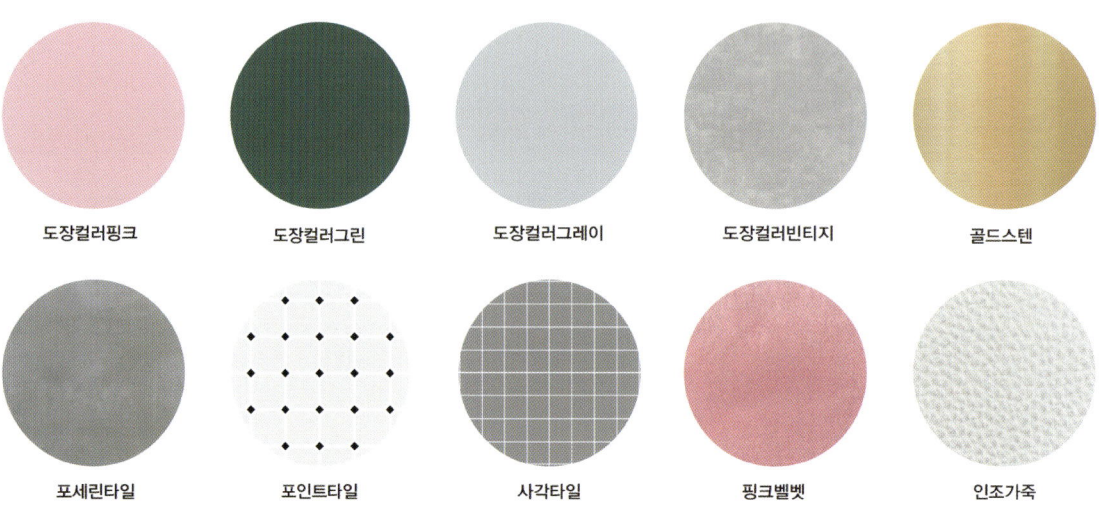

| 도장컬러핑크 | 도장컬러그린 | 도장컬러그레이 | 도장컬러빈티지 | 골드스텐 |

| 포세린타일 | 포인트타일 | 사각타일 | 핑크벨벳 | 인조가죽 |

Lesson 01 기본 작업 시작하기

01 화면을 더블클릭하거나, 단축키 Ctrl + O를 눌러 예제 파일 예제_커피카페.eps를 불러옵니다.

A3 파일로 저장되었기 때문에 이미지 크기는 ❶ '42.02', 높이는 ❷ '29.7'로 지정되어 있습니다. ❸ 해상도를 '200'으로 ❹ 모드는 RGB색상으로 지정하고 ❺ 앤티앨리어스에 체크를 해제한 후 ❻ 확인 버튼을 누릅니다.

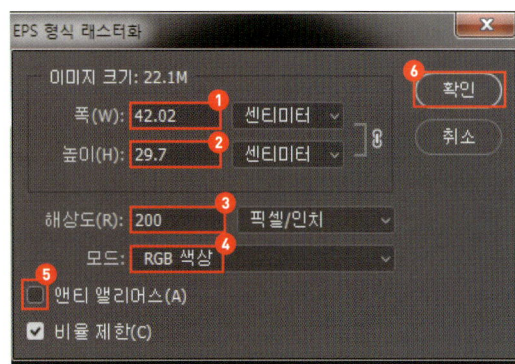

02 ❶ 레이어 창의 〈 〉 버튼을 눌러 새로운 레이어를 만들어줍니다. ❷ 배경색이 흰색으로 지정되어 있는지 확인하고 ❸ 단축키 Ctrl + Delete 를 눌러 배경을 흰색으로 채워줍니다.

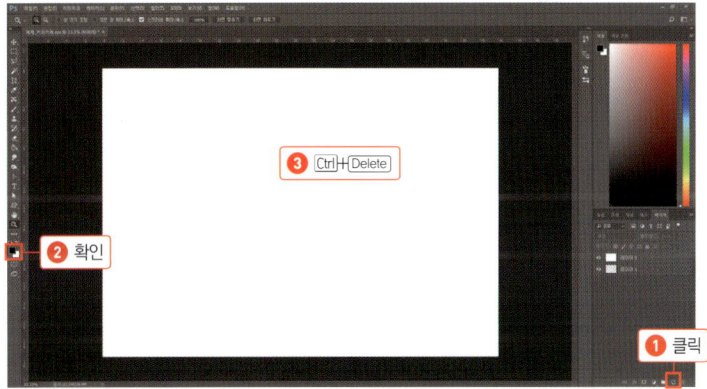

03 레이어2를 더블클릭하여 이름을 배경으로, 레이어1을 더블클릭하여 이름을 도면으로 변경한 후 '배경' 레이어를 잡고 아래쪽으로 드래그해서 배경레이어가 '도면' 레이어 아래에 위치하게 합니다. 칼라링을 하기 위한 베이스 작업이 완료되었습니다.

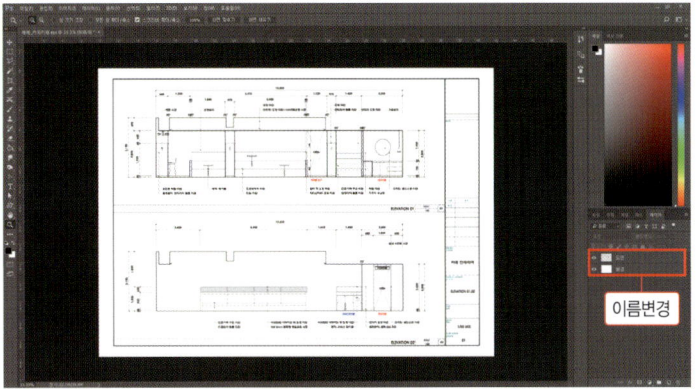

Lesson 02 통로 칼라링하기

04 오픈공간은 회색으로 칼라링해보도록 하겠습니다. ❶ 레이어 창의 〈 ⬜ 〉 버튼을 눌러 새로운 레이어를 만들어주고, ❷ 레이어명을 '오픈'으로 변경해준 후 도면 아래에 위치시킵니다. ❸ 사각선택 도구〈 ▭ 〉 단축키 M을 누르고 ❹ 다음과 같이 드래그하여 선택합니다.

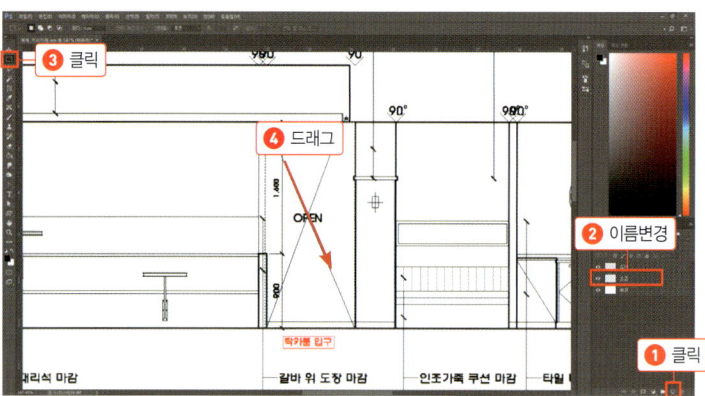

05 전경색〈 ■ 〉을 클릭하고 색상 라이브러리를 눌러 다음 색상을 선택한 후 확인 버튼을 누릅니다. 색상은 나중에도 조절이 가능하니까요. 회색톤을 선택합니다.

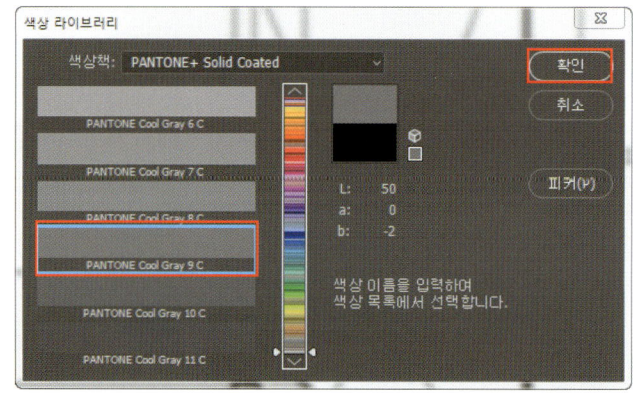

06 ❶ 페인트통 도구〈 🪣 〉를 누르고 ❷ 선택영역에 클릭해주면 색상이 채워졌습니다. Ctrl+D를 눌러 선택을 해제해줍니다.

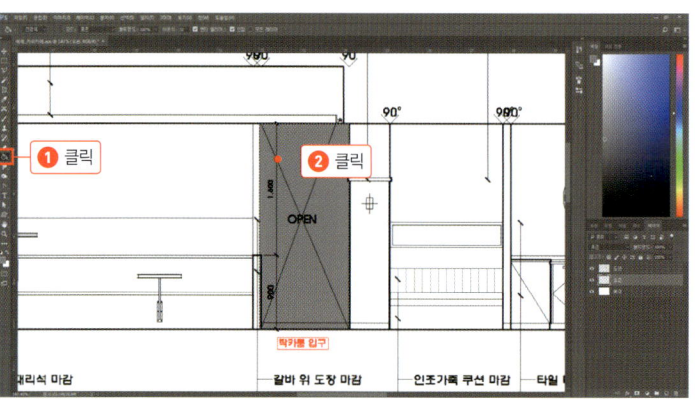

07 ❶ '오픈' 레이어를 더블클릭하여 레이어 스타일 창을 열어줍니다. ❷ 내부 그림자에 체크하고 ❸ 더블클릭하여 ❹ 다음과 같이 값을 설정해주고 ❺ 확인 버튼을 누릅니다. 내부 그림자 효과가 적용되었습니다.

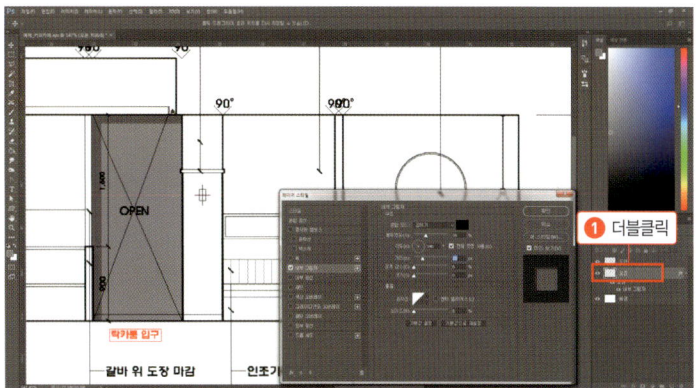

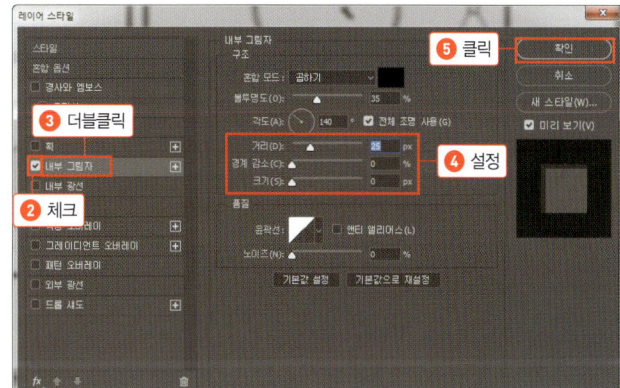

08 Alt+이동 도구(﹢)를 누르면서 드래그하여 파우더룸 입구도 복사해서 다음과 같이 위치시켜줍니다. 크기가 맞지 않을 때는 자유 변형 단축키 Ctrl+T를 눌러 조절점을 이동하여 크기를 조절해줍니다. Enter↲ 키를 눌러 명령을 해제해줍니다.

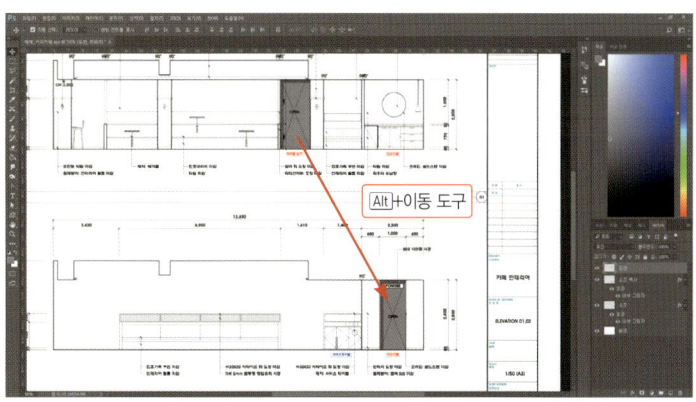

Lesson 03 도장 마감하기

09 ❶ 열기 단축키 Ctrl + O 를 누르고 '도장컬러_빈티지' 파일을 불러옵니다. 창을 다음과 같이 드래그하여 아래로 내린다음, ❷ 이동 도구⟨ ✥ ⟩ 단축키 V 를 누르고 ❸ 예제_커피카페.PSD로 드래그해줍니다. '도장컬러_빈티지' 파일은 X 버튼을 눌러 닫아주세요.

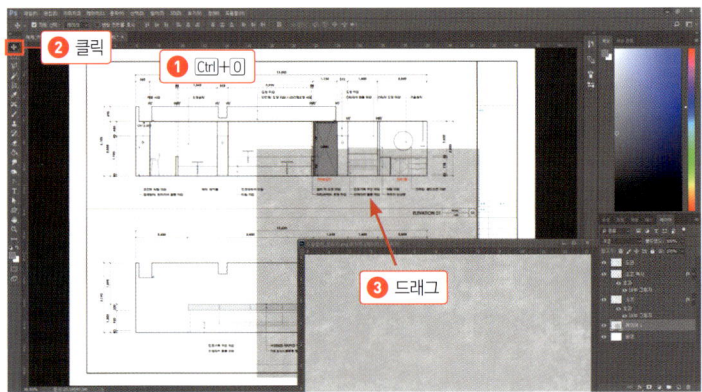

10 ❶ 자유 변형 단축키 Ctrl + T 를 눌러 조절점을 이동하여 크기를 살짝 작게 조절하여 맵소스의 무늬크기를 줄여준 다음, ❷ 사각선택 도구⟨ ▭ ⟩ 단축키 M 을 눌러 ❸ 복사할 크기만큼 드래그하여 선택해주고 ❹ Alt + 이동 도구⟨ ✥ ⟩ 단축키 V 를 누르고 부족한 부분을 이어붙여줍니다. 필요 없는 부분은 선택해서 지워주면 되니까요. 크게크게 복사해줍니다.

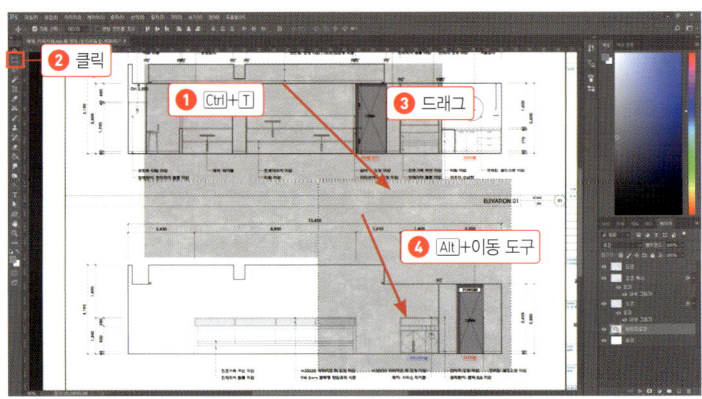

11 ❶ 사각선택 도구⟨ ▭ ⟩ 단축키 M 을 눌러 필요 없는 부분을 ❷ 드래그하여 선택해주고 ❸ Delete 버튼을 눌러주면 선택된 이미지가 삭제됩니다. 레이어가 제일 아래 있기 때문에 투명한 유리 부분이 아니라면 굳이 지우지 않아도 되지만, 어디까지가 빈티지도장 마감일지 헷갈릴 수 있기 때문에 예제에서는 다음과 같은 부분만 남기고 나머지는 지워줍니다.

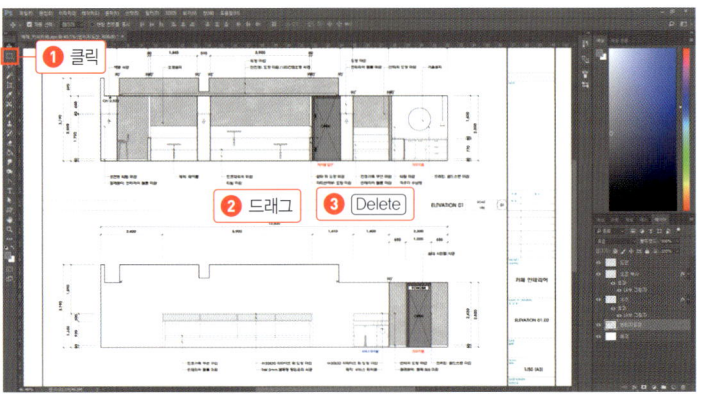

12 파우더룸 벽체를 제외하고는 벽체가 안쪽으로 들어가 있습니다. ❶ '빈티지도장' 레이어를 선택한 상태에서 ❷ 사각선택 도구〈▭〉 단축키 M을 눌러 ❸ 영역을 다음과 같이 드래그하여 선택해주고 ❹ Ctrl+J를 눌러 선택한 영역을 복사해줍니다. ❺ 레이어1이 생기면 이름을 '빈티지도장2'로 변경해줍니다.

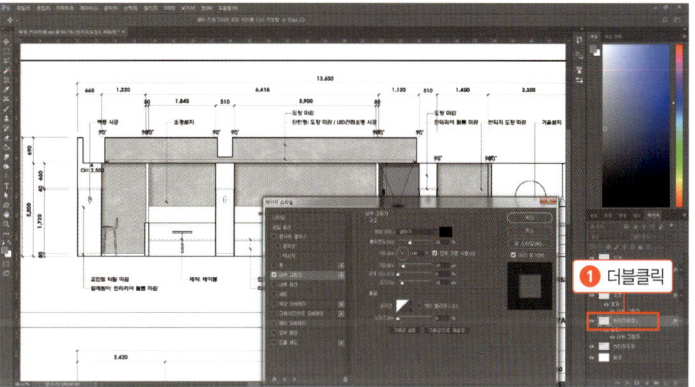

13 ❶ '빈티지도장2' 레이어를 더블클릭하여 레이어 스타일 창을 열어줍니다. ❷ 내부 그림자에 체크하고 ❸ 더블클릭하여 ❹ 다음과 같이 값을 설정해주고 ❺ 확인 버튼을 누릅니다. 내부 그림자 효과가 적용되었습니다.

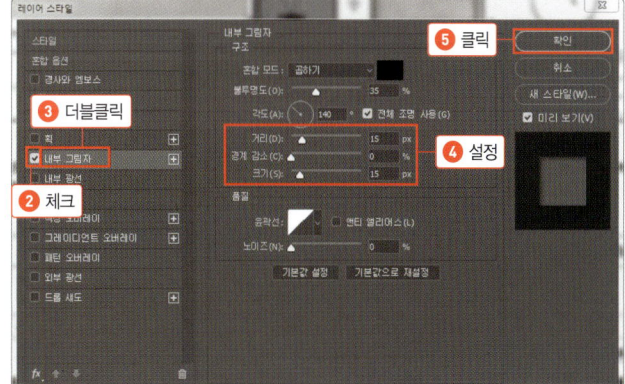

> **알아두기**
>
> 예제를 진행하면서 적용하는 값이 달라지지요? 정확한 정답은 없습니다. 깊이감이 어느 정도 표현되었으면 하는 치수개념에 따라 값을 더 주고 덜 주면서, 조절해나갑니다.

14 전체적으로 좀 더 진하게 만들어서 쑥 들어가 있는 느낌을 표현해보도록 하겠습니다. ❶ 곡선 단축키 Ctrl+M을 누르고 ❷ 곡선을 아래로 드래그하여 ❸ 다음과 같은 값을 적용하고 ❹ 확인 버튼을 누릅니다.

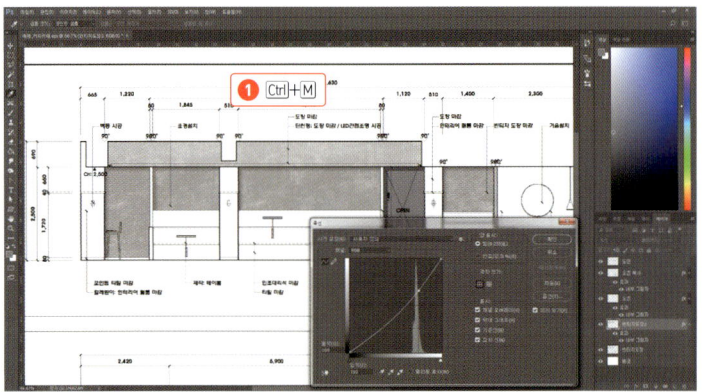

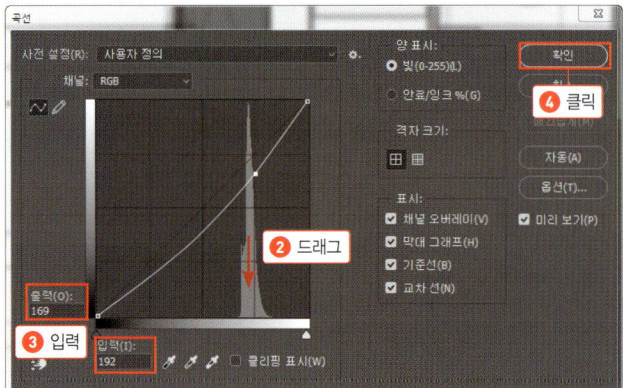

15 ⓮-⓰번을 반복하여 노출 천장 부분의 이미지도 들어가 있는 느낌을 표현해줍니다. 기둥 세 개의 상부 마감도 도장이긴 하지만, 흰색이라 표시가 나지 않습니다. 빈티지도장을 내부 그림자 효과로 표현했기 때문에 기둥상부마감은 칼라링 하지 않고 넘어갑니다.

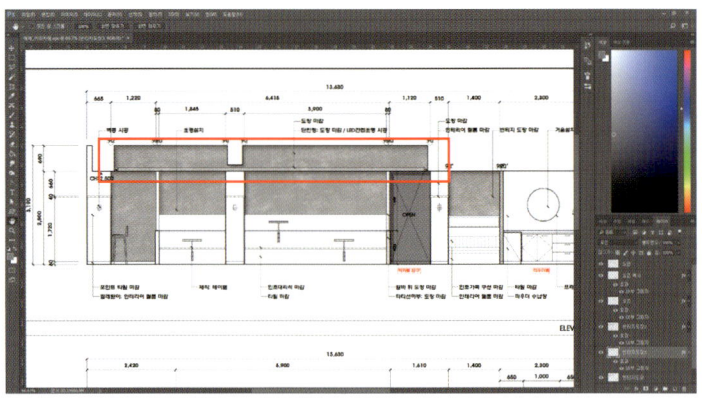

Lesson 04 타일 마감하기

16 ❶ 열기 단축키 Ctrl+O를 누르고 '타일_사각타일'과 '타일_포인트타일' 파일을 불러옵니다. 창을 다음과 같이 드래그하여 아래로 내린다음, ❷ 이동 도구⟨ ✥ ⟩ 단축키 V를 누르고 ❸ 예제_커피카페.PSD로 드래그해줍니다. '타일_사각타일'과 '타일_포인트타일' 파일은 X 버튼을 눌러 닫아주세요.

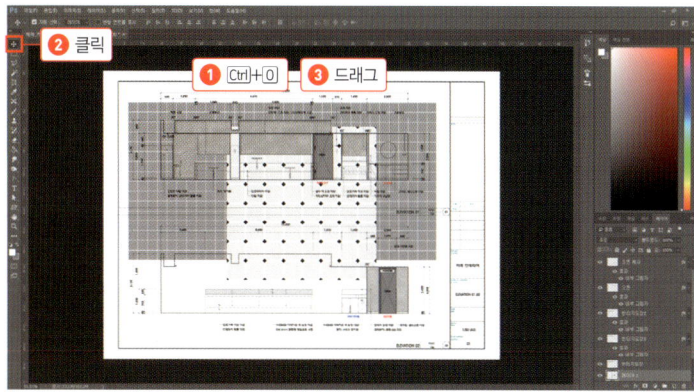

17 ❶ 레이어명을 각각 '포인트타일'과 '사각타일'로 바꿔줍니다. 먼저 사각타일부터 작업해보도록 하겠습니다. 포인트 타일은 거슬리니까 ❷ 눈⟨ 👁 ⟩을 클릭하여 잠시 꺼줍니다.

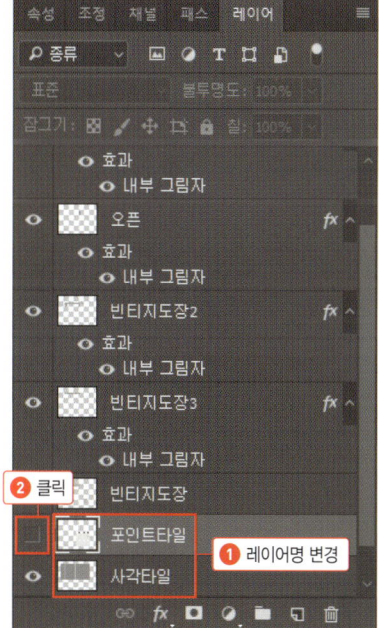

18 '사각타일' 맵소스가 엄청 크지요? ❶ 사각타일 위에서 마우스 오른쪽 버튼을 눌러 ❷ '사각타일' 레이어를 선택하고 ❸ 자유 변형 단축키 Ctrl+T를 눌러 조절점을 이동하여 크기를 조절해줍니다. Enter↵ 키를 눌러 명령을 해제해줍니다. 대략적인 타일의 크기를 고려하여 한 칸당 4칸정도 들어갈 수 있도록 크기를 조절합니다.

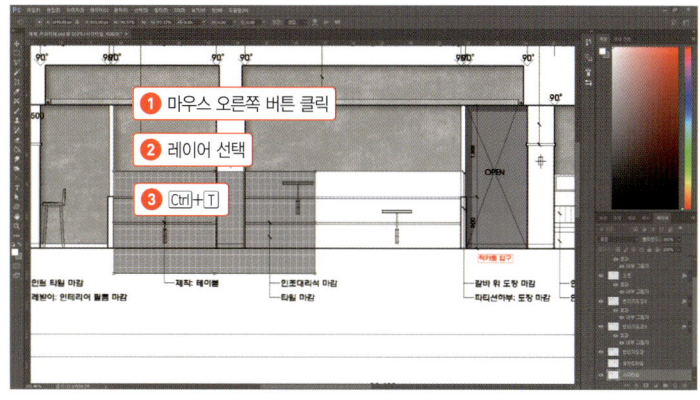

19 ① 사각선택 도구〈▭〉 단축키 M을 눌러 ② 영역을 다음과 같이 드래그하여 선택해주고 ③ Shift + Alt +이동 도구〈✥〉를 눌러 선택한 영역을 복사해서 위치시켜줍니다. 줄눈을 잘 맞춰주면서 붙였다는 것이 어색하지 않게 합니다.

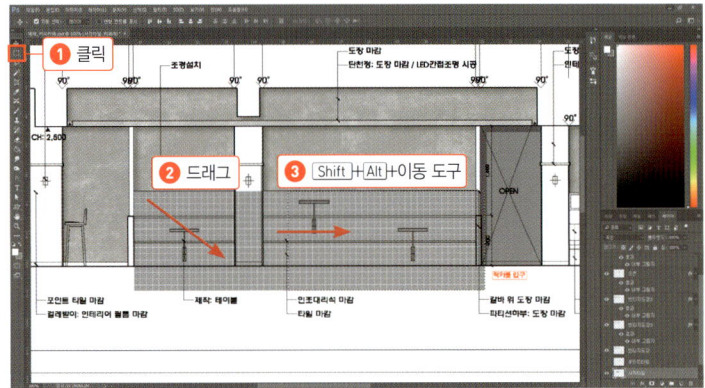

20 튀어나온 부분은 ① 사각선택 도구〈▭〉 단축키 M을 눌러 ② 드래그해주고 ③ Delete 를 눌러 삭제합니다.

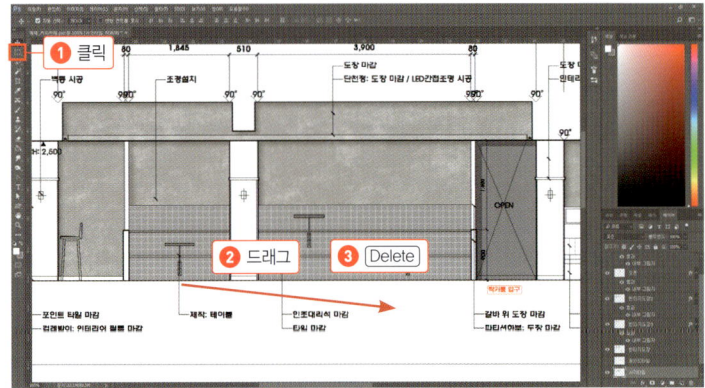

21 '사각타일' 레이어를 선택한 상태에서 ① 사각선택 도구〈▭〉 단축키 M을 눌러 ② 영역을 다음과 같이 드래그하여 선택해주고 ③ Ctrl + J 를 눌러 선택한 영역을 복사해줍니다. ④ 레이어1이 생기면 이름을 '사각타일2'로 변경해줍니다.

> **알아두기**
>
> 복사할 때 Shift 를 함께 누르면 수직 수평 복사가 됩니다.

22 '사각타일2' 레이어를 더블클릭하여 레이어 스타일 창을 열어줍니다. ❶ 경사와 엠보스에 체크하고 ❷ 더블클릭하여 ❸ 다음과 같이 값을 설정해준 후, ❹ 내부 그림자에 체크하고 ❺ 더블클릭하여 ❻ 다음과 같이 값을 설정해주고 ❼ 확인 버튼을 누릅니다. 경사와 엠보스 효과와 내부 그림자 효과가 적용되었습니다.

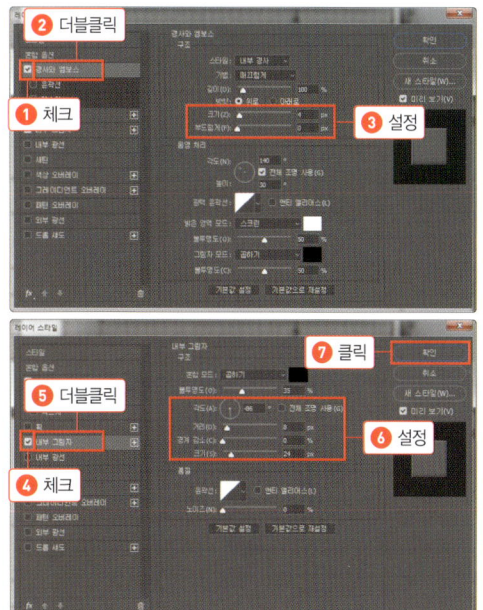

23 ❶ 레이어 창의 〈 〉 버튼을 눌러 새로운 레이어를 만들어준 후 ❷ 이름을 '인조 대리석'으로 변경합니다. ❸ 사각선택 도구〈 〉 단축키 M을 눌러 ❹ 영역을 다음과 같이 드래그하여 선택해주고 ❺ 페인트 통〈 〉 도구 단축키 G를 누른 후 ❻ 전경색을 흰색으로 선택하고 ❼ 선택영역을 클릭하면 인조 대리석 색상이 흰색으로 바뀌었습니다.

24 '인조 대리석' 레이어를 더블클릭하여 레이어 스타일 창을 열어줍니다. ❶ 드롭섀도에 체크하고 ❷ 더블클릭하여 ❸ 다음과 같이 값을 설정해주고 ❹ 확인 버튼을 누릅니다. 그림자 효과가 적용되었습니다. 단축키 Ctrl+D를 눌러 선택을 해제합니다. Alt+이동 도구〈 〉를 눌러 다음과 같이 복사해서 위치시켜줍니다.

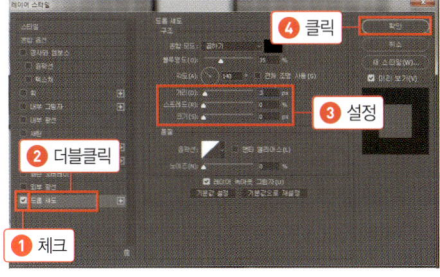
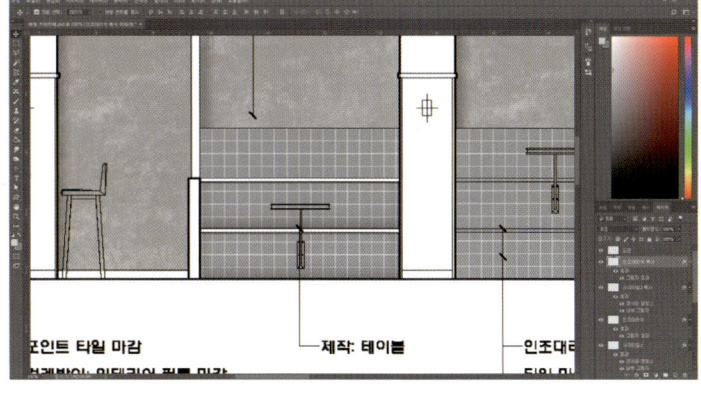

> **알아두기**
> 레이어에 효과를 적용했는데, 보이지 않는다면 레이어의 위치를 점검해봅니다.

25 옆에 사각타일도 23~26번 과정을 반복하여 다음과 같이 작업을 합니다.

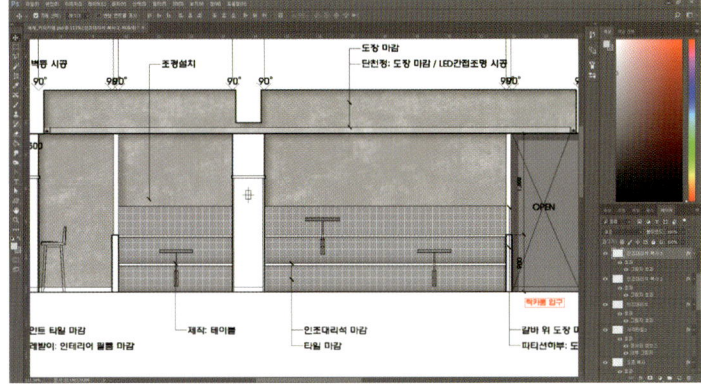

26 ❶ 이번에는 17번 과정에서 잠시 꺼두었던 눈〈◉〉을 다시 클릭하여 켜줍니다. ❷ 자유 변형 단축키 Ctrl + T 를 눌러 조절점을 이동하여 기둥안에 5개의 타일이 들어갈 수 있게 크기를 줄여준 후 Enter 키를 눌러 명령을 해제해줍니다.

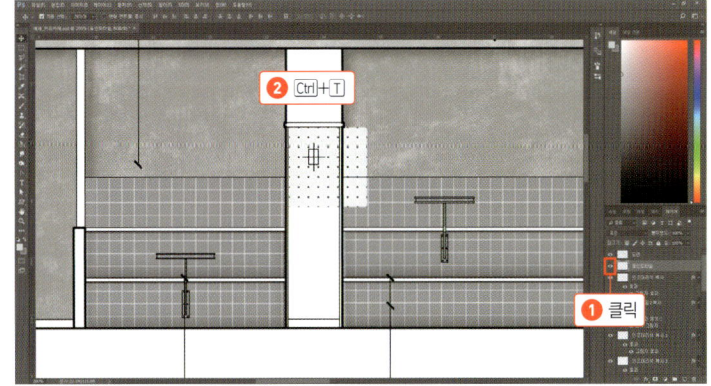

27 ❶ 사각선택 도구〈▭〉 단축키 M 을 눌러 ❷ 복사할 크기만큼 드래그하여 선택해주고 ❸ Alt + 이동 도구〈✥〉 단축키 V 를 누르고 부족한 부분을 이어붙여줍니다. 무늬를 잘 맞춰서 복사해줍니다.

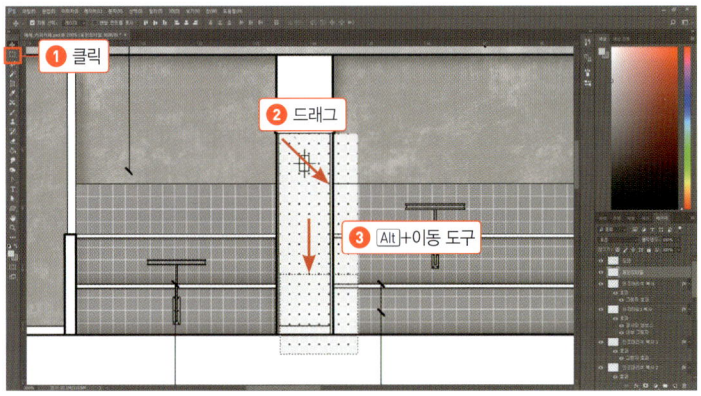

28 ❶ 사각선택 도구〈 〉 단축키 M
을 눌러 필요 없는 부분을 ❷ 드래
그하여 선택해주고 ❸ Delete 버튼
을 눌러주면 선택된 이미지가 삭제
됩니다.

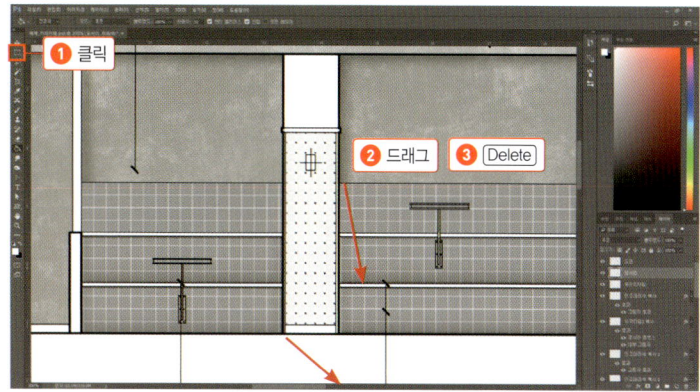

29 ❶ 레이어 창의 〈 〉 버튼을 눌러
새로운 레이어를 만들어준 후 ❷ 이
름을 '기둥 모서리'로 변경합니다.
❸ 사각선택 도구〈 〉 단축키 M을
눌러 ❹ 영역을 다음과 같이 드래그
하여 선택해주고 ❺ 페인트통 도구
〈 〉 단축키 G를 누른 후 ❻ 선택
영역을 클릭하면 기둥모서리 색상이
흰색으로 바뀌었습니다.

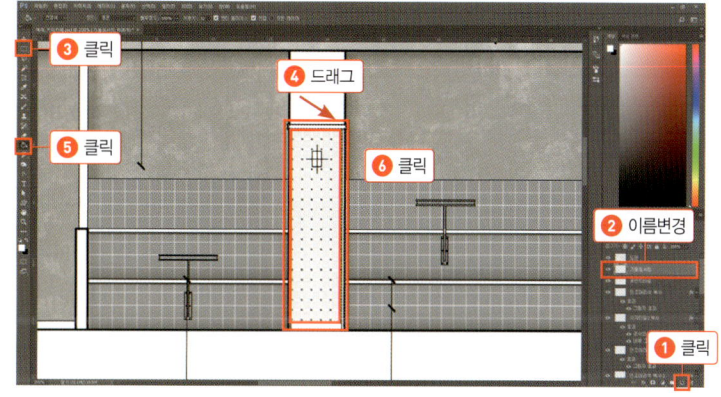

30 '기둥 모서리' 레이어를 더블클릭하여 레이어 스타일 창
을 열어줍니다. ❶ 드롭섀도에 체크하고 ❷ 더블클릭하
여 ❸ 다음과 같이 값을 설정해주고 ❹ 확인 버튼을 누
릅니다. 그림자 효과가 적용되었습니다. 단축키 Ctrl + D
를 눌러 선택을 해제합니다.

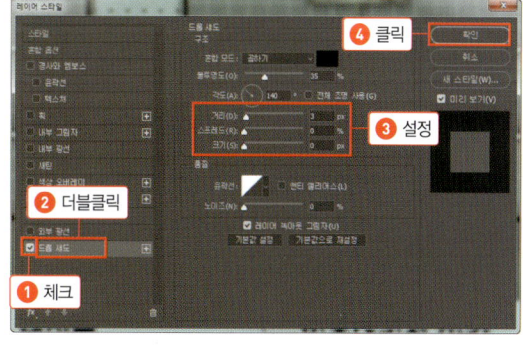

31 다른 기둥들도 같은 방법으로 작업
해줍니다.

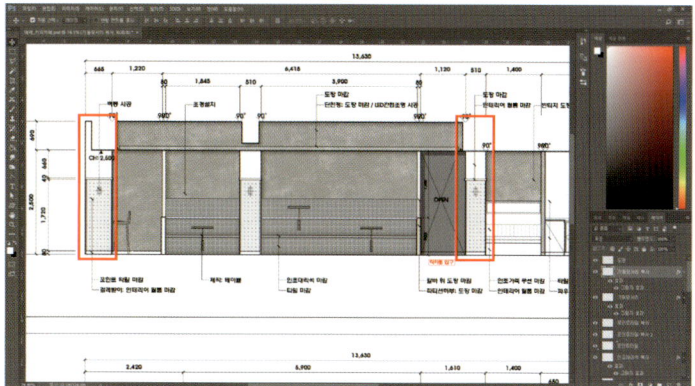

32 기둥에서 ❶ 마우스 오른쪽 버튼을 눌러 ❷ '포인트타일복사2'를 선택한 후 ❸ Alt +이동 도구⟨✥⟩를 눌러 다음과 같이 복사해서 위치시켜 줍니다.

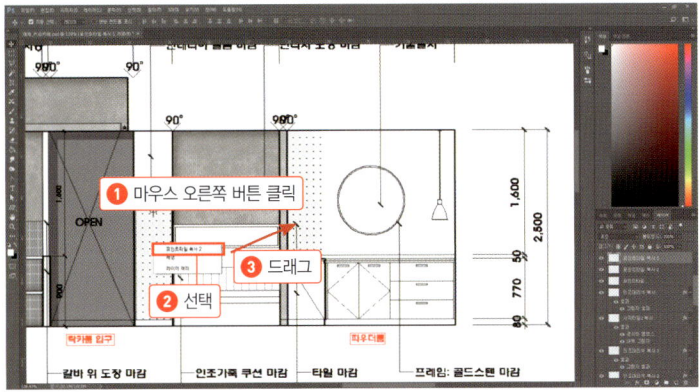

33 ❶ 사각선택 도구⟨▭⟩ 단축키 M 을 눌러 복사할 크기만큼 ❷ 드래그하여 선택해주고 ❸ Alt +이동 도구⟨✥⟩ 단축키 V 를 누르고 부족한 부분을 이어붙여줍니다. 무늬를 잘 맞춰서 복사해줍니다.

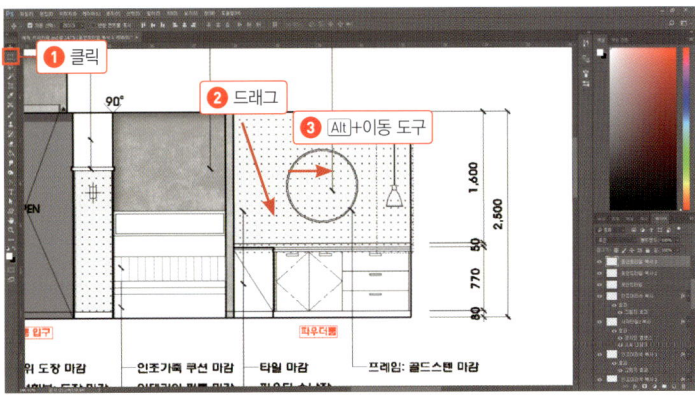

34 ❶ 사각선택 도구⟨▭⟩ 단축키 M 을 눌러 ❷ 필요 없는 부분을 드래그하여 선택해주고 ❸ Delete 버튼을 눌러주면 선택된 이미지가 삭제됩니다.

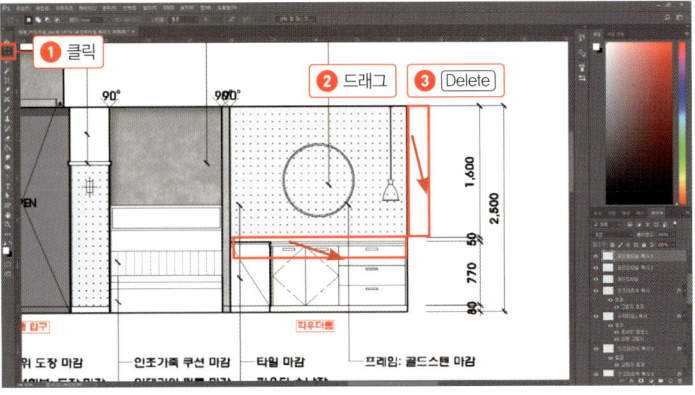

Lesson 05 가구 표현하기

35 ① 열기 단축키 Ctrl+O를 누르고 도장컬러_그레이, 그린, 핑크.png 파일을 불러옵니다. 창을 다음과 같이 ② 드래그하여 아래로 내린다음, 이동 도구< > 단축키 V를 누르고 예제_커피카페.PSD로 드래그해줍니다. 도장컬러_그레이, 그린, 핑크.png 파일은 X 버튼을 눌러 닫아줍니다. ③ 각 레이어를 더블클릭하여 '도장핑크', '도장그린', '도장그레이'로 레이어명을 변경해준 후 ④ 눈< >을 클릭하여 '도장핑크'와 '도장그린'은 잠시 꺼줍니다.

36 ① 자유 변형 단축키 Ctrl+T를 눌러 조절점을 이동하여 다음과 같이 붙박이 의자에 맞게 크기를 조절해줍니다. 입체감을 표현해보도록 하겠습니다. ② 사각선택 도구< > 단축키 M을 눌러 ③ 다음과 같이 드래그하여 선택해주고 ④ Ctrl+J를 눌러 선택한 영역을 새로운 레이어로 만들어줍니다.

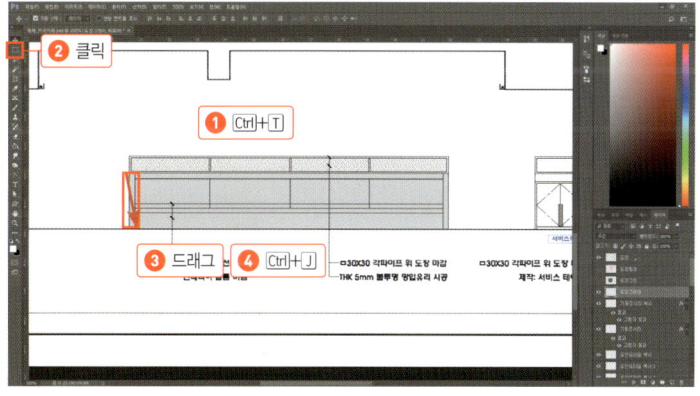

37 레이어명을 더블클릭하여 '팔걸이'로 변경해준 후 레이어를 더블클릭하여 레이어 스타일 창을 열어줍니다. ① 경사와 엠보스에 체크하고 ② 더블클릭하여 ③ 다음과 같이 값을 설정해준 후 ④ 드롭새도에 체크하고 ⑤ 더블클릭하여 ⑥ 다음과 같이 값을 설정해주고 ⑦ 확인 버튼을 누릅니다. 경사와 엠보스 효과와 그림자 효과가 적용되었습니다.

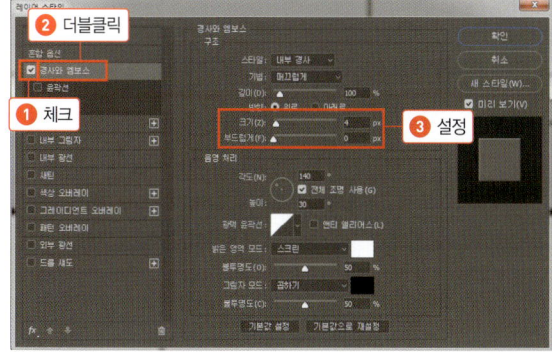 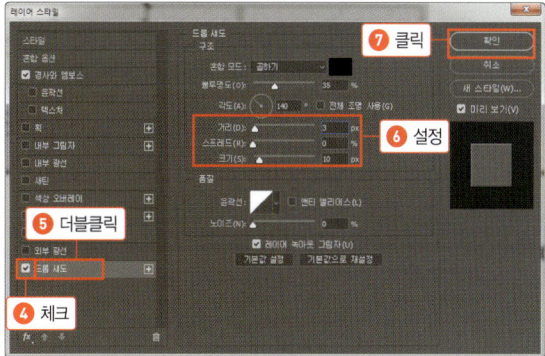

38 Alt+이동 도구〈✥〉를 누르면서 드래그하여 반대편 팔걸이도 복사해서 다음과 같이 위치시켜줍니다.

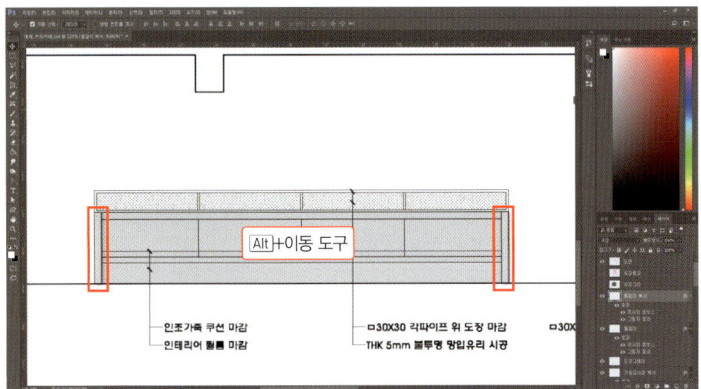

39 앞의 과정을 반복하여 붙박이 의자 부분도 다음과 같이 위치시켜줍니다.

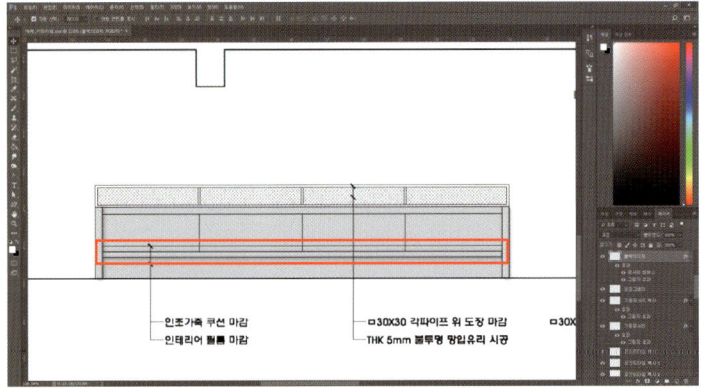

40 도장그레이 위에서 ❶ 마우스 오른쪽 버튼을 눌러 ❷ '도장그레이' 레이어를 선택해주고, ❸ 사각선택 도구〈▭〉단축키 M을 눌러 ❹ 다음과 같이 드래그해준 후 ❺ Ctrl+J를 눌러 선택영역을 복사해줍니다.

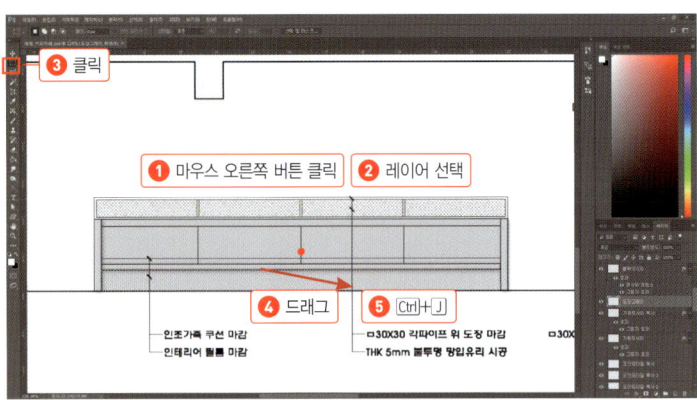

41 레이어를 더블클릭하여 '붙박이의자 하부'로 레이어명을 변경해준 후 레이어를 더블클릭하여 레이어 스타일 창을 열어줍니다. ❶ 내부 그림자를 체크하고 ❷ 더블클릭하여 ❸ 다음과 같이 값을 설정해주고 ❹ 확인 버튼을 누릅니다. 내부 그림자 효과가 적용되었습니다.

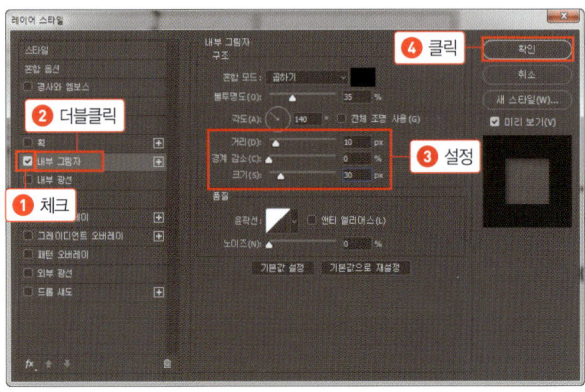

42 ELEVATION 01에 붙박이 의자도 Alt+이동 도구〈 〉를 누르면서 드래그하여 복사해서 위치시켜줍니다.

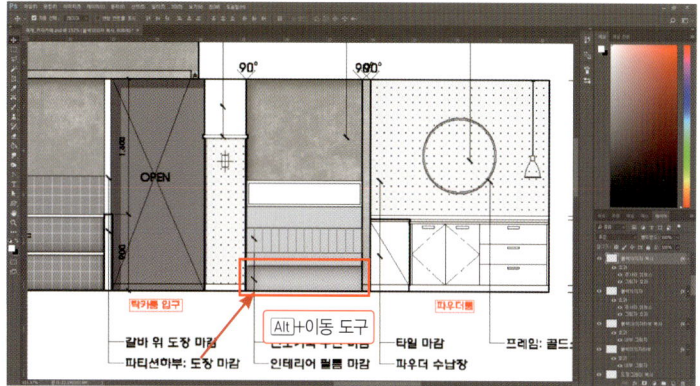

43 ❶ '도장핑크' 레이어의 눈〈 〉을 클릭하여 레이어를 켜주고 ❷ 자유 변형 단축키 Ctrl+T를 눌러 조절점을 이동하여 다음과 같이 서비스 테이블에 맞게 크기를 조절해줍니다.

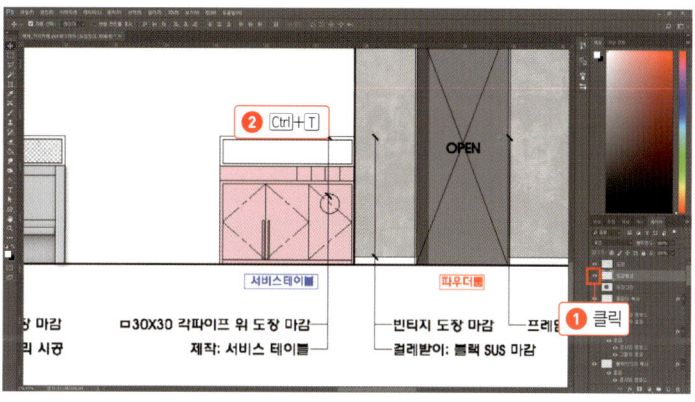

44 ❶ 사각선택 도구〈 〉 단축키 M을 눌러 다음과 같이 ❷ 드래그해준 후 ❸ Ctrl+J를 눌러 선택영역을 복사해줍니다.

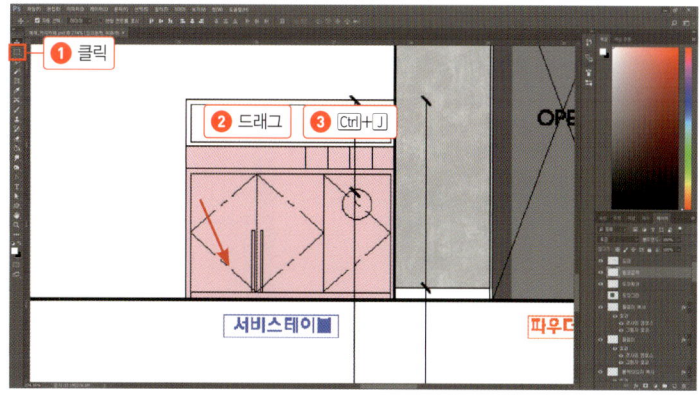

45 ❶ 레이어를 더블클릭하여 '핑크문짝'으로 레이어명을 변경해준 후 ❷ 레이어를 더블클릭하여 레이어 속성 창을 열어줍니다. ❸ 경사와 엠보스에 체크하고 ❹ 더블클릭하여 ❺ 다음과 같이 값을 설정해준 후 ❻ 드롭섀도에 체크하고 ❼ 더블클릭하여 ❽ 다음과 같이 값을 설정해주고 ❾ 확인 버튼을 누릅니다.

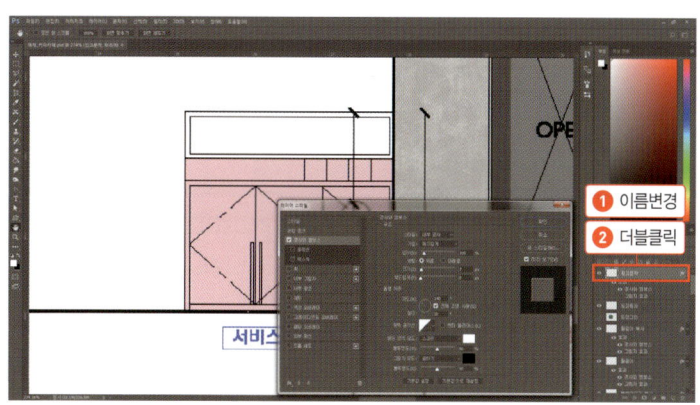

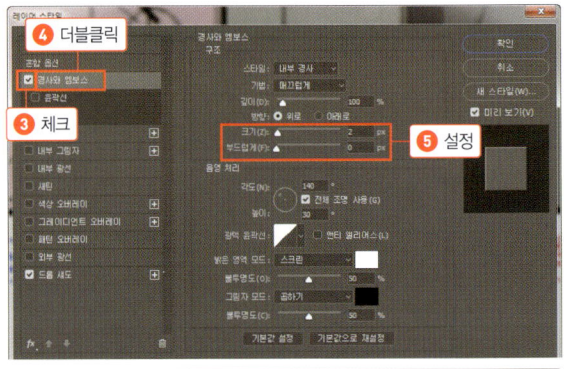

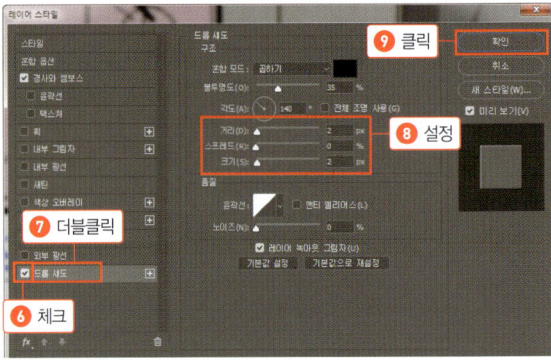

46 [Alt]+이동 도구⟨ ⟩를 누르면서 드래그하여 옆의 문들도 다음과 같이 위치시켜줍니다.

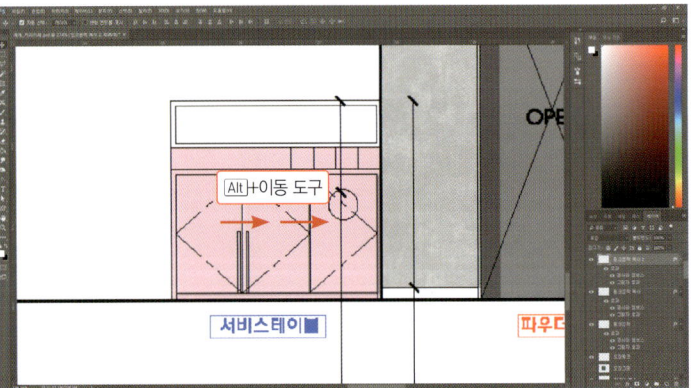

47 '도장핑크' 위에서 ❶ 마우스 오른쪽 버튼을 눌러 ❷ '도장핑크' 레이어를 선택하고 ❸ 사각선택 도구⟨ ⟩ 단축키[M]을 눌러 ❹ 다음과 같이 드래그해준 후 ❺ [Ctrl]+[J]를 눌러 선택 영역을 복사해줍니다.

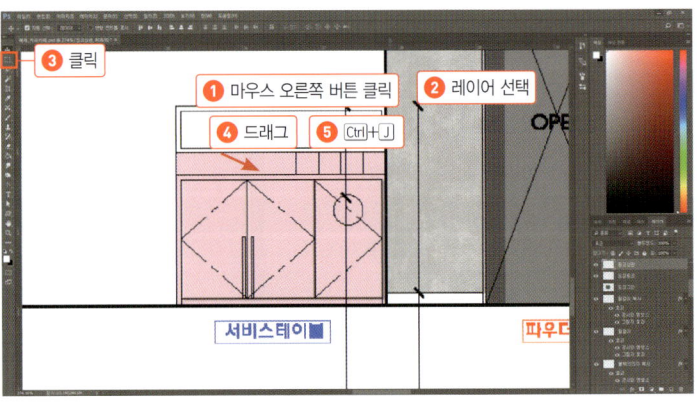

48 문짝보다는 뒤쪽에 있으니까 좀더 들어가 있는 느낌을 표현해줍니다. ❶ 레이어를 더블클릭하여 '핑크상판'으로 레이어명을 변경해준 후 ❷ '핑크상판' 레이어를 더블클릭하여 ❸ 내부 그림자에 체크하고 ❹ 더블클릭하여 ❺ 다음과 같이 값을 설정해주고 ❻ 확인 버튼을 누릅니다.

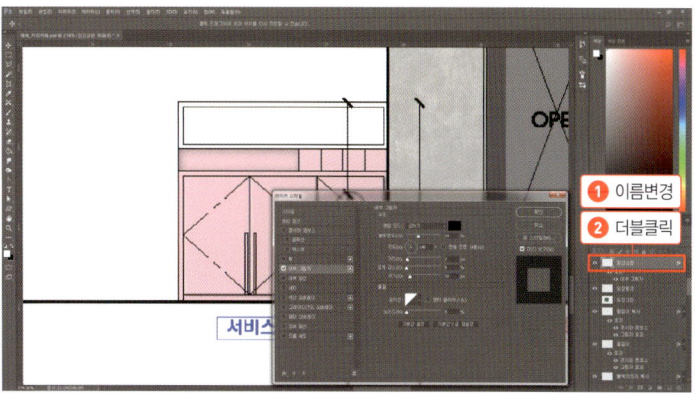

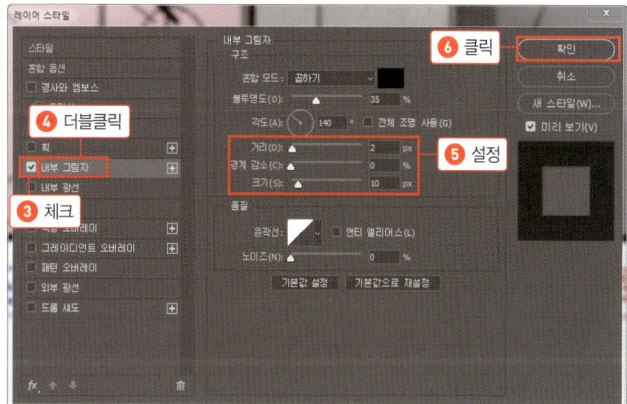

49 ❶ 레이어 창의 〈📄〉 버튼을 눌러 새로운 레이어를 만들어준 후 ❷ 이름을 '핑크손잡이'로 변경합니다. ❸ 사각선택 도구〈▭〉 단축키 M을 눌러 ❹ 영역을 다음과 같이 드래그하여 선택해주고 ❺ 전경색을 누른후 ❻ 연그레이 색상을 클릭해주고 ❼ 확인 버튼을 누릅니다.

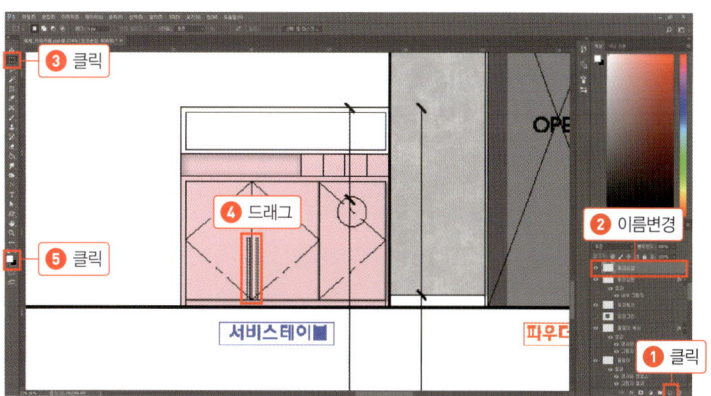

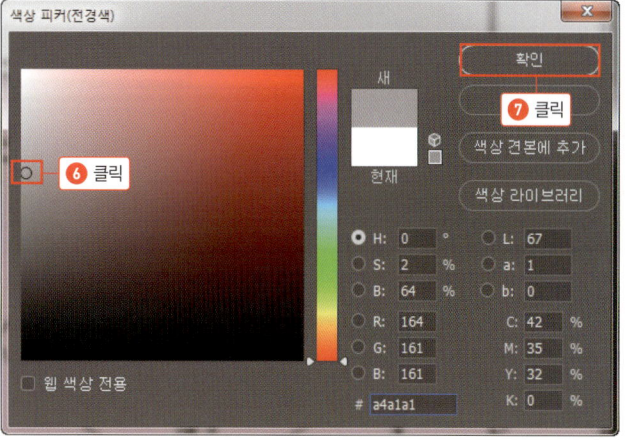

50 ❶ 페인트통〈 〉 도구 단축키 G 를 누른 후 ❷ 선택영역을 클릭하면 핑크손잡이 색상이 지정해준 색상으로 변경되었습니다. ❸ '핑크손잡이' 레이어를 더블클릭하여 ❹ 드롭 섀도에 체크하고 ❺ 더블클릭하여 ❻ 다음과 같이 값을 설정해주고 ❼ 확인 버튼을 누릅니다.

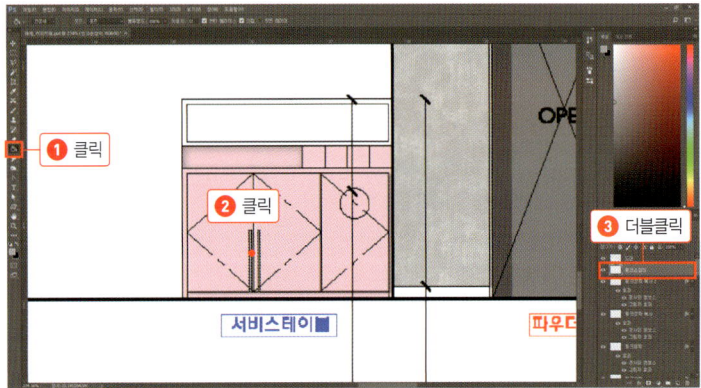

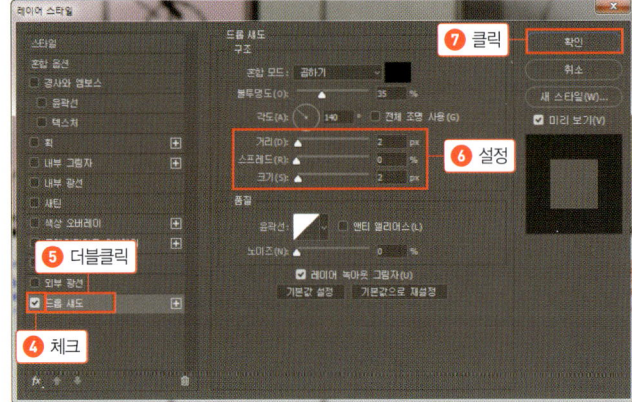

51 원형선택윤곽 도구〈 〉를 누르고 Shift 버튼을 누르면서 드래그하여 W와 H가 0.38cm인 원을 만들어 줍니다. 동그라미 형태를 봐가면서 몇 번 시행착오를 해보면 알맞은 크기의 원을 찾으실 수 있습니다. 원을 잡고 도면과 포개어지게 위치시켜줍니다.

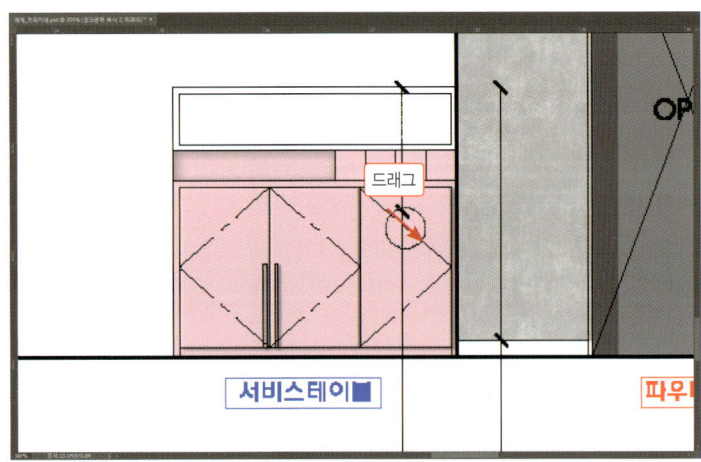

52 ❶ '도장핑크' 위에서 마우스 오른쪽 버튼을 눌러 ❷ '도장핑크' 레이어를 선택하고 ❸ Ctrl+J를 눌러 선택영역을 복사해줍니다. ❹ 레이어를 더블클릭하여 '핑크휴지통'으로 레이어명을 변경해준 후 ❺ '핑크휴지통' 레이어를 더블클릭하여 ❻ 내부 그림자에 체크하고 ❼ 더블클릭하여 ❽ 다음과 같이 값을 설정해주고 ❾ 확인 버튼을 누릅니다.

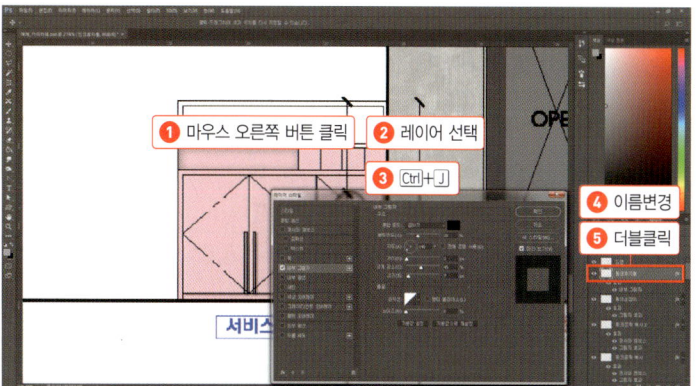

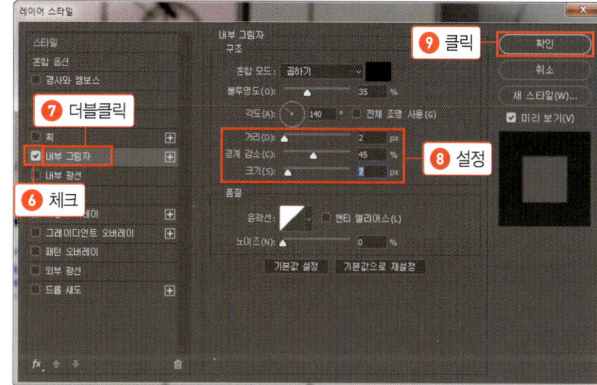

내부 그림자 효과가 적용되었습니다.

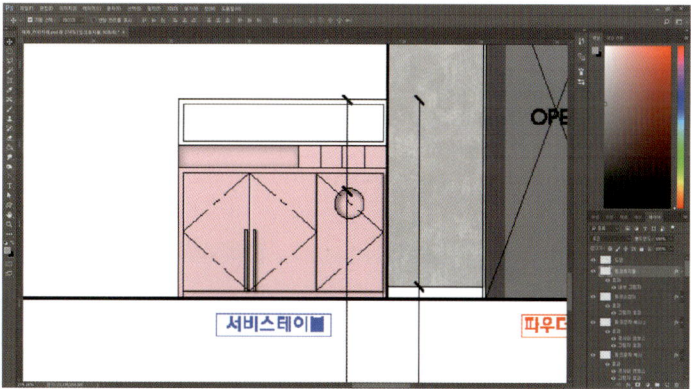

53 ❶ '도장그린' 레이어의 눈을 클릭하여 레이어를 켜주고 ❷ 자유 변형 단축키 Ctrl+T를 눌러 조절점을 이동하여 다음과 같이 서비스테이블에 맞게 크기를 조절해줍니다.

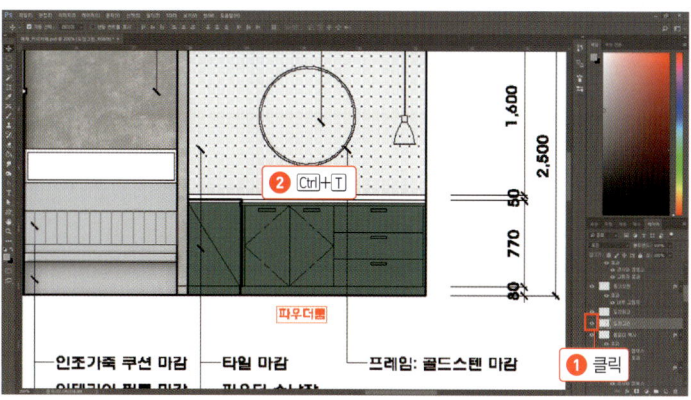

54 앞의 과정을 반복하여 도장그린 가구를 칼라링 해봅니다. 레이어가 보이지 않는다면 위쪽으로 도면 아래에 위치시켜줍니다.

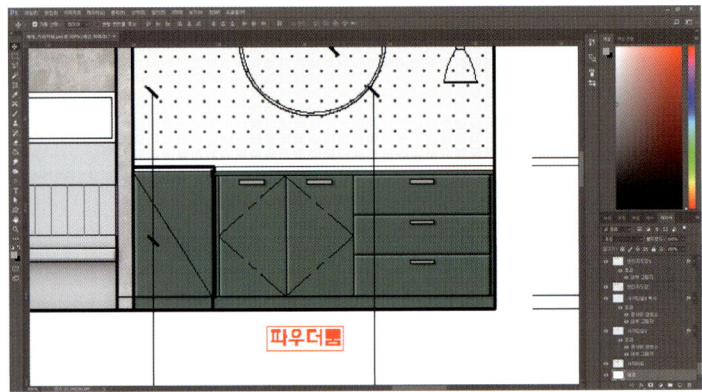

55 ❶ 이번엔 붙박이의자의 쿠션부분을 표현해보도록 하겠습니다. 열기 단축키 Ctrl + O 를 누르고 '패브릭_핑크벨벳', '인조가죽_그레이'.png 파일을 불러옵니다. 창을 다음과 같이 드래그하여 아래로 내린다음, ❷ 이동 도구〈 ✥ 〉 단축키 V 를 누르고 ❸ 예제_커피카페.PSD로 드래그해줍니다. '패브릭_핑크벨벳', '인조가죽_그레이'.png 파일은 X 버튼을 눌러 닫아줍니다. ❹ 각 레이어를 더블클릭하여 '핑크벨벳', '그레이 인조가죽'으로 레이어명을 변경해준 후 ❺ 눈〈 ◉ 〉을 클릭하여 '핑크벨벳'은 레이어를 잠시 꺼줍니다.

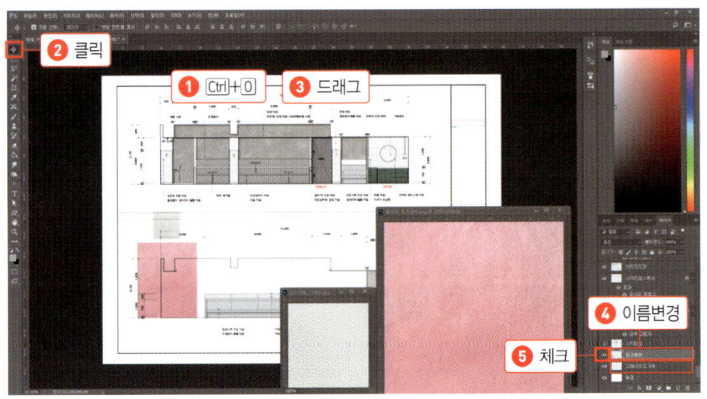

56 '그레이 인조가죽' 레이어를 위로 드래그하여 도면레이어 아래에 위치시켜주고, 자유 변형 단축키 Ctrl + T 를 눌러 Shift 를 누르면서 조절점을 이동하여 맵소스의 무늬크기를 줄여줍니다

57 ① 사각선택 도구〈▢〉 단축키 M을 눌러 ② 복사할 크기만큼 드래그하여 선택해주고 ③ Alt +이동 도구〈✥〉 단축키 V를 누르고 부족한 부분을 이어 붙여줍니다. 레이어 생성 없이 이미지가 복사됩니다. 필요 없는 부분은 ④ 사각선택 도구〈▢〉 단축키 M을 눌러 ⑤ 지정해주고 ⑥ Delete 버튼을 눌러 삭제합니다.

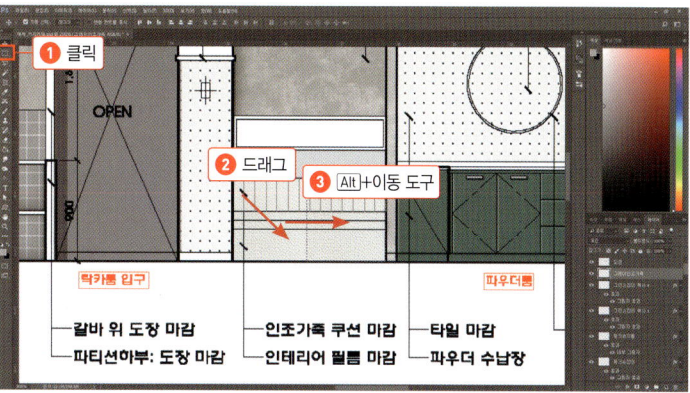

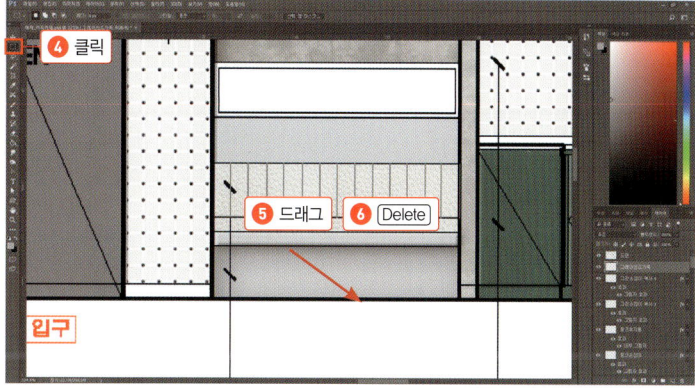

58 쿠션 효과를 내보도록 하겠습니다. ① 사각선택 도구〈▢〉 단축키 M을 눌러 ② 다음과 같이 드래그하여 선택해주고 ③ Ctrl + J를 눌러 선택 영역을 복사해줍니다. ④ 레이어명을 더블클릭하여 '그레이 쿠션'으로 변경합니다. ⑤ '그레이 쿠션' 레이어를 더블클릭하여 ⑥ 경사와 엠보스에 체크하고 ⑦ 더블클릭하여 ⑧ 다음과 같이 값을 설정해주고 ⑨ 확인 버튼을 누릅니다.

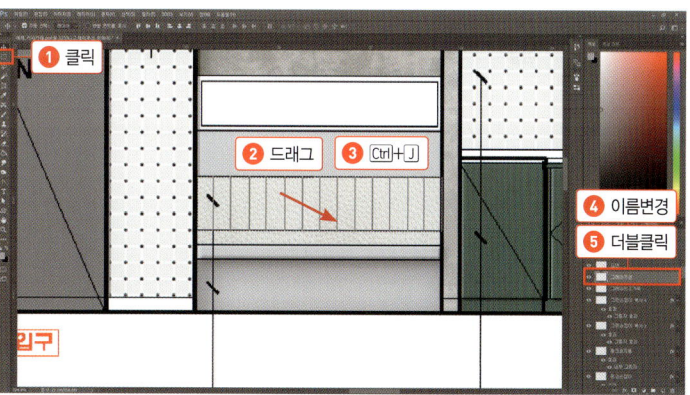

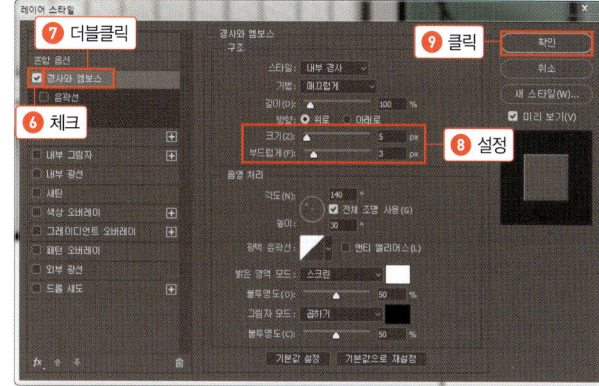

59 ① 사각선택 도구⟨ ⟩ 단축키 M 을 눌러 ② 다음과 같이 드래그하여 선택해주고 ③ Ctrl+J를 눌러 선택 영역을 복사해줍니다. ④ 레이어명을 더블클릭하여 '그레이쿠션2'으로 변경합니다. ⑤ '그레이쿠션2' 레이어를 더블클릭하여 ⑥ 경사와 엠보스에 체크하고 ⑦ 더블클릭하여 ⑧ 다음과 같이 값을 설정해주고 ⑨ 확인 버튼을 누릅니다.

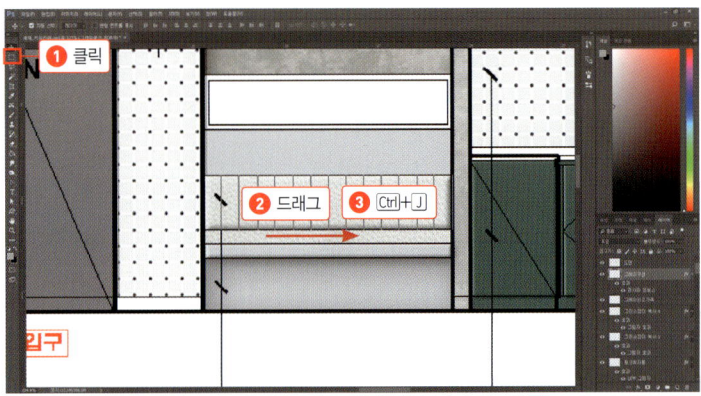

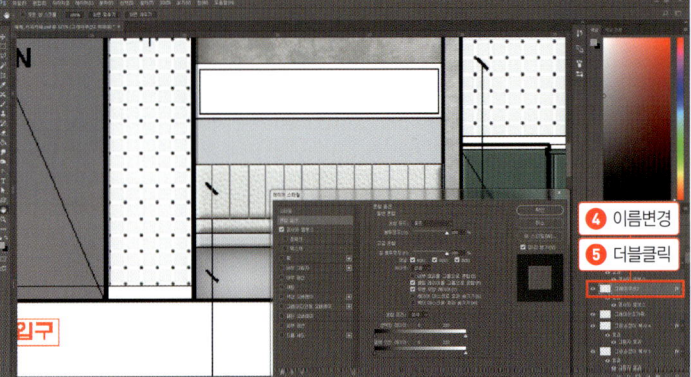

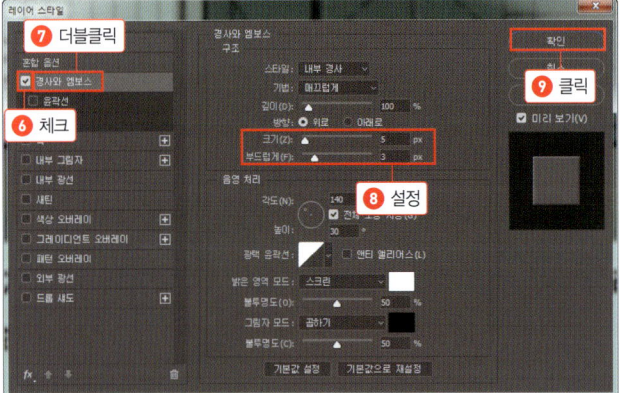

60 '그레이쿠션 1'의 뒷면에 그림자 효과를 표현해보도록 하겠습니다. ① 레이어 창의 ⟨ ⟩ 버튼을 눌러 새로운 레이어를 만들어준 후 ② 이름을 '등받이 쿠션 그림자'로 변경합니다. ③ 사각선택 도구⟨ ⟩ 단축키 M을 눌러 ④ 영역을 다음과 같이 드래그하여 선택합니다.

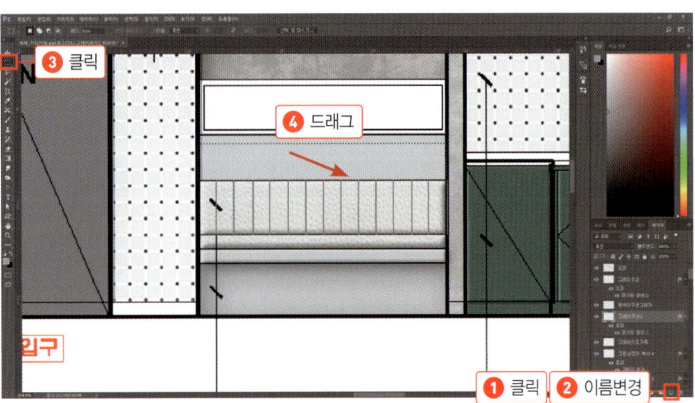

Chapter 03 커피카페 입면도 칼라링 :: 277

61 ① 색상피커를 눌러 검정색을 선택하고 ② 그레이디언트 도구⟨ ⟩를 누르고 ③ 아래에서 위로 드래그해 줍니다. 색상이 좀 진하다고 생각될 때는 불투명도를 조절하면 됩니다.

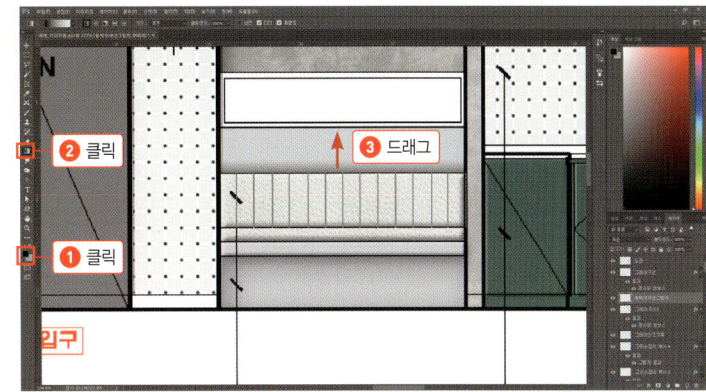

62 ① 핑크벨벳 레이어의 눈⟨ ⟩을 클릭하여 레이어를 켜주고 도면레이어 아래로 레이어를 위치시켜줍니다. ② 자유 변형 단축키 Ctrl + T를 눌러 조절점을 이동하여 다음과 같이 서비스테이블에 맞게 크기를 조절해줍니다.

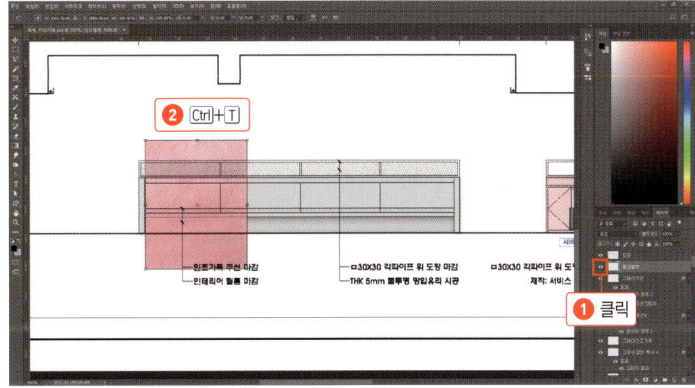

63 ① 사각선택 도구⟨ ⟩ 단축키 M을 눌러 ② 복사할 크기만큼 드래그하여 선택해주고 ③ Alt + 이동 도구⟨ ⟩ 단축키 V를 누르고 부족한 부분을 이어 붙여줍니다. 레이어 생성 없이 이미지가 복사됩니다. 필요없는 부분은 ④ 사각선택 도구⟨ ⟩ 단축키 M을 눌러 ⑤ 지정해주고 ⑥ Delete 버튼을 눌러 삭제합니다.

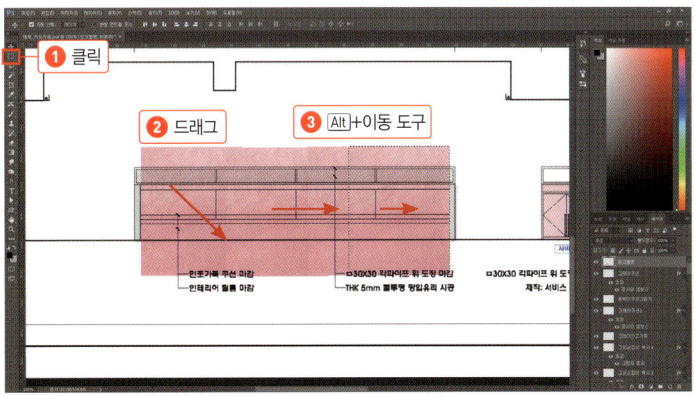

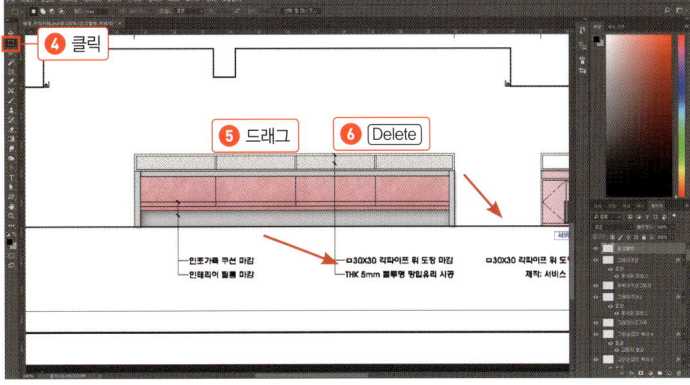

64 앞의 과정을 반복하여 '핑크벨벳' 붙박이 의자를 표현해줍니다.

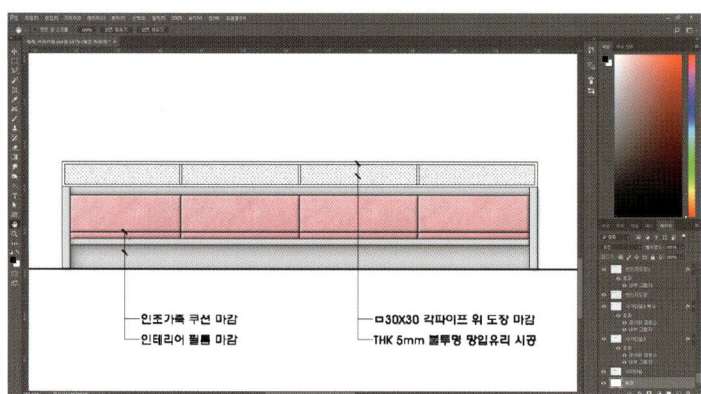

Lesson 06 금속 표현하기

65 금속을 표현하기에 앞서 붙박이의 자쪽은 파티션에 망입유리가 표현되어 있는데, 서비스테이블 위는 표현이 안되어 있습니다.
캐드에서 필요없는 치수선들을 지우다가 함께 지워졌을 수 있습니다. 이럴 땐 ❶ 도면 위에서 마우스 오른쪽 버튼을 클릭하여 ❷ '도면' 레이어를 선택하고 ❸ 사각선택 도구〈 〉를 눌러 ❹ 영역을 드래그해 준 후 ❺ [Alt]+이동 도구〈 〉 단축키 [V]을 눌러 복사해줍니다. ❻ 선택된 도면이 지글지글거리고 있을 때 [Alt]키를 누르면서 튀어나온 부분을 드래그하면 바로 삭제됩니다.

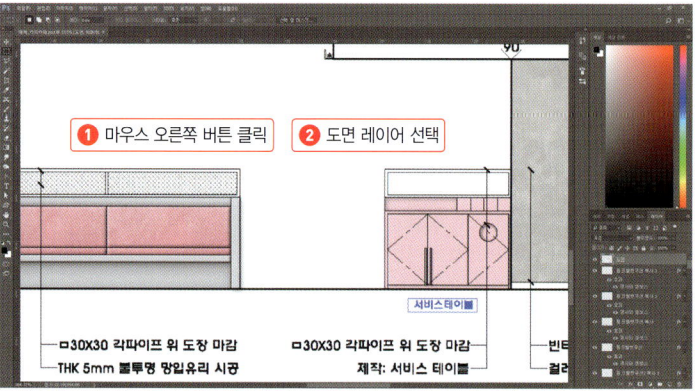

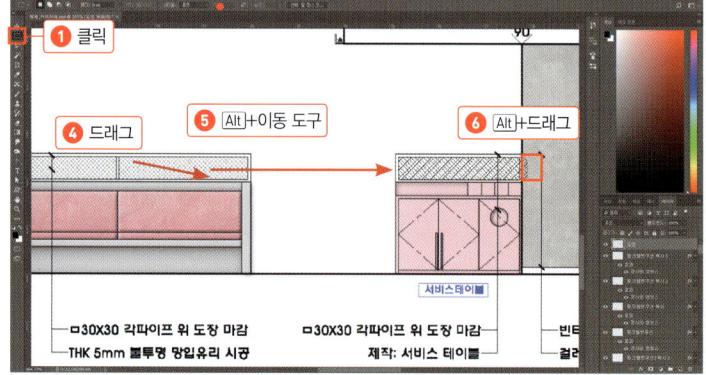

66 위의 붙박이의자 파티션에도 Alt + 이동 도구⟨✥⟩ 단축키 V 을 눌러 복사해줍니다.

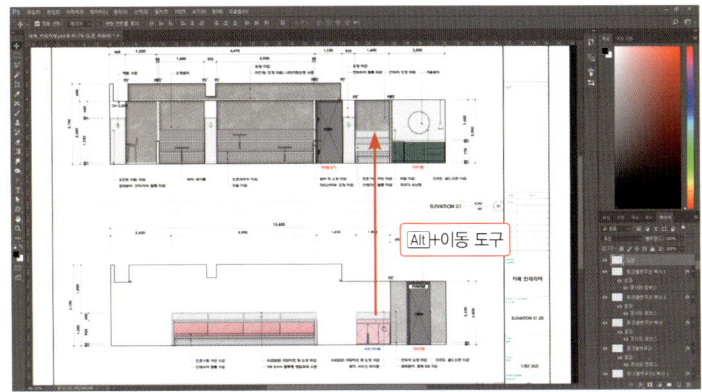

67 파티션 금속 부분을 선택해보도록 하겠습니다. 이렇게 선택해야 하는 면이 길면서 얇을 때는 어떻게 선택 하는 것이 편할지를 생각해봅니다. 사각선택 도구⟨▭⟩를 이용하면 하나하나 드래그하여 선택해야 하는데, 드래그 하는 과정에서 깔끔하게 선택되지 않을 가능성도 있기 때문입니다. ❶ 도면레이어를 선택하고 ❷ 빠른선택 도구⟨✦⟩를 눌러 ❸ Shift 를 누르면서 하나하나 클릭해서 선택해줍니다.

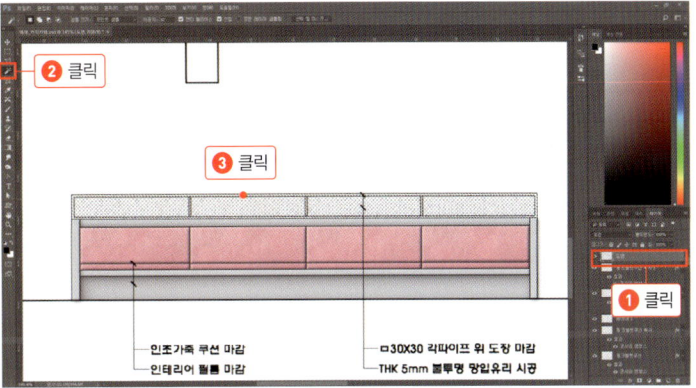

68 이렇게 지시선이 포함되어 있으면 효과를 넣을 때 이 부분이 나뉘어지니까요. ❶ 사각선택 도구⟨▭⟩ 단축키 M 을 누르고 ❷ Shift 를 눌러 선택영역에 함께 포함시켜줍니다.

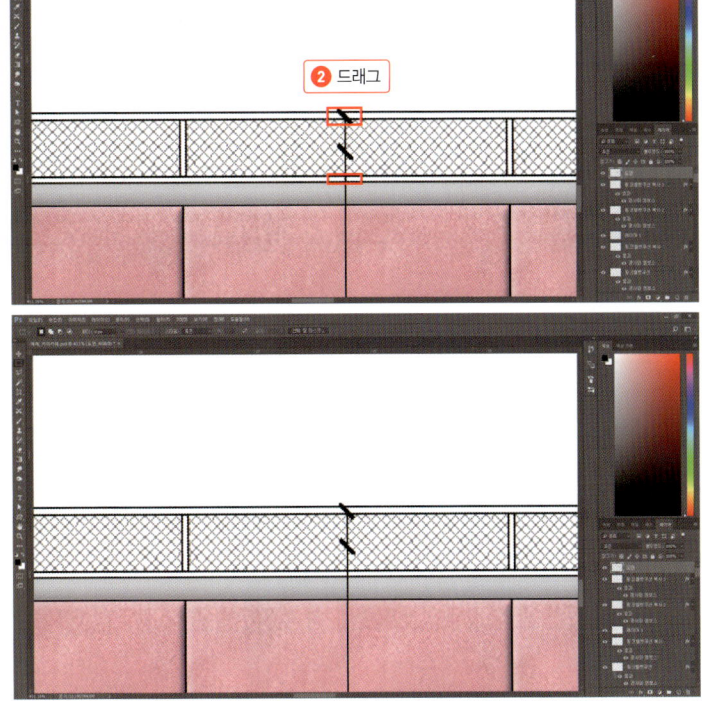

69 ❶ 레이어 창의 〈 〉 버튼을 눌러 새로운 레이어를 만들어준 후 이름을 ❷ '파티션'으로 변경합니다. 레이어의 위치는 도면아래에 위치될 수 있게 합니다. ❸ 색상피커를 눌러 검정색상을 선택해주고, ❹ 페인트통 도구〈 〉를 누르고 ❺ '파티션' 레이어 위를 클릭하여 색상을 넣어줍니다.

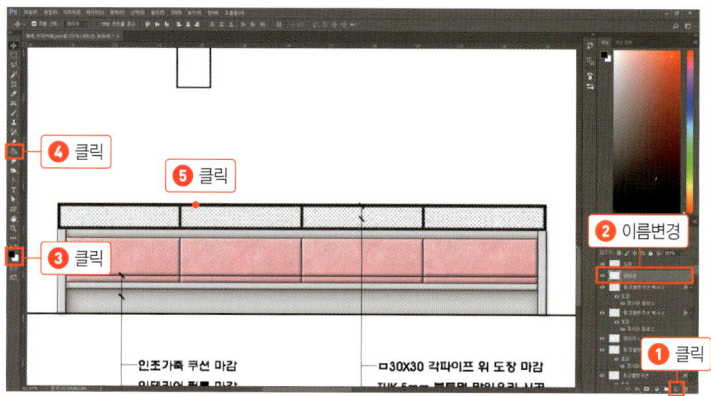

70 ❶ '파티션' 레이어를 더블클릭하여 레이어 속성 창을 열어줍니다. ❷ 드롭섀도를 체크하고 ❸ 더블클릭하여 ❹ 다음과 같이 값을 설정해주고 ❺ 확인 버튼을 누릅니다. 그림자 효과가 적용되었습니다.

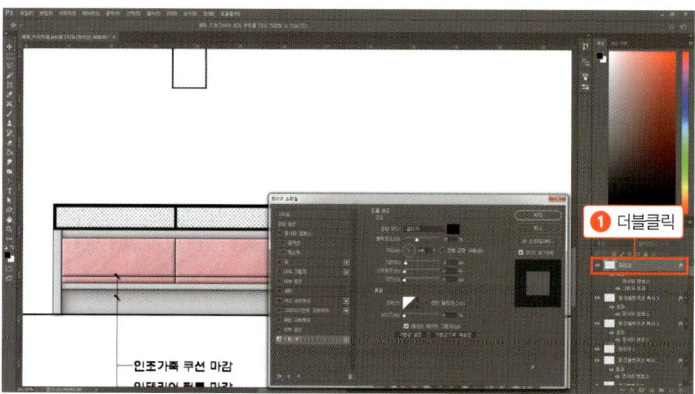

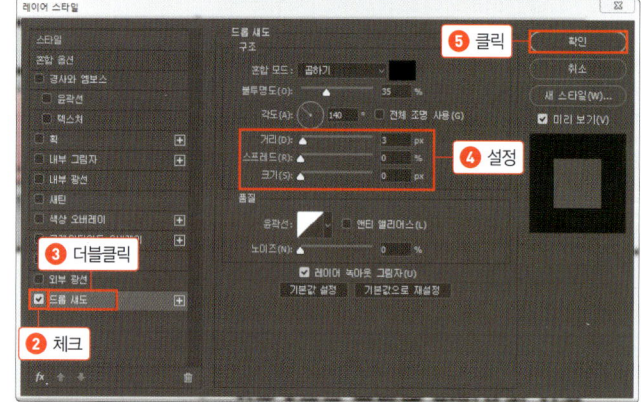

71 다른 파티션도 같은 방법으로 파티션을 작업해줍니다.

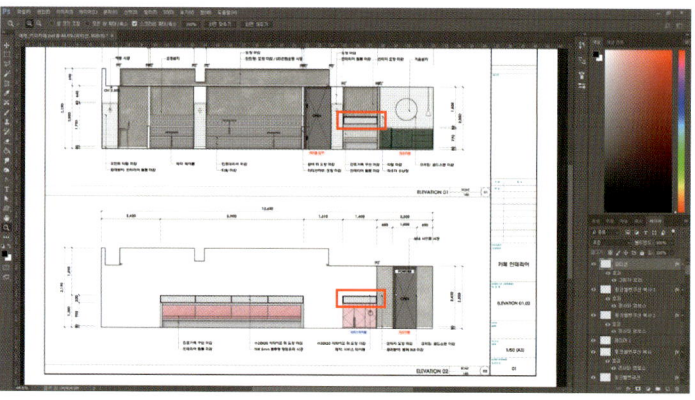

72 걸레받이를 작업해보도록 하겠습니다. ① 레이어 창의 〈 〉 버튼을 눌러 새로운 레이어를 만들어준 후 ② 이름을 '걸레받이'로 변경합니다. ③ 사각선택 도구〈 〉 단축키 M을 눌러 ④ 드래그하여 선택해 준 후 ⑤ 전경색을 눌러 ⑥ 진그레이 색상을 ⑦ 선택합니다.

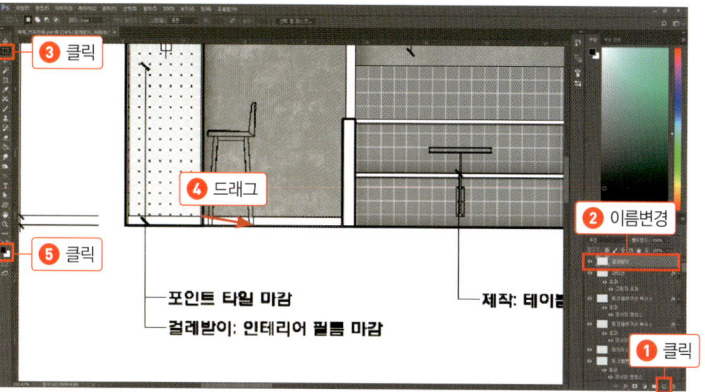

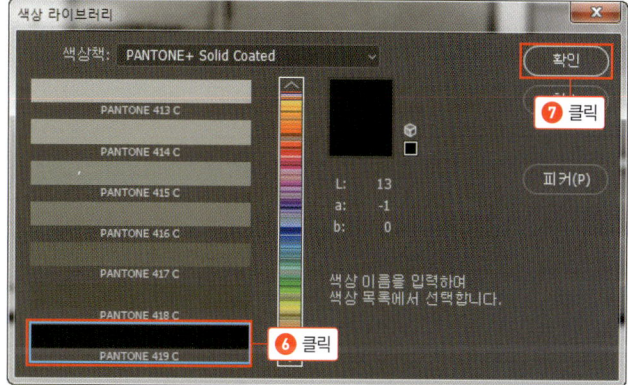

73 ① 페인트통 도구〈 〉를 누르고 ② 걸레받이 레이어 위를 클릭하여 색상을 넣어줍니다.

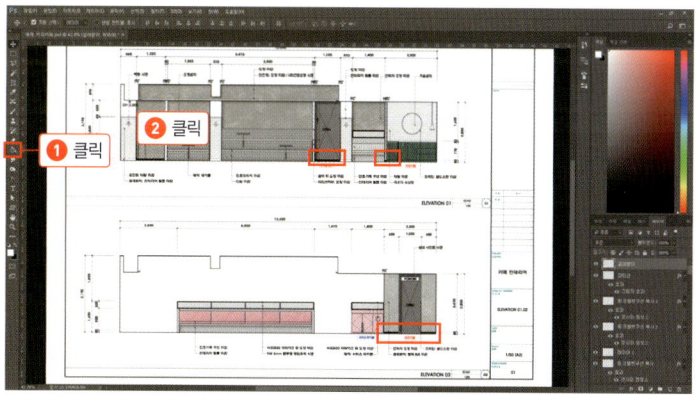

74 ① 레이어 창의 〈 〉 버튼을 눌러 새로운 레이어를 만들어준 후 ② 이름을 '파티션2'로 변경합니다. 레이어의 위치는 도면아래에 위치될 수 있게 합니다. ③ 사각선택 도구〈 〉 단축키 M을 눌러 ④ 드래그하여 선택해 준 후 ⑤ 전경색을 눌러 흰색을 선택합니다.

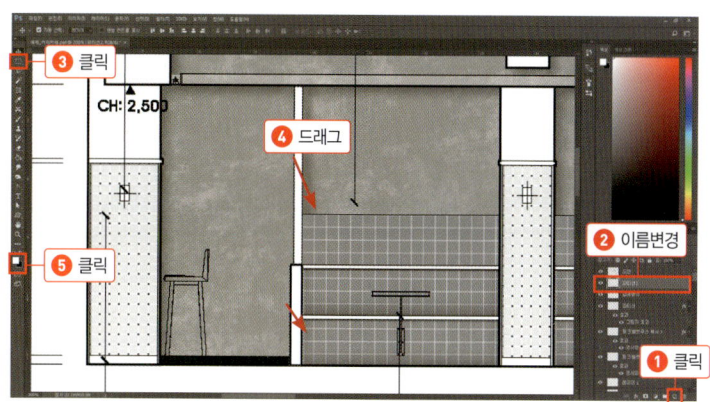

75 ❶ 페인트통 도구(🪣)를 누르고 ❷ '파티션2' 레이어 위를 클릭하여 색상을 넣어줍니다. ❸ '파티션2' 레이어를 더블클릭하여 레이어 속성 창을 열어줍니다. ❹ 드롭섀도를 체크하고 ❺ 더블클릭하여 ❻ 다음과 같이 값을 설정해주고 ❼ 확인 버튼을 누릅니다. 그림자 효과가 적용되었습니다.

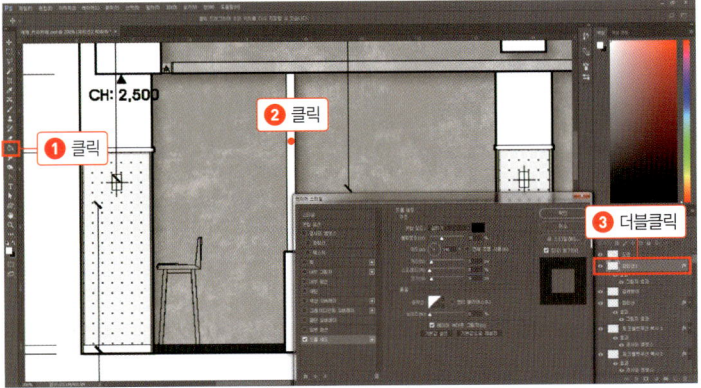

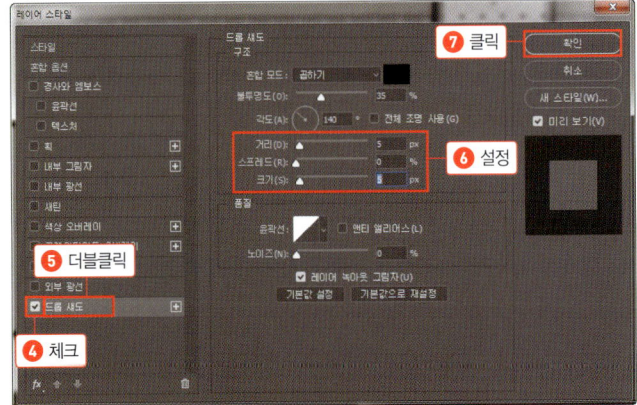

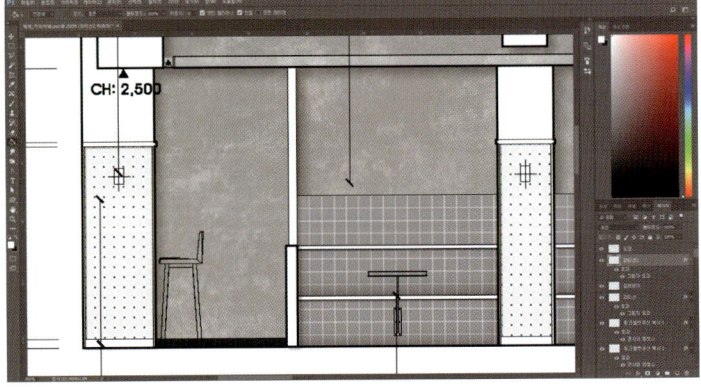

76 옆의 파티션도 같은 방법으로 작업합니다.

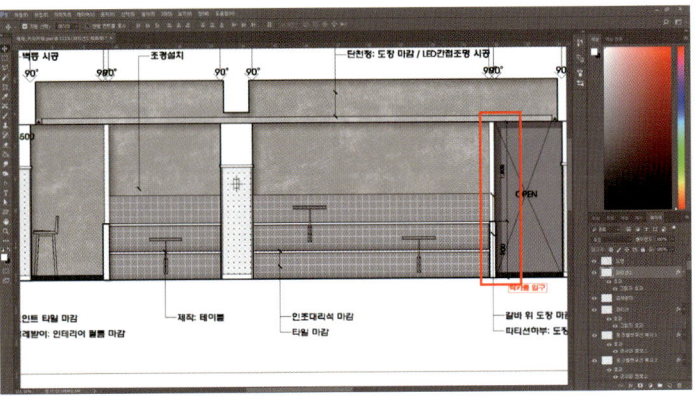

77 ① 열기 단축키 Ctrl+O를 누르고 금속_골드스텐.png 파일을 불러옵니다. 창을 다음과 같이 드래그하여 아래로 내린다음, ② 이동 도구〈✥〉 단축키 V를 누르고 ③ 예제_커피카페.PSD로 드래그해줍니다. 도면 아래 레이어가 위치할 수 있도록 하고 ④ 레이어를 더블클릭하여 '골드스텐'으로 레이어명을 변경해줍니다.

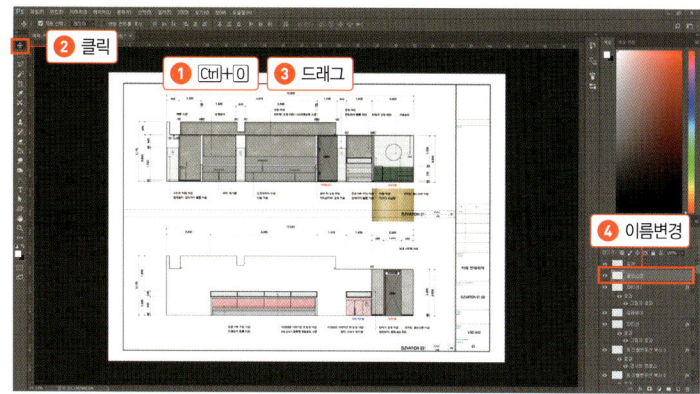

78 원형거울에 하나 쓰고 파우더룸 게이트에 하나 써야 하니까요. Alt+이동 도구〈✥〉를 눌러 복사해주고, 자유 변형 단축키 Ctrl+T를 눌러 조절점을 이동하여 다음과 같이 거울 크기에 맞게 조절해줍니다. Enter↵를 눌러 명령을 해제합니다.

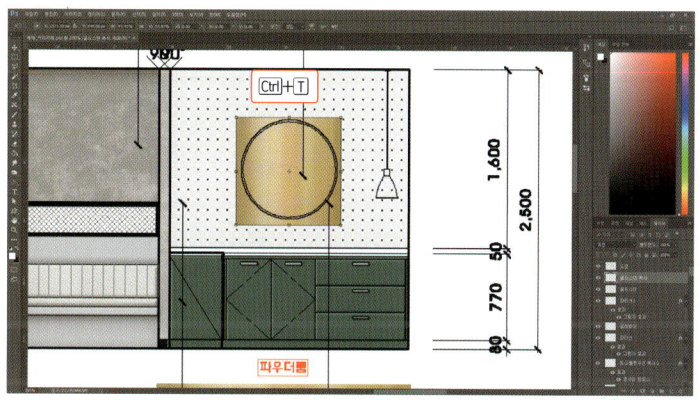

79 원형외부맵은 삭제해야 합니다. ① 도면레이어를 선택하고 ② 자동선택 도구〈✦〉를 눌러 Shift를 누르면서 원형의 외부를 클릭해서 선택해주고 ③ '골드스텐복사' 레이어를 선택하고 ④ Delete를 눌러 원형외부맵소스를 삭제합니다.

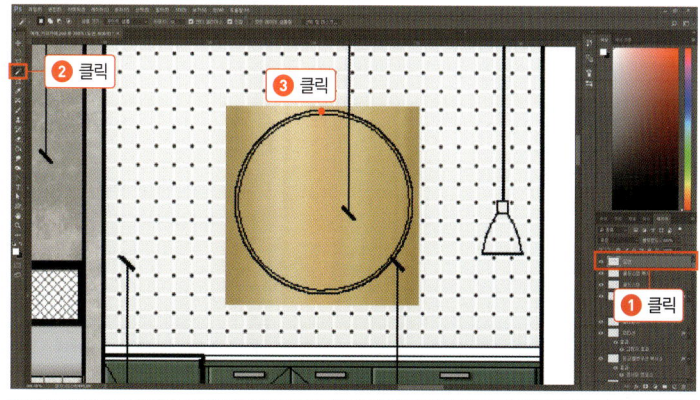

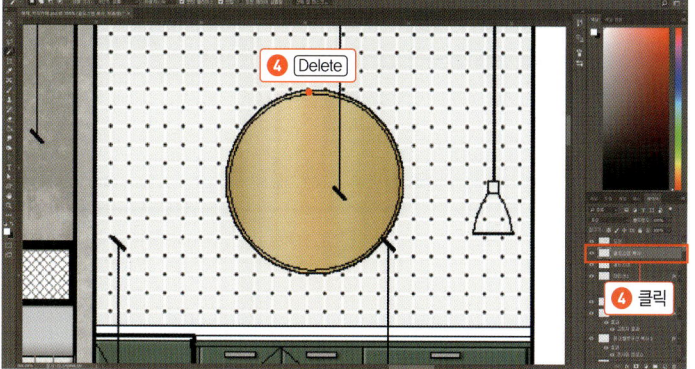

80 '골드스텐복사' 레이어를 더블클릭하여 레이어 속성 창을 열어줍니다. 드롭섀도를 ❶ 체크하고 ❷ 더블클릭하여 ❸ 다음과 같이 값을 설정해주고 ❹ 확인 버튼을 누릅니다. 그림자 효과가 적용되었습니다.

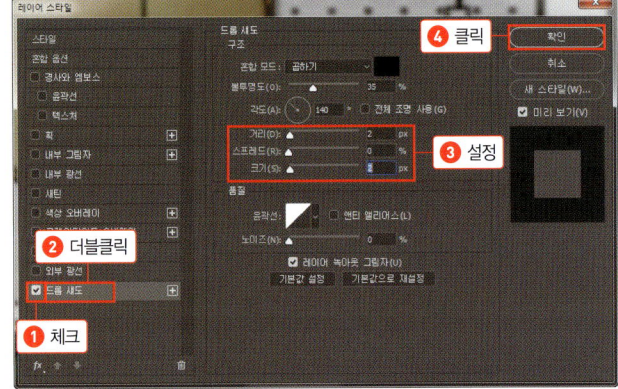

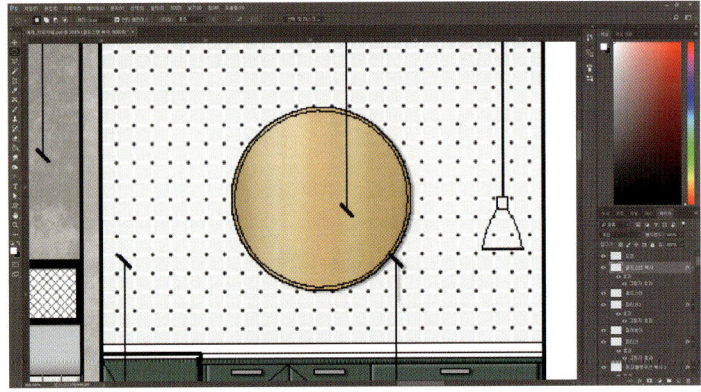

81 '골드스텐' 레이어를 선택하고 자유 변형 단축키 Ctrl+T를 눌러 조절점을 이동하여 다음과 같이 크기를 조절해줍니다. Enter를 눌러 명령을 해제합니다.

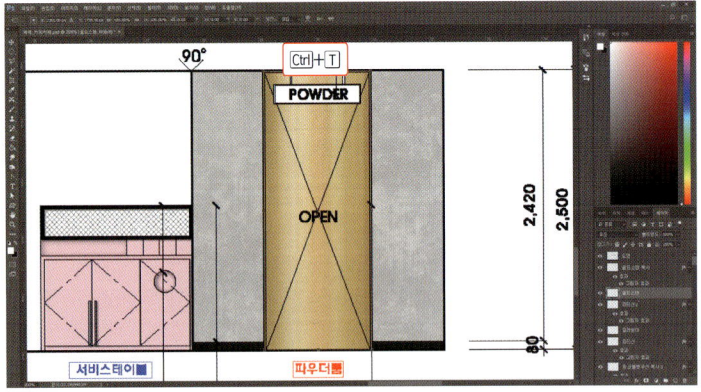

82 ❶ 사각선택 도구<▭> 단축키 M을 눌러 ❷ 삭제할 부분을 드래그한 후 ❸ Delete를 눌러 삭제합니다.

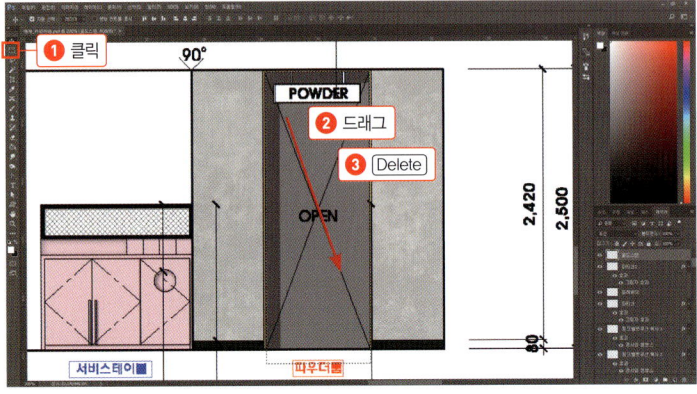

Chapter 03 커피카페 입면도 칼라링 :: 285

83 ① '골드스텐' 레이어를 더블클릭하여 레이어 속성 창을 열어줍니다. ② 드롭섀도를 체크하고 ③ 더블클릭하여 ④ 다음과 같이 값을 설정해 주고 ⑤ 확인 버튼을 누릅니다. 그림자 효과가 적용되었습니다.

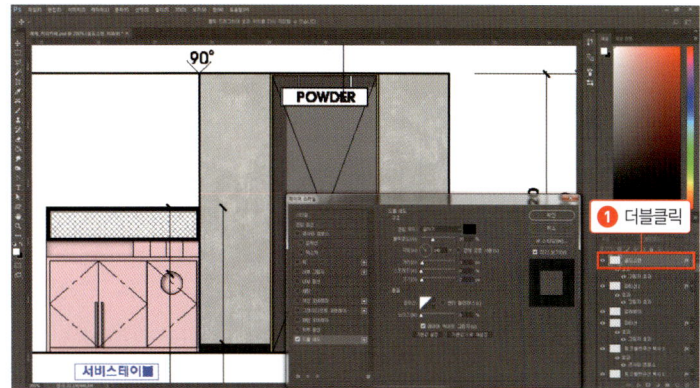

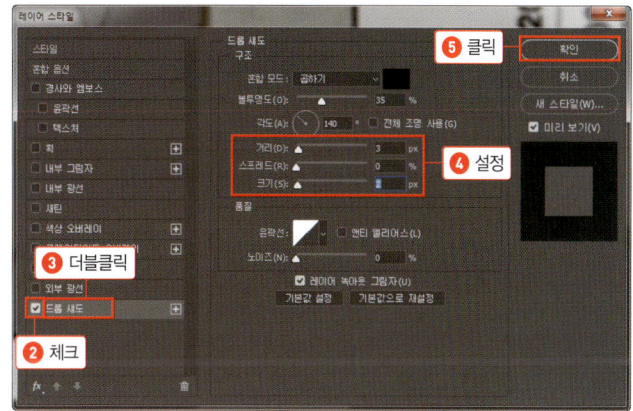

84 ① 열기 단축키 Ctrl+O를 누르고 칼라링기본소스.psd 파일을 불러옵니다. 창을 다음과 같이 드래그하여 아래로 내린다음, ② 이동 도구 단축키 V를 누르고 ③ '은경'을 예제_커피카페.PSD로 드래그해줍니다. 도면 아래 레이어가 위치할 수 있도록 하고 ④ 레이어를 더블클릭하여 '은경'으로 레이어명을 변경해줍니다.

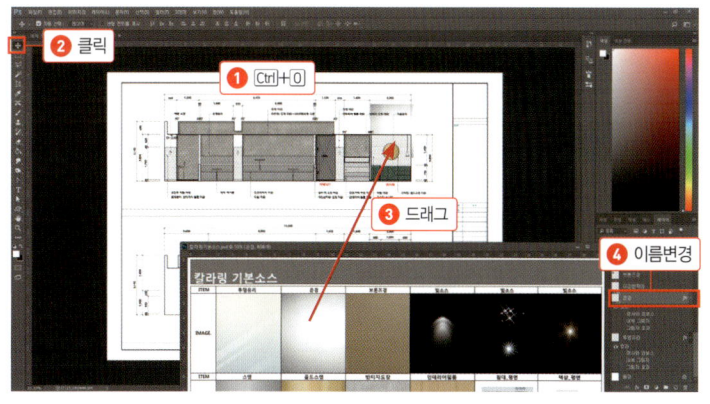

85 자유 변형 단축키 Ctrl+T를 눌러 조절점을 이동하여 다음과 같이 거울크기에 맞게 조절해줍니다. Enter↵를 눌러 명령을 해제합니다.

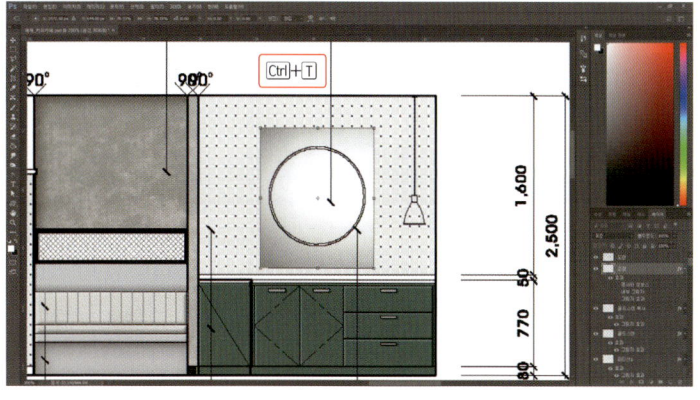

86 원형외부맵은 삭제해야 합니다. ❶ '도면' 레이어를 선택하고 ❷ 자동선택 도구〈 〉를 눌러 ❸ Shift 를 누르면서 원형의 외부를 클릭해서 선택해주고 ❹ '은경' 레이어를 선택하고 ❺ Delete 를 눌러 원형외부 맵소스를 삭제합니다.

87 '골드스텐'은 표현이 되어야 합니다. ❶ '도면' 레이어를 선택하고 ❷ 자동선택 도구〈 〉를 눌러 이번엔 ❸ 내부면을 클릭해줍니다. 지시선도 포함될 수 있게 Shift 를 누르고 ❹ 다각형 올가미 도구〈 〉를 눌러 ❺ 클릭 클릭하여 선택영역에 포함될 수 있게 합니다.

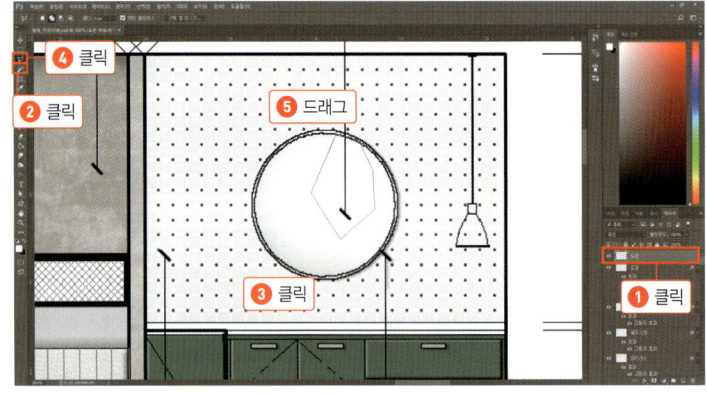

88 ❶ '은경' 레이어를 선택하고 ❷ Ctrl + Shift + I 를 눌러 선택영역을 반전시킨 후 ❸ Delete 를 눌러 '골드스텐'이 표현될 수 있도록 합니다. ❹ '은경' 레이어를 더블클릭하여 레이어 속성 창을 열어줍니다. ❺ 내부 그림자를 체크하고 ❻ 더블클릭하여 ❼ 다음과 같이 값을 설정해주고 ❽ 확인 버튼을 누릅니다. 내부 그림자 효과가 적용되었습니다.

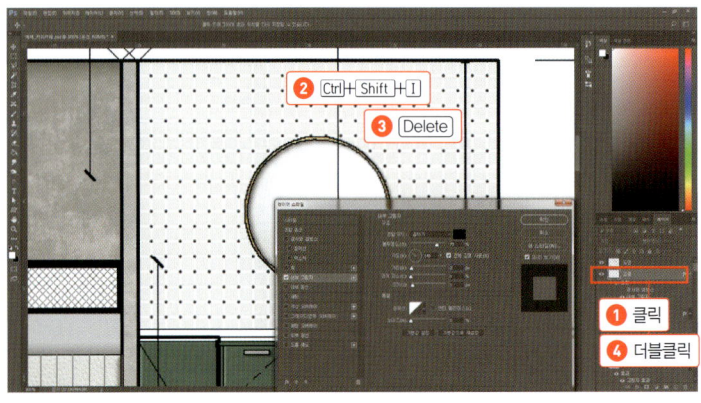

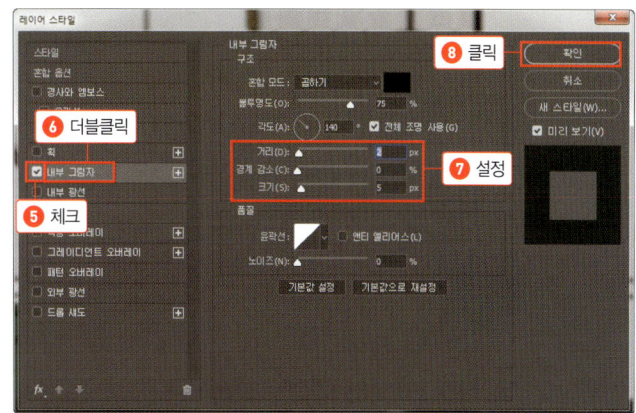

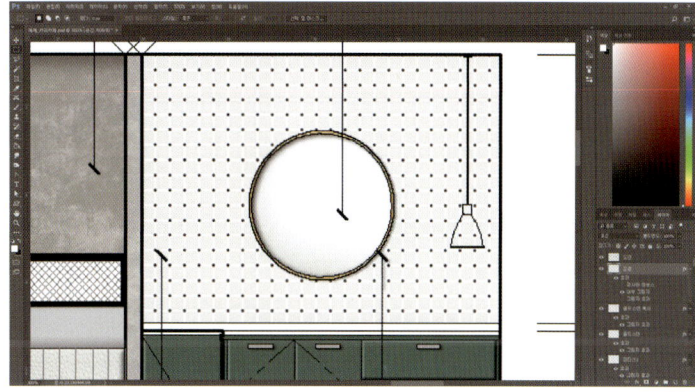

Lesson 07 소품 넣기

89 ❶ 열기 단축키 Ctrl + O 를 누르고 벽등(1).png 파일을 불러옵니다. 창을 다음과 같이 드래그하여 아래로 내린다음, ❷ 이동 도구 단축키 V 를 누르고 ❸ 예제_커피카페.PSD로 드래그해줍니다. 도면 레이어 위에 레이어가 위치할 수 있도록 하고 레이어를 더블클릭하여 '벽등'으로 레이어명을 변경해줍니다.

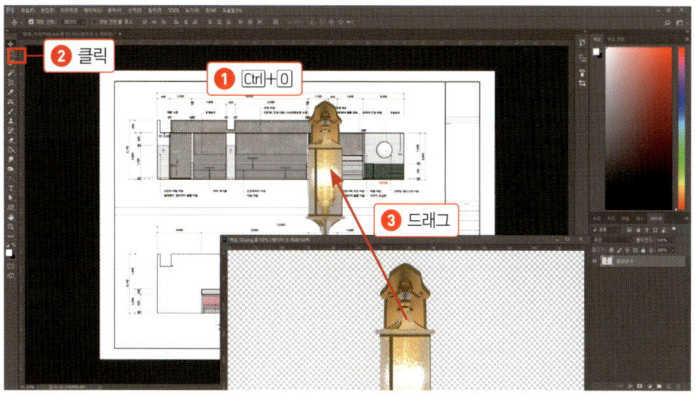

90 ① 자유 변형 단축키 Ctrl+T를 눌러 조절점을 이동하여 도면의 벽등 크기에 어느 정도 맞게 조절해줍니다. 도면선이 거슬린다면 ② '도면' 레이어를 선택하고 ③ 사각선택 도구 〈 〉 단축키 M을 눌러 ④ 삭제할 부분을 드래그한 후 ⑤ Delete 를 눌러 삭제합니다.

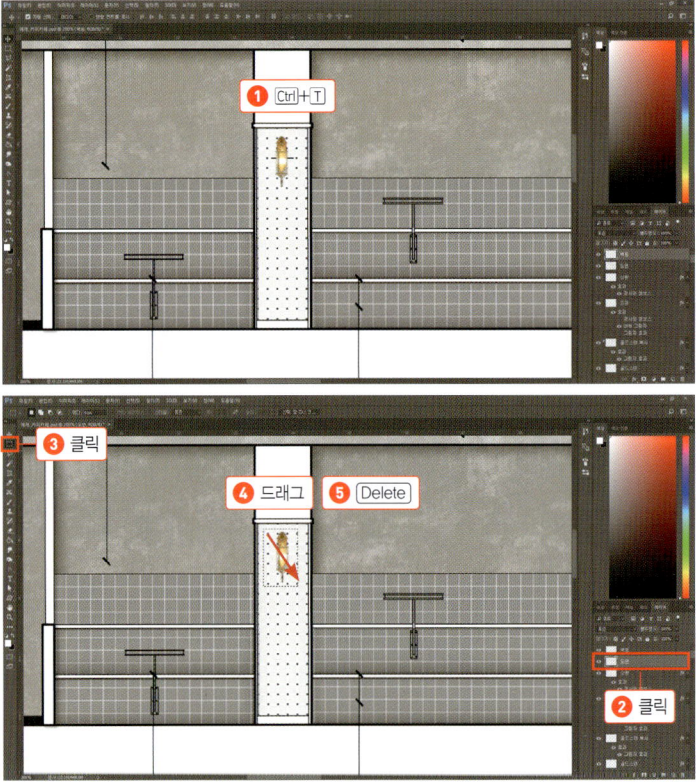

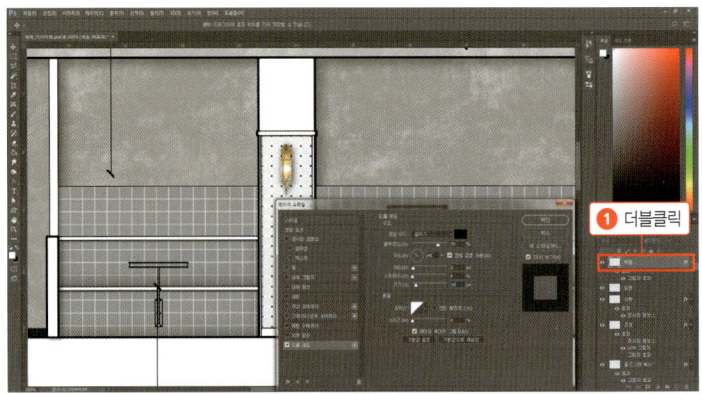

91 ① '벽등' 레이어를 더블클릭하여 레이어 속성 창을 열어줍니다. ② 드롭섀도를 체크하고 ③ 더블클릭하여 ④ 다음과 같이 값을 설정해주고 ⑤ 확인 버튼을 누릅니다. 그림자 효과가 적용되었습니다.

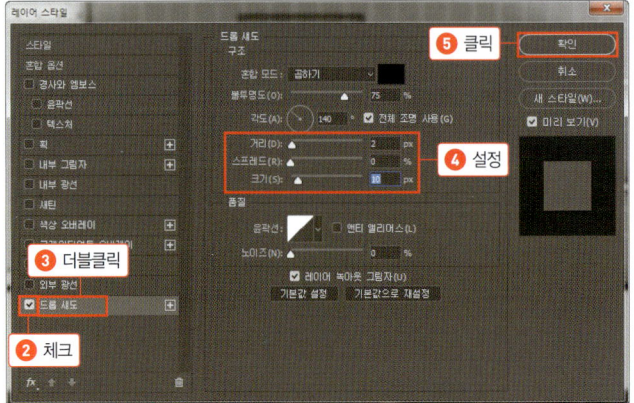

Chapter 03 커피카페 입면도 칼라링 :: 289

92 ① 열기 단축키 Ctrl + O 를 누르고 식물.png 파일을 불러옵니다. 창을 다음과 같이 드래그하여 아래로 내린다음, ② 이동 도구 단축키 V 를 누르고 ③ 예제_커피카페.PSD로 드래그해줍니다. ④ 레이어를 더블클릭하여 '식물'로 레이어명을 변경해줍니다. '식물' 레이어의 위치는 빈티지도장1,2 보다 위에, 사각타일 관련 레이어들보다는 아래에 있어야 합니다.

93 조금 더 풍성하면 좋을 것 같네요. ① '식물' 레이어를 ② 레이어복사 버튼을 드래그하여 복사한 다음 ③ '식물복사' 레이어를 선택하고 ④ 자유 변형 단축키 Ctrl + T 를 누르고 ⑤ 가로로 뒤집기를 눌러줍니다.

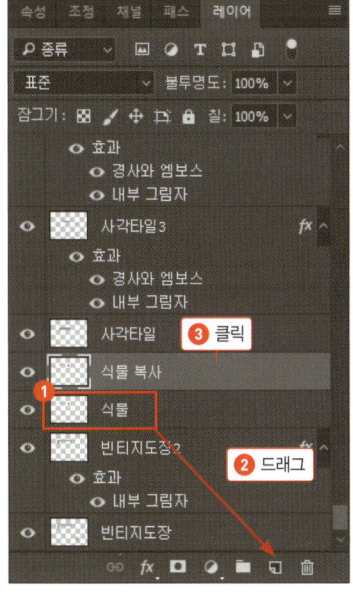

94 '식물복사' 레이어를 더블클릭하여 레이어 속성 창을 열어줍니다. 드롭섀도를 ❶ 체크하고 ❷ 더블클릭하여 ❸ 다음과 같이 값을 설정해주고 ❹ 확인 버튼을 누릅니다. 그림자 효과가 적용되었습니다.

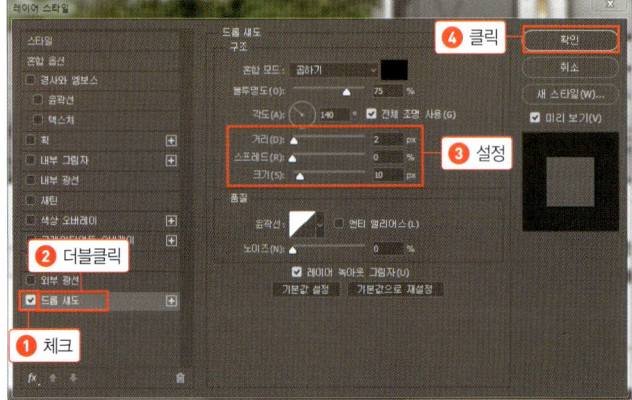

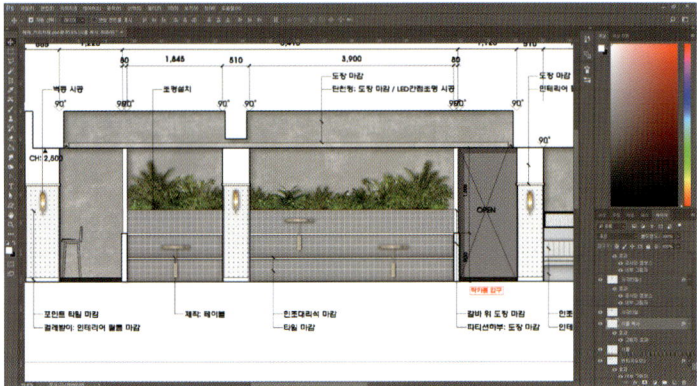

95 다른 소품들도 앞의 과정을 반복하여 같은 방법으로 불러온 후 다음과 같이 위치시켜줍니다.

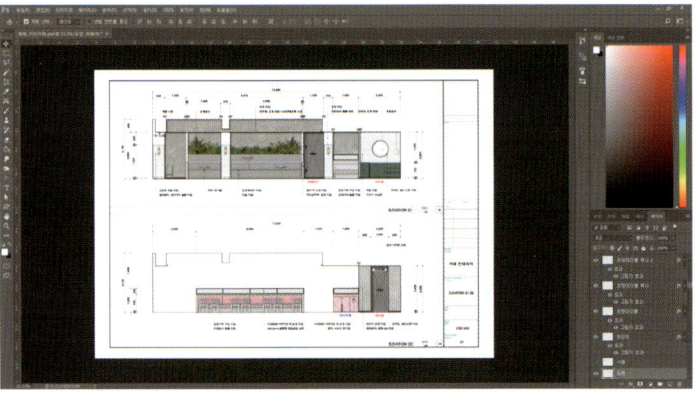

96 ELEVATION 02는 ELEVATION 01방향에서 조금 더 뒤에서 바라본 입면입니다. ELEVATION 01이 붙박이의자 뒤쪽으로 보여져야 됩니다. 지금 도면에 표기된 치수선과 지시선들을 삭제한 도면을 따로 불러와서 작업해보도록 하겠습니다. 열기 단축키 Ctrl + O를 누르고 예제_커피카페 입면 파일을 불러옵니다. eps 파일 형식 래스터화 창이 열리면 다음과 같이 설정하고 확인 버튼을 누릅니다. 처음 도면을 불러왔을 때와 같은 해상도와 값을 적용해야 같은 크기의 도면으로 불러올 수 있습니다.

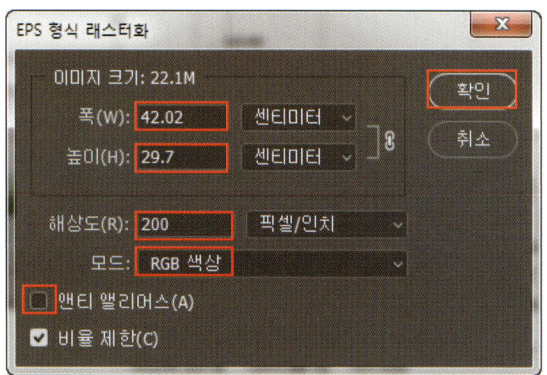

97 ❶ 불러왔으면 창을 잠시 내려주고, '예제_커피카페.PSD' 파일에서 ❷ 도면 레이어의 눈을 체크하여 잠시 꺼줍니다. '도면' 레이어가 보이지 않게 됩니다.

98 '예제_커피카페 입면' 레이어를 잡고 ❸ Shift + Alt + 이동 도구< ✥ > 단축키 V 를 누르고 예제_커피카페.PSD로 드래그해줍니다.

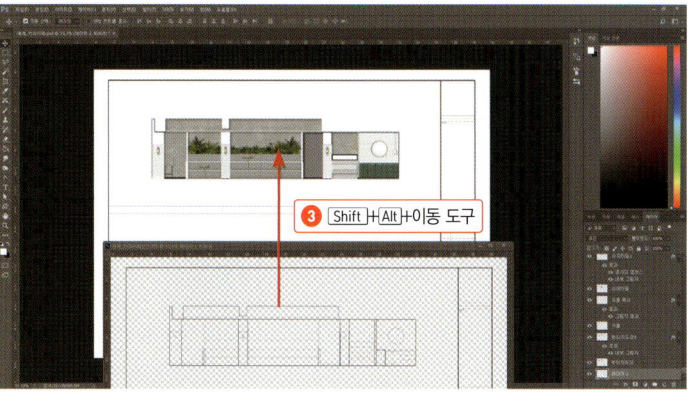

99 메뉴 바의 [파일]-[다른 이름으로 저장] 단축키 Shift+Ctrl+S를 눌러 따로 저장해줍니다.

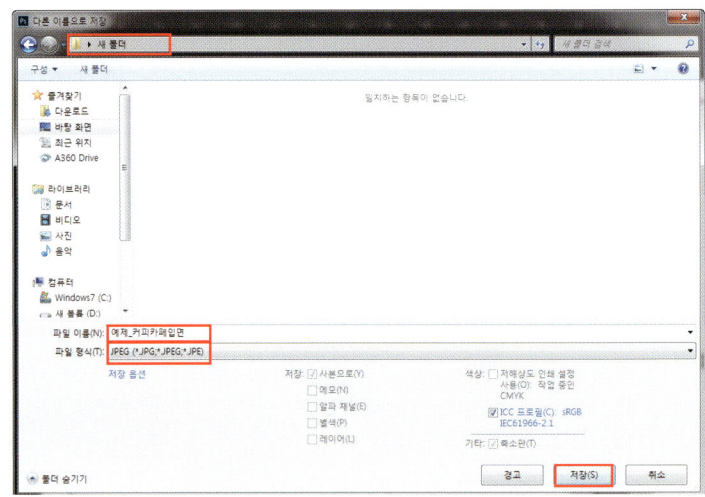

100 ❶ 작업 내역을 눌러 96번까지 작업했던 과정으로 되돌아 간 후 ❷ 열기 단축키 Ctrl+O를 누르고 예제_커피카페 입면 파일을 불러옵니다.

Chapter 03 커피카페 입면도 칼라링 :: 293

101 ① 사각선택 도구〈▭〉 단축키 M 을 눌러 다음과 같이 ② 드래그하여 선택해주고 ③ 이동 도구〈✥〉 단축키 V를 누르고 ④ 예제_커피카페.PSD 파일로 드래그해줍니다.

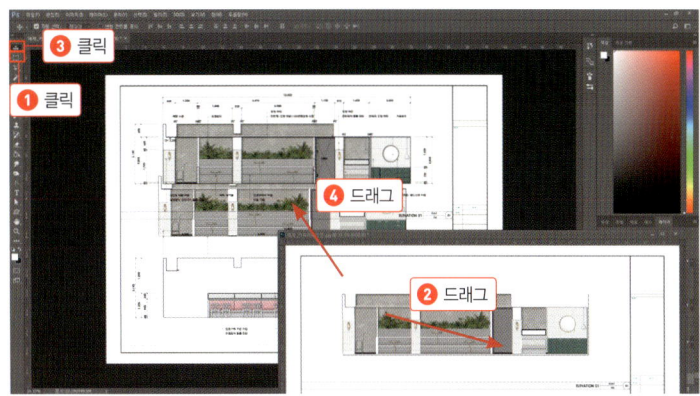

102 ① 레이어명을 '다른입면'으로 변경해주고 레이어의 위치는 모든 레이어의 제일 아래쪽에 위치할 수 있게 합니다.
방향키를 이용하여 기존 도면과 잘 포개어질 수 있게 위치를 조절해줍니다.

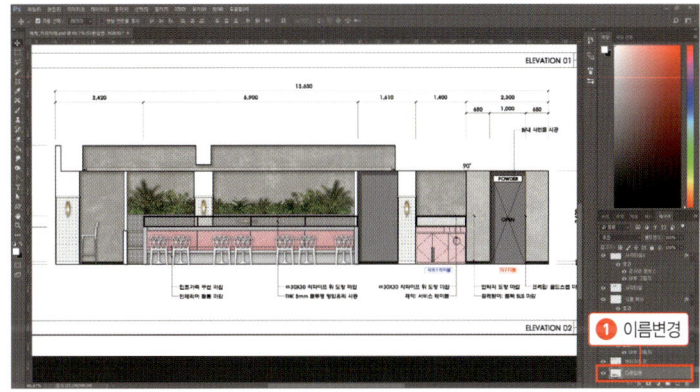

103 불투명도를 살짝 주면 좀 더 멀리 있는 느낌이 표현됩니다.

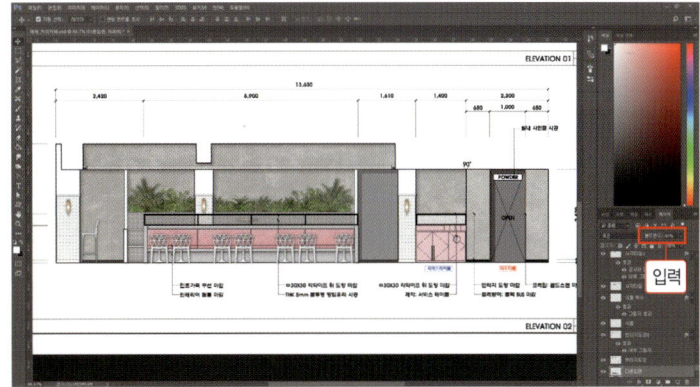

104 ① 열기 단축키 Ctrl + O를 누르고 타일_포세린타일.png 파일을 불러옵니다. 창을 드래그하여 아래로 내린다음, ② 이동 도구〈✥〉 단축키 V를 누르고 ③ 예제_커피카페.PSD로 드래그해줍니다. 타일_포세린타일.png 파일은 X 버튼을 눌러 닫아주고 ④ 레이어명을 '바닥타일'로 변경해줍니다.

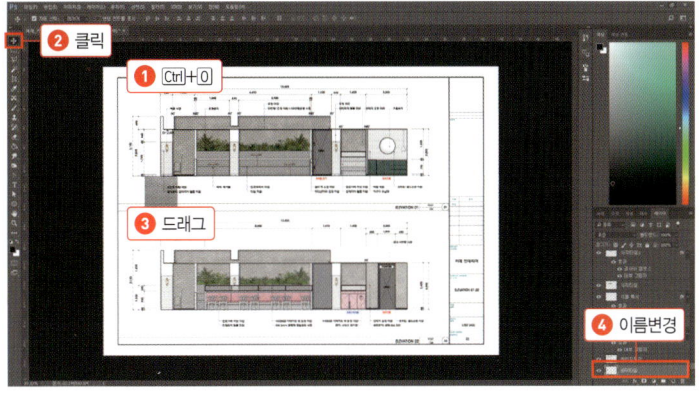

105 색상이 벽체와 비슷하니까요. 좀 더 어두운 타일로 만들어줘야겠습니다. ❶ 곡선 단축키 Ctrl+M을 누르고 ❷ 곡선을 살짝 아래로 드래그 한 후 ❸ 출력과 입력 치수를 다음과 같이 설정해주고 ❹ 확인 버튼을 누릅니다. 바닥타일이 어두워졌습니다.

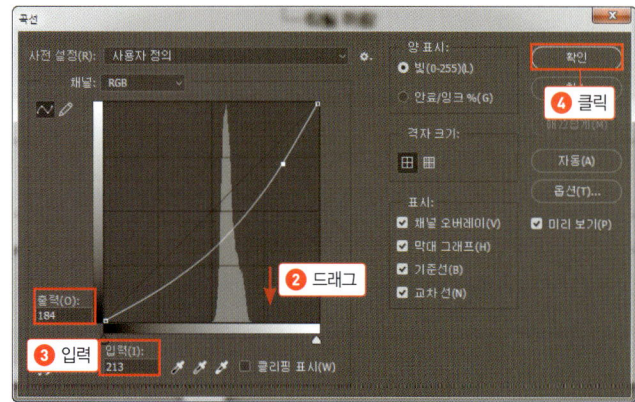

106 치수선에 끝점을 맞추고 ❶ 자유 변형 단축키 Ctrl+T를 눌러 ❷ 다음과 같이 맵소스를 늘려주고 Enter를 눌러 명령을 해제해줍니다.

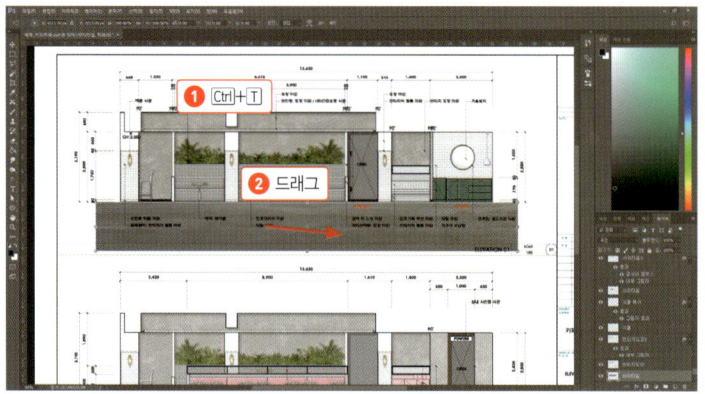

107 ❶ 사각선택 도구〈▭〉단축키 M을 눌러 ❷ 삭제할 소스를 드래그 하여 선택하고 ❸ Delete를 눌러 삭제합니다. '바닥타일' 레이어를 ❹ Alt+이동 도구〈✥〉+드래그하여 ELEVATION 02의 바닥에도 위치시켜줍니다.

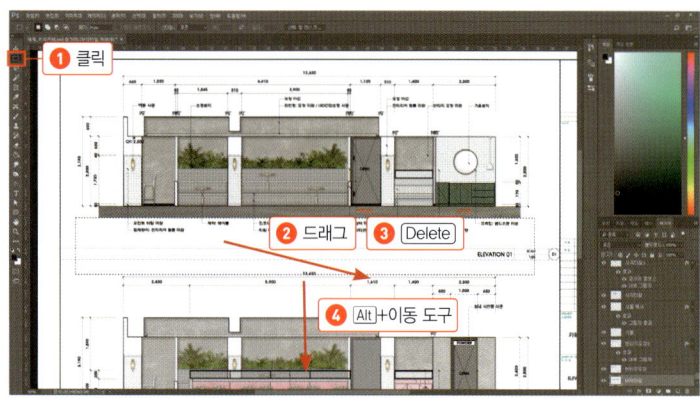

Chapter 03 커피카페 입면도 칼라링 :: 295

108 커피카페 입면도 칼라링이 완성되었습니다.

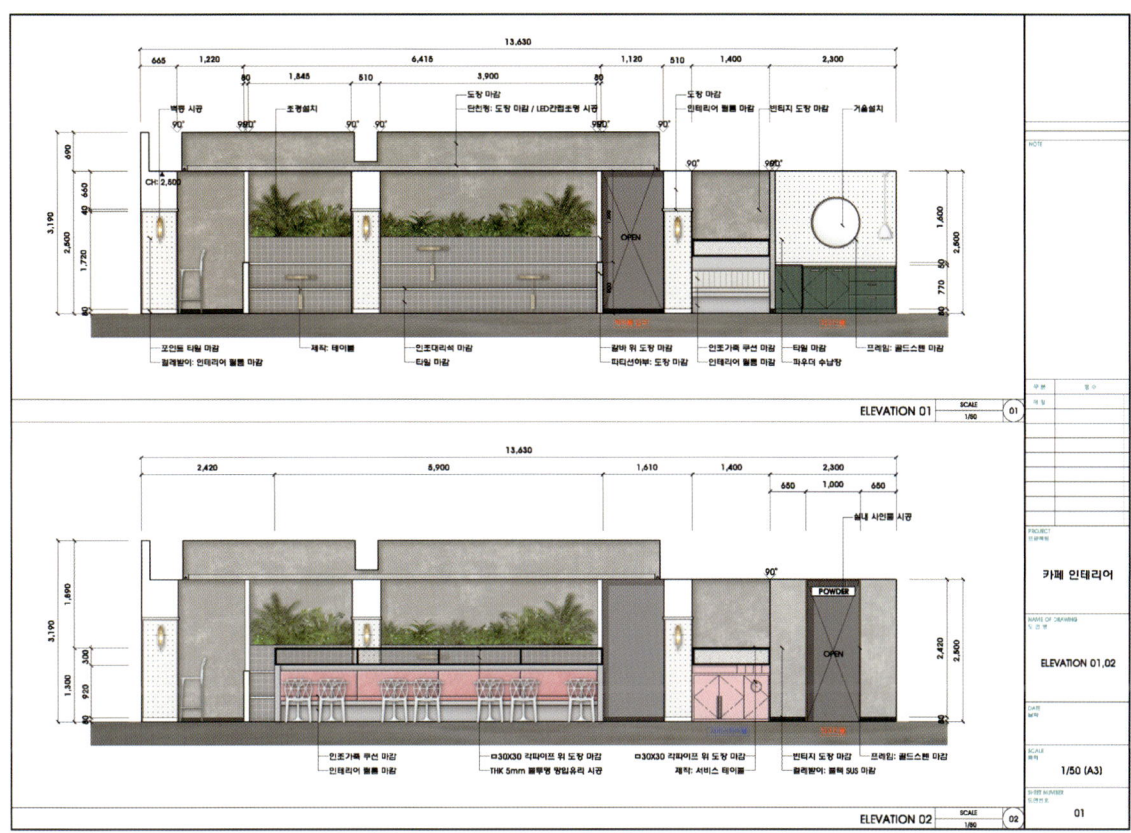

CHAPTER 04

한식당 입면도 칼라링

예제 파일 Part04. – 04. 예제_한식당 입면도

포세린타일

한지

구로철판

전돌

우드

문살

화분

벽등

문살

도어

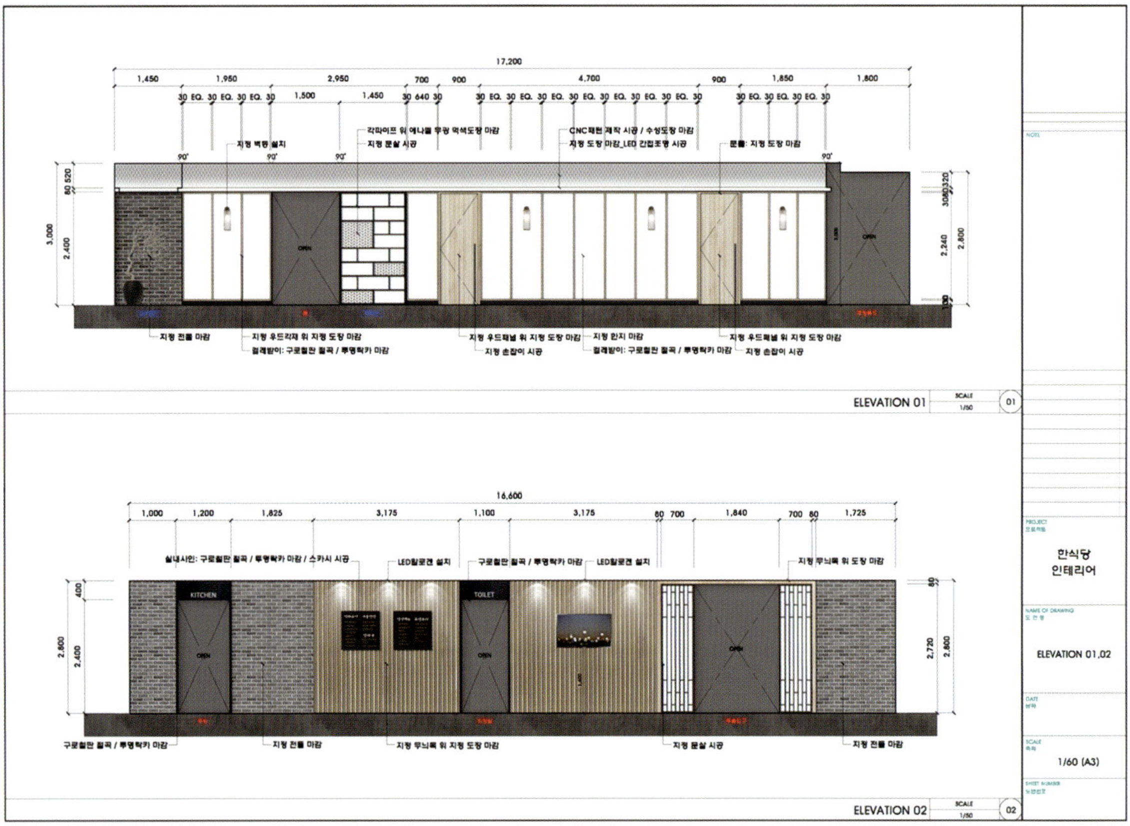

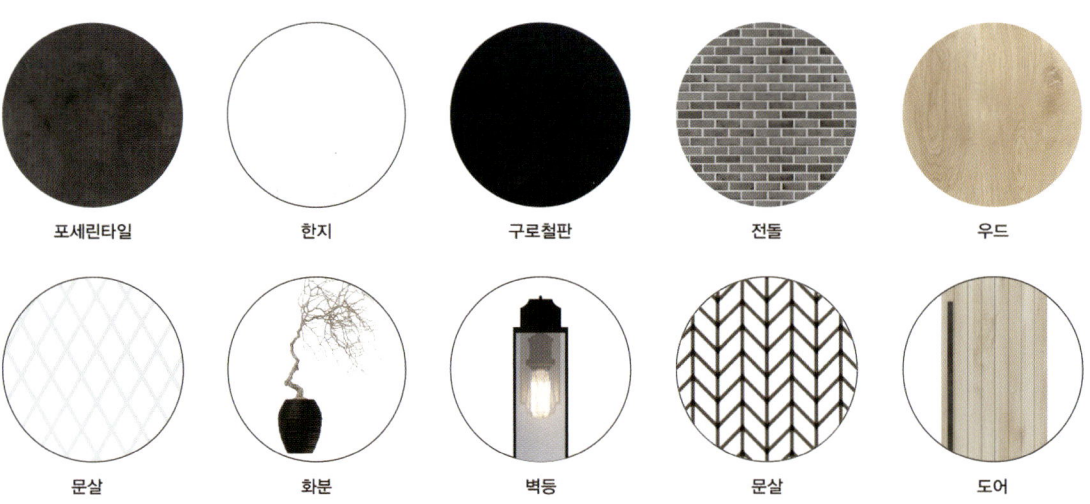

Lesson 01 기본 작업 시작하기

01 화면을 더블클릭하거나, 단축키 Ctrl+O를 눌러 예제 파일 예제_한식당.eps를 불러옵니다.

A3 파일로 저장되었기 때문에. 이미지 크기는 '42.02', 높이는 '29.7'로 지정되어 있습니다. 해상도를 '200'으로 모드는 RGB색상으로 지정하고 앤티앨리어스에 체크를 해제한 후 확인 버튼을 누릅니다

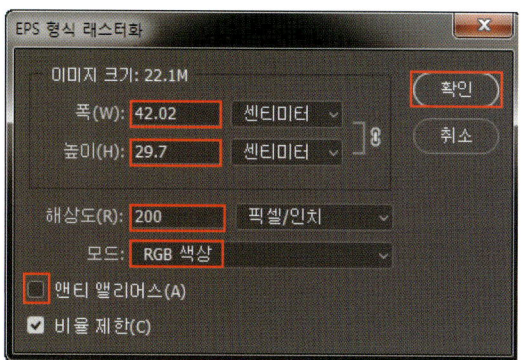

02 ❶ 레이어 창의 〈 ❑ 〉 버튼을 눌러 새로운 레이어를 만들어줍니다. ❷ 배경색이 흰색으로 지정되어 있는지 확인하고 ❸ 단축키 Ctrl+Delete를 눌러 배경을 흰색으로 채워줍니다.

03 '레이어2'를 더블클릭하여 이름을 '배경'으로, '레이어1'을 더블클릭하여 이름을 '도면'으로 변경한 후 '배경' 레이어를 잡고 아래쪽으로 드래그해서 '배경' 레이어가 '도면' 레이어 아래에 위치하게 합니다. 칼라링을 하기 위한 베이스 작업이 완료되었습니다.

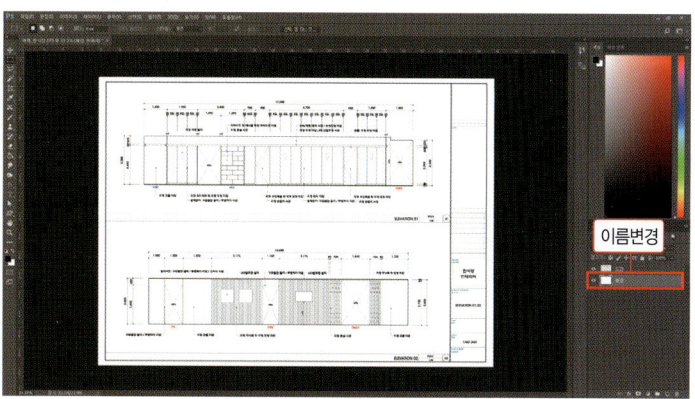

Lesson 02 통로 칼라링하기

04 눈 앞에 한식당 입면도가 펼쳐졌습니다. 어떤 것부터 칼라링을 해야 할까요? 쉬운 작업부터 먼저 시작해봅니다. 이 도면에서는 다른 공간으로 들어가기 위한 통로 오픈 공간이 많이 보이네요. 오픈공간은 회색으로 칼라링해보도록 하겠습니다.

❶ 사각선택 도구〈 〉 단축키 M 을 누르고 ❷ 다음과 같이 드래그하여 선택합니다.

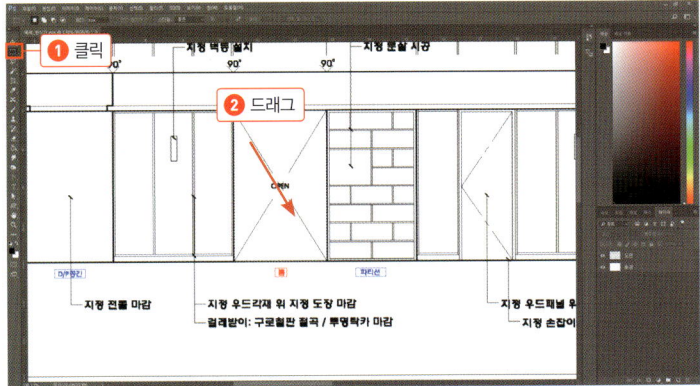

05 ❶ 레이어 창의 〈 〉 버튼을 눌러 새로운 레이어를 만들어줍니다. ❷ 레이어명을 '오픈'으로 변경해준 후 도면 아래에 위치시킵니다.

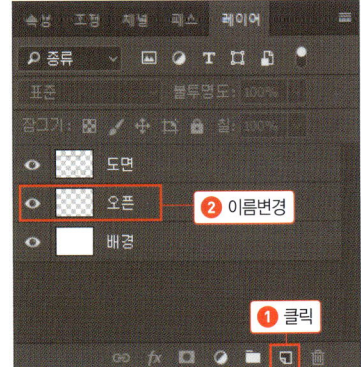

06 전경색〈 〉을 클릭하고 ❶ 색상 라이브러리를 눌러 ❷ 다음 색상을 선택한 후 ❸ 확인 버튼을 누릅니다.

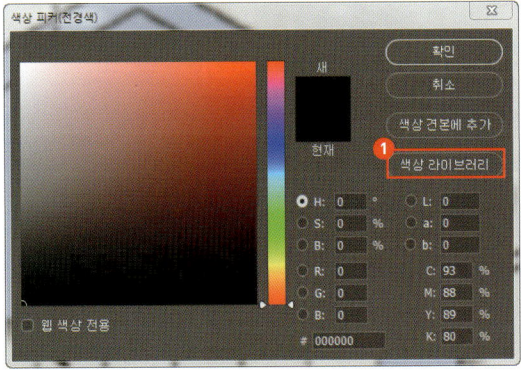
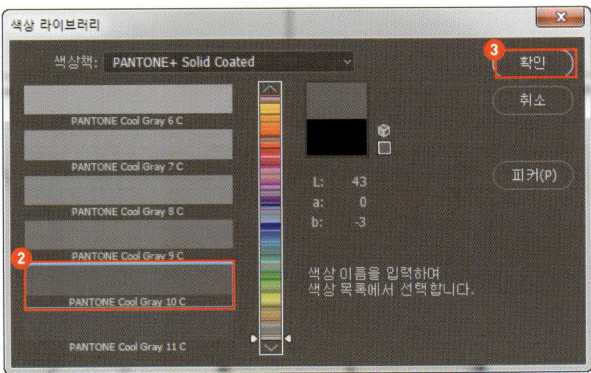

07 ❶ 페인트통 도구〈 〉를 누르고 ❷ 선택영역에 클릭해주면 색상이 채워졌습니다. Ctrl+D를 눌러 선택을 해제해줍니다.

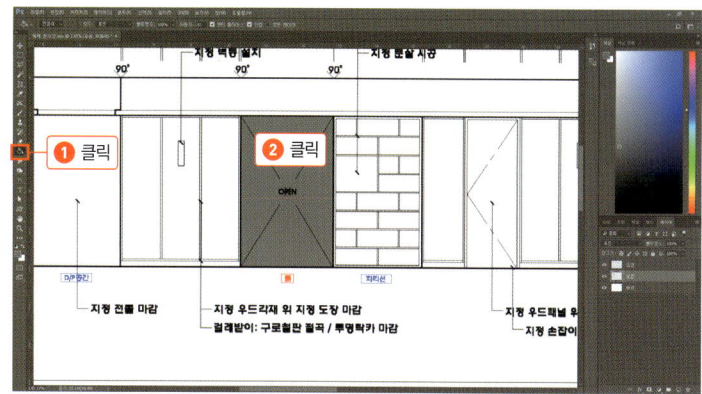

08 ❶ '오픈' 레이어를 더블클릭하여 레이어 스타일 창을 열어줍니다. ❷ 내부 그림자에 체크하고 ❸ 더블클릭하여 ❹ 다음과 같이 값을 설정해주고 ❺ 확인 버튼을 누릅니다. 내부 그림자 효과가 적용되었습니다.

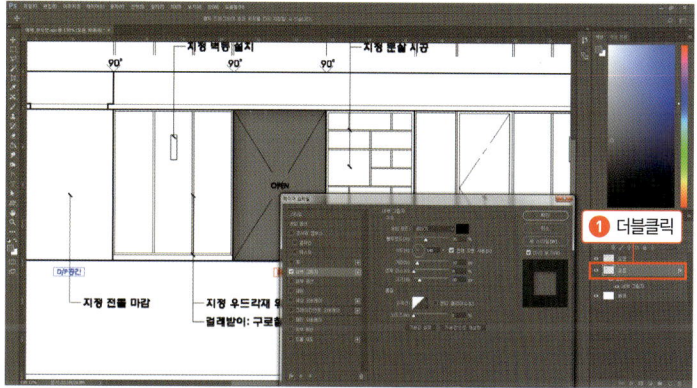

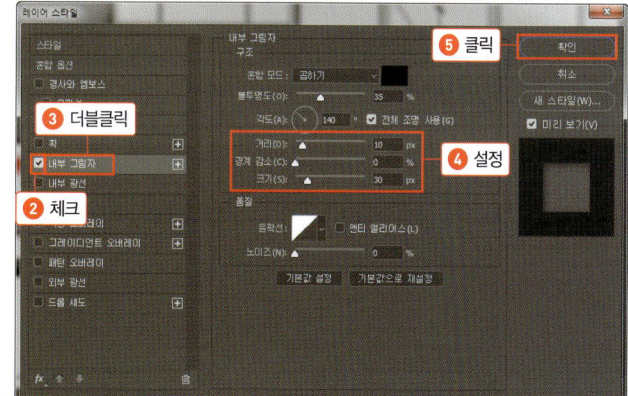

09 하나를 만들어두면 나머지는 복사해서 위치시켜주면 됩니다. 이동 도구〈 〉 단축키 V를 누르고 Alt 키를 누르면서 드래그하여 하나하나 복사해서 위치시켜줍니다. 크기가 안맞을 때는 자유 변형 단축키 Ctrl+T를 눌러 조절점을 이동하여 크기를 조절해줍니다. Enter 키를 눌러 명령을 해제해줍니다.

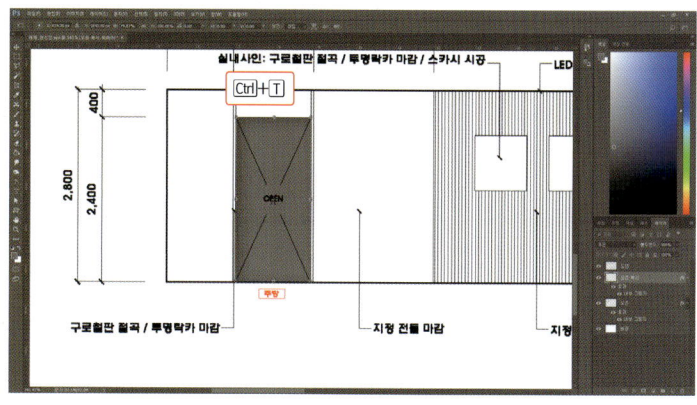

10 같은 방법으로 다음과 같이 칼라링 합니다.

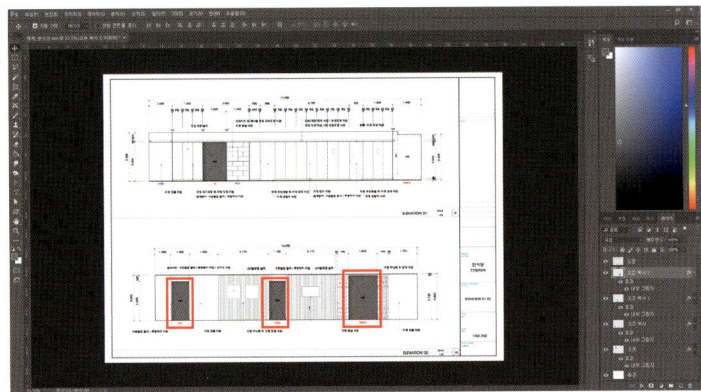

11 ① 주방입구 들어가는 오픈도 Alt + 이동 도구( )를 누르면서 드래그 하여 복사해주고, ② 자유 변형 단축키 Ctrl + T를 눌러 조절점을 이동하여 크기를 조절해줍니다. Enter↵ 키를 눌러 명령을 해제해줍니다.

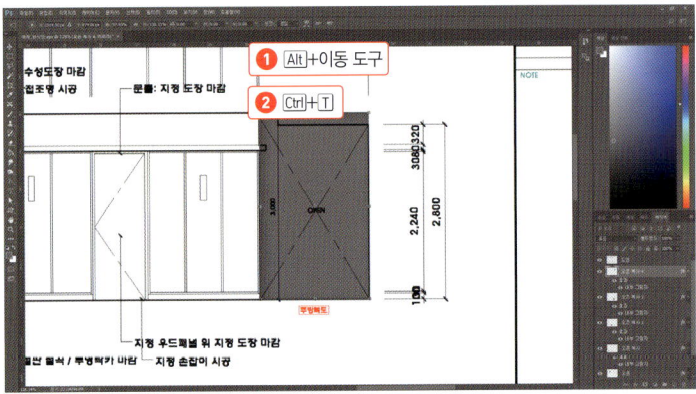

12 ① 사각선택 도구( ) 단축키 M을 누르고 ② 다음과 같이 드래그하여 선택하고 ③ Delete 버튼을 눌러 삭제해줍니다.

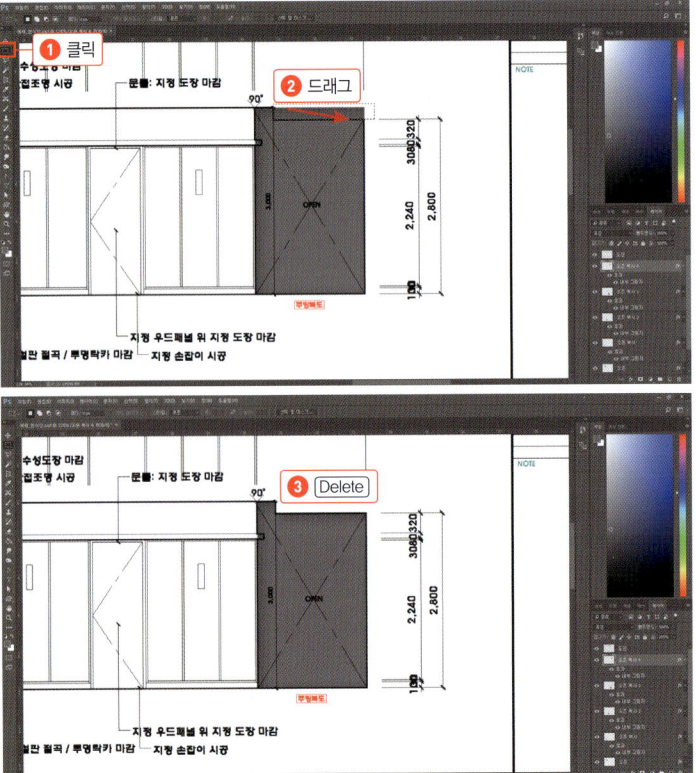

Lesson 03 한지 표현하기

13 ① 열기 단축키 Ctrl+O를 누르고 한지.jpg 파일을 불러옵니다. 창을 다음과 같이 드래그하여 아래로 내린다음, ② 이동 도구⟨ ⟩ 단축키 V를 누르고 ③ 예제_한식당.PSD로 드래그해줍니다. 한지.jpg 파일은 X 버튼을 눌러 닫아주세요.

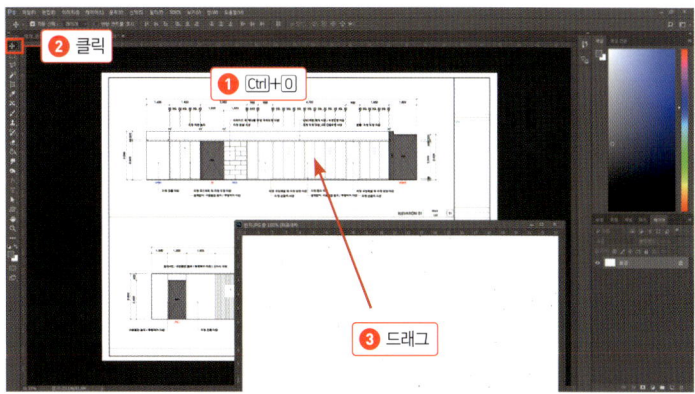

14 한지는 우드 각재 보다 들어간 느낌으로 표현되어야 합니다. 레이어를 더블클릭하여 ① 레이어명을 '한지'로 바꿔주고, ② 자유 변형 단축키 Ctrl+T를 눌러 다음과 같이 맵의 크기를 조절해주고 Enter↵키를 눌러 명령을 해제해줍니다.

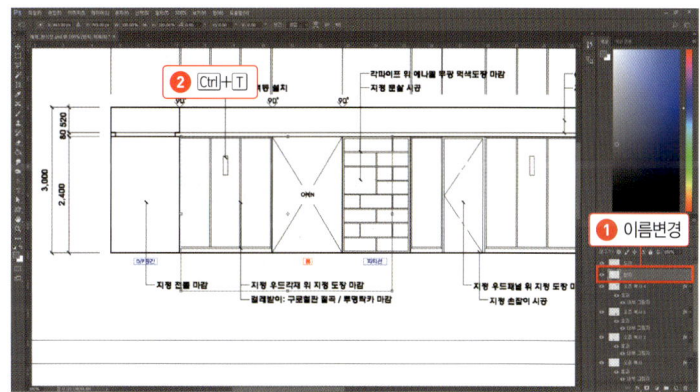

> **알아두기**
> 큰 이미지를 많이 줄이면, 무늬가 보이지 않게 되고, 작은 이미지의 크기를 많이 키우면 이미지가 깨지게 됩니다. 맵소스의 실제 크기를 도면에서 대략 가늠하여 이미지가 적당한 크기로 표현되어야 어색하지 않습니다.

15 적당한 크기로 맵소스를 줄여주고, ① 사각선택 도구⟨ ⟩ 단축키 M을 누르고 ② 다음과 같이 드래그합니다. ③ 이동 도구⟨ ⟩ 단축키 V를 누르고 Alt 키를 누르면서 오른쪽으로 드래그해줍니다. 레이어 복사없이 이미지가 복제되었습니다. 단축키 Ctrl+D를 눌러 선택을 해제해줍니다.

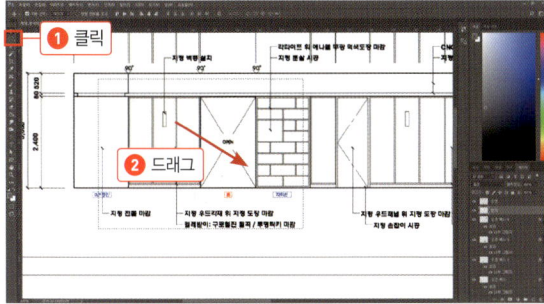
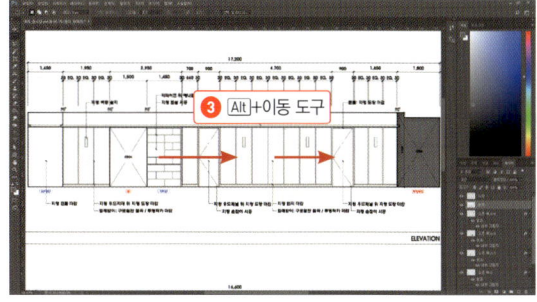

16 ❶ 사각선택 도구⟨▭⟩ 단축키 M 을 누르고 ❷ 다음과 같이 드래그 하여 삭제할 부분을 지정한 다음 ❸ Delete 버튼을 눌러 필요없는 부분을 지워줍니다. 한지 마감은 레이어를 아래쪽에 위치시켜 줄 것이기 때문에, 깔끔하게 지우지 않아도 됩니다.

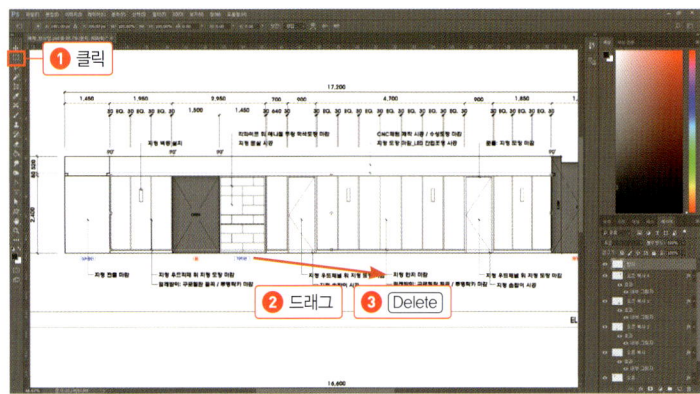

Lesson 04 우드 패널 및 무늬목 표현하기

17 ❶ 열기 단축키 Ctrl + O 를 누르고 우드.png 파일을 불러옵니다. 창을 다음과 같이 드래그하여 아래로 내린다음, ❷ 이동 도구⟨✥⟩ 단축키 V 를 누르고 ❸ 예제_한식당.PSD 로 드래그해줍니다. 우드.png 파일은 X 버튼을 눌러 닫아주세요.

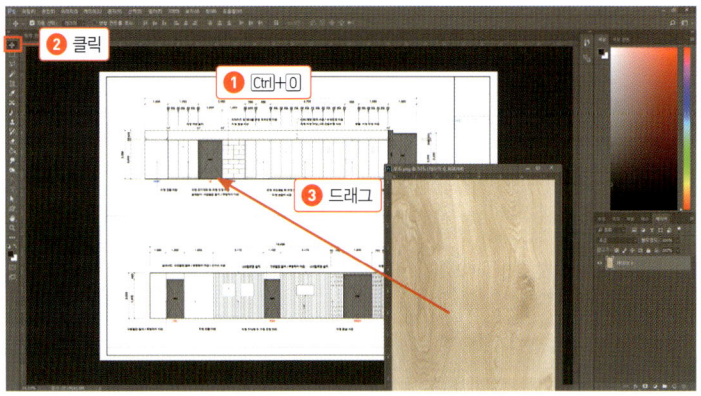

18 레이어를 더블클릭하여 레이어명을 '우드'로 바꿔주고. 자유 변형 단축키 Ctrl + T 를 눌러 다음과 같이 맵의 크기를 조절해주고 Enter ↵ 키를 눌러 명령을 해제해줍니다.

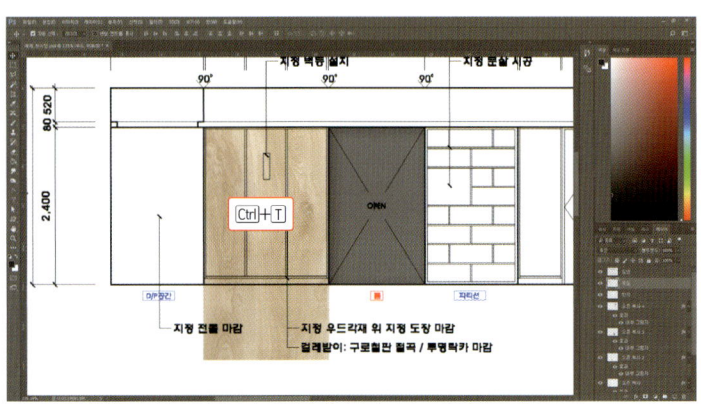

19 우드맵소스가 여기저기 필요해 보입니다. Alt+이동 도구( )를 누르면서 드래그하여 우드 또는 무늬목이 마감될 부분에 맵소스를 복사해줍니다.

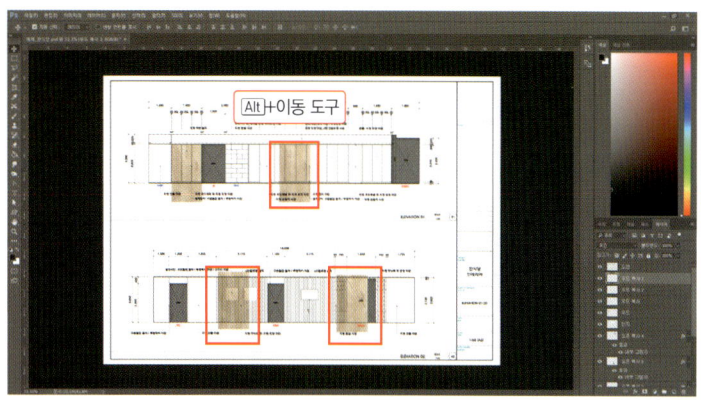

20 '우드' 맵소스에서 ❶ 마우스 오른쪽 버튼을 눌러 ❷ '우드' 레이어를 선택하고 ❸ 사각선택 도구( ) 단축키 M 을 누르고 ❹ 다음과 같이 드래그 하여 삭제할 부분을 지정한 다음 ❺ Delete 버튼을 눌러 필요 없는 부분을 지워줍니다.

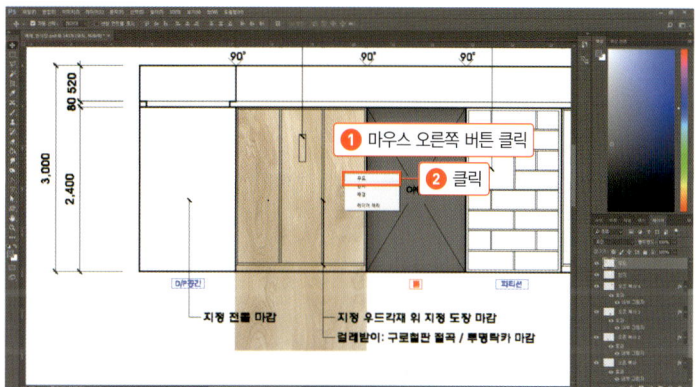

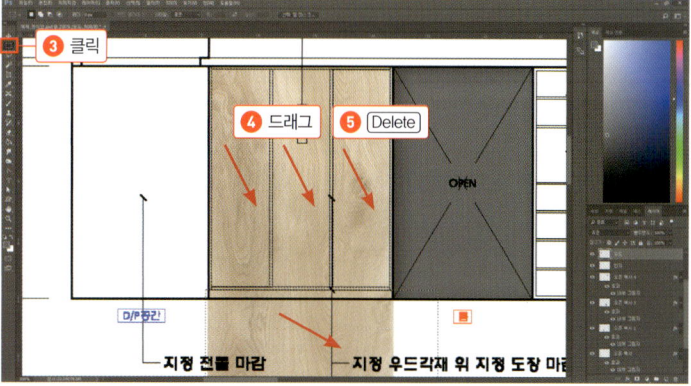

21 ❶ '우드' 레이어를 더블클릭하고 ❷ 드롭섀도에 체크한 후 ❸ 더블클릭하여 ❹ 다음과 같이 값을 지정하고 ❺ 확인 버튼을 누릅니다. 그림자 효과가 적용되었습니다.

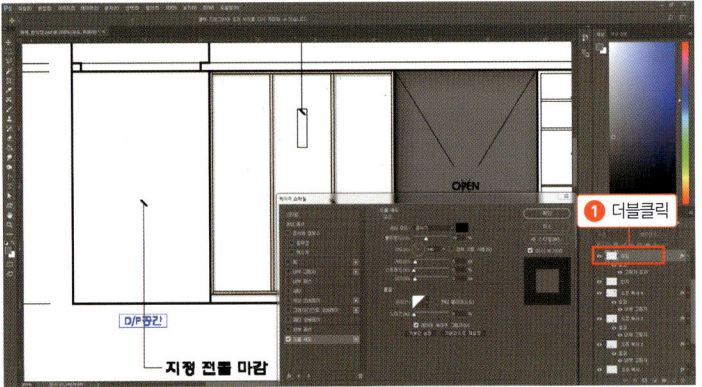

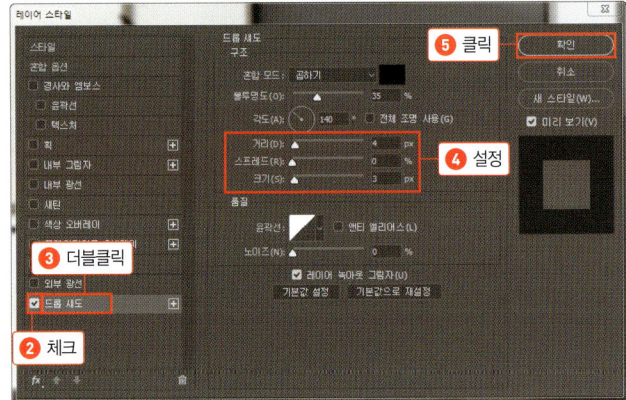

22 맵소스에서 마우스 오른쪽 버튼을 눌러 우드 레이어를 선택합니다. 맵소스가 부족하네요. ❶ 사각선택 도구〈 〉 단축키 M을 누르고 복사할 소스를 ❷ 드래그하여 선택합니다. ❸ 이동 도구〈 〉 단축키 V를 누르고 Alt 키를 누르면서 다음과 같이 드래그 하여 레이어추가 없이 맵소스를 복사해줍니다.

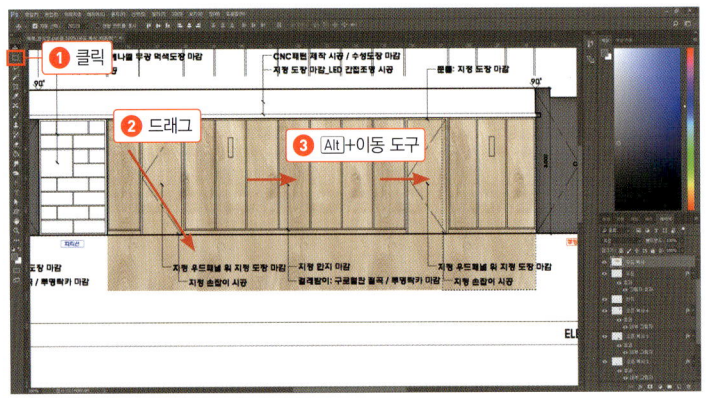

23 ❶ 사각선택 도구〈 〉 단축키 M을 누르고 ❷ 다음과 같이 드래그하여 삭제할 부분을 지정한 다음 ❸ Delete 버튼을 눌러 필요 없는 부분을 지워줍니다.

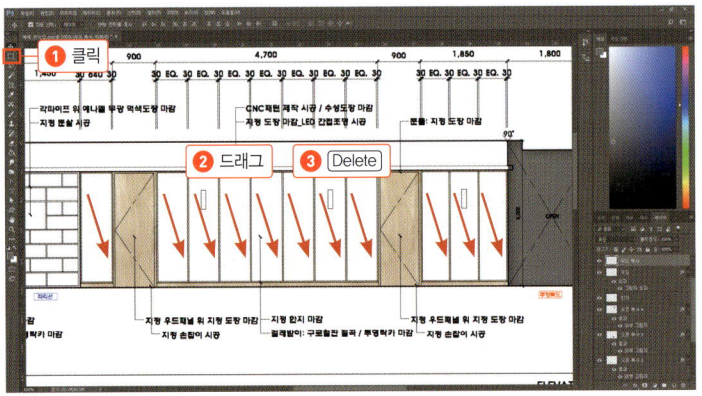

Chapter 04 한식당 입면도 칼라링 :: 305

24 ① '우드복사' 레이어를 더블클릭하고 ② 드롭섀도를 체크한 후 ③ 더블클릭하여 ④ 다음과 같이 값을 지정하고 ⑤ 확인 버튼을 누릅니다. 그림자 효과가 적용되었습니다.

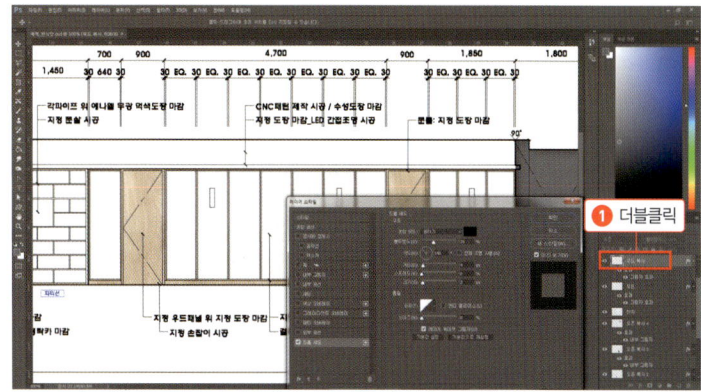

25 맵소스에서 마우스 오른쪽 버튼을 눌러 ① '우드복사2' 레이어를 선택하고 ② 사각선택 도구〈 ▢ 〉 단축키 M을 누르고 ③ 다음과 같이 드래그 하여 삭제할 부분을 지정한 다음 ④ Delete 버튼을 눌러 필요 없는 부분을 지워줍니다.

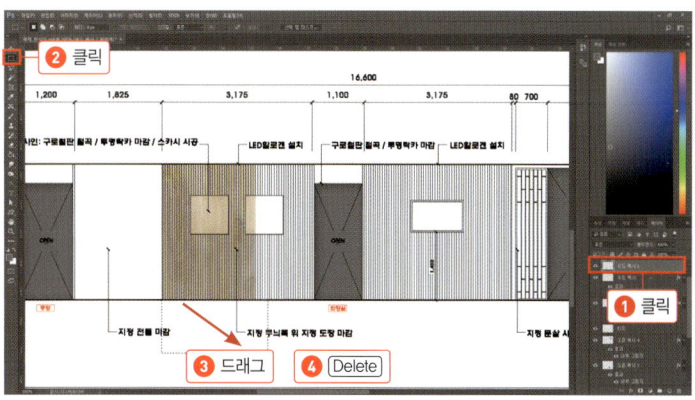

26 ① 부족한 맵소스는 사각선택 도구 〈 ▢ 〉 단축키 M을 눌러 ② 복사할 소스를 드래그 하여 선택합니다. ③ Alt + 이동 도구〈 ✥ 〉를 누르면서 다음과 같이 드래그 하여 레이어추가 없이 맵소스를 복사해줍니다. 단축키 Ctrl + D를 눌러 선택을 해제해 줍니다.

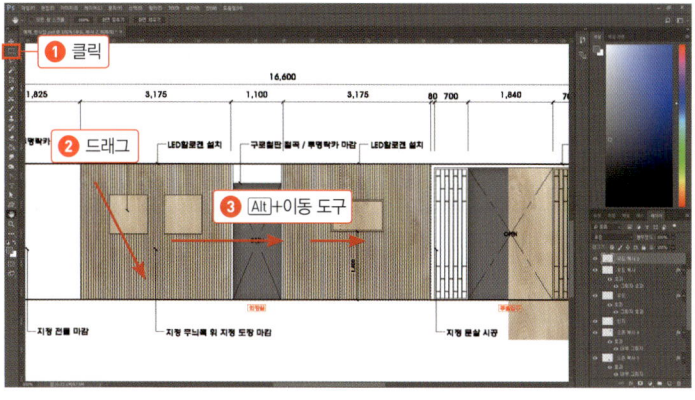

27 입체감을 표현해주려 합니다. ❶ 사각선택 도구(▭) 단축키 M을 눌러 ❷ 다음과 같이 드래그합니다. ❸ Ctrl+J를 눌러 선택한 영역을 복사해줍니다. '레이어1'이 새로 생긴 것을 알 수 있습니다.

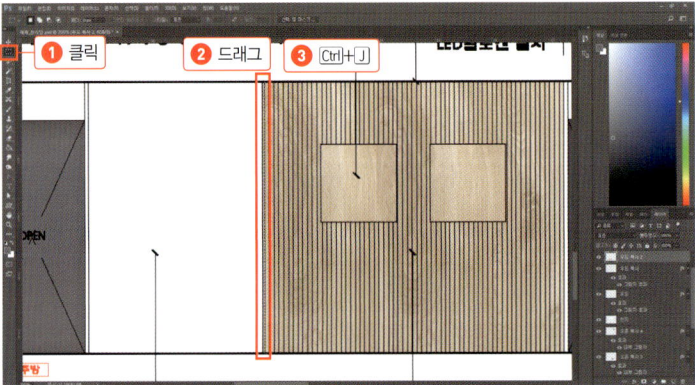

28 ❶ 레이어1의 이름을 '음각'으로 변경하고 ❷ 더블클릭합니다. 레이어 스타일 창에서 ❸ 내부 그림자를 더블클릭하여 ❹ 다음과 같이 ❺ 값을 지정한 후 ❻ 확인 버튼을 누릅니다. 내부 그림자 효과가 적용되었습니다.

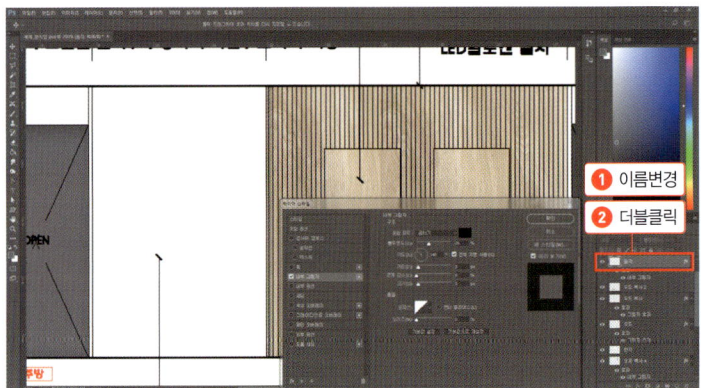

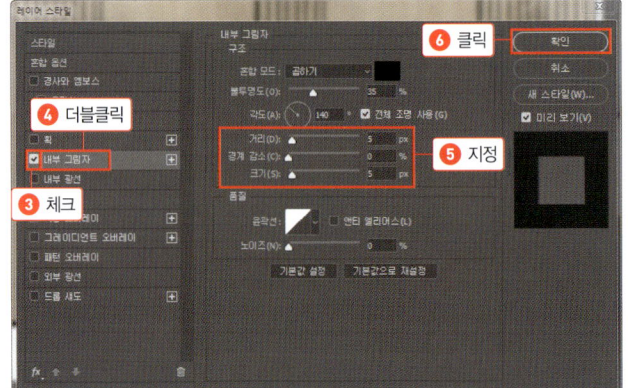

29 조금 더 들어간 느낌을 주기 위해 ❶ 곡선 단축키 Ctrl+M을 누르고 ❷ 곡선을 아래로 드래그해준 후 ❸ 출력 189, 입력205 정도값을 지정하고 ❹ 확인 버튼을 누릅니다.

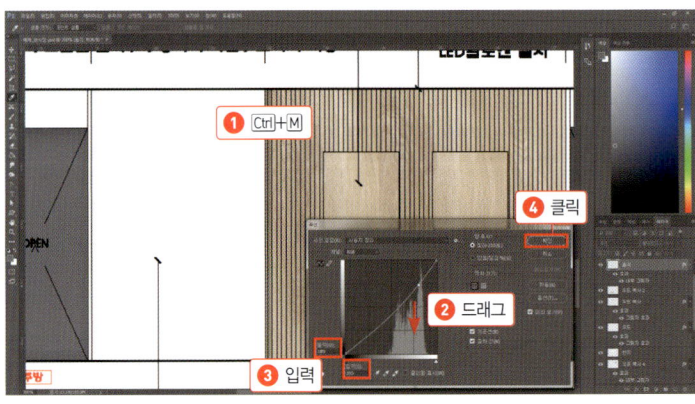

30 ❶ 사각선택 도구〈▢〉 단축키 M을 눌러 복사할 소스를 ❷ 드래그 하여 선택합니다. ❸ Alt+이동 도구〈✥〉를 누르면서 다음과 같이 드래그 하여 레이어추가 없이 맵소스를 복사해줍니다.

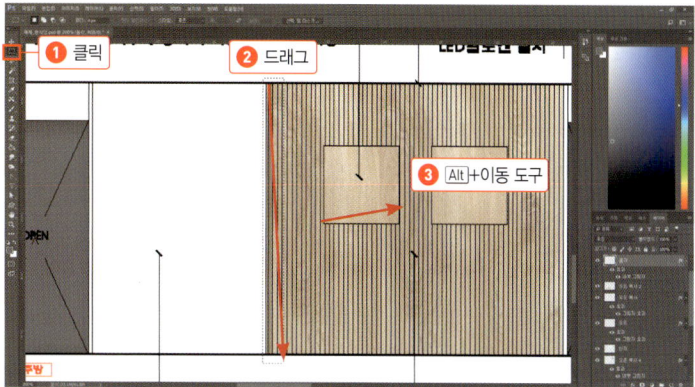

31 복사한 레이어가 어느 정도 모이면 그만큼을 다시 선택해서 복사해줍니다. 하나하나 옮기는 것보다는 시간이 단축됩니다.

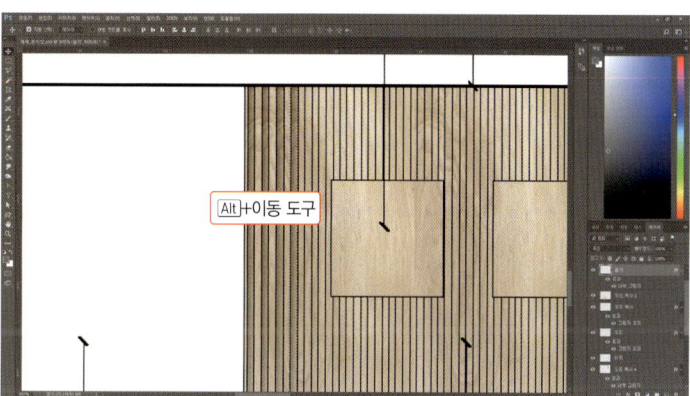

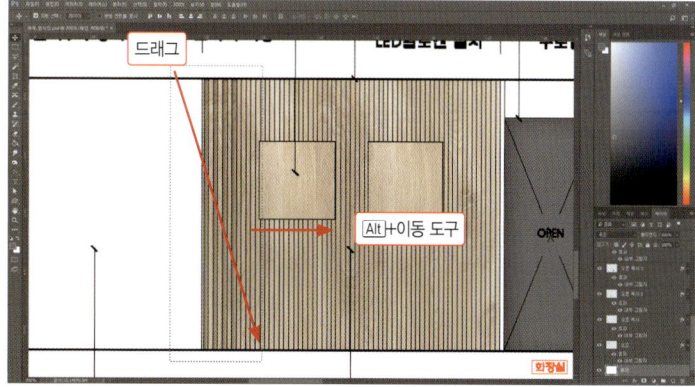

32 간혹 이렇게 크기가 안 맞을 때는 안맞는 부분만 사각선택 도구〈▢〉로 선택해주고 왼쪽 방향키를 눌러서 조절해줍니다. 같은 방법으로 복사해서 다음과 같이 위치시켜줍니다.

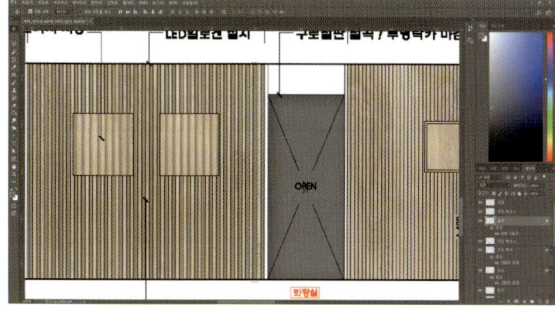

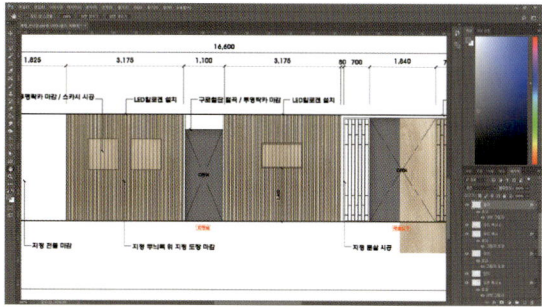

33 맵소스에서 마우스 오른쪽 버튼을 눌러 ❶ '우드복사3' 레이어를 선택합니다. ❷ 부족한 맵소스는 사각선택 도구(▢) 단축키 M을 누르고 ❸ 복사할 소스를 드래그하여 선택합니다. ❹ Alt+이동 도구(✥)를 누르면서 다음과 같이 드래그 하여 레이어추가 없이 맵소스를 복사해 줍니다. 단축키 Ctrl+D를 눌러 선택을 해제해줍니다.

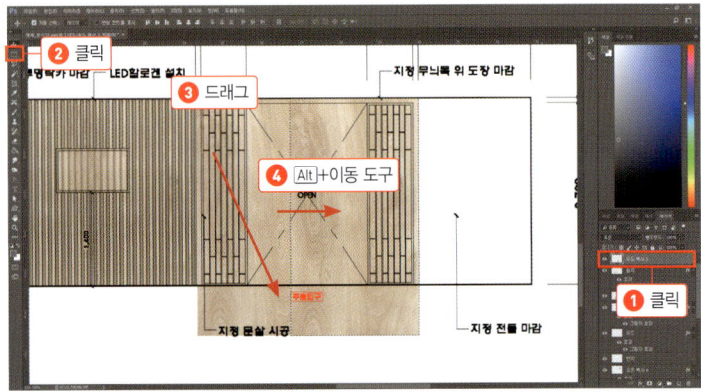

34 게이트 프레임 안에 문살이 들어가 있는 형태입니다. 색상으로 구분을 지어줘야겠네요. ❶ 사각선택 도구(▢) 단축키 M을 누르고 ❷ 복사할 소스를 드래그하여 선택합니다. ❸ Ctrl+J를 눌러 선택한 영역을 복사해줍니다. 레이어1이 새로 생긴 것을 알 수 있습니다. 레이어1 이름을 '진한우드'로 변경합니다.

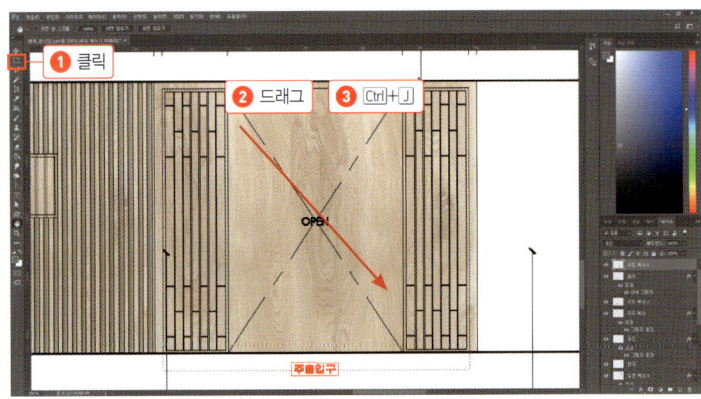

35 맵소스에서 마우스 오른쪽 버튼을 눌러 ❶ '우드복사3' 레이어를 선택하고 ❷ 사각선택 도구(▢) 단축키 M을 누른 후 ❸ 다음과 같이 드래그하여 게이트가 아닌부분은 ❹ Delete 버튼을 눌러 삭제합니다.

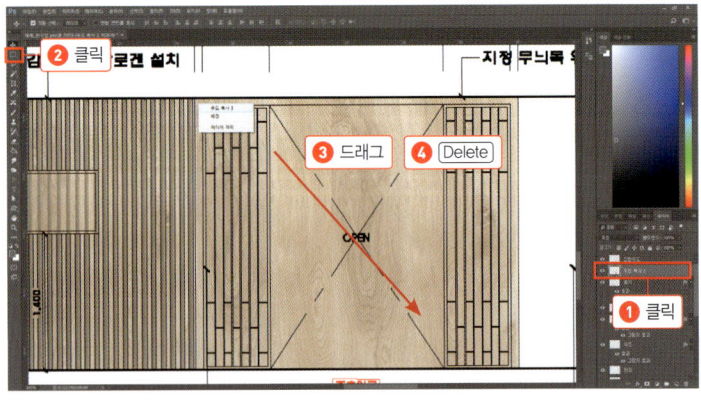

36 ❶ '우드복사3' 레이어를 더블클릭하고 ❷ 드롭섀도를 체크한 후 ❸ 더블클릭하여 ❹ 거리는 '5px', 크기도 5px로 값을 지정한 후 ❺ 확인 버튼을 누릅니다. 그림자 효과가 적용되었습니다.

37 문살만 두고 나머지 배경은 삭제하려 합니다. 사각선택 도구로 일일이 선택하려니, 작업시간이 오래 걸릴 것 같습니다. ❶ '도면' 레이어를 선택하고 ❷ 자동선택 도구〈 〉를 누르고 ❸ Shift 버튼을 누르면서 하나하나 다음과 같이 선택해줍니다.

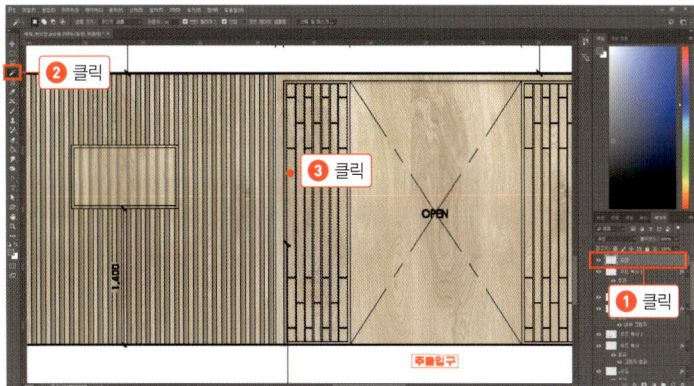

38 ❶ '진한우드' 레이어를 선택하고 ❷ Delete 버튼을 눌러 배경을 삭제해줍니다. 옆의 문살도 같은 방법으로 작업해줍니다.

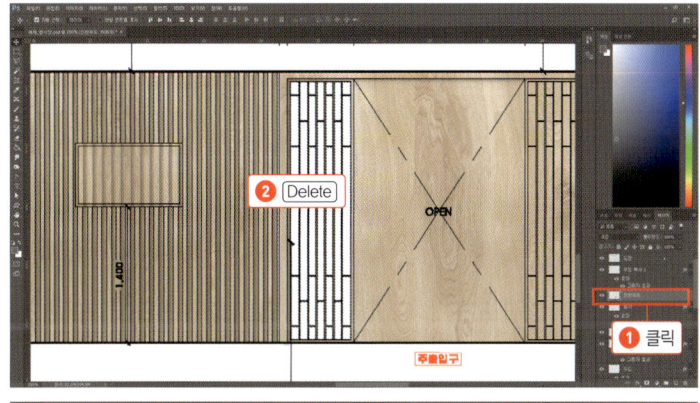

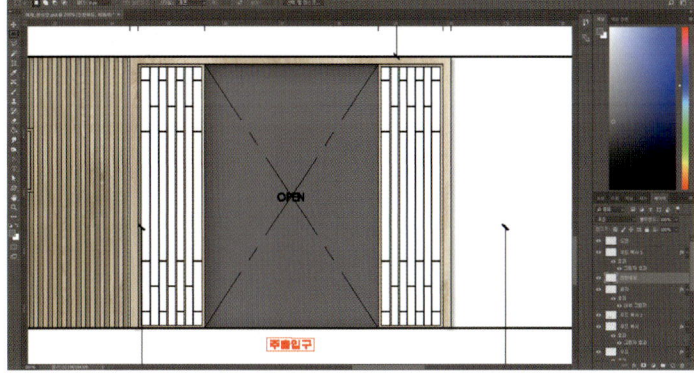

39 진한우드 레이어의 맵소스 색상을 진하게 만들어보도록 하겠습니다. 단축키 Ctrl + U 를 눌러 색조/채도 창을 열고, 색조 0/채도 60/밝기 -73으로 값을 지정해준 후 확인 버튼을 눌러줍니다. 색상이 월넛에 가깝게 어두워 졌습니다.

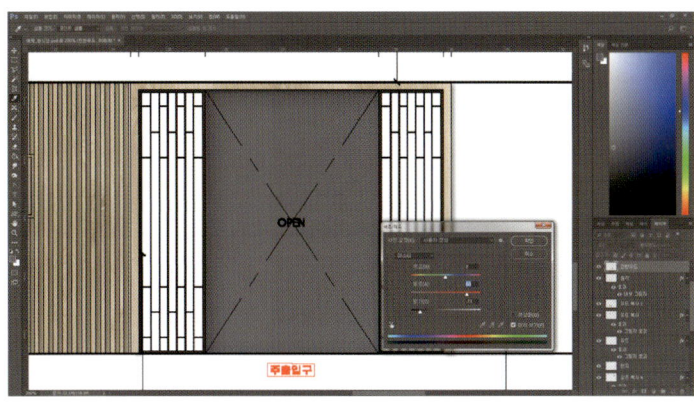

40 '진한우드' 레이어를 ❶ 더블클릭하고 ❷ 드롭섀도를 체크한 후 ❸ 더블클릭하여 ❹ 거리 2px/스프레드 0%/크기 5px로 값을 지정한 후 ❺ 확인 버튼을 누릅니다. 그림자 효과가 적용되었습니다.

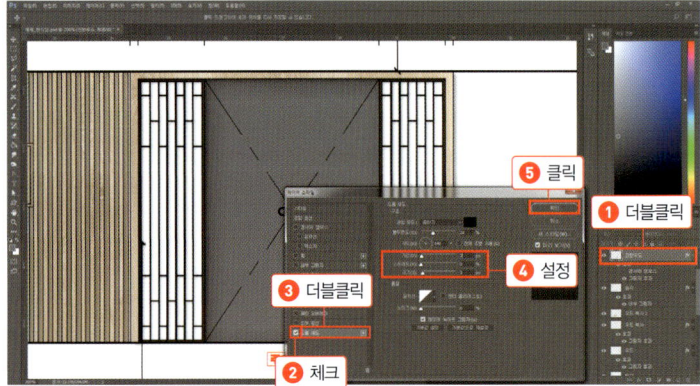

41 입면도에 있는 파티션도 작업해보도록 하겠습니다. '우드복사' 레이어의 맵소스가 그나마 좀 커보이네요. 이어붙여서 칼라링을 해보도록 하겠습니다. ❶ '우드복사' 레이어를 선택하고 ❷ 사각선택 도구⟨▣⟩ 단축키 M을 눌러 ❸ 다음과 같이 드래그합니다. ❹ Ctrl+J를 눌러 선택한 영역을 복사해줍니다. 새로생긴 레이어1은 '파티션'으로 레이어명을 변경해줍니다.

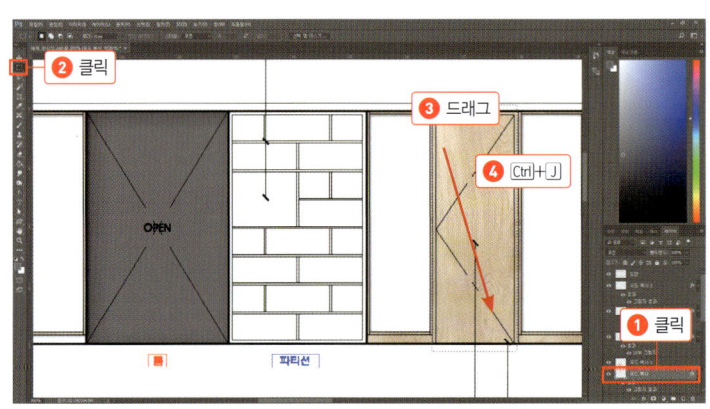

42 ❶ 부족한 맵소스는 사각선택 도구⟨▣⟩ 단축키 M을 눌러 복사할 소스를 ❷ 드래그 하여 선택합니다. ❸ 이동 도구⟨✥⟩ 단축키 V를 누르고 Alt+이동 도구⟨✥⟩를 누르면서 다음과 같이 드래그 하여 레이어추가 없이 맵소스를 복사해줍니다. 단축키 Ctrl+D를 눌러 선택을 해제해줍니다.

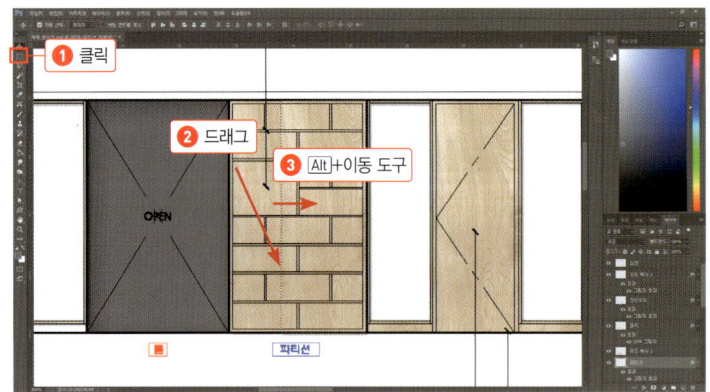

> **알아두기**
>
> 우드와 같은 맵소스는 자유 변형 명령을 이용해서 이미지 크기를 조절하면 무늬가 어색해집니다. 부족한 맵소스는 이어붙여서 작업하는 것이 좋습니다.

43 ❶ '도면' 레이어를 선택하고 ❷ 자동선택 도구〈 〉를 누르고 ❸ Shift 버튼을 누르면서 하나하나 다음과 같이 선택해줍니다.

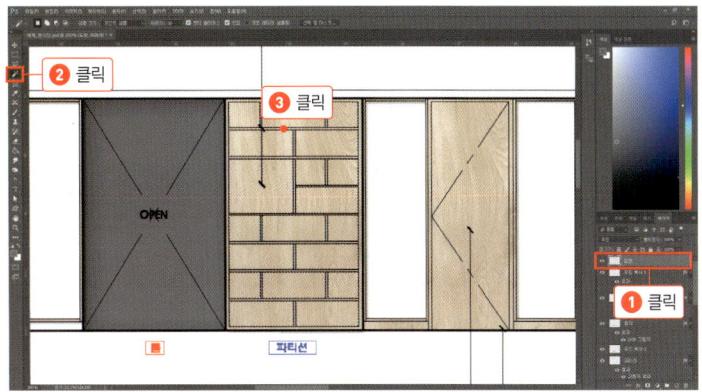

44 지시선도 같이 빼주지 않으면 그림자 효과를 줄 때 지시선까지 효과가 들어가게 됩니다. ❶ 사각선택 도구 〈 〉로 ❷ Shift 버튼을 누르면서 다음과 같이 선택해줍니다.

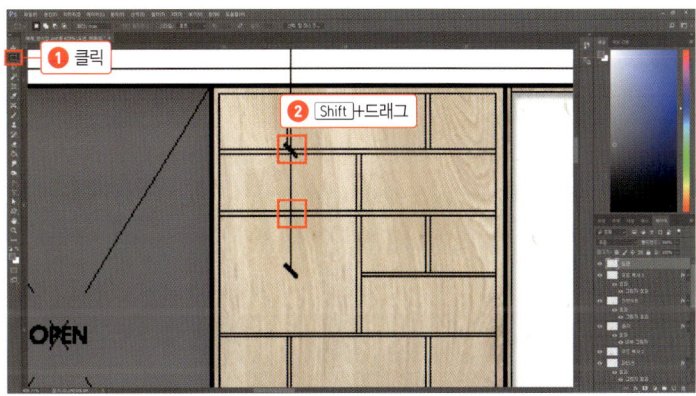

45 ❶ '파티션' 레이어를 선택하고 ❷ Delete 버튼을 눌러 배경을 삭제해줍니다. 이미 그림자 효과가 적용되었던 '우드복사2' 레이어에서 복사를 했기 때문에 '파티션' 레이어도 같은 효과가 적용되어 있습니다.

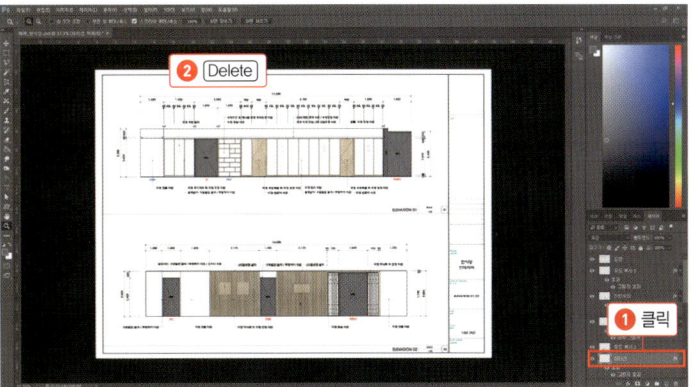

Lesson 05 전돌 표현하기

46 ① 열기 단축키 Ctrl+O를 누르고 전돌.png 파일을 불러옵니다. 창을 다음과 같이 드래그하여 아래로 내린다음, ② 이동 도구〈✥〉 단축키 V를 누르고 ③ 예제_한식당.PSD로 드래그해줍니다. 전돌.png 파일은 X 버튼을 눌러 닫아주세요.

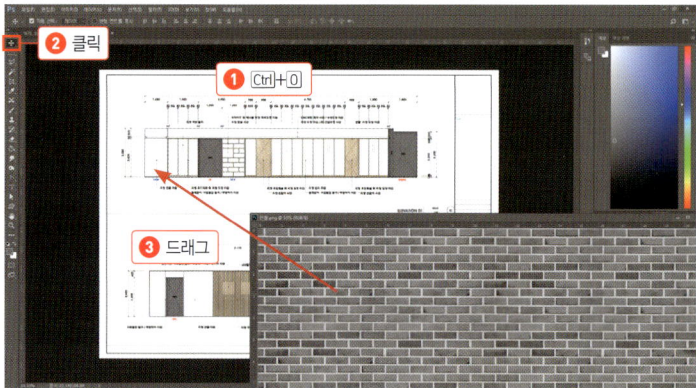

47 맵소스 크기가 엄청 크죠? 전돌하나의 크기를 대략가늠해서 맵소스를 줄여줍니다. 전돌높이 60에 줄눈 크기 위아래 20정도 해서 80이라 가정하고, 2400이면 약 30개정도 들어가겠네요. ① 자유 변형 단축키 Ctrl+T를 눌러 조절점을 이동해줍니다. ② 아래 부족한 부분은 사각 선택 도구〈▭〉 단축키 M을 눌러 복사할 소스를 ③ 드래그 하여 선택합니다. ④ 이동 도구〈✥〉 단축키 V를 누르고 Alt+이동 도구〈✥〉를 누르면서 다음과 같이 드래그 하여 레이어 추가 없이 맵소스를 복사해줍니다. 단축키 Ctrl+D를 눌러 선택을 해제해줍니다.

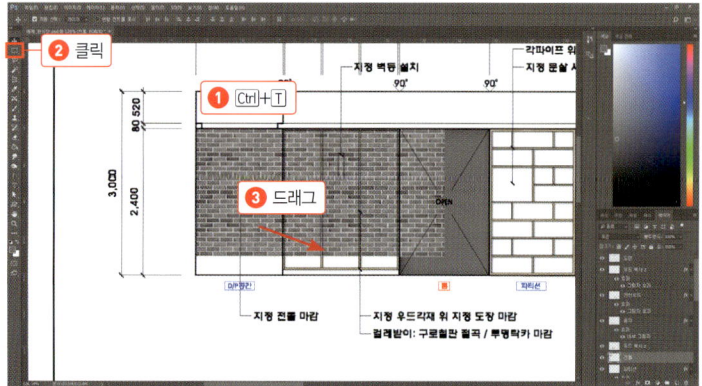

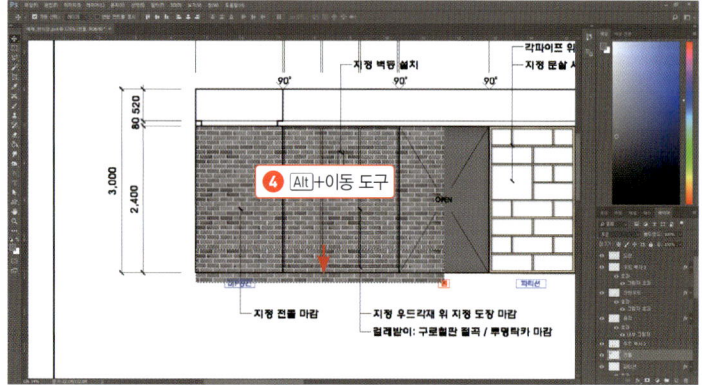

48 다른 전돌마감 부분에도 복사하고 필요 없는 부분은 삭제해서 다음과 같이 위치시켜 줍니다.

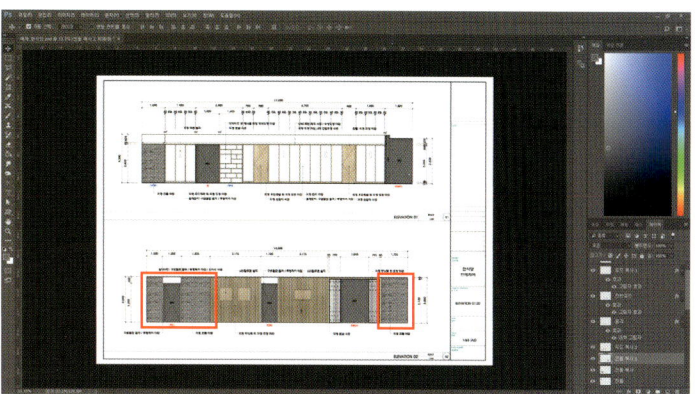

Lesson 06 구로철판 표현하기

49 ① 열기 단축키 Ctrl+O를 누르고 구로철판.png 파일을 불러옵니다. 창을 다음과 같이 드래그하여 아래로 내린다음, ② 이동 도구〈 ✥ 〉단축키 V를 누르고 ③ 예제_한식당.PSD로 드래그해줍니다. 구로철판.png 파일은 X 버튼을 눌러 닫아주세요.

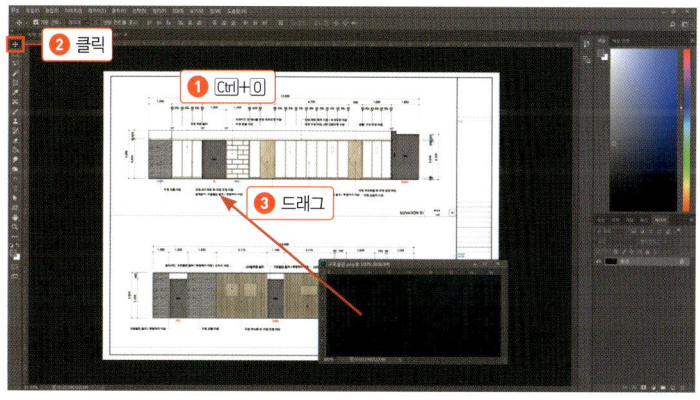

50 레이어명을 '구로'로 변경해주고 주방과 화장실 게이트에도 써야 하니까. 단축키 V를 누르고 Alt+이동 도구〈 ✥ 〉를 누르면서 다음과 같이 드래그 하여 맵소스를 복사해줍니다.

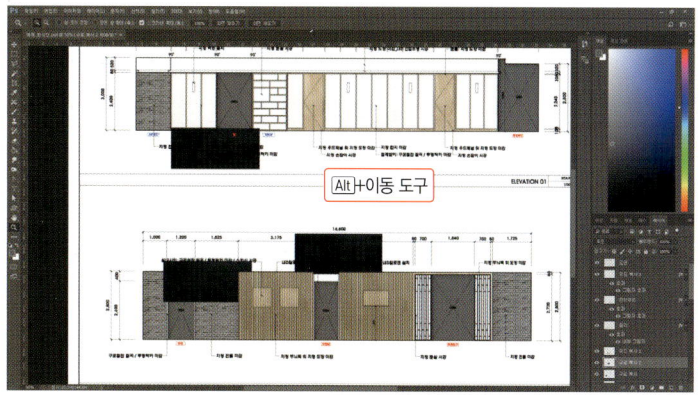

51 자유 변형 단축키 ❶ Ctrl+T를 눌러 다음과 같이 이미지 크기를 조절해줍니다. ❷ Enter↵키를 눌러 명령을 해제해줍니다.

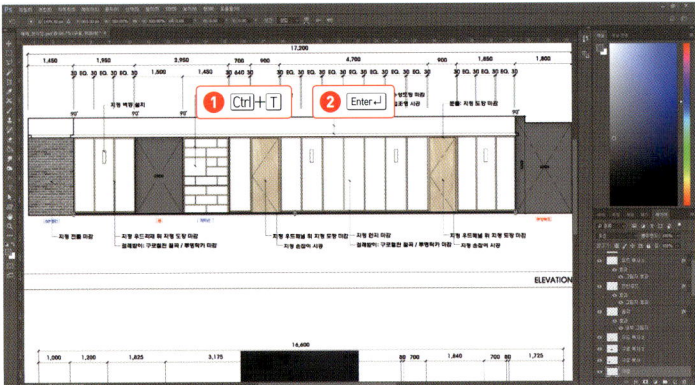

52 ❶ 사각선택 도구〈 ▢ 〉 단축키 M을 눌러 삭제할 부분을 ❷ 드래그하여 선택하고 ❸ Delete 버튼을 눌러 다음과 같이 삭제합니다.

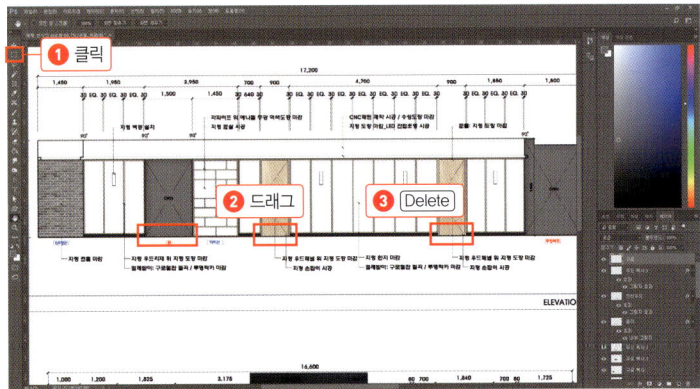

53 마우스 오른쪽 버튼을 눌러 구로복사 ❶ 레이어를 선택하고 자유 변형 단축키 ❷ Ctrl+T를 눌러 다음과 같이 이미지 크기를 조절해줍니다. ❸ Enter↵키를 눌러 명령을 해제해줍니다.

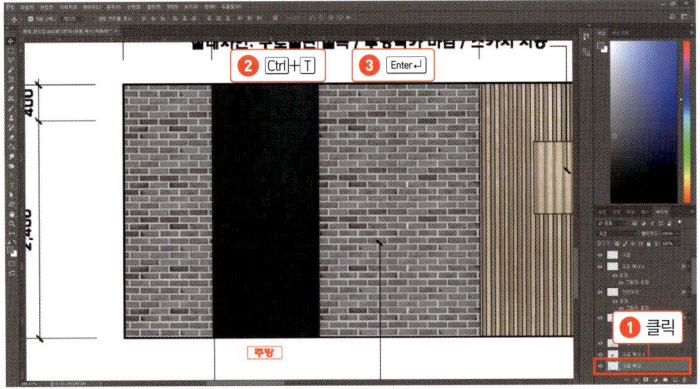

54 ❶ 사각선택 도구〈 ▢ 〉 단축키 M을 눌러 ❷ 삭제할 부분을 드래그하여 선택하고 ❸ Delete 버튼을 눌러 다음과 같이 삭제합니다. Ctrl+D를 눌러 선택을 해제합니다.

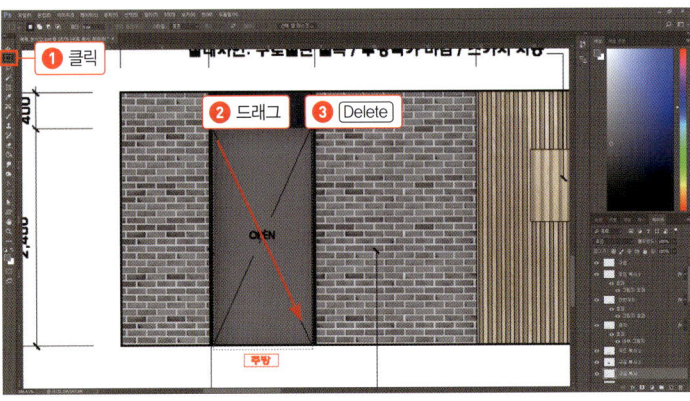

55 ❶ 구로복사 레이어를 더블클릭하고 ❷ 드롭섀도를 체크한 후 ❸ 더블클릭하여 ❹ 다음과 같이 값을 설정한 후 ❺ 확인 버튼을 누릅니다. 그림자 효과가 적용되었습니다.

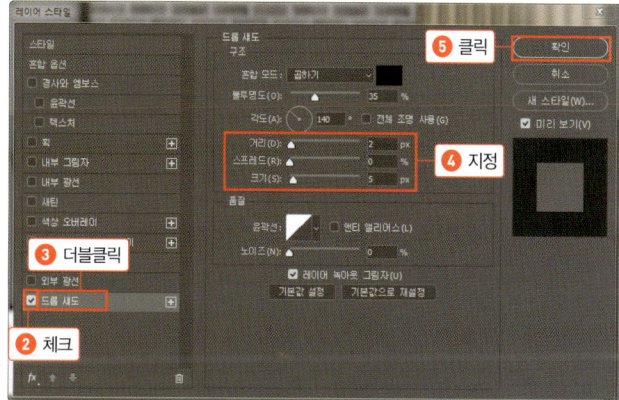

56 다른 게이트도 같은 방법으로 마무리해줍니다.

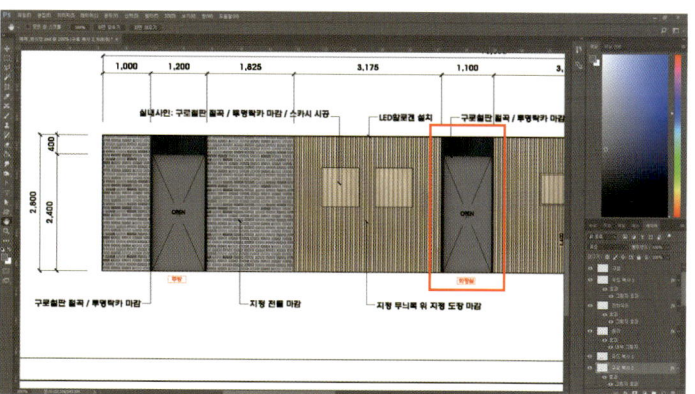

Lesson 07 조명 표현하기

57 단천정에 간접조명을 표현해보도록 하겠습니다. 흰색으로 조명을 표현해야 하는데, 지금도 흰색이라 표시가 나지 않을 것 같네요. 살짝 회색을 가미해야 되겠습니다. ❶ 레이어를 하나 추가하고 ❷ 이름을 '단천정'으로 바꿔줍니다.
❸ 사각선택 도구〈 〉 단축키 M을 눌러 ❹ 다음과 같이 드래그해줍니다.

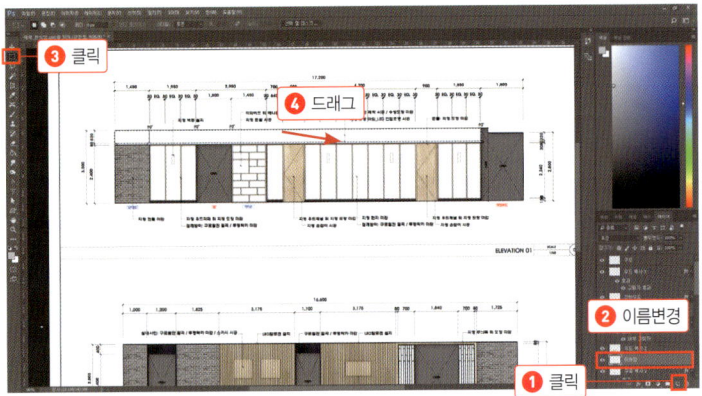

58 전경색〈 〉을 클릭하고 색상 라이브러리를 눌러 다음 색상을 선택한 후 확인 버튼을 누릅니다.

 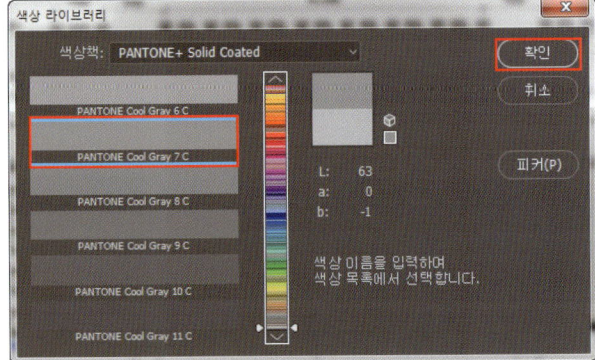

59 ❶ 페인트통 도구〈 〉를 누르고 ❷ 선택영역에 클릭해주면 색상이 채워졌습니다. Ctrl+D를 눌러 선택을 해제해줍니다.

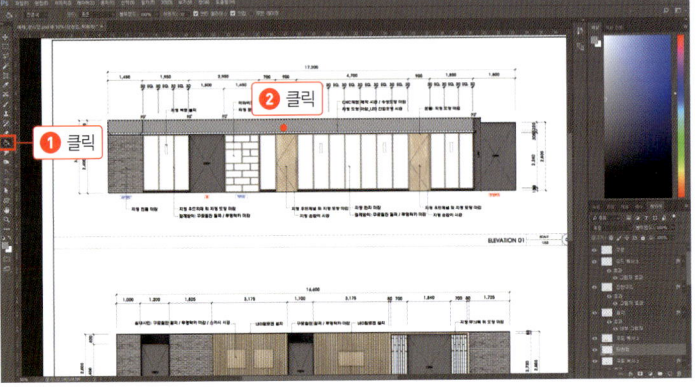

Chapter 04 한식당 입면도 칼라링 :: 317

60 ① 다시 레이어를 하나 추가하고 이름을 ② '간접조명'으로 바꿔주고, ③ 사각선택 도구〈 ▭ 〉 단축키 M 을 눌러 ④ 간접조명을 넣을 곳을 드래그하여 선택합니다.

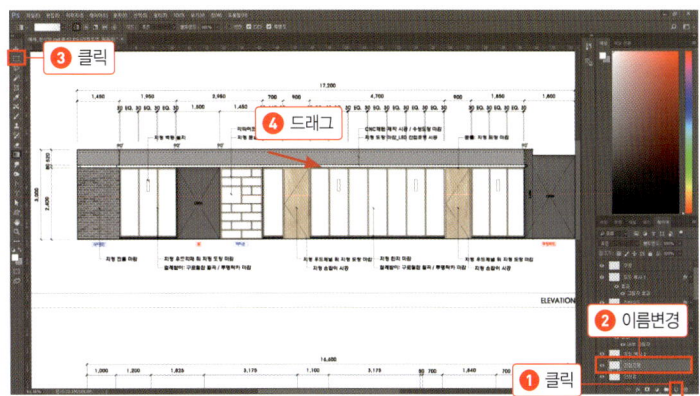

61 ① 도구 바의 페인트통을 꾹 눌러 그레이디언트 도구〈 ▭ 〉를 선택해 줍니다. ② 전경색이 흰색이 되도록 지정하고, ③ 전경색에서 투명색으로 버튼을 선택한 후 ④ Shift 버튼을 누르면서 아래에서 위로 드래그하여 그레이디언트 효과를 적용합니다. 약하게 느껴지면 한번 더 하셔도 무방합니다. 단축키 Ctrl + D 를 눌러 선택을 해제합니다.

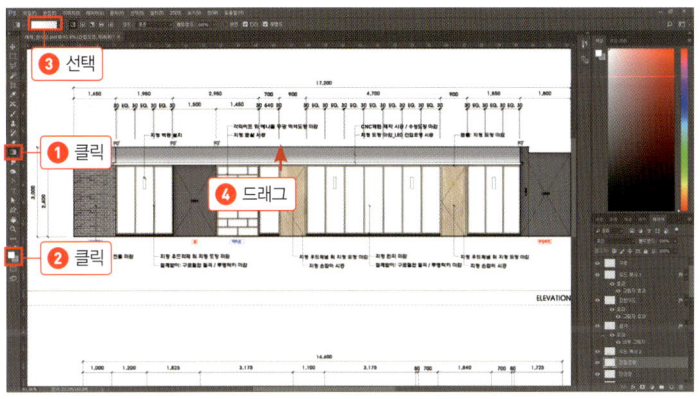

62 ① 열기 단축키 Ctrl + O 를 누르고 칼라링소스모음.PSD 파일을 불러옵니다. ② 이동 도구〈 ✥ 〉 단축키 V 를 누르고 해당 소스에서 마우스 오른쪽 버튼을 눌러 '할로겐'과 'TV 소스'를 창을 다음과 같이 드래그해 줍니다. ③ 자유 변형 단축키 Ctrl + T 를 눌러 다음과 같이 이미지 크기를 조절해줍니다. Enter 키를 눌러 명령을 해제해줍니다. Alt 키를 누르면서 드래그하여 할로겐도 다음과 같이 복사하고 TV도 위치시켜줍니다. 각종 소스들은 도면레이어보다 위에 있어야 제대로 보이게 됩니다.

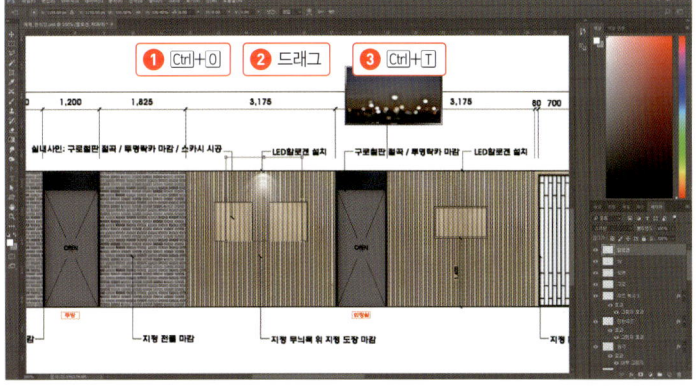

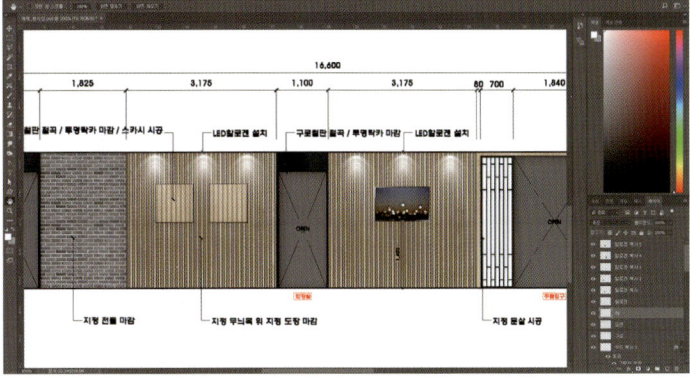

63 ① 열기 단축키 Ctrl+O를 누르고 벽등.png 파일을 불러옵니다. 창을 다음과 같이 드래그하여 아래로 내린다음, ② 이동 도구〈♦〉 단축키 V를 누르고 ③ 예제_한식당.PSD로 드래그해줍니다. 벽등.png 파일은 X 버튼을 눌러 닫아주세요.

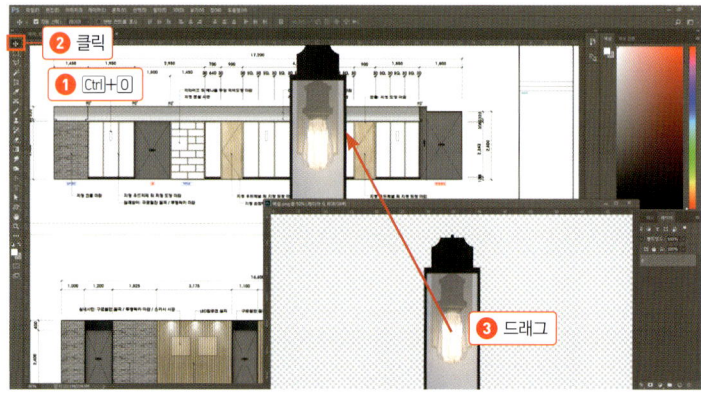

64 ① 레이어명을 '벽등'으로 변경해주고, ② 자유 변형 단축키 Ctrl+T를 눌러 다음과 같이 이미지 크기를 조절해줍니다. Enter키를 눌러 명령을 해제해줍니다.

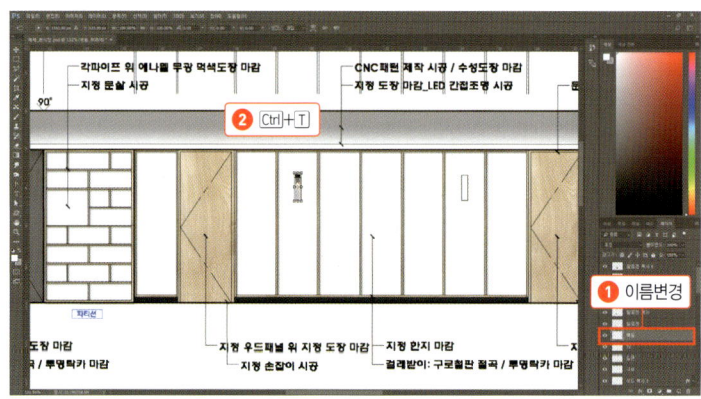

65 ① '벽등' 레이어를 더블클릭하고 ② 드롭섀도를 체크한 후 ③ 더블클릭하여 ④ 다음과 같이 값을 지정한 후 ⑤ 확인 버튼을 누릅니다. 그림자 효과가 적용되었습니다.

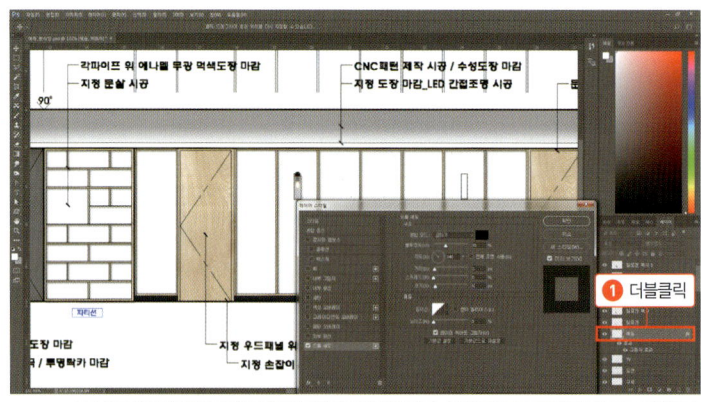

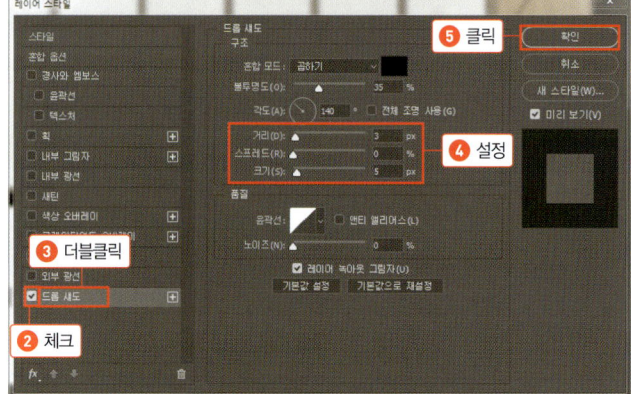

66 Alt+이동 도구⟨✥⟩를 누르면서 드래그하여 나머지 벽등에도 복사해서 위치시켜 줍니다.

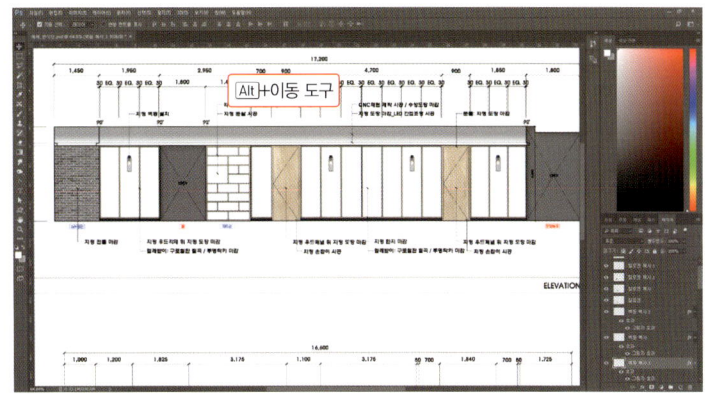

67 근데, 가만히 보니 파티션은 우드 마감이 아니라 에나멜 도장 마감이었습니다. 이럴 때 쉽게 수정하는 방법을 알려드릴께요. ❶ 마우스 오른쪽 버튼을 눌러 ❷ '파티션' 레이어를 선택하고 ❸ Ctrl 버튼을 누르면서 레이어의 레이어축소판 창을 클릭하면 다음과 같이 파티션 레이어가 선택됩니다.

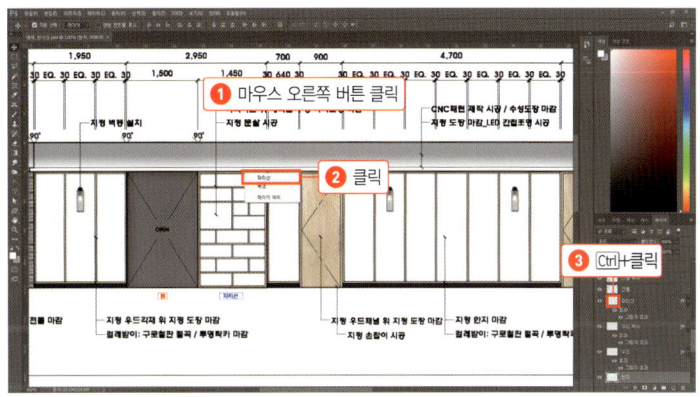

68 레이어를 하나 추가하고 '파티션도장'이라고 이름을 변경합니다. 전경색⟨■⟩을 클릭하고 색상 라이브러리를 눌러 다음 색상을 선택한 후 확인 버튼을 누릅니다.

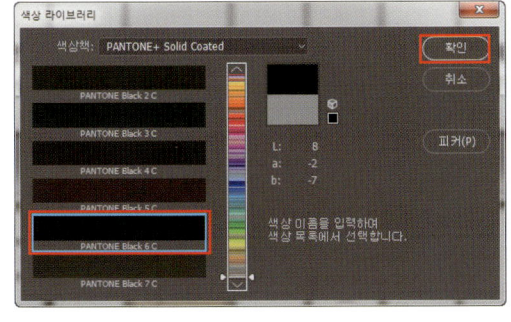
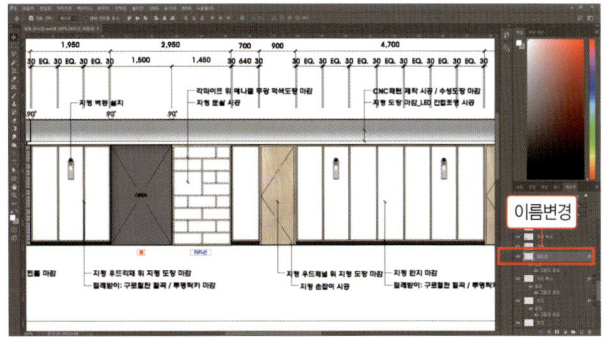

69 ❶ 페인트통 도구⟨◆⟩를 누르고 ❷ 선택영역에 클릭해주면 색상이 채워졌습니다. Ctrl+D를 눌러 선택을 해제해줍니다.

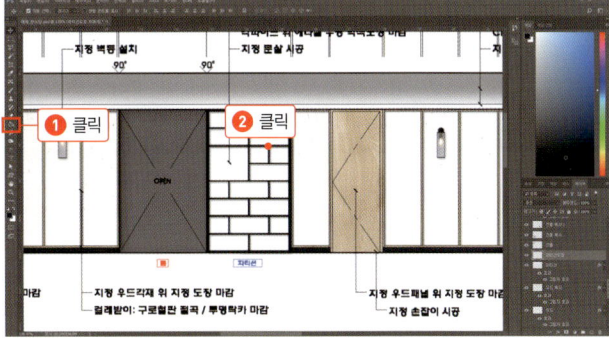

Lesson 08 소품 배치하기

메뉴판, 문살, 화분 등의 소품을 배치해보도록 하겠습니다. 파일을 불러와서 크기를 줄여서 위치한다는 차례가 같아서 반복되는 작업입니다. 하나하나 소품을 가져와서 제자리에 위치시켜줍니다.

70 일러스트에서 디자인한 파일을 불러와서 칼라링에 그대로 적용이 가능합니다.

열기 단축키 Ctrl+O를 누르고 한식당 메뉴판.AI 파일을 불러옵니다. PDF가져오기 창이 열리면 확인 버튼을 눌러줍니다. 창을 다음과 같이 드래그하여 아래로 내린다음, 이동 도구⟨✥⟩ 단축키 V를 누르고 예제_한식당.PSD로 드래그해줍니다. 한식당 메뉴판.AI 파일은 X 버튼을 눌러 닫아주세요.

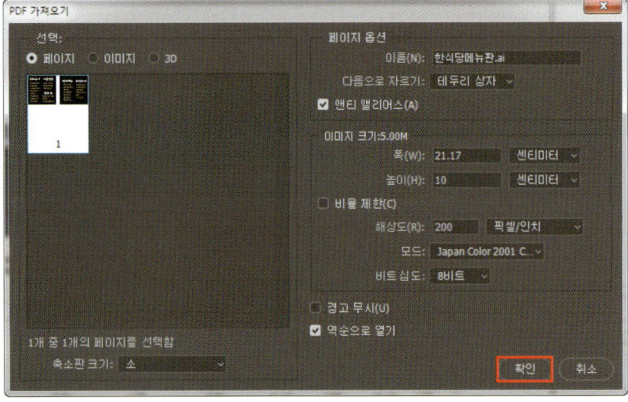

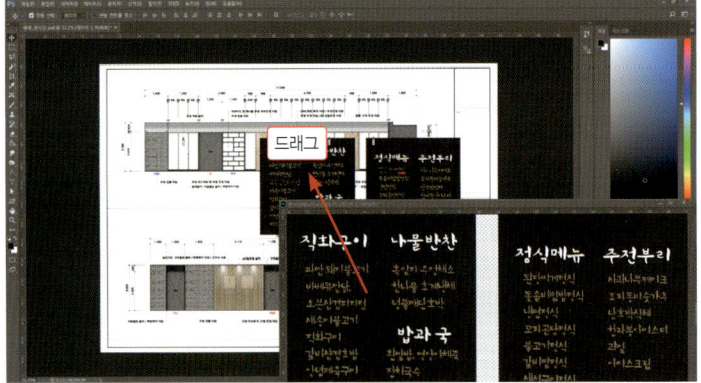

71 레이어명을 '메뉴판'으로 변경해줍니다. 함께 불러왔기 때문에 하나의 레이어로 불러와졌습니다. 하나의 메뉴판만 이동시키고 싶다면 ❶ 사각선택 도구⟨▭⟩ 단축키 M을 눌러 옮기고 싶은 메뉴판을 ❷ 드래그하여 선택하고 ❸ 이동 도구⟨✥⟩ 단축키 V를 눌러 ❹ 다음과 같이 이동시켜줍니다.

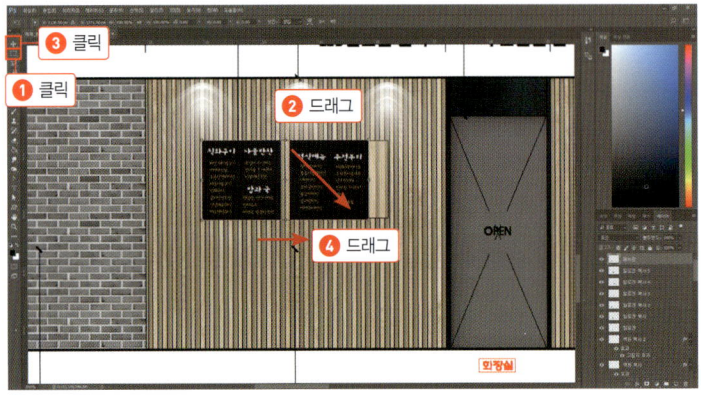

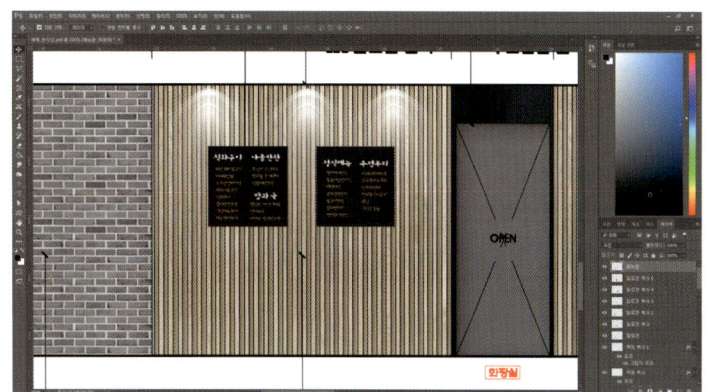

72 ❶ '메뉴판' 레이어를 더블클릭하고 ❷ 드롭섀도를 체크한 후 ❸ 더블클릭하여 ❹ 다음과 같이 값을 지정한 후 ❺ 확인 버튼을 누릅니다. 그림자 효과가 적용되었습니다.

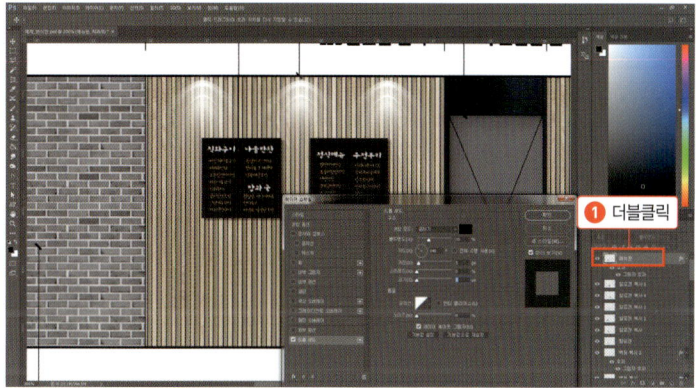

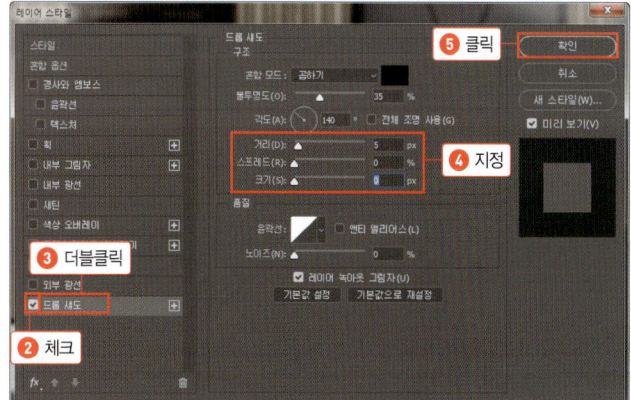

73 ❶ 열기 단축키 Ctrl+O를 누르고 '문양01'과 '문양02' png 파일을 불러옵니다. 창을 다음과 같이 드래그하여 아래로 내린다음, ❷ 이동 도구〈✥〉단축키 V를 누르고 ❸ 예제_한식당.PSD로 드래그해줍니다.

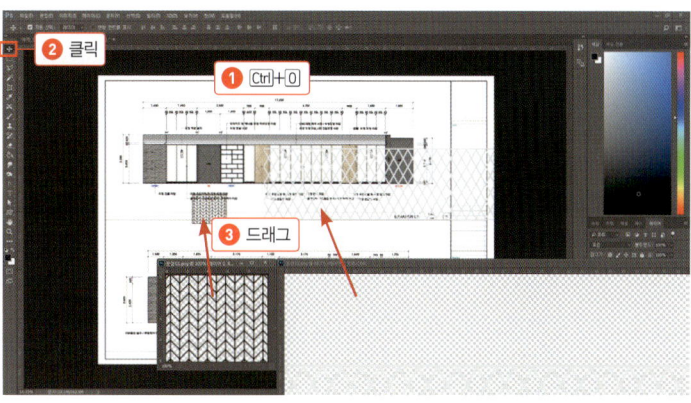

74 ❶ 레이어명을 각각 '문양01', '문양02'로 변경합니다. 레이어의 위치는 도면레이어보다 아래 있어야 합니다. 먼저 ❷ '문양1'을 자유 변형 단축키 Ctrl+T를 눌러 다음과 같이 이미지 크기를 조절해줍니다. ❸ 도면의 해치 위치를 보고 같은 위치에 문양을 넣어줍니다. 남는 부분은 ❹ 사각선택 도구( ) 단축키 M을 눌러 ❺ 삭제할 부분을 선택해주고 마우스 오른쪽 버튼을 클릭하여 해당 레이어를 선택하고 ❻ Delete 버튼을 눌러 삭제해줍니다.

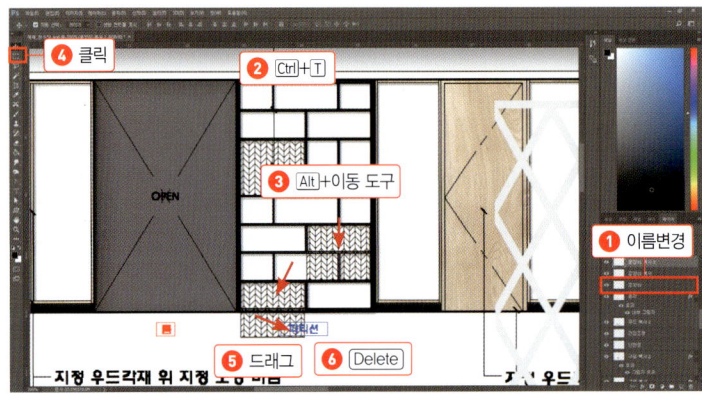

75 ❶ '문양02' 레이어를 선택합니다. 크기가 엄청 크지요? Shift 버튼을 누르면서 ❷ 자유 변형 단축키 Ctrl+T를 눌러 다음과 같이 이미지 크기를 조절해줍니다.

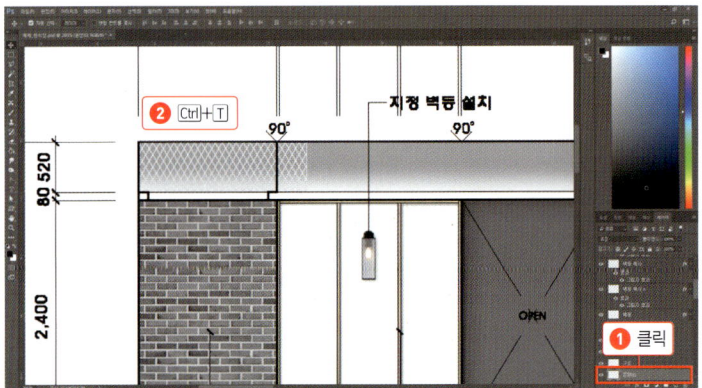

76 ❶ 돋보기 도구( ) 단축키 Z를 눌러 ❷ '문양 02'를 확대하고 ❸ 문양의 이음매 부분을 다음과 같이 선택하여 ❹ 삭제해줍니다.

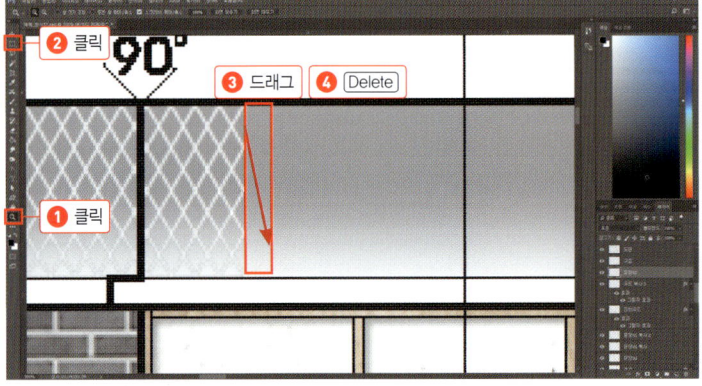

77 부족한 맵소스는 ❶ 사각선택 도구〈▭〉 단축키 M을 눌러 ❷ 복사할 소스를 드래그 하여 선택합니다. ❸ 이동 도구〈✥〉 단축키 V를 누르고 Alt+이동 도구〈✥〉를 누르면서 다음과 같이 드래그 하여 레이어추가 없이 맵소스를 복사해줍니다. 문양과 문양이 다음과 같이 맞물릴 수 있도록 복사해줍니다.

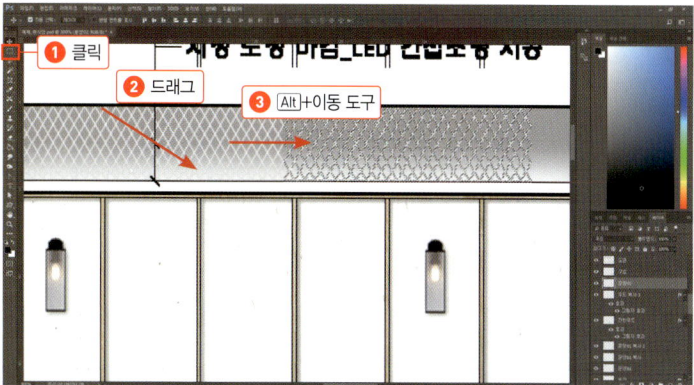

78 ❶ 남는 부분은 사각선택 도구〈▭〉 단축키 M을 눌러 ❷ 드래그하여 선택해주고 ❸ Delete 버튼을 눌러 삭제합니다. '문양 02'의 레이어의 위치는 간접조명보다 아래에 단천정보다 위에 위치될 수 있게 합니다.

79 열기 단축키 Ctrl+O를 누르고 도어와 화분을 불러옵니다. 창을 드래그 하여 아래로 내린다음, 이동 도구〈✥〉 단축키 V를 누르고 예제_한식당.PSD로 드래그해줍니다. 도어와 화분 파일은 X 버튼을 눌러 닫아주고 레이어명을 각각 도어와 화분으로 변경해줍니다.

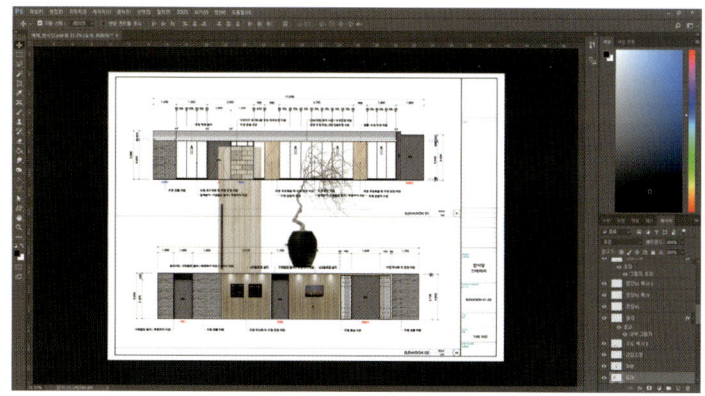

80 자유 변형 단축키 Ctrl+T를 눌러 다음과 같이 이미지 크기를 조절해줍니다. 문 열리는 방향이 다르네요. ❶ 마우스 오른쪽 버튼을 눌러 ❷ ❸ 가로로 뒤집기를 선택합니다.

 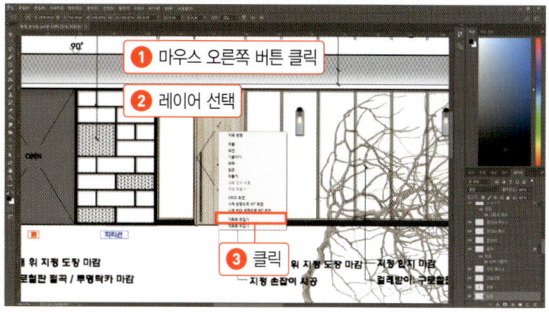

81 가로로 뒤집어졌습니다. Enter 키를 눌러 명령을 해제해줍니다. ❶ 도어 레이어를 더블클릭하여 레이어 스타일 창을 열고 내부 그림자에 ❷ 체크 한 후 ❸ 더블클릭합니다. ❹ 내부 그림자 값을 다음과 같이 지정해주고 ❺ 확인 버튼을 누릅니다. 내부 그림자 효과가 적용되었습니다.

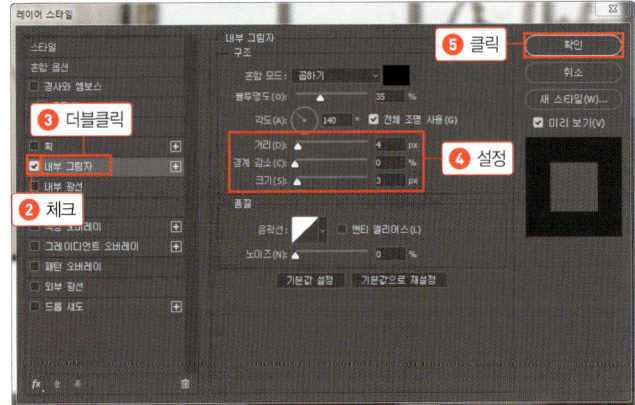

82 다른 문도 Alt +이동 도구〈 ✥ 〉단축키 V 를 누르고 드래그하여 복사해서 위치시켜줍니다.

83 ❶ 화분도 크기를 조절하여 다음과 같이 위치시켜주고 ❷ '화분' 레이어를 더블클릭하여 ❸ 드롭섀도를 체크한 후 ❹ 더블클릭 합니다. ❺ 거리를 5px로 값을 설정해 주고 ❻ 확인 버튼을 누릅니다. 그림자 효과가 표현되었습니다.

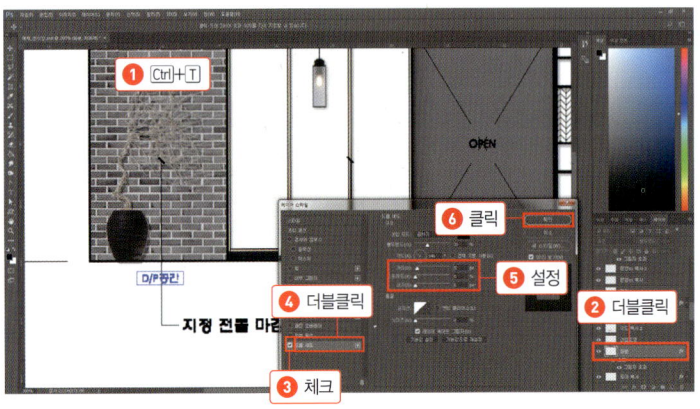

84 ① 열기 단축키 Ctrl + O 를 누르고 도어와 홀바닥.jpg 파일을 불러옵니다. 창을 드래그하여 아래로 내린다음, ② 이동 도구< > 단축키 V 를 누르고 ③ 예제_한식당.PSD로 드래그해줍니다. 홀바닥.jpg 파일은 X 버튼을 눌러 닫아주고 레이어명을 바닥으로 변경해줍니다.

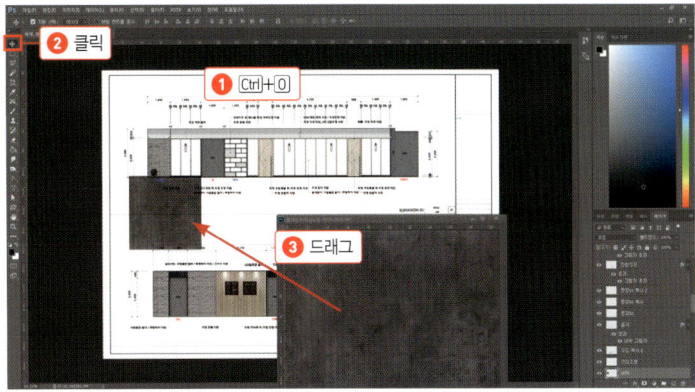

85 ① 치수선에 끝점을 맞추고 사각선택 도구< > 단축키 M 을 눌러 ② 드래그하여 선택해준 후 ③ Delete 버튼을 눌러 삭제합니다.

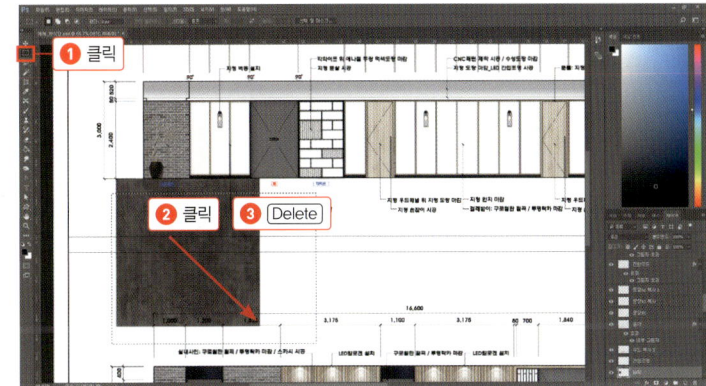

알아두기

맵소스가 복제되는 과정에서 끝을 똑바로 맞추기 힘드니까요. 조금 넉넉하게 남겨두고 복사가 다 끝난 후 한꺼번에 선택해서 삭제해주면 깔끔하게 맵소스가 남게됩니다.

86 ① 부족한 맵소스는 사각선택 도구< > 단축키 M 을 눌러 ② 복사할 소스를 드래그 하여 선택합니다. ③ 이동 도구< > 단축키 V 를 누르고 Alt 키를 누르면서 다음과 같이 드래그 하여 레이어추가 없이 맵소스를 복사해줍니다. 다음 치수선까지 바닥 맵소스를 복사해줍니다.

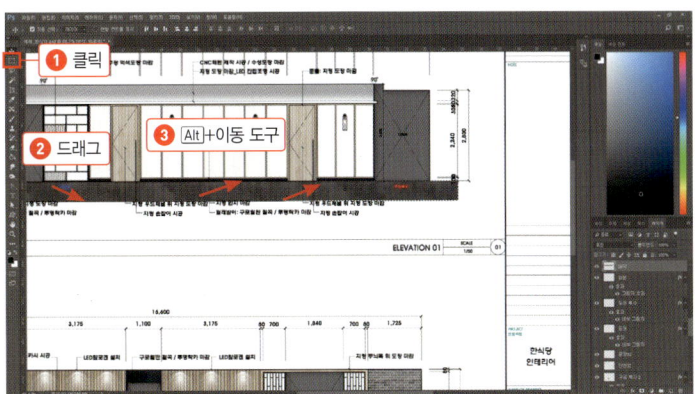

87 역시 예상했던 대로 맵소스라인이 딱 맞지 않지요? ① 사각선택 도구 〈 〉 단축키 M을 누르고 ② 다음과 같이 드래그한 후 ③ Delete 버튼을 눌러 삭제합니다. Ctrl+D를 눌러 선택을 해제합니다.

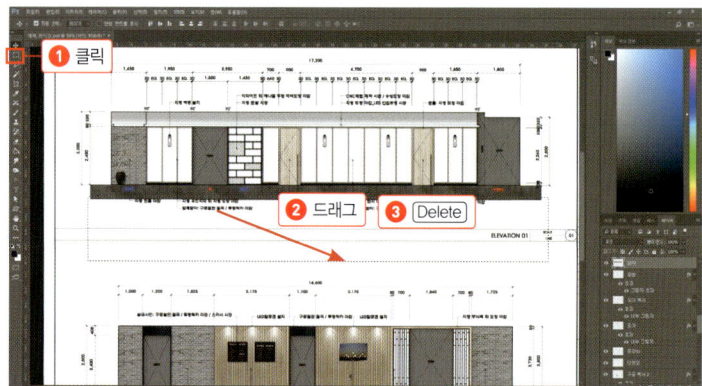

88 바닥레이어를 ELEVATION 02의 바닥에도 위치시켜줍니다.

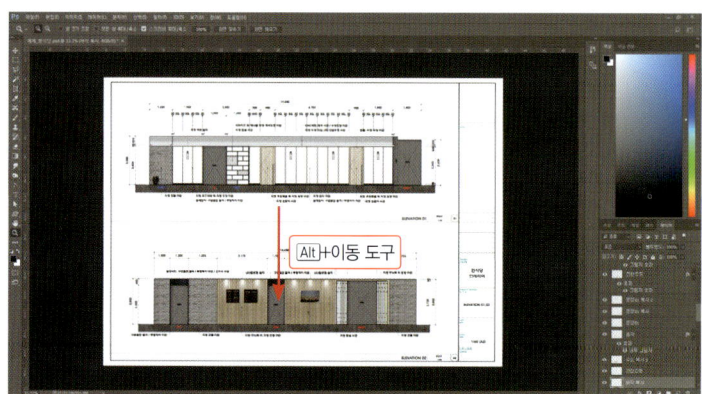

89 화장실과 주방에 실내사인을 달아보도록 하겠습니다. ① 문자 도구 〈 T 〉를 선택하고 ② 배경을 콕 찍으면 커서가 나타납니다. 'TOILET'라 적어주고 글자를 드래그하여 ③ ④ ⑤ 글자색을 흰색으로 변경해줍니다. 레이어 위치를 제일 위로 올리고 다음과 같이 위치시켜줍니다.

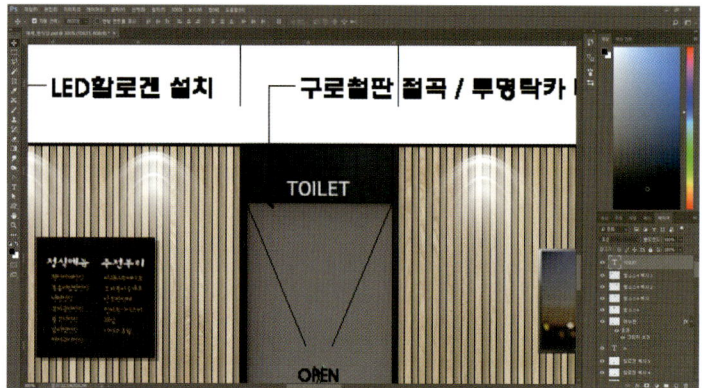

90 'TOILET'을 복사하여 주방오픈 위로 위치시켜주고 문자 도구〈T.〉를 선택하고 드래그하여 'KITCHEN'으로 명칭을 변경해줍니다.

91 예제_한식당 입면도 칼라링이 완성되었습니다.

CHAPTER 05
키즈카페 입면도 칼라링

● 예제 파일 Part04. - 05. 예제_키즈카페 입면도

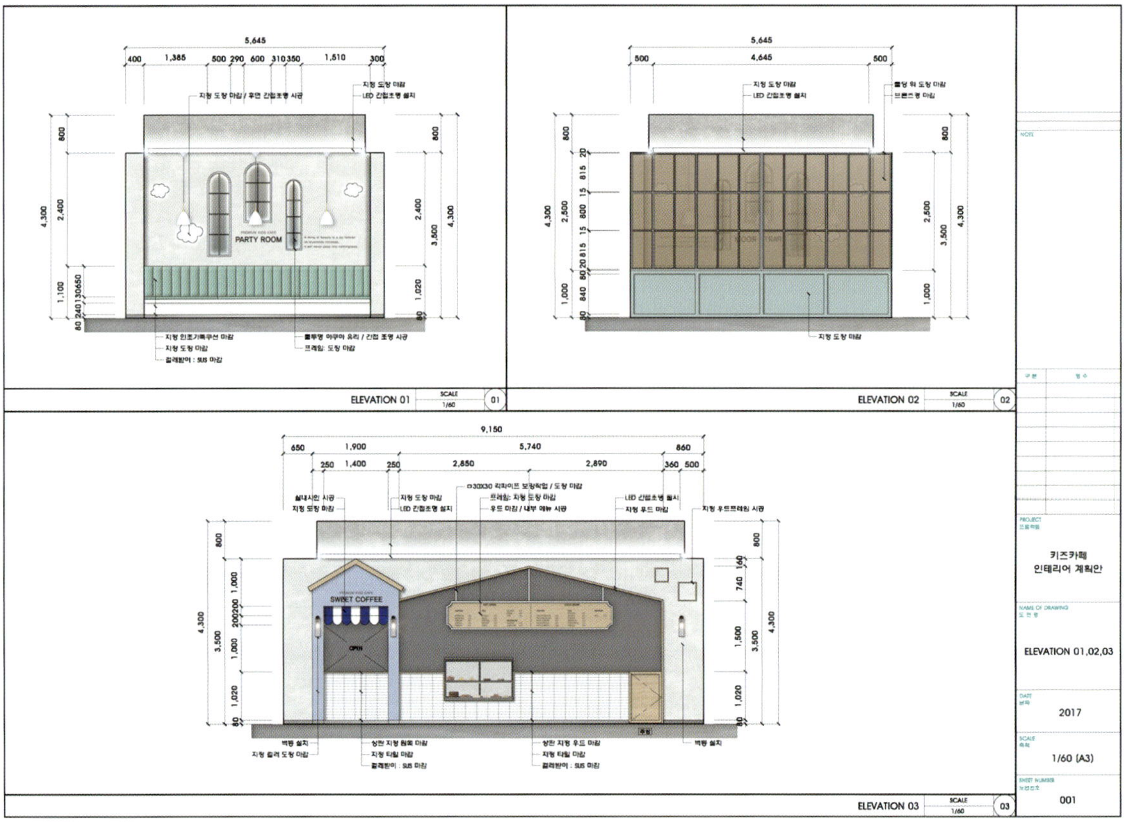

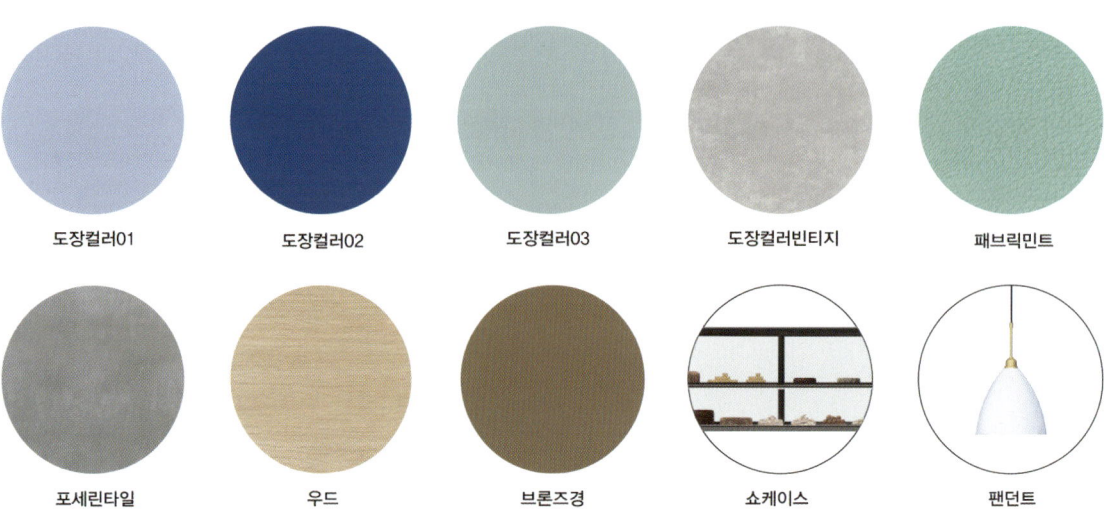

| 도장컬러01 | 도장컬러02 | 도장컬러03 | 도장컬러빈티지 | 패브릭민트 |

| 포세린타일 | 우드 | 브론즈경 | 쇼케이스 | 팬던트 |

Lesson 01 기본 작업 시작하기

01 화면을 더블클릭하거나, 단축키 Ctrl+O를 눌러 예제 파일 예제_키즈카페.eps를 불러옵니다.

A3 파일로 저장되었기 때문에 이미지 크기는 ❶ '42.02', 높이는 ❷ '29.7'로 지정되어 있습니다. ❸ 해상도를 '200'으로 ❹ 모드는 RGB색상으로 지정하고 ❺ 앤티앨리어스에 체크를 해제한 후 ❻ 확인 버튼을 누릅니다.

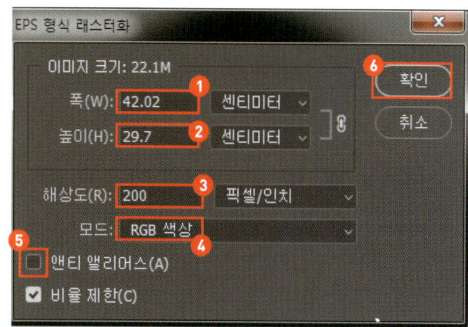

02 ❶ 레이어 창의 〈 ❏ 〉 버튼을 눌러 새로운 레이어를 만들어줍니다. ❷ 배경색이 흰색으로 지정되어 있는지 확인하고 ❸ 단축키 Ctrl+Delete를 눌러 배경을 흰색으로 채워줍니다.

03 레이어2를 더블클릭하여 이름을 '배경'으로, 레이어1을 더블클릭하여 이름을 '도면'으로 변경한 후 '배경' 레이어를 잡고 아래쪽으로 드래그해서 '배경' 레이어가 '도면' 레이어 아래에 위치하게 합니다. 칼라링을 하기 위한 베이스 작업이 완료되었습니다.

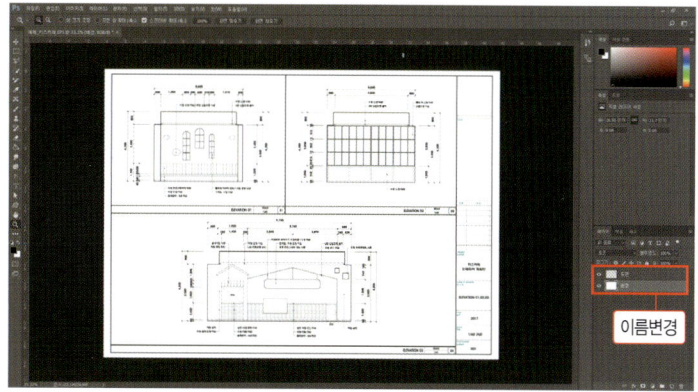

Lesson 02 창문 만들기

04 눈 앞에 도면이 펼쳐졌습니다. 어떤 것부터 칼라링을 해야 할까요? 필자는 가장 기본적인 재질부터 작업을 진행합니다. 차근차근 하나하나 작업을 하다 보면 어느새 완성이 되어 있습니다.

단축키 Ctrl+O를 눌러 예제 파일 칼라링기본소스.PSD를 불러옵니다.

05 탭이 두 개 이상 열렸을 때는 파일 이름 탭을 원하는 위치로 드래그해서 창을 이동시킬 수 있습니다. 칼라링 기본소스 창을 다음과 같이 드래그해줍니다.

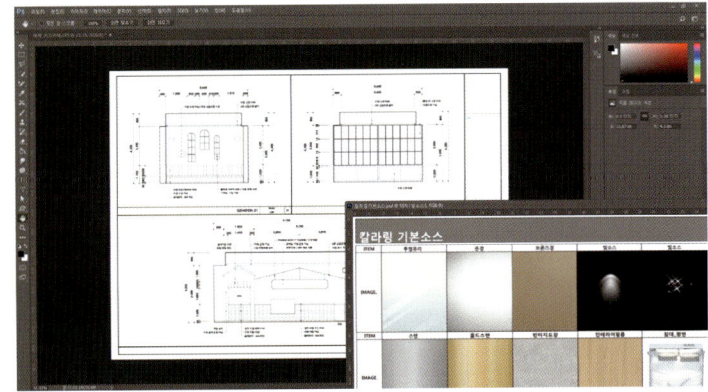

06 ① 마우스 오른쪽 버튼을 클릭하면 나오는 레이어 이름을 선택하고 예제.키즈카페.EPS 파일로 필요한 소스를 이동시켜 줍니다. ② ③ '투명유리', '브론즈경', '스텐'을 이동시켜줍니다.

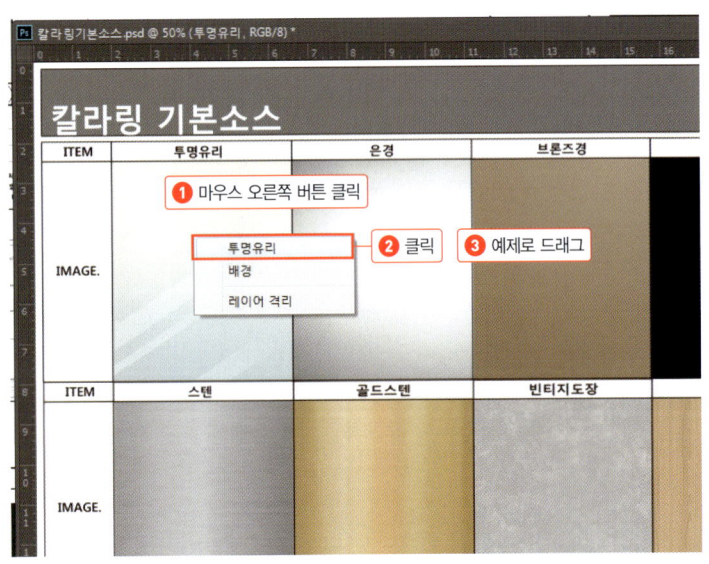

Chapter 05 키즈카페 입면도 칼라링 :: **331**

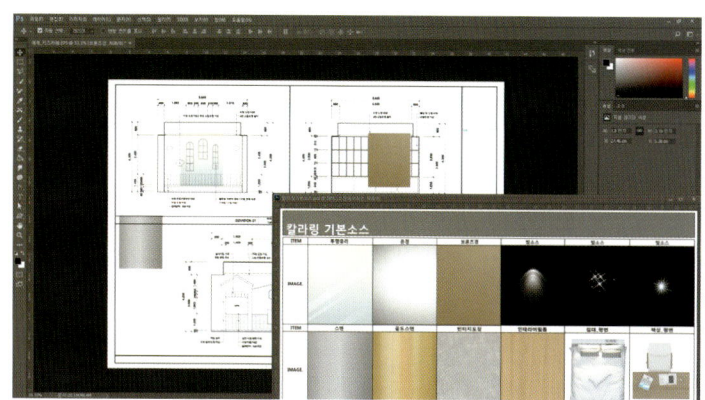

07 '도면' 레이어를 제일 위로 드래그해 줍니다. 돋보기 도구〈 〉 단축키 Z 를 누르고 배경을 클릭하면 화면이 확대됩니다.

08 ❶ 이동 도구〈 〉 단축키 V 를 누르고 투명유리 소스 위에서 ❷ 마우스 오른쪽 버튼을 클릭하여, ❸ '투명유리' 레이어를 선택합니다.

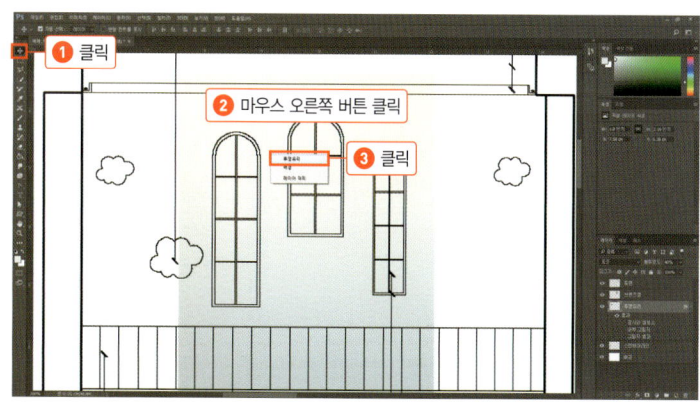

09 투명유리 레이어 크기를 조절해보겠습니다. 자유 변형 단축키 Ctrl + T 를 누르고 조절점을 이동하여 맵소스의 크기를 다음과 같이 조절하여 준 후 Enter↵ 를 눌러 명령을 해제합니다.

10 창문의 형태가 사각형이 아니라, 다음과 같이 라운드나 구름 형태일 경우는 예쁘게 형태를 따기가 힘듭니다. 이럴땐 ❶ '도면' 레이어를 선택하고 ❷ 도구 바의 자동선택 도구〈 〉를 누른 후 ❸ '유리' 레이어쪽을 클릭합니다. 라운드 창문 외부쪽이 선택되었습니다.

11 창문 내부는 투명유리 맵소스를 남겨두고 외부쪽만 지워야합니다. ❶ 레이어를 '투명유리'를 선택하고 ❷ Delete 버튼을 눌러주면 창문 외부의 투명유리 소스가 삭제되었습니다. 단축키 Ctrl+D를 눌러 선택을 해제합니다.

12 창문틀을 칼라링해 보도록 하겠습니다. ❶ '도면' 레이어를 선택하고 ❷ 자동선택 도구〈 〉를 누른 후 ❸ 창문틀 안쪽면을 Shift 버튼을 누르면서 하나하나 클릭합니다.

> **알아두기**
>
> 면이 작아서 선택하기가 힘이 든다면, 돋보기 도구〈 〉 단축키 Z를 눌러 화면을 확대해서 작업합니다. 엉뚱한 곳이 선택되었다면 되돌리기 단축키 Ctrl+Z를 눌러줍니다.

13 여기까지 진행되었는데, EPS로 변환되는 과정에서 선과 선이 붙어서 표현되는 경우가 있습니다. ❶ 사각 선택 도구⟨ ⟩ 단축키 M을 누르고 ❷ 다음과 같이 드래그하여 창문틀을 선택합니다.

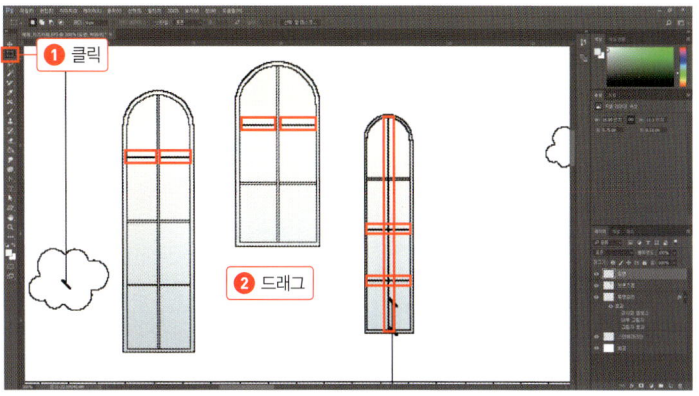

14 ❶ 창문틀 선택이 다 되었으면 레이어 창의 레이어 복사⟨ ⟩ 버튼을 눌러 새로운 레이어를 만들어줍니다. ❷ 레이어 이름을 '창문틀'로 바꿔주고 드래그 하여 도면 레이어 아래에 위치할 수 있도록 합니다.

15 창문틀을 흰색으로 만들겁니다. 단축키 X를 누르거나 ⟨ ⟩을 눌러서 배경색인 흰색이 전경색으로 바뀔 수 있도록 합니다.

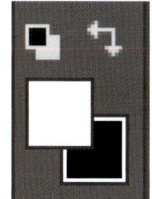

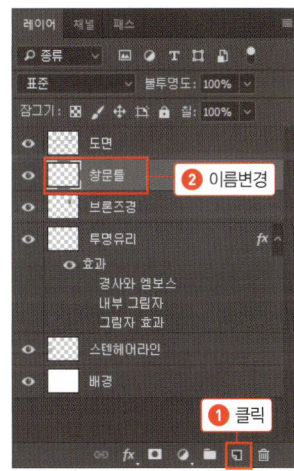

16 ❶ 페인트통 도구⟨ ⟩ 단축키 G를 누르고 ❷ 창문틀을 클릭하면 창문틀 색상이 흰색으로 바뀌었습니다. 단축키 Ctrl+D를 눌러 선택을 해제합니다.

17 창문틀에 그림자 효과를 주도록 하겠습니다. ❶ '창문틀' 레이어를 두 번 클릭하면 나오는 레이어 스타일 창에서 ❷ 드롭섀도 버튼에 체크하고 ❸ 더블클릭합니다. ❹ 불투명도 35%, 각도 140, 거리 2px, 크기 4px 정도 설정하고 ❺ 확인 버튼을 누릅니다.
창문틀에 그림자 효과가 적용되었습니다.

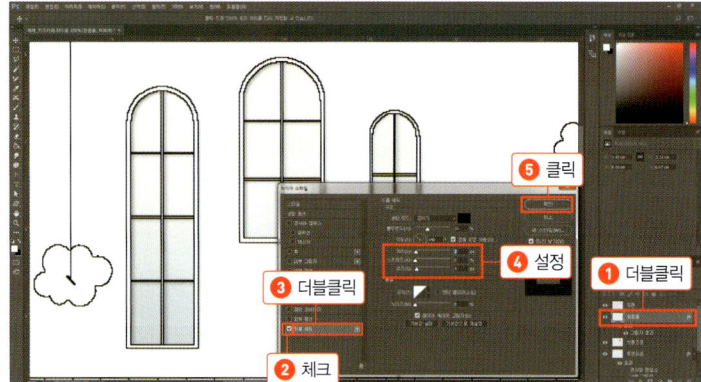

Lesson 03 브론즈경 표현하기

18 이번에는 처음에 불러왔던 브론즈경을 표현해보도록 하겠습니다. 마우스 오른쪽 버튼을 클릭하여 ❶ '브론즈경' 레이어를 선택합니다. ❷ 크기 조절 단축키 Ctrl+T를 누르고 조절점을 드래그 하여 다음과 같이 위치할 수 있게 크기를 조절해줍니다. Enter↵ 키를 눌러 선택을 해제합니다.

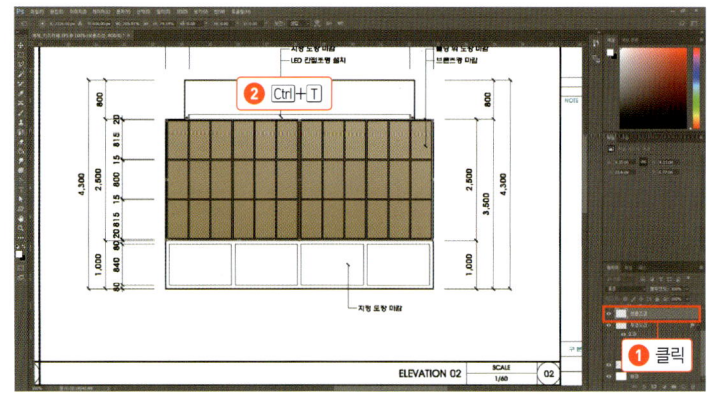

> **알아두기**
>
> 브론즈경 맵소스 같은 경우는 패턴이 없기 때문에 크기를 어느정도 늘려도 되지만, 벽지나, 인테리어 필름 같이 일정 패턴이 있는 맵소스일 경우에는 동일형태의 패턴을 복사해서 늘려가는 방법으로 작업해야 합니다.

19 창문틀을 흰색으로 만들겁니다. 도면으로 선을 선택하는 방법은 더 복잡해보이네요. 이럴땐 사각선택 도구를 이용해서 불필요한 부분을 삭제하는 방법으로 작업해보도록 하겠습니다.

❶ 레이어 창의 레이어복사 버튼을 눌러 새로운 레이어를 만들어줍니다. ❷ 레이어명을 '브론즈경 창문 틀'로 변경하고 브론즈경 위쪽으로 레이어가 위치할 수 있도록 드래그하여 위치시켜줍니다.

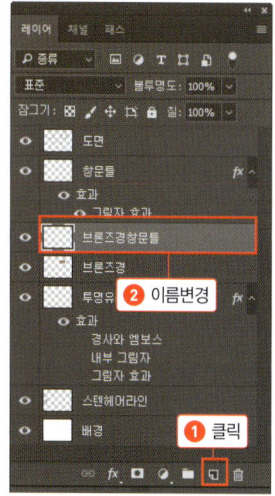

20 ❶ 사각선택 도구 단축키 M을 누르고 ❷ 다음과 같이 드래그하여 창문틀 영역을 지정해줍니다.
❸ 페인트통 도구 단축키 G를 누르고 ❹ 사각선택영역을 클릭해서 흰색을 부어줍니다. 단축키 Ctrl+D를 눌러 선택을 해제합니다.

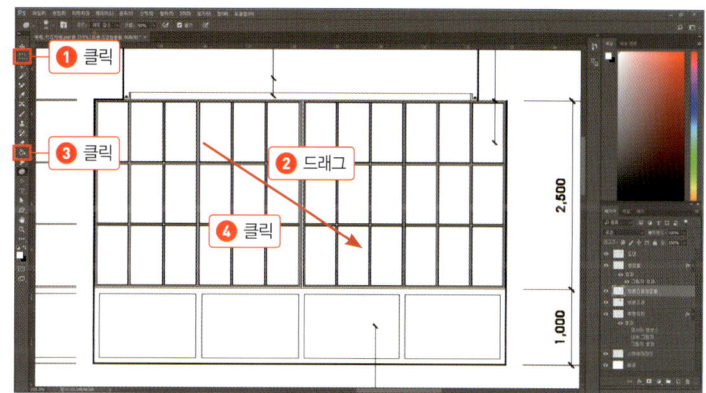

21 돋보기 도구를 이용하여 화면을 확대하고, ❶ 사각선택 도구 단축키 M을 눌러서 ❷ 다음과 같이 창문을 드래그한 후 ❸ Delete 버튼을 눌러 삭제해나갑니다. 선택하고 삭제하고를 반복해서 마무리합니다.

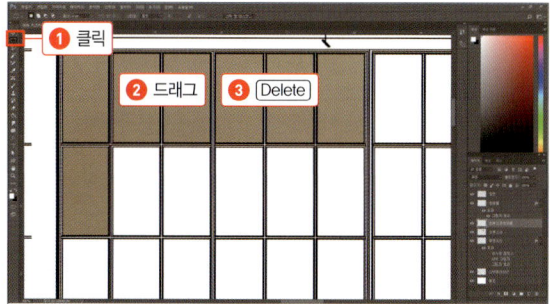
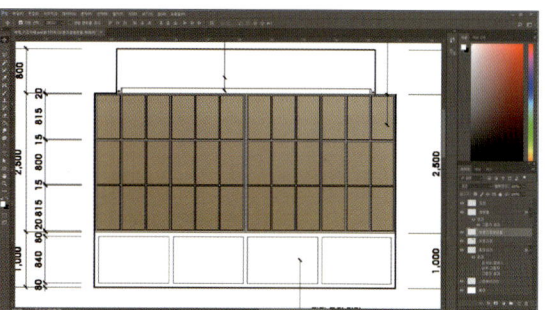

22 창문틀에 그림자 효과를 주도록 하겠습니다. ① '브론즈경창문틀' 레이어를 두 번 클릭하면 나오는 레이어 스타일 창에서 ② 드롭섀도 버튼을 체크한 후 ③ 더블클릭합니다. ④ 조금 전 적용했던 값이 이미 설정이 되어 있습니다. 불투명도 35%, 각도 140, 거리 2px, 크기 4px 인지 확인하고 ⑤ 확인 버튼을 누릅니다. 그림자 효과가 적용되었습니다.

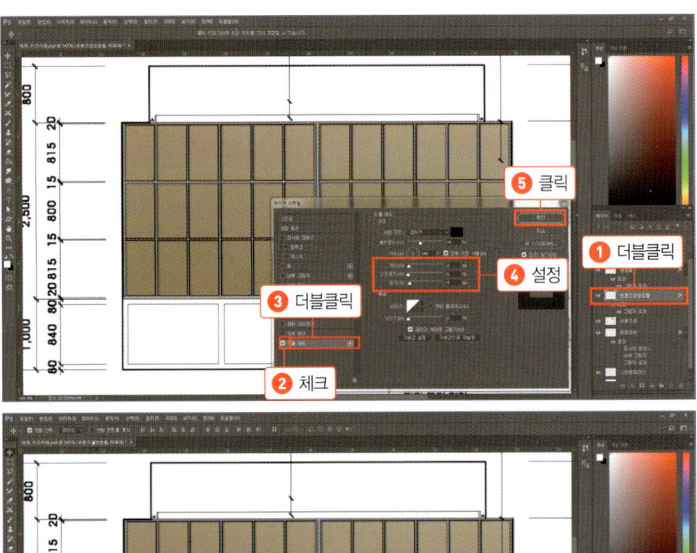

Lesson 04 걸레받이 표현하기

23 이번에는 기본소스에서 가져왔던 마지막 마감재, 헤어라인 걸레받이 위에서 ① 마우스 오른쪽 버튼을 눌러 ② '스텐헤어라인' 레이어를 선택합니다.

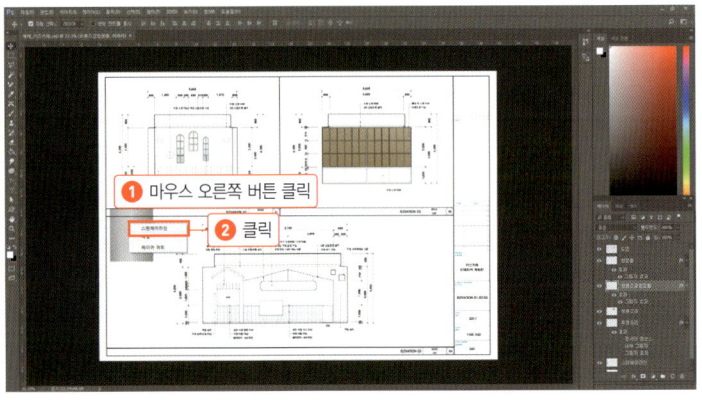

24 입면 가로 길이만큼 길게 늘려야 합니다. 돋보기 도구(🔍)를 이용하여 화면을 확대하고 단축키 Ctrl+T를 눌러 자유 변형 명령을 실행합니다.

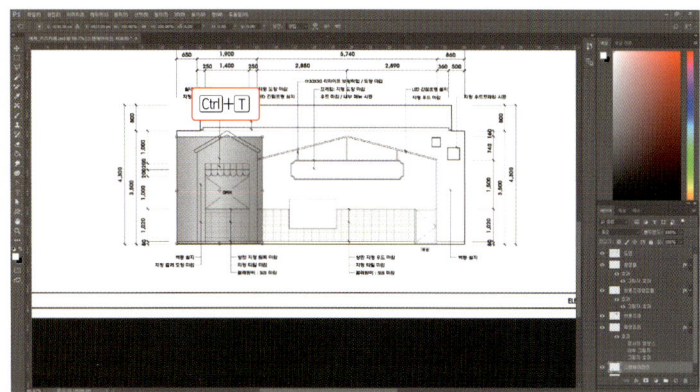

25 조절점을 잡고 입면 끝까지 늘려줍니다.

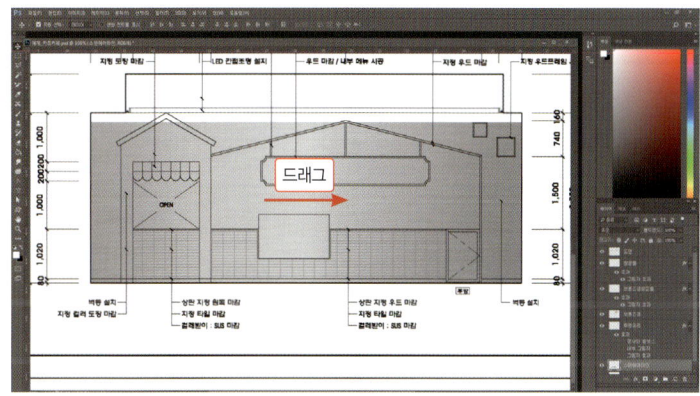

26 ❶ 사각선택 도구(▯) 단축키 M을 누르고 ❷ 다음과 같이 드래그 하여 삭제할 부분을 지정한 다음 ❸ Delete 버튼을 눌러 필요없는 부분을 지워줍니다.

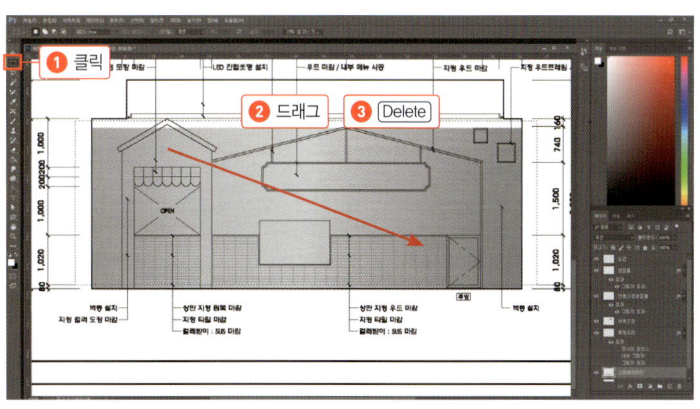

홀에서 주방입구로 들어가는 문에 걸레받이가 겹쳐서 표현이 되긴 하지만, 주방문 레이어를 걸레받이 보다 위에 위치시키면 잘 가려지기 때문에 굳이 지우지 않아도 됩니다.

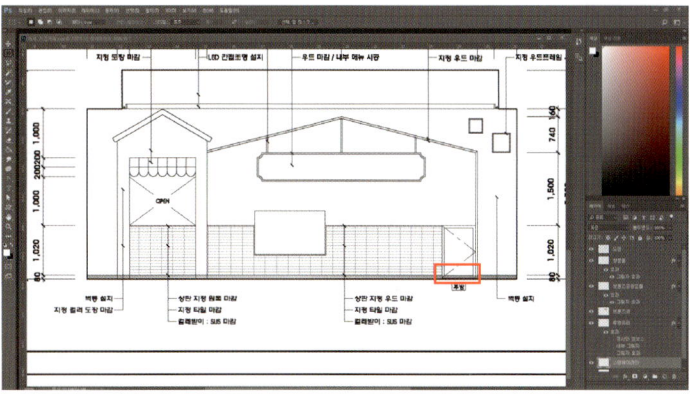

27 ELEVATION01 에도 걸레받이가 있네요. Alt +이동 도구( )를 누르고 스텐헤어라인 레이어를 잡고 다음과 같이 위쪽으로 드래그해줍니다.

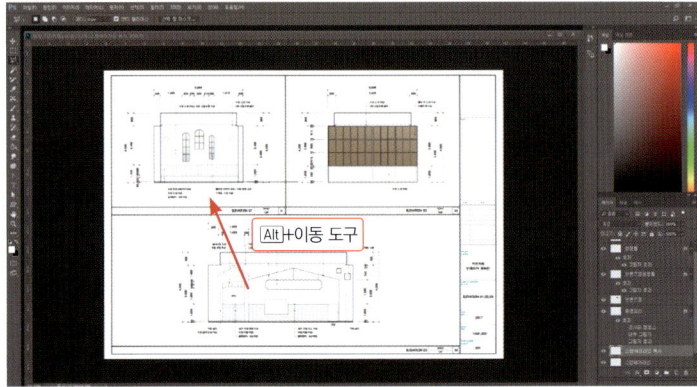

28 자유 변형 단축키 Ctrl + T 를 눌러 조절점을 조정하여 크기를 맞춰줍니다.

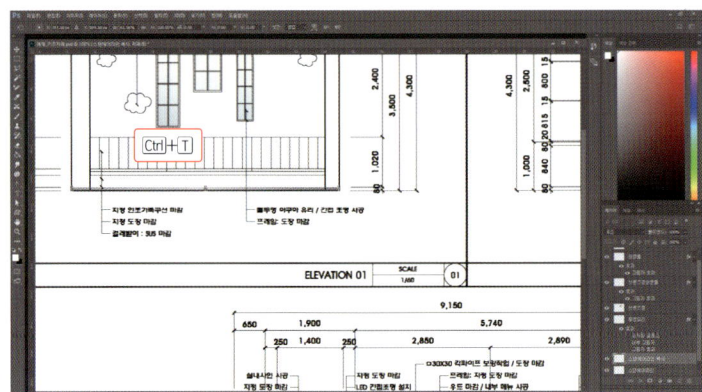

Lesson 05 도장 표현하기

29 ❶ 열기 단축키 Ctrl + O 를 누르고 도장컬러_빈티지.png 파일을 불러옵니다. 창을 다음과 같이 드래그하여 아래로 내린다음, ❷ 이동 도구( ) 단축키 V 를 누르고 ❸ 예제_키즈카페.PSD로 드래그해줍니다. 도장컬러_빈티지.png 파일은 X 버튼을 눌러 닫아주세요.

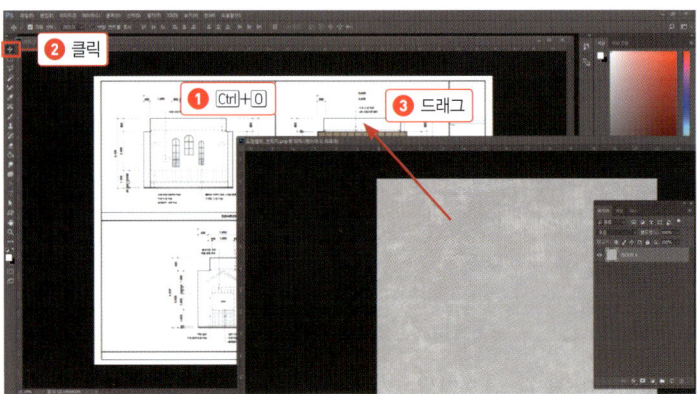

30 레이어 위치를 조정해야합니다. 레이어를 잡고 아래로 ❶ 드래그하여 '배경' 레이어 위로 위치시킨 다음 ❷ '빈티지도장'이라고 이름을 바꿔줍니다.

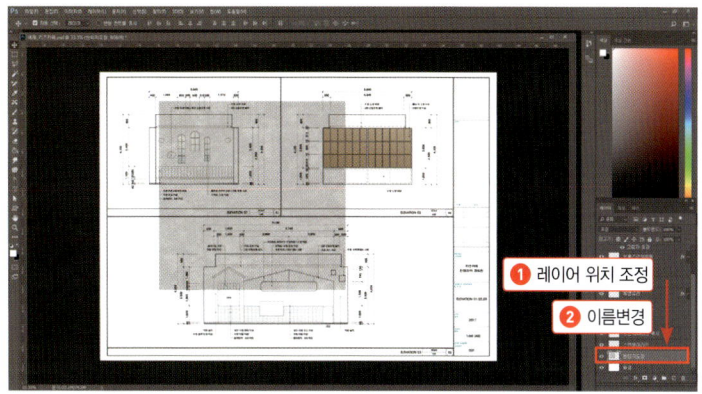

31 단천정을 기준으로 상부를 빈티지 도장을 하려 합니다. 맵소스의 크기가 너무 크니까, ❶ 단축키 Ctrl + T 를 누르고 ❷ Shift 버튼을 누르면서 모서리 조절점을 다음과 같이 드래그 합니다. 맵소스의 형태가 유지된 상태에서 크기를 줄일 수 있습니다.

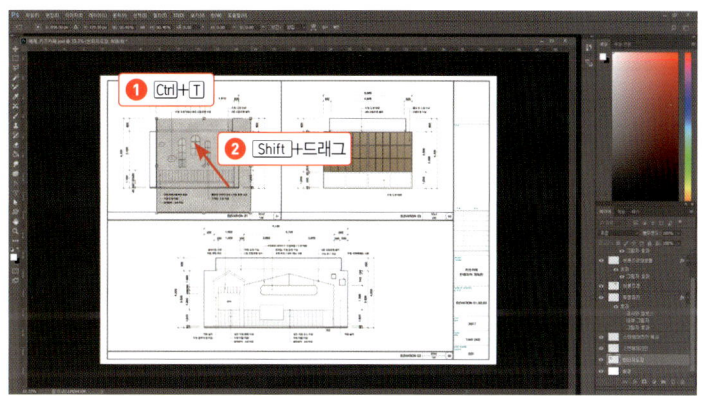

32 Enter 키를 눌러 명령을 종료하고, ❶ 사각선택 도구( ) 단축키 M 을 누르고 ❷ 다음과 같이 드래그합니다. 선택영역을 추가하여 선택할 때는 Shift 버튼을 누르면서 추가할 영역을 드래그해주면 됩니다. 삭제할 부분을 지정하고, ❸ Delete 버튼을 눌러 필요 없는 부분을 지워줍니다. 단축키 Ctrl + D 를 눌러 선택을 해제해줍니다.

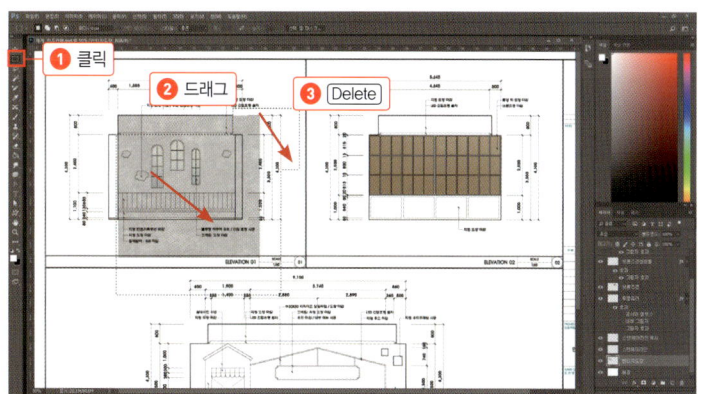

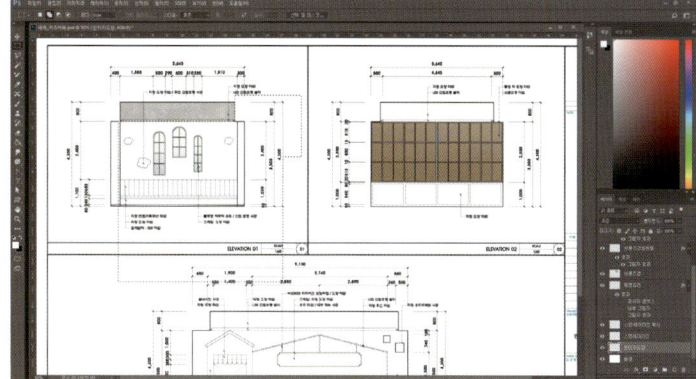

> **알아두기**
>
> 이동 도구가 선택된 상태에서 키보드의 방향키를 눌러줘도 위, 아래, 좌, 우 방향으로 위치를 이동할 수 있습니다. 선택영역을 추가하려면 [Shift] 버튼을 누르면서 드래그하고 선택영역을 뺄때는 [Alt] 버튼을 누르면서 드래그해줍니다. 커서가 ⊞, ⊟로 구분되어 보여집니다.

33 ❶ 레이어를 복사해서 다른 입면에도 표현해줍니다. [Alt]+이동 도구〈✥〉를 누르면서 ELEVATION 02 쪽으로 드래그해줍니다. ❷ 우측 아래 레이어 창을 보면 빈티지도장 레이어가 하나 더 만들어진 것을 알 수 있습니다.

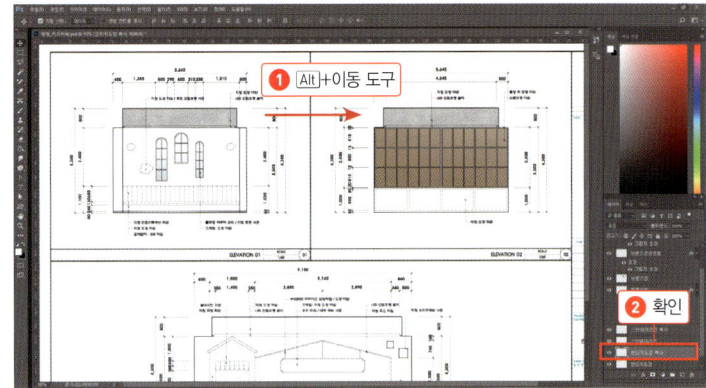

34 ELEVATION 03에도 빈티지도장 소스를 복사해야 합니다. 이번에는 ❶ 사각선택 도구〈▭〉 단축키[M]을 누르고 ❷ 다음과 같이 드래그합니다. 우측 아래 레이어 창을 보면 '빈티지도장 복사' 레이어가 그대로 적용된 것을 알 수 있습니다.

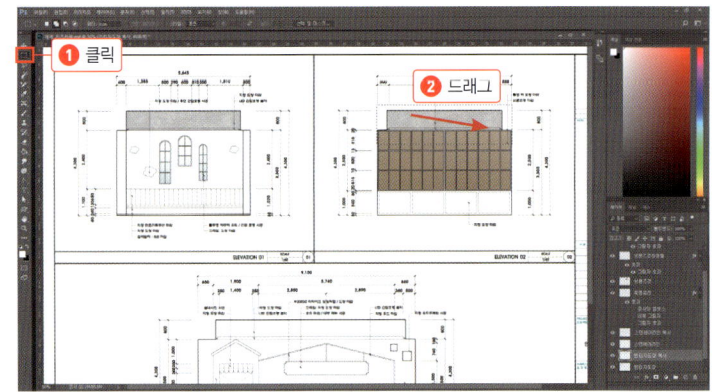

35 [Alt]+이동 도구〈✥〉를 눌러 남은 부분에 맵소스를 마저 복사해줍니다. 단축키[Ctrl]+[D]를 눌러 선택을 해제해줍니다. 레이어를 추가하지 않고 이미지가 복사되었습니다.

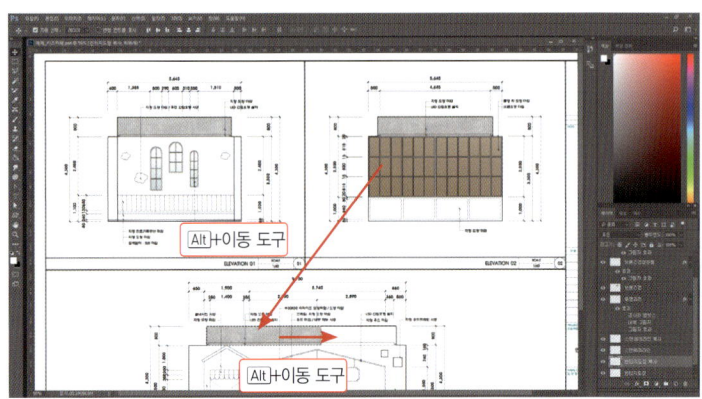

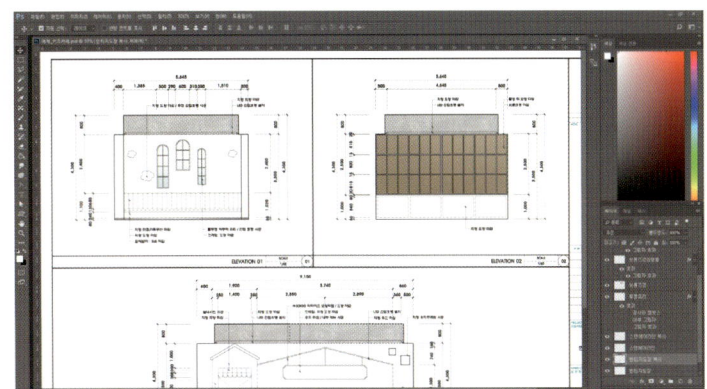

36 단천정을 기준으로 이번엔 하부를 빈티지 도장을 하려 합니다. ❶ 열기 단축키 Ctrl + O를 누르고 도장컬러_빈티지.png 파일을 불러옵니다. 창을 다음과 같이 드래그하여 아래로 내린다음, ❷ 이동 도구〈 ✥ 〉단축키 V를 누르고 ❸ 예제_키즈카페.PSD로 드래그해줍니다. 도장컬러_빈티지.png 파일은 닫아주세요. 레이어명을 더블클릭하여 이름을 '빈티지도장2'로 바꿔줍니다.

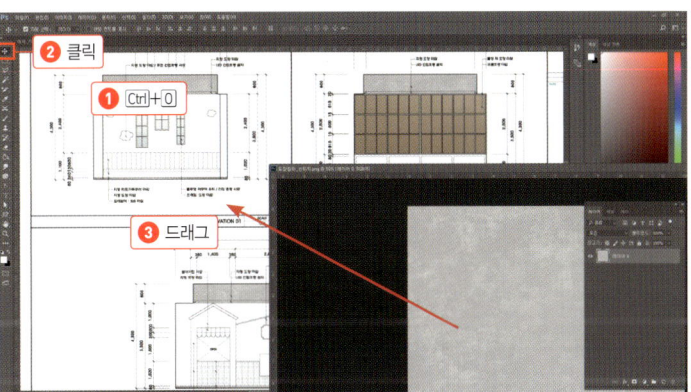

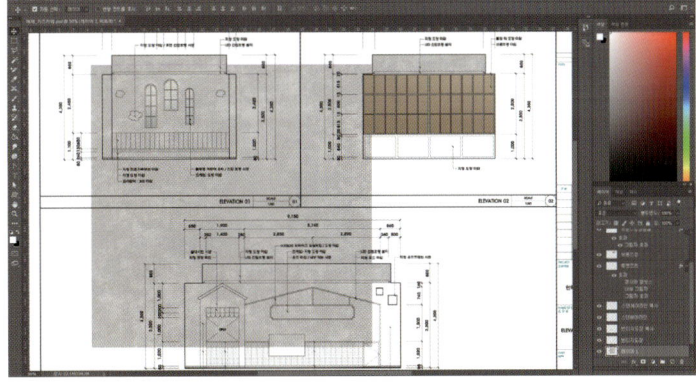

37 색상을 좀 밝게 만들어보도록 하겠습니다. ❶ 곡선 단축키 Ctrl + M을 누르고 곡선을 ❷ 위로 드래그한 후 ❸ 다음과 같이 (출력:223/ 입력 185) 설정해주고 ❹ 확인 버튼을 누릅니다.

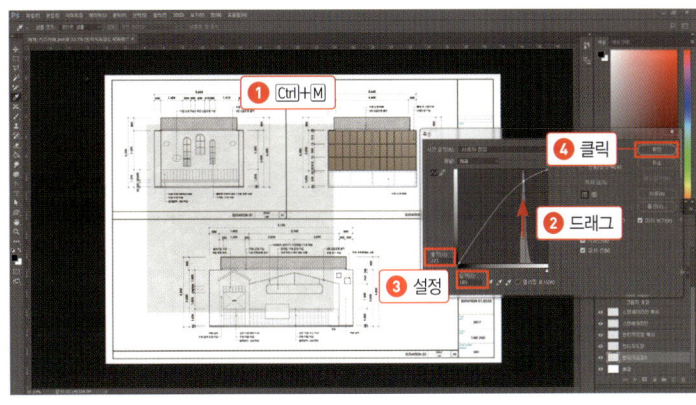

38 자유 변형 단축키 Ctrl+T를 누르고 조절점을 이동하여 다음과 같이 드래그해줍니다. Enter 키를 눌러 명령을 종료합니다.

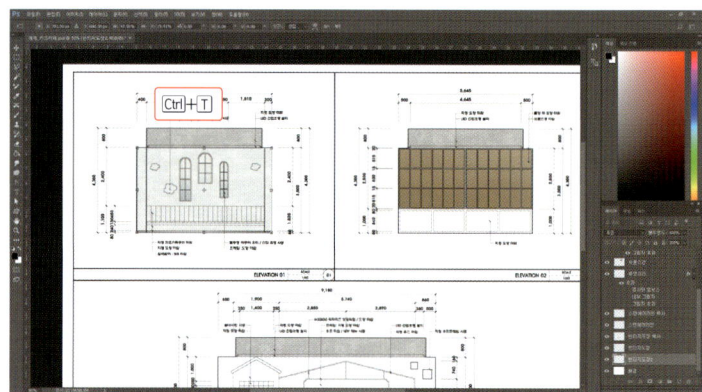

39 Alt+이동 도구〈 ✥ 〉를 누르면서 ELEVATION 03으로 드래그하여 맵 소스를 복사해줍니다. '빈티지도장2 복사' 레이어가 만들어졌습니다.

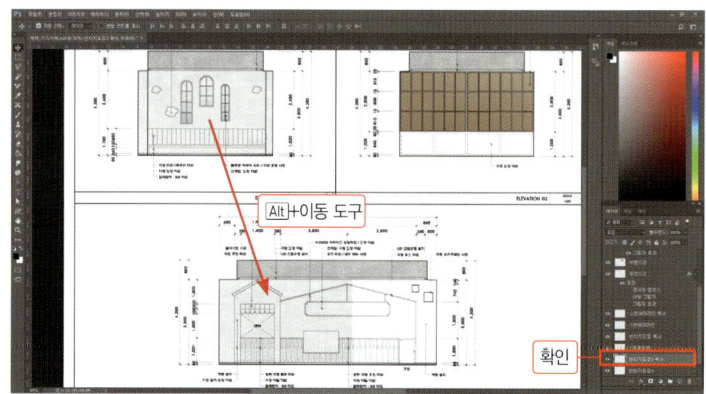

40 ❶ 사각선택 도구〈 ▭ 〉 단축키 M을 누르고 ❷ 다음과 같이 드래그합니다. ❸ 이동 도구〈 ✥ 〉 단축키 V를 누르고 Alt+이동 도구〈 ✥ 〉를 누르면서 오른쪽으로 드래그해줍니다. 레이어 복사없이 이미지가 복제되었습니다. 단축키 Ctrl+D를 눌러 선택을 해제해줍니다.

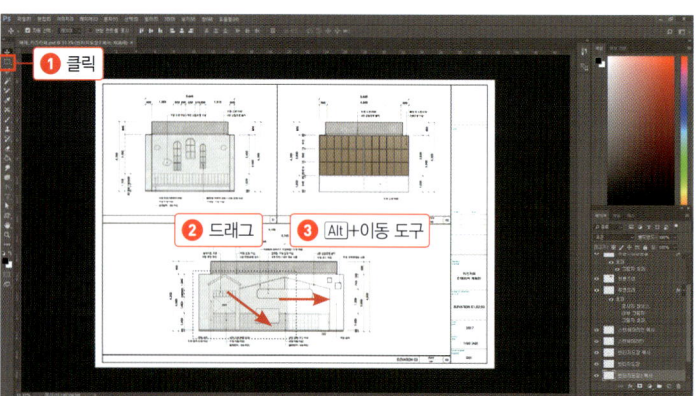

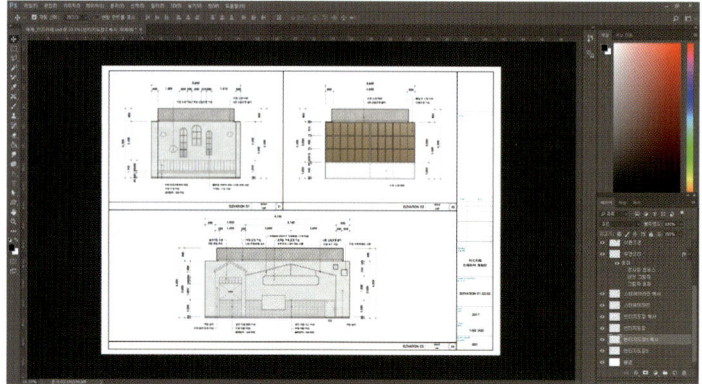

41 세부적으로 필요 없는 것은 삭제하고 입체감을 표현해보도록 하겠습니다. ELEVATION 01에서 ① 마우스 오른쪽 버튼을 클릭하여 ② '빈티지 도장2' 레이어를 선택합니다.

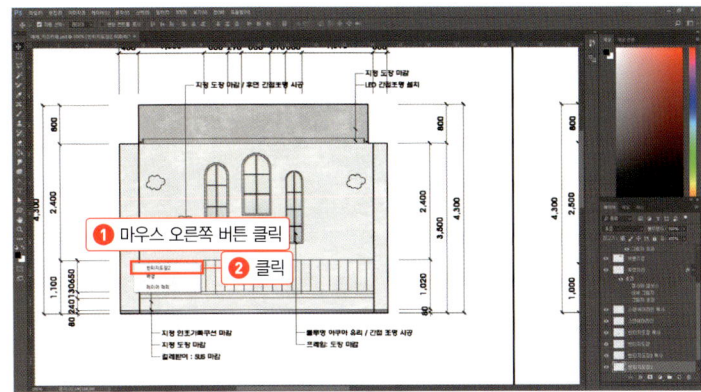

42 ① 사각선택 도구〈▢〉단축키 M을 누르고 ② 다음과 같이 드래그한 후 ③ 단축키 Ctrl+J를 눌러 레이어를 복사합니다. 레이어 창을 보면 ④ '레이어 1'이 추가된 것을 알 수 있습니다.

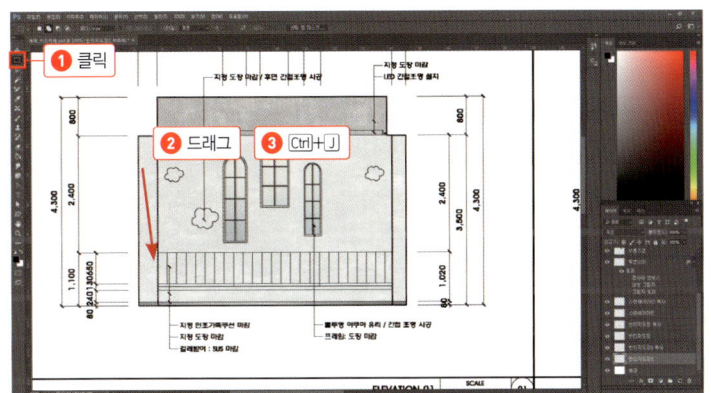
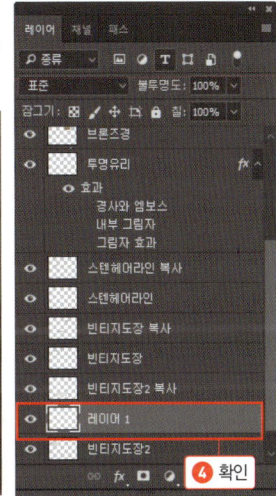

43 ① 레이어1의 이름을 '입면01기둥'으로 변경하고 ② 더블클릭하면 레이어 스타일 창이 열렸습니다. ③ 드롭섀도를 체크하고 ④ 더블클릭하여, ⑤ 다음과 같은 값을 설정해준 후 ⑥ 확인 버튼을 누릅니다. 기둥에 그림자 효과가 적용되었습니다.

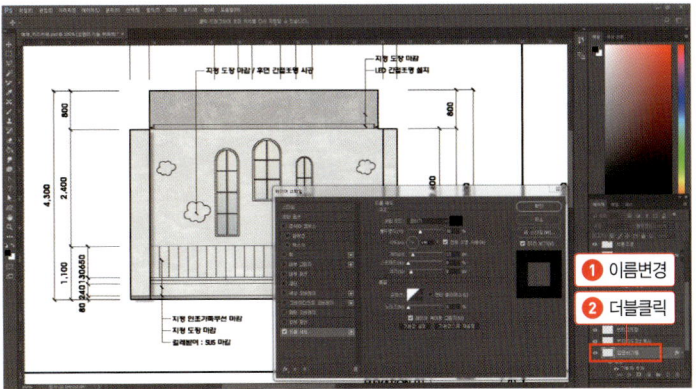
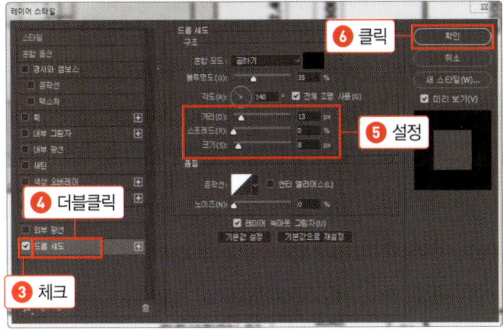

44 ❶ Alt +이동 도구〈 ✥ 〉를 누르면서 오른쪽으로 드래그하여 복사해주고, ❷ 자유 변형 단축키 Ctrl + T 를 누르고 조절점을 이동하여 다음과 같이 기둥에 맞게 크기를 조절해줍니다. 단축키 Ctrl + D 를 눌러 선택을 해제합니다.

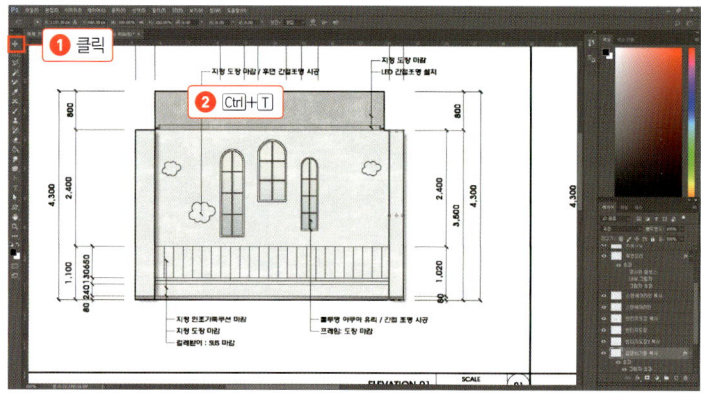

45 그림자 방향이 같아서 도면 밖으로 그림자가 표현되니까 입체감이 좀 덜해보이네요. 이 기둥은 입체감을 좀 더 낼 수 있게 표현해야 겠습니다. ❶ '입면01기둥 복사' 레이어를 더블클릭하여 레이어 스타일 창을 열어줍니다. ❷ 드롭섀도를 더블클릭하고 전체 조명 사용 항목의 ❸ 체크를 해제한 후 ❹ 각도를 '30도'로 수정하고 ❺ 확인 버튼을 누릅니다. 그림자 효과가 표현되었습니다.

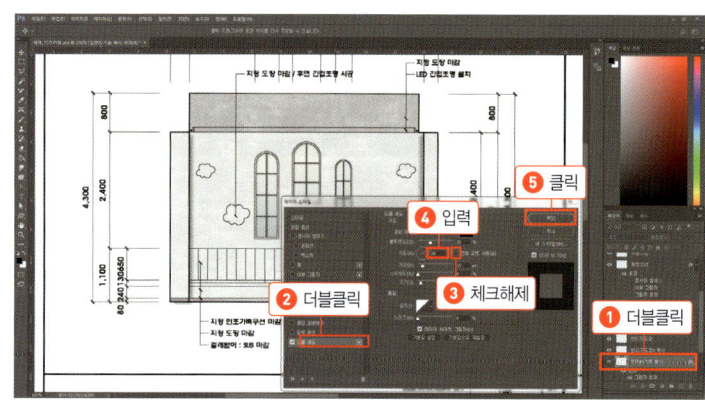

알아두기

전체 조명사용 체크를 해제하지 않고 각도를 조절하면 앞서서 표현된 효과들의 각도가 수정한 각도로 일괄 변경됩니다.

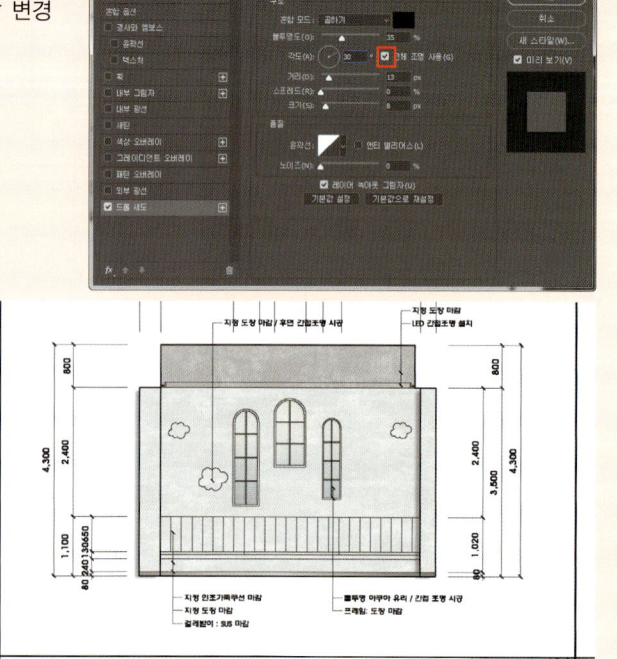

▶ 조명사용체크 해제 전

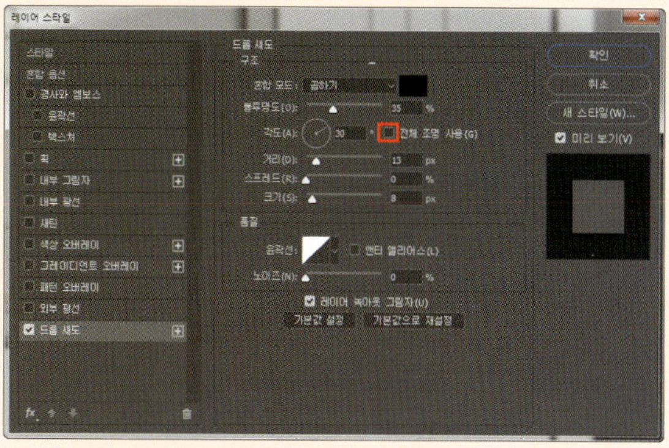

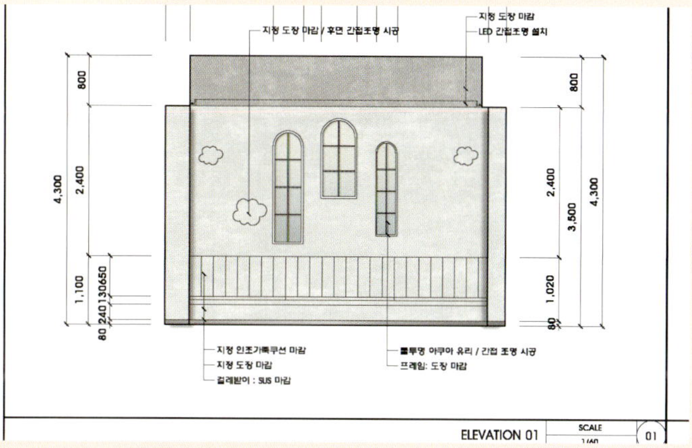

▶ 조명사용체크 해제 후

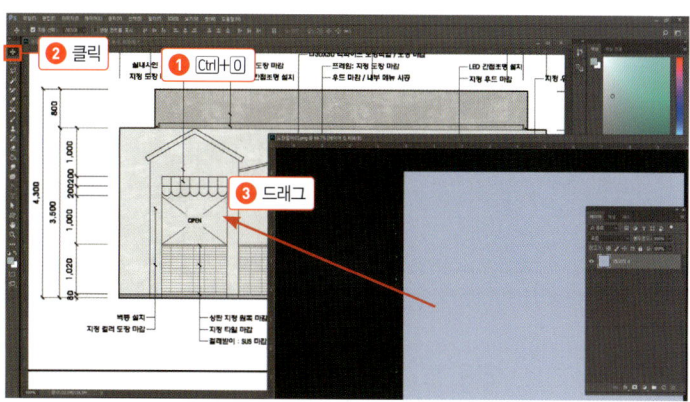

46 ELEVATION 03의 집 모양을 마감해보도록 하겠습니다. ❶ 열기 단축키 Ctrl + O 를 누르고 도장컬러_빈티지.png 파일을 불러옵니다. 창을 다음과 같이 드래그하여 아래로 내린 다음, ❷ 이동 도구〈✥〉단축키 V 를 누르고 ❸ 예제_키즈카페.PSD로 드래그해줍니다. 도장컬러_빈티지.png 파일은 X 버튼을 눌러 닫아주세요.

47 이미지가 너무 크네요. 자유 변형 단축키 Ctrl+T를 누르고 조절점을 이동하여 다음과 같이 드래그해줍니다. Enter 키를 눌러 명령을 종료합니다.

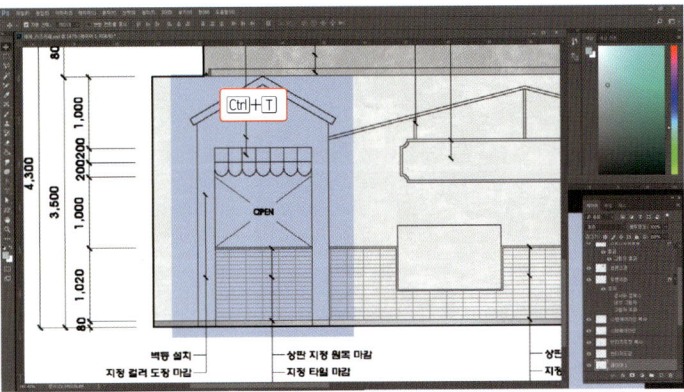

48 ❶ 다각형 올가미 도구〈 〉 단축키 L을 누르고 ❷ 클릭하여 다음과 같이 집 형태를 선택해줍니다. ❸ 단축키 Shift+Ctrl+I를 눌러 선택한 이미지의 외부면을 선택할 수 있도록 선택을 반전시키고 ❹ Delete 버튼을 눌러 배경을 삭제해줍니다. 단축키 Ctrl+D를 눌러 선택을 해제합니다.

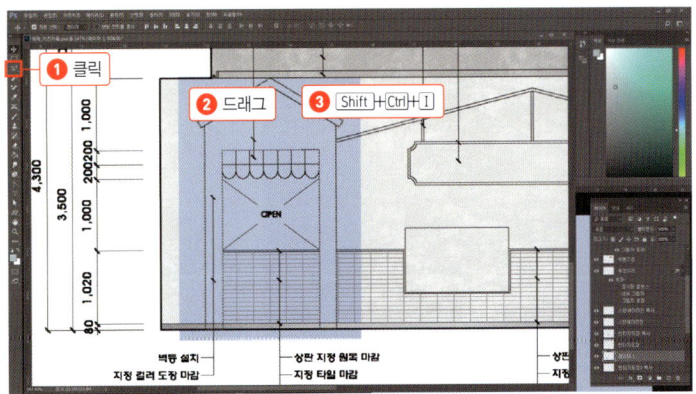

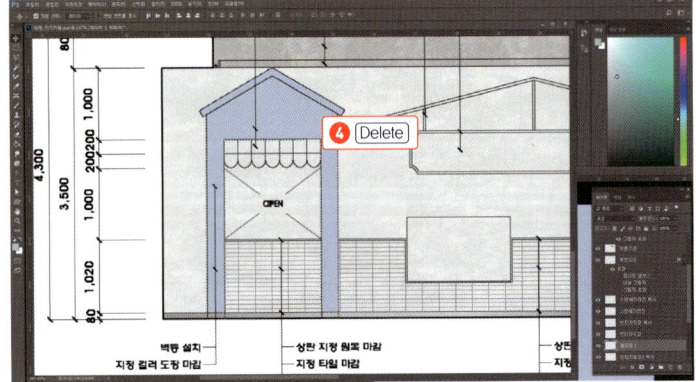

49 레이어1의 이름을 '집'으로 변경하고 ❶ 더블클릭하여 레이어 스타일 창을 열어줍니다. 드롭섀도에 체크하고 ❷ 더블클릭하여, ❸ 다음과 같이 값을 설정해준 후 ❹ 확인 버튼을 누릅니다. 집에 그림자 효과가 생겼습니다.

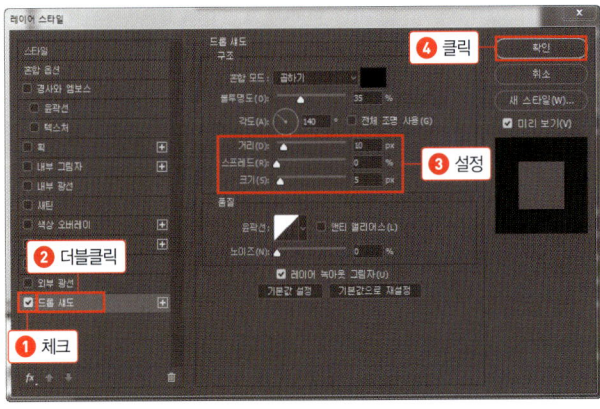

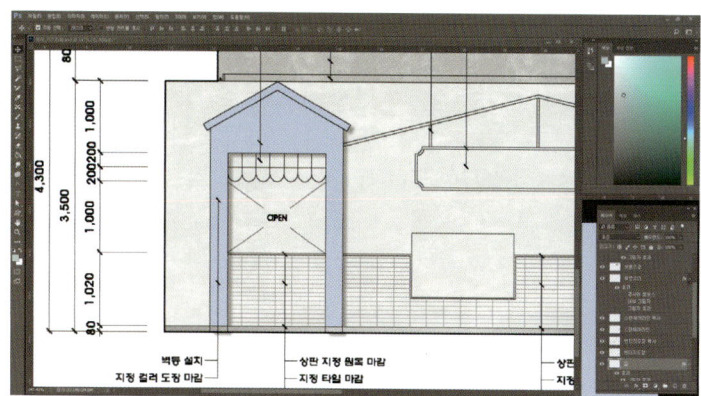

50 ELEVATION 02 파티션 하부를 도장으로 마감해보도록 하겠습니다. ❶ 열기 단축키 Ctrl+O를 눌러 '도장컬러03'을 불러옵니다. 창을 다음과 같이 드래그하여 아래로 내린다음, ❷ 이동 도구( ) 단축키 V를 누르고 ❸ 예제_키즈카페.PSD로 드래그해줍니다. 도장컬러03.png 파일은 X 버튼을 눌러 닫아주세요.

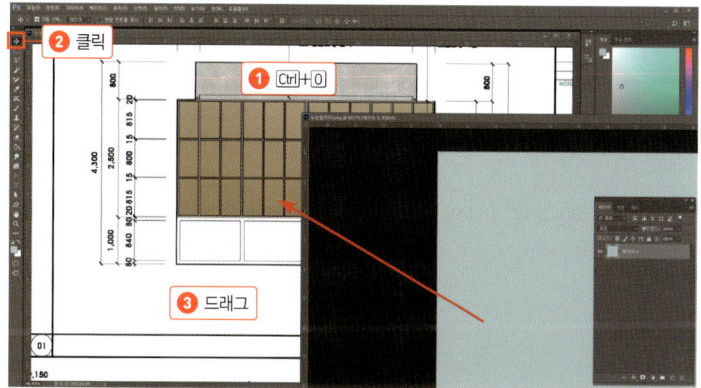

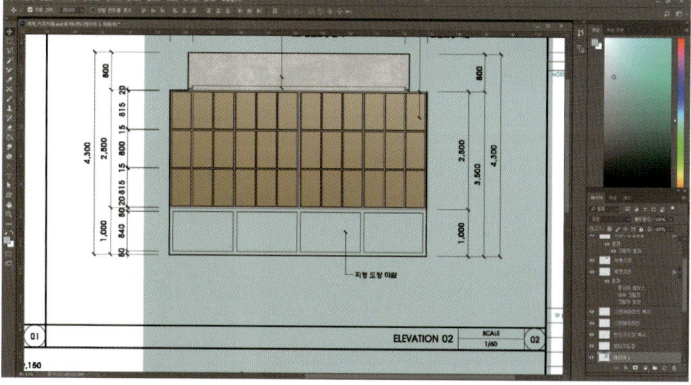

51 레이어명을 '파티션'으로 변경하고, 자유 변형 단축키 Ctrl+T를 눌러 파티션 형태에 맞춰 조절해준 후 Enter 버튼을 눌러 명령을 해제합니다.

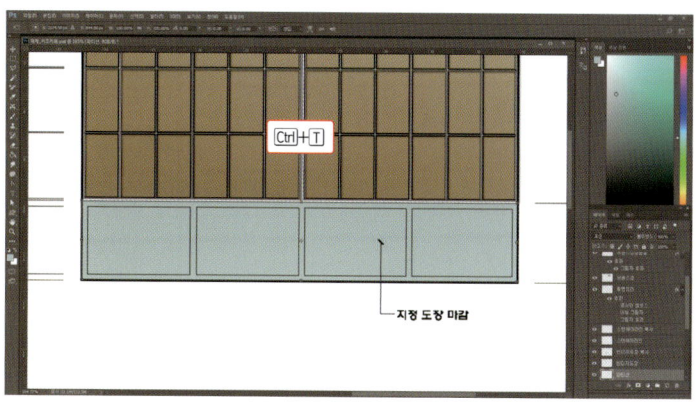

52 안쪽은 좀 들어가 보이게 표현해보도록 하겠습니다. ❶ 사각선택 도구 ⬚ 단축키 M을 누르고 ❷ 다음과 같이 드래그한 후 ❸ 단축키 Ctrl + J를 눌러 레이어를 복사합니다.

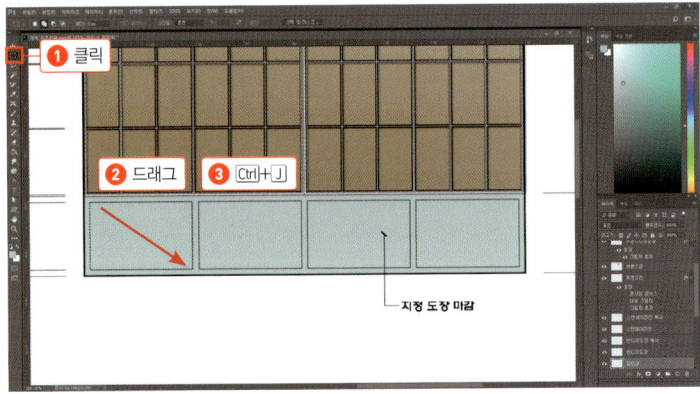

53 ❶ 레이어명을 '파티션음각'으로 수정하고 ❷ 레이어를 더블클릭하여 레이어 스타일 창을 열어줍니다. ❸ 내부 그림자에 체크하고 ❹ 더블클릭하여 ❺ 다음과 같이 값을 설정해주고 ❻ 확인 버튼을 누릅니다. 내부 그림자 효과가 적용되었습니다.

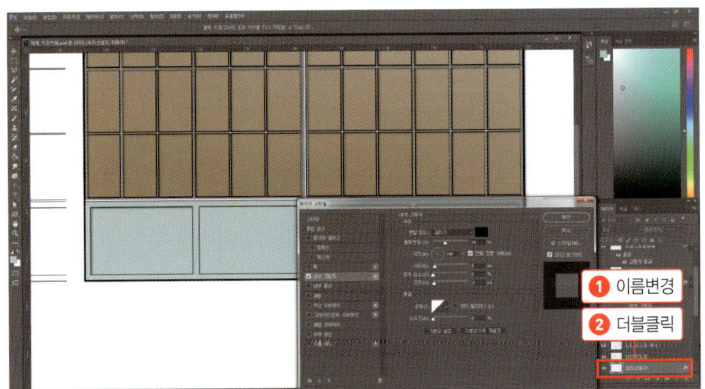

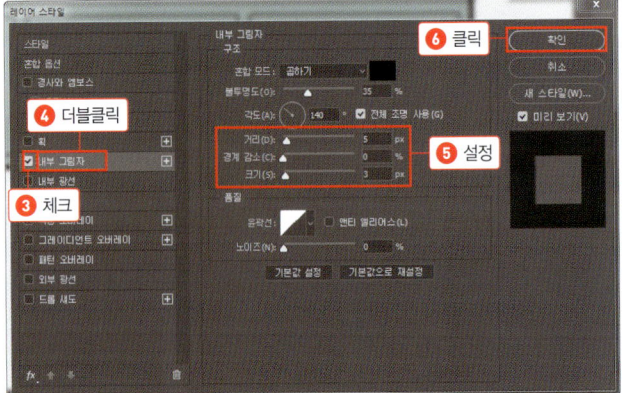

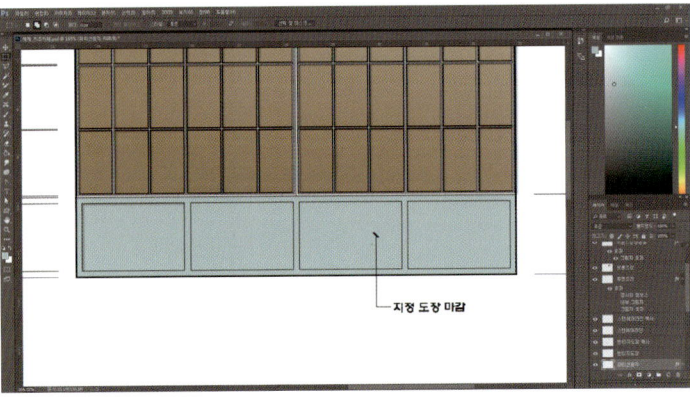

54 Alt +이동 도구 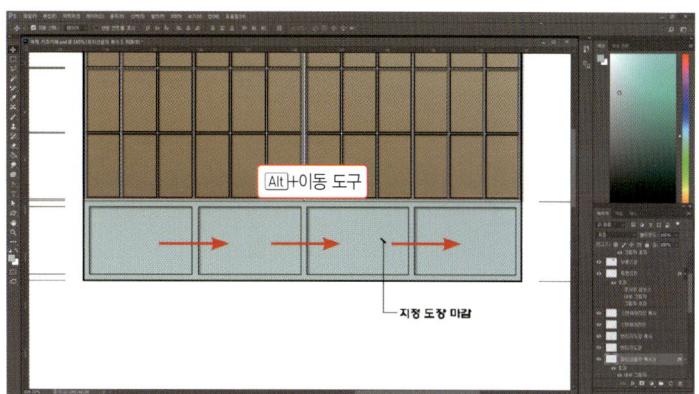를 누르면서 오른쪽으로 드래그하여 복사해줍니다.

55 이번엔 어닝을 표현해보도록 하겠습니다. ① '도면' 레이어를 선택하고 ② 자동선택 도구 단축키 W를 눌러 ③ 다음과 같이 영역을 선택해 줍니다.

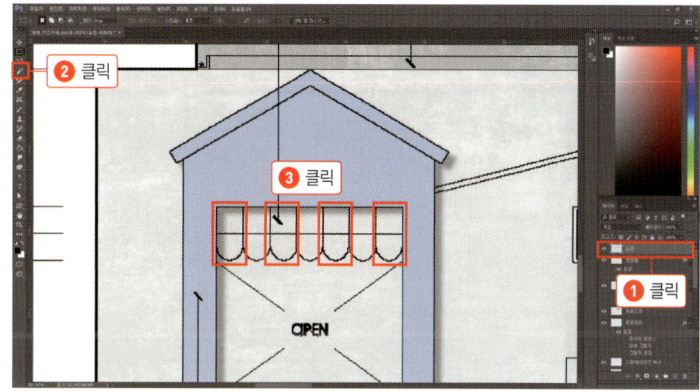

56 도면까지 포함을 시켜야 그림자 효과가 잘 들어가므로 ① 사각선택 도구 단축키 M을 누르고 ② Shift 버튼을 누르면서 다음과 같이 도면도 선택영역에 포함시켜 줍니다.

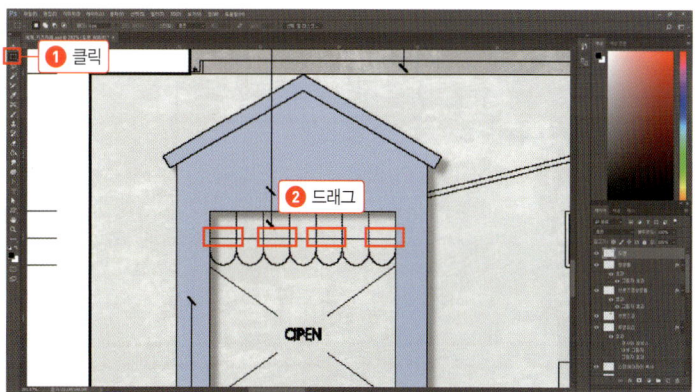

57 전경색을 클릭하고 색상 라이브러리를 눌러 다음 색상을 선택한 후 확인 버튼을 누릅니다.

 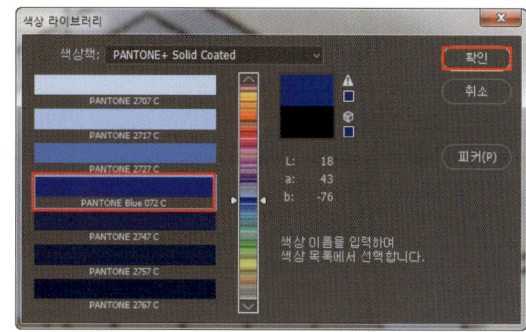

58 ① 레이어를 하나 만들고 ② 레이어 명을 '어닝01'로 바꿔준 후 도면 아래에 위치시킵니다. ③ 페인트통 도구( )를 누르고 ④ 선택영역에 클릭해주면 색상이 채워졌습니다.

59 앞의 과정을 반복해주고, ① 전경색의 화살표( )를 눌러 전경색과 배경색을 바꿔줍니다. ② 페인트통 도구( )를 누르고 ③ 선택영역에 클릭해주면 색상이 채워졌습니다. 단축키 Ctrl+D를 눌러 선택을 해제해줍니다.

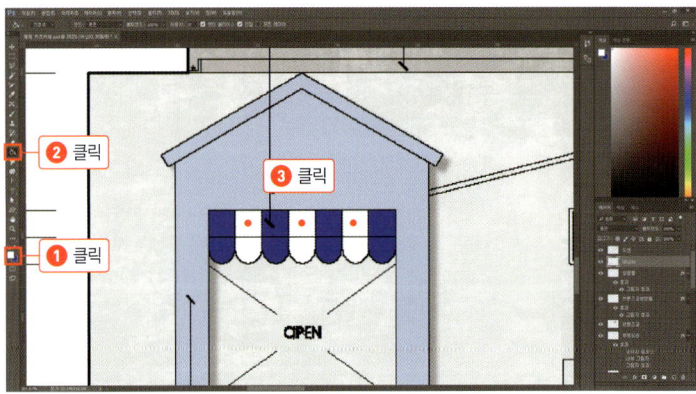

60 그림자 효과를 넣어보도록 하겠습니다. ① '어닝01' 레이어를 더블클릭하여 레이어 스타일 창을 열어줍니다. ② 드롭섀도를 체크하고 ③ 더블클릭하여 ④ 다음과 같이 값을 지정한 후 ⑤ 확인 버튼을 누릅니다.

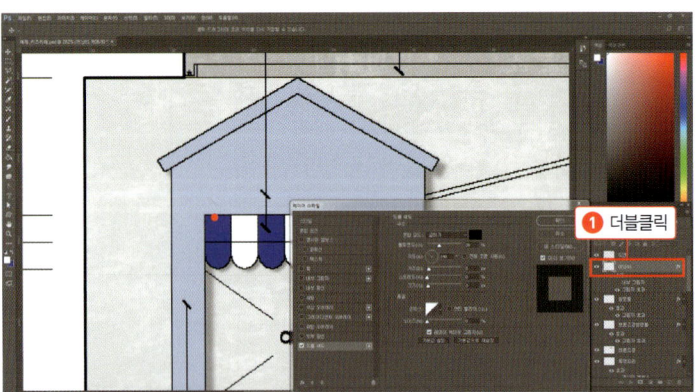

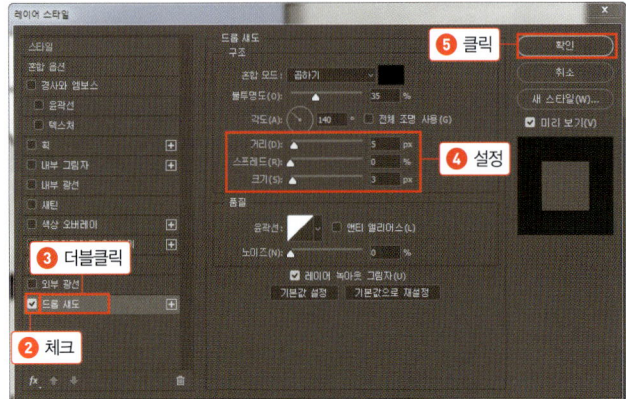

그림자 효과가 적용되었습니다.

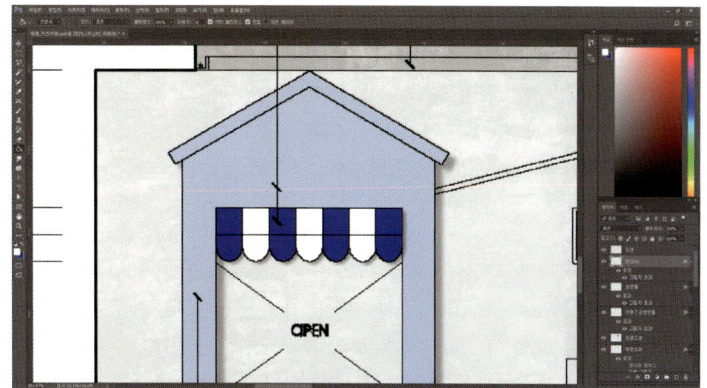

61 '어닝01' 레이어를 아래로 드래그해서 집 레이어 아래쪽에 위치하게 합니다.

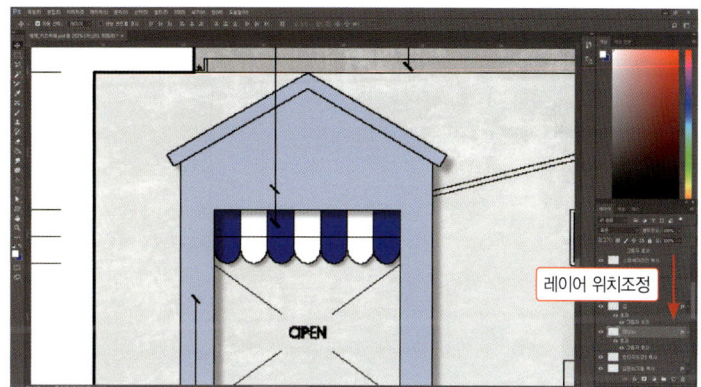

62 단천정을 도장으로 마감해보겠습니다. ❶ 레이어를 하나 만들고 ❷ 사각선택 도구⟨ ⟩ 단축키 M을 누른 후 ❸ 다음과 같이 드래그합니다.

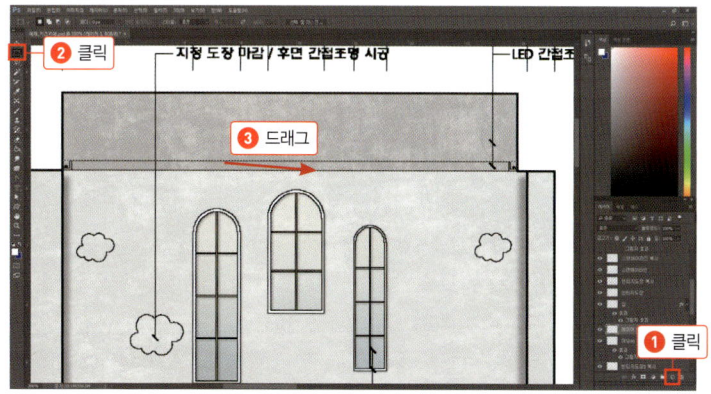

63 ❶ 페인트통 도구⟨ ⟩를 누르고 ❷ 전경색이 흰색인지 확인하고 ❸ 단천정 쪽을 클릭해줍니다. 클릭했는데 색상이 표현이 안되었다면 레이어 위치를 위쪽으로 드래그하여 도면 아래로 이동시켜줍니다.

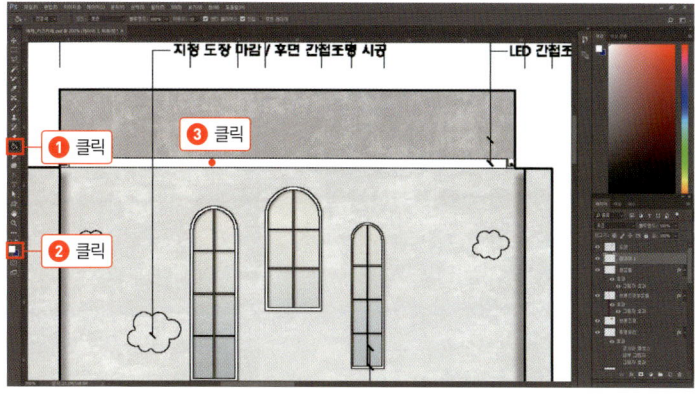

64 ❶ 레이어명을 '단천정'으로 바꾸고, 단축키 Ctrl+D를 눌러 선택을 해제해줍니다. ❷ 사각선택 도구( )로 ❸ 형태에 맞게 선택해주고 ❹ Delete 버튼을 눌러 삭제해줍니다.

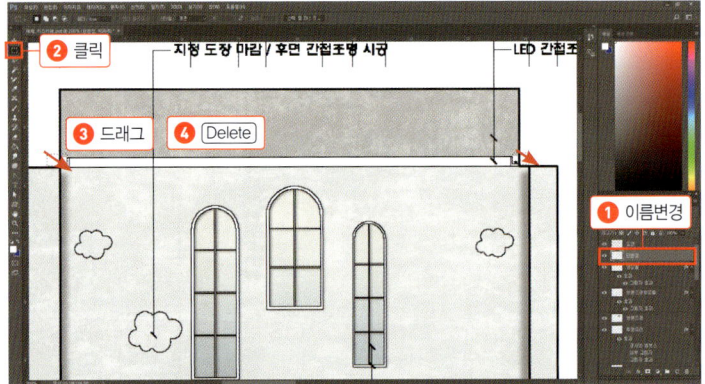

65 단천정을 ❶ 더블클릭하여 레이어 스타일 창을 열어줍니다. ❷ 드롭섀도를 체크하고 ❸ 더블클릭하여 ❹ 다음과 같이 값을 지정한 후 ❺ 확인 버튼을 누릅니다.

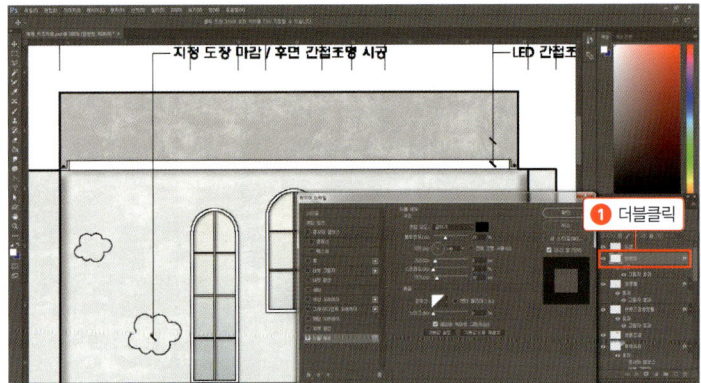

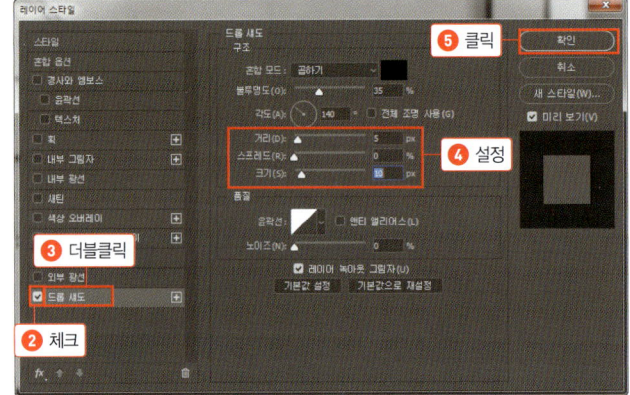

66 ELEVATION 02입면에도 ❶ Alt+이동 도구( )를 누르면서 드래그하여 위치시켜 줍니다. ELEVATION 03도 복사해주려니 길이가 좀 짧네요. 이럴 땐 ❷ 사각선택 도구( ) 단축키 M을 눌러 ❸ 다음과 같이 영역을 선택하고 ❹ Alt+이동 도구( )를 누르면서 끝쪽으로 복사해서 이동시켜 줍니다.

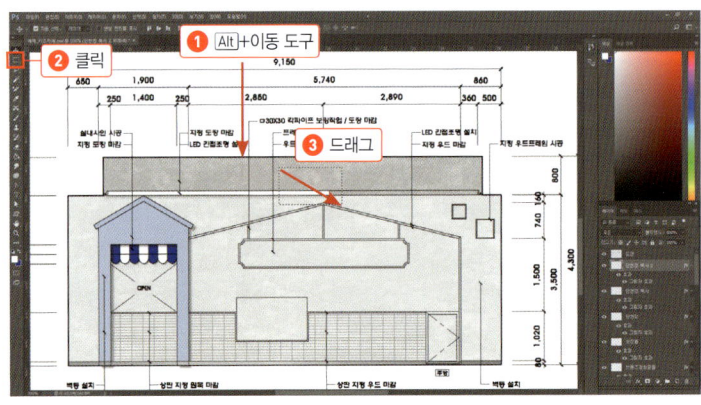

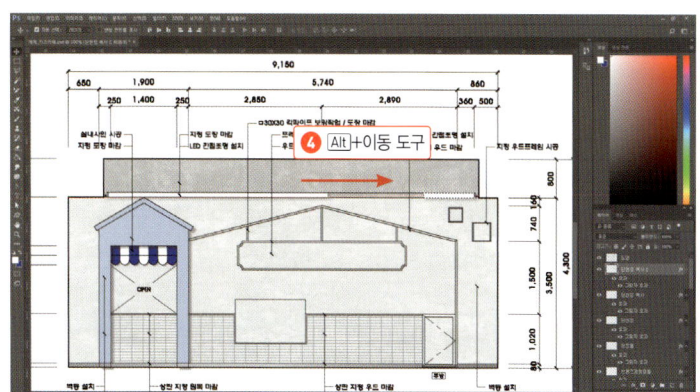

67 ❶❷❸ 같은 방법으로 중앙을 이어주면 하나의 레이어로 길이를 늘려 줄 수 있습니다. 단축키 Ctrl+D를 눌러 선택을 해제해줍니다.

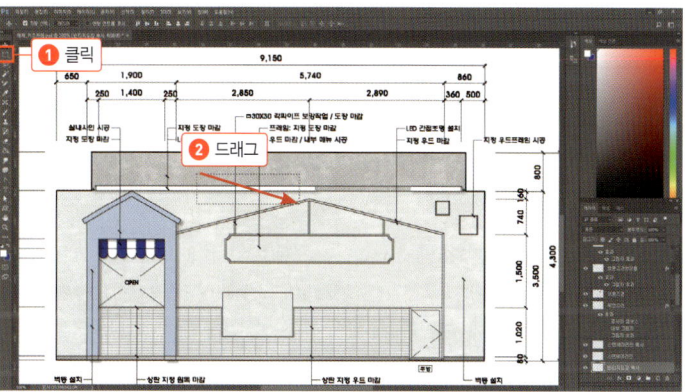

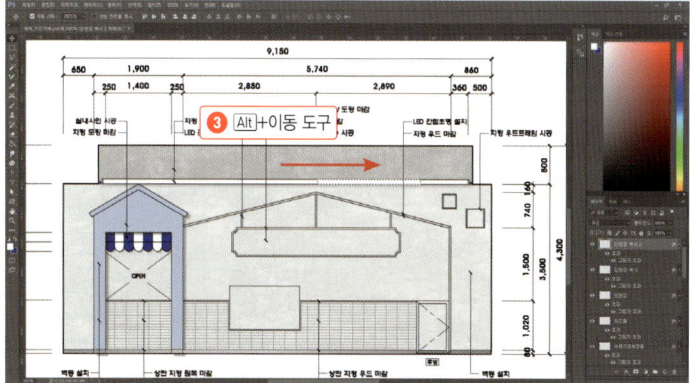

68 붙박이의자 하부를 도장으로 마감해보도록 하겠습니다. ❶ 레이어를 하나 만들고 ❷ 사각선택 도구〈▢〉 단축키 M을 누른 후 ❸ 다음과 같이 드래그합니다.

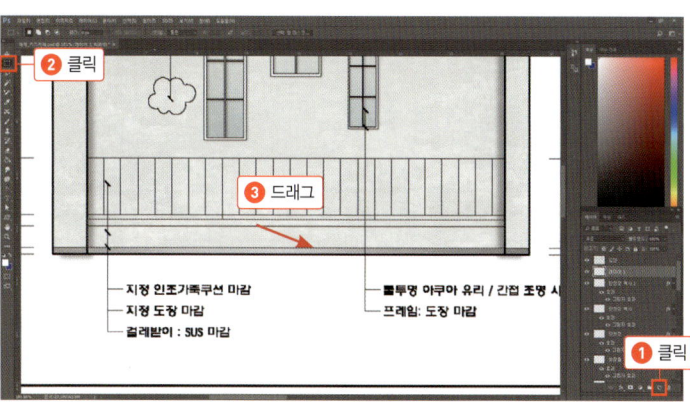

69 ❶ 레이어명을 '붙박이하부'로 변경하고 ❷ 페인트통 도구(🪣)를 누르고 ❸ 전경색이 흰색인지 확인한 후 ❹ 붙박이의자쪽을 클릭해줍니다. 단축키 Ctrl+D를 눌러 선택을 해제해줍니다.

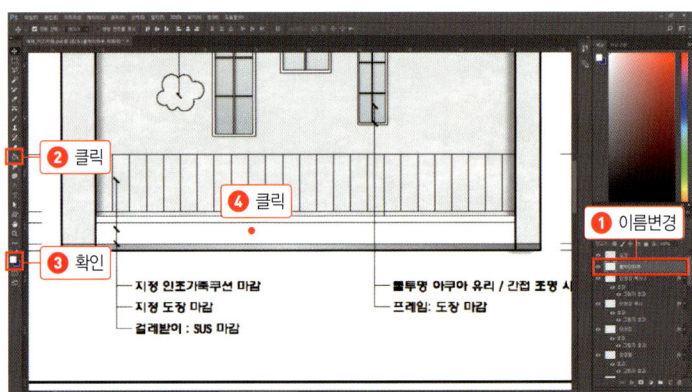

70 입체감을 표현해보도록 하겠습니다. ❶ 사각선택 도구(▫) 단축키 M을 누른 후 다음과 같이 드래그하고, ❷ ❸ 단축키 Ctrl+J를 눌러 레이어를 복사합니다. 레이어명을 '붙박이의자하부2'로 변경합니다.

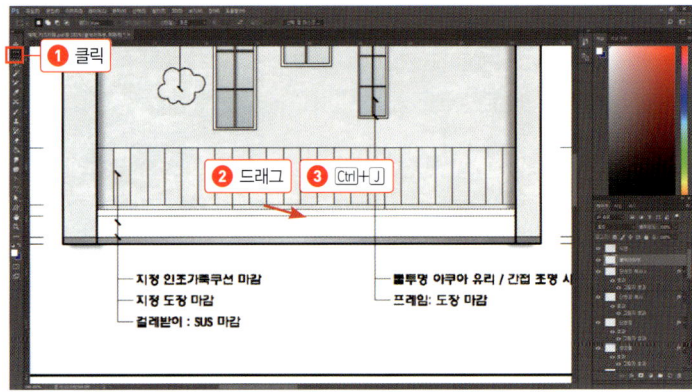

71 ❶ '붙박이의자 하부2' 레이어를 더블클릭하고 ❷ 드롭섀도를 체크하고 ❸ 더블클릭하여 ❹ 다음과 같이 값을 지정한 후 ❺ 확인 버튼을 누릅니다.

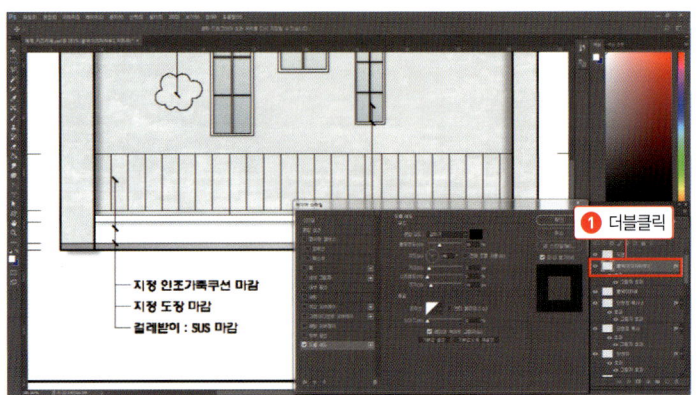

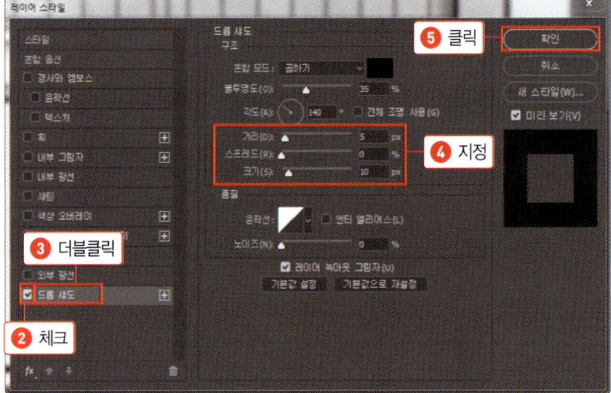

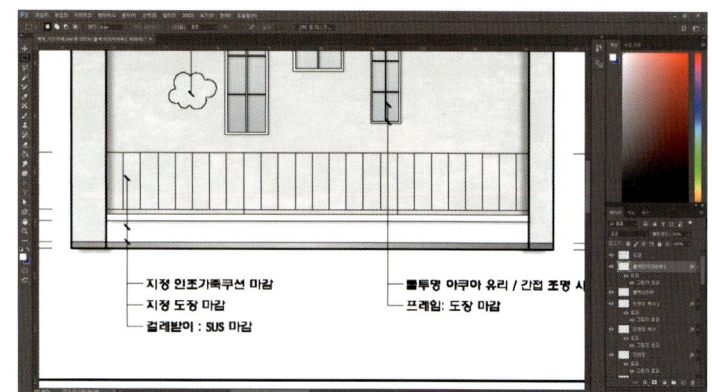

72 메뉴판 틀을 표현해보겠습니다. ❶ 도면 레이어를 선택하고 ❷ 자동선택 도구〈 〉 단축키 W를 눌러 ❸ 다음과 같이 영역을 선택해줍니다.

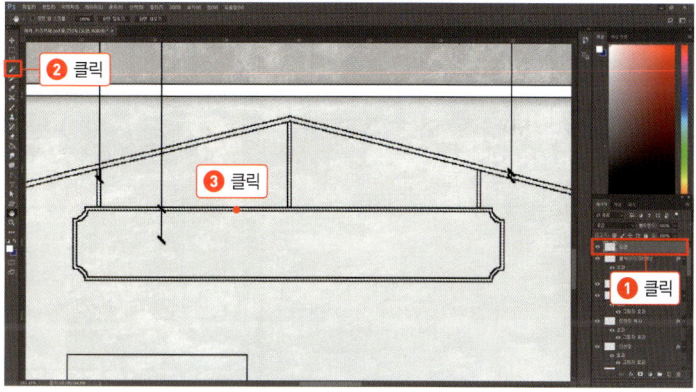

73 도면까지 포함을 시켜야 그림자 효과가 잘 들어가므로 ❶ 사각선택 도구〈 〉 단축키 M을 누르고 ❷ Shift 버튼을 누르면서 다음과 같이 도면의 지시선도 선택영역에 포함시켜 줍니다.

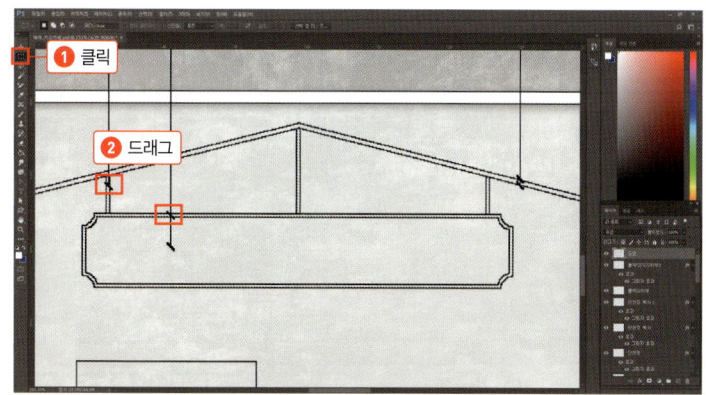

74 ❶ 레이어명을 '메뉴판 틀'로 변경하고 ❷ 페인트통 도구〈 〉를 누르고 ❸ 전경색이 흰색인지 확인한 후 ❹ 메뉴판쪽을 클릭해줍니다. 단축키 Ctrl+D를 눌러 선택을 해제해줍니다.

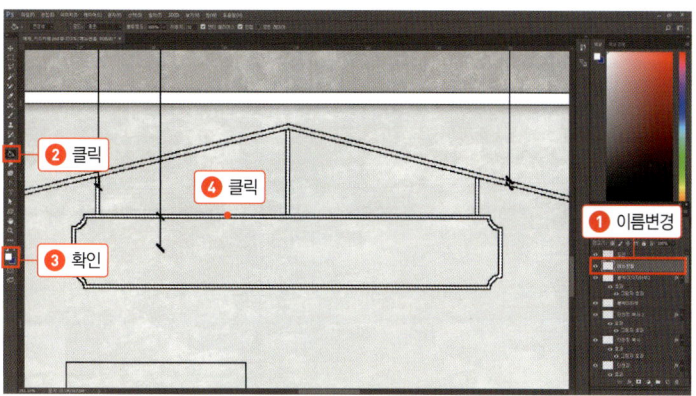

75 ① '메뉴판틀' 레이어를 더블클릭하고 ② 드롭섀도를 체크한 후 ③ 더블클릭하여 ④ 거리 5px/스프레드 0%/크기 10px로 값을 지정한 후 ⑤ 확인 버튼을 누릅니다. 그림자 효과가 적용되었습니다.

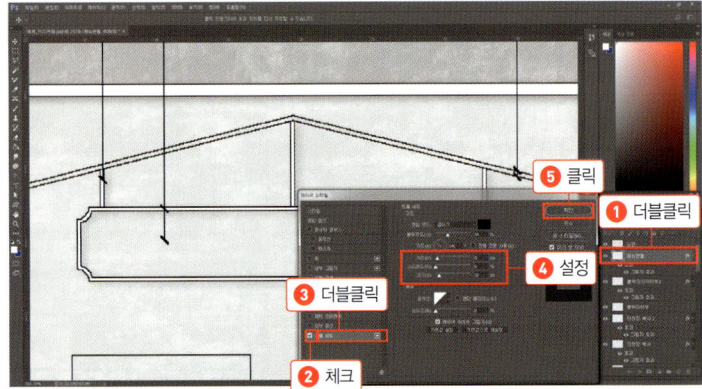

76 이번엔 카운터의 타일에도 색상을 표현해보도록 하겠습니다. 타일이 흰색이라 캐드에서 해치를 지우지 않았습니다. ① 레이어를 하나 만들고 ② 사각선택 도구( ) 단축키 M을 누른 후 ③ 다음과 같이 드래그합니다.

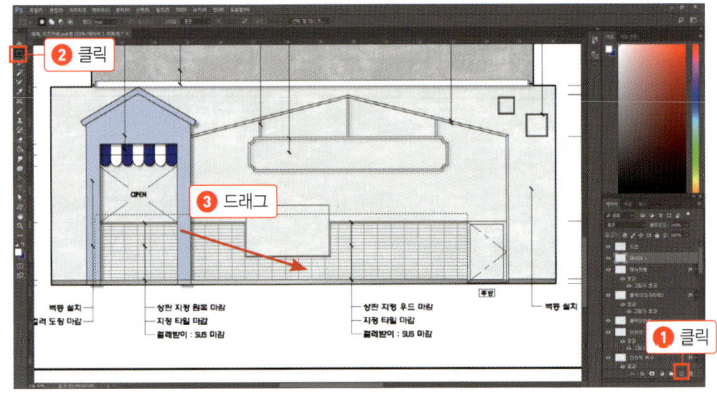

77 ① 레이어명을 '카운터타일'로 변경하고 ② 페인트통 도구( )를 누르고 ③ 전경색이 흰색인지 확인한 후 ④ '카운터타일'쪽을 클릭해줍니다. 단축키 Ctrl+D를 눌러 선택을 해제해줍니다.

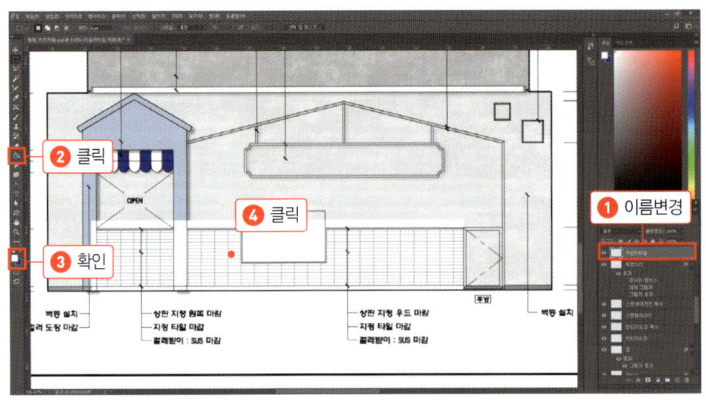

78 '카운터타일' 레이어를 아래로 드래그하여 집 레이어 아래쪽에 위치시켜줍니다.

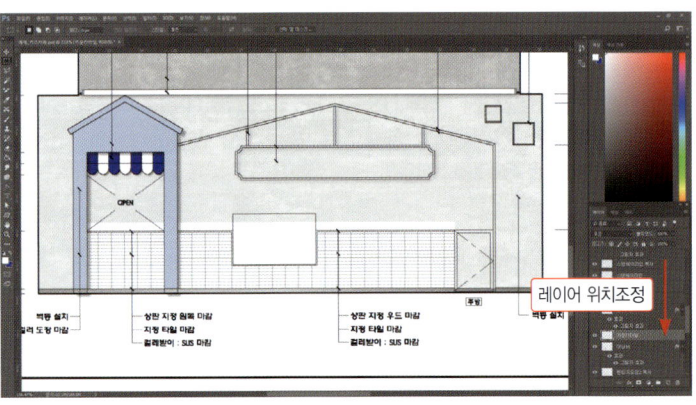

79 ① 사각선택 도구(▭) 단축키 M을 누른 후 ② Shift 버튼을 누르면서 다음과 같이 드래그한 후 ③ Delete 버튼을 눌러 삭제해줍니다.

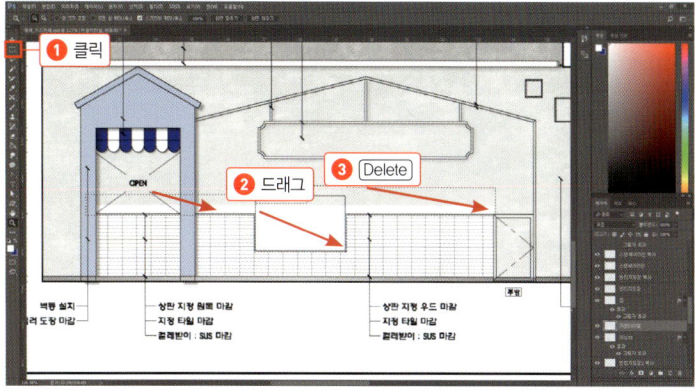

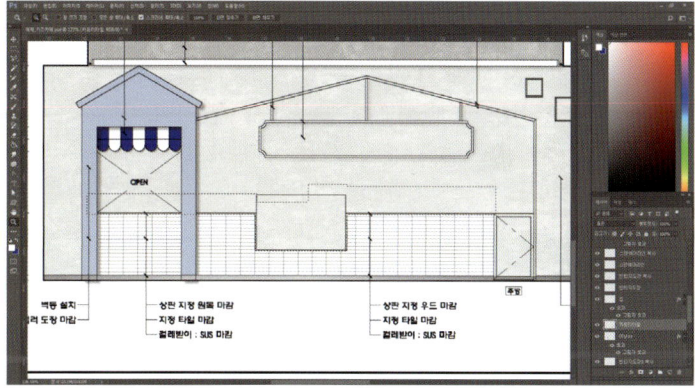

80 카운터 타일은 상판보다 아래에 있으므로 들어가 있게 표현해보도록 하겠습니다. ① '카운터타일' 레이어를 더블클릭하고 ② 내부 그림자를 체크한 후 ③ 더블클릭하여 ④ 거리 5px/경계감소 0%/크기 3px로 값을 지정한 후 ⑤ 확인 버튼을 누릅니다. 내부 그림자 효과가 적용되었습니다.

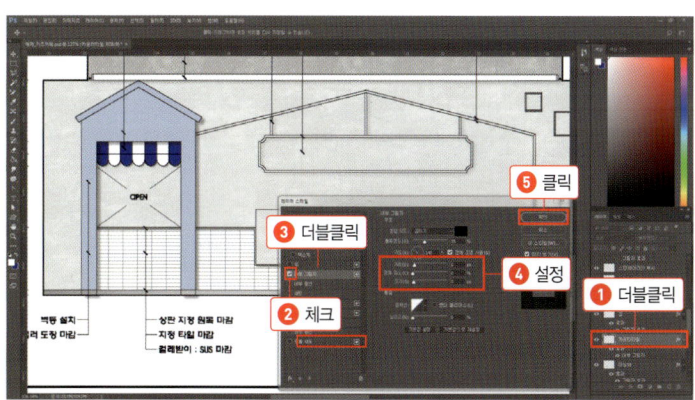

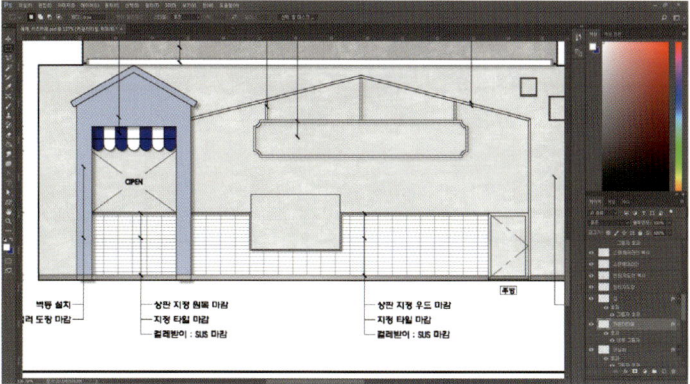

81 주방부분은 좀 더 어둡게 처리해보도록 하겠습니다. ① '도면' 레이어를 선택하고 ② 자동선택 도구〈 〉 단축키 W를 눌러 ③ 다음과 같이 영역을 선택해줍니다.

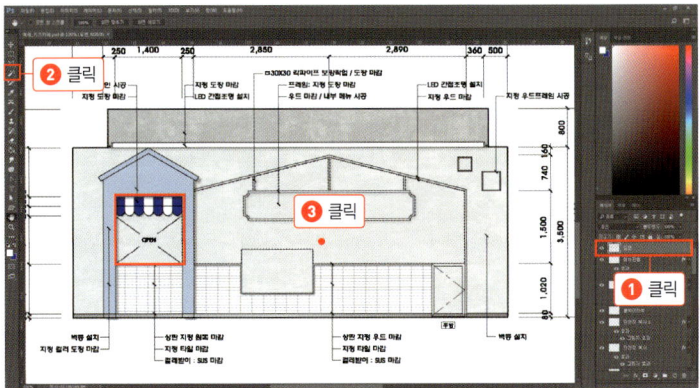

82 도면까지 포함을 시켜야 그림자 효과가 잘 들어가므로 ① 사각선택 도구〈 〉 단축키 M과 ② 다각형 올가미 도구〈 〉를 이용하여 ③ Shift 버튼을 누르면서 다음과 같이 도면의 지시선도 선택영역에 포함시켜 줍니다.

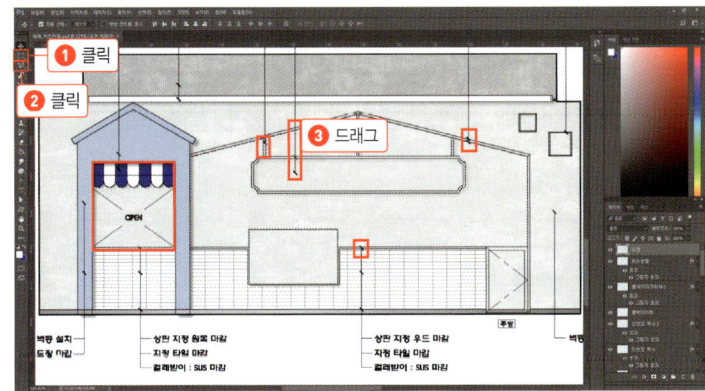

83 레이어를 하나 만들고 전경색〈 〉을 클릭하고 색상 라이브러리 를 눌러 다음 색상을 선택한 후 확인 버튼을 누릅니다.

84 ① 레이어를 하나 만들고 ② 레이어 명을 '주방내부'로 바꿔준 후 도면 아래에 위치시킵니다. ③ 페인트통 도구〈 〉를 누르고 ④ 선택영역에 클릭해주면 색상이 채워졌습니다. 단축키 Ctrl+D를 눌러 선택을 해제해줍니다.

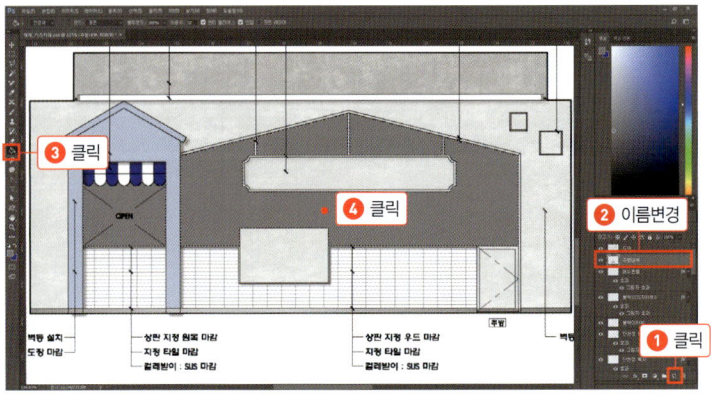

85 ❶ '주방내부' 레이어를 더블클릭하고 ❷ 내부 그림자를 체크한 후 ❸ 더블클릭하여 ❹ 다음과 같이 값을 지정한 후 ❺ 확인 버튼을 누릅니다. 내부 그림자 효과가 적용되었습니다.

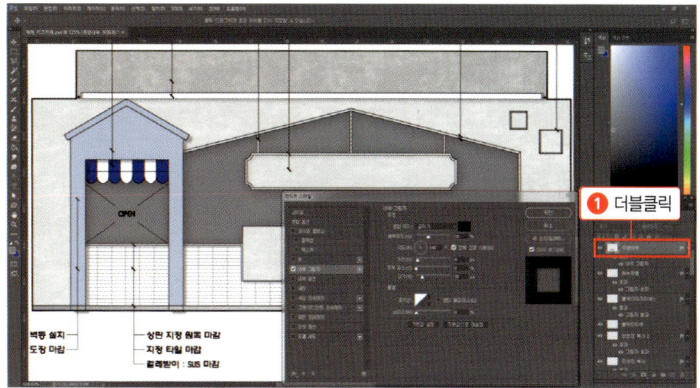

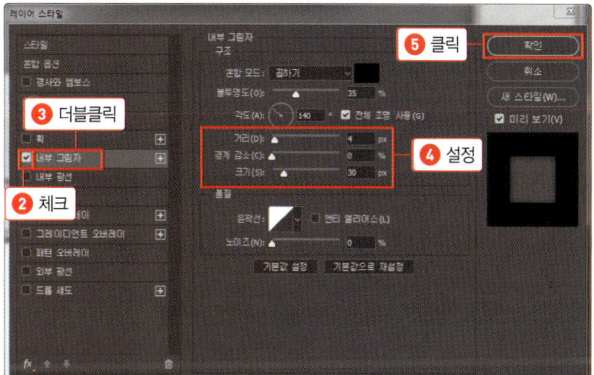

86 노이즈 효과를 주도록 하겠습니다. 메뉴 바에서 ❶ [필터]- ❷ [노이즈]- ❸ [노이즈 추가]를 선택하고 양을 2%정도 지정한 후 확인 버튼을 눌러줍니다. 노이즈 효과가 적용되었습니다.

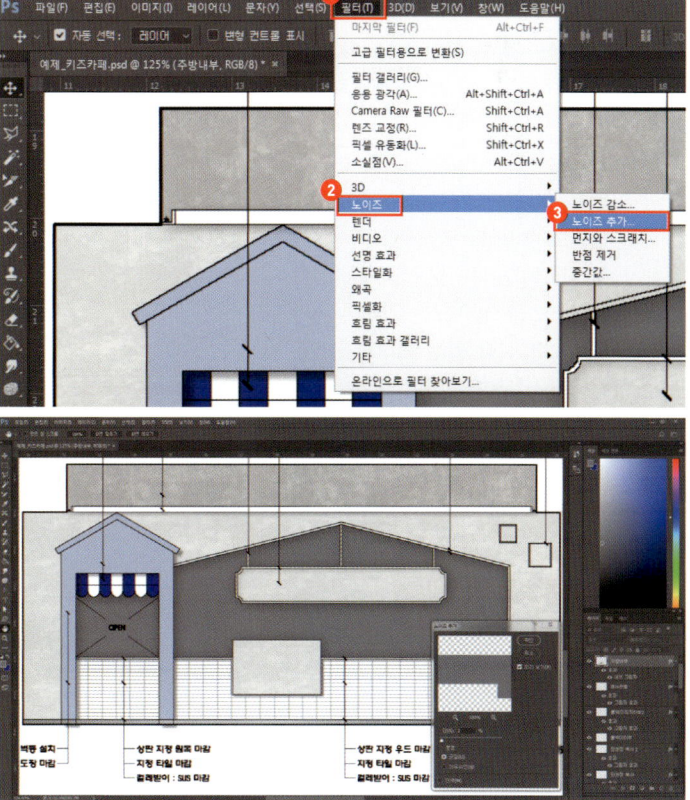

> **알아두기**
>
> 단축키가 안먹힐 때는 보통 레이어명을 변경하고 난 이후일 수 있으므로 한글 키가 적용되어 있는지 확인합니다.

Lesson 06 우드 마감하기

87 ❶ 열기 단축키 Ctrl+O를 누르고 재질_우드.png 파일을 불러옵니다. 창을 다음과 같이 드래그하여 아래로 내린다음, ❷ 이동 도구〈✥〉단축키 V를 누르고 ❸ 예제_키즈카페.PSD로 드래그해줍니다. 도장컬러_빈티지.png 파일은 X 버튼을 눌러 닫아주세요.

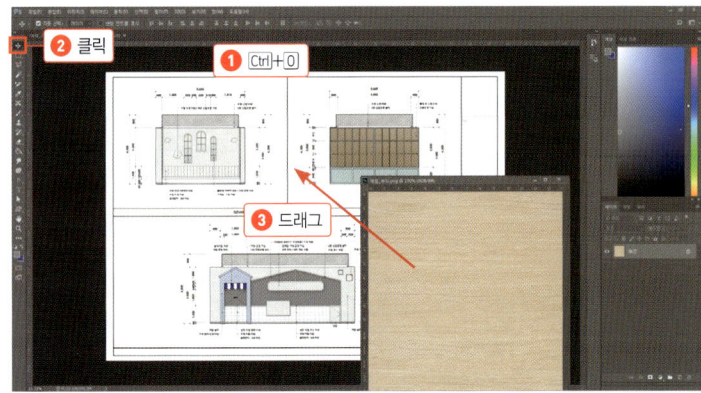

88 레이어명을 '우드'로 변경합니다. 우드 맵소스를 ❶ 집의 지붕, ❷ 메뉴판, ❸ 주방문, ❹ 액자프레임, ❺ 상판에 이용할겁니다. '우드'처럼 결이 있는 소스는 이미지 크기를 변경했을 때 무늬결 때문에 이어붙이면 어색해보이니까요. 레이어가 각각 따로 지정해줍니다. 필요할 때마다 열어서 소스를 불러오는 과정이 번거로우니까 미리 원본 이미지를 5개 정도 복사해놓습니다.

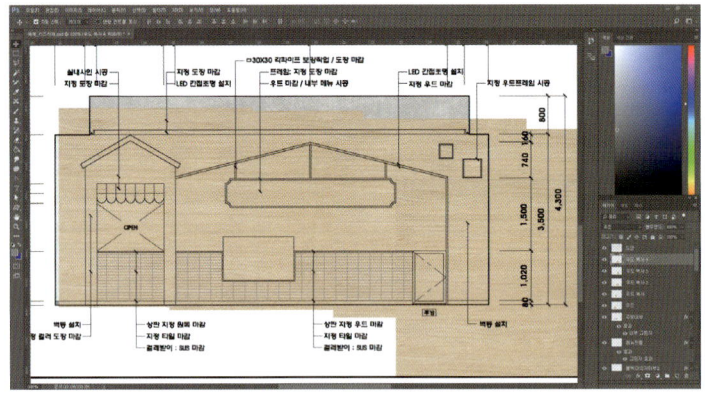

89 레이어 앞에 눈〈◉〉을 클릭해주면 이미지가 화면에서 보이지 않습니다. '우드'를 제외한 나머지 레이어는 체크해제하여 잠시 꺼둡니다.

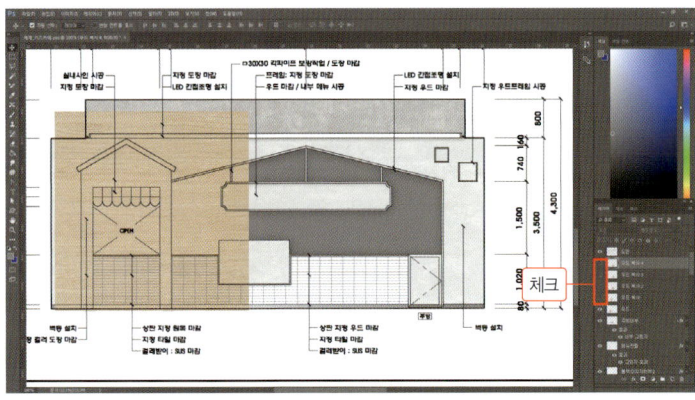

90 자유 변형 단축키 Ctrl+T를 누르고 조절점을 이동하여 다음과 같이 드래그해줍니다. 방향에 맞게 소스를 사선으로 돌려줍니다. 모서리쪽에 커서를 대면 이미지를 회전할 수 있습니다.

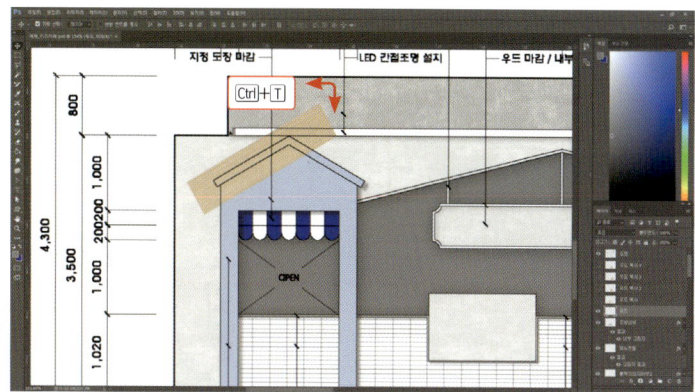

91 ① 다각형 올가미 도구〈 〉 단축키 L을 누르고 클릭클릭하여 ② 다음과 같이 집 형태를 선택해줍니다. ③ 단축키 Shift+Ctrl+I를 눌러 선택한 이미지의 외부면을 선택할 수 있도록 선택을 반전시키고 ④ Delete 버튼을 눌러 배경을 삭제해줍니다. 단축키 Ctrl+D를 눌러 선택을 해제합니다.

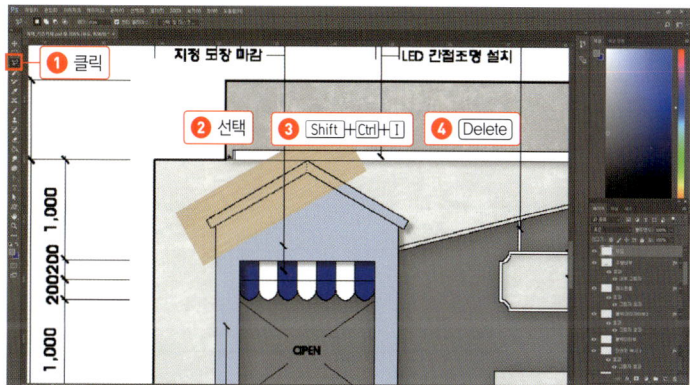

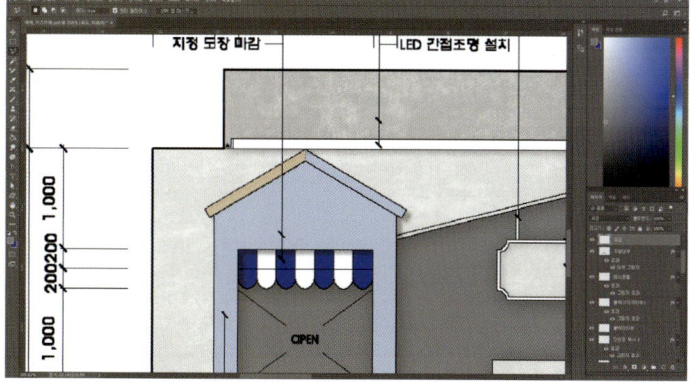

92 '우드' 레이어를 Alt+이동 도구〈 〉를 눌러 오른쪽으로 드래그하여 복사합니다.

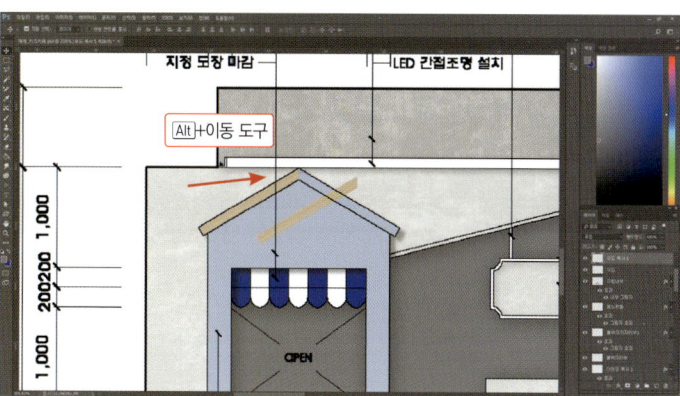

93 '우드복사5' 레이어를 ❶ 마우스 오른쪽 버튼을 눌러 ❷ 선택하고 ❸ 자유 변형 단축키 Ctrl+T를 눌러줍니다. ❹ 그 상태에서 마우스 오른쪽 버튼을 눌러 ❺ '가로로 뒤집기'를 선택하고 이미지가 가로로 뒤집어지면 다음과 같이 위치시켜줍니다. Enter 키를 눌러 명령을 해제합니다.

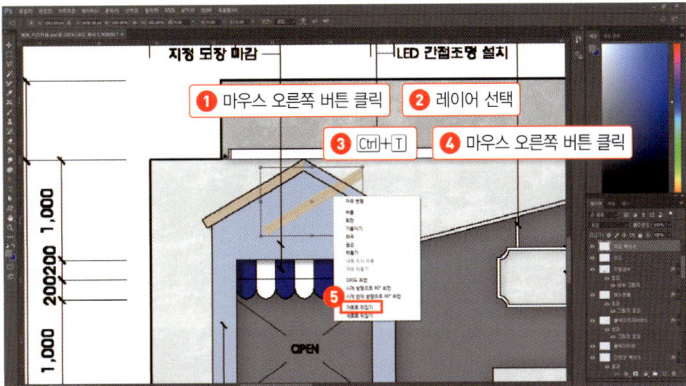

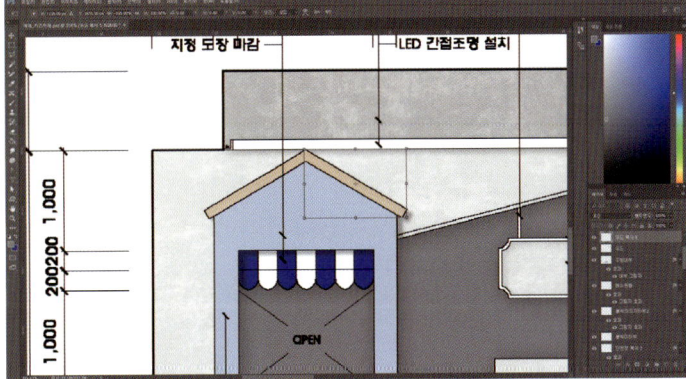

94 그림자 효과를 표현하는데 레이어가 두 개면 각각 효과를 넣어야 하니까요. 레이어를 하나로 만들어주도록 하겠습니다. 레이어 창에서 우드복사5 레이어를 누른 상태에서 Shift 버튼을 누르면서 '우드' 레이어를 선택합니다. 레이어합치기 단축키 Ctrl+E를 눌러 레이어를 하나로 만들어줍니다. 위에 있던 레이어와 합쳐집니다. '우드복사5' 레이어만 남았습니다.

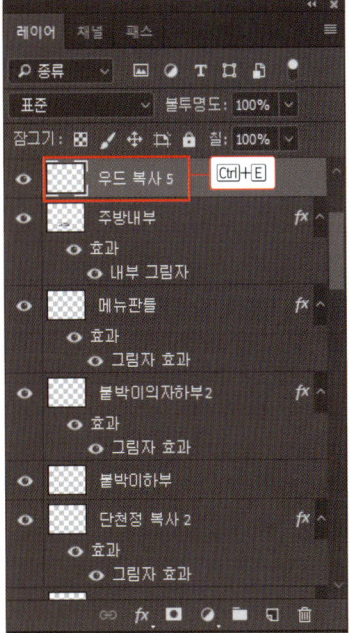

Chapter 05 키즈카페 입면도 칼라링 :: 363

95 ❶ '우드복사5' 레이어를 더블클릭하고 ❷ 드롭섀도를 체크하고 ❸ 더블클릭하여 ❹ 다음과 같이 값을 지정한 후 ❺ 확인 버튼을 누릅니다. 그림자 효과가 적용되었습니다.

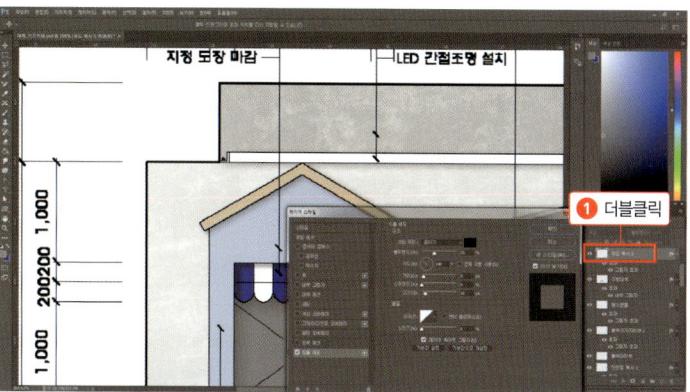

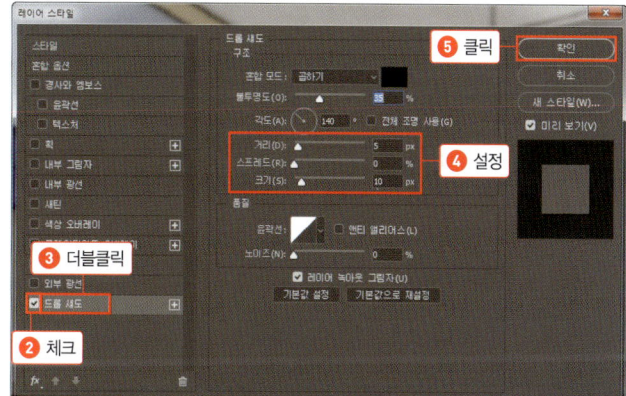

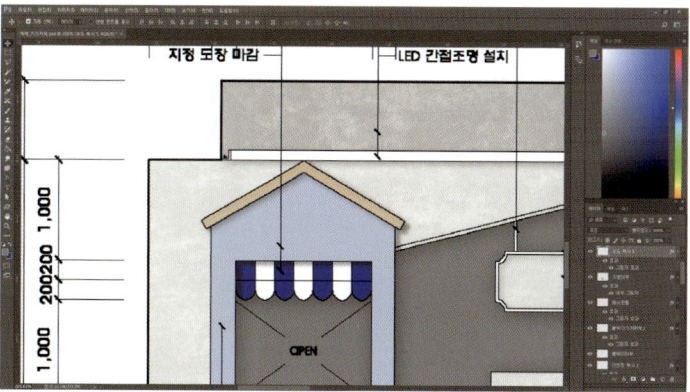

96 ❶ 레이어 창에서 '우드복사' 레이어에 눈(👁)을 켜줍니다. 큰 집의 형태를 칼라링 할겁니다. ❷ 자유 변형 단축키 Ctrl+T를 누르고 조절점을 이동하여 다음과 같이 드래그해줍니다. Enter↵키를 눌러 명령을 해제합니다.

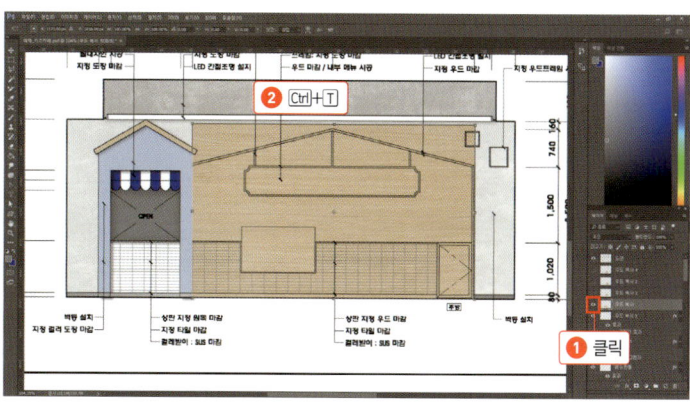

97 ① 다각형 올가미 도구〈 〉 단축키 ⓛ을 누르고 ② 클릭클릭하여 다음과 같이 집형태를 선택해줍니다. ③ 단축키 Shift + Ctrl + I 를 눌러 선택한 이미지의 외부면을 선택할 수 있도록 선택을 반전시키고 ④ Delete 버튼을 눌러 배경을 삭제해줍니다. 단축키 Ctrl + D 를 눌러 선택을 해제합니다.

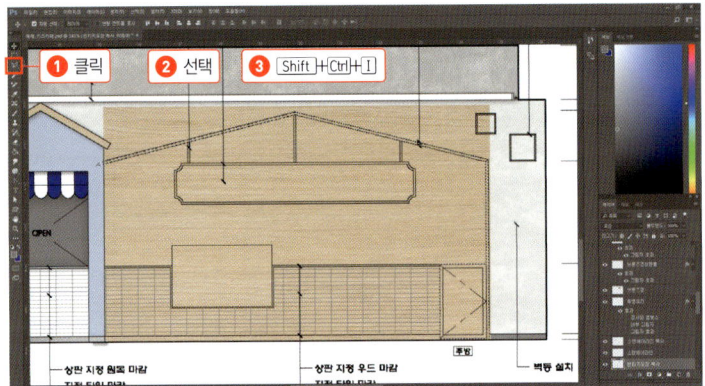

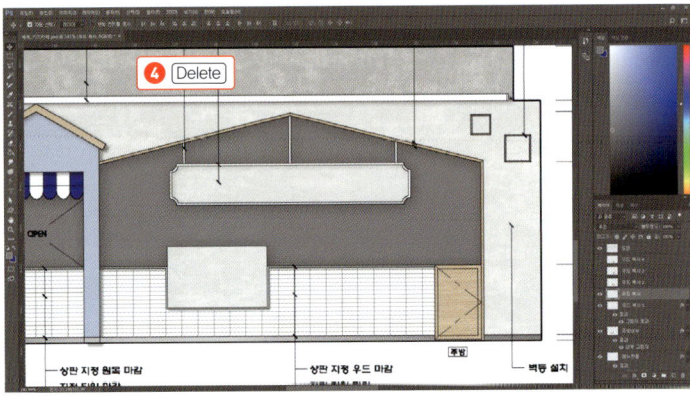

98 ① '우드복사' 레이어를 더블클릭하고 ② 드롭섀도를 체크하고 ③ 더블클릭하여 ④ 다음과 같이 값을 지정한 후 ⑤ 확인 버튼을 누릅니다. 그림자 효과가 적용되었습니다.

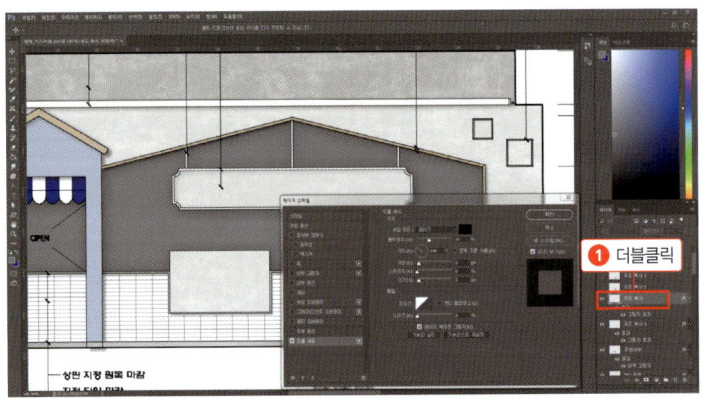

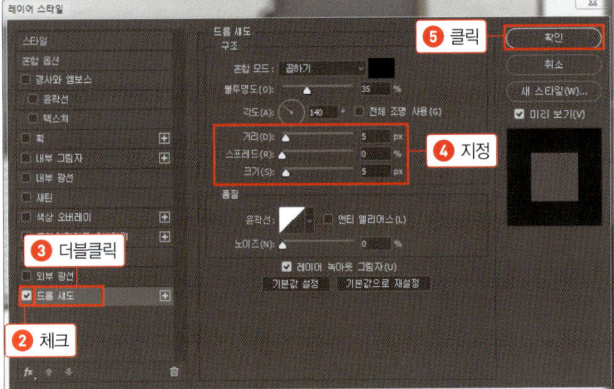

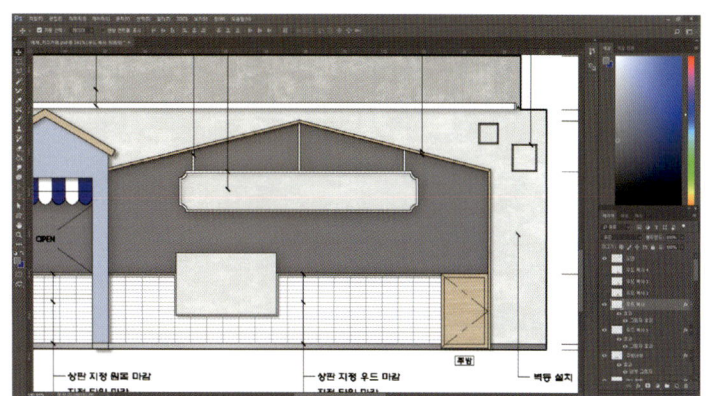

99 ① 사각선택 도구〈 〉 단축키 M을 누르고 ② 다음과 같이 드래그한 후 ③ 단축키 Ctrl+J를 눌러 레이어를 복사합니다. 레이어 창을 보면 '레이어 1'이 추가된 것을 알 수 있습니다.

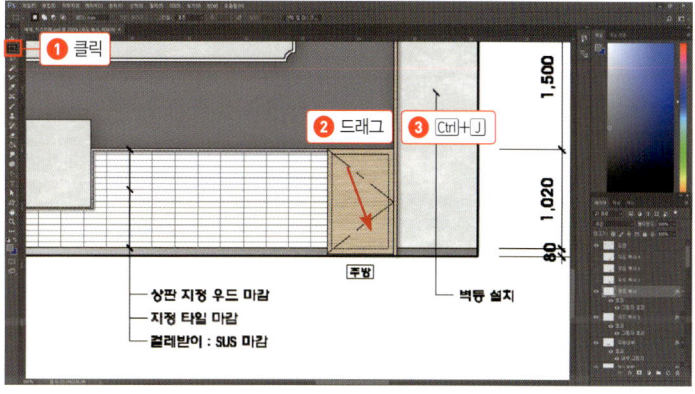

100 ① 레이어1을 '주방문'으로 이름을 변경하고 ② 더블클릭하여 기존 체크되어 있던 ③ 드롭섀도를 체크해 제합니다. ④ 내부 그림자를 체크하고 ⑤ 더블클릭하여 ⑥ 거리 4px/크기 5px로 값을 설정한 후 ⑦ 확인 버튼을 누릅니다. 주방문에 내부 그림자 효과가 적용되었습니다.

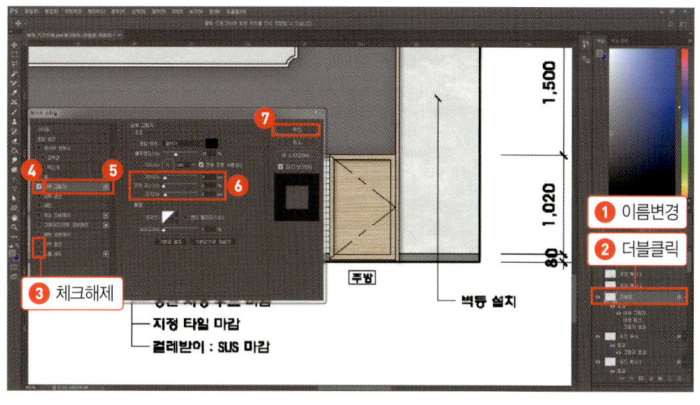

101 ① 레이어 창에서 '우드복사2' 레이어에 눈〈 〉을 켜줍니다. 카운터 상판과 액자형태를 칼라링 할겁니다. ② 자유 변형 단축키 Ctrl+T를 누르고 조절점을 이동하여 다음과 같이 드래그해줍니다. Enter ↵ 키를 눌러 명령을 해제합니다.

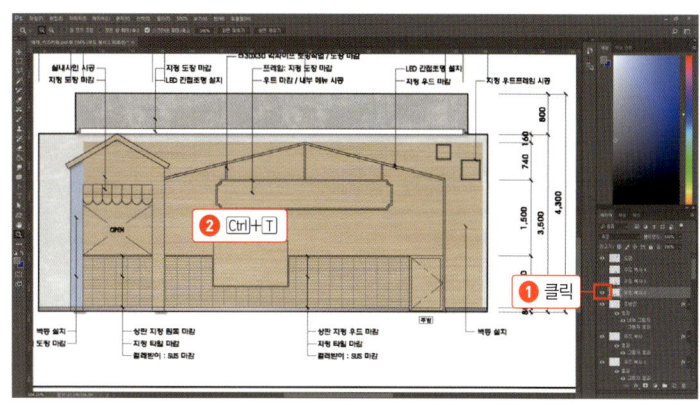

102 지운다고 지웠는데 캐드해치가 아직 적용이 되어있네요. ❶ '도면' 레이어를 선택하고 ❷ 사각선택 도구〈▭〉단축키 M을 누르고 ❸ Shift 버튼을 누르면서 삭제해야할 부분을 다음과 같이 선택해줍니다. 선택이 다 되었으면 Delete 버튼을 눌러 삭제해줍니다.

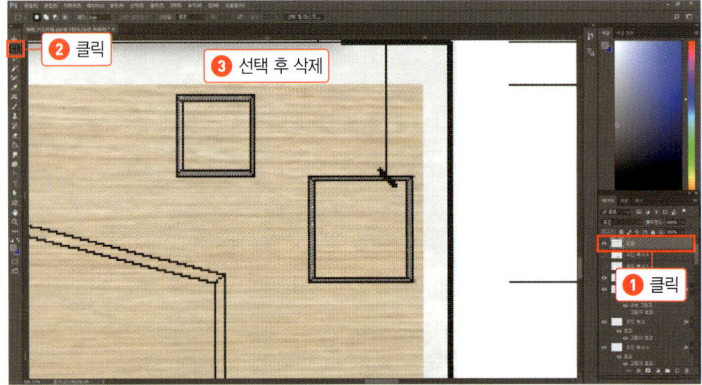

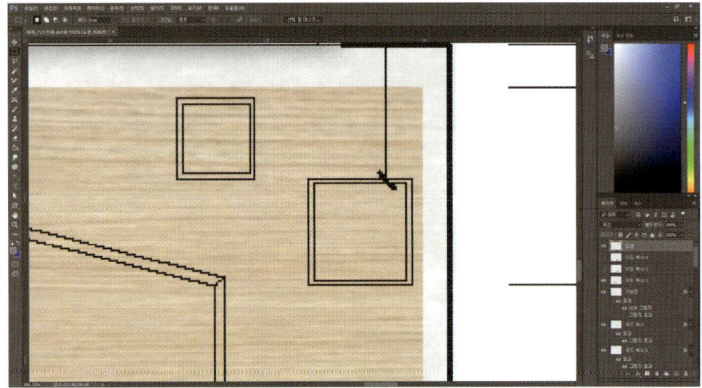

103 ❶ '우드복사2' 레이어를 선택하고 ❷ 사각선택 도구〈▭〉단축키 M으로 ❸ 지워야할 부분을 선택하고 Delete 버튼 누르기를 반복하여 지워야 할 부분을 다음과 같이 지워줍니다.

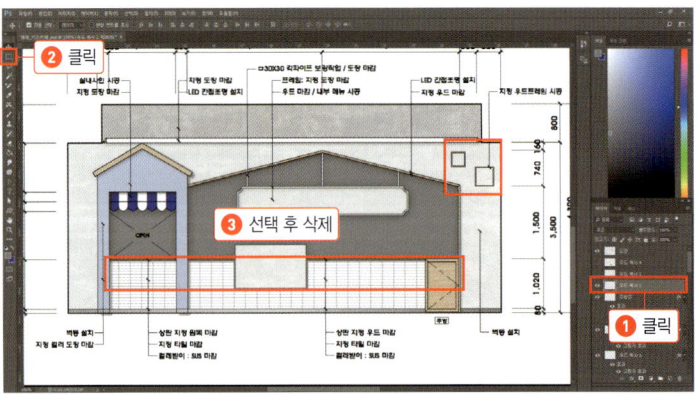

104 ❶ 레이어 창에서 '우드복사3' 레이어에 눈〈◉〉을 켜줍니다. 메뉴판을 칼라링 할겁니다. ❷ 자유 변형 단축키 Ctrl + T를 누르고 조절점을 이동하여 다음과 같이 드래그해줍니다. Enter↵키를 눌러 명령을 해제합니다.

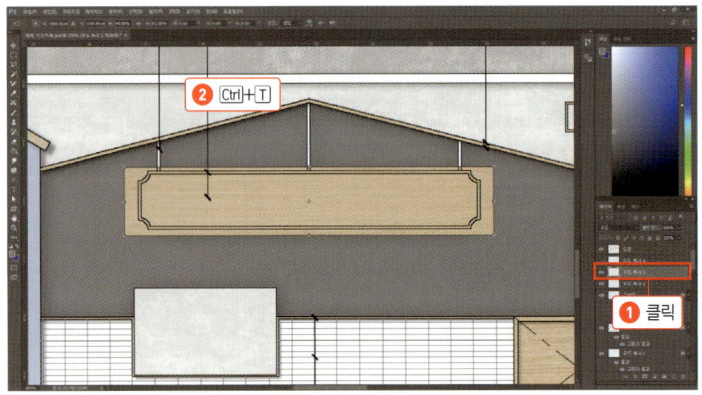

105 라운드 형태가 있으니까, '도면' 레이어에서 작업하도록 하겠습니다. ❶ '도면' 레이어를 선택하고 ❷ 자동선택 도구〈 〉 단축키 W 를 눌러 ❸ 다음과 같이 영역을 선택해줍니다. 지시선도 영역에 포함이 되어야 하니까요. ❹ 사각선택 도구〈 〉 단축키 M 을 누르고 ❺ Shift 를 누르면서 지시선도 영역에 포함될 수 있도록 합니다.

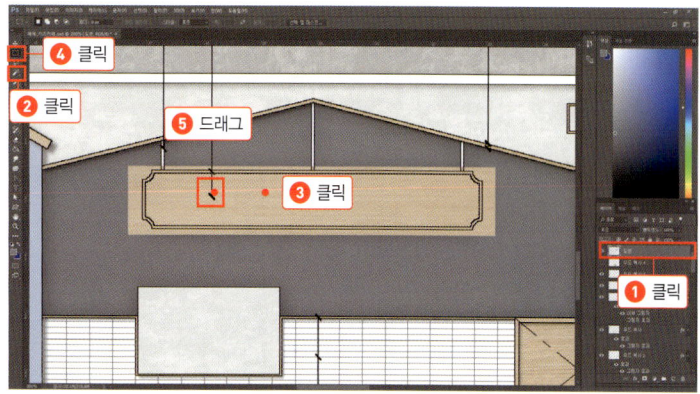

106 ❶ '우드복사3' 레이어를 선택합니다. ❷ 단축키 Shift + Ctrl + I 를 눌러 선택한 이미지의 외부면을 선택할 수 있도록 선택을 반전시키고 ❸ Delete 버튼을 눌러 배경을 삭제해줍니다. 단축키 Ctrl + D 를 눌러 선택을 해제합니다.

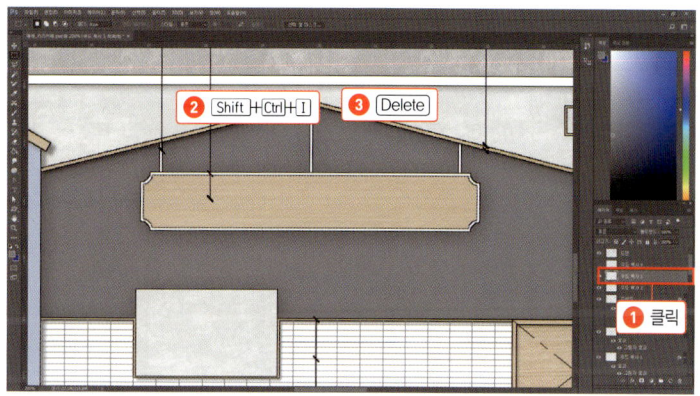

107 ❶ '우드복사3' 레이어를 더블클릭하고, ❷ 내부 그림자를 체크하고 ❸ 더블클릭하여 ❹ 거리 3px/크기 5px로 값을 다음과 같이 설정한 후 ❺ 확인 버튼을 누릅니다. 메뉴판에 내부 그림자 효과가 적용되었습니다.

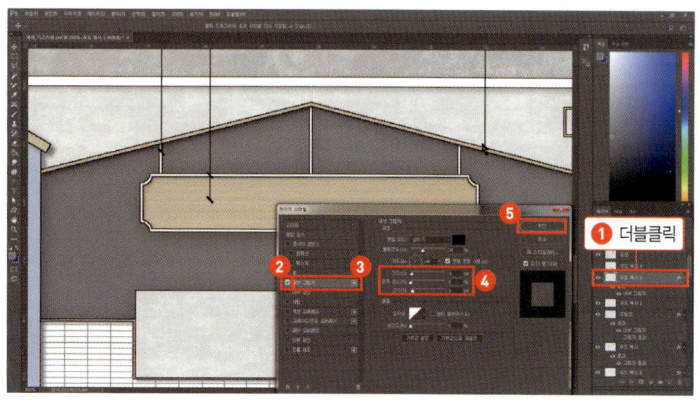

108 우드가 대략 다 들어갔네요. 우드복사 4 레이어는 필요없으니, 휴지통으로 드래그하여 삭제합니다.

Lesson 07 붙박이 쿠션 표현하기

109 ❶ 열기 단축키 Ctrl+O를 누르고 패브릭_민트.png 파일을 불러옵니다. 창을 다음과 같이 드래그하여 아래로 내린다음, ❷ 이동 도구〈✥〉 단축키 V를 누르고 ❸ 예제_키즈카페.PSD로 드래그해줍니다. 패브릭_민트.png 파일은 X 버튼을 눌러 닫아주세요.

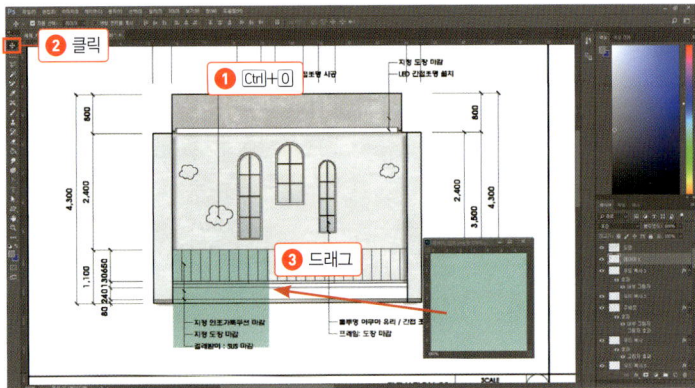

110 ❶ 레이어명을 '패브릭'으로 바꿔줍니다. 등판과 앉을 판이 따로 작업이 되어야 하니까 ❷ Alt+이동 도구〈✥〉를 누르면서 드래그하여 레이어를 미리 하나 복사해놓습니다.

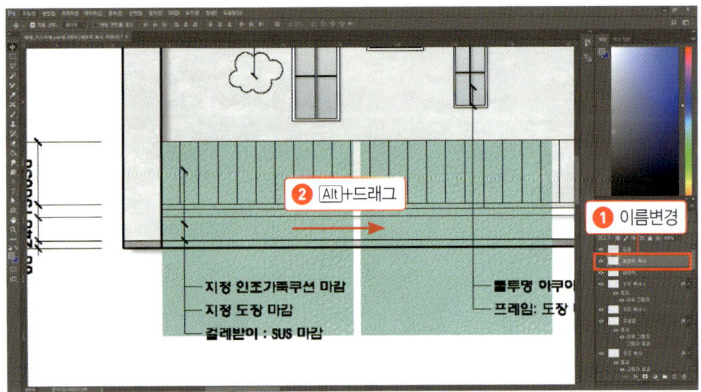

111 맵의 가죽느낌이 좀 커보이네요. '패브릭' 레이어를 선택하고 자유 변형 단축키 Ctrl+T를 누르고 조절점을 이동하여 다음과 같이 크기를 줄여주고, Enter 키를 눌러 명령을 해제합니다.

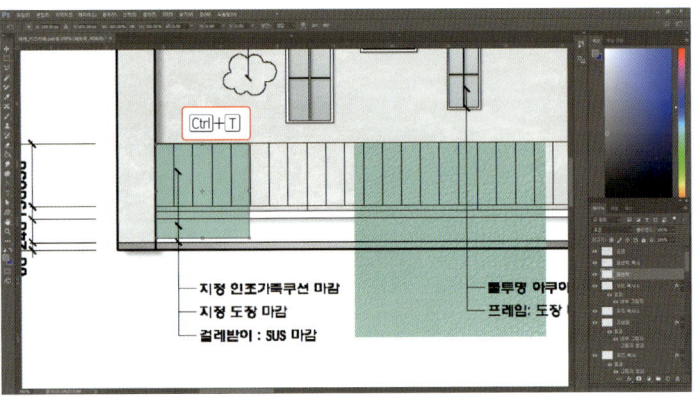

112 ❶ 사각선택 도구〈▫〉 단축키 M을 누르고 ❷ 다음과 같이 드래그한 후 ❸ Delete 버튼을 눌러 한 칸만 남기고 삭제합니다.

113 ❶ '패브릭' 레이어를 더블클릭하고 ❷ 경사와 엠보스에 체크한 다음 ❸ 더블클릭하여 ❹ 크기를 '5'로 부드럽게를 '10'으로 적용한 후 ❺ 확인 버튼을 누릅니다. 패브릭이 볼륨감이 생겼습니다.

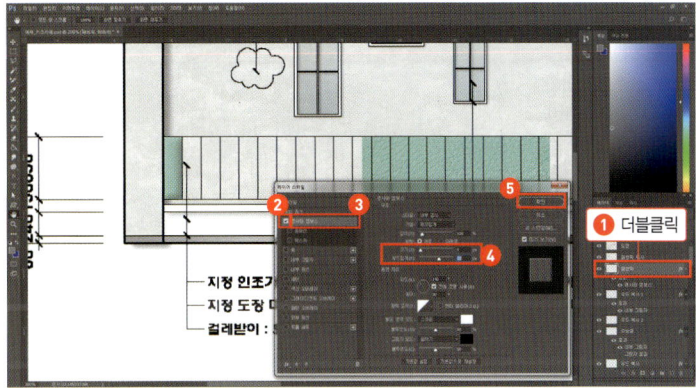

114 '패브릭' 레이어를 Alt 키를 누르면서 드래그하여 하나하나 복사해서 다음과 같이 위치시켜 줍니다. 캐드에서 분명 같은 간격으로 작업했는데. EPS로 변환되는 과정에서 크기가 간혹 안 맞을 수 있습니다. 그럴 땐 자유 변형 단축키 Ctrl + T 를 이용하여 크기를 조절해줍니다.

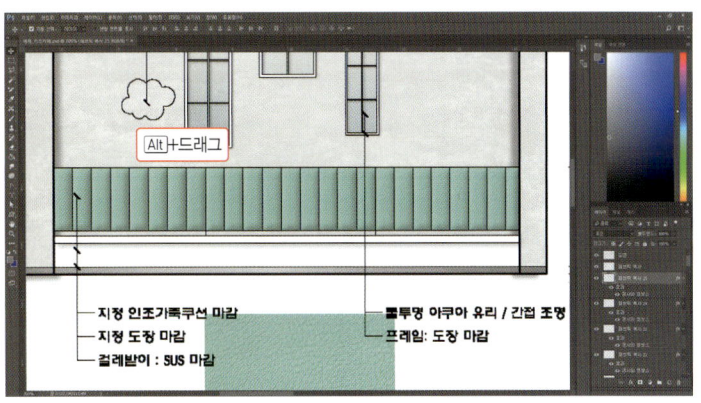

115 다 되었으면 '패브릭복사25' 레이어를 선택하고 슬라이드 바를 아래로 드래그하여 '패브릭' 레이어를 Shift 버튼을 누르면서 클릭합니다. 중간에 있는 나머지 레이어까지 함께 선택되었습니다. 그 상태에서 Ctrl+E를 눌러 레이어를 합쳐줍니다.

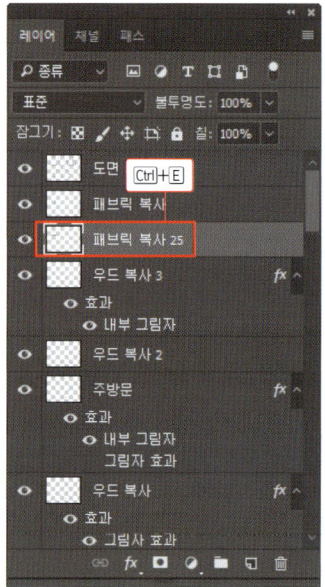

116 조금 전 복사해두었던 패브릭 복사 레이어를 이동 도구 단축키 V을 이용하여 다음과 같이 위치시켜 줍니다.

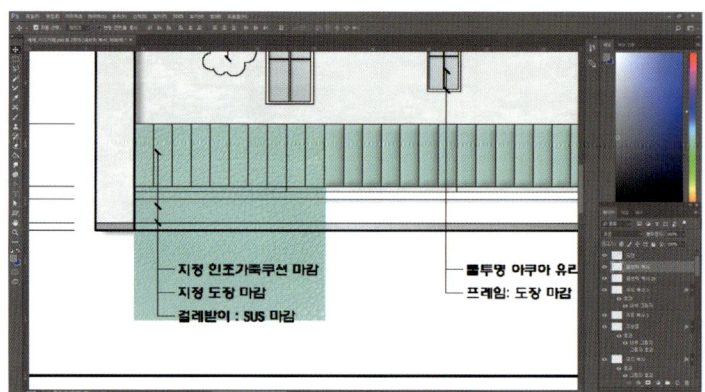

117 자유 변형 단축키 Ctrl+T를 눌러서 다음과 같이 크기를 조절해줍니다. Enter 키를 눌러 명령을 해제합니다.

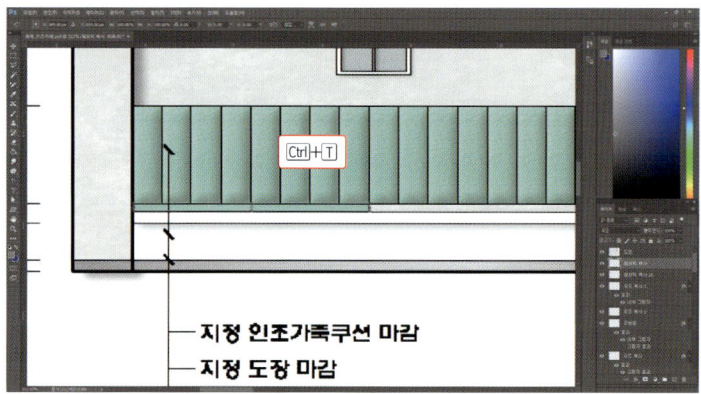

118 ❶ '패브릭 복사' 레이어를 더블클릭하고 ❷ 경사와 엠보스에 체크한 다음 ❸ 더블클릭하여 ❹ 크기 2로 부드럽게 '1'로 적용한 후 ❺ 확인 버튼을 누릅니다. 패브릭이 볼륨감이 생겼습니다.

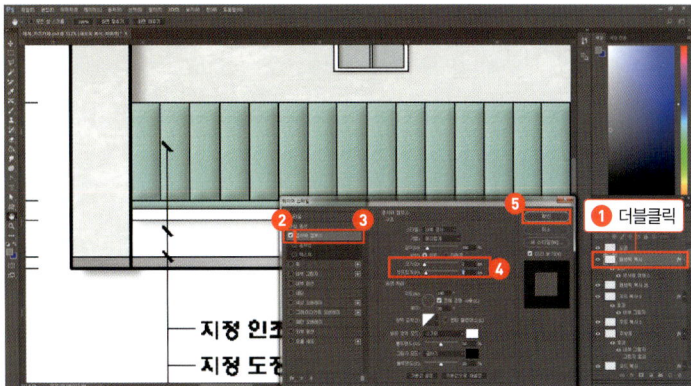

119 '패브릭복사' 레이어를 Alt + 이동 도구< ✥ >를 눌러 복사해서 다음과 같이 위치시켜 줍니다.

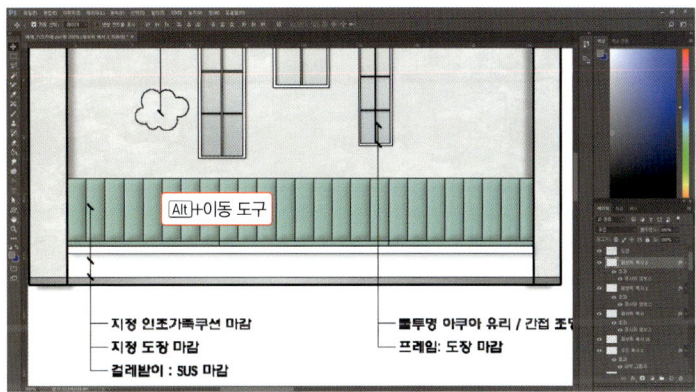

Lesson 08 조명 표현하기

120 단천정에 간접조명을 표현해보도록 하겠습니다. ❶ 레이어를 하나 추가하고 ❷ 사각선택 도구< ▭ > 단축키 M을 눌러 ❸ 다음과 같이 드래그해 줍니다

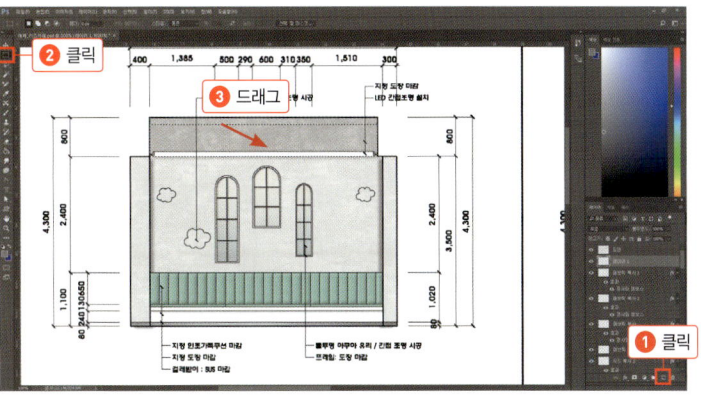

121 레이어명을 간접조명으로 바꿔주고 도구 바의 페인트통을 꾹 눌러 그레이디언트 도구〈■〉를 선택해줍니다.

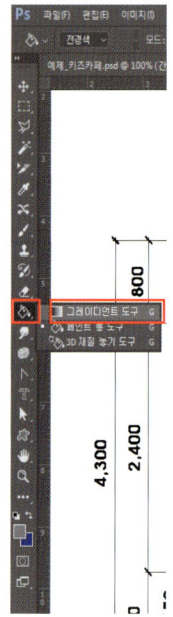

122 ❶ 전경색이 흰색이 되도록 지정하고, ❷ 전경색에서 투명색으로 버튼을 선택한 후 ❸ Shift 버튼을 누르면서 아래에서 위로 드래그하여 그레이디언트 효과를 적용합니다. 약하게 느껴지면 한 번 더 하셔도 무방합니다. 단축키 Ctrl + D 를 눌러 선택을 해제합니다.

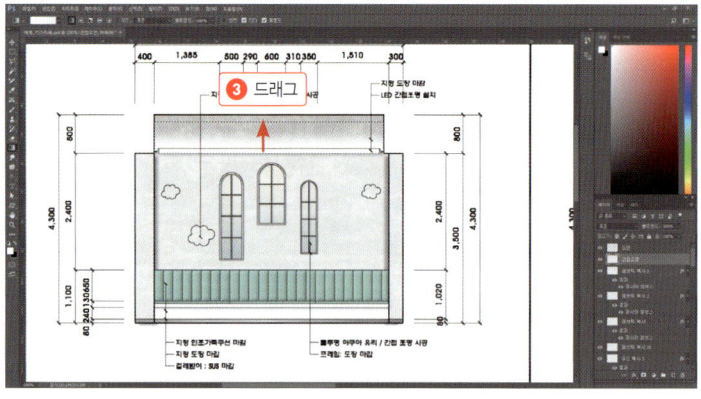

123 ❶ '간접조명' 레이어를 Alt 키를 누르면서 드래그 하여 다른 입면에도 위치시켜줍니다. ELEVATION 03은 길이가 짧으니까, ❷ 자유 변형 Ctrl + T 명령으로 길이를 조절해줍니다.

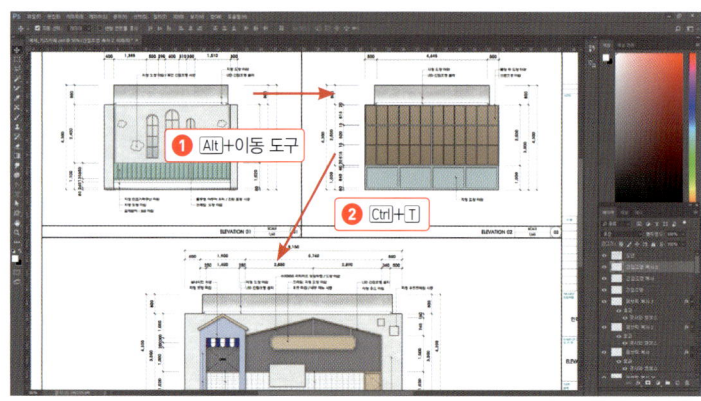

124 이번엔 구름을 표현해보도록 하겠습니다. ❶ '도면' 레이어를 선택하고 ❷ 자동선택 도구〈 〉 단축키 W를 눌러 다음과 같이 ❸ 영역을 선택해줍니다. 지시선도 영역에 포함이 되어야 하니까요. ❹ 사각선택 도구〈 〉 단축키 M을 누르고 ❺ Shift 를 누르면서 지시선도 영역에 포함될 수 있도록 합니다.

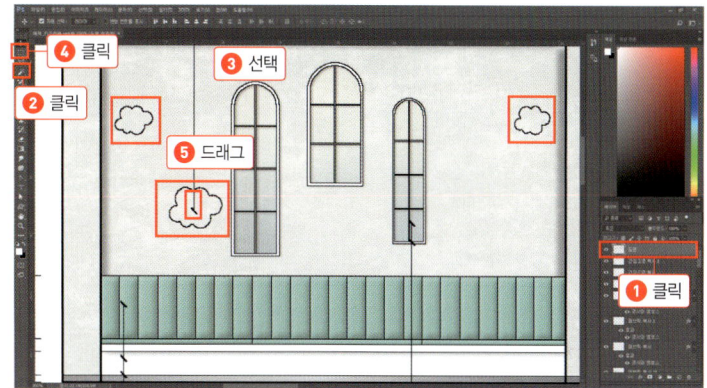

125 ❶ 레이어를 하나 추가하고 이름을 ❷ '구름'으로 바꿔준 후 '도면' 아래에 위치시킵니다. ❸ 페인트통 도구〈 〉를 누르고 ❹ 선택영역에 클릭해주면 색상이 채워졌습니다. 단축키 Ctrl + D를 눌러 선택을 해제해줍니다.

126 ❶ '구름' 레이어를 더블클릭하고 ❷ 외부광선을 체크한 후 ❸ 더블클릭하여 ❹ 불투명도를 100%로 크기를 20px로 값을 지정한 후 ❺ 확인 버튼을 누릅니다. 외부광선 효과가 적용되었습니다.

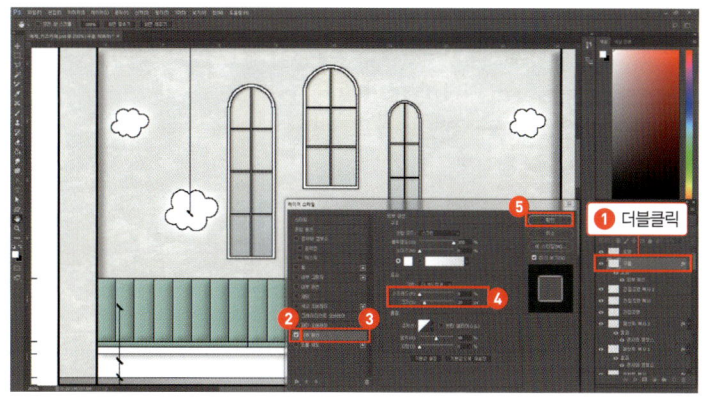

127 창문내부에도 간접조명이 들어갑니다. 지금 이 상태에서는 너무 밝아서, 간접조명을 넣어도 효과가 날 것 같지 않습니다. 내부 면을 좀 어둡게 만들어 보도록 하겠습니다. ❶ '도면' 레이어를 선택하고 자동 선택 도구〈 〉 ❷ 단축키 W를 눌러 ❸ 다음과 같이 영역을 선택해줍니다.

128 창살도 영역에 포함이 되어야 하니까요. ❶ 사각선택 도구〈▭〉 단축키 Ⓜ을 누르고 ❷ Shift 를 누르면서 지시선도 영역에 포함될 수 있도록 합니다.

129 전경색〈▣〉을 클릭하고 색상 라이브러리를 눌러 다음 색상을 선택한 후 확인 버튼을 누릅니다.

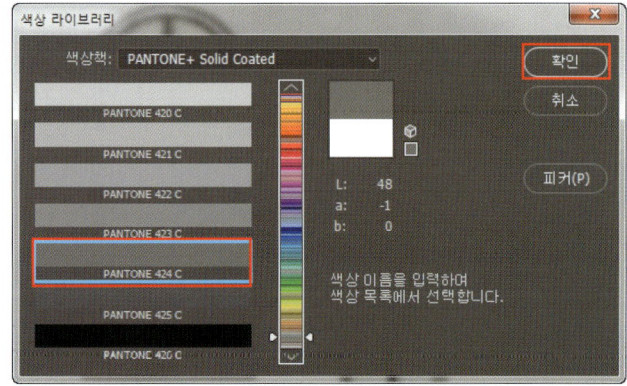

130 ❶ 레이어를 하나 만들고 ❷ 레이어 명을 '창문내부'로 바꿔준 후 빈티지 도장2 레이어 위에 위치시킵니다. ❸ 페인트통 도구〈🪣〉를 누르고 ❹ 선택영역에 클릭해주면 색상이 채워졌습니다.

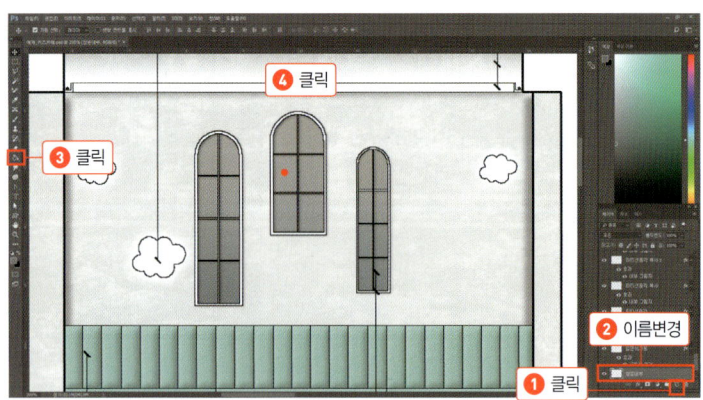

131 ❶ '창문내부' 레이어를 더블클릭하고 ❷ 내부광선을 체크한 후 ❸ 더블클릭하여 ❹ 불투명도를 100%로 경계감소를 15%로 크기를 20px로 값을 지정한 후 ❺ 확인 버튼을 누릅니다. 내부광선 효과가 적용되었습니다.

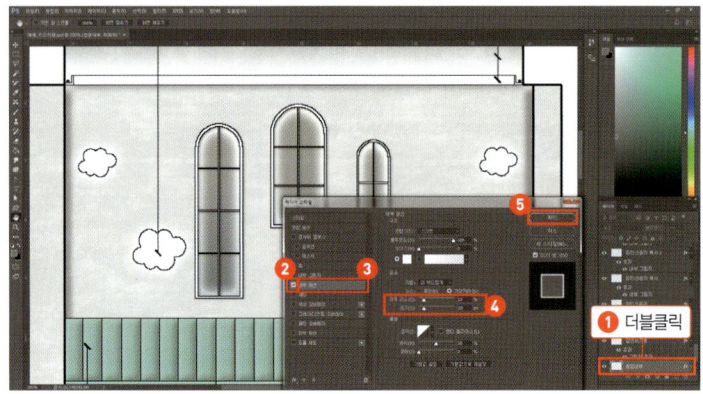

Lesson 09 소품 넣기

132 ❶ 열기 단축키 Ctrl+O를 누르고 '팬던트'.png 파일과 '쇼케이스'.png 파일을 불러옵니다. 창을 다음과 같이 드래그하여 아래로 내린 다음, ❷ 이동 도구 단축키 V를 누르고 ❸ 예제_키즈카페.PSD로 드래그해줍니다. 패브릭_민트.png 파일은 X 버튼을 눌러 닫아주세요.

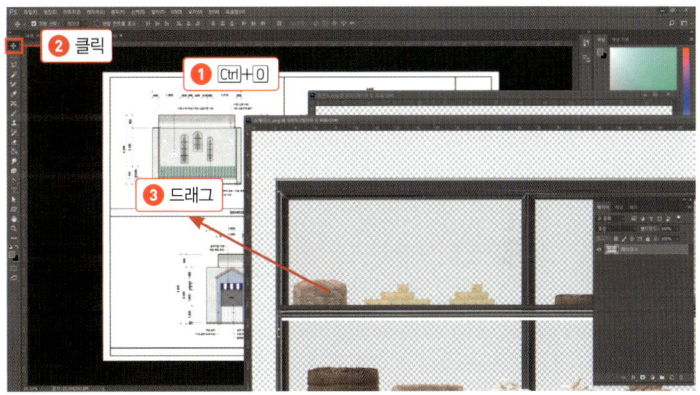

133 ❶ 레이어명을 '쇼케이스'와 '팬던트'로 각각 바꿔주고 ❷ 자유 변형 단축키 Ctrl+T 명령으로 다음과 같이 크기를 조절하여 위치시켜 줍니다. Enter↵키를 눌러 명령을 해제합니다.

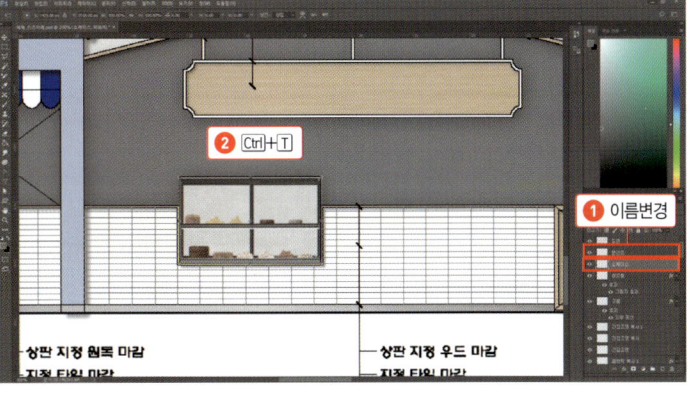

134 '팬던트' 레이어는 도면보다 위에 위치시켜줍니다. 색상을 좀 더 밝게 표현되어야겠습니다. ① 곡선 단축키 Ctrl+M을 눌러 ② ③ 다음과 같이 값을 조절해준 후 ④ 확인 버튼을 눌러줍니다. 곡선형태가 이렇게 표현되어야 밝기가 밝아지면서 검정색 줄까지 표현이 잘 되어 보입니다.

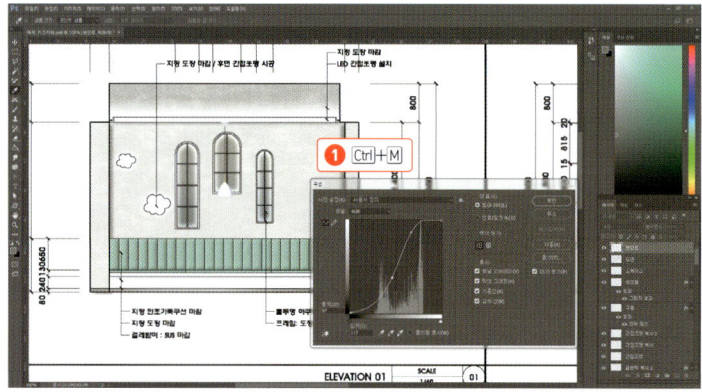

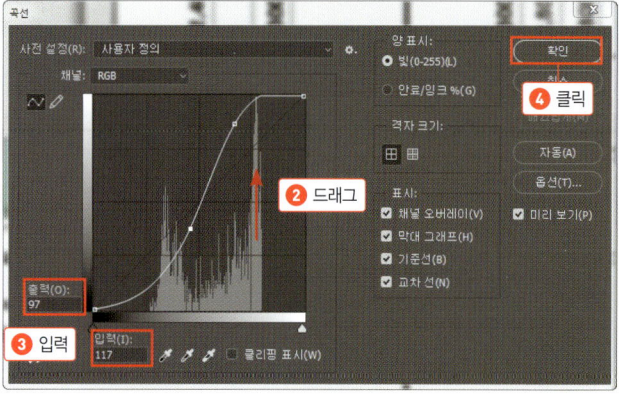

135 ① '팬던트' 레이어를 더블클릭하여 레이어 스타일 창을 열어줍니다. ② 드롭섀도를 체크하고 ③ 더블클릭하여 ④ 다음과 같이 값을 설정한 후 ⑤ 확인 버튼을 누릅니다. 그림자 효과가 적용되었습니다.

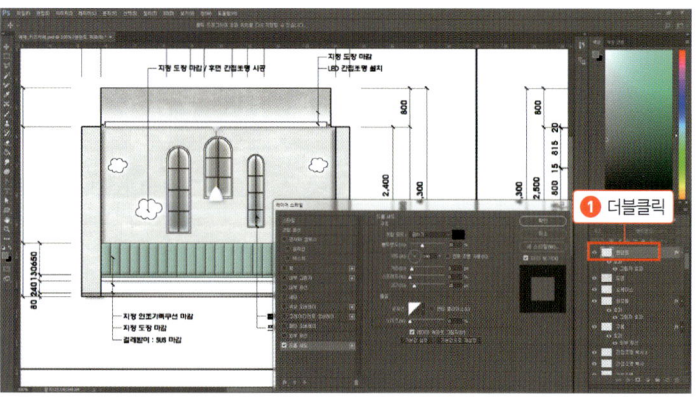

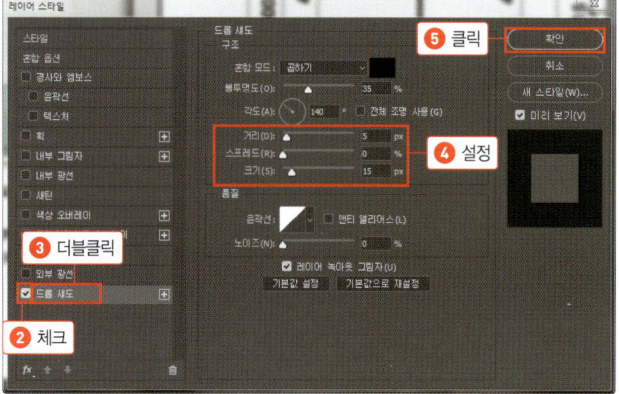

136 Alt 를 누르면서 양 옆으로 드래그하여 팬턴트를 복사해서 다음과 같이 위치시켜 줍니다.

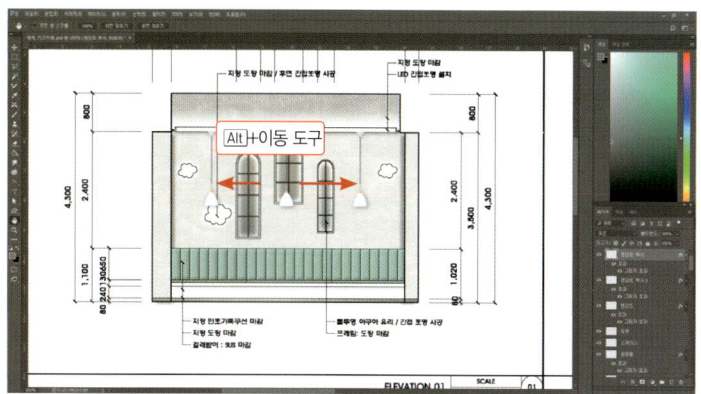

137 '벽등' 소스가 빠졌네요. ❶ 열기 단축키 Ctrl + O 를 누르고 '벽등'.png 파일을 불러옵니다. 창을 다음과 같이 드래그하여 아래로 내린다음, ❷ 이동 도구〈✥〉단축키 V 를 누르고 ❸ 예제_키즈카페.PSD로 드래그해 줍니다. 벽등.png 파일은 X 버튼을 눌러 닫아주세요.

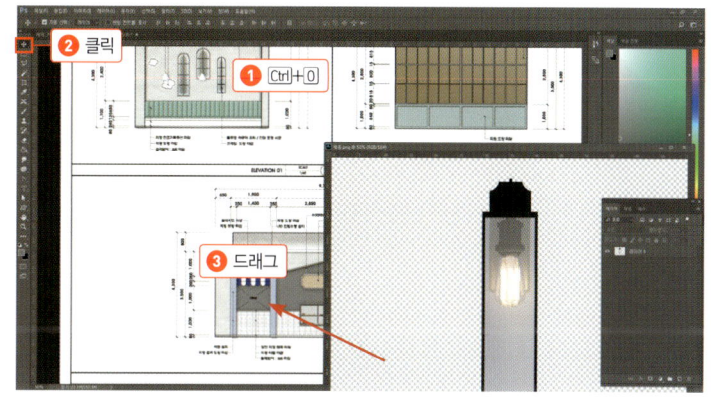

138 레이어명을 '벽등'으로 변경해주고, 자유 변형 단축키 Ctrl + T 명령으로 Shift 버튼을 누르면서 다음과 같이 크기를 조절하여 위치시켜 줍니다. Enter↵ 키를 눌러 명령을 해제합니다.

139 ❶ '벽등' 레이어를 더블클릭하여 레이어 스타일 창을 열어줍니다. ❷ 드롭섀도를 체크하고 ❸ 더블클릭하여 ❹ 거리 2px/크기 5px 값을 지정한 후 ❺ 확인 버튼을 누릅니다. 그림자 효과가 적용되었습니다.

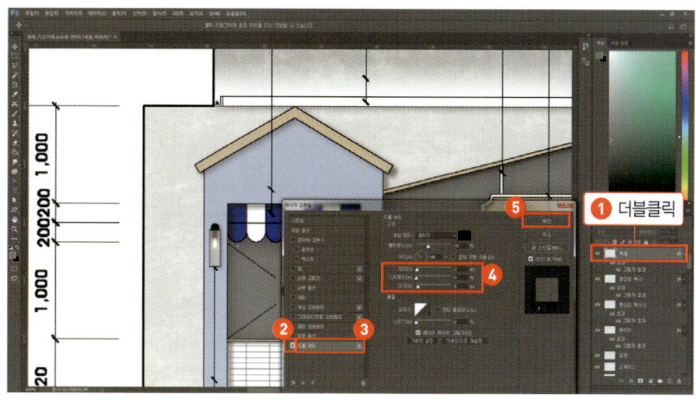

140 Alt +이동 도구〈✥〉를 누르면서 드래그하여 다음과 같이 벽등 레이어를 복사해서 위치시켜 줍니다.

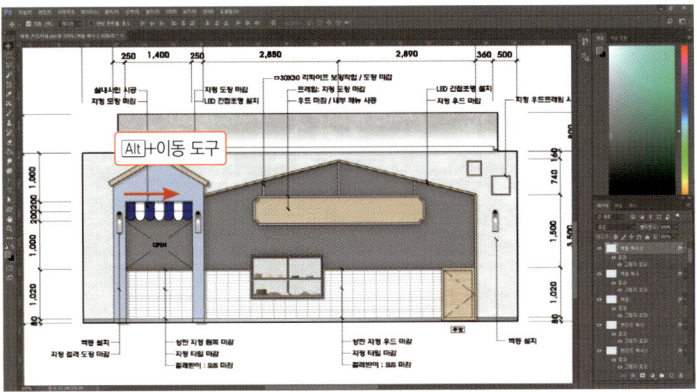

141 ❶ 열기 단축키 Ctrl + O 를 누르고 칼라링기본소스.psd 파일을 불러옵니다. 창을 다음과 같이 드래그하여 아래로 내린 다음, ❷ 이동 도구〈✥〉단축키 V 를 누르고 ❸ 빛소스4를 예제_키즈카페.PSD로 드래그해줍니다. 칼라링기본소스.psd 파일은 X 버튼을 눌러 닫아주세요.

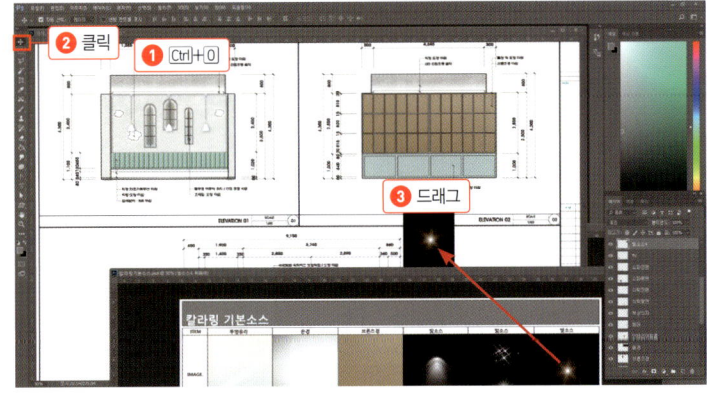

142 '빛소스4' 레이어를 제일 위로 이동시키고, ❶ '스크린'으로 변경시켜줍니다. ❷ 자유 변형 단축키 Ctrl + T 명령으로 빛소스 크기를 줄여서 다음과 같이 위치시켜 줍니다.

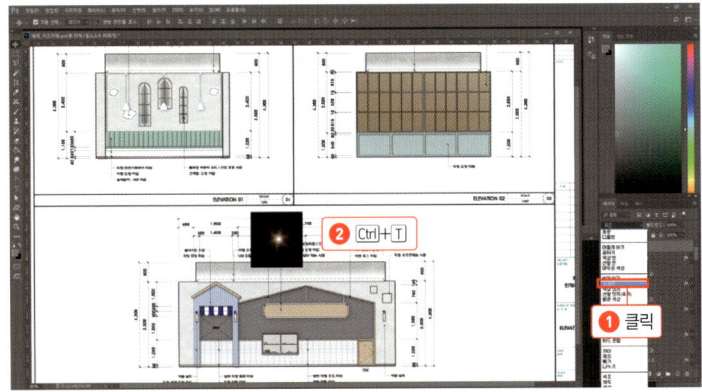

143 Alt +이동 도구〈✥〉를 누르면서 드래그하여 다음과 같이 다른 벽등에도 빛소스를 복사해서 위치시켜 줍니다.

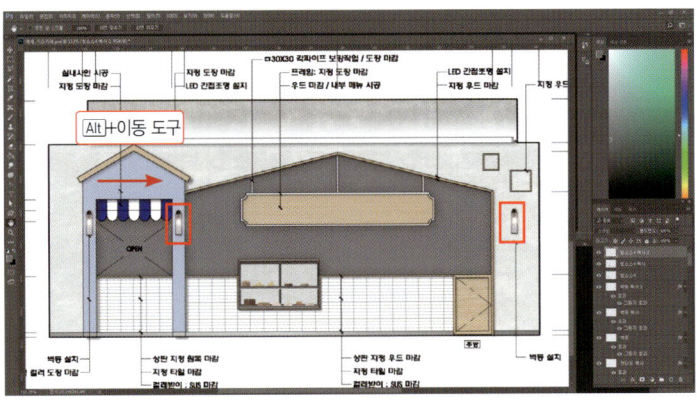

144 같은 방법으로 칼라링기본소스.psd의 빛소스2번을 다음과 같이 위치시켜 줍니다.

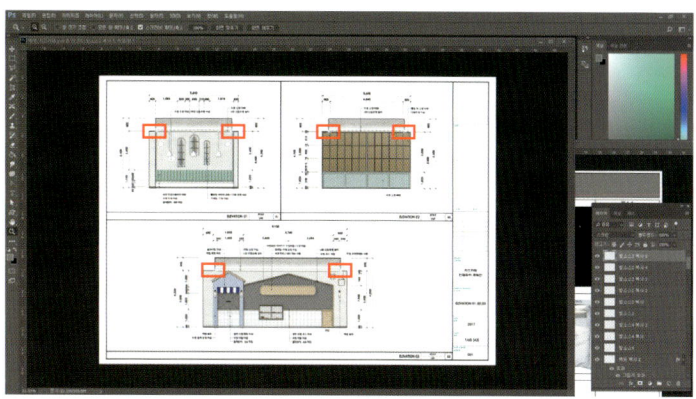

Lesson 10 실내사인 표현하기

145 열기 단축키 Ctrl+O를 누르고 키즈카페사인ai 파일을 불러옵니다. PDF 가져오기 창이 열리면 확인 버튼을 누릅니다. 일러스트에서 사인작업을 진행한 것을 칼라링에 표현하기 위해 포토샵으로 불러왔습니다. 배경이 없기 때문에 글자만 이동될 것이고, 각각 부착되는 위치가 다르기 때문에 하나하나 따로 지정해서 이동시켜야 레이어가 각각 적용됩니다.

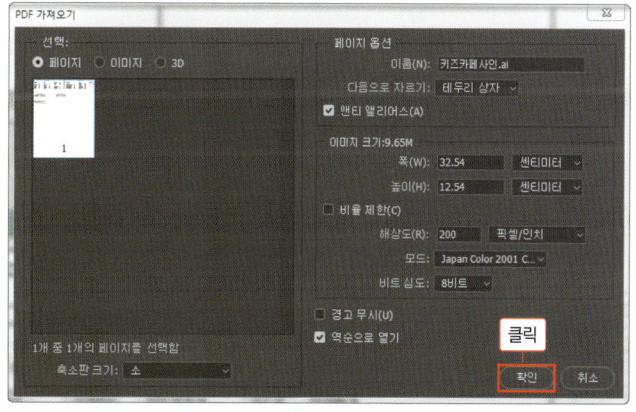

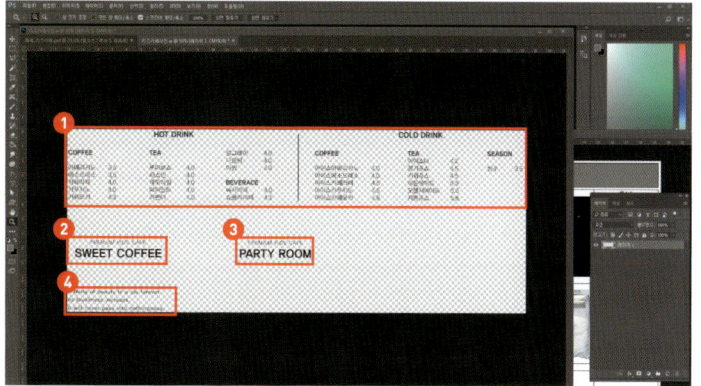

146 먼저 메뉴판부터 이동시켜 보겠습니다. 사각선택 도구〈 〉 단축키 M을 누른 후 다음과 같이 드래그하여 이동할 영역을 선택해주고, 이동 도구〈 〉 단축키 V를 이용하여 예제_키즈카페.psd 파일로 드래그합니다.

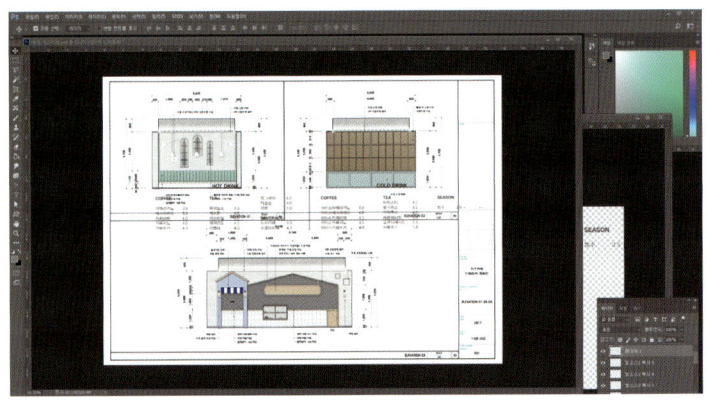

147 레이어명을 메뉴판사인 으로 변경해주고, 자유 변형 단축키 Ctrl+T 명령으로 Shift 버튼을 누르면서 다음과 같이 크기를 조절하여 위치시켜 줍니다. Enter↵키를 눌러 명령을 해제합니다.

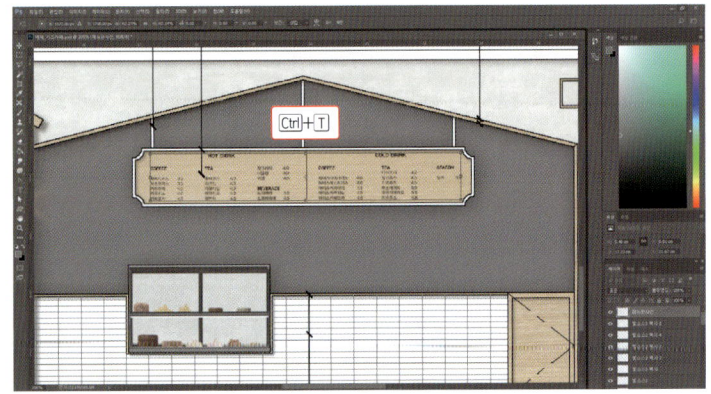

148 나머지 사인들도 같은 방법으로 진행하여 위치시켜줍니다.

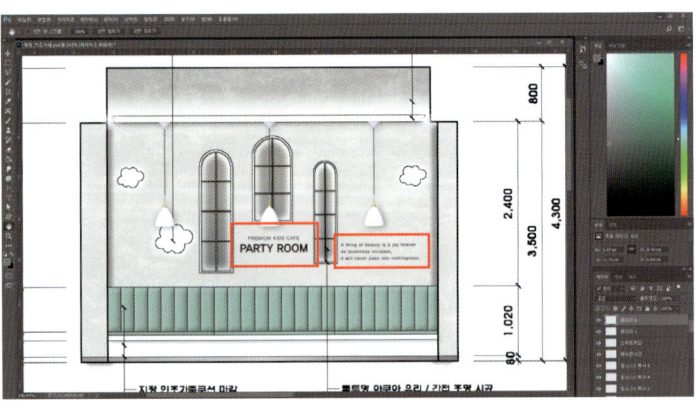

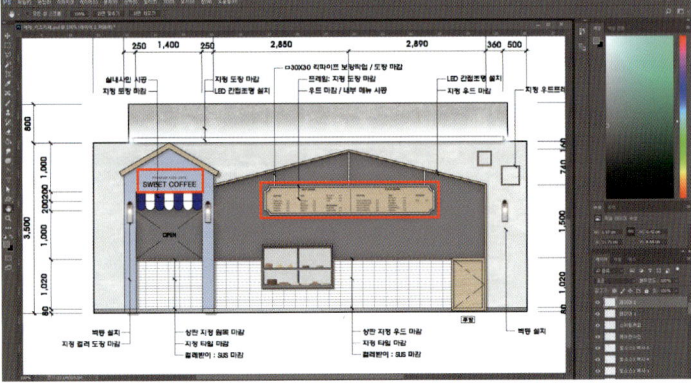

Lesson 11 브론즈경 비치는 효과 표현하기

149 브론즈경은 칼라링을 했는데 비치는 효과까지 주면 더 예쁠 것 같습니다. 캡쳐프로그램을 쓴다면 ELEVATION 01부분만 캡쳐해서 진행하면 되는데 프로그램을 찾아서 깔고, 번거로우니까요. 여기까지 진행된 상태에서 예제_키즈카페. psd 파일을 저장해보도록 하겠습니다. 메뉴 바에 [파일]-[다른 이름으로 저장]을 클릭합니다. 단축키는 Shift + Ctrl + S 입니다.

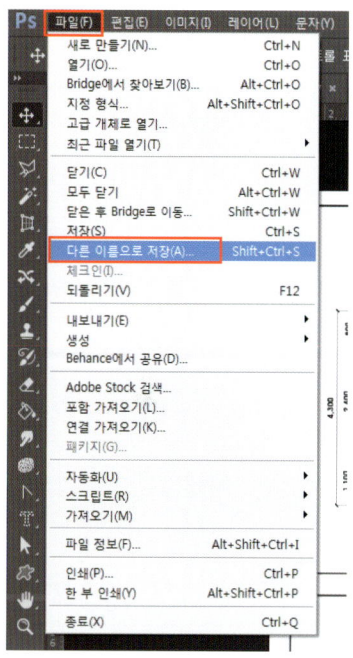

150 경로를 지정해주고 파일형식을 JPEG 또는 PNG를 선택하고 저장 버튼을 눌러줍니다.

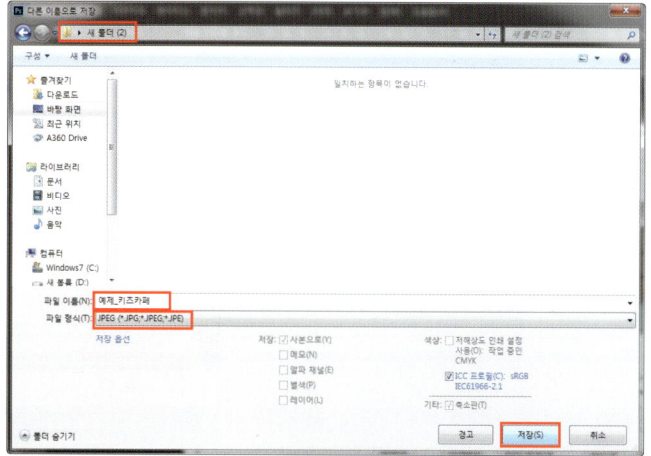

JPEG 옵션 창이 나타나면 확인 버튼을 누릅니다.

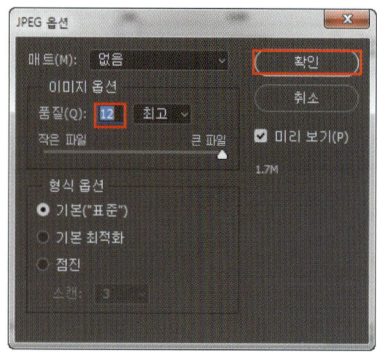

151 열기 단축키 Ctrl+O를 누르고 예제_키즈카페.jpg 파일을 불러옵니다. ❶ 사각선택 도구< > 단축키 M을 누른 후 ❷ 다음과 같이 드래그하여 이동할 영역을 선택해주고, ❸ 이동 도구< > 단축키 V를 이용하여 예제_키즈카페.psd 파일로 드래그합니다.

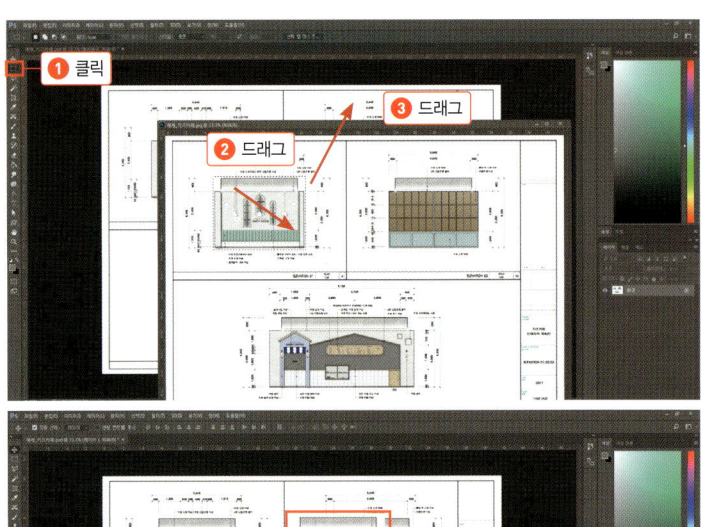

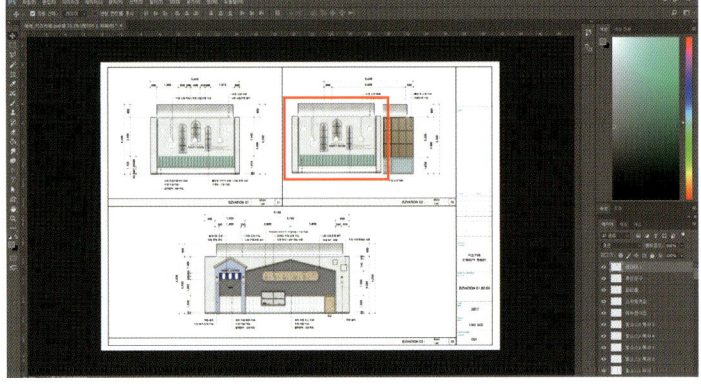

152 ❶ 레이어명을 '비치는 입면'으로 변경해주고, 브론즈경 위로 ❷ 레이어 위치를 이동시켜줍니다.

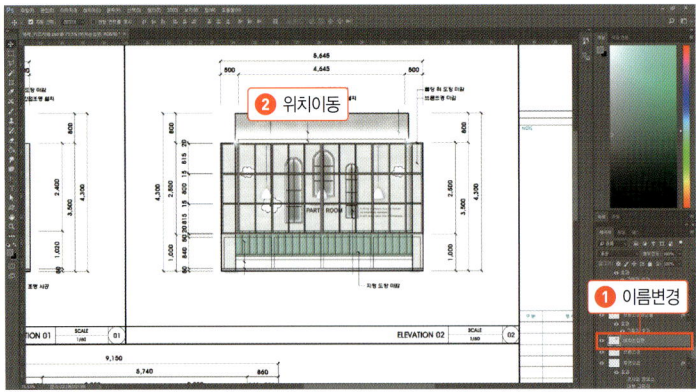

153 거울엔 반대로 비치니까요. ❶ 자유변형 단축키 Ctrl+T 명령을 누르고 ❷ '가로로 뒤집기'를 선택한 후 Enter↵키를 눌러 명령을 해제합니다.

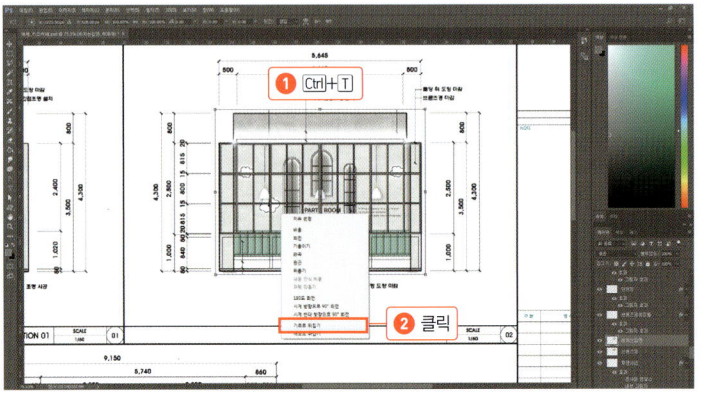

154 불투명도값을 '20'으로 설정해줍니다.

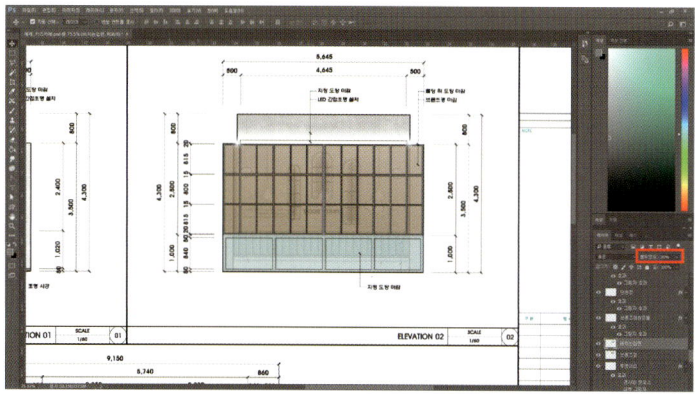

155 ① '브론즈경' 레이어를 선택하고 Ctrl 키를 누른상태에서 '브론즈경' 레이어 앞부분을 클릭하면 다음과 같이 선택이 됩니다. ② 단축키 Shift + Ctrl + I 를 눌러 선택한 이미지의 외부면을 선택할 수 있도록 선택을 반전시키고 ③ 지워져야할 '비치는 입면' 레이어를 선택한 다음 ④ Delete 버튼을 눌러 배경을 삭제해줍니다. 단축키 Ctrl + D 를 눌러 선택을 해제합니다. 브론즈경에 비치는 효과가 적용되었습니다.

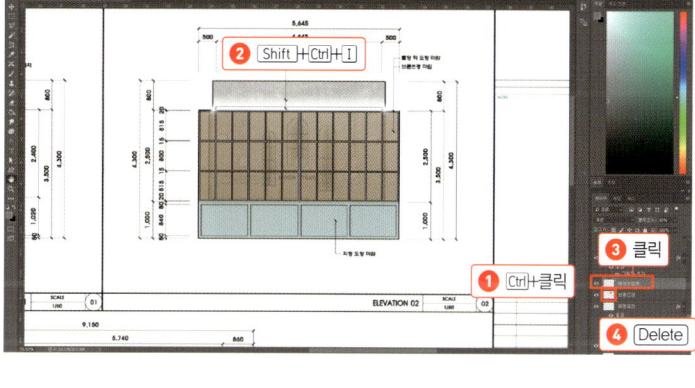

156 ① 열기 단축키 Ctrl + O 를 누르고 타일_포세린타일.png 파일을 불러옵니다. 창을 다음과 같이 드래그하여 아래로 내린 다음, ② 이동 도구 ⟨✥⟩ 단축키 V 를 누르고 ③ 예제_키즈카페.PSD로 드래그해줍니다. 타일_포세린타일.png 파일은 X 버튼을 눌러 닫아주세요.

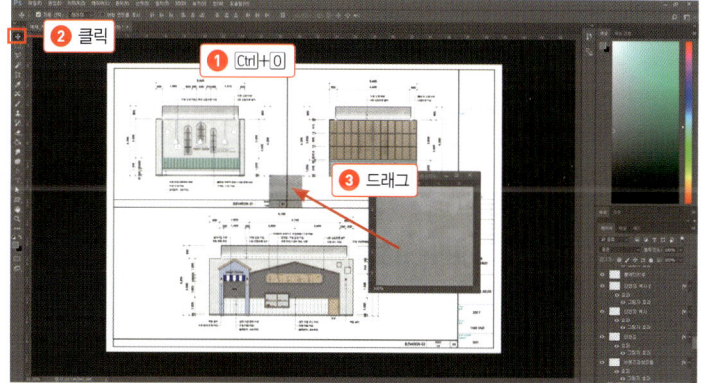

157 다음과 같이 위치시키고, ① 사각선택 도구⟨▢⟩ 단축키 M 을 눌러 ② 드래그한 후 ③ Delete 버튼을 눌러 삭제해줍니다.

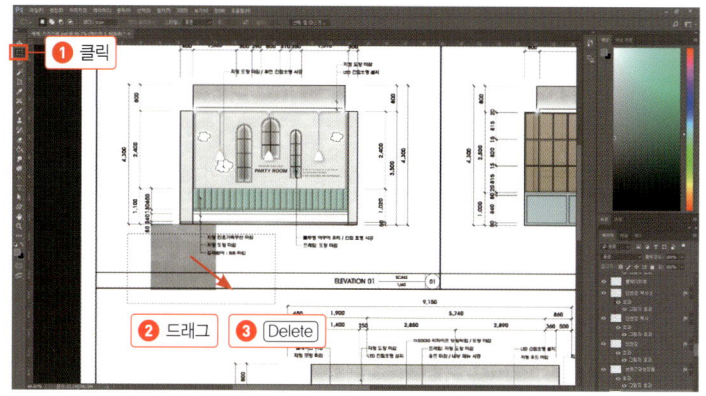

158 자유 변형 단축키 Ctrl+T 명령을 누르고 다음과 같이 길이를 조절한 후 Enter↵키를 눌러 선택을 해제합니다.

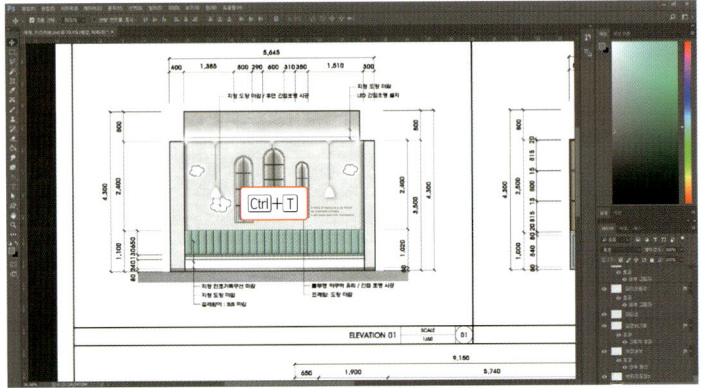

159 ❶ 레이어명을 '타일'로 변경해주고, ❷ 더블클릭하여 레이어 스타일 창을 열어줍니다. ❸ 내부 그림자를 체크하고 ❹ 더블클릭하여 거리 10px/크기 15px로 값을 지정한 후 확인 버튼을 누릅니다. 내부 그림자 효과가 적용되었습니다.

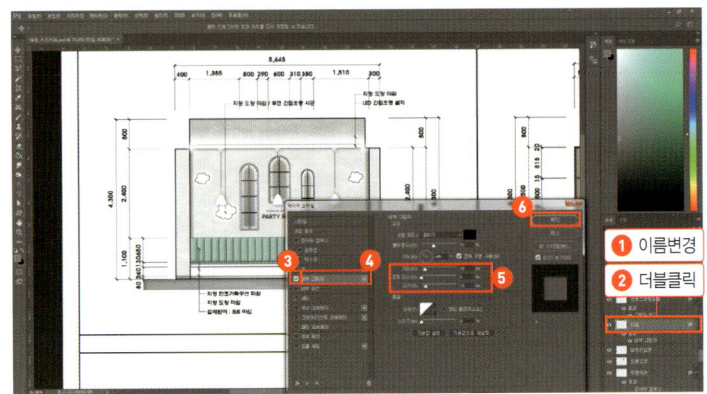

160 다른 입면에도 Alt+이동 도구(✥)를 누르면서 드래그 하여 타일을 표현해줍니다.

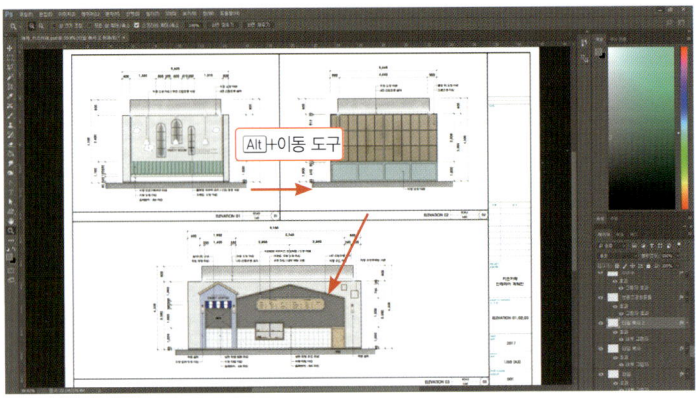

예제_키즈카페 입면도 칼라링이 완성되었습니다.

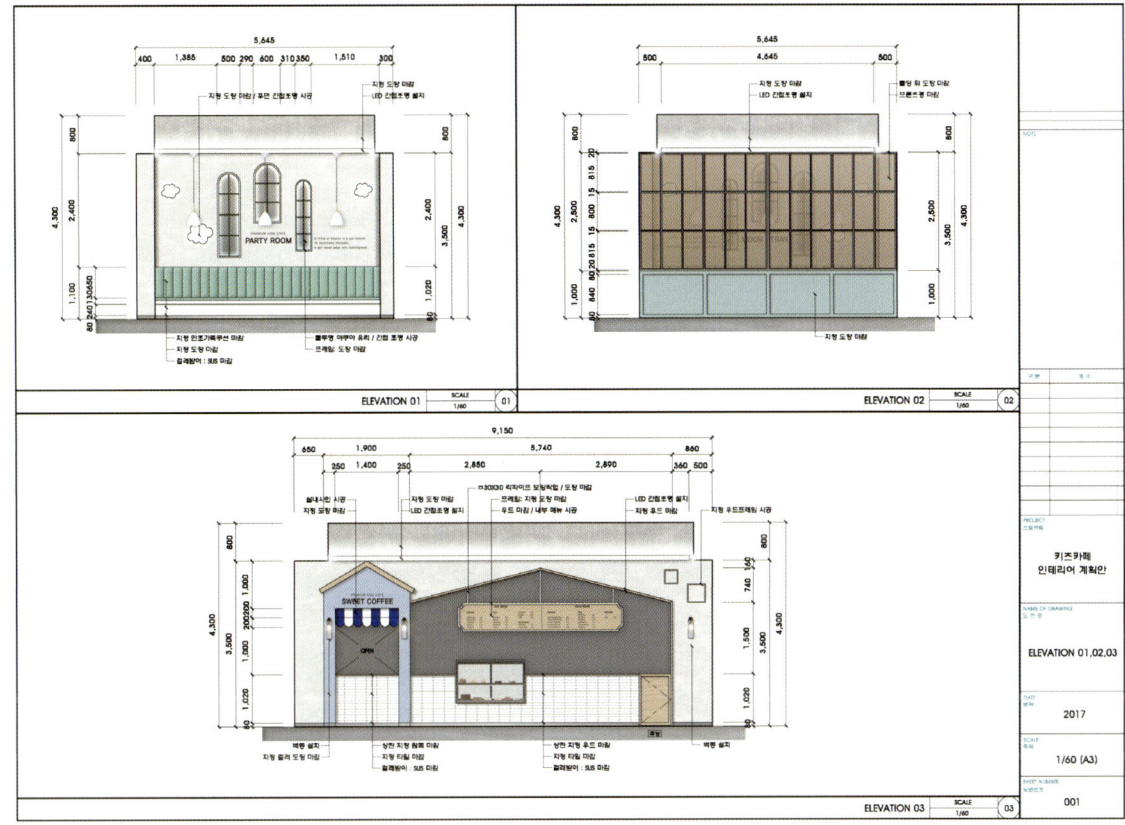

CHAPTER 06
미용학과 강의실 입면도 칼라링

● 예제 파일 Part04. – 06. 예제_미용학과 강의실 입면도

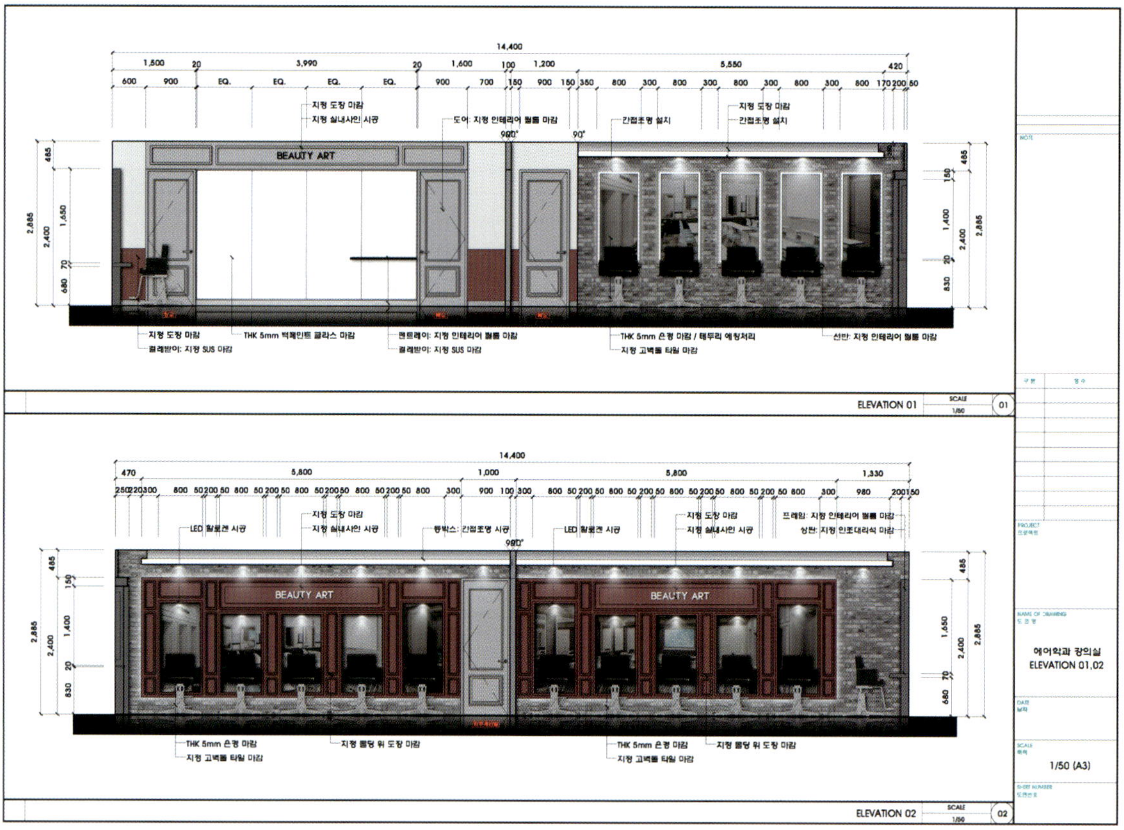

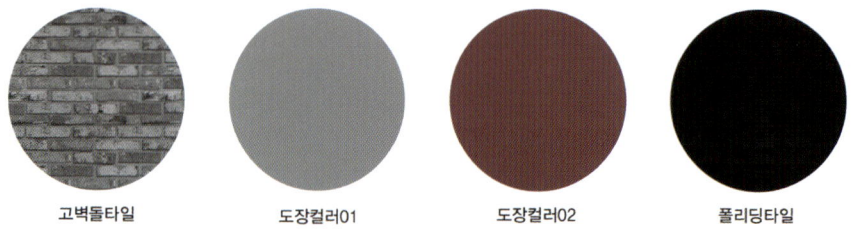

고벽돌타일   도장컬러01   도장컬러02   폴리딩타일

Lesson 01 기본 작업 시작하기

01 화면을 더블클릭하거나, 단축키 Ctrl+O를 눌러 예제 파일 예제_미용학과 강의실.eps를 불러옵니다.

A3 파일로 저장되었기 때문에 이미지 크기는 ❶ '42.02', 높이는 ❷ '29.7'로 지정되어 있습니다. ❸ 해상도를 '200'으로 ❹ 모드는 RGB색상으로 지정하고 ❺ 앤티앨리어스에 체크를 해제한 후 ❻ 확인 버튼을 누릅니다.

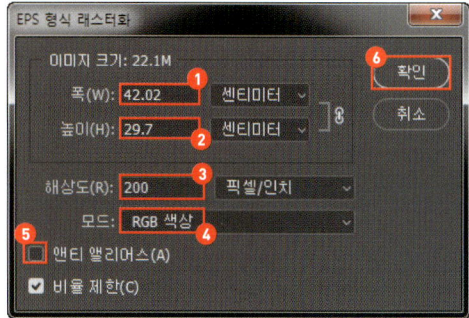

02 ❶ 레이어 창의 〈 〉 버튼을 눌러 새로운 레이어를 만들어줍니다. ❷ 배경색이 흰색으로 지정되어 있는지 확인하고 ❸ 단축키 Ctrl+Delete를 눌러 배경을 흰색으로 채워줍니다.

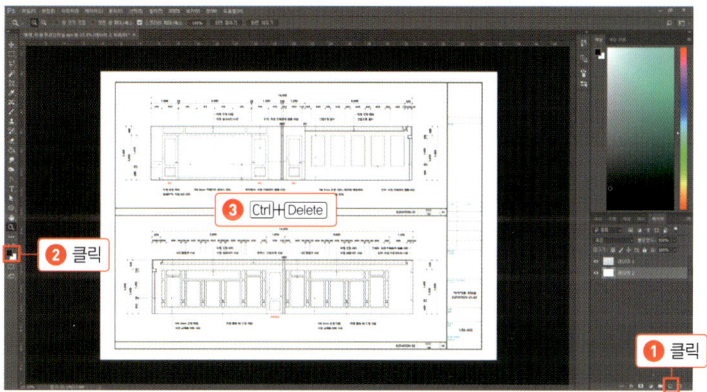

03 레이어2를 더블클릭하여 이름을 배경으로, 레이어1을 더블클릭하여 이름을 '도면'으로 변경한 후 '배경' 레이어를 잡고 아래쪽으로 드래그해서 '배경' 레이어가 '도면' 레이어 아래에 위치하게 합니다. 칼라링을 하기 위한 베이스 작업이 완료되었습니다.

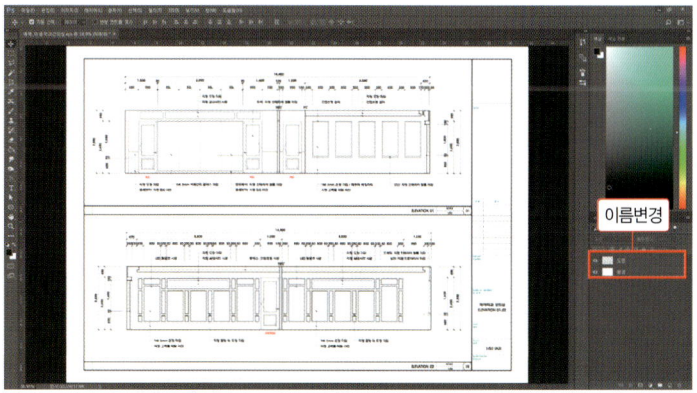

Lesson 02 패턴으로 등록하여 고벽돌 타일 표현하기

04 '고벽돌 타일'을 패턴으로 등록하여 칼라링해보도록 하겠습니다. 열기 단축키 Ctrl+O를 누르고 '고벽돌 타일' 파일을 불러옵니다. 메뉴 바에서 ❶ [편집]- ❷ [패턴 정의]를 클릭하고 ❸ 패턴이름 창이 나타나면 이름을 지정해주고 ❹ 확인 버튼을 누릅니다. 고벽돌 타일 맵소스가 패턴으로 등록되었습니다.

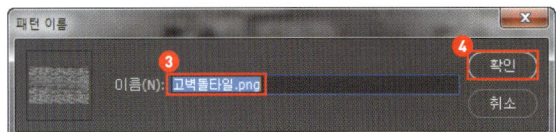

05 예제_미용학과 강의실 창으로 돌아와서, ❶ 레이어 창의 〈 〉 버튼을 눌러 새로운 레이어를 만들어준 후 ❷ 이름을 '고벽돌 타일'로 변경합니다.

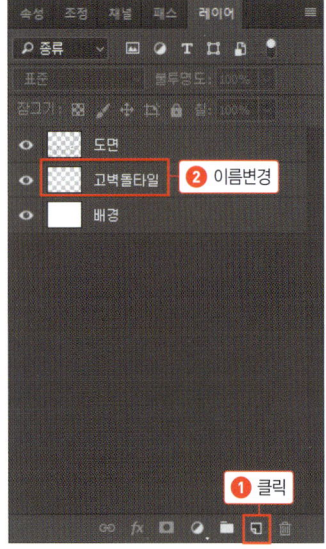

06 '고벽돌 타일'로 마감될 부분을 선택해줍니다. ❶ 사각선택 도구〈▣〉단축키 M 을 눌러 영역을 다음과 같이 ❷ 드래그하여 선택해주고 ❸ 메뉴 바의 [편집]- ❹ [칠]을 누르고 칠 대화창이 나타나면 ❺ ❻ 조금 전 패턴으로 등록한 ❼ 고벽돌 타일을 선택하고 ❽ 확인 버튼을 누릅니다.

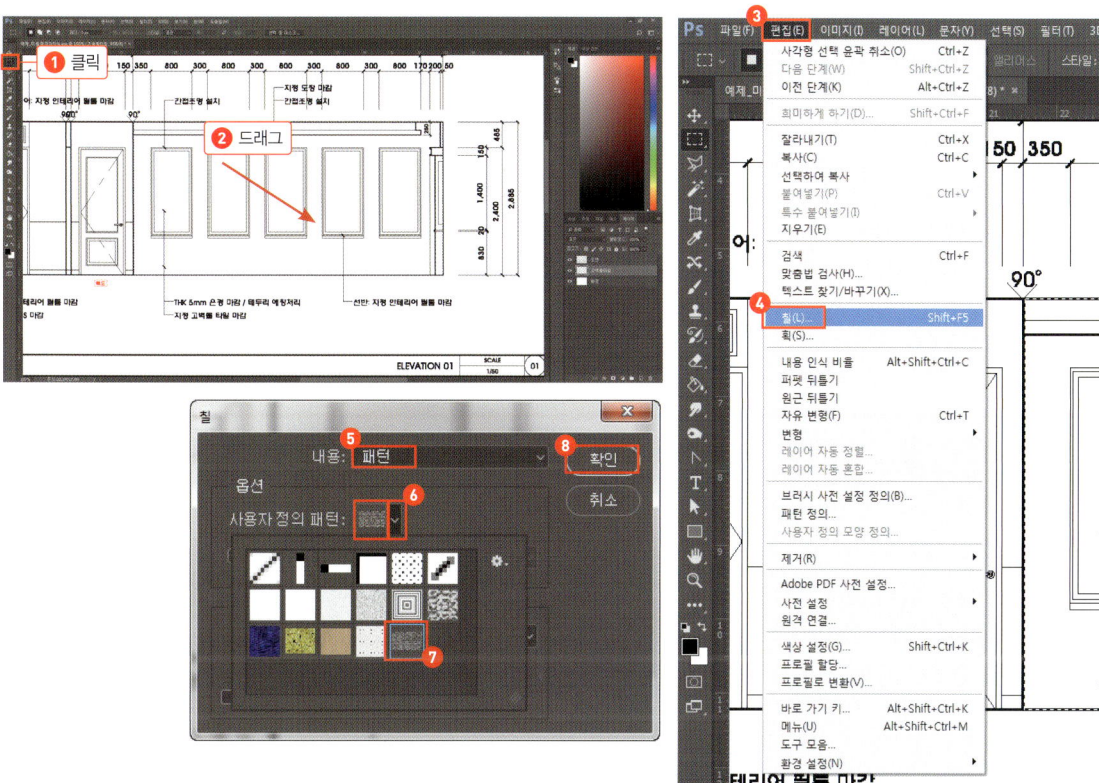

07 맵소스 크기가 엄청 크네요. 패턴 크기를 조절 해보도록 하겠습니다. 고벽돌 타일 레이어를 더블클릭하여 레이어 스타일 창을 열어줍니다. ❶ 패턴 오버레이에 체크하고 ❷ 더블클릭하여 ❸ 다음과 같이 값을 설정해주고 ❹ 확인 버튼을 누릅니다. 그림자 효과가 적용되었습니다. 단축키 Ctrl + D 를 눌러 선택을 해제합니다.

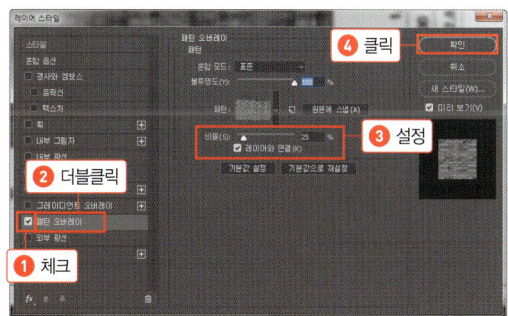

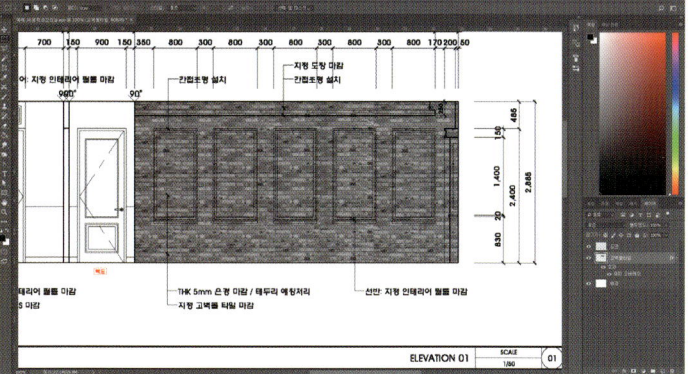

08 같은 방법으로 다른 고벽돌 마감도 칼라링합니다.

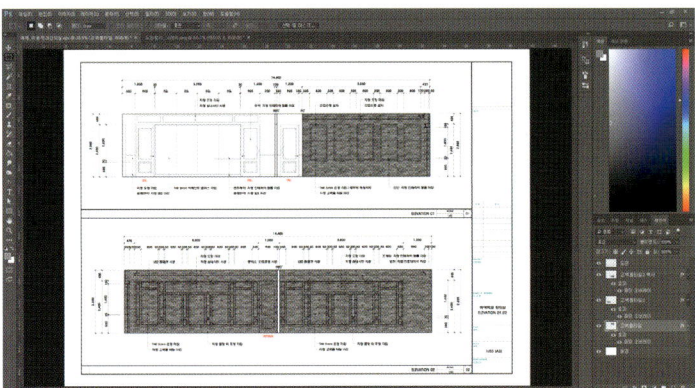

Lesson 03 거울 프레임 표현하기

09 ① 레이어 창의 〈 〉 버튼을 눌러 새로운 레이어를 만들고, ② 레이어 명을 '거울 프레임'으로 변경해줍니다. ③ 사각선택 도구〈 〉 단축키 M을 눌러 영역을 ④ 다음과 같이 드래그하여 선택해주고 ⑤ Alt 키를 누르면서 안쪽의 선을 한 번 더 드래그하여 프레임만 선택될 수 있도록 선택영역을 빼줍니다.

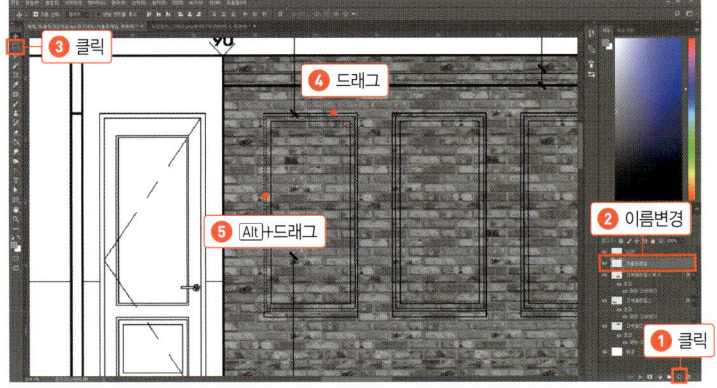

10 전경색〈 〉을 클릭하고 다음과 같이 색상을 선택한 후 확인 버튼을 누릅니다. 색상은 나중에도 조절이 가능하니까요. 회색톤을 선택해주면 됩니다.

11 페인트통 도구〈 〉를 누르고 선택영역에 클릭해주면 색상이 채워졌습니다. Ctrl+D를 눌러 선택을 해제해줍니다. '거울 프레임' 레이어를 더블클릭하여 레이어 스타일 창을 열어줍니다. ❶ 드롭섀도에 체크하고 ❷ 더블클릭하여 ❸ 다음과 같이 값을 설정해주고 ❹ 확인 버튼을 누릅니다. 그림자 효과가 적용되었습니다.

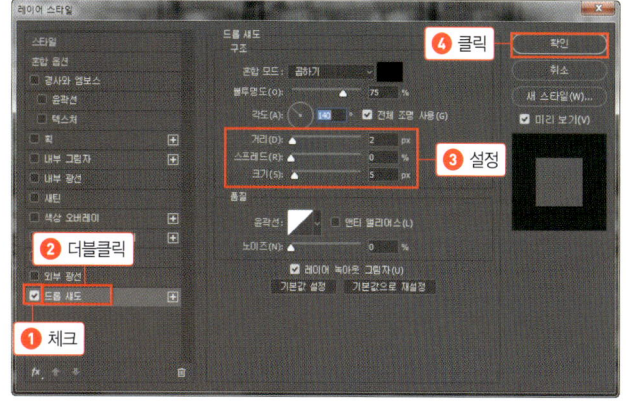

12 이번에는 거울의 테두리 에칭 효과를 표현해보도록 하겠습니다. ❶ 레이어 창의 〈 〉 버튼을 눌러 ❷ 새로운 레이어를 만들고, 레이어명을 '에칭거울'로 변경해줍니다. ❸ 사각 선택 도구〈 〉 단축키 M을 눌러 ❹ 영역을 다음과 같이 드래그하여 선택해주고 ❺ Alt 키를 누르면서 안쪽의 선을 한번 더 드래그하여 프레임만 선택될 수 있도록 선택영역을 빼줍니다.

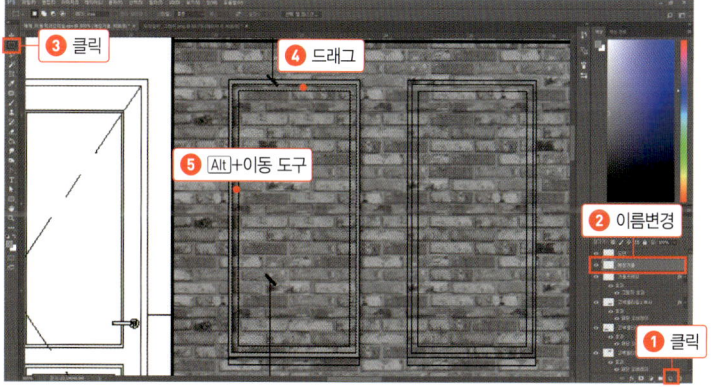

13 ❶ 전경색〈 〉을 클릭하여 전경색과 배경색을 바꿔주고, ❷ 페인트통 도구〈 〉를 누르고 ❸ 선택영역에 클릭해주면 색상이 채워졌습니다.

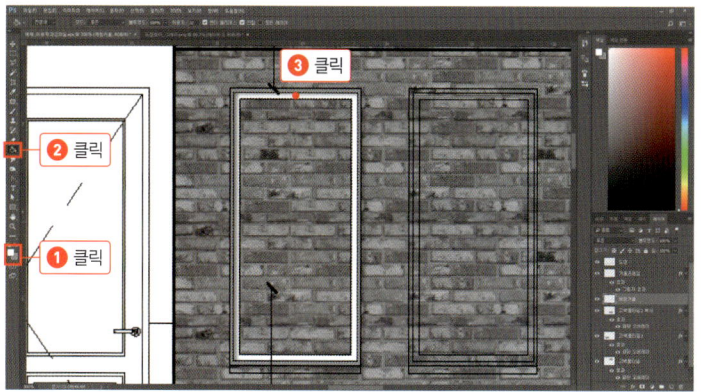

14 '에칭거울' 레이어를 더블클릭하여 레이어 스타일 창을 열어줍니다. ❶ 외부광선에 체크하고 ❷ 더블클릭하여 ❸ 다음과 같이 값을 설정해주고 ❹ 확인 버튼을 누릅니다. 외부 광선 효과가 적용되었습니다.

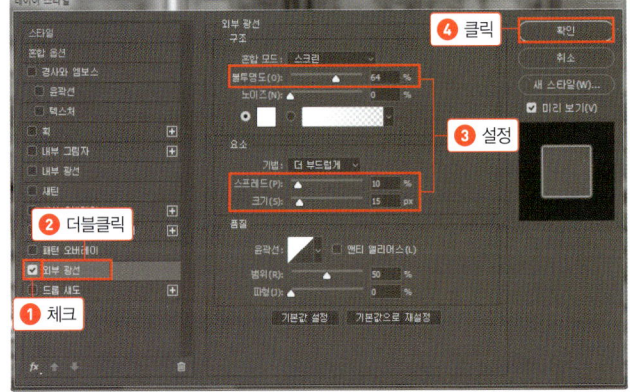

15 선반을 칼라링해보도록 하겠습니다. ❶ 레이어 창의 〈 ▢ 〉 버튼을 눌러 새로운 레이어를 만들고, ❷ 레이어 명을 '선반'으로 변경해줍니다. ❸ 사각선택 도구〈 ▢ 〉 단축키 M을 눌러 ❹ 영역을 다음과 같이 드래그하여 선택해줍니다.

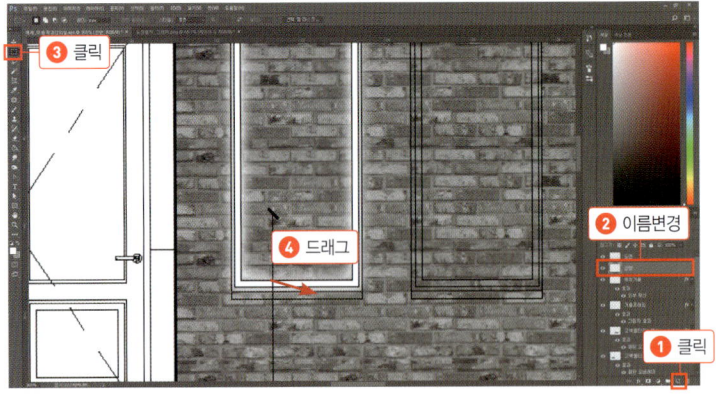

16 ❶ 전경색〈 ▢ 〉을 클릭하여 전경색과 배경색을 바꿔주고, ❷ 페인트통 도구〈 ▢ 〉를 누르고 ❸ 선택영역에 클릭해주면 색상이 채워졌습니다. ❹ '선반' 레이어를 더블클릭하여 레이어 스타일 창을 열어줍니다. ❺ 드롭섀도에 체크하고 ❻ 더블클릭하여 ❼ 다음과 같이 값을 설정해주고 ❽ 확인 버튼을 누릅니다. 그림자 효과가 적용되었습니다.

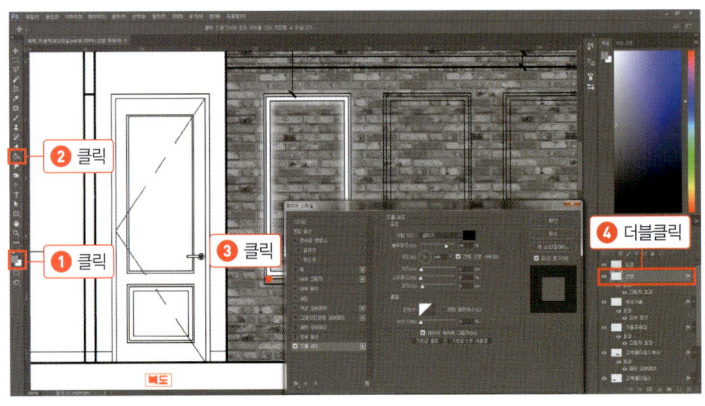

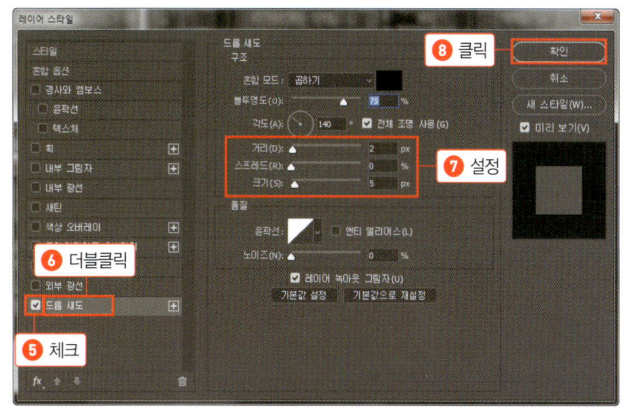

17 ❶ '선반', '에칭거울', '거울 프레임' 레이어를 Shift 를 누르면서 하나하나 선택한 후 Ctrl+E를 눌러 레이어를 병합해줍니다. '선반' 레이어를 복사하기 Alt+이동 도구 (　)를 눌러 옆에 거울들에도 위치시켜줍니다. 같은 크기의 거울인데도, eps로 변환되어 오는 과정에서 크기가 살짝살짝 달라져 있을 수 있습니다. Ctrl+T를 이용해서 크기를 선에 맞게 조절해줍니다.

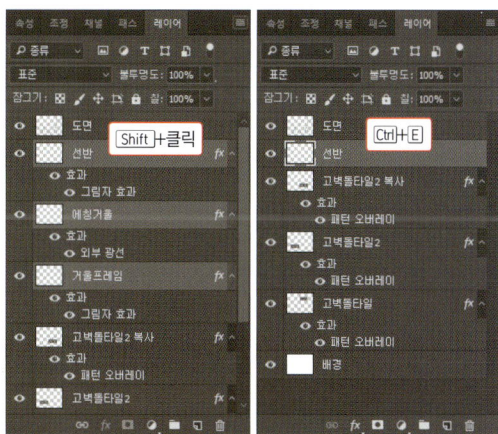

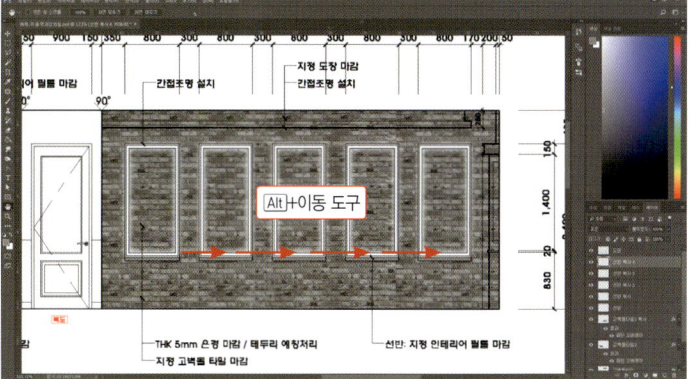

18 ELEVATION 02의 거울 프레임도 칼라링해보도록 하겠습니다. ❶ 열기 단축키 Ctrl+O를 누르고 포인트 컬러 파일을 불러옵니다. 창을 다음과 같이 드래그하여 아래로 내려줍니다. ❷ 사각선택 도구〈▭〉 단축키 M을 눌러 ❸ 다음과 같이 거울 프레임을 선택합니다.

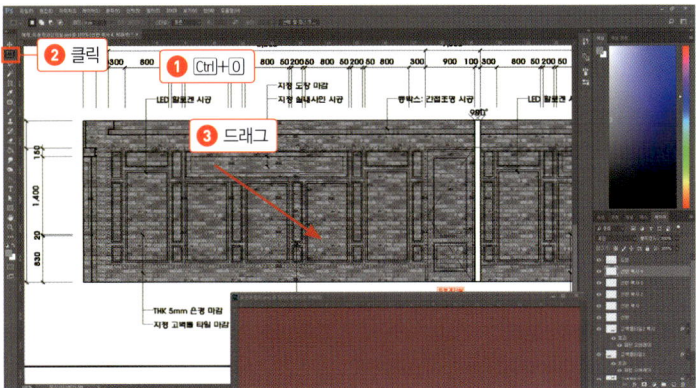

19 ❶ 레이어 창의 〈🗖〉 버튼을 눌러 새로운 레이어를 만들어주고, ❷ 레이어명을 '거울 프레임레드'로 변경합니다. 색상을 추출해보도록 하겠습니다. ❸ 스포이드 도구〈🖋〉를 누르고 ❹ 포인트 컬러 쪽으로 클릭해서 색상을 추출합니다. 색상피커 컬러가 포인트컬러로 변경되었습니다.

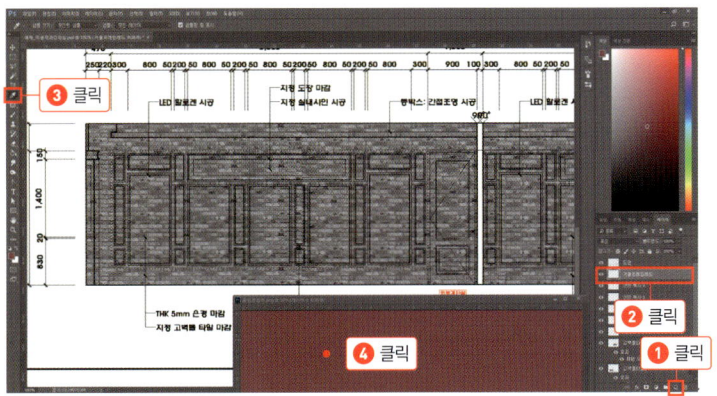

20 ❶ 페인트통 도구〈🪣〉를 누르고 ❷ 선택영역에 클릭해주면 색상이 채워졌습니다. 포인트컬러 파일은 닫아줍니다. ❸ '거울 프레임레드' 레이어를 더블클릭하여 레이어 스타일 창을 열어줍니다. ❹ 외부광선에 체크하고 ❺ 더블클릭하여 ❻ 다음과 같이 값을 설정해주고 ❼ 확인 버튼을 누릅니다. 외부광선 효과가 적용되었습니다.

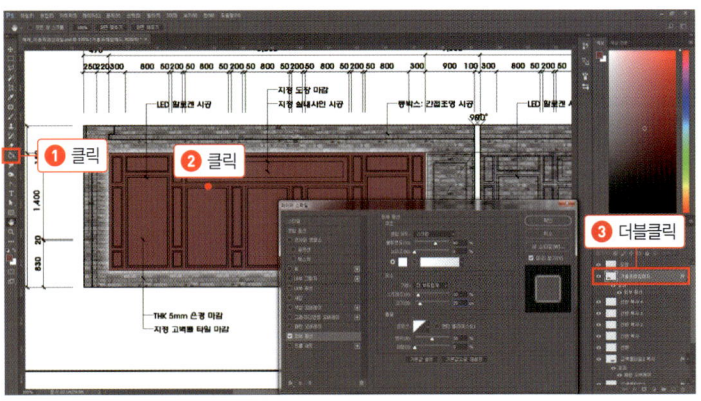

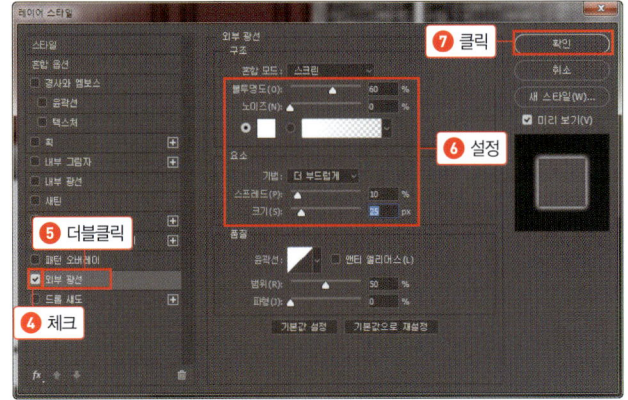

Chapter 06 미용학과 강의실 입면도 칼라링 :: 395

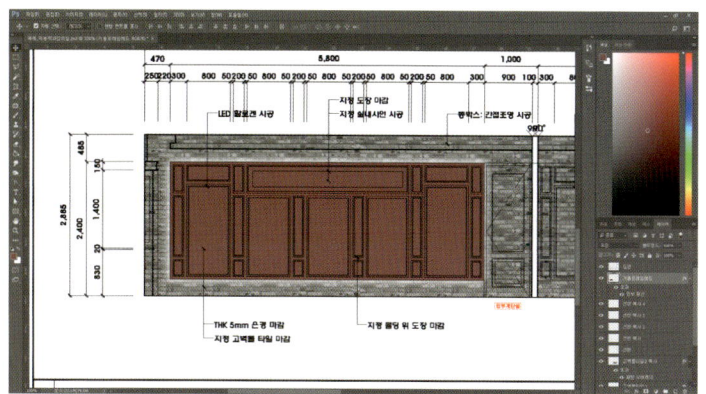

21 몰딩을 표현해보도록 하겠습니다. ❶ '거울 프레임레드' 레이어가 선택되어 있는지 확인하고, ❷ 사각선택도구〈 〉 단축키 M을 눌러 ❸ 영역을 다음과 같이 드래그하여 선택해주고 ❹ Alt 키를 누르면서 안쪽의 선을 한번 더 드래그하여 프레임만 선택될 수 있도록 선택영역을 빼줍니다.

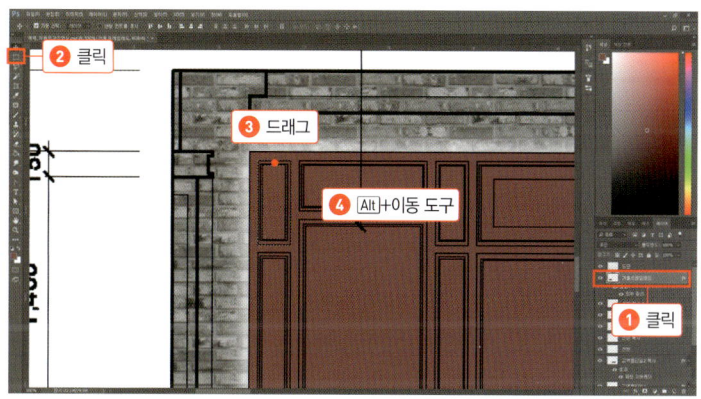

22 ❶ Ctrl + J를 눌러 선택영역을 복사해주고, '거울 프레임레드' 레이어를 복사했기 때문에 같은 속성을 가지고 있습니다. ❷ 레이어1을 '몰딩'으로 레이어명을 변경한 후 ❸ 더블클릭하여 ❹ 외부광선 효과를 체크해제하고 ❺ 드롭섀도에 체크하고 ❻ 더블클릭하여 ❼ 다음과 같이 값을 설정해주고 ❽ 확인 버튼을 누릅니다. 그림자 효과가 적용되었습니다.

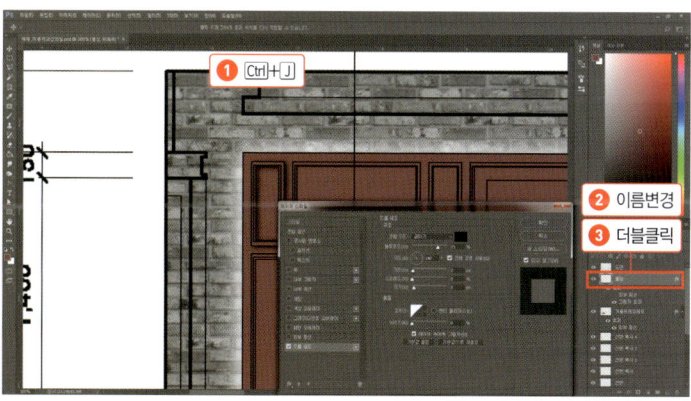

23 같은 방법으로 다른 몰딩들도 칼라링합니다. 크기가 같은 몰딩은 복사하기 Alt +이동 도구〈✥〉를 눌러 위치시켜줍니다. 하나하나 선에 맞게 작업이 되어야 깔끔하게 표현됩니다.

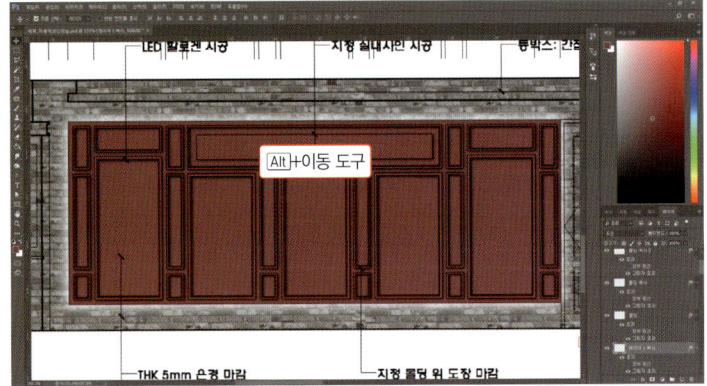

24 조금 전 작업한 몰딩관련 레이어들을 ❶ Shift 를 누르면서 선택해주고 ❷ Ctrl + E 를 눌러 레이어를 병합합니다. 레이어를 잡고 이동시켜보면 레이어가 병합된 것을 확인할 수 있습니다.

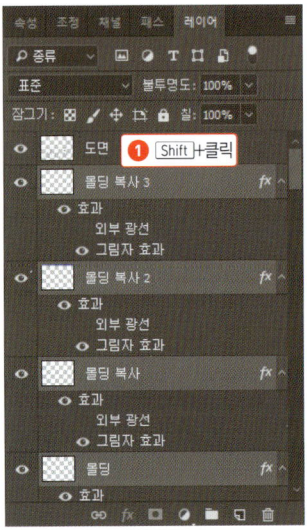
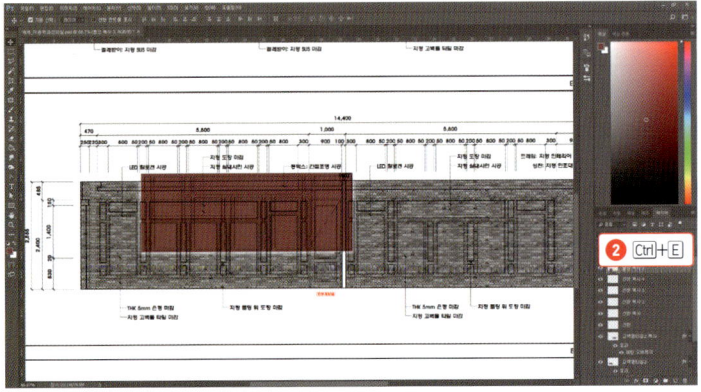

25 바로 옆의 거울 프레임도 복사하기 Alt +이동 도구〈✥〉를 눌러 다음과 같이 위치시켜줍니다.

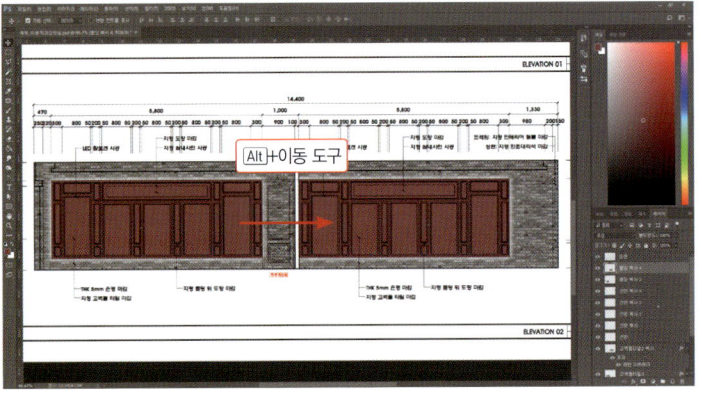

Lesson 04 도장 및 인테리어 필름 표현하기

26 ❶ 레이어 창의 〈 〉 버튼을 눌러 새로운 레이어를 만들어주고, ❷ 레이어명을 '레드도장'으로 변경합니다. ❸ 사각선택 도구〈 〉 단축키 M을 누르고 Shift 를 누르면서 '레드도장' 부분을 ❹ 다음과 같이 드래그하여 선택합니다.

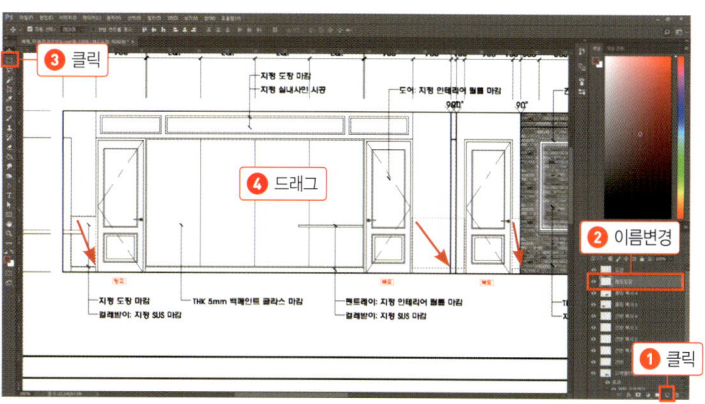

27 ❶ 페인트통 도구〈 〉를 누르고 ❷ 선택영역에 클릭해주면 색상이 채워졌습니다. Ctrl+D를 눌러 선택을 해제해줍니다.

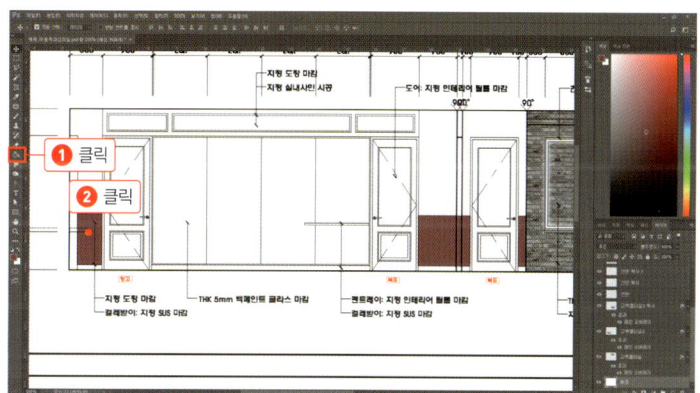

28 ❶ 레이어 창의 〈 〉 버튼을 눌러 새로운 레이어를 만들어주고, ❷ 레이어명을 '그레이도장'으로 변경합니다. ❸ 사각선택 도구〈 〉 단축키 M을 누르고 ❹ Shift 를 누르면서 그레이 도장부분을 다음과 같이 드래그하여 선택합니다.

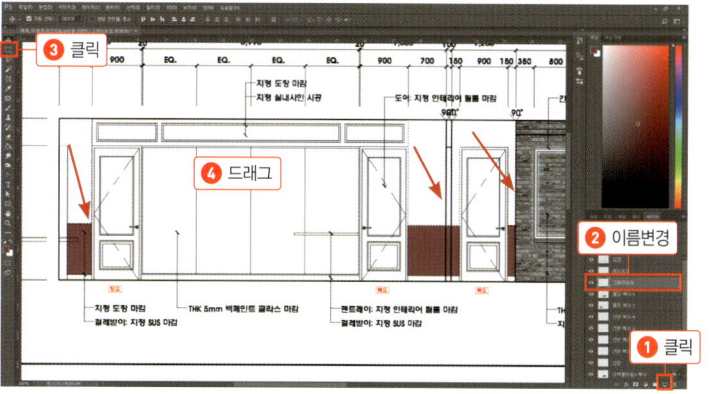

29. 전경색( )을 클릭하고 색상 라이브러리를 눌러 다음 색상을 선택한 후 확인 버튼을 누릅니다. 색상은 나중에도 조절이 가능하니까요. 대략적으로 회색톤을 선택해주시면 됩니다.

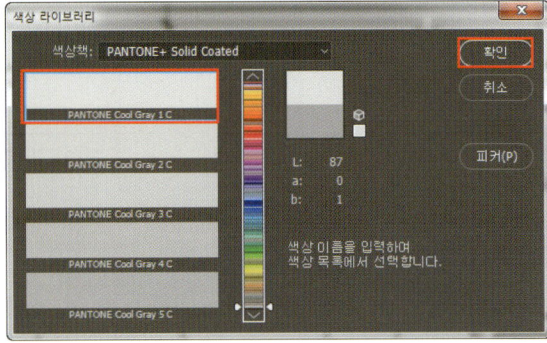

30. ❶ 페인트통 도구( )를 누르고 ❷ 선택영역에 클릭해주면 색상이 채워졌습니다. Ctrl+D를 눌러 선택을 해제해줍니다.

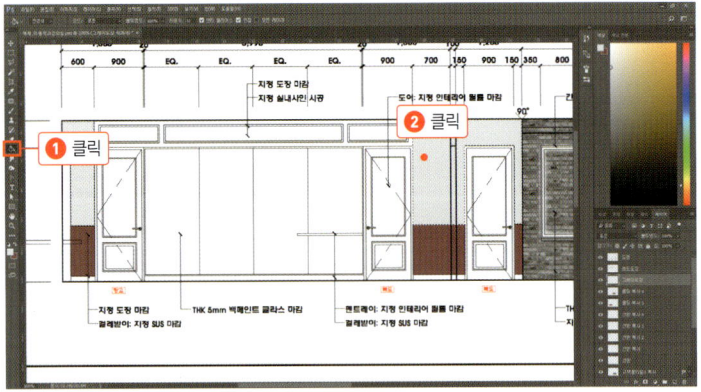

31. ❶ 레이어 창의 ⟨ ⟩ 버튼을 눌러 새로운 레이어를 만들어주고, ❷ 레이어명을 '그레이마감'으로 변경합니다. ❸ 사각선택 도구( ) 단축키 M을 누르고 ❹ 다음과 같이 영역을 드래그하여 선택합니다.

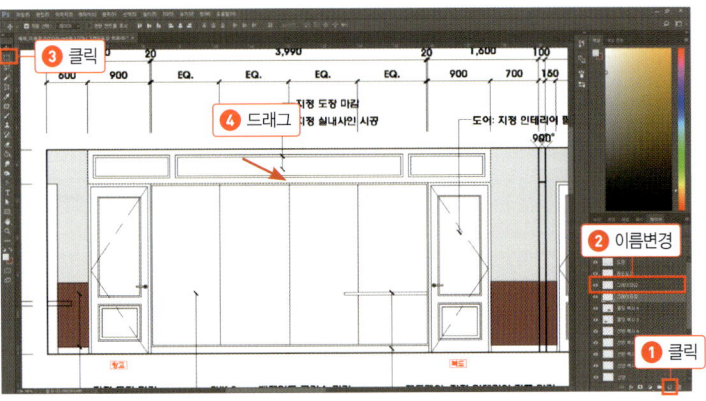

Chapter 06 미용학과 강의실 입면도 칼라링 :: **399**

32 전경색(■)을 클릭하고 색상 라이브러리를 눌러 다음 색상을 선택한 후 확인 버튼을 누릅니다.

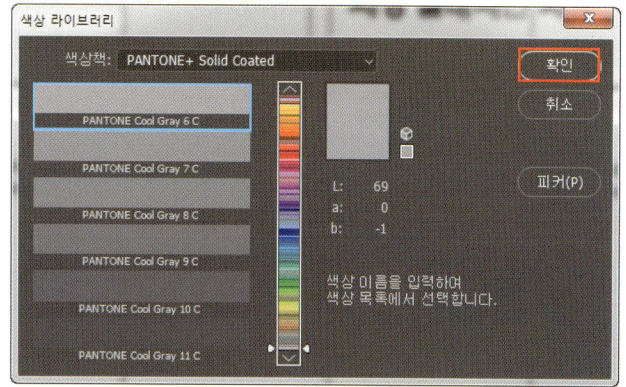

33 ❶ 페인트통 도구(◈)를 누르고 ❷ 선택영역에 클릭해주면 색상이 채워졌습니다. Ctrl+D를 눌러 선택을 해제해줍니다. ❸ '그레이마감' 레이어를 더블클릭하여 레이어 스타일 창을 열어줍니다. ❹ 드롭섀도에 체크하고 ❺ 더블클릭하여 ❻ 거리 2px/크기 5px로 값을 설정해주고 확인 버튼을 누릅니다. 그림자 효과가 적용되었습니다.

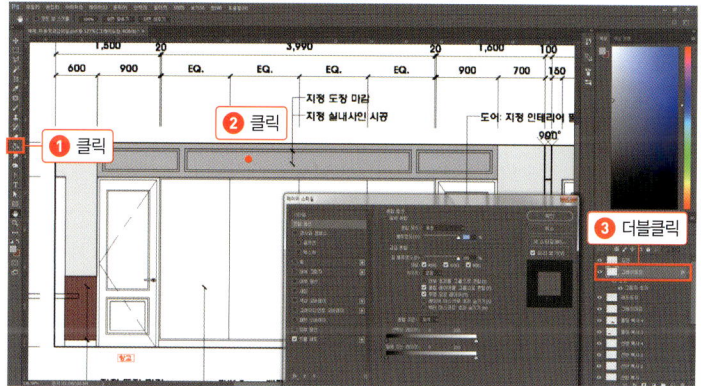

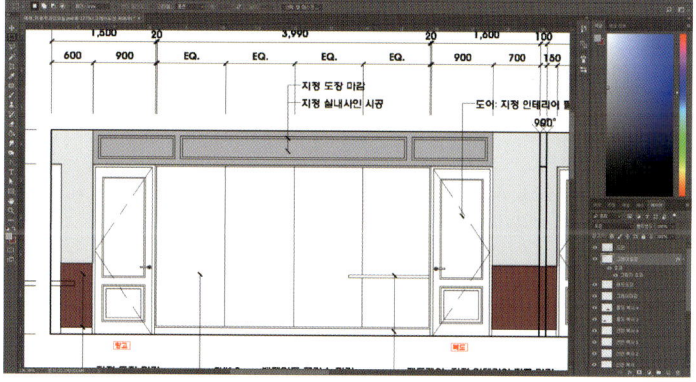

34 몰딩을 표현해보도록 하겠습니다. ❶ '그레이마감' 레이어가 선택되어 있는지 확인하고, ❷ 사각선택 도구(▭) 단축키 M을 눌러 ❸ 영역을 다음과 같이 드래그하여 선택해주고 ❹ Alt 키를 누르면서 안쪽의 선을 한번 더 드래그하여 프레임만 선택될 수 있도록 선택영역을 빼줍니다.

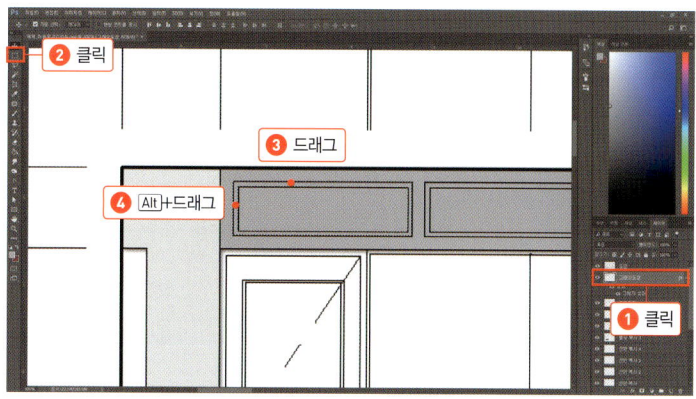

35 ❶ 선택영역 복사하기 Ctrl+J를 누르면 그레이도장의 그림자 효과가 함께 적용된 ❷ '레이어1'이 추가로 생성됩니다.

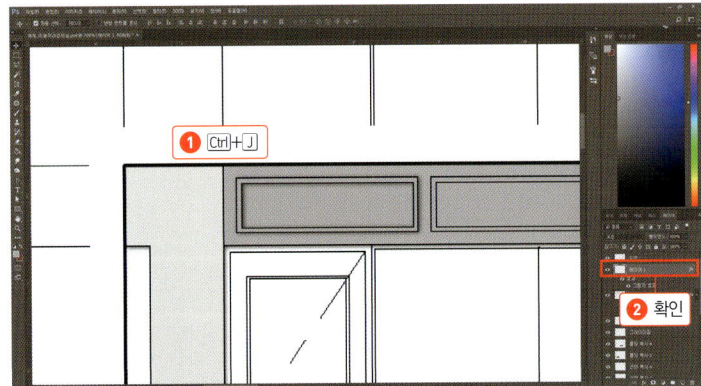

36 같은 방법으로 다른 몰딩도 칼라링 작업을 해줍니다.

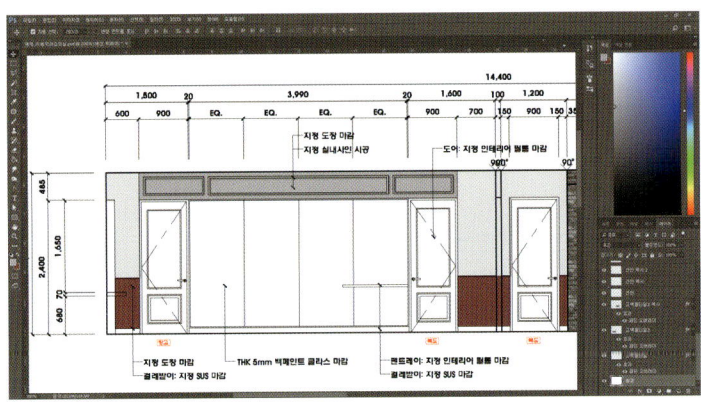

37 문을 칼라링해보도록 하겠습니다. ❶ 레이어 창의 〈 〉 버튼을 눌러 새로운 레이어를 만들어주고, ❷ 레이어명을 '문'으로 변경합니다. ❸ 사각선택 도구〈 〉 단축키 M을 누르고 ❹ 다음과 같이 드래그하여 선택합니다.

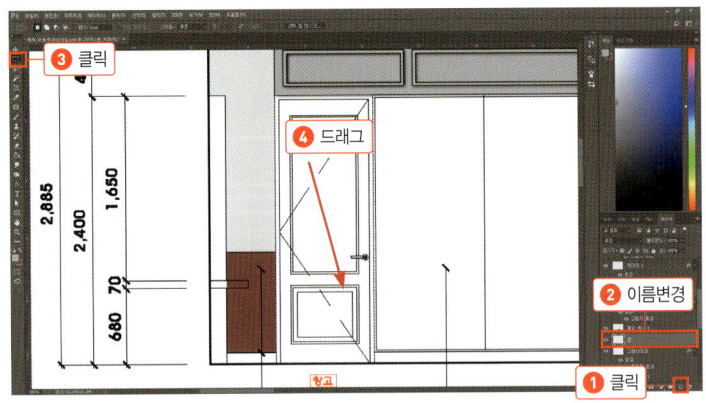

38 기존에 지정해둔 칼라를 그대로 적용하면 됩니다. ❶ 페인트통 도구 〈 〉를 누르고 ❷ 선택영역에 클릭해주면 색상이 채워졌습니다. Ctrl+D를 눌러 선택을 해제해줍니다. ❸ '문' 레이어를 더블클릭하여 레이어 스타일 창을 열어줍니다. ❹ 드롭섀도에 체크하고 ❺ 더블클릭하여 ❻ 다음과 같이 값을 설정해주는 ❼ 확인 버튼을 누릅니다. 그림자 효과가 적용되었습니다.

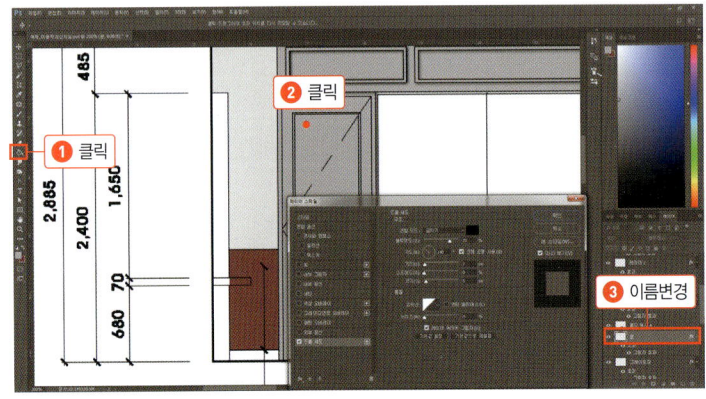

Chapter 06 미용학과 강의실 입면도 칼라링

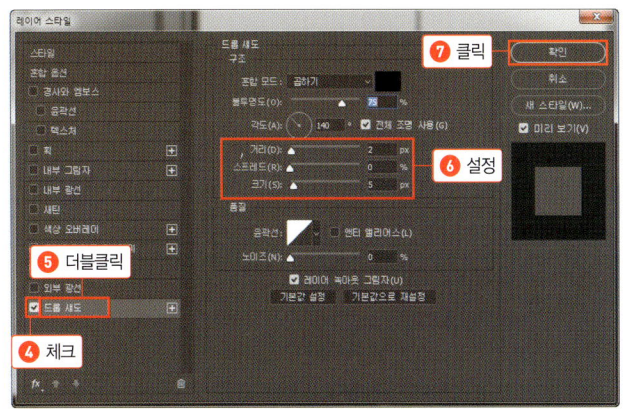

39 ① 사각선택 도구〈▭〉 단축키 M 을 누르고 ② 다음과 같이 드래그하여 선택합니다. ③ 선택영역 복사하기 Ctrl + J 를 눌러 문 부분만 따로 레이어를 만들어줍니다. ④ 레이어명을 '문2'로 변경하고 ⑤ 더블클릭하여 레이어 스타일 창을 열어줍니다. ⑥ 드롭섀도 효과의 체크를 해제하고 ⑦ 내부 그림자에 체크한 후 ⑧ 더블클릭하여 ⑨ 다음과 같이 값을 설정해주고 ⑩ 확인 버튼을 누릅니다.

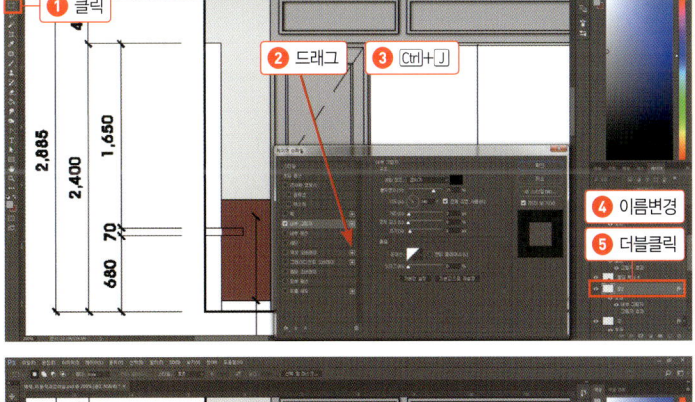

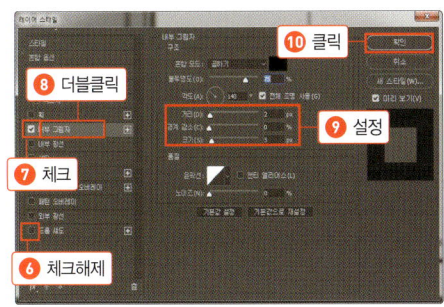

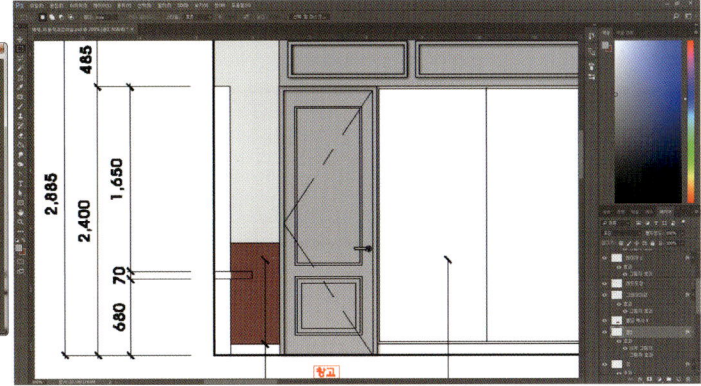

40 ❶ 레이어 창의 〈 🗔 〉 버튼을 눌러 새로운 레이어를 만들어주고, ❷ 레이어명을 '문몰딩'으로 변경합니다. ❸ 사각선택 도구〈 ▭ 〉 단축키 M을 눌러 ❹ 영역을 다음과 같이 드래그하여 선택해주고 ❺ Alt 키를 누르면서 안쪽의 선을 한번 더 드래그하여 프레임만 선택될 수 있도록 선택영역을 빼줍니다.

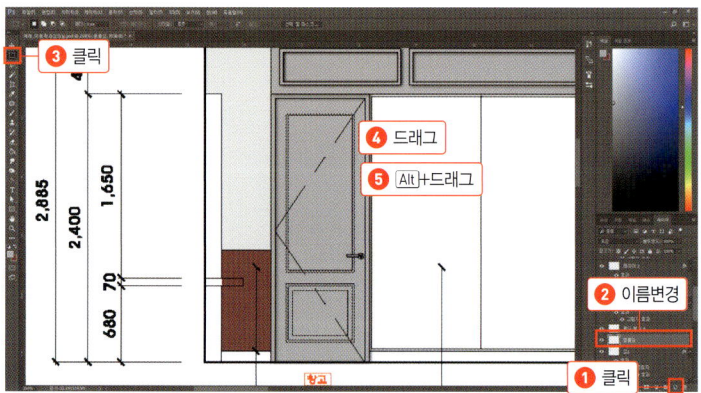

41 ❶ 페인트통 도구〈 🪣 〉를 누르고 ❷ 선택영역에 클릭해주면 색상이 채워졌습니다. Ctrl+D를 눌러 선택을 해제해줍니다. ❸ '문몰딩' 레이어를 더블클릭하여 레이어 스타일 창을 열어줍니다. ❹ 드롭섀도에 체크하고 앞에 적용했던 값이 그대로 반영됩니다. ❺ 확인 버튼을 누릅니다. 그림자 효과가 적용되었습니다.

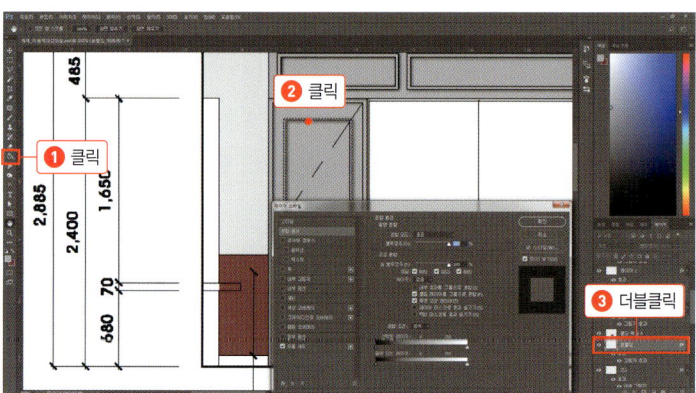

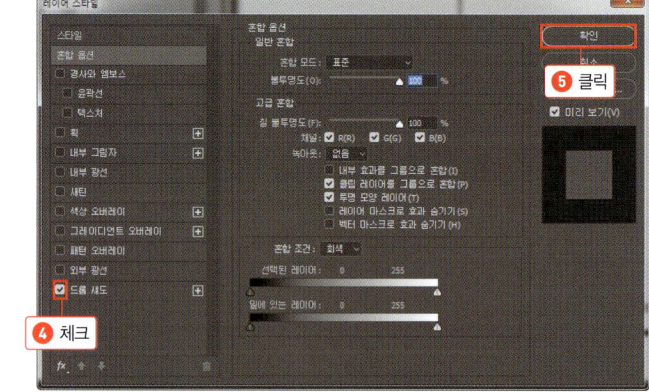

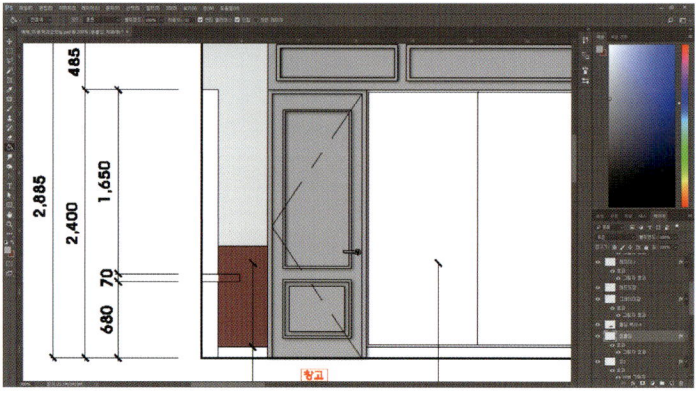

42 '문', '문2', '문몰딩' 레이어를 Shift를 눌러 선택해주고 Ctrl+E를 눌러 레이어를 병합합니다. 다른 문도 복사하기 Alt + 이동 도구〈 ⊕ 〉를 눌러 다음과 같이 위치시켜 줍니다.

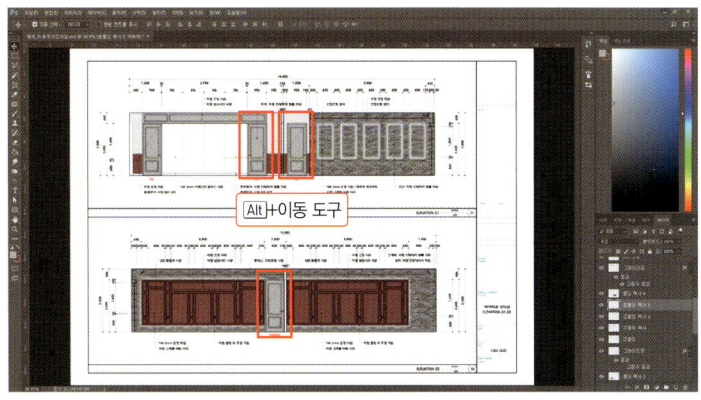

43 ❶ 레이어 창의 〈 ▫ 〉 버튼을 눌러 새로운 레이어를 만들어주고, ❷ 레이어명을 '측면마감'으로 변경합니다. ❸ 사각선택 도구〈 ▫ 〉 단축키 M을 눌러 ❹ 영역을 다음과 같이 드래그하여 선택해주고 Alt키를 누르면서 다음과 같이 선택될 수 있도록 선택영역을 빼줍니다.

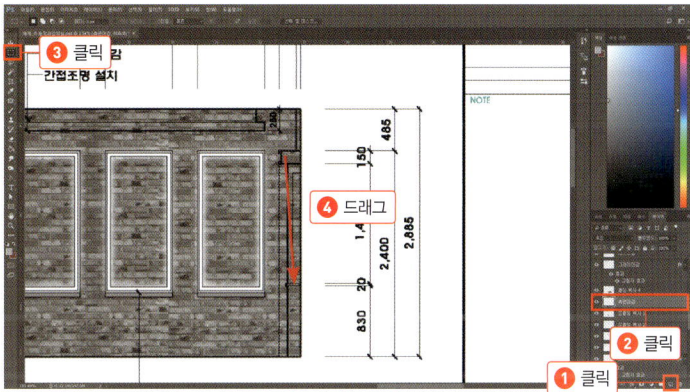

44 전경색〈 ▫ 〉을 클릭하고 색상 라이브러리를 눌러 다음 색상을 선택한 후 확인 버튼을 누릅니다.

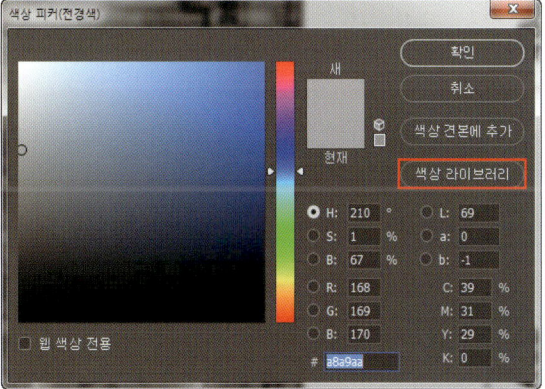

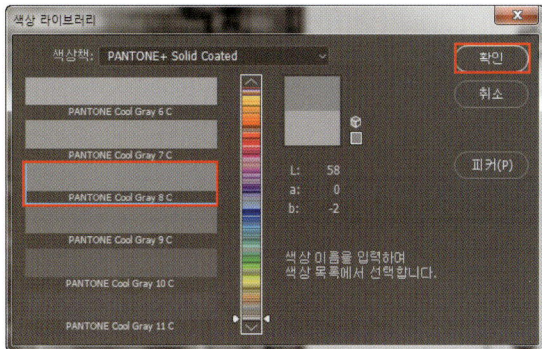

45 ❶ 페인트통 도구(   )를 누르고 ❷ 선택영역에 클릭해주면 색상이 채워졌습니다. Ctrl+D를 눌러 선택을 해제해 줍니다. ❸ '측면마감' 레이어를 더블클릭하여 레이어 스타일 창을 열어줍니다. ❹ 드롭섀도에 체크하고 ❺ 더블클릭하여 ❻ 다음과 같이 값을 설정해주고 ❼ 확인 버튼을 누릅니다. 그림자 효과가 적용되었습니다.

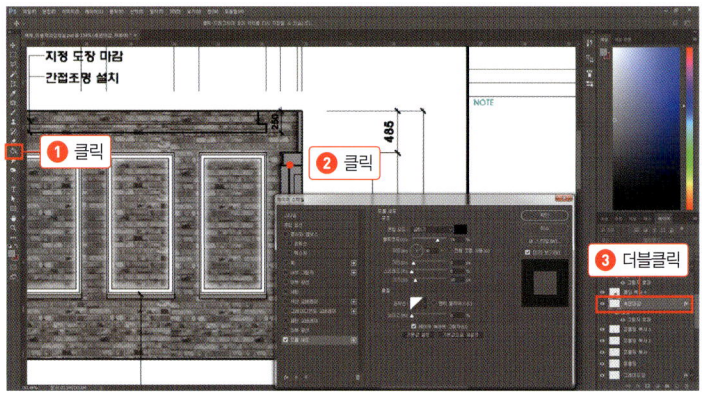

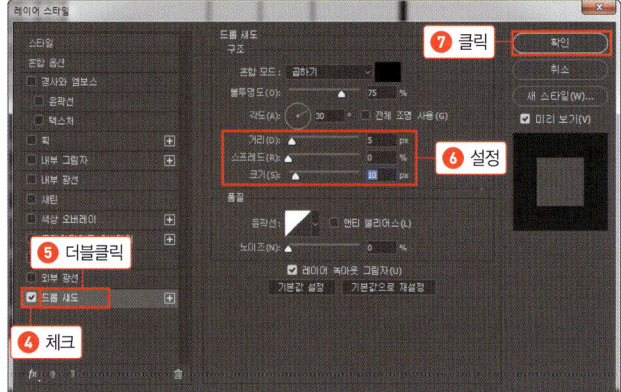

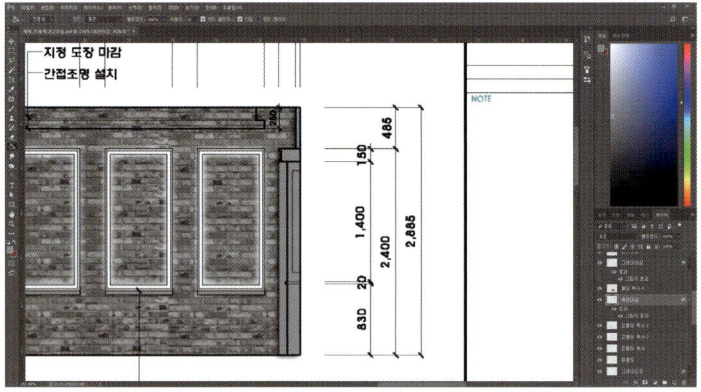

알아두기

140도 각도로 그림자가 나타나게 되어 있으면 그림자 효과가 잘 보이지 않습니다. 이럴 땐 레이어 스타일 창에서 드롭섀도에 전체조명 사용의 체크를 해제하면 이 레이어에만 30도 각도 효과가 적용됩니다.

46 전체적으로 보니 측면마감 컬러가 조금 더 진해지는 것이 나을 것 같습니다. ❶ 곡선 단축키 Ctrl+M을 누르고 ❷ 곡선을 살짝 아래로 드래그하여 내린 후 ❸ 출력과 입력값을 다음과 같이 입력하고 ❹ 확인 버튼을 누릅니다.

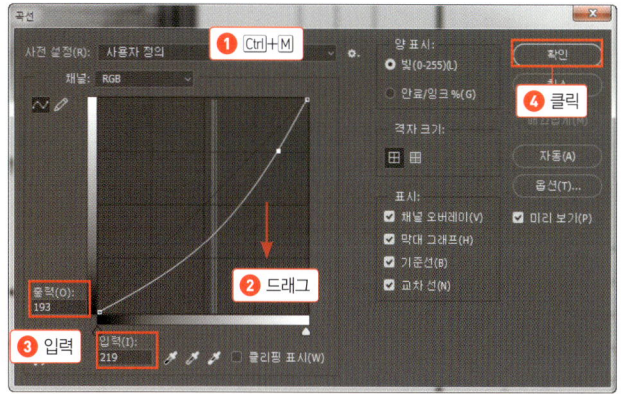

47 ❶ 측면마감 레이어를 선택하고 복사하기 Alt+이동 도구〈 〉를 눌러 ELEVATION 02로 복사합니다. ❷ 자유 변형 단축키 Ctrl+T를 누르고 ❸ '가로로 뒤집기'를 눌러 다음과 같이 위치시켜줍니다.

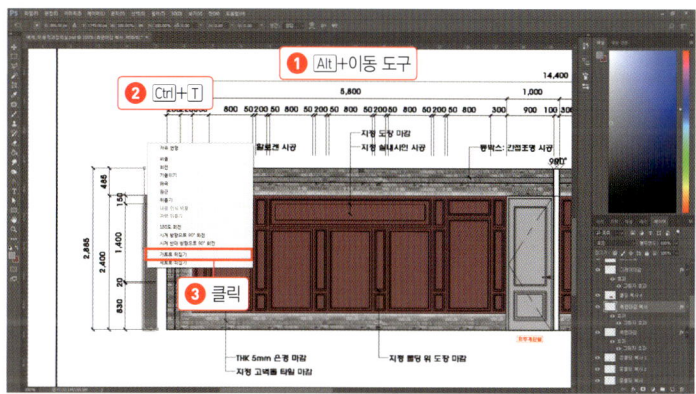

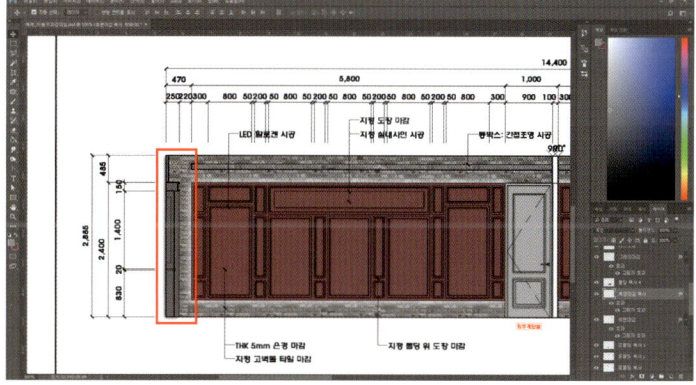

48 그림자 방향을 바꿔보도록 하겠습니다. '측면마감복사' 레이어를 더블클릭하여 레이어 스타일 창을 열어줍니다. ❶ 드롭섀도에 체크하고 ❷ 더블클릭하여 ❸ 다음과 같이 값을 설정해주고 ❹ 확인 버튼을 누릅니다.

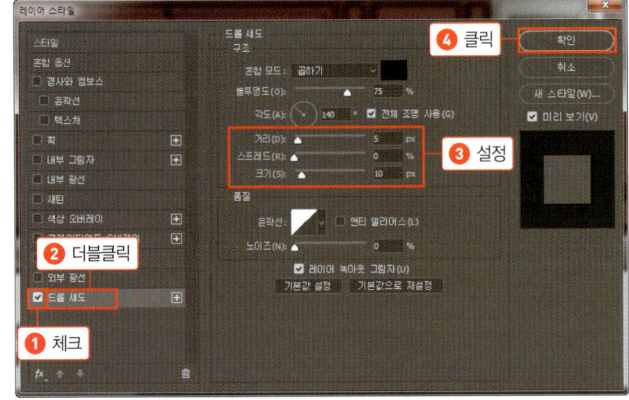

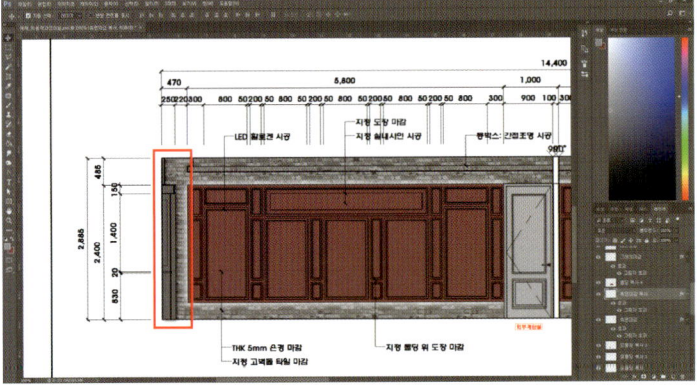

49 '측면마감복사' 레이어를 선택하고 복사하기 ❶ Alt +이동 도구< >를 눌러 ELEVATION 01로 복사합니다. 선의 형태에 맞게 ❷ 사각선택 도구< > 단축키 M 을 눌러 ❸ 영역을 다음과 같이 드래그하여 선택해주고 ❹ Delete 를 눌러 필요 없는 부분은 삭제합니다.

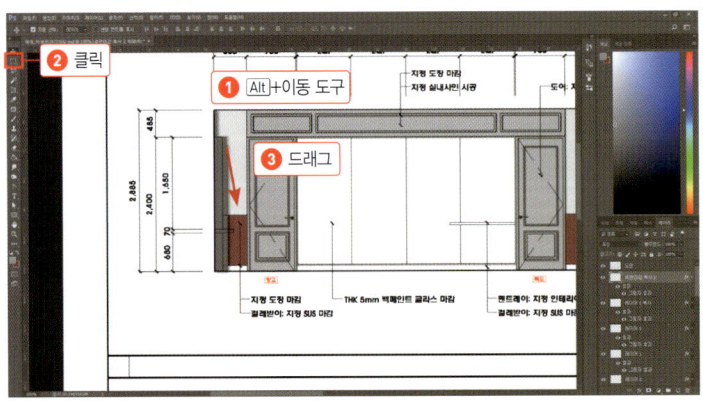

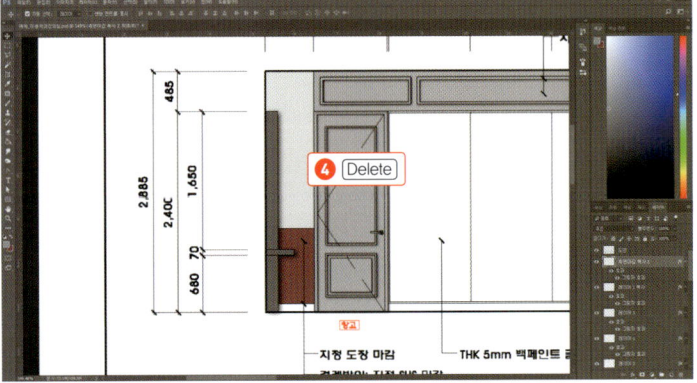

50 중앙벽체도 같은 방법으로 칼라링합니다.

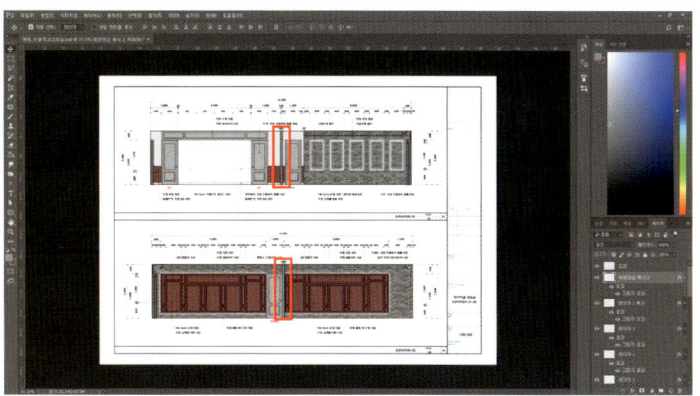

51 ❶ 레이어 창의 〈🗋〉 버튼을 눌러 새로운 레이어를 만들어주고, ❷ 레이어명을 '단천정'으로 변경합니다. ❸ 사각선택 도구〈▭〉 단축키 M을 눌러 ❹ 영역을 다음과 같이 드래그하여 선택해줍니다. ❺ 페인트통 도구〈🪣〉를 누르고 ❻ 선택영역에 클릭해주면 색상이 채워졌습니다.

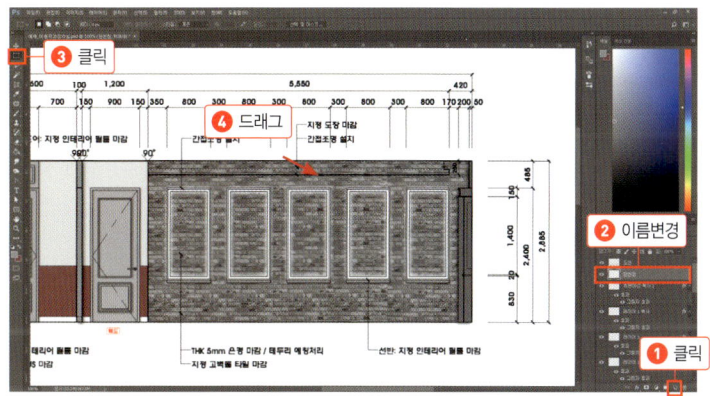

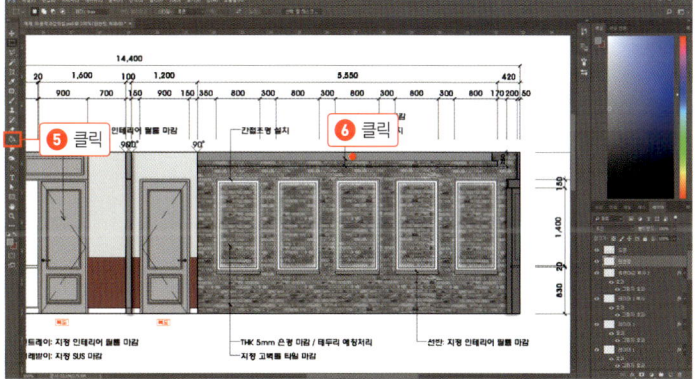

52 ❶ 레이어 창의 〈🗋〉 버튼을 눌러 새로운 레이어를 만들어주고, ❷ 레이어명을 '단천정2'로 변경합니다. ❸ 사각선택 도구〈▭〉 단축키 M을 눌러 ❹ 영역을 다음과 같이 드래그하여 선택해줍니다. ❺ 전경색을 흰색으로 지정해주고 ❻ 페인트통 도구〈🪣〉를 누르고 ❼ 선택영역에 클릭해주면 색상이 채워졌습니다.

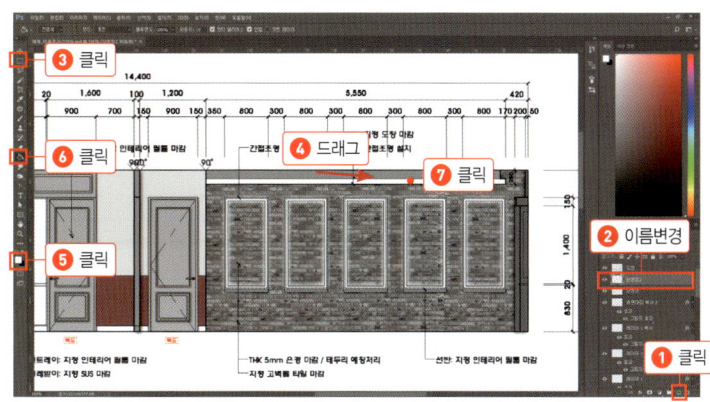

53 '단천정2' 레이어를 더블클릭하여 레이어 스타일 창을 열어줍니다. ❶ 드롭섀도에 체크하고 ❷ 더블클릭하여 ❸ 다음과 같이 값을 설정해주고 ❹ 확인 버튼을 누릅니다. 그림자 효과가 적용되었습니다.

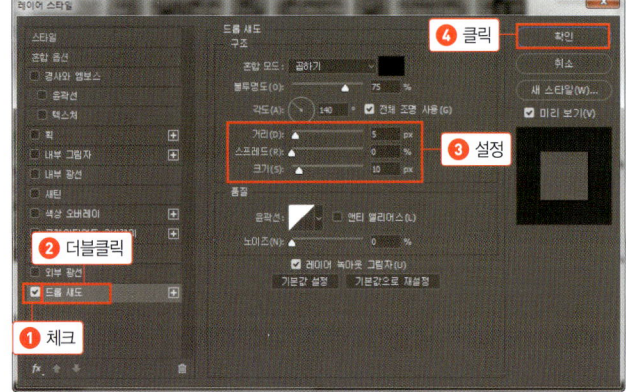

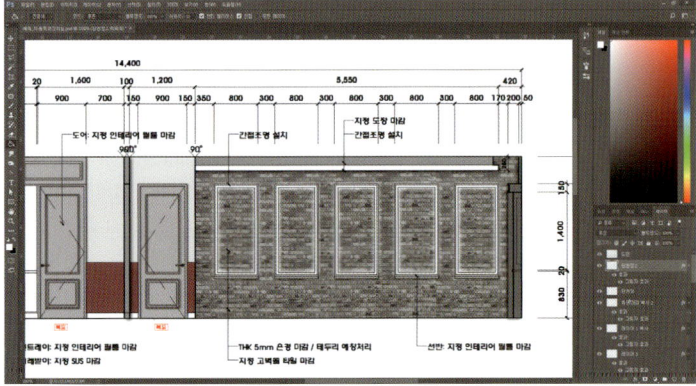

54 레이어 창의 〈 〉 버튼을 눌러 새로운 레이어를 만들어주고, 레이어명을 '간접조명'으로 변경합니다. 사각선택 도구〈 〉 단축키 M을 눌러 영역을 다음과 같이 드래그하여 선택해줍니다. 색상피커에서 흰색/검정색으로 지정되었는지 확인해주고, 그레이디언트 편집기가 '전경색에서 투명으로'를 지정한 후 확인 버튼을 누릅니다.

Chapter 06 미용학과 강의실 입면도 칼라링 :: 409

55 ❶ 그레이디언트 도구(■)를 누르고 ❷ 선택영역에 아래에서 위로 드래그해줍니다. 간접조명이 표현되었습니다. ELEVATION 02의 단천정도 복사하기 Alt +이동 도구(✢)를 눌러 다음과 같이 위치시켜줍니다.

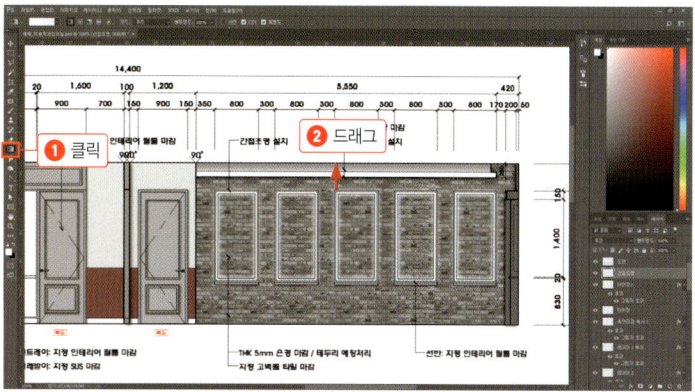

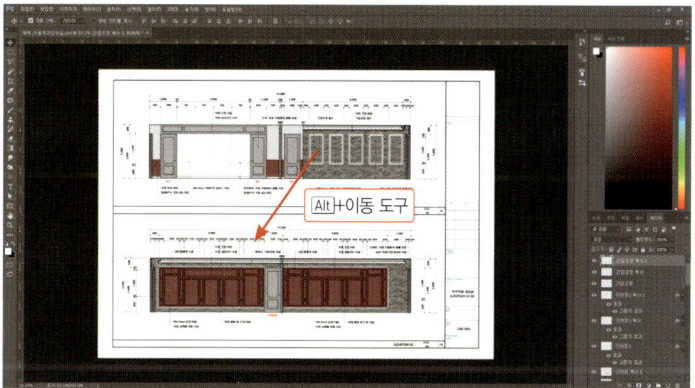

56 ❶ 열기 단축키 Ctrl + O 를 누르고 칼라링 기본소스 파일을 불러옵니다. 창을 다음과 같이 드래그하여 아래로 내린 다음, 스텐 이미지 위에서 ❷ 마우스 오른쪽 버튼을 눌러 ❸ '스텐' 레이어를 선택하고 ❹ 이동 도구(✢) 단축키 V 를 누르고 ❺ 예제_미용학과 강의실 .PSD로 드래그해줍니다. 칼라링 기본소스 파일은 X 버튼을 눌러 닫아주세요.

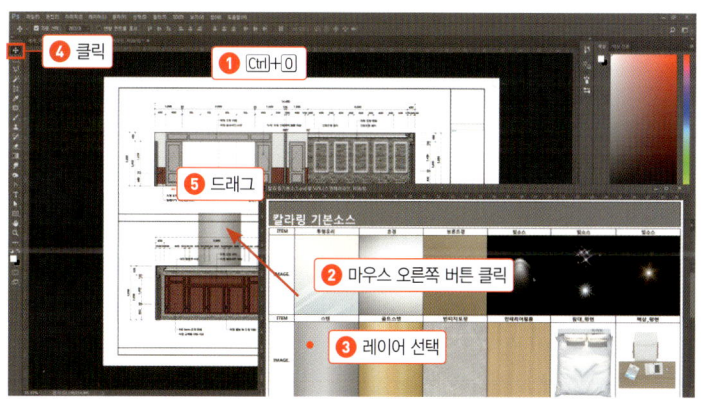

57 '스텐' 레이어를 3개 복사하여 하나는 '걸레받이'로 사용하고 하나는 '백페인트 글라스'의 프레임으로 하나는 '손잡이'로 표현합니다. 자유변형 단축키 ❶ Ctrl + T 를 이용하여 크기를 조절하고 ❷ 사각선택 도구(▭) 단축키 M 을 눌러 ❸ 영역을 다음과 같이 드래그하여 선택한 뒤 ❹ Delete 를 눌러 삭제해줍니다.

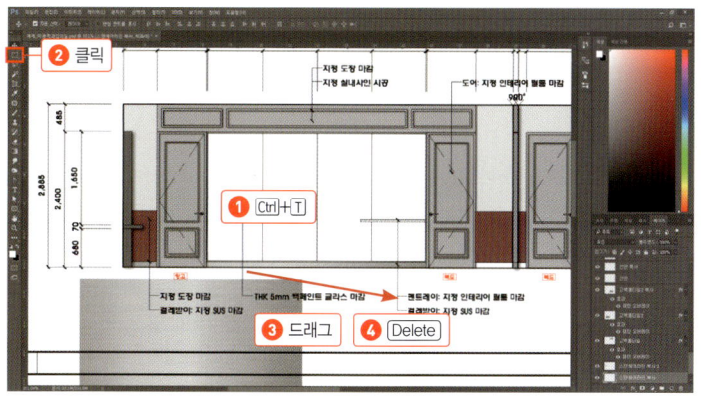

58 ❶ 손잡이에도 '스텐' 레이어를 다음과 같이 축소하여 위치시켜주고, ❷ 사각선택 도구〈 〉 단축키 M을 눌러 ❸ 영역을 다음과 같이 드래그하여 선택한 뒤 ❹ Delete 를 눌러 삭제해줍니다. ❺ '스텐헤어라인 복사2' 레이어를 더블클릭하여 레이어 스타일 창을 열어줍니다. ❻ 드롭섀도에 체크하고 ❼ 더블클릭하여 ❽ 다음과 같이 값을 설정해주고 ❾ 확인 버튼을 누릅니다.

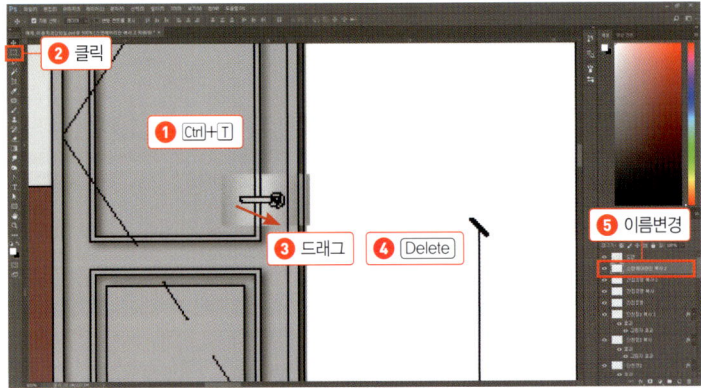

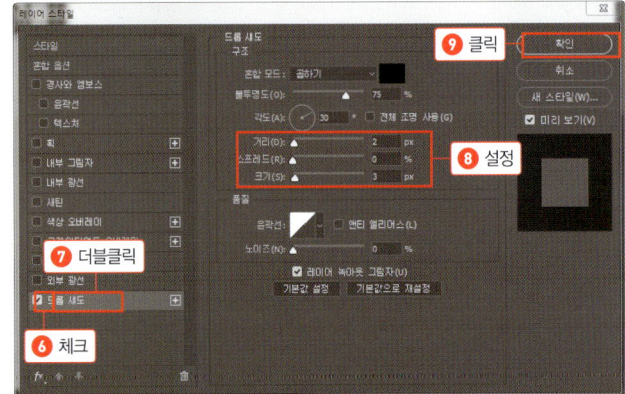

59 다른 손잡이도 복사하기 Alt +이동도구〈 〉를 눌러 다음과 같이 위치시켜줍니다. 손잡이 레이어는 도면 아래에 위치해야 하고, 걸레받이와 백페인트 글라스 프레임으로 사용한 레이어는 제일 아래쪽에 위치시켜야 합니다.

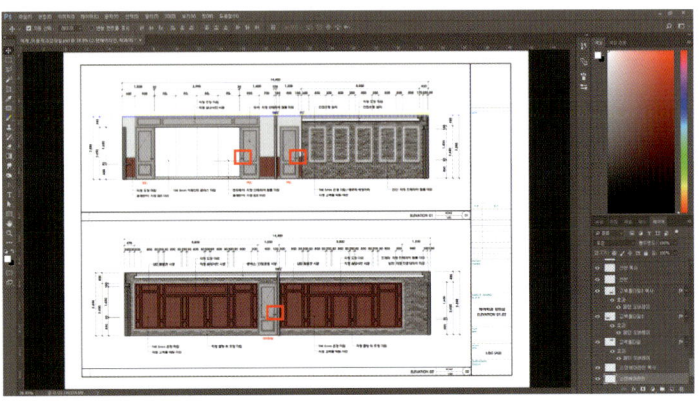

Lesson 05 레이어마스크를 이용하여 거울 표현하기

60 ❶ 레이어 창의 〈 〉 버튼을 눌러 새로운 레이어를 만들어주고, ❷ 레이어명을 '거울'로 변경합니다. ❸ 사각선택 도구〈 〉 단축키 M을 눌러 ❹ 영역을 다음과 같이 드래그하여 선택해줍니다. 색상피커에서 전경색이 검정색으로 지정되었는지 확인해주고, ❺ 페인트통 도구〈 〉를 누르고 ❻ 선택영역에 클릭해주면 색상이 채워졌습니다. Ctrl+D를 눌러 선택을 해제해줍니다.

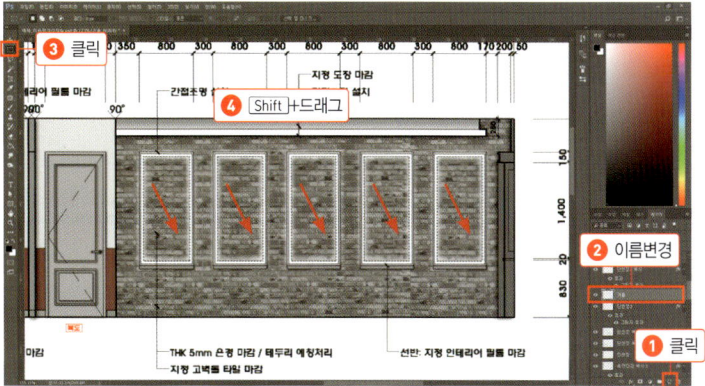

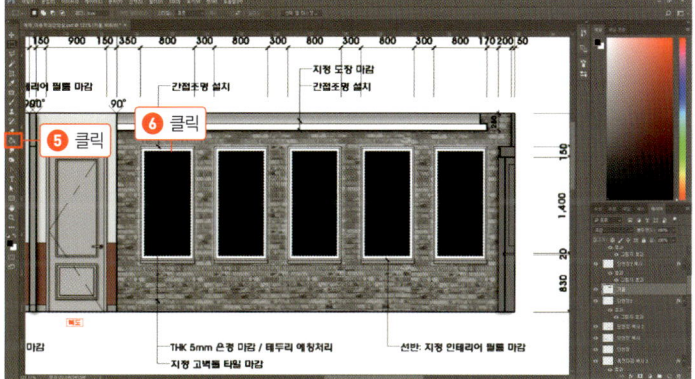

61 ❶ 열기 단축키 Ctrl+O를 누르고 미용학과 강의실 투시도02를 불러온 후 ❷ 예제_미용학과 강의실.PSD로 드래그해줍니다. ❸ 레이어명을 '투시도02'로 변경해주고 ❹ 자유 변형 단축키 Ctrl+T를 눌러 Shift 버튼을 누르면서 조절점을 이동하여 크기를 줄여주고, 다음과 같이 위치시켜 줍니다. Enter↵를 눌러 명령을 해제합니다.

62 ❶ Ctrl 을 누르면서 '거울' 레이어의 레이어이미지 썸네일을 클릭하면 '거울' 레이어가 선택됩니다. ❷ 그 상태에서 '투시도02' 레이어를 선택하고 하고 ❸ 레이어마스크( ) 아이콘을 클릭하여 레이어마스크를 만듭니다. 마스크가 적용되면서 선택영역이 해제되었습니다.

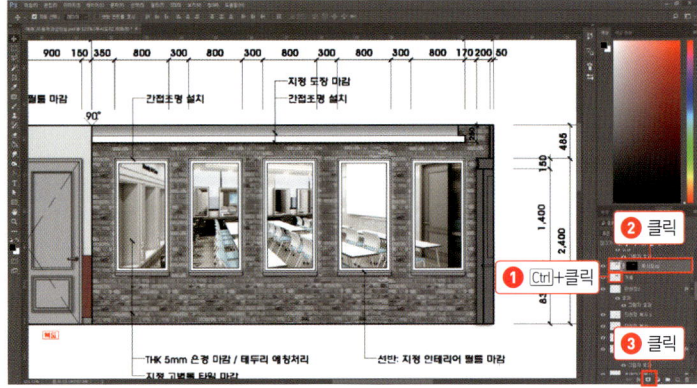

63 불투명도를 '40%'로 조절해서 거울 효과를 마무리합니다.

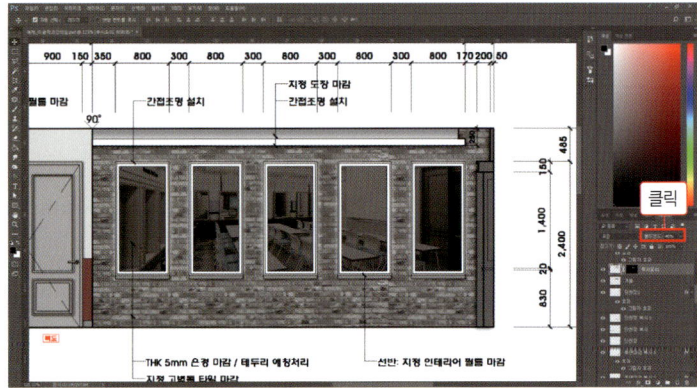

> **알아두기**
>
> 레이어이미지 썸네일과 레이어마스크 썸네일 사이에 마스크 연결표시 아이콘은 두 이미지가 서로 연결되어 있다는 의미입니다. 이 연결을 클릭하여 해제하면 두 이미지의 이동과 변형을 각각 컨트롤 할 수 있습니다. 배경이미지의 위치가 수정이 되어야 할 경우 연결을 해제하여 이렇게 이미지를 이동시킬 수 있습니다.

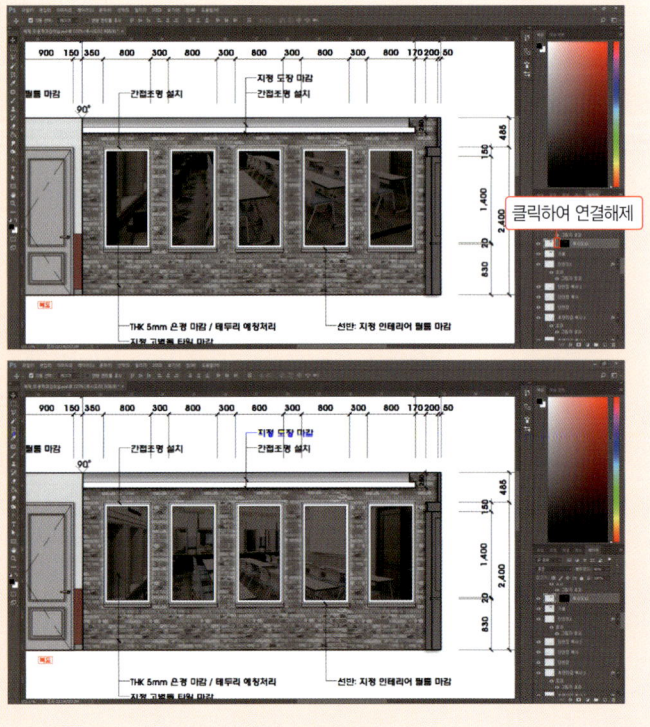

64 ELEVATION 02 입면의 거울도 칼라링해보도록 하겠습니다. ① 레이어 창의 〈 □ 〉 버튼을 눌러 새로운 레이어를 만들어주고, ② 레이어명을 '거울2'로 변경합니다. ③ 사각선택 도구〈 [ ] 〉 단축키 M 을 눌러 ④ Shift 를 누르면서 영역을 다음과 같이 드래그하여 하나하나 선택해줍니다.

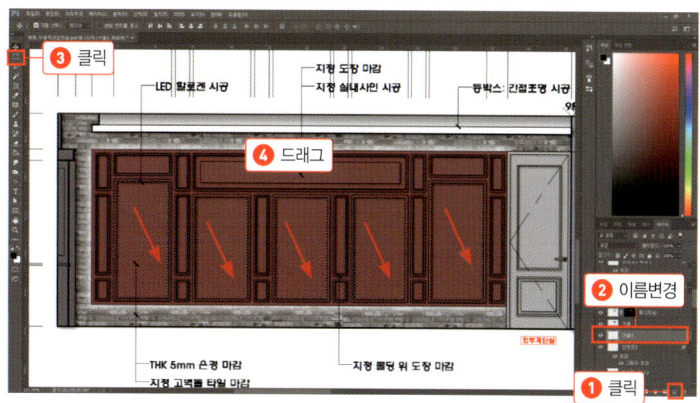

65 ① 색상피커에서 전경색이 검정색으로 지정되었는지 확인한 후, ② 페인트통 도구〈 ◇ 〉를 누르고 ③ 선택영역에 클릭해주면 색상이 채워졌습니다. Ctrl + D 를 눌러 선택을 해제해줍니다.

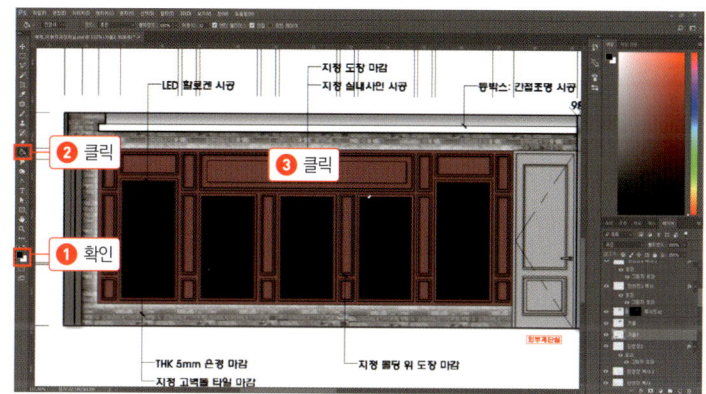

66 ① 열기 단축키 Ctrl + O 를 누르고 '미용학과 강의실 투시도02'를 불러온 후 ② 예제_미용학과 강의실.PSD로 드래그해줍니다. ③ 레이어명을 '투시도03'로 변경해주고 ④ 자유 변형 단축키 Ctrl + T 를 눌러 Shift 버튼을 누르면서 조절점을 이동하여 크기를 줄여주고, 다음과 같이 위치시켜 줍니다. Enter↵ 를 눌러 명령을 해제합니다.

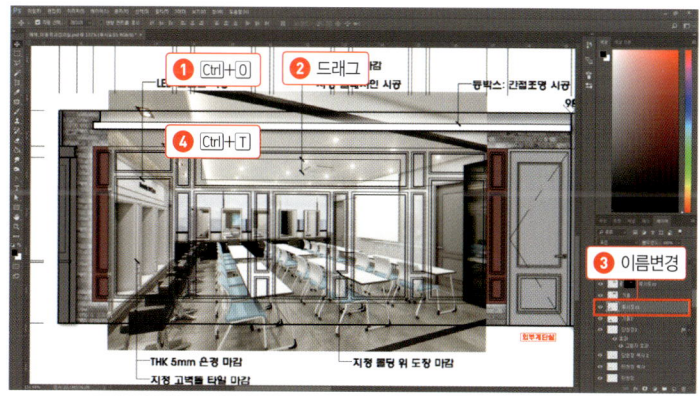

> **알아두기**
>
> '투시도' 레이어가 '거울' 레이어보다 위에 위치해야 합니다.

67 ❶ Ctrl을 누르면서 '거울2' 레이어의 레이어이미지 썸네일을 클릭하면 '거울2' 레이어가 선택됩니다. ❷ 그 상태에서 '투시도03' 레이어를 선택하고 하고 ❸ 레이어마스크(▢) 아이콘을 클릭하여 레이어마스크를 만듭니다. 마스크가 적용되면서 선택 영역이 해제되었습니다.

68 ❶ 불투명도를 40%로 조절해주고, ❷ 투시도 03레이어를 더블클릭하여 레이어 스타일 창을 열어줍니다. ❸ 내부 그림자에 체크하고 ❹ 더블클릭하여 ❺ 다음과 같이 값을 설정해주고 ❻ 확인 버튼을 누릅니다. 내부 그림자 효과가 적용되었습니다.

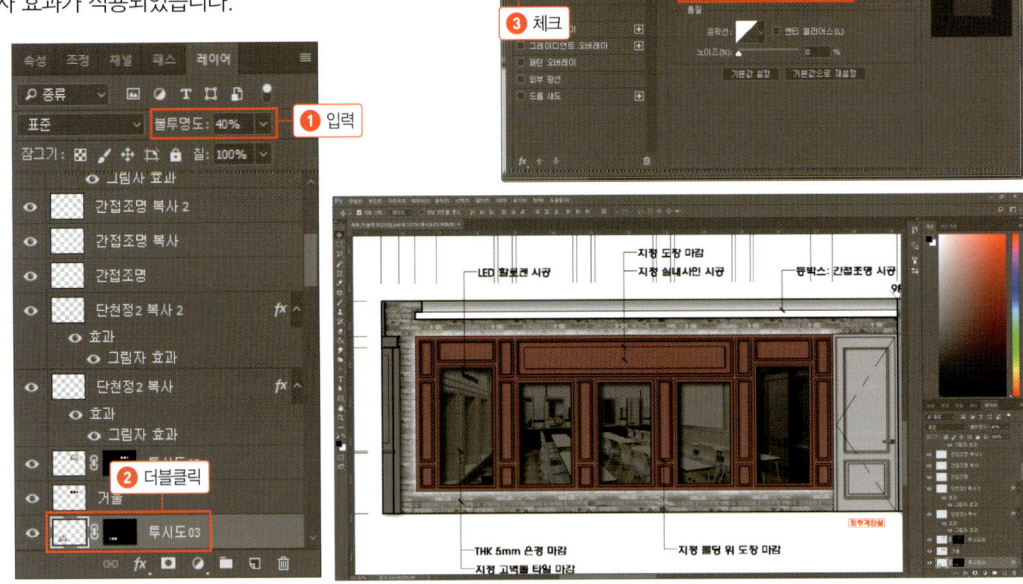

69 같은 방법으로 옆의 거울도 칼라링 합니다.

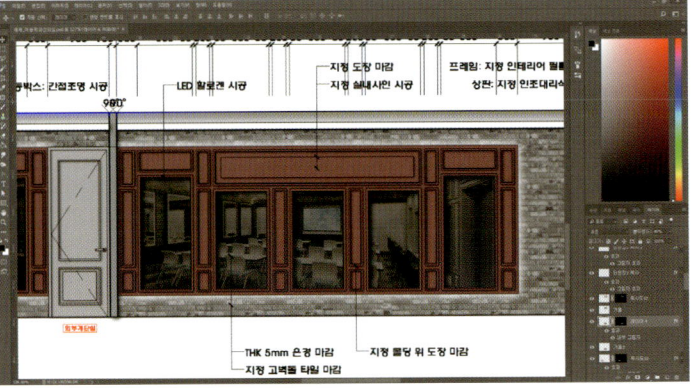

Lesson 06 레이어마스크를 이용하여 백페인트글라스 표현하기

70 ❶ 열기 단축키 Ctrl+O를 누르고 미용학과 강의실 투시도01를 불러온 후 ❷ 예제_미용학과 강의실.PSD로 드래그해줍니다. ❸ 레이어명을 '투시도01'로 변경해주고 다음과 같이 위치시켜 줍니다.

71 ❶ 사각선택 도구(▫) 단축키 M을 눌러 ❷ 영역을 다음과 같이 드래그하여 선택합니다.

72 ❶ '투시도01' 레이어가 선택된 상태에서 ❷ 레이어마스크(▫) 아이콘을 클릭하여 레이어마스크를 만듭니다. 마스크가 적용되면서 선택영역이 해제되고 선택된 영역 밖의 이미지는 보이지 않게 되었습니다.

73 불투명도를 '7%'로 조절해서 백페인트 글라스 효과를 마무리합니다.

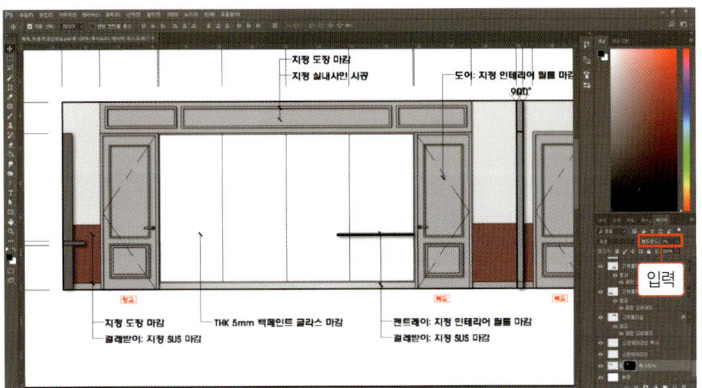

Lesson 07 실내사인작업 표현하기

74 ❶ 수평문자 도구(T)를 누르고 작업화면을 클릭하여 ❷ 'BEAUTY ART'를 입력합니다. 글자 크기는 폰트에 따라 다르지만 필자는 '8PT'를 적용했습니다.

75 'BEAUTY ART' 레이어를 더블클릭하여 레이어 스타일 창을 열어줍니다. ❶ 드롭섀도에 체크하고 ❷ 더블클릭하여 ❸ 다음과 같이 값을 설정해주고 ❹ 확인 버튼을 누릅니다. 그림자 효과가 적용되었습니다.

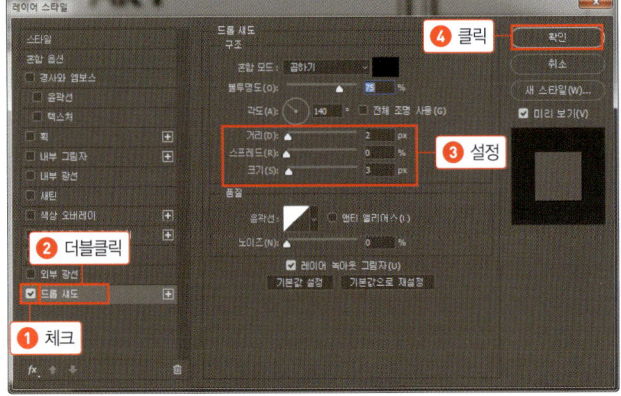

76 'BEAUTY ART' 레이어를 선택하고 복사하기 ❶ Alt +이동 도구〈✥〉를 눌러 ELEVATION 02로 복사합니다. 문자를 흰색으로 바꿔보도록 하겠습니다. ❷ 수평문자 도구〈T〉를 누르고 ❸ 'BEAUTY ART'를 드래그합니다. ❹ 전경색으로 흰색을 선택하고 ❺ 확인 버튼을 누릅니다. 흰색으로 변경되었습니다. 이동 도구〈✥〉를 눌러 선택을 해제합니다.

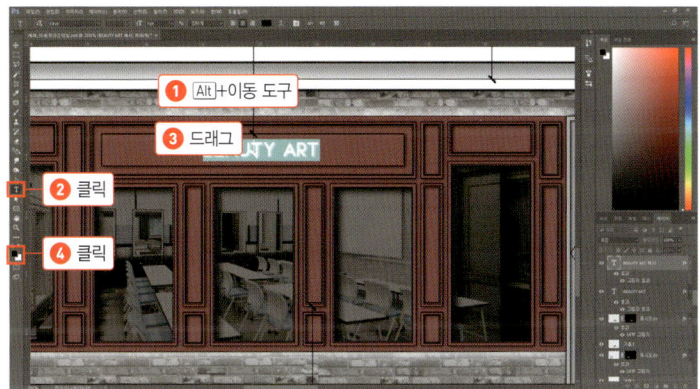

77 'BEAUTY ART' 레이어를 선택하고 복사하기 Alt + Shift + 이동 도구 〈✥〉를 눌러 다음과 같이 복사해서 위치시켜줍니다.

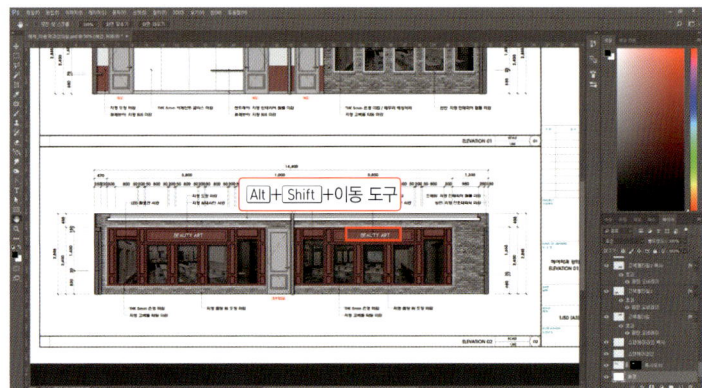

Lesson 08 할로겐 조명 표현하기

78 ❶ 열기 단축키 Ctrl + O를 누르고 칼라링기본소스를 불러옵니다. 창을 드래그하여 아래로 내린다음, '할로겐' 소스 위에서 ❷ 마우스 오른쪽 버튼을 눌러 ❸ '할로겐'을 선택한 후 ❹ 이동 도구〈✥〉 단축키 V를 누르고 예제_미용학과 강의실.PSD로 드래그해줍니다.

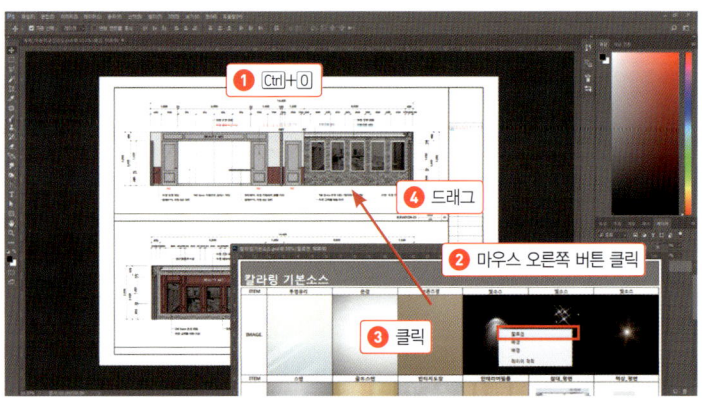

79 ❶ 자유 변형 단축키 Ctrl + T 를 눌러 크기를 줄여준 후 ❷ Alt + 이동 도구< >를 눌러 각 거울의 중앙에 위치할 수 있도록 복사해줍니다.

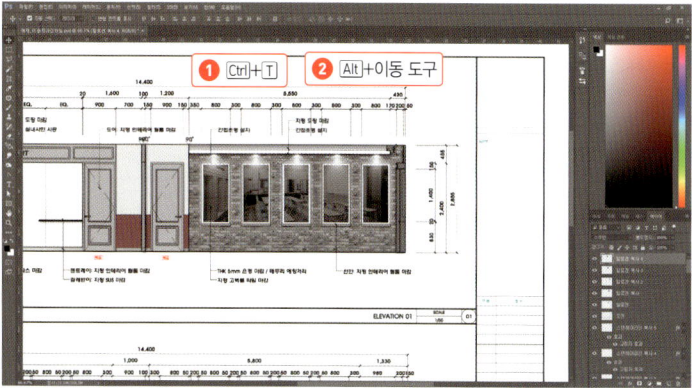

80 할로겐을 같은 방법으로 복사해서 다음과 같이 위치시켜줍니다.

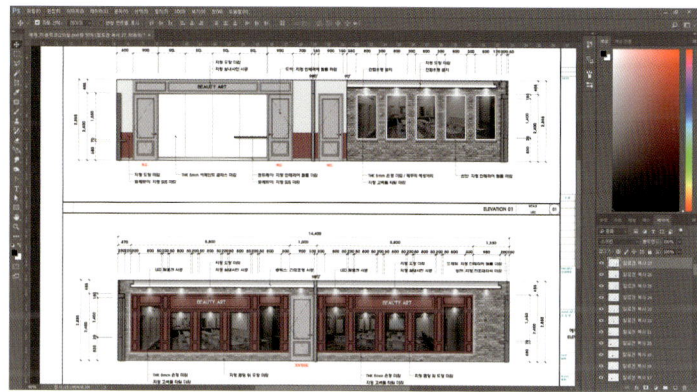

Lesson 09 가구 표현하기

81 열기 단축키 Ctrl + O 를 누르고 '의자배면' 소스를 불러옵니다. 창을 드래그하여 아래로 내린 다음, 이동 도구< > 단축키 V 를 누르고 예제_미용학과 강의실.PSD로 드래그해줍니다. ❶ 레이어명을 '의자배면'으로 변경하고, ❷ 자유 변형 단축키 Ctrl + T 를 눌러 크기를 줄여준 후 다음과 같이 위치시켜줍니다.

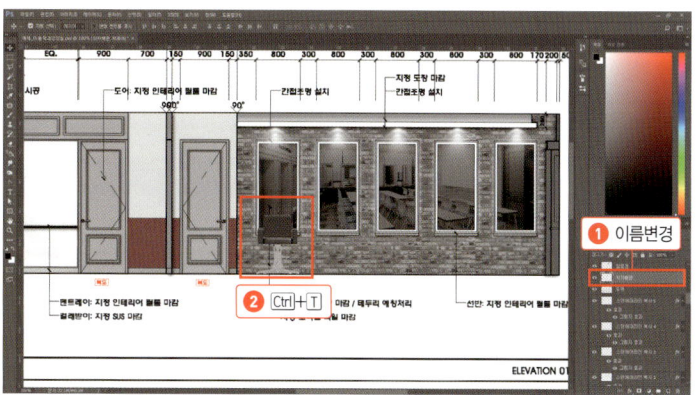

82 의자가 좀 더 검정에 가까우면 이쁠 것 같습니다. 레벨 단축키 Ctrl+L을 눌러 다음과 같이 값을 지정해주고 확인 버튼을 누릅니다.

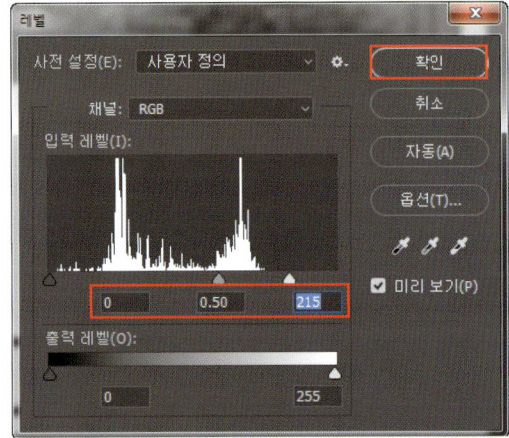

83 '의자배면' 레이어를 더블클릭하여 레이어 스타일 창을 열어줍니다. ❶ 드롭섀도에 체크하고 ❷ 더블클릭 하여 ❸ 다음과 같이 값을 설정해주고 ❹ 확인 버튼을 누릅니다. 그림자 효과가 적용되었습니다.

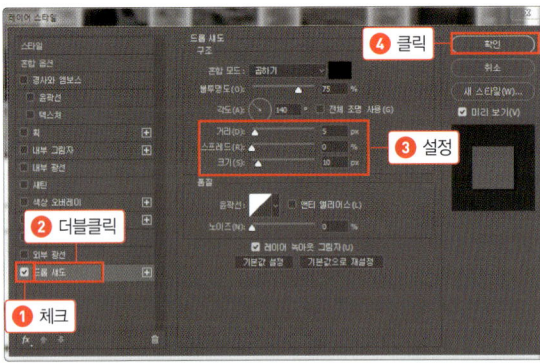

84 Shift + Alt + 이동 도구〈✥〉를 눌러 각 거울의 중앙에 위치할 수 있도록 복사해줍니다.

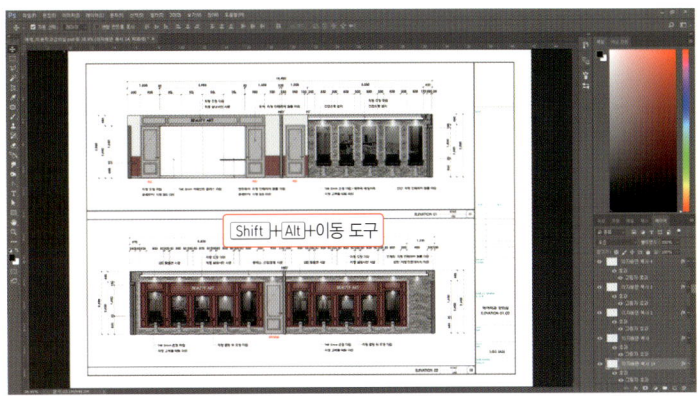

85 앞의 과정을 반복하여 '의자측면'도 다음과 같이 위치시켜줍니다.

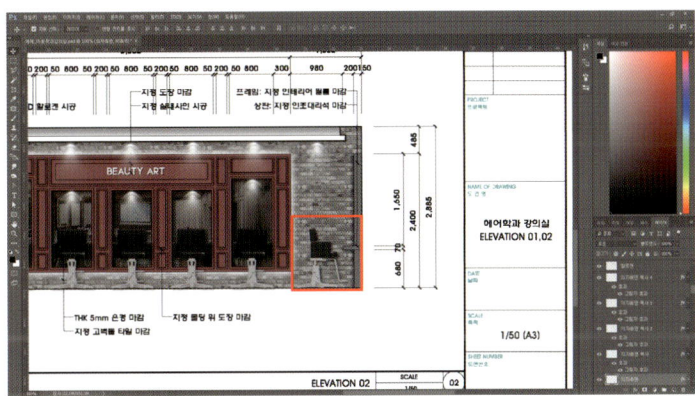

86 ❶ 측면의자를 Alt + 이동 도구〈✥〉를 눌러 복사한 후 ❷ 자유 변형 단축키 Ctrl + T 를 누르고 ❸ 가로로 뒤집기를 선택하여 위치시켜줍니다.

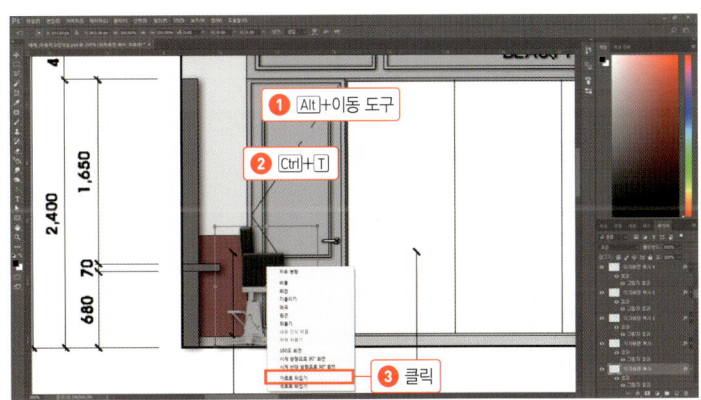

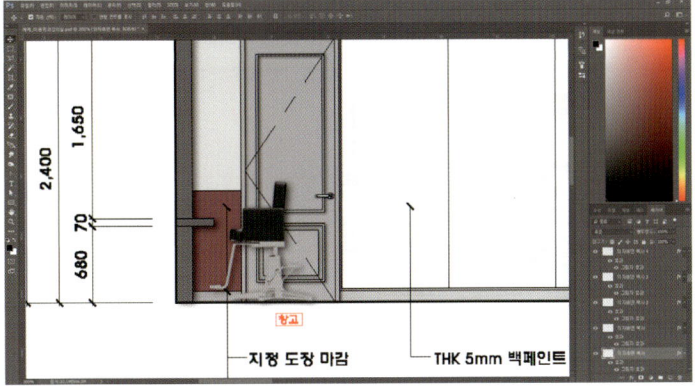

87 전체적으로 검토를 해봅니다. 거울이 좀 어둡게 표현된 거 같죠? '투시도' 레이어들을 각각 선택해서 불투명도를 60%로 조절해줍니다.

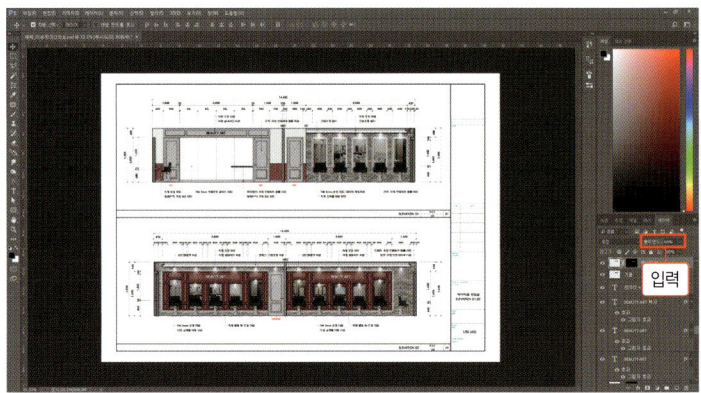

Lesson 10 폴리싱 타일 표현하기

88 바닥 마감재 표현을 해보도록 하겠습니다. 다른이름으로 저장하기 단축키 Shift + Ctrl + S 를 누르거나, 메뉴 바의 [파일]-[다른 이름으로 저장하기]를 누릅니다. 원하는 경로에 파일이름을 지정해주고 파일형식을 jpg로 선택한 후 저장 버튼을 누릅니다. JPG 옵션 창이 나타나면 품질이 12에 최고로 되어 있는지 체크하고 확인 버튼을 눌러줍니다.

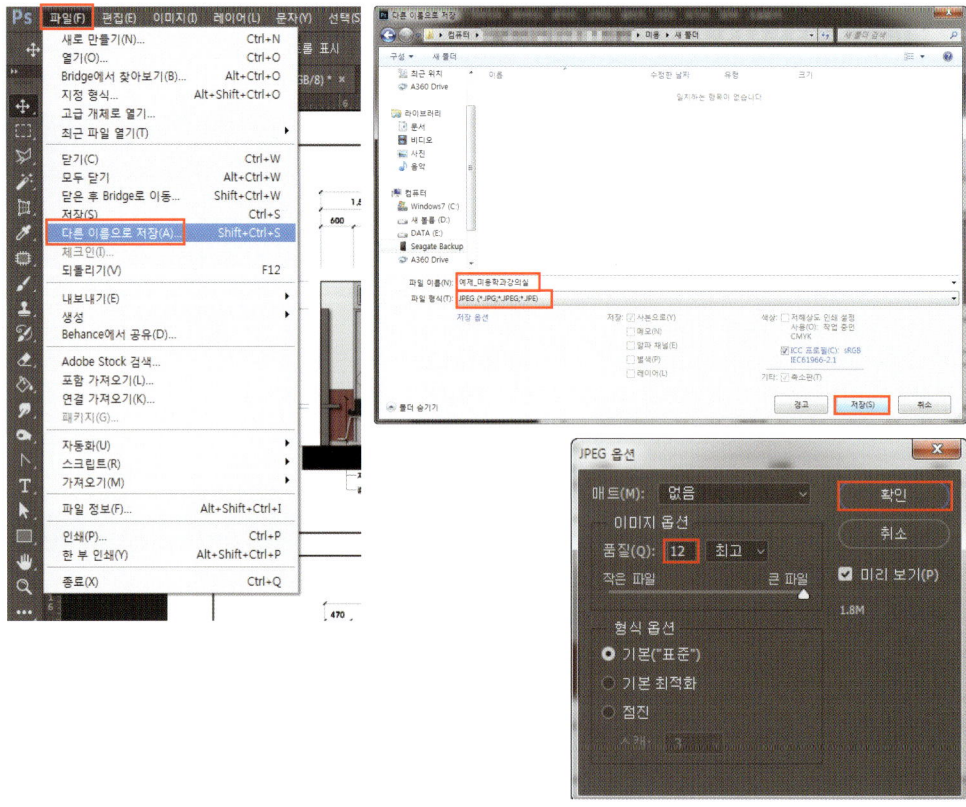

89

❶ 레이어 창의 〈 〉 버튼을 눌러 새로운 레이어를 만들어주고, ❷ 레이어명을 '폴리싱타일'로 변경합니다. ❸ 사각선택 도구〈 〉 단축키 M을 눌러 영역을 ❹ 다음과 같이 드래그하여 선택해줍니다. ❺ 색상 피커에서 전경색이 검정색으로 지정되었는지 확인해주고, ❻ 페인트통 도구〈 〉를 누르고 ❼ 선택영역에 클릭해주면 색상이 채워졌습니다. Ctrl+D를 눌러 선택을 해제해줍니다.

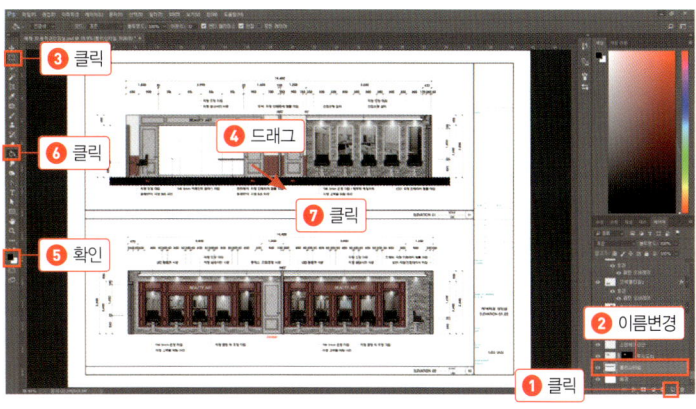

90

❶ 열기 단축키 Ctrl+O를 누르고 조금 전 저장해둔 예제_미용학과 강의실.jpg 파일을 불러옵니다. ❷ 사각선택 도구〈 〉 단축키 M을 눌러 ❸ 영역을 다음과 같이 드래그하여 선택해줍니다. ❹ 이동 도구〈 〉 단축키 V를 누르고 예제_미용학과 강의실.PSD로 드래그해줍니다. ❺ 레이어명을 '반사1'으로 변경하고, ❻ 자유 변형 단축키 Ctrl+T를 눌러 ❼ 세로로 뒤집기를 눌러주고 다음과 같이 위치시켜줍니다.

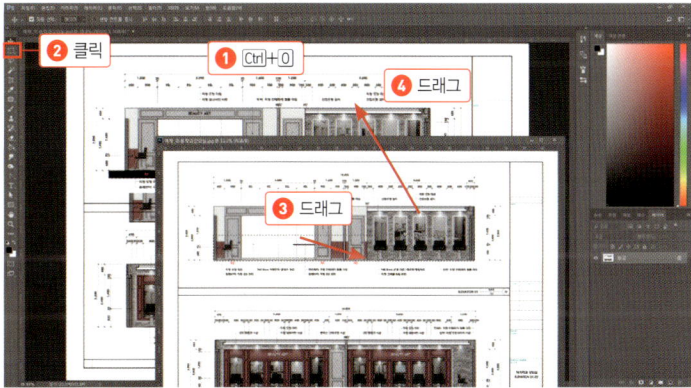

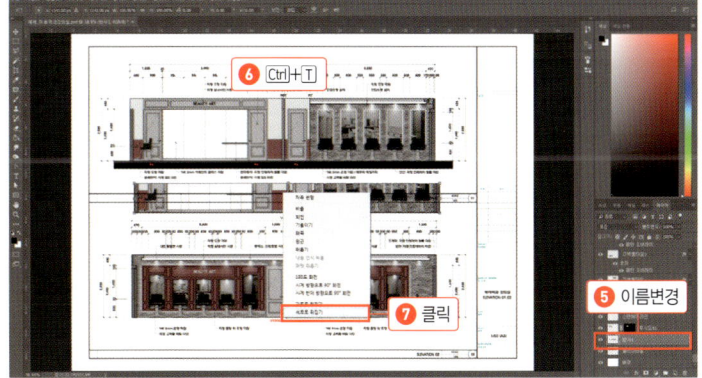

91 ❶ Ctrl을 누르면서 '폴리싱타일' 레이어의 레이어이미지 썸네일을 클릭하면 '폴리싱타일' 레이어가 선택됩니다. ❷ 그 상태에서 '반사1' 레이어를 선택하고 하고 ❸ 레이어마스크〈 〉아이콘을 클릭하여 레이어마스크를 만듭니다. 마스크가 적용되면서 선택영역이 해제되었습니다.

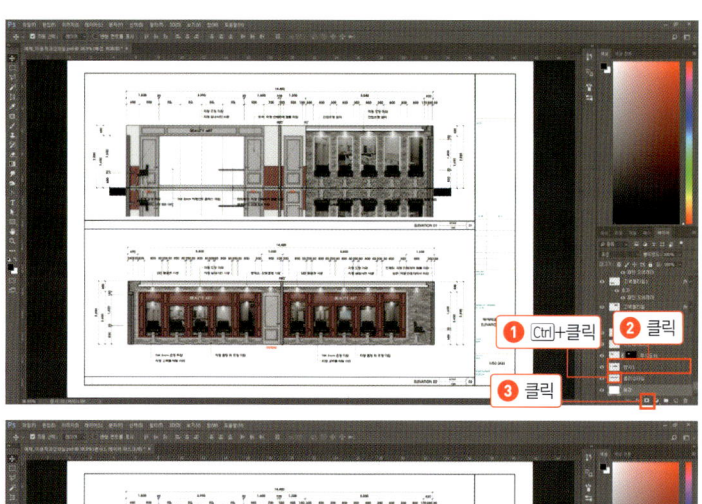

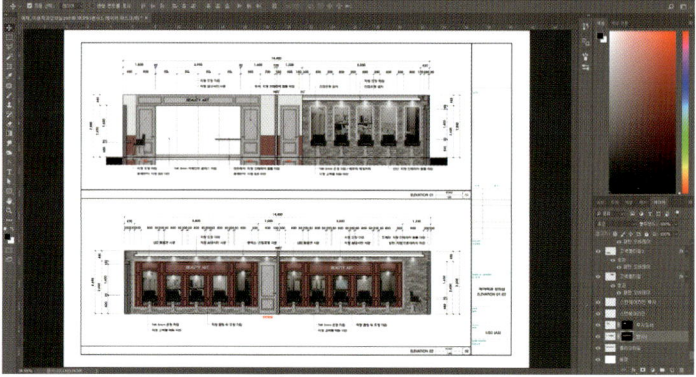

92 그레이디언트 도구〈 〉를 누르고 전경색이 검정색으로 지정되었는지 확인한 후 그레이디언트 편집기가 전경색에서 투명으로 지정하고 확인 버튼을 누릅니다.

93 아래에서 위쪽으로 드래그해주고 투명도를 70%로 조절해줍니다. 폴리싱타일의 반사 효과가 적용되었습니다.

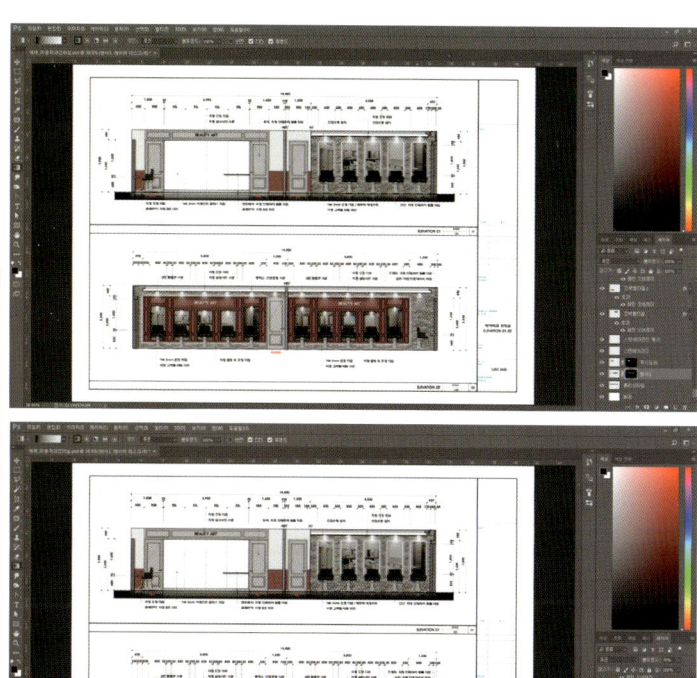

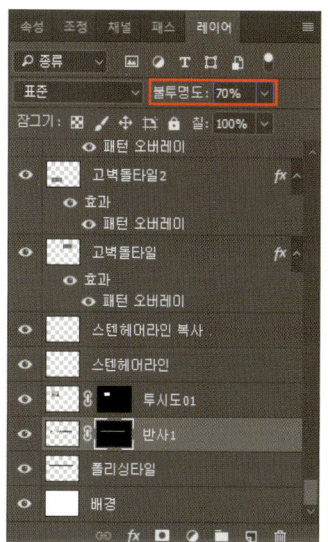

94 ELEVATION 02도 앞의 과정을 적용하여 표현해봅니다.

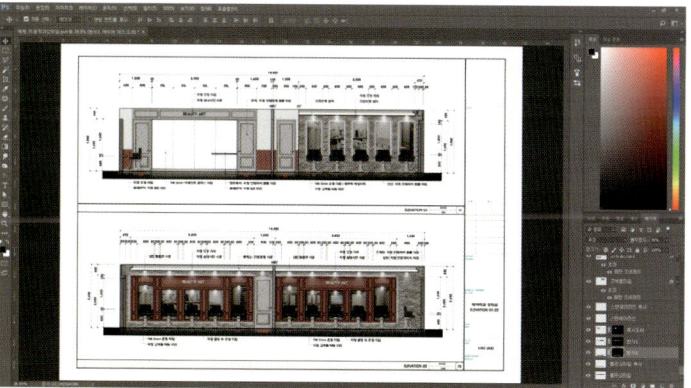

95 가구레이어가 도면레이어보다 위쪽에 위치하기 때문에, 간혹 가려져 있는 지시선이 있을 경우가 있습니다. ❶ '가구' 레이어를 선택하고 옆으로 이동시켜준 후 ❷ '도면' 레이어를 선택하고 ❸ 사각선택 도구〈▭〉단축키 M을 눌러 ❹ 영역을 다음과 같이 드래그하여 선택해줍니다. ❺ 이동 도구〈✥〉단축키 V를 누르고 가구의 간섭을 받지 않도록 ❻ 조금 옆으로 이동시켜줍니다. 가구를 원래 위치로 이동시켜 줍니다.

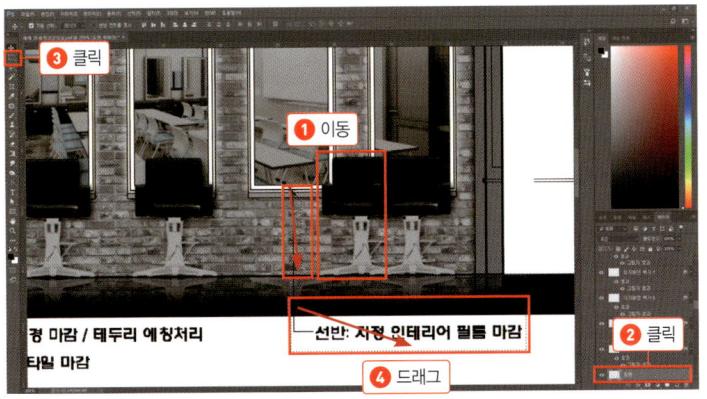

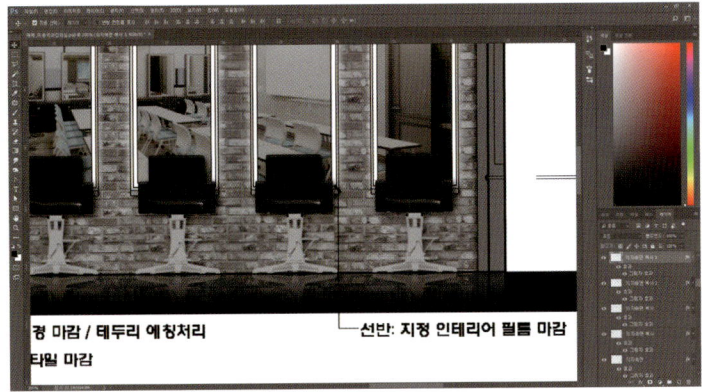

96 지시선의 이동이 아니라, 레이어의 위치가 위로 올라와야 하는 경우에는 ❶ '도면' 레이어를 선택하고 ❷ 사각선택 도구〈▭〉단축키 M을 눌러 ❸ 영역을 다음과 같이 드래그하여 선택해줍니다. ❹ Ctrl + J를 눌러 선택레이어를 복사하고 ❺ 제일 위쪽으로 레이어를 이동시켜줍니다. 다른 곳에도 같은 방법으로 정리해줍니다.

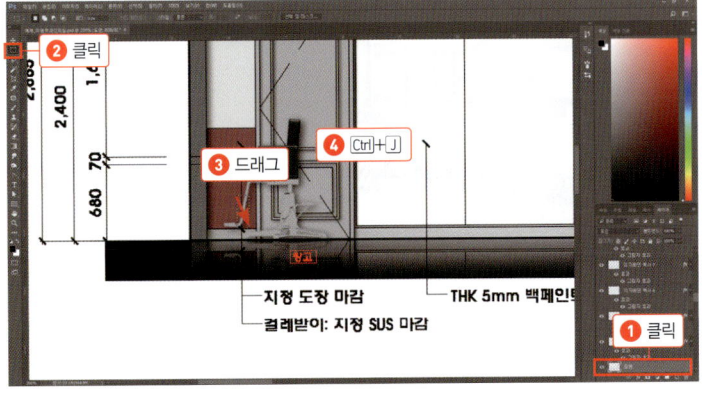

Chapter 06 미용학과 강의실 입면도 칼라링 :: 427

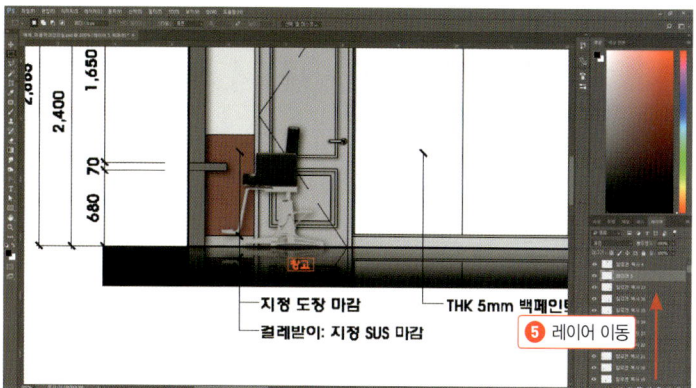

97 예제_미용학과 강의실 입면도가 완성되었습니다.

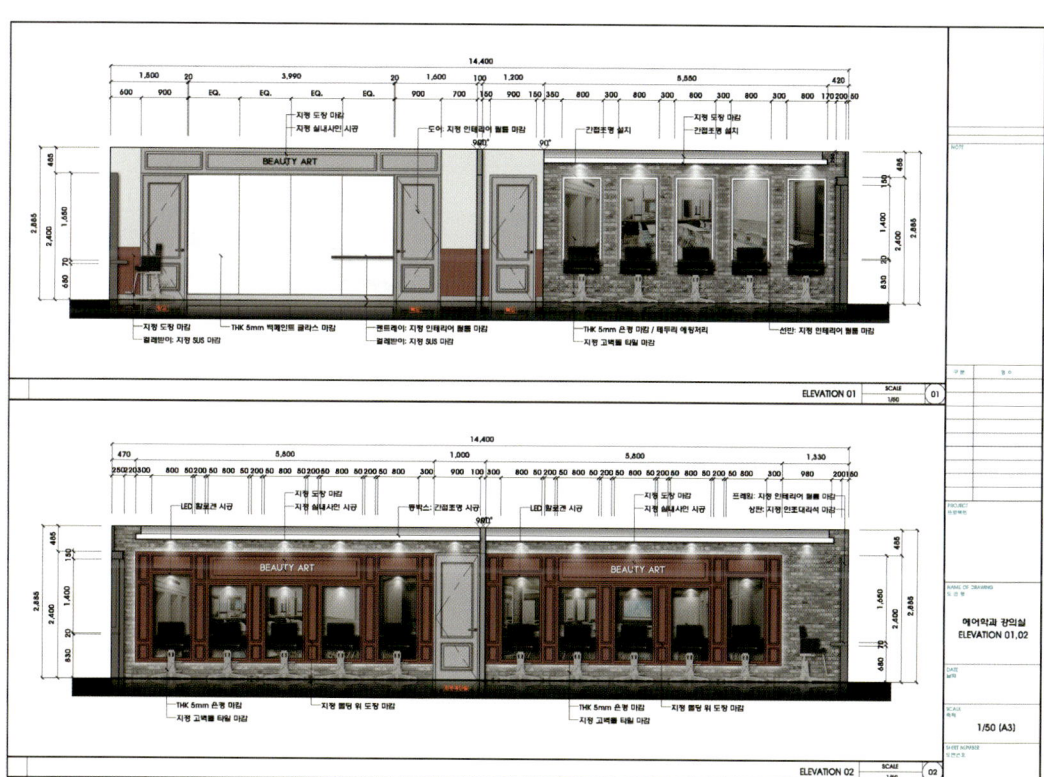

CHAPTER 07
3D소스를 이용한 호텔 평면도 칼라링

● 예제 파일 Part04. – 07. 예제_3D소스를 이용한 호텔평면도

데코타일01

데코타일02

화강석

우드

가구

이번 장에서는 3D 소스를 이용하여 칼라링을 하는 방법을 알아보도록 하겠습니다. 벽체, 창호, 붙박이 가구, 바닥마감만 작업하고, 이동가구를 일일이 칼라링 할 필요가 없어 작업시간을 단축시킬 수 있고, 소스가 리얼하기 때문에, 결과물의 완성도도 높아 보이는 방법입니다.

Lesson 01 캐드 도면 정리하기

01 붙박이 가구를 제외한 이동가구들은 3D소스를 배치하여 작업되기 때문에, 도면내에 표현된 가구들은 이동가구소스의 크기를 조절하기 위해 가이드라인으로만 사용하고, 지워야 합니다.

가구만 일일이 지우는 작업이 쉽지 않기 때문에, 도면을 EPS로 변환할 때 도면베이스와 벽체, 가구를 각각 따로 저장해서 불러오게 되면, 가이드라인으로 사용 후 가구레이어만 삭제할 수 있습니다.

02 가구만 따로 저장하기 위해 가구블럭만 일정간격으로 이동시켜줍니다.

단축키 M Enter↵
이동할 객체선택 후 〈마우스 오른쪽 버튼〉클릭
〈마우스 왼쪽 버튼〉 클릭 후 이동할 방향으로 드래그하면서 값 입력 Enter↵

▲ 가구만 이동시킨 도면

03 가구를 블럭으로 저장합니다.

단축키 [B] [Enter↵]

❶ 블럭이름을 지정하고 ❷ 객체선택버튼을 누릅니다.
❸ 드래그하여 객체를 선택해주고
❹ 〈마우스 오른쪽 버튼〉클릭
❺ 확인 버튼을 누릅니다.

가구가 블럭으로 저장되었습니다.

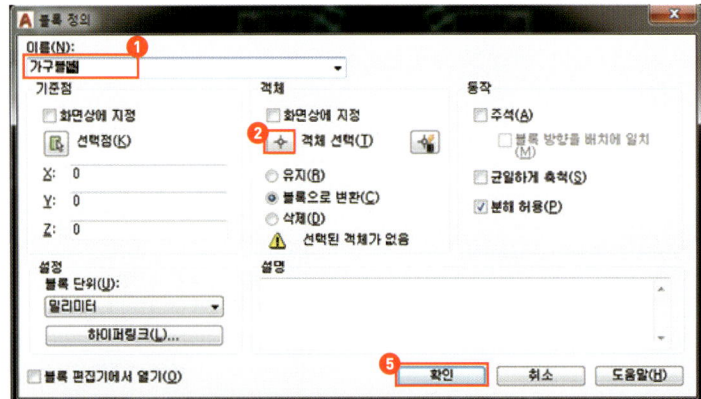

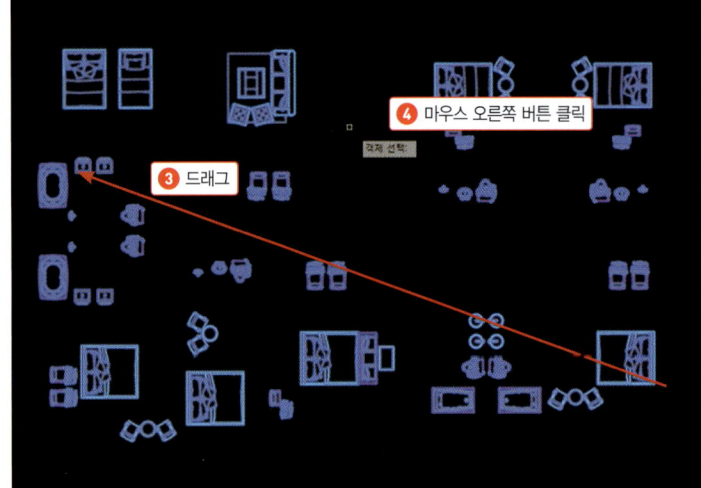

04 다시 도면으로 이동시켜줍니다. 01번에서 입력한 값을 그대로 넣어야 정확하게 들어갑니다.

단축키 [M] [Enter↵]
이동할 객체선택 후 〈마우스 오른쪽 버튼〉클릭
〈마우스 왼쪽 버튼〉 클릭 후 이동할 방향으로 드래그하면서 값 입력
[Enter↵]

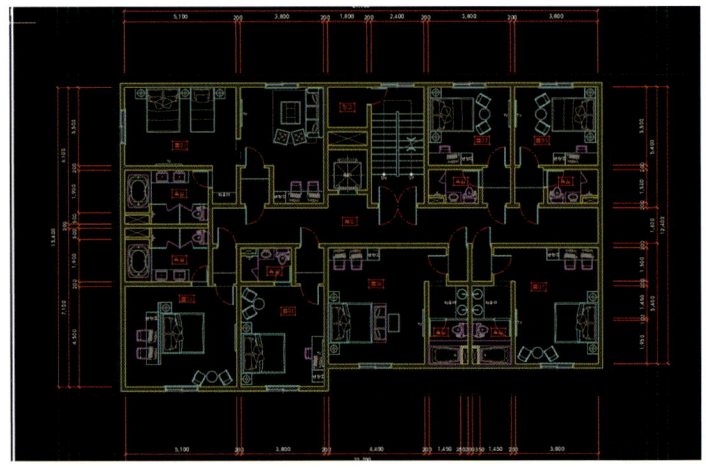

05 가구블럭만 틀에 따로 저장합니다.

단축키 M Enter↵
이동할 객체선택 후 〈마우스 오른쪽 버튼〉클릭
기준점을 클릭하고 이동할 기준점을 클릭

가구블럭만 도면틀에 저장되었습니다.

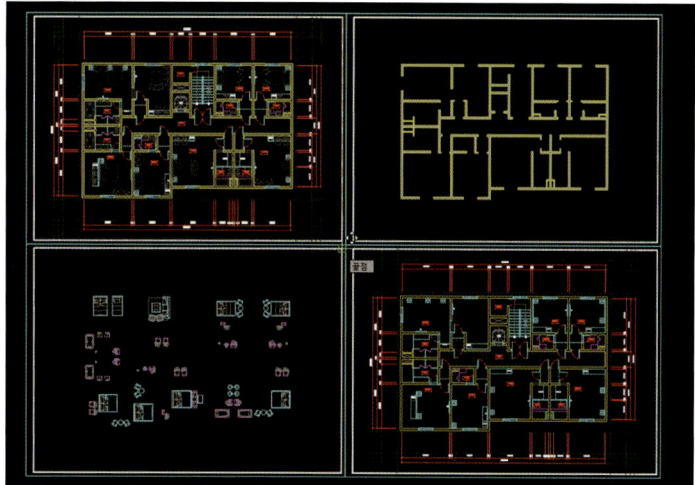

같은 방법으로 벽체선도 따로 작업합니다. 키플랜으로 평면도를 이용할 때는 치수선을 같은 방법으로 따로 저장해두면, 치수선이 없는 평면도를 만들어 키플랜으로 사용할 수 있습니다.

이렇게 가구가 포함된 호텔평면도, 벽체도면, 가구도면, 평면도 베이스를 다음과 같이 각각 따로 만들어둡니다.

Lesson 02 도면 불러오기

알아두기

eps 파일 변환하는 방법은 PART01. Chapter 03.과 Chapter 04.를 참고하세요.

06 화면을 더블클릭하거나, 열기 단축키 Ctrl+O를 눌러 예제 파일 예제_호텔평면.eps를 불러옵니다. A3 파일로 저장되었기 때문에 이미지 크기는 ❶ '42.02', 높이는 ❷ '29.7'로 지정되어 있습니다. ❸ 해상도를 '200'로 ❹ 모드는 RGB색상으로 지정하고 ❺ 앤티앨리어스에 체크를 해제한 후 ❻ 확인 버튼을 누릅니다.

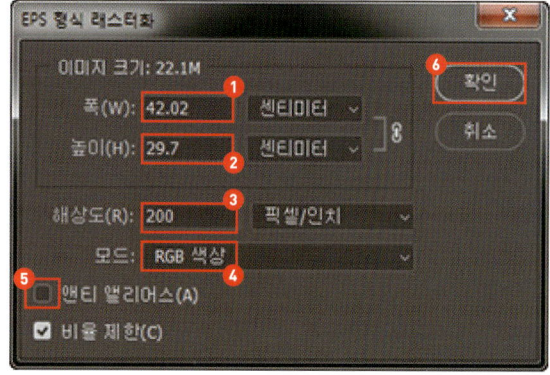

07 ❶ 레이어 창의 〈□〉 버튼을 눌러 새로운 레이어를 만들어줍니다. ❷ 배경색이 흰색으로 지정되어 있는지 확인하고 ❸ 단축키 Ctrl+Delete를 눌러 배경을 흰색으로 채운 후, '배경' 레이어를 '도면' 아래에 위치시키고 더블클릭하여 이름을 변경해줍니다.

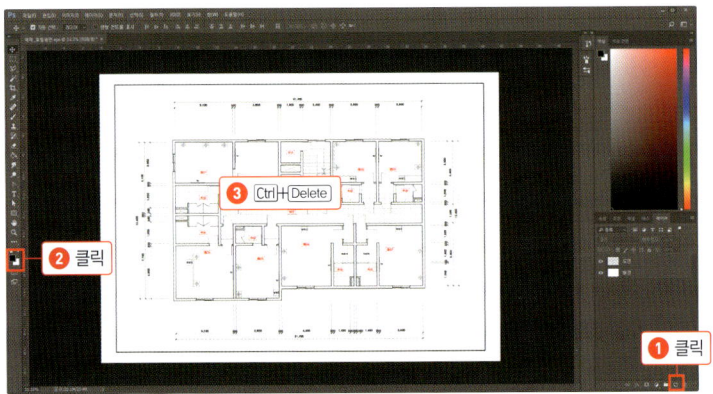

08 열기 단축키 Ctrl+O를 눌러 예제 파일 '예제_호텔가구'와 '예제_호텔벽체'.eps를 불러옵니다. A3 파일로 저장되었기 때문에 이미지 크기는 '42.02', 높이는 '29.7'로 지정되어 있습니다. 해상도를 '200'으로 모드는 RGB색상으로 지정하고 안티앨리어스에 체크를 해제한 후 확인 버튼을 누릅니다.

09 '예제_호텔가구'와, '예제_호텔벽체창'을 아래로 내리고 사각선택 도구 〈□〉 단축키 M을 누르고 틀을 제외한 가구를 선택한 후 Shift+Alt+이동 도구〈✥〉를 누르면서 예제_호텔평면으로 드래그하면 예제_호텔평면과 같은 위치로 이동됩니다. 같은 방법으로 예제_호텔벽체도 이동시켜줍니다. 레이어명을 '도면벽체'와 '도면가구'로 각각 변경합니다.

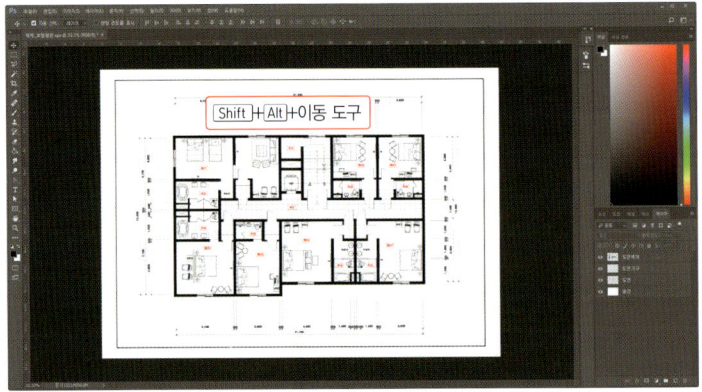

10 이렇게 레이어를 각각 불러오게 되면 원하지 않을 때 잠시 꺼두거나, 그 레이어만 삭제가 가능하게 됩니다.

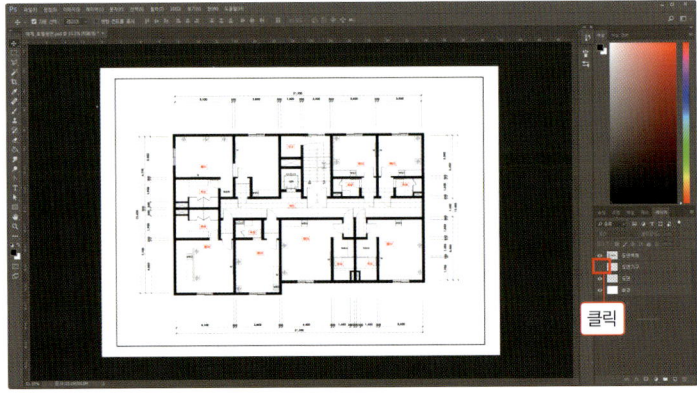

Lesson 03 패턴을 이용한 바닥 표현하기

레이어가 아래쪽에 위치해야 하는 마감재부터 작업을 합니다. PART03에서 각 마감재를 이용한 표현방법을 알아보았다면, 이번에는 포토샵의 패턴을 이용한 바닥을 표현해보도록 하겠습니다.

11 체크패턴을 만들어보도록 하겠습니다. 복도바닥은 양가쪽 색상을 다르게 표현해보기 위해서, 캐드에서 라인을 미리 그려두었습니다. 크기는 450×450 데코타일 크기입니다.

❶ 레이어 창의 〈 〉 버튼을 눌러 새로운 레이어를 만들어주고 ❷ 사각선택 도구〈 〉 단축키 M을 눌러 ❸ Shift 버튼을 누르면서 다음과 같이 드래그합니다.

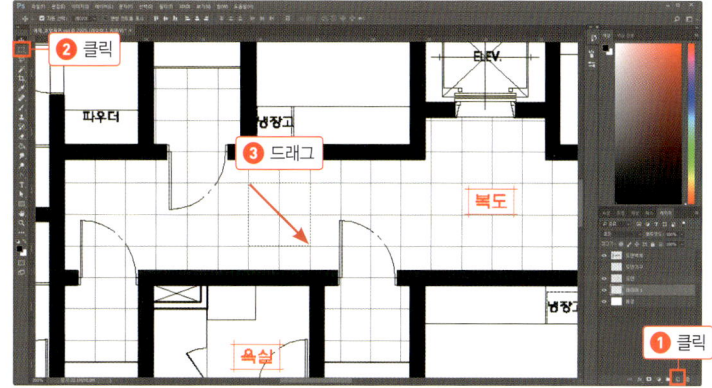

12 전경색〈 〉을 클릭하여 색상 라이브러리를 누르고 전경색을 선택합니다.

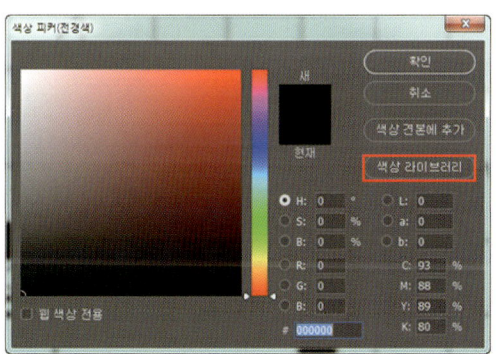

13 ❶ 페인트통 도구〈 〉를 누르고 ❷ 선택영역에 클릭해주면 색상이 채워졌습니다. Ctrl+D를 눌러 선택을 해제해줍니다.

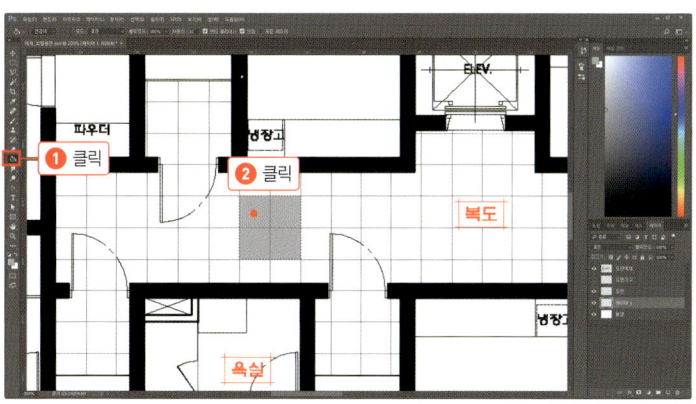

14 ❶ 레이어 창의 〈 ❏ 〉 버튼을 눌러 새로운 레이어를 만들어주고 ❷ 사각선택 도구〈 ▭ 〉 단축키 M을 눌러 ❸ 다음과 같이 드래그합니다.

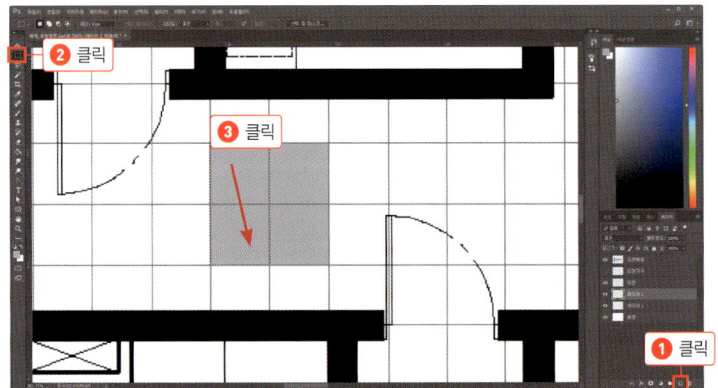

15 전경색을 눌러 색상 라이브러리에서 다음 컬러를 선택하고 확인 버튼을 누릅니다.

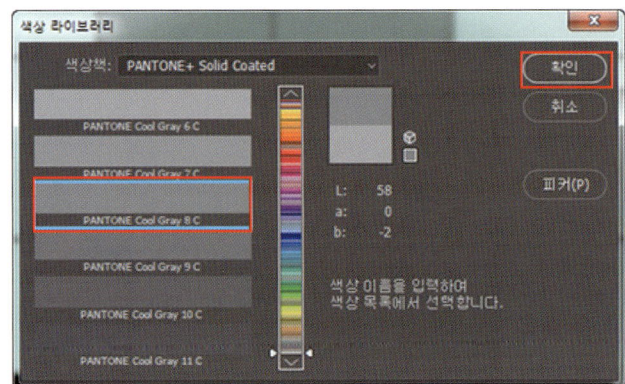

16 ❶ 페인트통 도구〈 ◆ 〉를 누르고 ❷ 선택영역에 클릭해주면 색상이 채워졌습니다. Ctrl + D를 눌러 선택을 해제해줍니다.

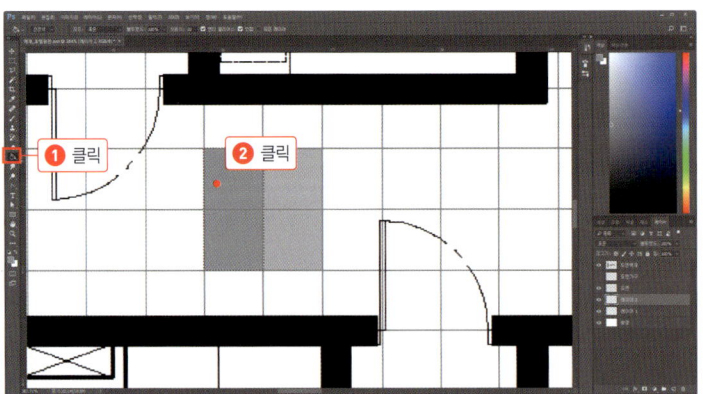

17 ❶ 레이어 창의 〈 ❏ 〉 버튼을 눌러 새로운 레이어를 만들어주고 ❷ 사각선택 도구〈 ▭ 〉 단축키 M을 눌러 ❸ 다음과 같이 드래그합니다.

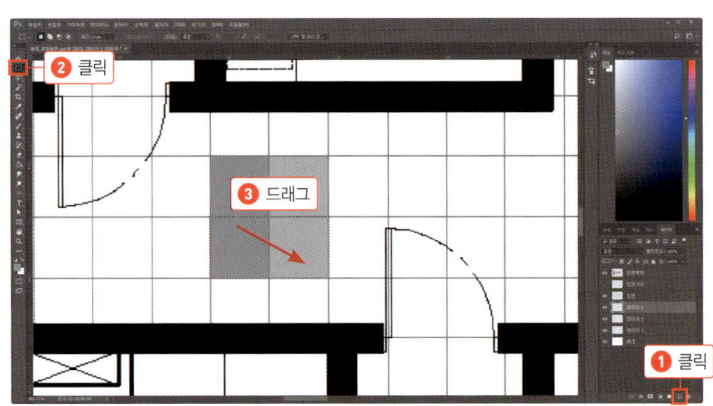

18 전경색(■)을 눌러 색상 라이브러리에서 다음 컬러를 선택하고 확인 버튼을 누릅니다.

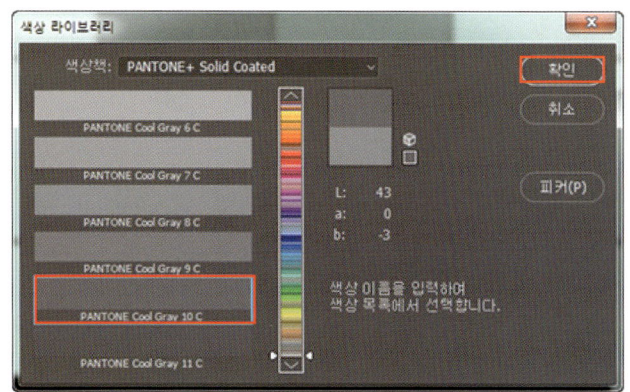

19 ❶ 페인트통 도구(⬢)를 누르고 ❷ 선택영역에 클릭해주면 색상이 채워졌습니다. Ctrl+D를 눌러 선택을 해제해줍니다.

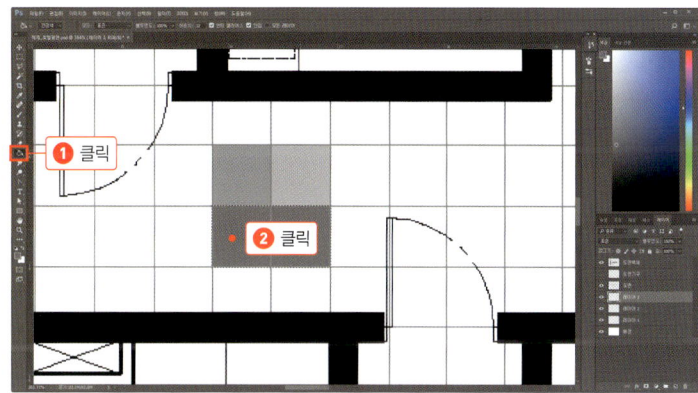

20 불투명도를 70% 정도로 조절합니다.

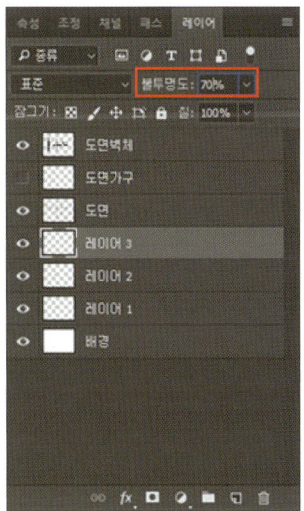

21 패턴으로 등록해야 합니다. ❶ 도면레이어의 눈(👁)을 눌러 잠시 꺼두고, ❷ 만들어둔 레이어를 Shift 버튼을 누르면서 선택한 후 Ctrl+E를 눌러 레이어를 합쳐줍니다.

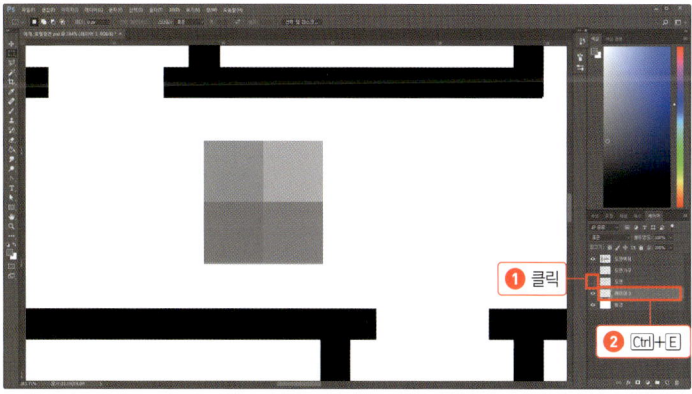

22 ❶ 사각선택 도구〈▭〉를 누르고, ❷ Shift 버튼을 누르면서 다음과 같이 드래그합니다

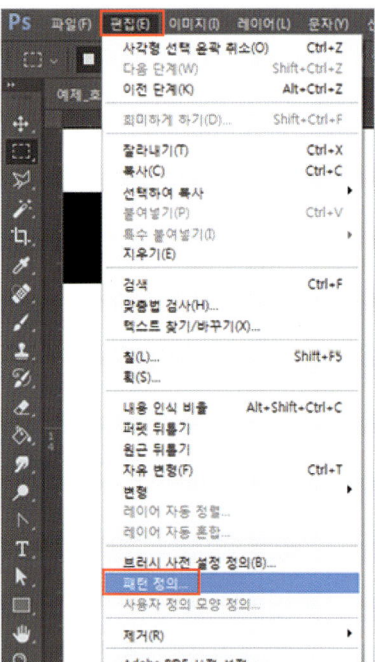

23 '체크패턴'을 패턴으로 지정하기 위해 [편집]-[패턴 정의]를 누르고 '체크패턴'으로 이름을 변경한 후 확인 버튼을 누릅니다.

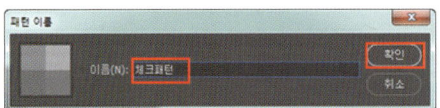

24 패턴을 만들었기 때문에 '레이어3' 레이어를 삭제하고 ❶ 레이어 창의 〈▭〉 버튼을 눌러 새로운 레이어를 만들어준 후 ❷ 레이어명을 '룸01바닥'으로 변경합니다.

❸ 도면레이어의 눈〈◉〉을 눌러 도면레이어를 다시 켜주고, ❹ 사각선택 도구〈▭〉를 누르고 ❺ Shift 버튼을 누르면서 다음과 같이 드래그하여 선택합니다.

레이어의 위치는 바닥 마감이기 때문에 배경의 위쪽으로 위치시켜줍니다.

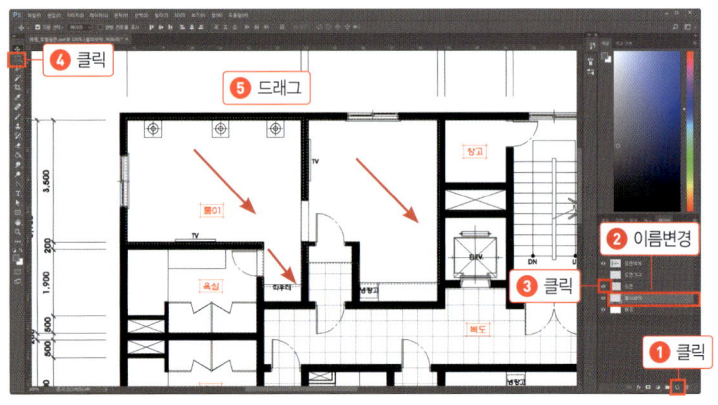

25 ❶ [편집]- ❷ [칠]을 누르고 칠 창이 열리면 ❸ 내용을 패턴으로 지정하고 ❹ 사용자 정의 패턴에서 조금 전 만들어 둔 ❺ '체크패턴' 소스를 선택하고 ❻ 확인 버튼을 누릅니다.

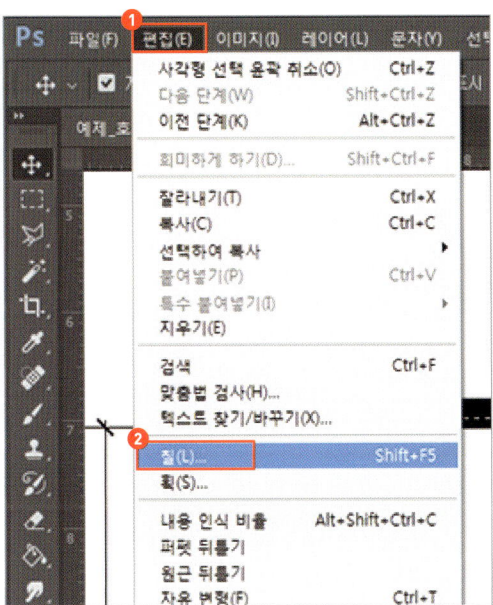
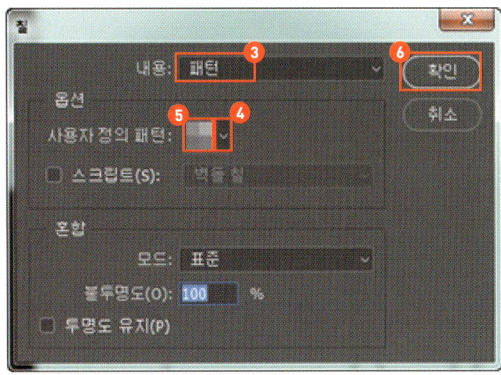

26 선택영역이 체크패턴으로 채워졌습니다.

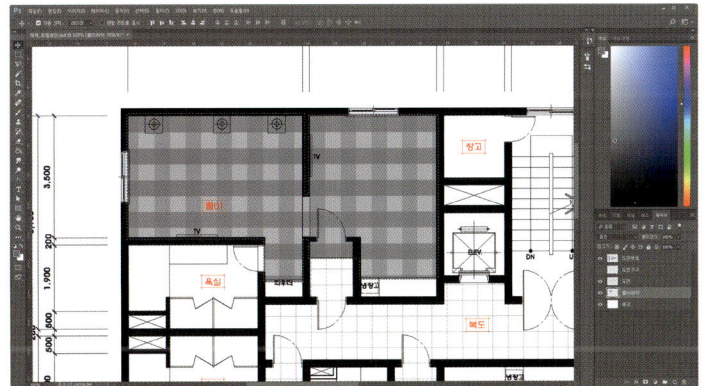

27 이번에는 라인패턴을 만들어보도록 하겠습니다. ❶ 레이어 창의 〈 〉 버튼을 눌러 새로운 레이어를 만들어주고 ❷ 사각선택 도구〈 〉 단축키 M을 눌러 ❸ 다음과 같이 드래그합니다.

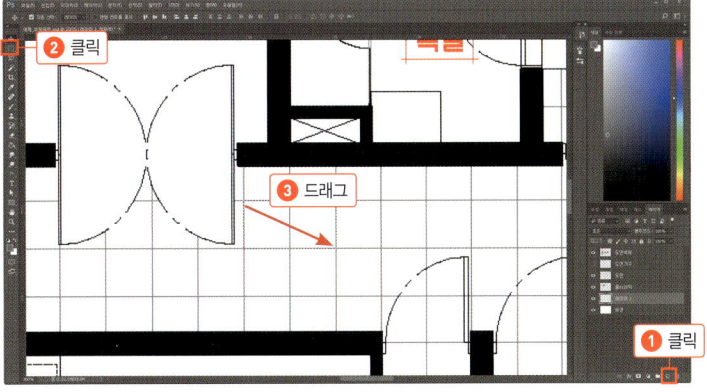

> **알아두기**
>
> 캐드의 데코타일 라인을 맞춰서 패턴을 만들어 주어야 도면에 맞는 크기의 마감으로 표현할 수 있기 때문입니다. 평면도 칼라링에서 가장 많은 오류는 마감재나 가구의 크기가 크거나 작게 들어가서 어색해 보이는 부분입니다. 가구를 지우지 않고, 가구레이어를 따로 만들어둔 것도, 기준이 되는 크기를 만들어두기 위해서입니다.

28 전경색(■)을 클릭하고 색상 라이브러리를 눌러 전경색을 선택하고 확인 버튼을 누릅니다.

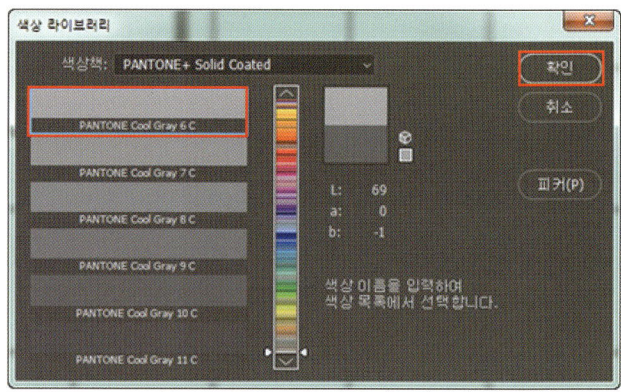

29 ❶ 페인트통 도구(◈)를 누르고 ❷ 선택영역에 클릭해주면 색상이 채워졌습니다. Ctrl+D를 눌러 선택을 해제해줍니다

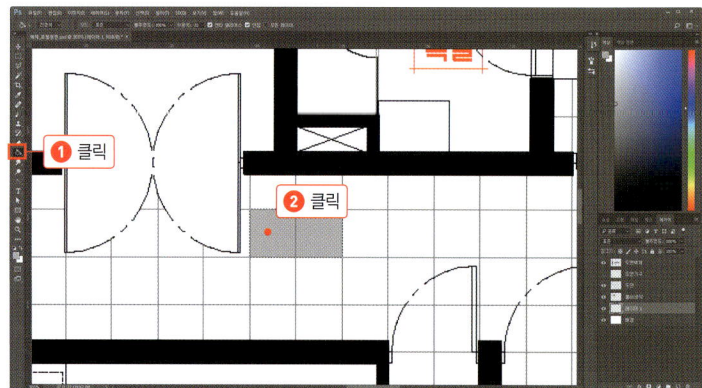

30 ❶ 레이어 창의 〈🗔〉 버튼을 눌러 새로운 레이어를 만들어주고 ❷ 사각선택 도구(▭) 단축키 M을 눌러 ❸ 다음과 같이 드래그합니다.

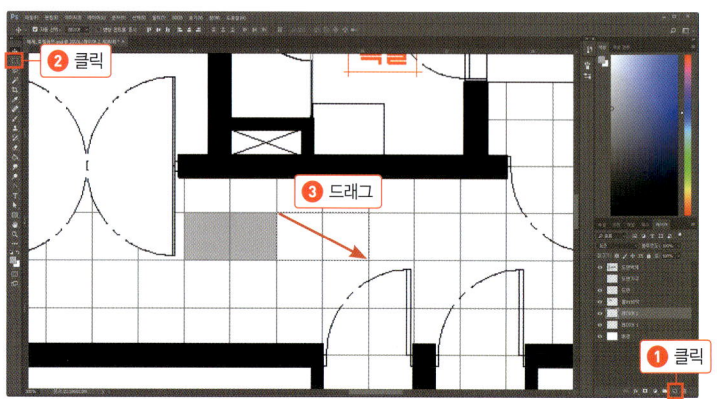

31 전경색(■)을 클릭하고 색상 라이브러리를 눌러 전경색을 선택하고 확인 버튼을 누릅니다.

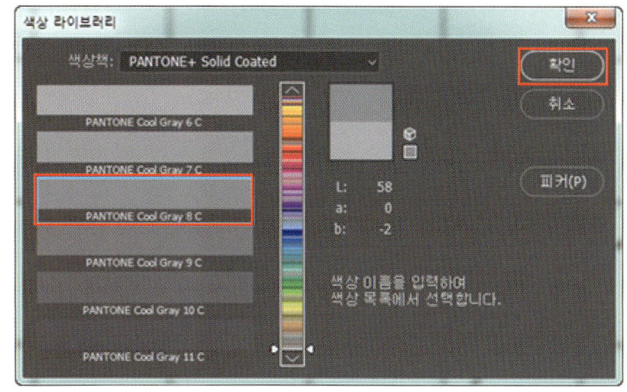

32 ❶ 페인트통 도구(🪣)를 누르고 ❷ 선택영역에 클릭해주면 색상이 채워졌습니다. Ctrl+D를 눌러 선택을 해제해줍니다.

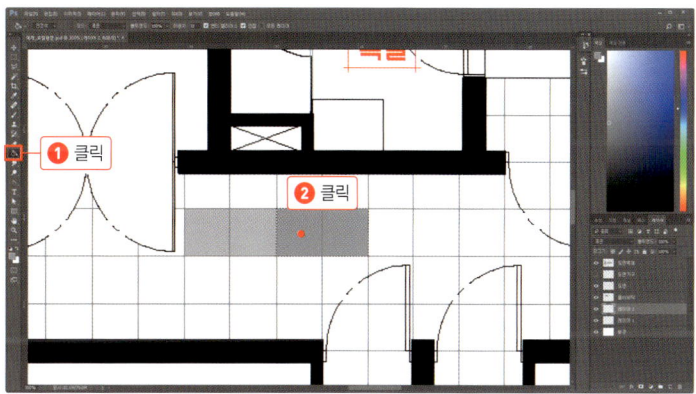

33 패턴으로 등록해야 합니다. ❶ 도면레이어의 눈(👁)을 눌러 잠시 꺼두고, 레이어는 ❷ Shift 버튼을 누르면서 선택한 후 Ctrl+E를 눌러 레이어를 합쳐줍니다.

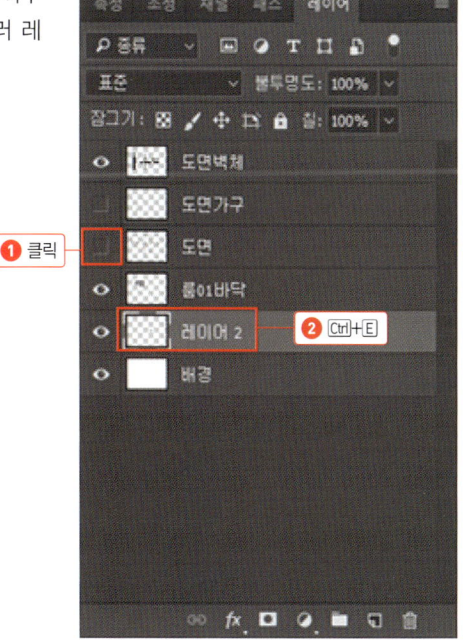

34 ❶ 사각선택 도구〈▭〉를 누르고, M 버튼을 누르면서 ❷ 다음과 같이 드래그합니다.

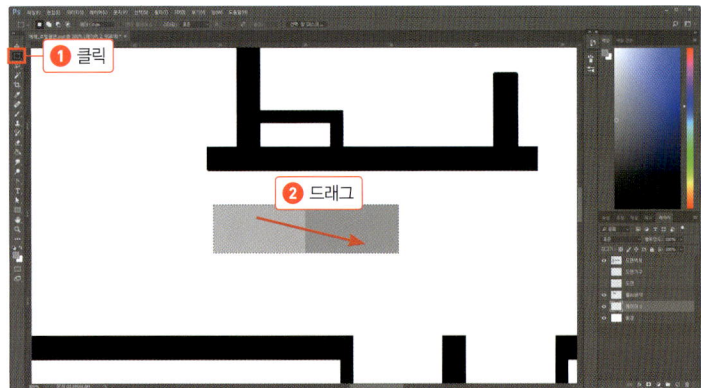

35 라인패턴을 패턴으로 지정하기 위해 ❶ [편집]- ❷ [패턴 정의]를 누르고 ❸ 체크패턴으로 이름을 변경한 후 ❹ 확인 버튼을 누릅니다.

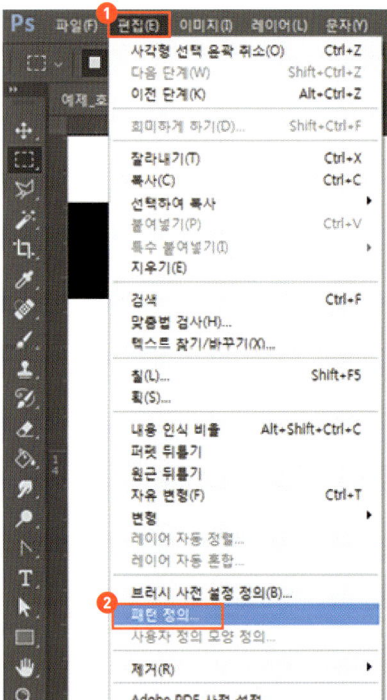

36 패턴을 만들었기 때문에 '레이어2' 레이어를 삭제하고 ❶ 레이어 창의 〈▭〉 버튼을 눌러 새로운 레이어를 만들어준 후 ❷ 레이어명을 '룸02바닥'으로 변경합니다.

❸ 도면레이어의 눈〈◉〉을 눌러 도면레이어를 다시 켜주고, ❹ 사각선택 도구〈▭〉를 누르고 ❺ Shift 버튼을 누르면서 다음과 같이 드래그하여 선택합니다.

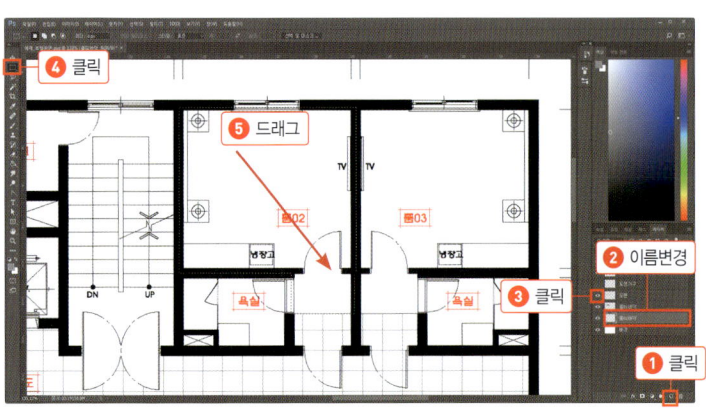

Chapter 07 3D소스를 이용한 호텔 평면도 칼라링 :: **441**

37 [편집]-[칠]을 누르고 칠 창이 열리면 ❶ 내용을 패턴으로 지정하고 ❷ 사용자 정의 패턴에서 ❸ 조금 전 만들어둔 '라인패턴' 소스를 선택하고 ❹ 확인 버튼을 누릅니다.

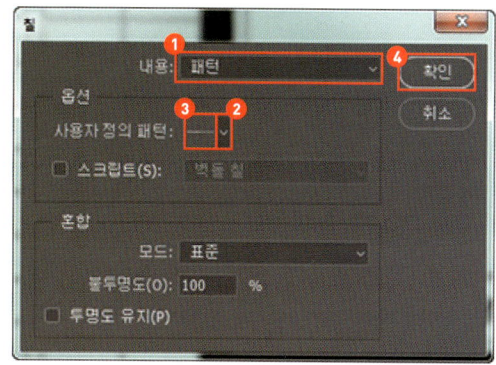

38 선택영역이 체크패턴으로 채워졌습니다.

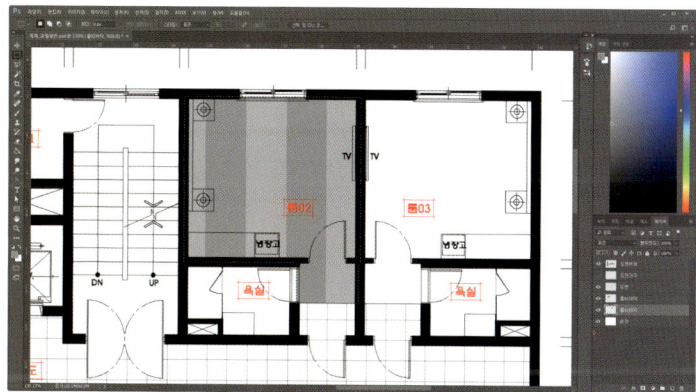

39 다른 룸들도 같은 방법으로 자유롭게 패턴을 넣어봅니다. 메뉴 바의 [이미지]-[조정]의 활기, 색조/채도, 색상균형, 포토필터 등을 이용해서 컬러와 밝기를 변경해봅니다. 너무 어두워보인다면, [이미지]-[조정]-[명도/대비] 의 값을 조절하여 밝기를 조절할 수 있습니다.

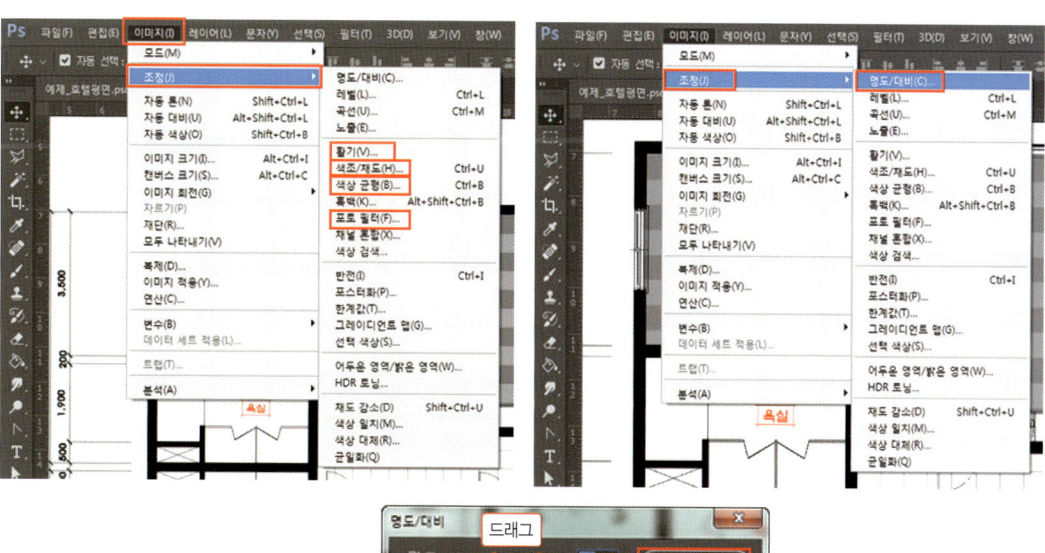

40 이번에는 욕실 타일을 칼라링 해도록 하겠습니다. 우선 타일의 크기를 300으로 보고 세면대 크기가 550이므로 대략 크기를 보고 [Shift] 버튼을 누르면서 ❶ 사각선택 도구⟨ ⟩로 ❷ 드래그하여 크기를 정합니다. 칼라링에서의 스케일은 가구치수나 바닥재들 크기를 비교하여 눈대중으로 맞추어 주어야 합니다.

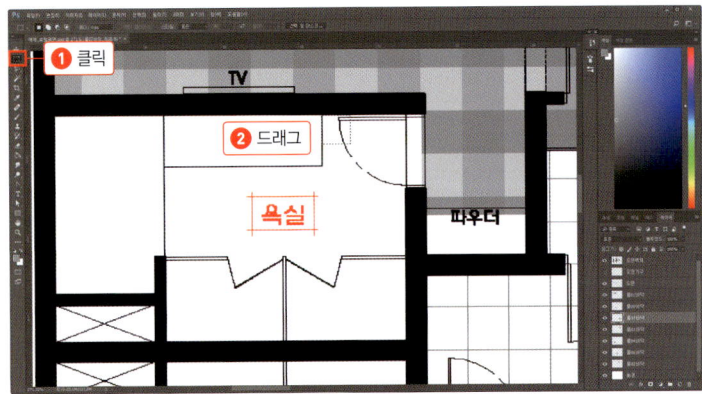

41 레이어 창의 ⟨ ⟩ 버튼을 눌러 새로운 레이어를 만들어준 후 레이어명을 '욕실 타일'로 변경합니다. 전경색⟨ ⟩을 클릭하고 색상 라이브러리를 눌러 전경색을 선택합니다.

42 ❶ 페인트통 도구⟨ ⟩를 누르고 ❷ 선택영역에 클릭해주면 색상이 채워졌습니다. [Ctrl]+[D]를 눌러 선택을 해제해줍니다.

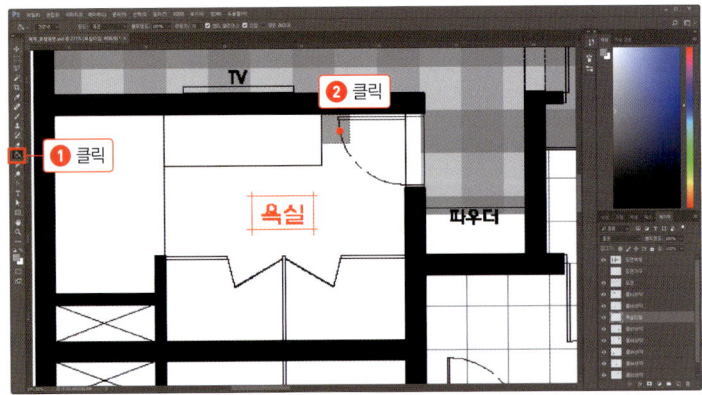

43 ❶ 전경색을 흰색으로 변경하고 ❷ 돋보기 도구⟨ ⟩를 눌러 화면을 확대합니다. ❸ 연필 도구⟨ ⟩를 누르고 상단의 브러시 사이즈가 1px인지 확인한 후 ❹ [Shift] 버튼을 누르면서 오른쪽에서 왼쪽으로 위에서 아래로 줄눈을 그려줍니다.

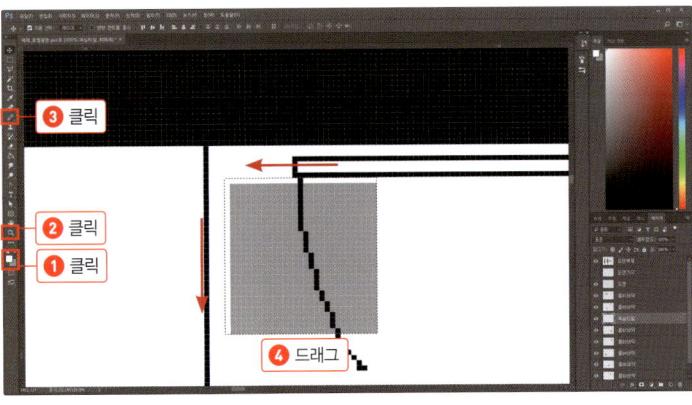

44 도면선이 없는 곳으로 타일소스를 이동합니다. 타일을 패턴으로 지정하기 위해 ❶ [편집]- ❷ [패턴 정의]를 누르고 ❸ '욕실 타일'로 이름을 변경한 후 ❹ 확인 버튼을 누릅니다.

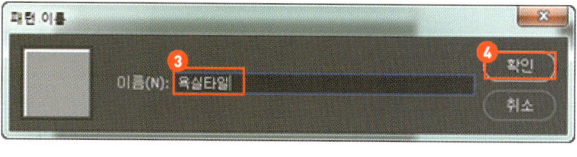

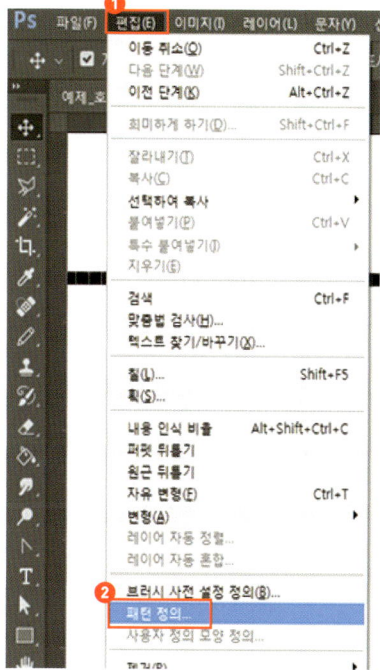

45 패턴을 만들었기 때문에 '욕실타일' 레이어를 삭제하고 ❶ 레이어 창의 〈 〉 버튼을 눌러 새로운 레이어를 만들어준 후 ❷ 레이어명을 '욕실타일'로 변경합니다.
❸ 사각선택 도구〈 〉를 누르고 Shift 버튼을 누르면서 '욕실'을 드래그하여 선택합니다.

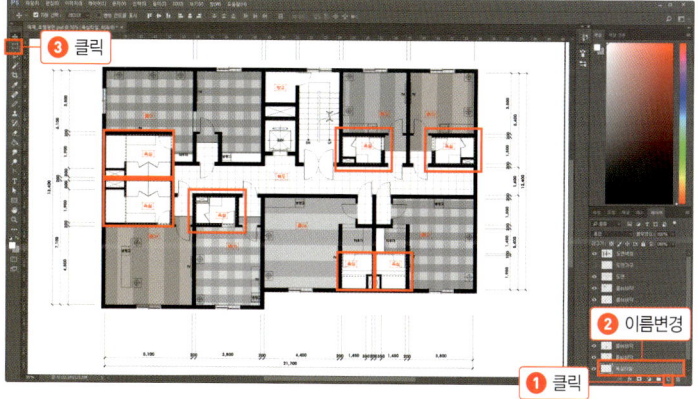

46 ❶ [편집]- ❷ [칠]을 누르고 칠 창이 열리면 내용을 ❸ 패턴으로 지정하고 ❹ 사용자 정의 패턴에서 ❺ 조금 전 만들어둔 '욕실 타일' 소스를 선택하고 ❻ 확인 버튼을 누릅니다. 선택영역이 타일로 채워졌습니다.

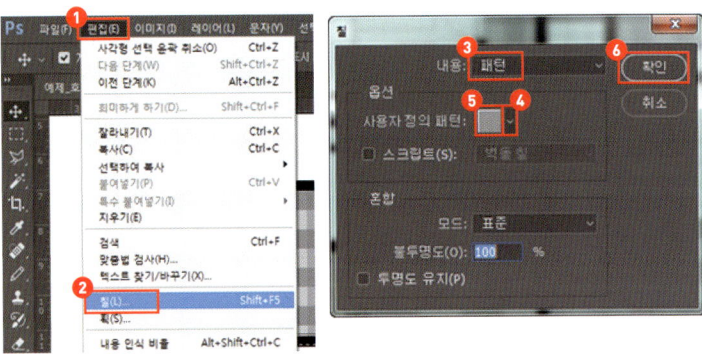

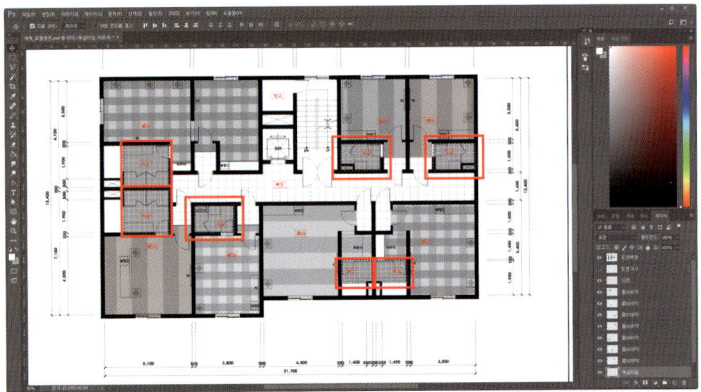

47 바닥이 너무 매끈해 보입니다. 조금 거칠어 보이는 효과를 주도록 하겠습니다. 메뉴 바의 ❶ [필터]- ❷ [노이즈]- ❸ [노이즈 추가]를 누른 후 노이즈 추가 창에서 ❹ 다음과 같이 값을 변경한 후 ❺ 확인 버튼을 누릅니다.

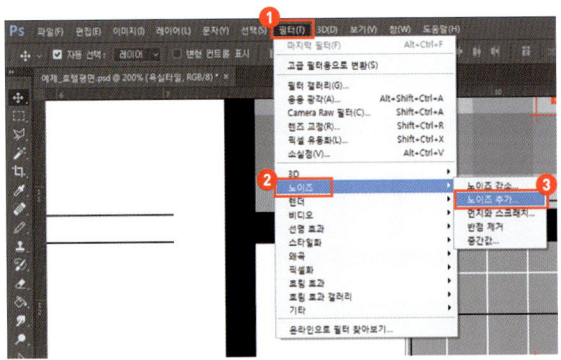

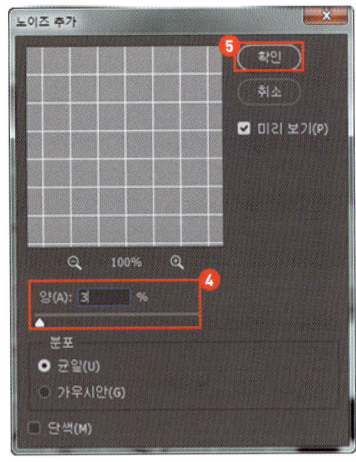

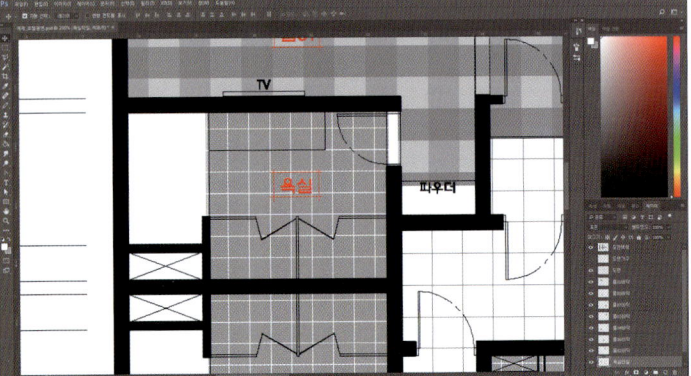

48 ❶ 열기 단축키 Ctrl+O를 눌러 '데코타일01', '데코타일02'를 불러온 후 ❷ 이동 도구⟨✥⟩ 단축키 V를 누르고 '예제_호텔평면'으로 드래그해줍니다. 레이어를 더블클릭하여 이름을 데코타일 01,02로 각각 변경합니다.

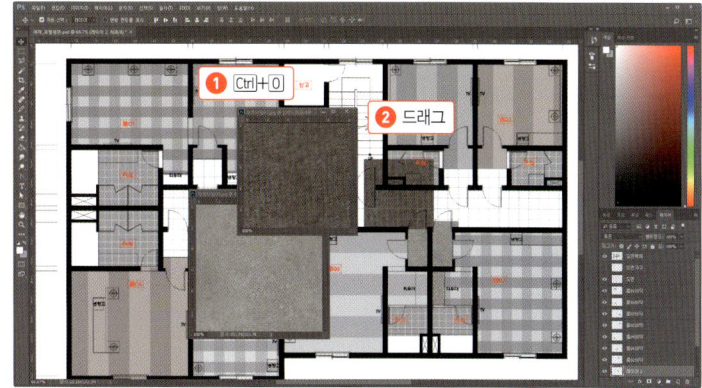

49 ❶ 사각선택 도구⟨▭⟩를 눌러 ❷ '데코타일01'을 드래그하여 선택하고 ❸ Alt+이동 도구⟨✥⟩를 눌러 다음과 같이 위치시켜줍니다. 레이어가 복제되지 않고, 칼라링되었습니다.

50 ❶ 사각선택 도구⟨▭⟩를 눌러 ❷ '데코타일02'을 드래그하여 선택하고 ❸ Alt+이동 도구⟨✥⟩를 눌러 다음과 같이 위치시켜줍니다. 레이어가 복제되지 않고, 칼라링되었습니다.

51 ① 사각선택 도구〈▭〉를 눌러 ② 다음과 같이 선택하고 ③ Delete 버튼을 눌러 삭제합니다

52 ① 열기 단축키 Ctrl + O 를 눌러 '계단실'을 불러온 후 이동 도구〈✥〉 단축키 V 를 누르고 ② '예제_호텔평면'으로 드래그해줍니다. ③ 레이어를 더블클릭하여 이름을 '계단실'로 변경합니다.

53 패턴이 너무 크고 색상도 어두워 보입니다. 자유 변형 단축키 Ctrl + T 를 누르고 조절점을 이용하여 다음과 같이 맵의 크기를 줄여줍니다

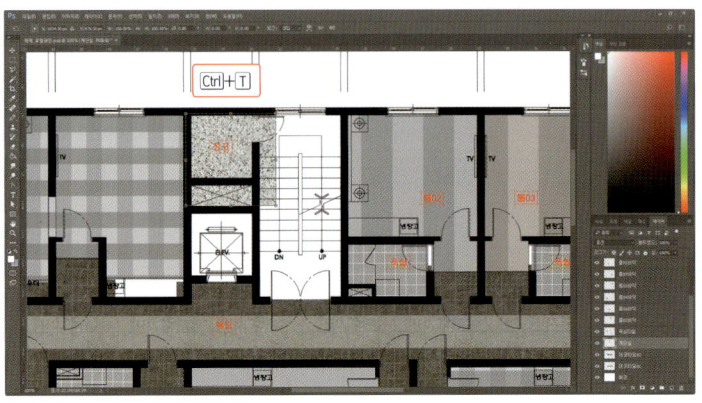

54 ❶ 사각선택 도구〈▭〉를 눌러 ❷ '계단실' 소스를 드래그하여 선택하고 ❸ Alt +이동 도구〈✥〉를 눌러 복사해서 다음과 같이 위치시켜줍니다. 레이어가 복제되지 않고, 칼라링 되었습니다.
Ctrl + D 를 눌러 선택을 해제합니다.

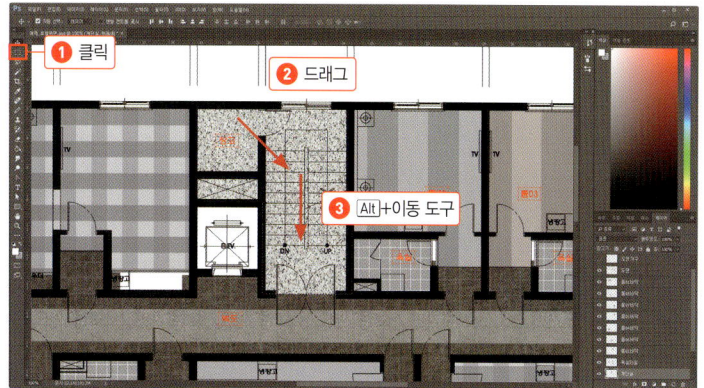

55 ❶ 곡선단축키 Ctrl + M 을 누르고 ❷ 곡선을 위로 드래그하여 ❸ 출력 210에 입력이 185 정도 조절해준 후 ❹ 확인 버튼을 누릅니다. 맵소스가 밝아졌습니다.

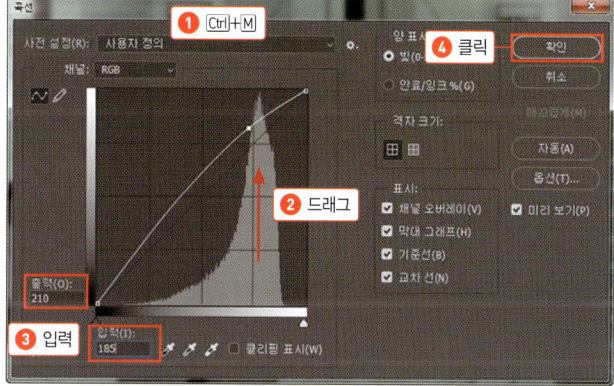

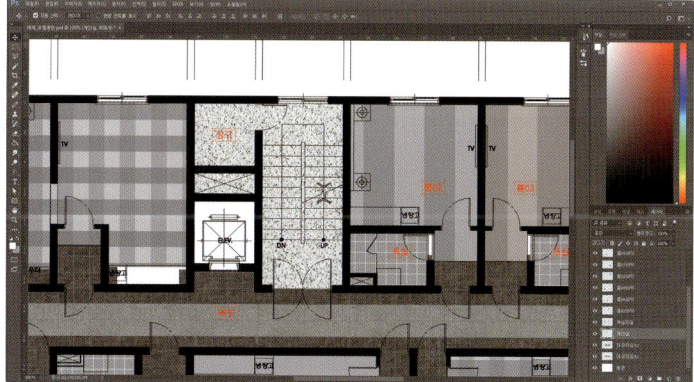

56 비트공간을 표현해보도록 하겠습니다. 레이어 창의 〈◰〉 버튼을 눌러 새로운 레이어를 만들어준 후 레이어명을 '비트'로 변경합니다. 전경색〈■〉을 클릭하고 색상 라이브러리를 누른 후 적당한 회색톤을 선택하고, 확인 버튼을 누릅니다.

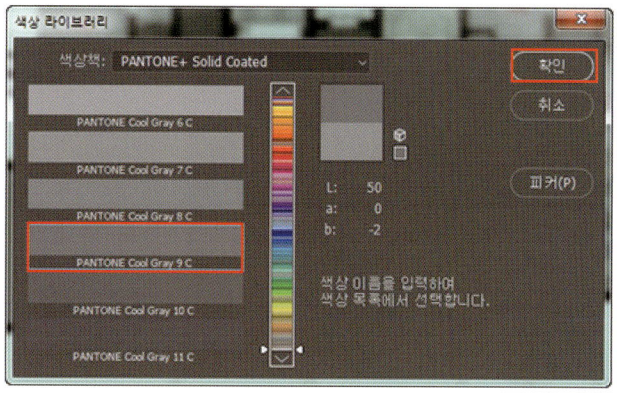

57 ① 사각선택 도구〈▣〉를 눌러 ② 비트공간을 드래그하여 선택하고 ③ 페인트통 도구〈◈〉를 누르고 ④ 선택영역에 클릭해주면 색상이 채워집니다. 다른 비트도 색상을 채워줍니다.

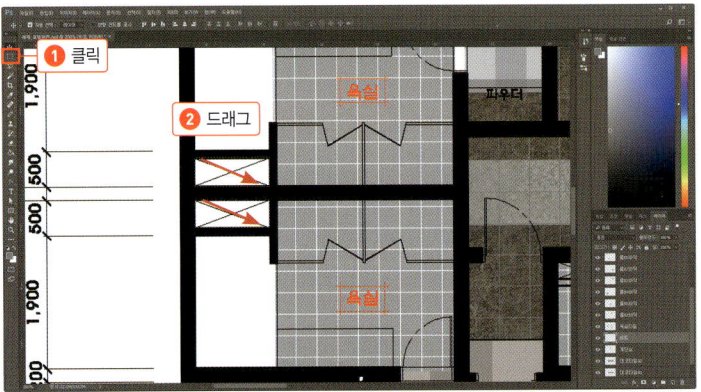

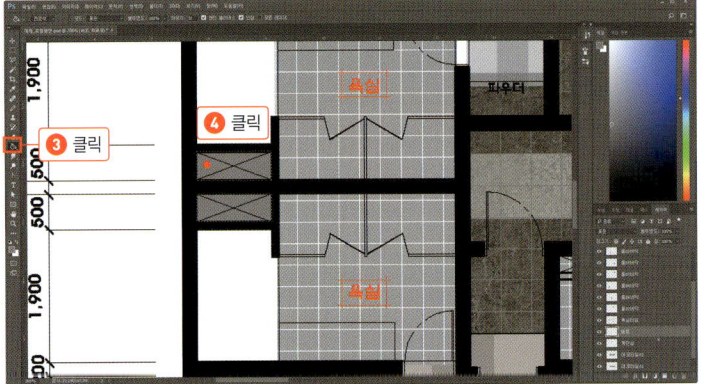

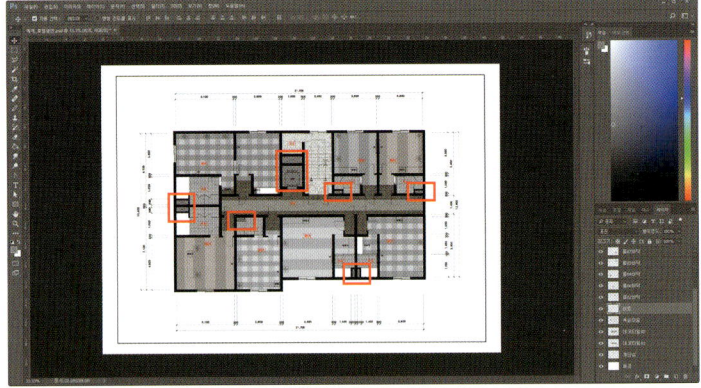

58 비트 공간은 뚫려 있기 때문에 안으로 들어간 느낌을 표현해보도록 하겠습니다. '비트' 레이어를 더블클릭하여 레이어 스타일 창을 열어줍니다. ① 내부 그림자에 체크하고 ② 더블클릭하여 ③ 다음과 같이 값을 설정해주고 ④ 확인 버튼을 누릅니다.

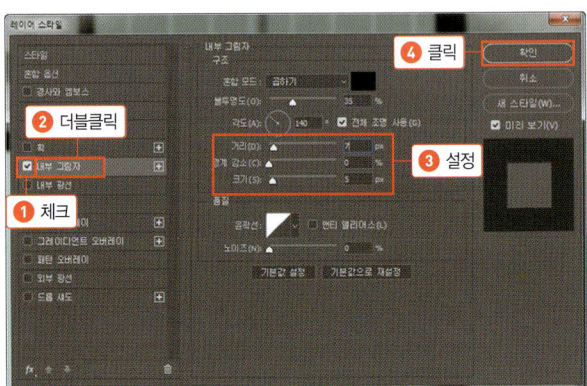

내부 그림자 효과가 적용되었습니다.

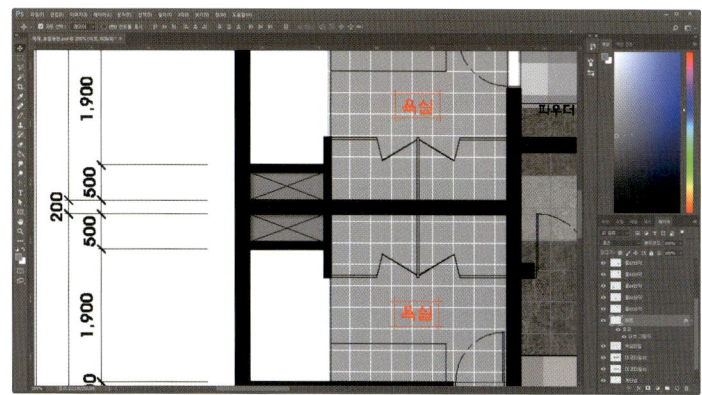

59 바닥마감이 표현되었습니다.

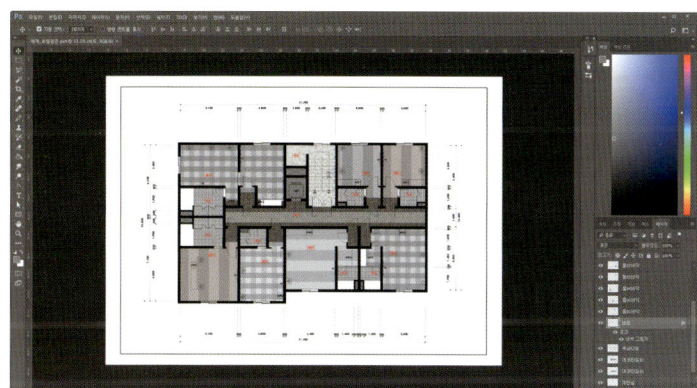

Lesson 04 붙박이 가구 표현하기

60 ❶ 열기 단축키 Ctrl+O를 눌러 우드 소스를 불러온 후 이동 도구⟨ ✥ ⟩ 단축키 V를 누르고 ❷ 예제_호텔평면으로 드래그해줍니다. ❸ Alt +이동 도구⟨ ✥ ⟩를 눌러 하나 더 복사해준 후 레이어를 더블클릭하여 이름을 각각 '협탁'과 '컴퓨터테이블'로 변경합니다.

61 ❶ 자유 변형 단축키 Ctrl+T를 눌러 소스의 크기를 줄여주고 ❷ 사각 선택 도구〈▣〉를 눌러 ❸ 소스를 드래그하여 선택하고 ❹ Alt+이동 도구〈✥〉를 눌러 복사해서 다음과 같이 위치시켜줍니다. 레이어가 복제되지 않고, 칼라링되었습니다. Ctrl+D를 눌러 선택을 해제합니다.

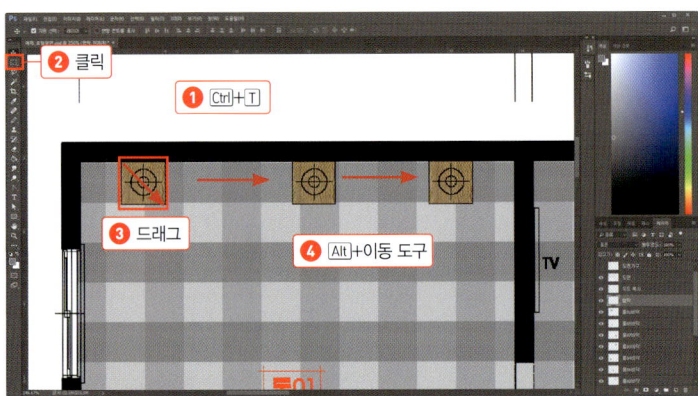

62 '협탁' 레이어를 더블클릭하여 레이어 스타일 창을 열어줍니다. ❶ 드롭섀도에 체크하고 ❷ 더블클릭하여 ❸ 다음과 같이 값을 설정해주고 ❹ 확인 버튼을 누릅니다. 그림자 효과가 적용되었습니다

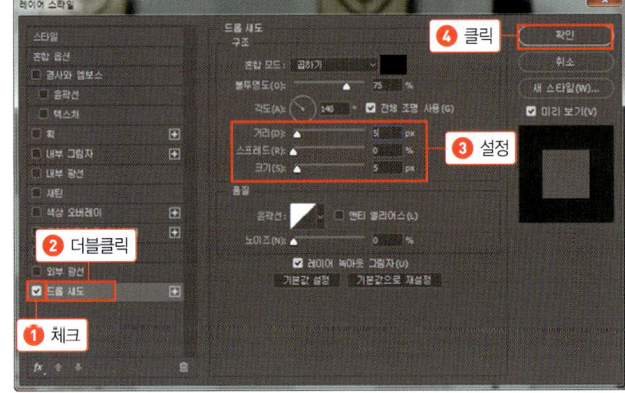

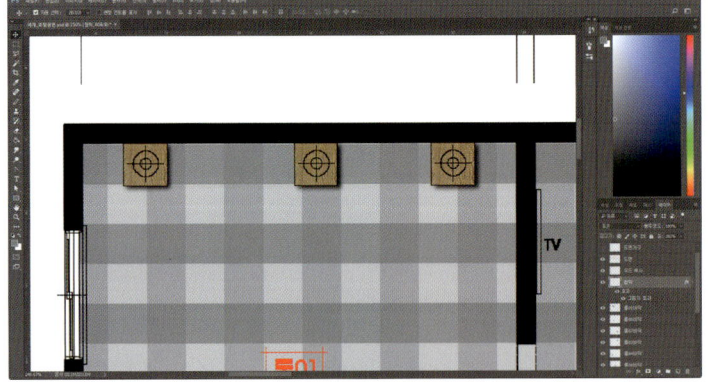

63 미리 복사해둔 컴퓨터 테이블도 크기를 변경해보도록 하겠습니다. ❶ 자유 변형 단축키 Ctrl+T를 누르고 ❷ 마우스 오른쪽 버튼을 눌러 ❸ 시계방향으로 90도회전을 선택합니다. 조절점을 이동하여 크기를 줄여준 후 Enter↵를 눌러 명령을 해제합니다.

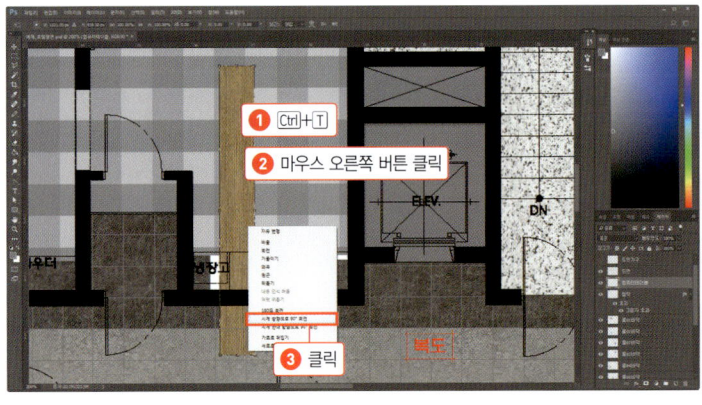

64 '컴퓨터 테이블' 레이어를 더블클릭하여 레이어 스타일 창을 열어줍니다. ❶ 드롭섀도에 체크하고 ❷ 더블클릭하여 ❸ 다음과 같이 값을 ❹ 설정해주고 확인 버튼을 누릅니다. 그림자 효과가 적용되었습니다.

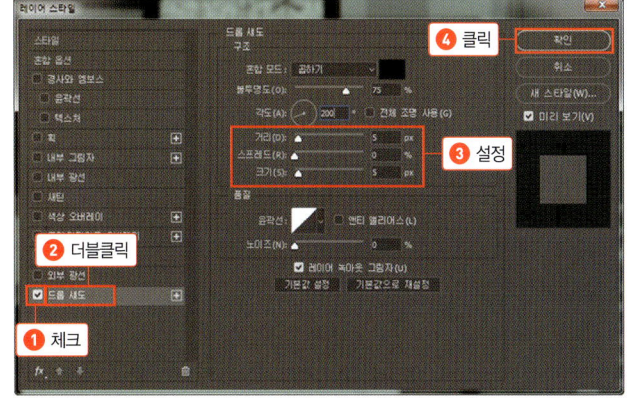

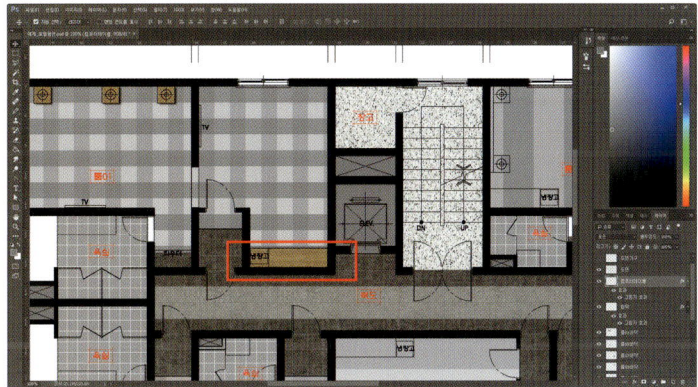

알아두기

원래대로 그림자방향을 140으로 지정하면 벽체에 가려서 그림자가 표현되지 않습니다. 이 레이어에 대한 그림자 방향을 조절하고 싶을 때는 전체조명 사용의 체크를 해제하고 각도를 별도로 지정하여 작업합니다.

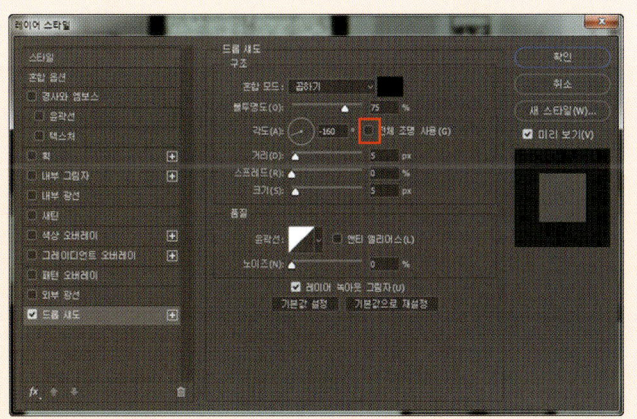

65 다른 '협탁'과 '컴퓨터 테이블'을 같은 방법 또는 레이어를 복사해서 위치시켜 줍니다. 침대헤드와 TV도 표현합니다.

66 ❶ 열기 단축키 Ctrl+O를 눌러 '인조 대리석' 소스를 불러온 후 ❷ 이동 도구< > 단축키 V를 누르고 예제_호텔평면으로 드래그해줍니다. ❸ 레이어를 더블클릭하여 이름을 각각 '인조 대리석'으로 변경합니다.

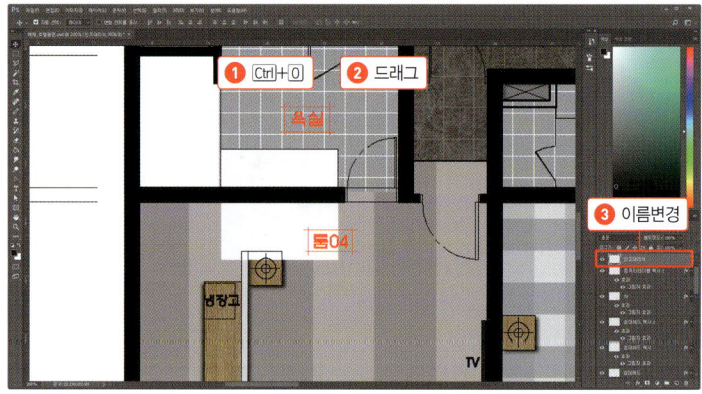

❶ 자유 변형 단축키 Ctrl+T를 눌러 소스의 크기를 줄여주고 ❷ 사각 선택 도구< >를 눌러 ❸ 필요없는 부분은 선택한 후 ❹ Delete 버튼을 눌러 삭제합니다.

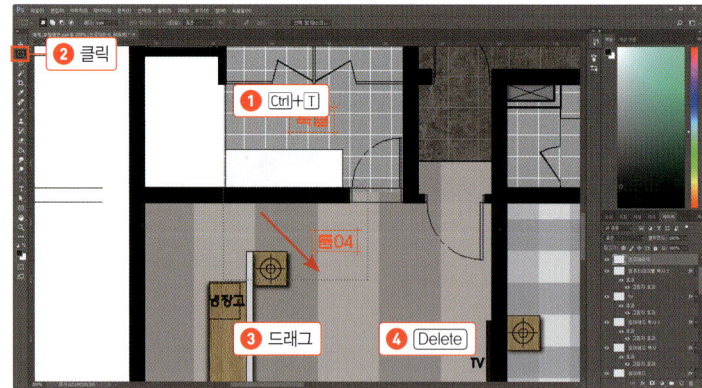

67 '인조 대리석' 레이어를 더블클릭하여 레이어 스타일 창을 열어줍니다. ❶ 드롭섀도에 체크하고 ❷ 더블클릭하여 ❸ 다음과 같이 값을 설정해주고 ❹ 확인 버튼을 누릅니다. 그림자 효과가 적용되었습니다.

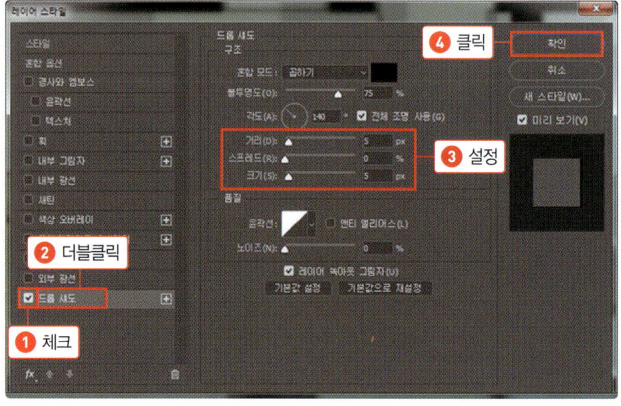

68 Alt +이동 도구〈✥〉를 눌러 각 룸의 세면대와 파우더 공간에 복사해서 위치시켜줍니다.

Lesson 05 창호 표현하기

69 레이어 창의 〈 ❏ 〉 버튼을 눌러 새로운 레이어를 만들어준 후 레이어명을 '창문'으로 변경합니다. 전경색〈■〉을 클릭하고 색상 라이브러리를 눌러 전경색을 선택합니다.

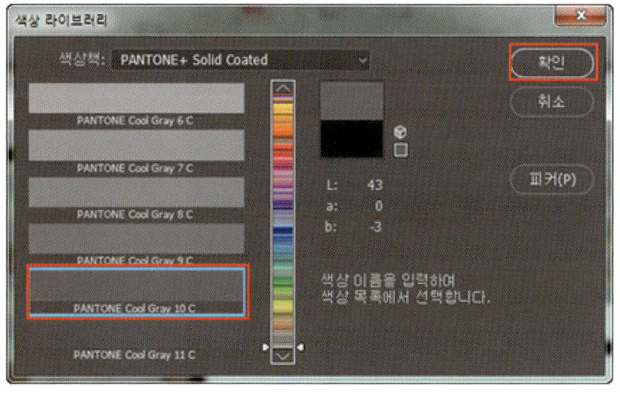

70 ① 사각선택 도구(▭)를 눌러 ② 창문을 드래그하여 선택한 후 ③ 페인트통 도구(⬗)를 누르고 ④ 선택 영역에 클릭해주면 색상이 채워졌습니다.

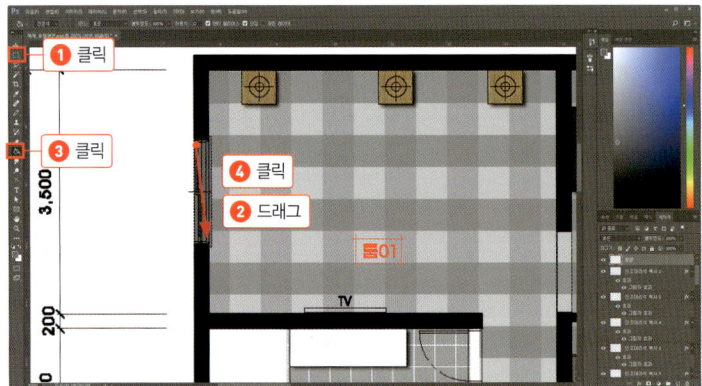

71 '창문' 레이어를 더블클릭하여 레이어 스타일 창을 열어줍니다. ① 드롭섀도에 체크하고 ② 더블클릭하여 ③ 다음과 같이 값을 설정해주고 ④ 확인 버튼을 누릅니다. 그림자 효과가 적용되었습니다.

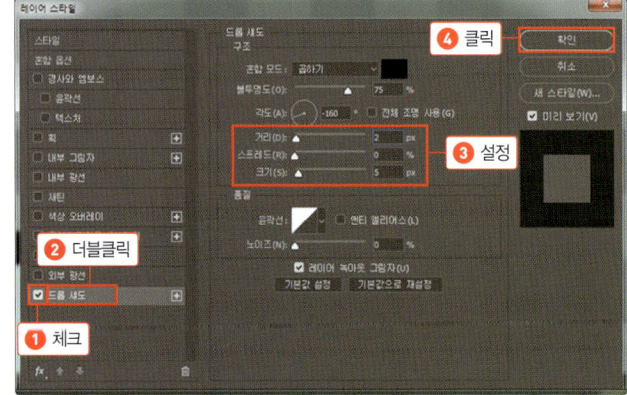

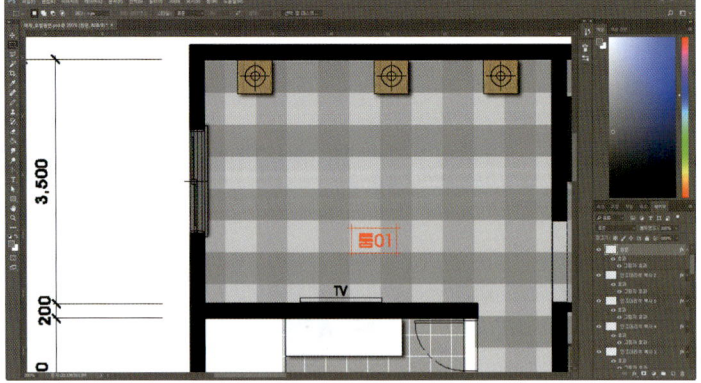

72 ① 사각선택 도구(▭)를 눌러 창문을 ② 드래그하여 선택하고 ③ [Alt]+이동 도구(✥)를 눌러 복사해서 다음과 같이 위치시켜줍니다. 레이어가 복제되지 않고, 칼라링되었습니다. [Ctrl]+[D]를 눌러 선택을 해제합니다.

73 ❶ 자유 변형 단축키 Ctrl+T를 누르고 ❷ 마우스 오른쪽 버튼을 눌러 ❸ 시계방향으로 90도회전을 선택합니다. 다음과 같이 위치시키고 Enter↵을 눌러 명령을 해제합니다.

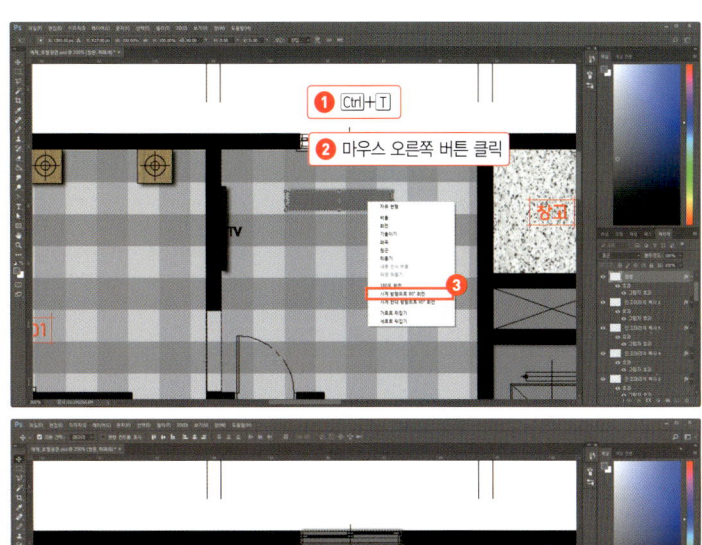

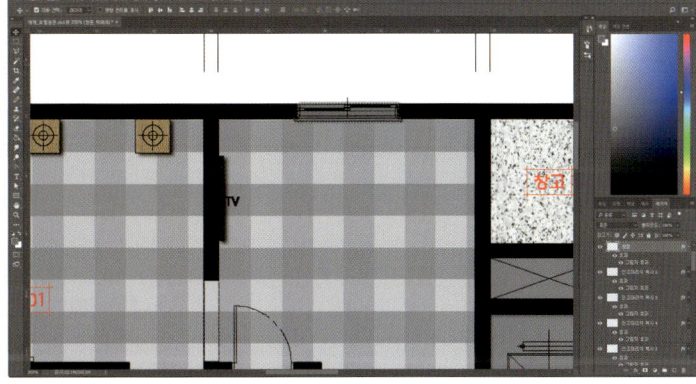

74 같은 방법으로 다른 창문도 복사해서 위치시켜줍니다.

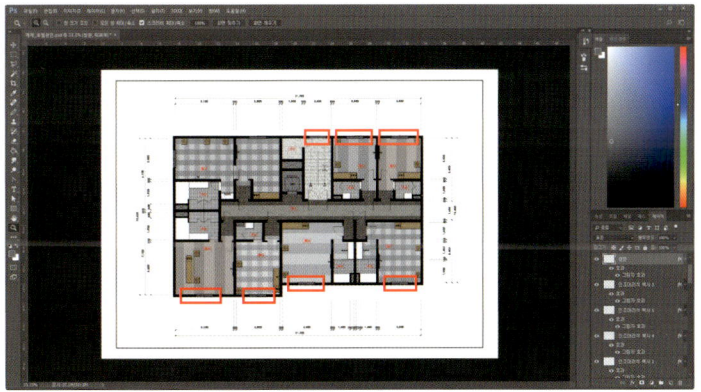

75 이번에는 문을 칼라링해보겠습니다. ❶ 레이어 창의 〈▫〉 버튼을 눌러 새로운 레이어를 만들어준 후 ❷ 레이어명을 '문'으로 변경합니다. ❸ 사각선택 도구〈▫〉를 눌러 ❹ 문을 드래그하여 선택한 후 ❺ 페인트통 도구〈▫〉를 누르고 ❻ 선택영역에 클릭해주면 색상이 채워졌습니다.

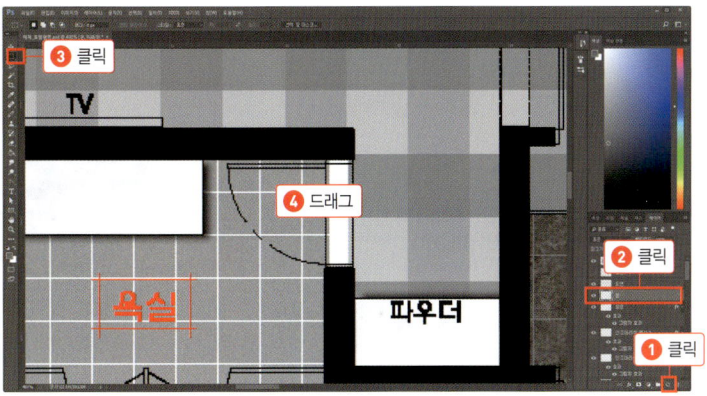

76 '문' 레이어를 더블클릭하여 레이어 스타일 창을 열어줍니다. ❶ 드롭섀도에 체크하고 ❷ 더블클릭하여 ❸ 다음과 같이 값을 설정해주고 ❹ 확인 버튼을 누릅니다.

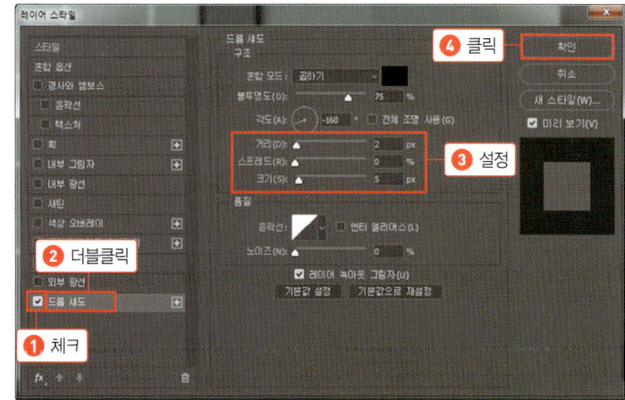

그림자 효과가 적용되었습니다.

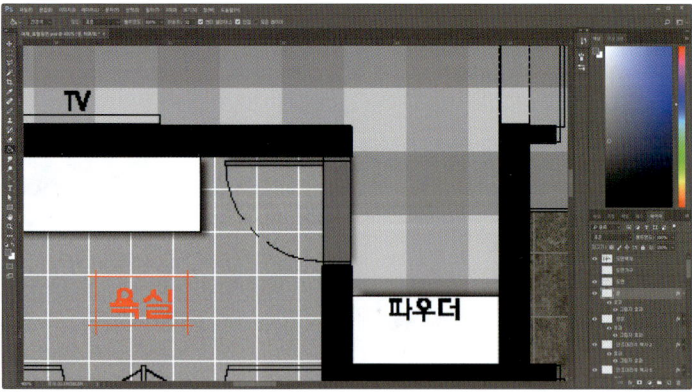

77 다른 문들도 같은 방법으로 칼라링합니다. 따로 레이어를 만들지 않고 문 레이어에서 작업하면 페인트로 색상을 채우자마자 바로 그림자 효과가 나타납니다. 하나하나 차근차근 작업합니다. 샤워파티션들도 같은 방법으로 칼라링합니다.

Lesson 06 3D소스를 이용한 이동가구 표현하기

여기까지는 일반 칼라링과 동일하게 작업이 되었고, 이제부터는 이동가구 소스를 가져와서 하나하나 배치해보도록 하겠습니다. 가구들을 일일이 칼라링 할 필요가 없어 작업시간을 단축시킬 수 있습니다.

78 잠시 꺼두었던 도면가구의 눈〈◉〉을 켜줍니다. 가구 선으로 가구의 크기를 가늠할 수 있습니다.

79 ❶ 열기 단축키 Ctrl + O를 눌러 '침대01' 소스를 불러온 후 이동 도구〈✥〉 단축키 V를 누르고 ❷ 예제_호텔평면으로 드래그해줍니다. ❸ 레이어를 더블클릭하여 이름을 '침대01'로 변경합니다.

80 ❶ 자유 변형 단축키 Ctrl + T를 누르고 ❷ 마우스 오른쪽 버튼을 눌러 ❸ '시계반대 방향으로 90도회전'을 선택합니다. 다시 '가로로 뒤집기'를 선택한 후 ❹ Shift 버튼을 누르면서 조절점을 이동하여 다음과 같이 위치시키고 Enter↵을 눌러 명령을 해제합니다.

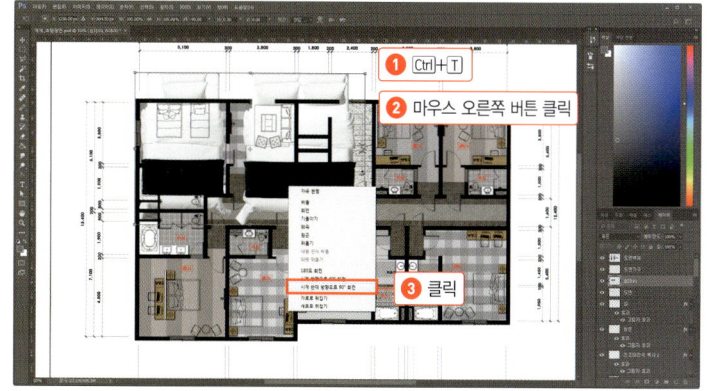

81 '침대01' 레이어를 더블클릭하여 레이어 스타일 창을 열어줍니다. ❶ 드롭섀도에 체크하고 ❷ 더블클릭하여 ❸ 다음과 같이 값을 설정해주고 ❹ 확인 버튼을 누릅니다.

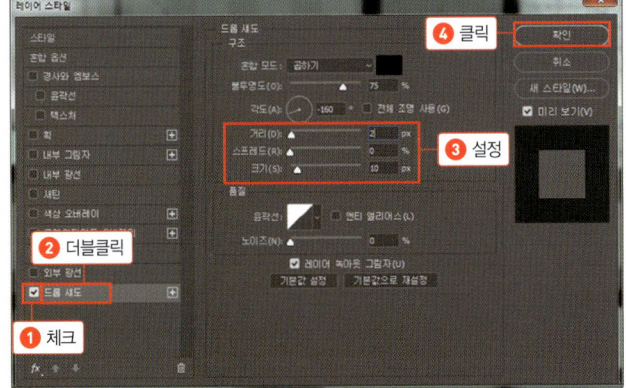

82 ❶ 열기 단축키 Ctrl+O를 눌러 '침대02' 소스를 불러온 후 이동 도구 〈✥〉 단축키 V를 누르고 ❷ 예제_호텔평면으로 드래그해줍니다. ❸ 레이어를 더블클릭하여 이름을 '침대02'로 변경합니다.

83 ① 자유 변형 단축키 Ctrl+T를 누르고 ② 마우스 오른쪽 버튼을 눌러 ③ '시계반대방향으로 90도회전'을 선택합니다. Shift 버튼을 누르면서 조절점을 이동하여 다음과 같이 위치시키고 침대 크기를 어느정도 맞춰준 후 Enter↵을 눌러 명령을 해제합니다.

84 '침대02' 레이어를 더블클릭하여 레이어 스타일 창을 열어줍니다. 드롭섀도에 체크하고 확인 버튼을 누릅니다.
앞에서 지정한 값이 그대로 적용됩니다.

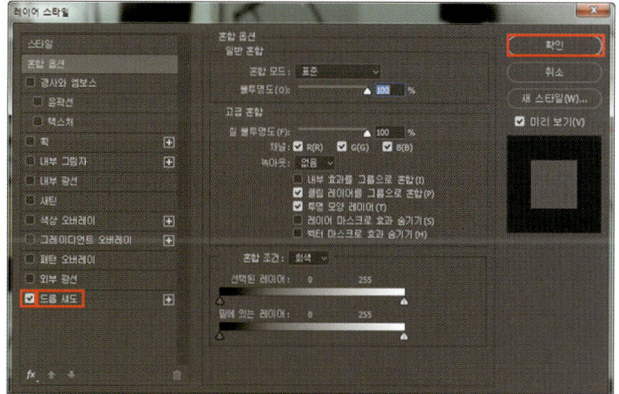

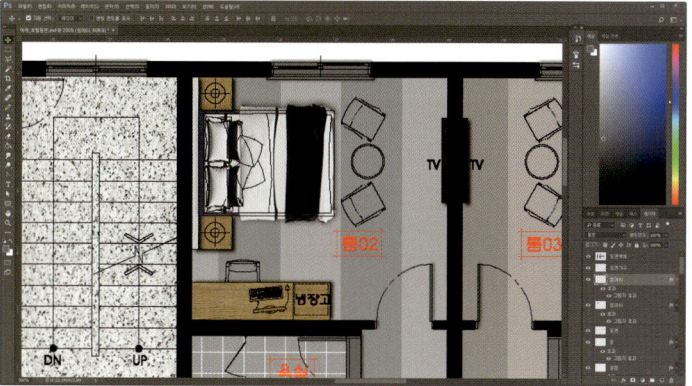

85 같은 방법으로 각 룸의 침대를 복사해서 위치시켜줍니다.

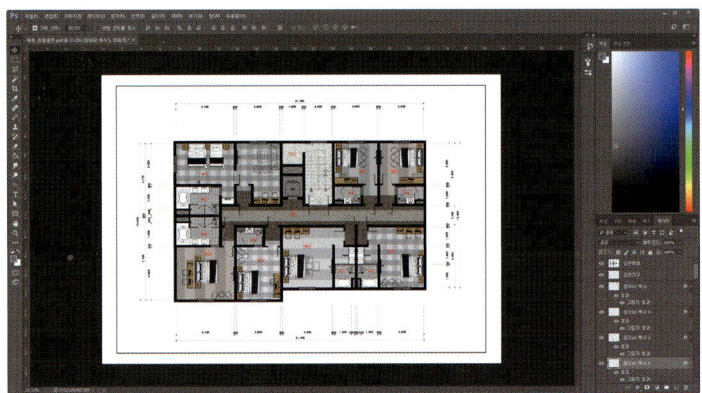

86 ❶ 열기 단축키 Ctrl+O를 눌러 '의자01' 소스를 불러온 후 이동 도구 〈✥〉 단축키 V를 누르고 ❷ 예제_호텔평면으로 드래그해줍니다. ❸ 레이어를 더블클릭하여 이름을 '의자01'로 변경합니다.

87 자유 변형 단축키 Ctrl+T를 누르고 Shift버튼을 누르면서 조절점을 이동하여 다음과 같이 위치시켜줍니다. 의자의 크기를 어느 정도 맞춰준 후 Enter↵를 눌러 명령을 해제합니다. 레이어의 위치는 '컴퓨터 테이블'보다 아래에 있어야 합니다.

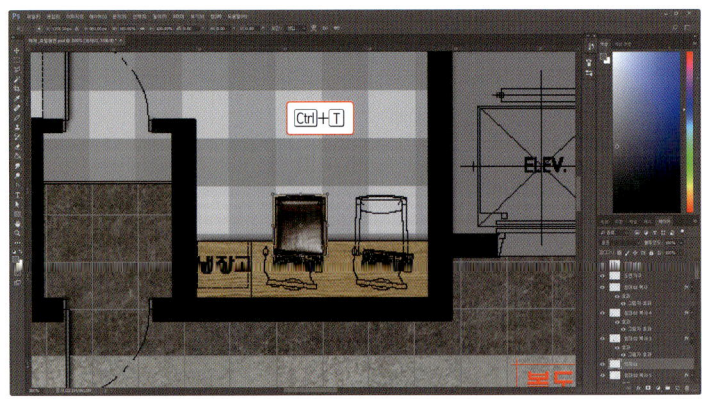

88 '의자01' 레이어를 더블클릭하여 레이어 스타일 창을 열어줍니다. ❶ 드롭섀도에 체크하고 ❷ 더블클릭하여 ❸ 다음과 같이 값을 설정해주고 ❹ 확인 버튼을 누릅니다.

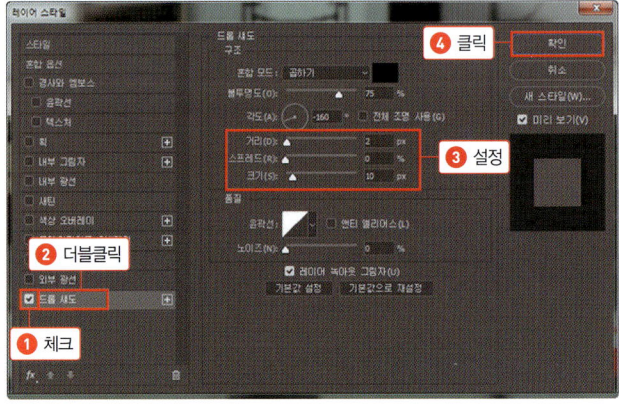

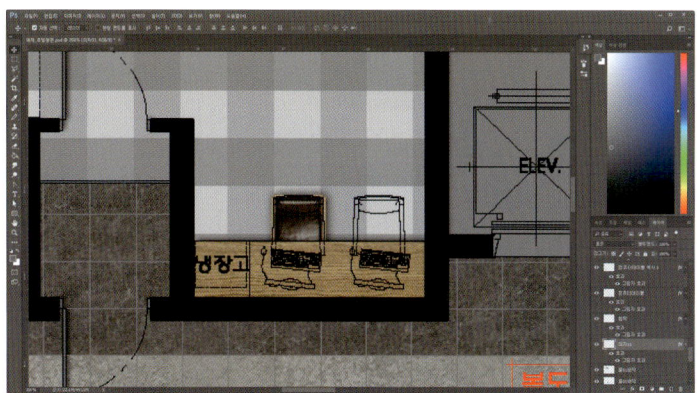

89 Shift + Alt + 이동 도구 〈✥〉 단축키 V를 눌러 옆으로 복사합니다.

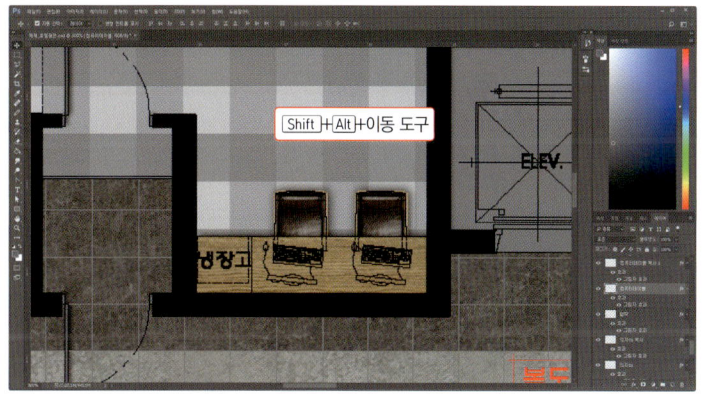

90 컴퓨터 테이블마다 의자를 다음과 같이 복사해서 위치시켜줍니다.

91 ❶ 열기 단축키 Ctrl + O를 눌러 '의자02' 소스를 불러온 후 ❷ 이동 도구 〈✥〉 단축키 V를 누르고 예제_호텔평면으로 드래그해줍니다. ❸ 레이어를 더블클릭하여 이름을 '의자02'로 변경합니다.

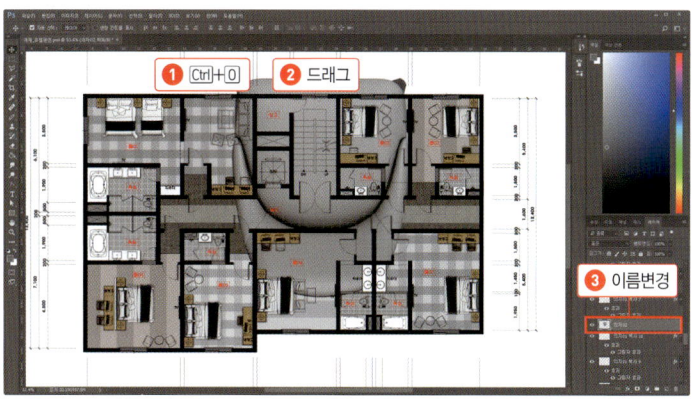

92 자유 변형 단축키 Ctrl + T 를 누르고 Shift 버튼을 누르면서 크기를 줄여줍니다. 의자의 크기를 어느 정도 맞춰준 후 조절점의 모서리쪽에 마우스를 가져가면 화살표가 나오고 그때 원하는 방향으로 드래그하면 회전시킬 수 있습니다. 조절점을 이동하여 다음과 같이 위치시켜줍니다. Enter↵ 을 눌러 명령을 해제합니다.

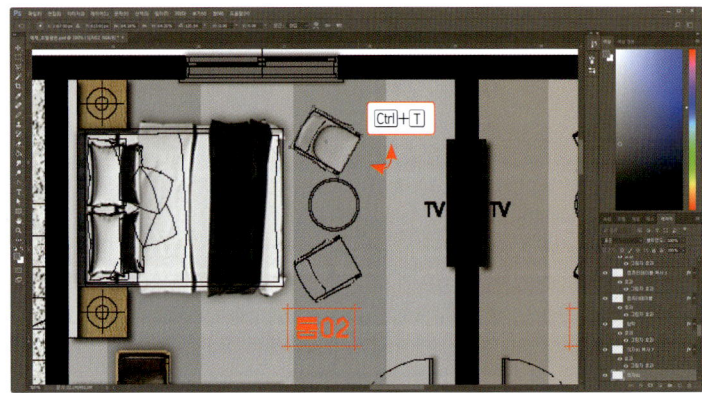

93 '의자02' 레이어를 더블클릭하여 레이어 스타일 창을 열어줍니다. 드롭섀도에 체크하고 확인 버튼을 누릅니다. 앞에 설정된 값이 그대로 적용됩니다.

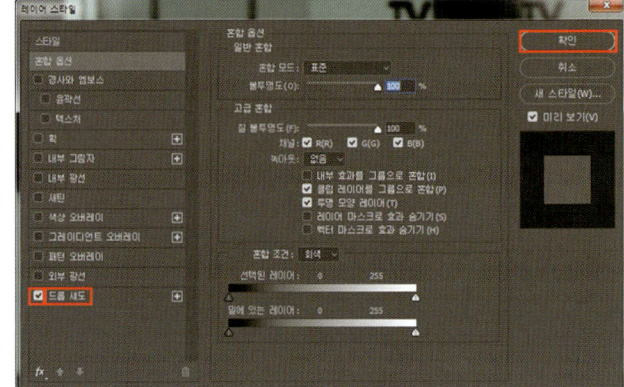

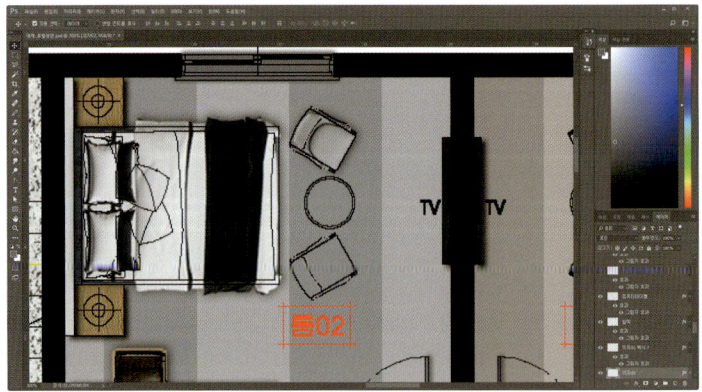

94 ❶ Shift + Alt + 이동 도구〈✥〉 단축키 V 를 눌러 '의자02' 레이어를 복사한 후 ❷ 자유 변형 단축키 Ctrl + T 를 누르고 ❸ '마우스 오른쪽 버튼'을 눌러 ❹ 세로로 뒤집기를 선택하여 다음과 같이 위치시켜줍니다.

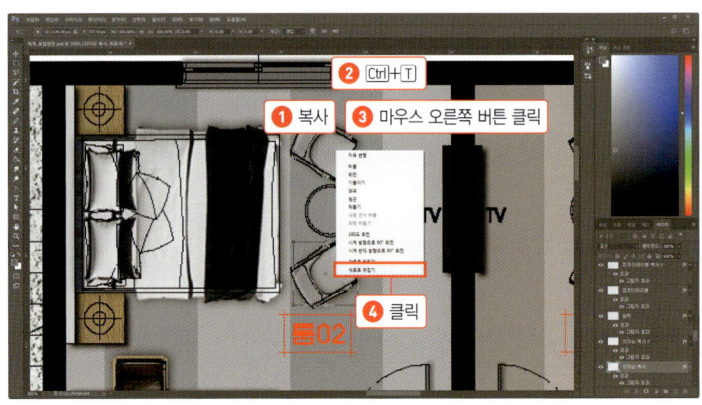

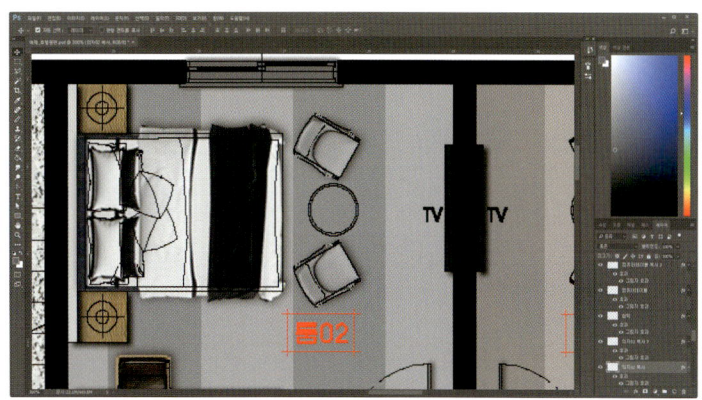

95 같은 방법으로 각 룸의 가구들을 다음과 같이 위치시켜줍니다. 가구가 다 배치되었으니, 도면가구의 눈(◉)을 꺼줍니다.

96 '도면벽체' 레이어에 그림자를 표현해보도록 하겠습니다. 그런데, 룸05번 욕실에 벽면 해치가 빠져 있네요. ❶ '도면벽체' 레이어를 선택하고 ❷ 사각선택 도구(▣)를 Shift 버튼을 누르면서 ❸ 다음과 같이 선택해 준 후 ❹ 전경색을 검정으로 지정해줍니다.

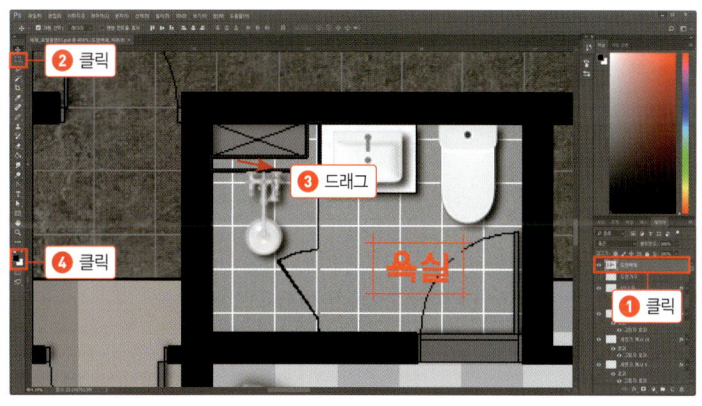

97 ❶ 페인트통 도구(◈)를 누르고 ❷ 선택영역에 클릭해주면 색상이 채워졌습니다.

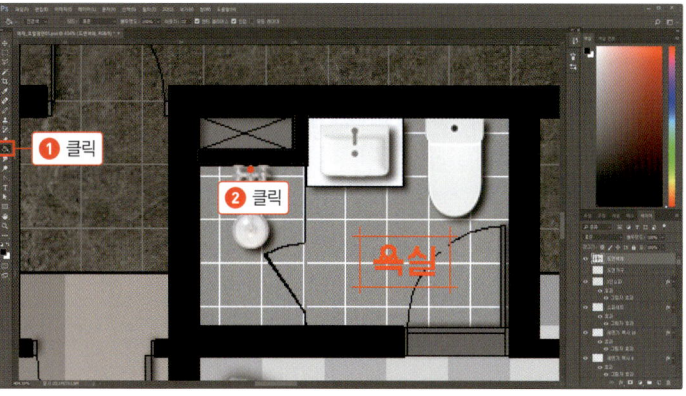

98 ❶ 벽체의 그림자 효과를 내기 위해 '도면벽체' 레이어를 ❷ 더블클릭하여 레이어 스타일 창을 열어줍니다. ❸ 혼합 모드에 색상피커를 클릭하고 ❹ 회색톤을 클릭한 후 ❺ 확인 버튼을 누릅니다. 그림자 색상을 검정색이 아닌 회색으로 지정해줍니다. ❻ 거리와 크기는 다음과 같이 값을 설정해주고 ❼ 확인 버튼을 누릅니다.

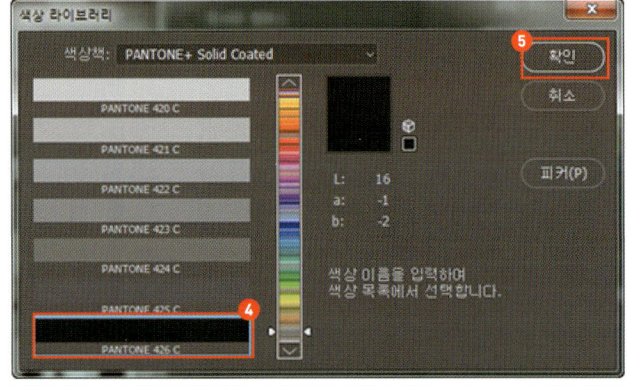

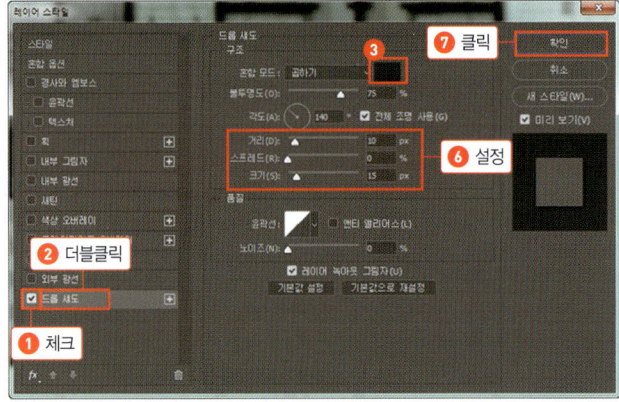

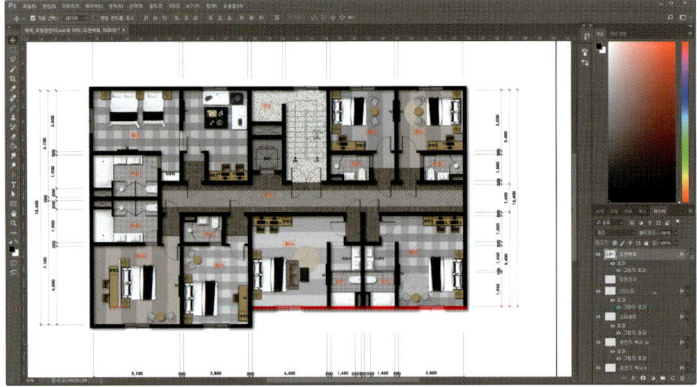

99 ❶ 열기 단축키 Ctrl+O를 눌러 '칼라링 기본소스'를 불러옵니다. 빛소스2 위에서 마우스 오른쪽 버튼을 클릭하여 선택한 후 ❷ '예제_호텔 평면'으로 드래그합니다. 도면보다 위에 위치할 수 있도록 레이어의 위치를 조정하고 자유 변형 단축키 Ctrl+T의 조절점을 이용하여 크기를 줄여준 후 협탁 위에 복사해서 위치시켜줍니다.

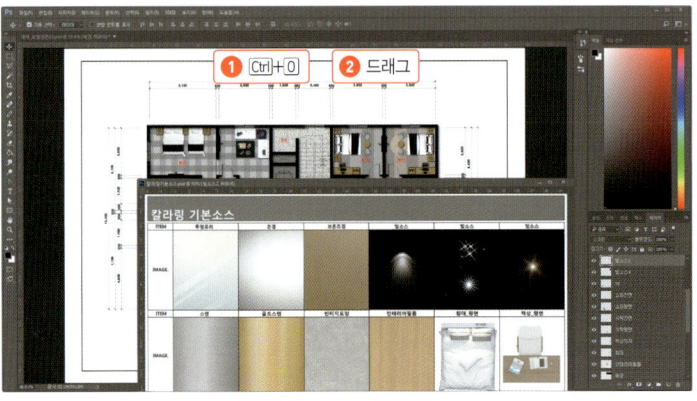

100 실명을 조금 더 부각시켜 보도록 하겠습니다. ① 레이어 창의 〈 〉 버튼을 눌러 새로운 레이어를 만들어준 후 ② 레이어명을 '실명'으로 변경합니다. 레이어는 도면레이어보다 아래에 있어야 합니다.

101 ① 사각선택 도구〈 〉를 눌러 ② 실명 위를 드래그한 후 ③ 전경색이 흰색인지 확인하고, ④ 페인트통 도구〈 〉를 누르고 ⑤ 선택영역에 클릭해주면 색상이 채워졌습니다.

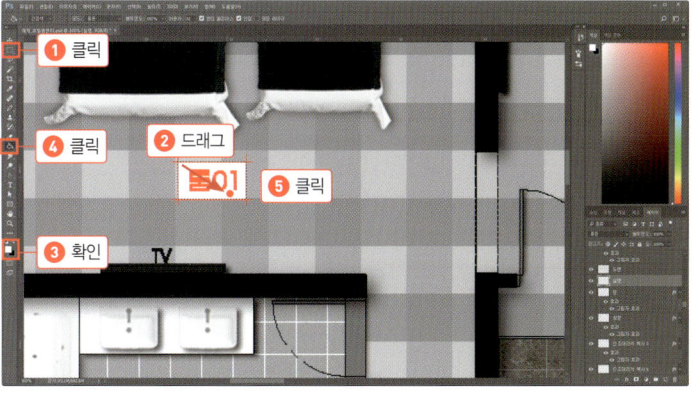

불투명도를 60%로 지정해주고 Ctrl+D를 눌러 선택을 해제합니다. 각 실명 마다 복사해서 다음과 같이 위치시켜줍니다.

103 예제_3D 소스를 이용한 호텔 평면도 칼라링이 완성되었습니다.

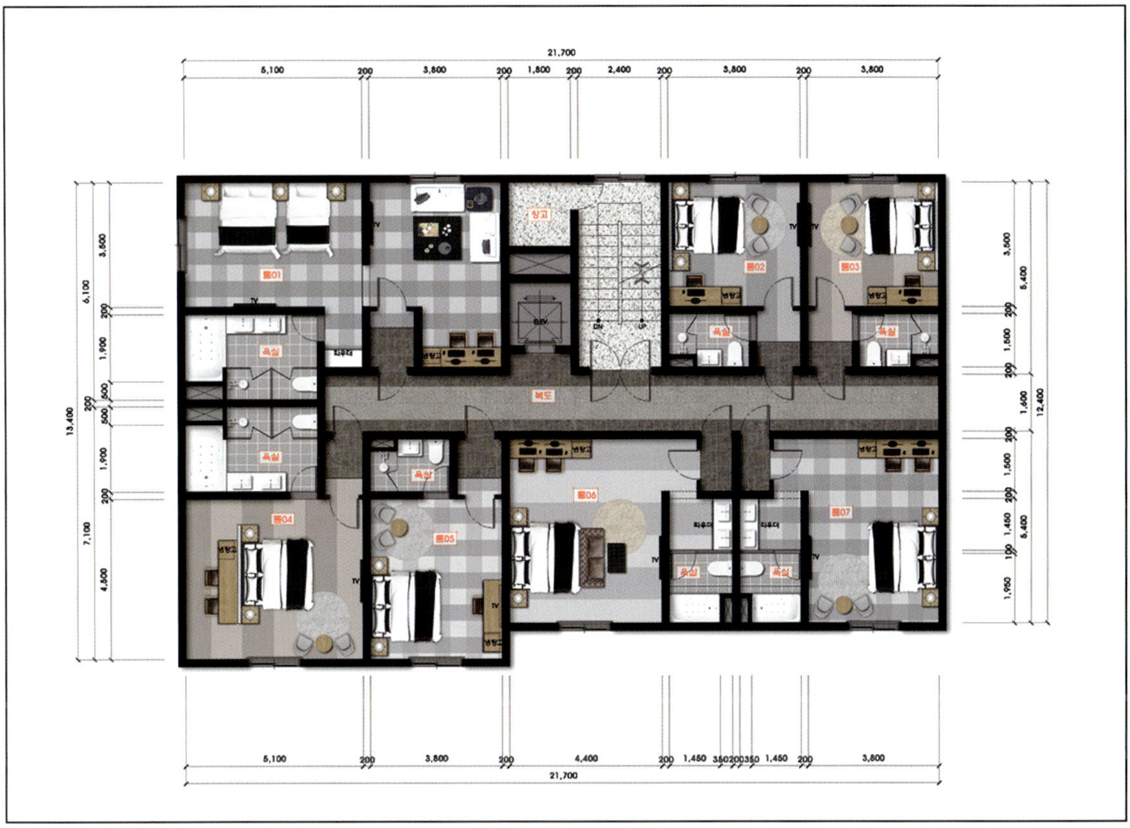

5 PART
포토샵
응용편

01. 제안서 디자인
02. 포트폴리오 디자인
03. 지명원 디자인

CHAPTER 01 제안서 디자인

각 프로젝트별로 클라이언트(고객)에게 제시해야 하는 제안서 및 포트폴리오, 지명원 등은 전체적으로 통일되면서도 세련된 레이아웃으로 완성된 작업물을 효율적으로 배치하여, 고객을 설득하는데 꼭 필요한 문서입니다.

자신이 가지고 있는 생각을 어떤 식으로 표현하여 효과적으로 전달할 수 있는가에 따라 고객의 이해에 도움을 주고 돋보이는 완성품은 회사 및 개인의 감각을 대신하는 작품이 될 수 있을 것입니다.

필자가 디자인한 레이아웃만이 정답이라 말할 수 없지만, 인터넷으로도 잘 찾아보기 힘든 자료이다 보니 의외로 어려워 하시는 분들이 많은 것 같아 이럴 때 이러이러한 디자인의 레이아웃이 필요하다는 예제를 보여드릴려고 합니다.

취업을 앞두고 있는 학생들의 포트폴리오 디자인을 위해 이제 막 사회생활을 해야 하는 사회초년생의 제안서 및 지명원 디자인 준비에 도움이 되시길 바랍니다.

제안서는 제안자가 클라이언트(고객)에게 해당 사항에 대한 내용을 기술하여 고객을 설득하기 위해 제출하는 문서입니다. 일을 수주하기 위해 필요한 문서이기 때문에 고객의 입장에서 고객이 정말 필요로 하고 궁금해 하는 부분을 보기 좋고, 짜임새 있게 정리하여, 전달하는 것이 관건이라 할 수 있습니다.

건축, 인테리어 제안서는 시공할 공간디자인에 대한 내용을 주로 다루기 때문에 다른 업종의 제안서 구성과는 다른점이 많습니다. 또한 제안서의 종류는 각 공간에 따라, 공사의 범위에 따라, 또 제안 목적 등에 따라, 여러 종류의 디자인제안이 나올 수 있습니다.

배치해야 할 작업물 또는 사진 및 문구의 배치에 따라 다양한 레이아웃이 나올 수 있으며, 이러한 감각을 기르기 위해서는 여러 잡지 및 홈페이지들의 레이아웃들을 보면서 수시로 스크랩하여 정리해 놓으면 필요할 때 응용해서 디자인하는데 큰 도움이 되실 겁니다.

1. 컨셉에 대한 제안서 예시

고객과 1차적으로 미팅을 하게 될 때 이러이러한 느낌으로 디자인을 잡아나가겠다는 컨셉을 보여주기 위한 것으로 생각한 디자인을 보여줄 수 있는 사진들을 배치하여 레이아웃을 디자인합니다.

2. 각 도면에 대한 제안서 예시

제안되어야 할 주된 요인이 도면이라면, 도면이 돋보일 수 있도록 배경디자인을 자제하고, 컨셉 칼라들을 이용하면 일관성 있으면서도 깔끔한 레이아웃을 만드실 수 있습니다.

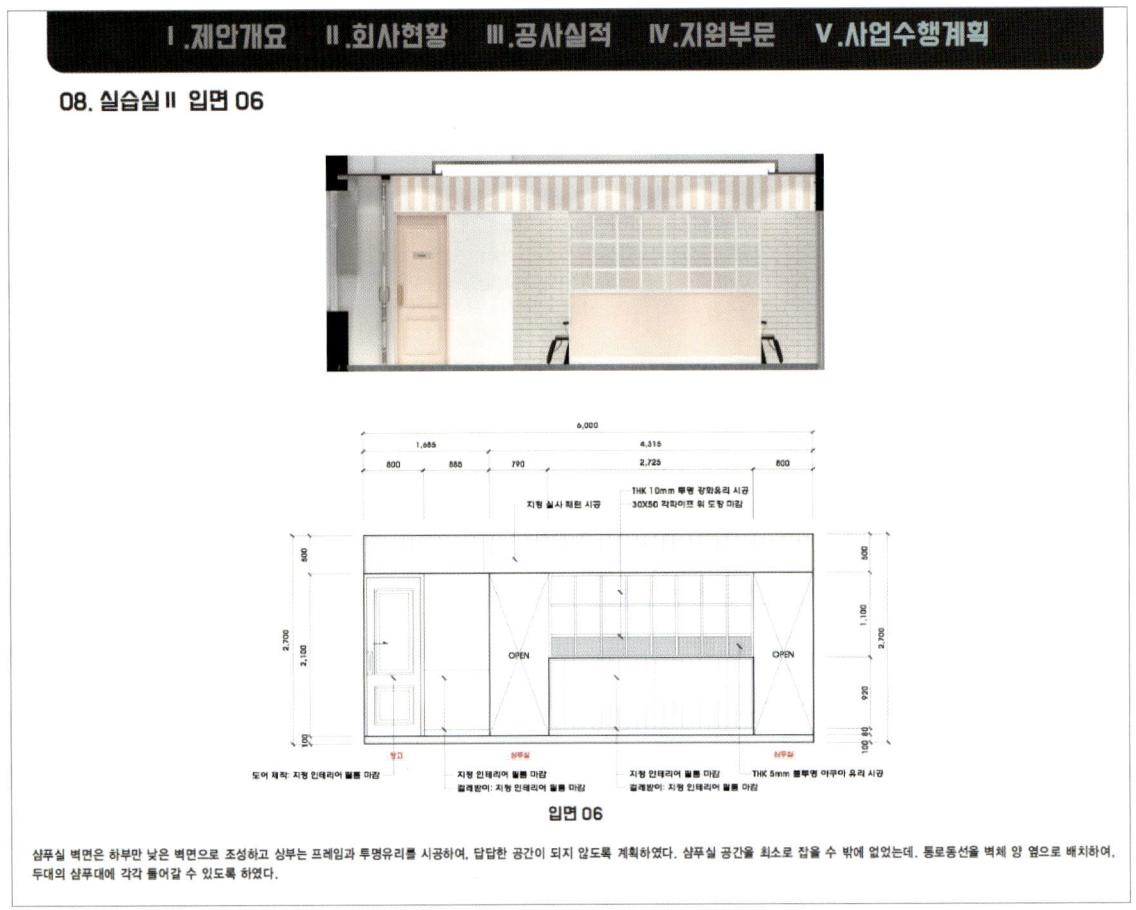

도면의 장수가 많을 경우에는 책처럼 제작할 수 있게 표지와 목차 페이지, 도면페이지, 등으로 레이아웃을 디자인하여 도면을 배치하고, 간략하게 컨셉을 넣을 수 있는 공간 및 사진으로 부연 설명할 수 있는 공간도 배치해줍니다. 컨셉을 설명하는 폰트는 너무 굵거나, 또렷한 폰트보다는 부드럽게 조화될 수 있는 폰트로 지정하여 줍니다. 여러 가지 폰트를 보유하고 있다면, 하나하나 대입해보면서 이미지에 맞는 글자체를 선택하여 줍니다.

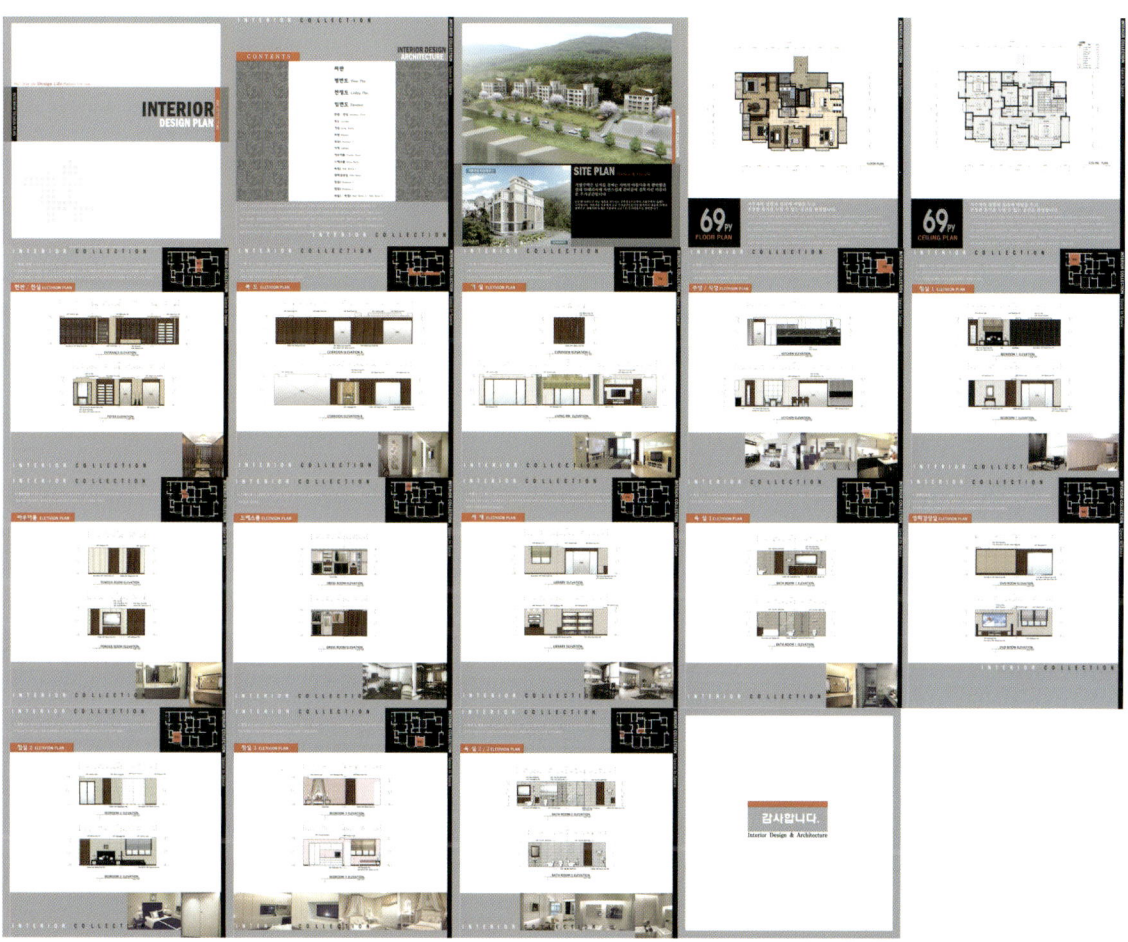

CHAPTER 02 포트폴리오 디자인

포트폴리오는 지원자가 어느 정도의 실력과 능력을 갖추고 있는지 실무능력을 한번에 볼 수 있게 모아놓은 작품집으로, 자신의 직무능력의 범위와 프로젝트 참여로 인한 결과물, 시공사진 등을 일목요연하게 레이아웃을 만들어 하나의 책처럼 만든다고 생각하면 쉽습니다.

면접을 보는 짧은 시간 안에 자신의 작업물에 대한 설명이 상대방에게 쉽고 효과적으로 전달될 수 있도록 창의적이면서도 전체적으로 조화되어 보이는 레이아웃을 만드는 것이 중요합니다.

포트폴리오의 구성

1. 표지
2. 목차
3. 프로필–개인정보, 경력사항, 자격사항, 직무능력기술, 보유기술(프로그램)
4. 참여 프로젝트–사진, 글
5. 장별 표지
6. 내용지
7. 마지막지

필자는 일러스트레이터의 대지기능을 활용하여 포트폴리오를 제작하였습니다.

일러스트레이터로 작업하면 전체작업화면을 한눈에 볼 수 있고 많은 사진도 Ctrl+C(복사하기), Ctrl+V(붙여넣기)로 간단하게 불러올 수 있어 시간이 단축되고, 바로 PDF 파일로 변환 할 수 있기 때문에, 포트폴리오 및 제안서 제작시 필자가 주로 사용하는 방법입니다.

필자는 일러스트레이터로 포트폴리오를 작업하고, 소량인쇄가 가능한 인쇄소에 의뢰하여 책처럼 제작하였습니다. 양면으로 인쇄되는 것을 감안하여 포트폴리오 작업을 진행해야 합니다.

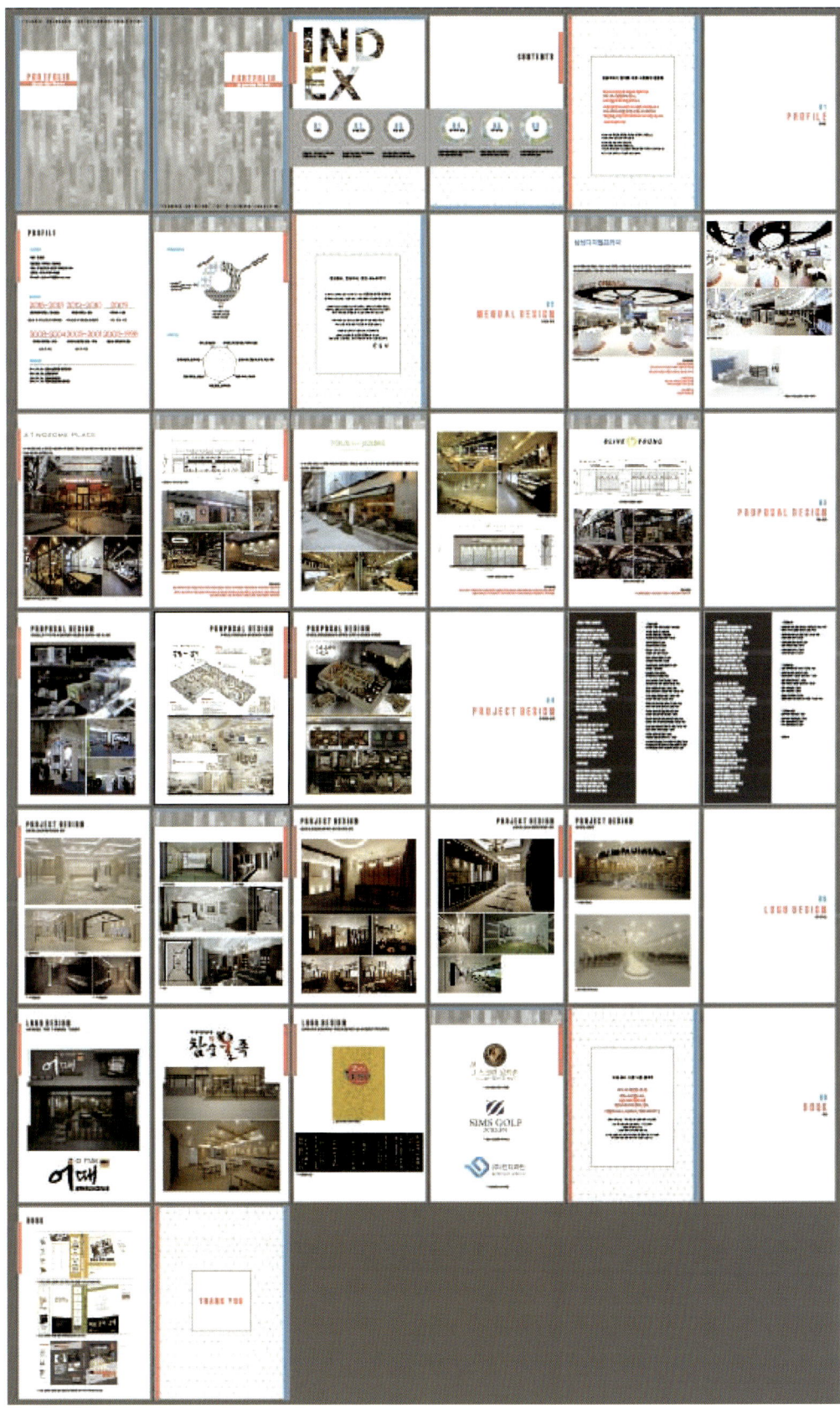

CHAPTER 03 지명원 디자인

지명원은 시공업체가 관련공사를 수주하기 위해 업체를 지명(선택) 해달라고 발주처에 제출하는 회사의 포트폴리오라고 할 수 있습니다.

규모가 있는 회사들은 전문 제작업체에 의뢰해서 디자인하기도 하지만, 새로운 공사를 하게 될수록 업데이트를 해야 하기 때문에 보통은 사무실에서 직접 디자인하여 출력하는 경우가 많으며, 이럴 때 지명원을 처음 접하게 되면, 괜히 어렵게 느껴지기도 합니다.

지명원을 만들기 위해 먼저 정리할 자료는 회사에서 시공한 프로젝트별 제대로 된 사진을 폴더별로 정리하고, 각 내용별 문구를 수집하고, 자료가 확보되고 나면, 내용별 레이아웃 디자인을 잡아야 합니다.

결국 남는 것은 사진이기 때문에 공사를 완료하고 나서 시공 사진을 제대로 남기는 것도, 회사홍보의 첫걸음이라 생각합니다. 실제로 지명원 디자인을 의뢰받아보면, 도저히 넣을 사진이 없어 난감할 때가 많습니다. 발주처에서는 지명원을 요구하는데 무엇을 보여줄 것인지 고민하고, 시간을 내어서 완료사진을 촬영하고 정리해두어야 합니다.

지명원의 구성

1. 표지
2. 목차
3. 공사지명원
4. 인사말
5. 회사소개-회사연혁, 주요사업, 조직도
6. 인증서-사업자등록증, 각종 자격증
7. 사용인감계
8. 공사실적
9. 실적사진
10. 회사위치도
11. 마지막지

등으로 구성되며, 발주처의 원하는 방식에 따라 다른 서류들을 첨부하기도 합니다.

Chapter 03 지명원 디자인 :: 477

▲ 지명원 가로형 디자인 예시

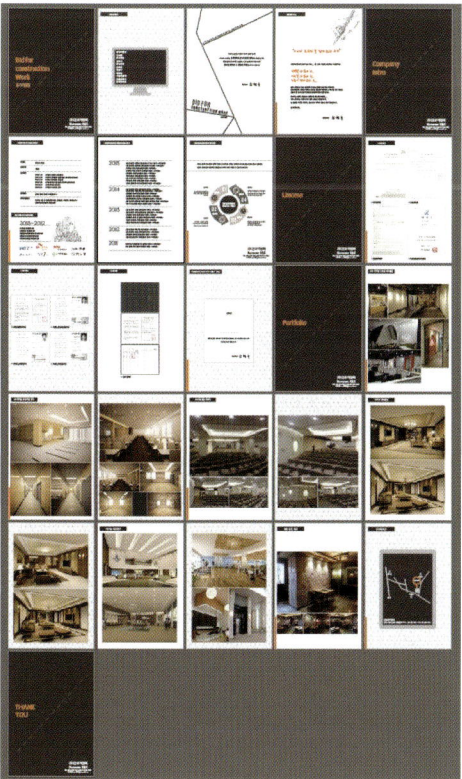

◀ 지명원 세로형 디자인 예시

개정판
건축인테리어 현장실무에서 바로 통하는

포토샵 도면 칼라링
REALITY

1판 1쇄 인쇄 2018년 4월 10일 **1판 1쇄 발행** 2018년 4월 20일
1판 2쇄 인쇄 2021년 2월 15일 **1판 2쇄 발행** 2021년 2월 20일

지 은 이 강윤정
발 행 인 이미옥
발 행 처 디지털북스
정   가 30,000원
등 록 일 1999년 9월 3일
등록번호 220-90-18139
주   소 (03979) 서울 마포구 성미산로 23길 72 (연남동)
전화번호 (02)447-3157~8
팩스번호 (02)447-3159

ISBN 978-89-6088-227-0 (13000)
D-18-09
Copyright ⓒ 2021 Digital Books Publishing Co., Ltd